RON KALENUIK

COCINA SIMPLEMENTE
D·E·L·I·C·I·O·S·A 2

MAGNANIMITY
HOUSE PUBLISHING

Coordinadora del Proyecto
Dianna Kalenuik

Editora   Lori Koch

Coordinador de Cocina / Estilista Culinario
Chef Ron Kalenuik

Asistentes de Cocina
Mary Gifford
Jacqueline Hunt
Evelyn Hohn

Dirección Artística   Sylvia Cook

Fotografía   Kim Griffiths Photography,
Edmonton

Diseño / Separación de Colores / Película
Creative Edge Graphic Design,
Edmonton

© 1994 por Magnanimity House Publishers
51 Glenthorne Dr., Scarborough, Ontario M1C 3S9

ISBN 1-55185-436-8

Este libro es una Edición Exclusiva para

Impreso en los Estados Unidos de América

CONTENIDO

ACERCA EL AUTOR

El Sr. Kaleniuk, a quien afectuosamente llaman Chef K (todos aquellos que no saben pronunciar su apellido), empezó su carrera culinaria en Jasper, Alberta, Canadá; en 1973, en el mundialmente famoso Jasper Park Lodge. A partir de entonces, se ha establecido como Chef de Cocina en muchos de los mejores restaurantes y hoteles de todo el Canadá.

Ron ha sido propietario y director de varios restaurantes galardonados a nivel nacional. El es maestro y consultor de la industria hotelera, además de Presidente del North American Institute of Modern Cuisine Inc.

Como escritor, él se expresa con una facilidad única y creativa en todas las áreas de cocina. Ya sea en cocina clásica, en cocina familiar tradicional, o en las tendencias modernas, él presenta cada estilo en forma sencilla y de fácil preparación. Este libro es algo más que una recopilación de recetas, es una colección de recetas prácticas y deliciosas que se van a convertir en estándar en la cocina de todos, desde el ama de casa hasta el chef profesional.

Con este *Cocina Simplemente Deliciosa 2*, la carrera del Sr. Kalenuik incluye hasta la fecha, 8 libros sobre cocina. Su éxito de venta a nivel internacional, la serie *Cocina Simplemente Deliciosa* ha vendido más de 850.000 ejemplares en todo el mundo. Sus otros libros incluyen: *The Fundamentals of Taste, Cuisine Extraordinaire, Dining In, Championship Cooking, Chef K's Cheese Best* y *The Right Spice*.

UNAS PALABRAS DEL AUTOR

La pasión por cocinar que tienen muchas personas, es profunda; ya sea que estén interesadas en las últimas innovaciones o en simplemente preparar lo que su madre siempre cocinaba. Las personas se aferran a lo que saben que les da buenos resultados. Esta es la razón por la que la serie *Cocina Simplemente Deliciosa* es tan importante para más de 850.000 personas. Estos son libros de cocina a los que ellos saben que se pueden aferrar y confiar para tener éxito en sus cocinas. Ahora usted también puede disfrutar de esa confianza con este *Cocina Simplemente Deliciosa 2*.

La mayoría de las personas desean lo mejor para sus familias y lo merecen. Esta es la razón por la cual ahora les traemos el *Cocina Simplemente Deliciosa 2*, lo mejor en recetas sencillas y deliciosas. No importa donde usted viva, estas recetas con seguridad le van a brindar a su familia lo que usted exactamente desea para ellos: verdaderamente lo mejor.

Los mejores cocineros son aquellos que siempre están buscando inspiración, buscando como enlazar lo viejo con lo nuevo para que la creatividad se manifieste. En su *Cocina Simplemente Deliciosa 2*, la creatividad está definida y perfeccionada. No hay ninguna receta que sea muy difícil o muy extraña para que alguien la evite. Cada receta tiene el sabor de "un bocadito más", dejando al invitado con el deseo inmenso de ser nuevamente llamado a sentarse a la mesa.

Ningún cocinero puede resistirse a la tentación de sus recetas favoritas; yo tampoco puedo. Les traigo creaciones culinarias que han ganado premios y alabanzas, tanto de amigos como de críticos. Yo les he dado algo más que sólo años de experiencia en cocina, les he dado los sabores de los sueños culinarios. Espero que ustedes vivan ese sueño conmigo.

Desde la publicación de mi primer éxito de venta internacional, mi libro de cocina *Los Placeres de la Buena Mesa*, me he enterado de que mis lectores buscaban más cocina internacional. Hemos respondido a ese llamado, en estas páginas ustedes van a encontrar recetas de las cocinas desde Africa hasta Asia, de Nueva Zelandia a Newfoundland, Canadá; de los Estados Unidos a Gran Bretaña, y los puntos intermedios.

Con este *Cocina Simplemente Deliciosa 2*, buscamos poderle brindar años de alegría en la preparación de comidas. Después de todo, la comida debe dar placer tanto al prepararla como en servirla. Aquí hemos logrado eso. En el sabor participan todos los sentidos, no solamente la boca; todos los sentidos trabajan juntos para su disfrute. Para hacer mejor uso del sabor uno tiene que incorporar la vista, el tacto, el olfato, el oído y el gusto para obtener el sabor. Aquí yo he logrado eso para ustedes, nuestras fotografías son sólo la introducción a los sabores que siguen. Son los entremeses para los ojos.

Su libro luce como un lindo volumen para tenerlo en la mesa del centro de su sala, para admirar las fotografías y enseñarlo a sus amigos. Sin embargo, aunque es muy bello, su lugar es la cocina, donde se encuentran sus utensilios más confiables para cocinar. Abra sus páginas para encontrar un nuevo mundo de delicias que puede cambiar su mundo de habilidades culinarias, para siempre.

Ron Kalenuik, Chef K

ENTREMESES

Alitas de pollo—¡Alguien ha dejado el pollo afuera y éste ha aprendido a volar! Las apetitosas alitas se están sirviendo en todo el mundo y están ganando más popularidad cada día que pasa.

¿Ha usted realmente deseado saber como se hacen esas alitas de pollo por las cuales Buffalo, N.Y. es famoso? (Comenzaron en el Bar Anchor, un pequeño bar restaurante en el centro de Buffalo). En este capítulo del *Cocina Simplemente Deliciosa 2*, usted encontrará como prepararlas sin tener que ir a Buffalo. O, tal vez usted prefiera algo mas exótico, lo que también está en estas páginas. Nosotros le estamos dando más de 10 diferentes variedades; desde el estilo Buffalo, hasta el especial Alitas con Brandy de Albaricoque, y las Alitas Texas Humeantes.

¿Por qué no disfrutar cada una de ellas?

Sin embargo, alitas de pollo no es todo lo que usted encontrará. Hemos incluido además algunos apetitosos iniciadores de fiestas y entremeses "Gourmet" para las ocasiones especiales. ¿Por qué no hacer una comida sólo con entremeses? Estos son muy especiales para sus noches de grandes eventos.

El concepto de entremeses se inició hace muchos años en Rusia, donde para estimular el apetito, uno mordisqueaba algo pequeño y sabroso. Los franceses siempre han sabido que los entremeses son el preludio para los platos que siguen. Si este venturoso primer plato es de poca calidad, entonces aun los platos más finos que siguen serán considerados con el mismo criterio.

Pero hágalo Simplemente Delicioso y los elogios por sus platos, continuarán semanas después de haber acontecido su evento.

Hoy, los entremeses son más que solo un pequeño bocadito, ellos pueden ser el mejor camino para una comida exitosa y memorable. Ya sea eligiendo los extraordinarios Camarones con Salsa de Manzana y Chocolate, o el fascinante Tomate Capellini con Pesto de Pimiento Rojo y Camarones, el resultado será el mismo — ¡Exito!. Cuente con la creatividad de estas delicias extraordinarias para ofrecer lo mejor a sus invitados. Ellos seguramente estarán de acuerdo, estos entremeses, (como nuestros Raviolis de Salmón Ahumado con Salsa de Queso,Vodka y Pimienta), son lo mejor que jamás han saboreado y son los que usted preparó. El comentario para usted, y todo lo que expresen acerca de su comida será "capriccioso"; palabra italiana para expresar Simplemente Delicioso.

Camarones Encurtidos Fiesta

CANAPES DE CANGREJO Y MARAÑONES

1lb	450g	carne de cangrejo cocida
1 taza	270 g	nueces de marañón sin sal
1 cda	14 g	mantequilla
2 cdas	14 g	harina
¾ taza	180 ml	crema liviana
2 cdas	30 ml	perejil picado
¼ taza	28 g	queso parmesano, recién rallado
36	36	galletitas de harina integral o puntas de pan tostado

Mezclar el cangrejo y las nueces. Calentar la mantequilla en una cacerola, agregar la harina y cocinar por 2 minutos sobre fuego bajo; agregar la crema y cocer a fuego lento hasta que la salsa se espese. Mezclar el perejil, el queso y el cangrejo.

Poner encima de las galletitas y servir mientras está caliente.

PARA 6 PORCIONES

BROCHETAS DE CAMARONES, VIEIRAS Y CARACOLES

24	24	camarones grandes, pelados y desvenados
24	24	vieiras de la bahía, grandes
24	24	caracoles extra grandes
3 cdas	42 g	mantequilla
2	2	dientes de ajo picados
¼ taza	60 ml	vino blanco
2 cdas	30 ml	licor Pernod
1 cda	9 g	cebollines picados
1 cda	15 ml	perejil picado

Insertar en brochetas de bambú, 2 de cada uno, camarones, vieiras y caracoles, alternándolos; colocar en una parrilla. Calentar la mantequilla en una cacerola, agregar los ingredientes restantes. Cocinar hasta que la mezcla se reduzca a la mitad. Untar las brochetas con la mantequilla. Asar por 2 o 3 minutos. Voltearlos, untar otra vez con la mantequilla. Asar durante otros 2 o 3 minutos, untar una vez más con la mantequilla y servir inmediatamente.

PARA 6 PORCIONES

HUEVOS ARMADILLO

16	16	chiles jalapeños picantes
1 taza	112 g	queso Monterrey Jack rallado
2	2	huevos
¼ taza	60 ml	leche
½ taza	56 g	harina
1 taza	112 g	miga sazonada de pan
2 tazas	500 ml	aceite de girasol
2 tazas	500 ml	Salsa Creole caliente (ver página 121)
		hojas de lechuga rizada

Cortar la parte superior de los chiles; usando un cuchillo pequeño sacar las membranas y semillas de adentro de los mismos.

Rellenar cada chile con queso, lo más apretado posible. Colocar en un molde de hornear.

Mezclar los huevos con la leche en un recipiente pequeño.

Espolvorear los chiles con la harina, sumergirlos en el huevo y luego pasarlos por la miga de pan.

Calentar el aceite a 350°F (190°C). Freír los chiles en el aceite hasta que estén dorados.

Poner la salsa Creole en un tazón pequeño; colocar el tazón en una fuente de servir y adornar alrededor con las hojas de lechuga. Acomodar los huevos Armadillo alrededor de la fuente y servir enseguida.

PARA 4 PORCIONES

Brochetas de Camarones, Vieiras y Caracoles

Huevos Armadillo

Alitas Picantes Yucatán

ALITAS PICANTES YUCATAN

½ taza	125 ml	aceite de girasol
1	1	cebolla española picada
1	1	pimiento dulce verde, picado
1	1	tallo de apio, picado fino
2	2	dientes de ajo picados
2 cdtas	10 ml	chile rojo picado
1 taza	150 g	tomates machacados
1taza	300 g	bananas en puré
½ cdta	2,5 g	sal (opcional)
½ cdta	3 ml	pimiento de Cayena
1 cdta	5 ml	orégano
¼ cdta	1,2 g	pimienta blanca
¼ cdta	1,2 g	pimienta negra
2¼ lbs	1 kg	alitas de pollo

Calentar el aceite en una cacerola. Agregar la cebolla, los pimientos verdes, el apio, el ajo y el chile rojo. Sofreír hasta que se ablanden. Agregar los tomates, las bananas y los condimentos. Cocer a fuego lento por 15-20 minutos.

Lavar y cortar las alitas. Secarlas con toallas de papel. Colocar las alitas en una cacerola grande. Cubrir con la salsa, y luego cubrir la cacerola con papel de aluminio. Hornear en un horno precalentado a 350°F (180°C), por 45 minutos, quitar el papel de aluminio y seguir cocinando en el horno por 15 minutos más. Ponerlas en una fuente. Servir inmediatamente.

PARA 4 PORCIONES

Alitas de Pollo Buffalo

ALITAS DE POLLO BUFFALO

2¼ lbs	1 kg	alitas de pollo
4 tazas	1 L	aceite
¼ taza	56 g	mantequilla
5 cdas	75 ml	salsa de pimiento Cayena muy picante; menos cantidad para medio, más cantidad para muy picante
1 manojo	1	apio
1 taza	112 g	queso azul (roquefort desmenuzado)
1 taza	250 ml	mayonesa

Cortar y separar las alitas por el medio. Calentar el aceite a 375°F (190°C). Freír las alitas unas pocas a la vez por 10 minutos, teniendo cuidado de mantener la temperatura del aceite. Conservar las alitas calientes en el horno.

Derretir la mantequilla en una cacerola y agregar la salsa picante. Colocar el pollo en una fuente de servir . Ponerle la salsa y revolver hasta que todas las alitas tengan salsa.

Mientras las alitas se cocinan cortar el apio en forma de palitos. Mezclar el queso con la mayonesa para servir como aderezo para los apios y las alitas.

Servir las alitas con el apio.

PARA 4 PORCIONES

COCTEL DE LANGOSTA

1 lb	450 g	carne de langosta cocida
¼ taza	60 ml	salsa de tomate catsup
2 cdas	30 ml	jerez
1 cda	15 ml	rábanos picantes de conserva
¼cdta	1,2 g	pimiento de Cayena
1 cda	15 ml	jugo de limón
2 cdtas	6 g	cebollines picados
1cdta	5 ml	alcaparras picadas
6	6	hojas de lechuga escarola
6	6	la carne sólo de 6 pinzas de langosta

Cortar la carne de langosta en cuadritos.

En un tazón de mezclar, combinar el catsup, el jerez, los rábanos picantes,el pimiento de Cayena, el jugo de limón, los cebollines y las alcaparras. Agregar la langosta cortada en cuadritos y mezclar. Colocar la mezcla sobre las hojas de lechuga en platos previamente refrigerados o en copas de champán refrigeradas. Adornar con una pinza de langosta. Servir.

Nota: La langosta puede ser sustituida con camarones o cangrejo.

PARA 6 PORCIONES

ALITAS CON NUECES DIJON

2¼ lbs	1 kg	alitas de pollo
1 taza	250 ml	mostaza de Dijon
1 taza	100 g	almendras en polvo
1 taza	112 g	miga de pan fina, sazonada
4 tazas	1 L	aceite de girasol

Lavar y recortar las alitas. Secarlas con toallas de papel; untar cada alita con la mostaza de Dijon.

Mezclar las almendras en polvo con la miga de pan. Poner las alitas en la mezcla.

Calentar el aceite a 375°F (180°C). Cocinar en cantidades pequeñas en el aceite por 10 minutos. Mantenerlas calientes en el horno mientras se fríen todas las alitas.

Servir calientes.

PARA 4 PORCIONES

ALITAS CON BRANDY DE ALBARICOQUE

1 taza	150 g	albaricoques secos
1 taza	250 ml	agua caliente
½ taza	125 ml	brandy de albaricoque
3 cdas	45 g	azúcar
½ cdta	2,5 g	canela en polvo
2¼ lbs	1 kg	alitas de pollo

Cocinar los albaricoques en una cacerola hasta que estén blandos. Pasarlos a un procesador de alimentos y hacerlos puré. Pasarlos nuevamente a la cacerola y agregar el brandy, el azúcar y la canela en polvo. Cocinar a fuego lento por 5 minutos.

Colocar las alitas en un molde. Asar en la parrilla del horno precalentado, por 10 minutos. Voltear las alitas y cocinar por otros 10 minutos. Durante los últimos 3 minutos untar con la salsa 2 veces. Sacar las alitas del horno y volverlas a untar con la salsa. Servir calientes.

Nota: El brandy puede ser reemplazado con jugo de manzana o néctar de albaricoques.

PARA 6 PORCIONES

ALITAS FRITAS CAJUN

2¼ lbs	1 kg	alitas de pollo
2 tazas	225 g	miga de pan
2 cdtas	10 ml	orégano
1 cdta	5 ml	albahaca
1 cdta	5 g	sal
1 cdta	5 g	chile en polvo
½ cdta	2,5 g	cebolla en polvo
½ cdta	2,5 g	paprika
½ cdta	2,5 g	pimiento de Cayena
¼ cdta	1,2 g	pimienta negra
¼ cdta	1,2 g	pimienta negra
2	2	huevos
¼ taza	60 ml	leche
½ taza	56 g	harina
4 tazas	1 L	aceite de girasol

Precalentar el aceite a 375°F (190°C).

Lavar y cortar las alitas. Secarlas bien con toallas de papel. Mezclar la miga de pan con las hierbas y los condimentos.

Batir los huevos con la leche, colocar la harina en otro recipiente. Rápidamente pasar las alitas primero por la harina, luego por el huevo y por último por la miga de pan sazonada.

Freír unas pocas a la vez por 10-12 minutos. Mantenerlas calientes en el horno hasta que todas las alitas estén listas para servir.

PARA 4 PORCIONES

Alitas con Nueces Dijon; con Brandy de Albaricoque y Fritas Cajun

PANQUEQUES CON FRUTOS DEL MAR

¼ taza	56 g	mantequilla
½ lb	225 g	camarones
½ lb	225 g	carne de cangrejo
½ lb	225 g	carne de langosta
3 cdas	21 g	harina
1 taza	250 ml	Caldo de Pescado (ver página 76)
2 tazas	500 ml	vino blanco
½ taza	125 ml	crema ligera
½ cdta	2,5 g	sal (opcional)
½ cdta	2,5 g	pimienta
⅓ taza	38 g	queso parmesano, recién rallado
16	16	panqueques o crepas (ver página 469)
2 cdas	30 ml	perejil picado

Alitas de Pollo a la Barbacoa

BOCADILLOS MASCARPONE

¼ lb	115 g	queso mascarpone o queso de crema
1 cdta	5 g	sal
¼ cdta	1,2 g	pimienta blanca
¼ taza	32 g	cebollines finamente picados
2½ tazas	375 g	nueces picadas

En un procesador de alimentos combinar el queso, la sal, la pimienta y los cebollines; hacer una pasta fina y homogénea.

Sacar del procesador y hacer bolitas muy pequeñas.

Colocar las nueces picadas en un tazón. Hacer rodar las bolitas entre las nueces para que se cubran. Colocar las bolitas en una fuente que ha sido cubierta con papel encerado. Refrigerar por 1 hora antes de servir.

PARA 6 PORCIONES

ALITAS DE POLLO A LA BARBACOA

½ taza	84 g	azúcar morena
½ taza	125 ml	salsa de tomate catsup
2 cdas	30 ml	salsa inglesa
1 cdta	5 g	chile en polvo
½ cdta	3 ml	de cada uno: orégano, ajo en polvo, tomillo, cebolla en polvo, paprika, sal, pimienta y albahaca
2¼ lbs	1 kg	alitas de pollo

Mezclar el azúcar morena con la salsa de tomate catsup, la salsa inglesa, y las demás hierbas y condimentos.

Lavar y cortar las alitas, (tirar las puntas de cada una). Secar bien con toallas de papel. Colocar en un molde y asar en un horno precalentado, por 10 minutos.Voltear las alitas y untar con la salsa. Asar por 10 minutos más. Untarlas una vez más durante los últimos 2 minutos de cocción.

Servir calientes con el resto de la salsa.

PARA 4 PORCIONES

Calentar la mantequilla en una sartén. Agregar los mariscos y cocinarlos ligeramente. Espolvorear con harina y cocinar por otros 2 minutos en fuego lento. Echar el caldo revolviendo junto con el vino y la crema. Cocinar a fuego muy lento hasta que esté espeso y suave. Agregar la sal, la pimienta y el queso parmesan;, continuar la cocción por 2 minutos más .

Conservar 1 taza de la mezcla de mariscos. Colocar el relleno restante en cantidades iguales en cada panqueque o crepa y enrollar. Colocar en platos para servir. Cubrirlos con el relleno de mariscos reservado, espolvorear con el perejil picado y servir.

PARA 8 PORCIONES

CHAMPIÑONES CON CANGREJO

3 cdas	42 g	mantequilla
3 cdas	21 g	harina
½ taza	125 ml	Caldo de Pollo (ver página 77)
½ taza	125 ml	leche 50% crema
½ cdta	2,5 g	sal
¼ cdta	1,2 g	pimienta blanca
1 cdta	5 ml	mostaza de Dijon
1	1	yema de huevo
1 taza	150 g	carne de cangrejo cocida
1 lb	454 g	champiñones grandes, frescos
3	3	huevos
2 tazas	225 g	miga de pan sazonada
4 tazas	1 L	aceite de girasol

En una cacerola calentar la mantequilla; agregar la harina, cocinar por 2 minutos a fuego lento. Agregar el caldo, la crema, la sal, la pimienta y la mostaza. Cocer a fuego lento hasta que la salsa se espese y agregar batiendo, la yema de huevo.

Agregar la carne de cangrejo en la salsa revolviendo, pasar a un procesador de alimentos y hacer un puré; dejar enfriar a temperatura ambiente. Colocar una pequeña cantidad de la mezcla en cada sombrerito de champiñón. Unir dos sombreritos para formar un sandwich, luego pasarlos por la mezcla restante para que se cubran con la misma.

Batir los huevos hasta que estén suaves. Pasar los champiñones por el huevo batido y luego por la miga de pan.

Calentar el aceite a 375°F (190°C) y freír los champiñones en pequeñas cantidades a la vez, hasta que esten dorados, conservar calientes en el horno. Servir calientes, inmediatamente.

PARA 6 PORCIONES

RISSOLES FRANCESES

1 ración	1	Masa de Hojaldre (ver página 77)
2 tazas	300 g	pollo cocido, picado
¾ taza	190 ml	Salsa Mornay (ver página 111)
3	3	huevos
¼ taza	60 ml	leche 50% crema
4 tazas	1 L	aceite de girasol

Estirar fino la masa; cortarla en cuadraditos.

Mezclar el pollo con la salsa Mornay. Colocar 1½ cucharadita (8 ml) en el centro de cada cuadradito. Humedecer los bordes con una pequeña cantidad de agua, doblar la masa para encerrar el relleno, apretar los bordes para sellar.

Mezclar los huevos con la crema.

Calentar el aceite a 375°F (190°C).

Sumergir las empanaditas en la mezcla de huevo y crema; luego freírlas en pequeñas cantidades a la vez, hasta que estén doradas. Colocar en una fuente previamente cubierta con toallas de papel, conservar calientes en el horno mientras se terminan de freír. Servir inmediatamente, bien calientes.

PARA 6 PORCIONES

FLAUTAS DE CARNE

1 cda	15 g	chile en polvo
2 cdtas	10 g	paprika
1 cdta	5 ml	orégano
½ cdta	3 ml	de cada uno: albahaca, tomillo, ajo y cebolla en polvo, sal y pimienta
1 lb	450 g	filete de carne, en rodajas finas
3 cdas	45 ml	aceite de girasol
1	1	cebolla cortada en rodajas finas
1	1	pimiento dulce verde, en rodajas finas
4 oz	120 g	champiñones cortados en rodajas finas
12	12	tortillas suaves de maíz

Mezclar todas las hierbas y los condimentos y ligeramente espolvorear la carne. Calentar el aceite y freír la carne por 5 minutos.

Quitar la carne del fuego y conservarla caliente.

Freír los vegetales rápidamente en el aceite. Envolver la carne y los vegetales en las tortillas. Servir con Salsa Mexicana (ver página 115).

PARA 6 PORCIONES

Champiñones con Cangrejo

Flautas de Carne

Alitas Jezabel

TOMATE CAPELLINI CON PESTO DE PIMIENTO ROJO Y CAMARONES

1	1	diente de ajo picado
2 cdas	25 g	piñones
1 cda	15 ml	hojas de albahaca recién picadas
3 cdas	45 ml	perejil picado
1 taza	150 g	pimiento rojo dulce, sin semillas, picado
3 oz	90 ml	queso romano, recién rallado
¼ taza	60 ml	aceite de oliva
1 ración	1	Masa de Pasta de Tomate (ver página 440)
1 lb	450 g	camarones de bahía, cocidos

En un procesador de alimentos, mezclar el ajo con los piñones hasta tener una mezcla fina y homogénea. Agregar la albahaca, el perejil, los pimientos y el queso hasta alcanzar la consistencia de puré. Lentamente agregar el aceite y continuar mezclando hasta hacer una salsa con la consistencia de mayonesa.

Cocinar la pasta al dente en 4 litros de agua hirviendo con sal. Colar.

Echar la salsa en la pasta y revolver; colocar en platos previamente calentados. Adornar con camarones y servir.

PARA 6 PORCIONES

ANCAS DE RANA A LA CHEF K

16 pares	32	ancas de rana
2 tazas	500 ml	cerveza
2 tazas	225 g	harina
1 cdta	5 ml	hojas de albahaca
½ cdta	3 ml	de cada uno: tomillo, paprika, orégano, sal, ajo y cebolla en polvo, pimienta
3 cdas	42 g	mantequilla
3 cdas	45 ml	aceite de oliva
2 cdas	30 ml	jugo de limón
2 cdas	30 ml	perejil picado

Remojar las ancas de rana en cerveza por 2 horas.

Mientras las ancas se remojan, mezclar la harina, las hierbas y los condimentos.

Sacar las ancas de rana de la cerveza. Secarlas con toallas de papel.

Espolvorear las ancas con la harina sazonada. En una sartén, calentar juntos el aceite y la mantequilla. Freír las ancas de rana hasta dorarlas de cada lado. Colocarlas en una fuente de servir, rociarlas con limón, espolvorearlas con perejil y servir.

PARA 4 PORCIONES

ALITAS JEZABEL

½ taza	125 ml	gelatina de manzana
½ taza	125 ml	conserva de piña
1 cdta	5 g	mostaza en polvo
½ cdta	2,5 g	chile rojo en escamas
1 cda	15 ml	rábanos picantes
8 oz	225 g	queso de crema
2¼ lbs	1 kg	alitas de pollo
		sal y pimienta al gusto

Mezclar la gelatina de manzana, la conserva de piña, la mostaza, el chile rojo y los rábanos picantes con el queso de crema.

Lavar y cortar las alitas. Secarlas con toallas de papel. Colocar en una lata de hornear. Espolvorear con sal y pimienta. Cocinar en un horno precalentado a 350°F (180°C), por 45 minutos. Pasar a una cacerola. Ponerles la salsa encima con una cuchara. Cubrir con paper de aluminio y cocinar por 20 minutos más. Servir calientes.

PARA 4 PORCIONES

Tomate Capellini con Pesto de Pimiento Rojo y Camarones

Alitas de Pollo con Miel y Limón

HAMBURGUESAS BERMUDA

1 lb	454 g	carne magra molida
¼ cdta	1 ml	de cada uno: sal, pimienta, albahaca, tomillo y orégano
2 cdtas	10 ml	salsa inglesa
30	30	cebollitas perla encurtidas
1	1	yema de huevo
½ taza	125 ml	agua bien fría
¾ taza	84 g	harina auto subiente
4 tazas	1 L	aceite de girasol
½ taza	56 g	harina sin blanquear
2½ tazas	625 ml	corn flakes triturados
2½ tazas	625 ml	salsa de barbacoa

En un tazón, combinar la carne molida, los condimentos y la salsa inglesa.

Envolver cada cebollita con 1 cucharada (15ml) de carne molida.

Mezclar la yema de huevo, el agua y la harina en otro recipiente.

Calentar el aceite a 375°F (190°C).

Espolvorear las bolitas de carne con la harina, sumergirlas en la mezcla de huevo primero y luego hacerlas rodar en los corn flakes. Freír en el aceite unas pocas a la vez, hasta que estén doradas. Conservarlas calientes en el horno mientras las bolitas restantes se terminan de freír.

Colocar la salsa de barbacoa en un tazón pequeño en el centro de la fuente de servir. Acomodar las bolitas cocidas aldededor de la fuente y servir de inmediato.

PARA 6 PORCIONES

ALITAS DE POLLO CON MIEL Y LIMON

2¼ lbs	1 kg	alitas de pollo
3 cdas	45 ml	cáscara de limón rallada
3 cdas	45 ml	jugo de limón
1 taza	250 ml	miel
1 cdta	5 g	canela

Lavar y cortar las alitas. Secarlas con toallas de papel.

Batir la cáscara y el jugo de limón con la miel y la canela. Poner sobre las alitas y dejar marinar por 2 horas. Colocar las alitas en un molde. Conservar la mezcla del jugo y miel.

Asar en el horno por 10-12 minutos. Voltear las alitas, untar con el jugo de limón y miel. Seguir asando por 10 minutos más. Servir inmediatamente

PARA 4 PORCIONES

ALITAS TEXAS HUMEANTES

2¼ lbs	1 kg	alitas de pavo
½ taza	125 ml	salsa picante
3 cdas	45 ml	salsa de soya
2	2	dientes de ajo picados
½ cdta	3 ml	humo líquido
½ cdta	2,5 g	pimiento de Cayena
½ cdta	2,5 g	pimienta negra
¼ taza	42 g	azúcar morena

Lavar y cortar las alitas. Secarlas con toallas de papel. Colocarlas en una cacerola y cubrir con papel de aluminio. Cocinar en un horno precalentado 350°F (180°C), por ½ hora.

Mientras las alitas se cocinan, mezclar los ingredientes restantes. Destapar las alitas. Verter la salsa sobre ellas. Volver a cubrir y hornear por 35-40 minutos más, o hasta que las alitas estén blandas. Servir inmediatamente.

PARA 4 PORCIONES

Alitas Texas Humeantes

Champiñones Rellenos con Cangrejo

ALITAS AL AJO Y MIEL

2¼ lbs	1 kg	alitas de pollo
4 tazas	1 L	aceite de girasol
1 taza	250 ml	miel líquida
1 cda	15 g	ajo en polvo

Lavar y cortar las alitas. Secarlas con toallas de papel.

Calentar el aceite a 375°F (190°C). Freír las alitas en cantidades pequeñas a la vez, por 10 minutos. Conservar calientes mientras las otras se cocinan.

Mezclar la miel con el ajo en polvo, (si la miel está caliente será más fácil). Colocar las alitas en una fuente para servir. Verter la miel sobre ellas. Mezclar para cubrir bien las alitas con la salsa.

PARA 4 PORCIONES

RODAJAS DE PEPINO RELLENAS

1	1	pepino inglés grande
1 taza	250 ml	aceite de oliva
⅓ taza	80 ml	jugo de limón
2 cdtas	10 g	sal
½ cdta	2,5 g	pimienta blanca
1 taza	225 g	salmón ahumado picado
¼ taza	60 ml	mayonesa
2 cdtas	10 ml	mostaza de Dijon
		hojas de berro

Pelar el pepino y cortarlo en rodajas de ⅓" (1cm). Usando un descorazonador de manzanas, sacar la pulpa del centro y las semillas. Colocarlo en un tazón grande.

Mezclar el aceite, el jugo de limón, la sal y la pimienta juntos; verter sobre las rodajas de pepino, cubrir y refrigerar por 2 horas, luego escurrir.

Mezclar el salmón, la mayonesa y la mostaza juntos. Rellenar los pepinos con esta mezcla. Cortar los pepinos en trozos pequeños, colocarlos en una fuente. Adornar con las hojas de berro y servir.

PARA 6 PORCIONES

CHAMPIÑONES RELLENOS CON CANGREJO

36	36	champiñones grandes
3 cdas	42 g	mantequilla
½ lb	225 g	carne de cangrejo
2 cdas	14 g	harina
1 cda	9 g	cebollines picados
1 cda	15 ml	mostaza de Dijon
3 cdas	45 ml	jugo de limón
2 cdtas	10 ml	salsa inglesa
2 cdtas	10 ml	albahaca
¼ taza	60 ml	jerez
⅓ taza	80 ml	crema ligera
1 taza	250 ml	Salsa Béarnaise (ver página 108)

Lavar los champiñones y cortarles los tallos. Hervir los sombreritos en agua ligeramente salada; escurrir y dejar enfriar. Picar los tallos.

Calentar la mantequilla en una sartén grande. Freír la carne de cangrejo y los tallos de champiñón. Espolvorear con harina y cocinar por 2 minutos. Agregar los ingredientes restantes, menos la Salsa Béarnaise. Cocer a fuego lento hasta que esté bien espeso.

Precalentar la parrilla del horno.

Rellenar los sombreritos de champiñón con la mezcla de cangrejo; colocar los sombreritos en una lata de hornear. Poner en cada sombrerito una pequeña cantidad de salsa Béarnaise. Colocarlos bajo la parrilla del horno y dorarlos.

Servir muy calientes.

PARA 6 PORCIONES

Rodajas de Pepino Rellenas

DELICIAS ITALIANAS

1	1	pan italiano (barra)
2 tazas	450 g	queso mascarpone
¾ taza	84 g	queso gorgonzola desmenuzado
15-20	15-20	filetes de anchoa
15-20	15-20	aceitunas verdes rellenas

Cortar el pan en rodajas finas, recortar la corteza de las rodajas. Cortar las rodajas en diferentes formas.

Formar una crema con los quesos y untar en las rodajas.

Enrollar los filetes de anchoa alrededor de las aceitunas y colocar una en cada rodaja.

PARA 6 PORCIONES

LINGÜINI DE PATO A LA NARANJA

1 ración	1	Pasta de Azafrán (ver página 436)
2-3 lbs	1 kg	pato pequeño
1 taza	250 ml	Caldo de Carne (ver página 85)
2 tazas	500 ml	vino blanco
6	6	naranjas
2	2	limones
3 cdas	21 g	harina
¼ taza	56 g	azúcar
¼ cdta	1,2 g	canela
¼ taza	60 ml	brandy de naranja
2 cdtas	30 ml	jalea de grosella roja

Procesar la pasta de acuerdo a las instrucciones y cortarla en forma de fideos lingüini.

Sazonar el pato con un poquito de sal y pimienta. Colocar en un molde y verter el caldo y el vino sobre el pato. Pelar la cáscara de 3 naranjas y 1 limón. Exprimir el jugo y ponerlo sobre el pato. Cubrir el pato y asarlo en un horno precalentado a 400°F (200°C), por 1¼ hora, o hasta que al insertar el tenedor, los jugos del pato sean de color claro. Retirar el pato del molde, separar la grasa del jugo, conservar 3 cucharadas de la grasa obtenida del jugo y tirar el resto.

Calentar la grasa conservada en una cacerola. Agregar la harina y cocinar por 2 minutos a temperatura mediana. Reducir la temperatura, agregar los jugos del pato y seguir cocinando a fuego lento. En otra cacerola hacer un caramelo con el azúcar, (dorarla pero con cuidado de no quemarla). Agregar el brandy y los jugos de las naranjas restantes y el limón.

Agregar, revolviendo, la canela y la gelatina. Agregar las cáscaras ralladas de la naranja y el limón .

Sacar la carne del pato y cortarla en trocitos, conservar la carne caliente.

Cocinar la pasta al dente en una cacerola de agua hirviendo con sal; colar. Colocar en platos. Poner la carne de pato encima y cubrir con salsa. Servir.

PARA 6 PORCIONES

Lingüini de Pato a la Naranja

Canapés Monte Cristo

TORTELLINI CARACOL

¼ ración	0,25	MasaBásica de Pasta (ver página 426)
18	18	caracoles grandes
1 cda	15 ml	mantequilla
1	1	diente de ajo picado
1	1	cebolla pequeña picada
1 cda	15 ml	jugo de limón
1 cdta	5 ml	albahaca
2 cdas	30 ml	jerez
2 cdtas	10 ml	licor Pernod
3 cdas	15 ml	perejil picado
⅓ taza	80 ml	leche 50 % crema

Estirar fino la masa. Con un molde de galletas redondo, cortar 36 redondeles. Cubrirlos con un trapo húmedo para evitar que se sequen.

Cortar los caracoles por la mitad. En una sartén calentar la mantequilla; freír el ajo y la cebolla hasta que estén blandos. Agregar los caracoles y continuar friendo por 1 minuto. Agregar el limón, la albahaca, el jerez y el Pernod. Bajar la temperatura y cocer a fuego lento por 3 minutos. Agregar el perejil y la crema, revolviéndolos. Quitar del fuego y conservar.

Pasar los caracoles a un recipiente y dejar enfriar. Humedecer los redondeles de masa con un poco de agua. Colocar ½ caracol en cada redondel, doblar y apretar los bordes para sellar. Ondular los bordes alrededor del relleno y apretarlos juntos.

En 3 litros de agua hirviendo con sal, cocinar los tortellinis hasta que floten en la superficie del agua.

Recalentar la salsa. Verter en los tortellinis ya colados y servir.

PARA 6 PORCIONES

CHAMPIÑONES OINKS

1 lb	450 g	champiñones grandes
⅓ lb	130 g	carne de salchicha
½ taza	125 ml	miga de pan sazonada
1 cda	15 ml	mantequilla derretida
1 taza	250 ml	Salsa Béarnaise (ver página 108)

Lavar los champiñones, separar los tallos de los sombreritos y picar los tallos finamente. En una sartén grande, dorar la carne de salchicha; cuando esté casi cocinada agregar los tallos picados, cocinar bien. Sacar del fuego, eliminar todo exceso de grasa. Pasar la mezcla a un tazón y dejar enfriar a temperatura ambiente.

Mezclar la miga de pan y la mantequilla en la mezcla de salchicha ya enfriada. Rellenar el sombrero de los champiñones con la mezcla de salchicha. Colocar en una lata y hornear en un horno precalentado a 350°F (180°C), por 15 minutos.

Cubrir cada champiñón con ½ cucharadita de salsa Béarnaise. Aumentar la temperatura del horno para asar los champiñones por 2-3 minutos más, hasta que la salsa se dore. Servir bien calientes.

PARA 6 PORCIONES

CANAPES MONTE CRISTO

16	16	rebanadas de pan blanco
16	16	rodajas de jamón Parma (Prosciutto)
1 taza	250 ml	queso suizo rallado
4	4	huevos
¼ taza	60 ml	leche 50 % crema
4 cdas	60 ml	mantequilla

Recortar la corteza del pan.

Colocar 2 rodajas de jamón y un poco de queso, entre dos rebanadas de pan. Cortar en cuatro, diagonalmente.

Mezclar los huevos con la crema. Sumergir las secciones de pan en el huevo.

Calentar la mantequilla en cantidades pequeñas en una sartén y freír las secciones de sandwiches en la mantequilla, hasta que estén dorados. Servir inmediatamente, bien calientes.

PARA 4 PORCIONES

Camarones en Salsa de Manzana y Chocolate a la Chef K

Camarones con Miel y Paprika

CAMARONES EN SALSA DE MANZANA Y CHOCOLATE A LA CHEF K

1 lb	450 g	camarones grandes, pelados y desvenados
3 cdas	42 g	mantequilla
2 cdas	30 ml	aceite de girasol
1 taza	150 g	manzanas peladas, sin corazón, picadas
3 oz	80 g	champiñones
2 cdas	14 g	harina
1 taza	250 ml	crema liviana
¼ taza	60 ml	brandy de manzana (Calvados)
3 oz	85 g	chocolate blanco rallado

Formar una mariposa con cada camarón haciendo un corte con un cuchillo a lo largo de la espalda. Calentar la mantequilla y el aceite juntos en una sartén grande. Freír rápidamente los camarones en el aceite. Sacarlos y conservarlos calientes en el horno.

Agregar las manzanas y los champiñones en la sartén. Freír por 3 minutos. Espolvorear con harina; cocinar por 2 minutos sobre fuego bajo. Agregar la crema y el brandy; cocer a fuego lento hasta formar una salsa suave. Agregar el chocolate y cocinar por 1 minuto. Verter salsa sobre los camarones y servir.

PARA 6 PORCIONES

CAMARONES CON MIEL Y PAPRIKA

½ taza	125 ml	miel
1 cda	15 g	paprika dulce
2 cdas	30 ml	salsa inglesa
2 cdas	30 ml	salsa de soya
1 cdta	5 ml	hojas de tomillo secas
1 cdta	5 g	chile en polvo
¼ taza	60 ml	aceite de girasol
¼ taza	60 ml	jerez
1½ lb	675 g	camarones grandes

Batir juntos la miel, la paprika, la salsa inglesa, la soya, el tomillo, el chile en polvo y el jerez.

Pelar y desvenar los camarones. Formar mariposas, cortando a lo largo de la espalda del camarón. Enjuagar bajo agua fría y secar con toallas de papel.

Cubrir los camarones con la salsa de marinar y marinar por 1 hora. Colocar los camarones en un molde. Asar en horno precalentado por 3 minutos, voltear y continuar asando por 3 minutos más.

Colocar en una fuente de servir y a disfrutar.

PARA 6 PORCIONES

OSTRAS MARINARA

36	36	ostras
10 oz	300 ml	espinaca
2 cdas	28 g	mantequilla
1½ taza	375 ml	Salsa Marinara (ver página 111)
1 taza	112 g	miga de pan
¼ taza	28 g	queso romano, recién rallado
¼ taza	28 g	queso parmesano, recién rallado

Separar las ostras de su concha, conservar el líquido para la Salsa Marinara y sacar la carne.

Limpiar y cortar la espinaca. Calentar la mantequilla en una sartén grande y freír la espinaca. Colocar un poquito de espinaca en cada concha de ostra. Encima colocar una ostra. Poner 1 cucharadita (5ml) de Salsa Marinara sobre cada ostra.

Espolvorear cada ostra con la miga de pan y el queso. Hornear por 10-12 minutos en un horno precalentado a 450°F (230°C). Servir calientes.

PARA 6 PORCIONES

MOLINITOS DE QUESO Y CARNE

½ lb	225 g	carne fría
1 taza	225 g	queso de crema
3 cdas	45 ml	rábano picante de lata, cremoso
3 cdas	27 g	cebollines finamente picados
¼ taza	35 g	aceitunas rellenas, cortadas en rodajas

Rebanar la carne en rodajas muy finas.

Formar una crema con el queso, el rábano picante y los cebollines.

Cubrir con la mezcla las tajadas de carne. Enrollar las tajadas, cortar en trozos pequeños.

Colocar en una fuente cubierta con papel encerado. Adornar cada bocadito con una rodaja de aceituna en el centro. Refrigerar por 1 hora antes de servir.

PARA 6 PORCIONES

ENVOLTURAS DE LANGOSTA

1 lb	450 g	carne de cola de langosta
18	18	rodajas de tocineta

Cortar la carne de langosta en 36 trozos iguales. Dividir cada rodaja de tocino en dos. Envolver cada trozo de langosta con una rodaja de tocino. Asegurar con un palillo de dientes.

Cocinar en horno precalentado 500°F (250°C), por 8-10 minutos. Servir bien calientes.

PARA 6 PORCIONES

Molinitos de Queso y Carne

RAMEKINS DE POLLO Y ESPINACA

2 tazas	450 g	carne de pollo cortada en cuadritos
2 tazas	200 g	espinaca cocida, picada y escurrida
5	5	huevos
¾ taza	180 ml	crema
2 cdas	30 ml	perejil picado fino
1 cdta	3 g	cebollines picados
½ cdta	3 ml	hojas de albahaca
2 cdas	28 g	mantequilla

Mezclar el pollo y la espinaca. Revolver los huevos en el pollo y espinaca, uno a la vez. Agregar la crema y las hierbas. Engrasar seis platos dulceros con la mantequilla. Llenar cada plato con igual cantidad de la mezcla. Colocar los platos en un molde, poner agua alrededor de los platos hasta la mitad; asegurarse de que el agua no llegue adentro de los platos. Hornear en un horno precalentado 350°F (180°C), por 45 minutos. Sacar y poner en platos calientes y servir. Sugerencia: Sirva un poquito de salsa Mornay (ver página 111) con este platillo – es un gran final.

PARA 6 PORCIONES

BOLAS DE QUESO Y PISTACHO

2 tazas	225 g	queso ricotta
¼ taza	60 ml	perejil recién picado
½ taza	75 g	pimiento dulce rojo, picado fino
¼ cdta	1, 2 g	sal
¼ cdta	1,2 g	pimienta negra triturada
2 tazas	300 g	nueces de pistacho, peladas y trituradas

En un procesador de alimentos, combinar el ricotta, el perejil, el pimiento rojo, la sal y la pimienta; mezclar hasta que esté fino y homogéneo.

Sacar del procesador y formar bolitas muy pequeñas.

Colocar las nueces de pistacho en un tazón y hacer rodar las bolitas en el pistacho, para que se cubran con las nueces.

Colocar las bolitas de queso en una fuente de servir cubierta con papel encerado; refrigerar por 1 hora antes de servir.

PARA 6 PORCIONES

Bolas de Queso y Pistacho

SANDWICHES DE PEPINILLOS ENCURTIDOS

12	12	pepinillos encurtidos
24	24	rodajas de salami picante
3 cdas	45 ml	mostaza de Dijon

Formar un túnel en cada pepino en el centro del mismo. (Usar una barrita hueca pequeña, que tenga filo en un extremo).

Untar el salami con una capa fina de mostaza y enrollar firmemente. Rellenar cada pepino con el salami.

Cortar los pepinos en rodajas, colocar en una fuente y servir inmediatamente, o cubrir y refrigerar hasta el momento de servir.

PARA 6 PORCIONES

ALITAS DE POLLO DULCES-PICANTES

2¼ lbs	1 kg	alitas de pollo
1 taza	250 ml	miel
3 cdas	45 ml	salsa de soya
3 cdas	45 ml	salsa inglesa
½ cdta	3 ml	jengibre en polvo
½ cdta	3 ml	ajo en polvo

Lavar y cortar las alitas de pollo. Secar con toallas de papel y colocar en un tazón grande.

Batir juntos la miel, la salsa de soya, la salsa inglesa, el jengibre y el ajo. Poner sobre las alitas. Dejar marinar por 2 horas.

Colocar las alitas en un molde. Conservar la mezcla de marinar. Asar en un horno precalentado, por 10 minutos. Voltear las alitas y untar con el líquido conservado. Asar por 10 minutos más. Servir calientes.

PARA 4 PORCIONES

Sandwiches de Pepinillos Encurtidos

RAVIOLIS DE SALMON AHUMADO CON SALSA DE PIMIENTA, VODKA Y QUESO

½ ración	0,5	Pasta de Pimienta de Limón (ver página 432)
1 cda	14 g	mantequilla
8 oz	225 g	salmón ahumado picado
1	1	tallo de apio picado
1	1	zanahoria pequeña picada
¼ cdta	1,2 g	sal
¼ cdta	1,2 g	pimienta negra triturada
1	1	huevo
¼ taza	60 ml	vodka
¼ taza	60 ml	vino Marsala
¼ taza	60 ml	pasta de tomate
1½ taza	375 ml	Caldo de Pollo (ver página 77)
¼ taza	28 g	queso romano, recién rallado
2 cdtas	10 g	granos de pimienta verde
1 cda	15 ml	perejil picado

Procesar la pasta de acuerdo a las instrucciones. Estirar formando una hoja fina. Cortar círculos de masa con un molde de galletas de 3" (7,5 cm). Cubrir con un trapo húmedo.

Calentar la mantequilla en una sartén; freír las zanahorias y el apio hasta que estén blandos. Colocar en un tazón y dejar enfriar a temperatura ambiente. Mezclar el salmón, la sal, la pimienta triturada y el huevo con los vegetales ya enfriados.

Colocar 1 cucharadita (5 ml) de la mezcla en cada redondel de pasta. Humedecer los bordes con un poquito de agua. Doblar los redondeles por la mitad, apretar los bordes para sellar, ondular los bordes alrededor del relleno. Cocinar la pasta en una cacerola grande con agua hirviendo salada por 2 minutos más después de que empiecen a flotar en la superficie.

Para hacer la salsa, poner el vodka y el vino en una cacerola. Batir la pasta de tomate y el caldo en el vino y cocer a fuego lento hasta reducir ⅔ del volumen original. Batir dentro de la salsa el queso, la pimienta y el perejil. Poner la salsa sobre los raviolis y servir.

PARA 6 PORCIONES

Raviolis de Salmón Ahumado con Salsa de Pimienta, Vodka y Queso

CAMARONES ENCURTIDOS FIESTA

8 tazas	2 L	agua hirviendo
1¼ lbs	625 g	camarones gigantes, pelados y desvenados
1	1	limón
1	1	lima
1	1	zanahoria cortada en cuadritos
3 tazas	375 g	cebolla en cuadritos
1 taza	150 g	apio en cuadritos
¼ taza	60 ml	condimento para encurtir
6	6	hojas de laurel
1 taza	250 ml	aceite de girasol
½ taza	125 ml	vinagre
¼ taza	60 ml	jerez
2 cdas	30 g	alcaparras
2 cdtas	10 g	sal
¼ cdta	1 ml	salsa de pimiento rojo

Verter el agua hirviendo sobre los camarones y ponerlos en una olla. Cortar el limón y la lima en cuartos; agregar a los camarones. Colocar la zanahoria, 1 taza de cebolla (250ml), el apio y el condimento de encurtir en la olla donde están los camarones. Llevar a ebullición, cocer por 5 minutos. Colar. Dejar enfriar.

En un recipiente grande colocar alternando, capas de camarones y capas de cebolla. Poner hojas de laurel encima. Mezclar los ingredientes restantes, poner sobre los camarones. Cubrir y refrigerar por 12-24 horas. Escurrir el líquido y servir.

PARA 12 PORCIONES

MEJILLONES A LA PROVENZAL

48	48	mejillones frescos
2 cdas	28 g	mantequilla
2	2	dientes de ajo picados
1	1	cebolla picada fina
1	1	tallo de apio, en cuadritos pequeños
1 taza	250 ml	vino tinto
2 tazas	300 g	tomates cocidos
½ cdta	2,5 g	sal
½ cdta	3 ml	hojas de albahaca
¼ cdta	1,2 g	pimienta negra

Restregar y desbarbar los mejillones.

Calentar la mantequilla en una cacerola, agregar el ajo, la cebolla y el apio; freír hasta que estén blandos. Agregar los ingredientes restantes y cocer a fuego muy lento por 15 minutos.

Agregar los mejillones y continuar cocinando por 10 minutos más. Servir.

PARA 6 PORCIONES

BOTES ENCURTIDOS

16	16	pepinillos encurtidos
½ taza	75 g	jamón picado
½ taza	112 g	queso de crema
1 cdta	5 ml	mostaza preparada
16	16	rodajas de salmón ahumado

Cortar los pepinillos por la mitad, a lo largo; y usando una cucharita redonda de hacer bolitas, vaciar la pulpa de los pepinillos.

Mezclar juntos el jamón, el queso y la mostaza. Colocar en una manga de decorar que tenga una punta en forma de estrella grande. Rellenar el interior de los pepinillos.

Cortar las rodajas del salmón ahumado por la mitad, diagonalmente. Atravesar con un palillo de dientes y colocar en el medio del pepinillo como para formar las velas de un bote. Servir inmediatamente, o refrigerar hasta el momento de servir.

PARA 6 PORCIONES

Camarones Encurtidos Fiesta

ALITAS ORIENTALES

¼ taza	60 ml	salsa de soya
¼ taza	60 ml	aceite de girasol
⅔ taza	112 g	azúcar morena
¼ taza	60 ml	jugo de limón
¼ taza	60 ml	jerez
½ cdta	3 ml	de cada uno: jengibre en polvo, mostaza seca, cebolla y ajo en polvo
1 cdta	5 g	sal
1 cda	15 ml	salsa inglesa
2¼ lbs	1 kg	alitas de pollo

Combinar todos los ingredientes, menos las alitas.

Lavar y cortar las alitas. Secar con toallas de papel. Colocar las alitas en un molde. Untar con salsa y asar por 10 minutos untando dos veces. Voltear las alitas, untarlas con la salsa. Asar 10 minutos más untando otras 2 veces más. Servir calientes.

PARA 4 PORCIONES

BUÑUELOS DE CHORIZO

1 lb	454 g	carne de chorizo español crudo
3	3	huevos
¼ taza	60 ml	leche
¼ taza	28 g	harina
2 tazas	500 ml	corn flakes triturados
3 tazas	750 ml	aceite de girasol
1½ taza	375 ml	Salsa Creole picante (ver página 121)

Dividir la carne de chorizo en porciones del tamaño de cucharada sopera.

Mezclar los huevos con la leche.

Espolvorear la carne de chorizo con la harina, sumergirla en la leche , y luego pasarla por los corn flakes.

Calentar el aceite a 375°F (190°C). Freír los buñuelos en cantidades pequeñas a la vez, hasta que estén dorados; conservarlos calientes en el horno mientras el resto se cocinan.

Acomodarlos en una fuente de servir y servirlos acompañados con la salsa Creole.

PARA 4 PORCIONES

COCTEL DE CAMARONES GIGANTES

1	1	limón
1	1	tallo de apio
1	1	cebolla pequeña
4 tazas	1 L	agua
1 taza	250 ml	vino blanco
1 cdta	5 g	sal
1	1	ramito de hierbas*
24	24	camarones tigre, pelados y desvenados
4	4	hojas de lechuga romana, recortada
4	4	gajos de limón

SALSA

½ taza	125 ml	salsa de chile
⅓ taza	80 ml	salsa de tomate catsup
⅓ taza	80 ml	rábano picante, preparado
2 cda	30 ml	jugo de limón
1 cdta	5 ml	salsa inglesa

Cortar el limón por la mitad. Cortar en cuadritos el apio y la cebolla. Colocar en una cacerola junto con el agua, el vino, la sal y el ramito de hierbas. Llevar a ebullición; reducir la temperatura y cocer a fuego lento. Agregar los camarones, cocer por 8 minutos, colar, enfriar, y luego refrigerar.

Mezclar los ingredientes de la salsa .

Colocar las hojas de lechuga en 4 copas de champán o en en platos refrigerados previamente; colocar 30ml (2 cucharadas) de salsa. Acomodar 6 camarones alrededor de cada copa. Adornar con los gajos de limón.

PARA 4 PORCIONES

*Un ramito de hierbas o "bouquet garni" es: tomillo, mejorana, pimienta en grano, hojas de laurel y perejil, atados juntos en un trozo de muselina.

Cóctel de Camarones Gigantes

Palitos de Mozzarella y Calabacín

PALITOS DE MOZZARELLA

1 taza	250 ml	harina
¹/₂ cdta	3 ml	polvo de hornear
¹/₈ cdta	0,5 ml	bicarbonato
³/₄ cdta	4 ml	sal
pizca	pizca	pimienta blanca
1 taza	250 ml	cerveza
4 tazas	1 L	aceite de girasol
1	1	clara de huevo
1 lb	454 g	queso mozzarella cortado como palitos

En un tazón de mezclar, cernir los ingredientes secos juntos. Lentamente agregar la cerveza. Batir enérgicamente. Dejar reposar por 1¹/₂ hora. Calentar el aceite a 190°C (375°F).

Batir la clara de huevo dentro de la mezcla preparada anteriormente. Sumergir los palitos de queso dentro de la mezcla, escurriendo para eliminar el exceso de la misma. Utilizando una espumadera, colocar los palitos de queso en el aceite caliente. Freír 2¹/₂ - 3 minutos o hasta que estén dorados. Servir inmediatamente. Probar el Aderezo de Cebollas con estos palitos (ver página 34). Muy bueno.

PARA 6 PORCIONES

PALITOS DE CALABACIN

2	2	calabacines
2 tazas	500 ml	miga de pan
1 cdta	5 ml	sal
¹/₂ cdta	3 ml	de cada uno: pimienta, paprika, hojas de orégano, tomillo, albahaca, cebolla y ajo en polvo
2	2	huevos
¹/₂ taza	125 ml	leche
¹/₃ taza	80 ml	harina
4 tazas	1 L	aceite de girasol
1¹/₂ taza	375 ml	Aderezo Ranchero (ver página 34)

Lavar los calabacines, cortarlos en palitos. Mezclar la miga de pan con los condimentos.

Mezclar los huevos con la leche. Colocar la harina en un tazón pequeño. Espolvorear los palitos con la harina, sumergirlos en la mezcla de huevo, pasarlos por la miga de pan.

Calentar el aceite a 190°C (375° F). Freír los palitos en el aceite, unos pocos a la vez. Servir con Aderezo Ranchero como acompañamiento.

PARA 6 PORCIONES

LINGÜINI DE ALFORFON CON TRES QUESOS

1 ración	1	Pasta de Alforfón (ver página 428)
¹/₃ taza	80 ml	queso gorgonzola
1 taza	250 ml	queso mascarpone
¹/₃ taza	80 ml	queso romano rallado
¹/₂ taza	125 ml	leche 50% crema

Procesar la pasta de acuerdo a las instrucciones y cortar en forma de lingüinis. Cocinar la pasta al dente en una cacerola grande en agua hirviendo, con sal. Colar.

Mezclar los quesos con la crema. Poner la pasta caliente en la salsa de queso. Servir.

PARA 6 PORCIONES

PLATO DE VEGETALES Y ADEREZOS DE FIESTA

1	1	cabeza de bróculi
1	1	cabeza de coliflor
3	3	zanahorias grandes
1	1	calabacín pequeño
2 tazas	500 ml	tomatitos cereza
2 tazas	500 ml	champiñones

Lavar y cortar los vegetales en trozos pequeños. Acomodar en un plato de servir. Cubrir y refrigerar mientras prepara los aderezos.

Servir estos aderezos con papas fritas, pretzels o galletitas saladas.

Plato de Vegetales y Aderezos de Fiesta

ADEREZO DE CEBOLLA

1 taza	250 ml	queso de crema
1 taza	250 ml	crema ácida
1 pqte	1	sopa de cebollas
2 cdas	30 ml	cebollines picados
1 cdta	5 ml	chile en polvo
1 cdta	5 ml	salsa inglesa

Formar una crema con el queso y los ingredientes restantes. Cubrir y refrigerar.

PRODUCE 500 ml (2 tazas)

ADEREZO MEXICALI

1 taza	250 ml	queso de crema
½ taza	125 ml	crema ácida
2 cdas	30 ml	pimiento dulce verde, picado
2 cdas	30 ml	pimiento dulce rojo, picado
1 cdta	5 ml	chile jalapeño picado
1 cdta	5 ml	chile en polvo
1 cdta	5 ml	salsa inglesa
½ cdta	3 ml	sal

Mezclar el queso con los ingredientes restantes. Cubrir y refrigerar.

PRODUCE 375 ml (1½ taza)

ADEREZO RANCHERO

1 taza	250 ml	queso de crema
¼ taza	60 ml	leche descremada
¼ taza	60 ml	mayonesa
2 cdas	30 ml	cebollines picados
1 cda	15ml	jugo de limón
¼ cdta	1 ml	sal
pizca	pizca	pimienta blanca

Hacer una crema con el queso y los demás ingredientes. Cubrir y refrigerar.

PRODUCE 375 ml (1½ tazas)

ADEREZO DE ALMEJAS

2 tazas	500 ml	queso de crema
1 taza	250 ml	almejas enlatadas, picadas
2 gotas	2 gotas	salsa tabasco
¼ cdta	1 ml	sal
2 cdta	10 ml	cebolla picada
1 cdta	5 ml	jugo de limón

Mezclar el queso con los demás ingredientes. Tapar y refrigerar.

PRODUCE 750 ml (3 tazas)

BOCADILLOS DE ATUN Y PISTACHOS

16	16	rodajas de pan de centeno
1 taza	150 g	atún cocido, desmenuzado
2 cdtas	10 ml	mostaza de Dijon
¼ taza	60 ml	mayonesa
¼ taza	56 g	mantequilla
1 cda	9 g	cebollines picados
½ taza	75 g	nueces de pistacho, peladas y trituradas
2	2	huevos duros desmenuzados

Recortar la corteza del pan.

Mezclar el atún, la mostaza y la mayonesa en un tazón.

Hacer una crema con los cebollines y la mantequilla. Untar ligeramente el pan, hacer rodar los bordes en las nueces. Colocar en un molde y llenar el centro del pan con el atún.

Espolvorear con el huevo duro; colocar en una fuente y servir.

PARA 4 PORCIONES

VIEIRAS COQUILLES ST. JACQUES

2¼ lbs	1 kg	vieiras grandes
½ lb	225 g	camarones de bahía
4 cdas	56 g	mantequilla
1 taza	150 g	champiñones en rodajas
3 cdas	21 g	harina
½ taza	125 ml	crema
½ taza	125 ml	Caldo de Pollo (ver página 77)
½ taza	125 ml	vino blanco
½ cdta	2,5 g	sal
½ cdta	2,5 g	pimienta blanca
2 tazas	500 ml	puré de papas caliente
2 tazas	225 g	queso Gruyére rallado

Lavar las vieiras y secarlas con toallas de papel. Enjuagar los camarones bajo agua fría, conservarlos.

En una sartén grande, calentar la mantequilla y freír los champiñones. Agregar la harina y cocinar a fuego lento por 2 minutos. Agregar la crema, el caldo y el vino; cocer hasta espesar; agregar los condimentos.

Agregar las vieiras y los camarones. Cocinar por 10 minutos

Rodear las conchas de las vieiras con el puré de papas. Llenar el centro con la mezcla. Espolvorear con queso.

Poner en el horno a 190° C (375° F), por 10 minutos.

Servir inmediatamente.

PARA 4 PORCIONES

Vieiras Coquilles St. Jacques

ATÉS

Si la carne molida pudiera tener un deseo, este sería el de convertirse en paté. Conocidos como las más nobles de todas las carnes molidas, los patés llevan una presencia excitante a la mesa. Le dicen directamente a sus invitados de que usted realmente quiere quedar bien; después de todo, un paté no es fácil de hacer, ¿no es cierto? En realidad, ese no es el caso con los que se encuentran en su *Libro de Cocina Simplemente Deliciosa 2*.

Cuando se sirve como entremés, como aperitivo o en un buffet, un buen paté siempre atrae a los que disfrutan de la calidad y de la mejores cosas de la vida. Para esa ocasión especial "perfecta", sirva la Empanada de Arroz con Pollo. Será la garantía del éxito de su evento.

Los patés son la comida apropiada en todo momento, en toda ocasión. Ellos son los iniciadores de las cenas excepcionales cuando "lo mejor es solamente el principio". También, lo son para las ocasiones cuando constituyen el plato principal, como es el caso de nuestra Empanada Quebec. Hay incluso algunas clases de patés para postre, como es el Paté de Camino de Piedras de Chocolate (ver página 542). Los patés son excelentes cuando el juego está en la television y nadie tiene deseos de cocinar (pruebe el Budín Frío de Ternera). O cuando se trata del té de la tarde de las señoras, un paté caliente muy especial como el Mousse Francés de Ternera y Albahaca, es exactamente lo apropiado. Uno puede comenzar e incluso terminar una cena sirviendo sólo patés.

El mejor comentario que se puede hacer sobre los patés es que son relativamente poco caros para preparar, y por lo tanto son apropiados incluso para los presupuestos más ajustados. El tiempo de preparación en la mayoría de los casos es corto, y de esta forma usted puede ahorrar tiempo y dinero al atender a sus invitados.

En estas páginas solamente presentamos diez patés, pero son verdaderamente los diez mejores. Un paté debe decir mucho en lo que respecta a sabor, textura y el placer que le brinda a quien lo come. Estos diez lo hacen, ¡ y lo dicen a viva voz ! Aventúrese y penetre en un mundo de sabor en el que nunca ha estado antes con su nuevo *Libro de Cocina Simplemente Deliciosa 2*.

Empanada de Arroz con Pollo

BUDIN FRIO DE TERNERA

1½ lb	675 g	ternera magra, molida dos veces
1 cdta	5 g	sal
½ cdta	3 ml	de cada uno : pimienta blanca, paprika, tomillo, orégano, albahaca
1 cda	15 g	chile en polvo
2 cdtas	10 ml	salsa inglesa
¼ taza	28 g	galletas saladas molidas
1	1	huevo batido
½ taza	75 g	pimientos dulces verdes, finamente picados
½ taza	75 g	cebolla finamente picada
½ taza	75 g	apio finamente picado
1 taza	150 g	zanahorias finamente picadas
½ taza	125 ml	salsa picante
¼ taza	60 ml	salsa de barbacoa

Combinar la ternera, los condimentos, la salsa inglesa, las galletas saladas, el huevo, las verduras y la salsa picante. Con una cuchara, poner en un molde de hornear. Poner encima la salsa de barbacoa.

Hornear por 1 hora y cuarto en un horno precalentado a 350°F (180°C).

Sacar el paté del horno; cuando esté tibio, sacarlo del molde y dejarlo enfriar. Servirlo frío.

PARA 6 PORCIONES

EMPANADA QUEBEC DE JOHNNY

3 cdas	42 g	mantequilla
2	2	cebollas finamente picadas
3	3	dientes de ajo picados
2 tazas	300 g	tomates pelados, sin semillas, picados
¾ lb	345 g	cerdo magro molido
¾ lb	345 g	carne picada fino
1 taza	250 ml	Caldo de Carne (Ver página 85)
2	2	hojas de laurel
¼ cdta	1 ml	de cada una: pimienta de Jamaica, canela, nuez moscada
1 cdta	5 g	sal
½ cdta	2,5 g	pimienta
⅓ taza	37 g	miga fina de pan
1 ración	1	masa de pasta de pastel doble
3 cdtas	45 ml	leche
1	1	huevo

En una sartén grande, derretir la mantequilla y freír las cebollas y el ajo. Agregar los tomates y cocinarlos tapados por 3 minutos. Agregar la carne de cerdo y cocerla bien. Agregar la carne de res, el caldo, la hoja de laurel y los condimentos. Tapar y cocer a fuego lento por 30 minutos. Destapar y seguir cociendo a fuego lento hasta que la mayor parte del líquido se evapore. Añadir removiendo la miga de pan. Dejar enfriar hasta temperatura ambiente.

Precalentar el horno a 400° F (200°C).

Extender la masa de pastel, dividirla en dos y cubrir con una parte un molde de 10" (25 cm). Rellenar con la mezcla y cubrir la parte de arriba con la masa restante. Doblar plegando los bordes y cortar un agujero de 1" (2,5 cm) en el centro. Hacer un cilindro de papel de aluminio y meterlo en el agujero.

Mezclar la leche con el huevo y con una brochita untar la parte de arriba del pastel.

Hornear por 10 minutos y después reducir la temperatura a 350°F (180°C); continuar horneando por 25 minutos. Dejar reposar el pastel por 20 minutos antes de cortarlo, o dejar enfriar y refrigerar; y servir.

PARA 8 PORCIONES

Budín Frío de Ternera

Empanada Quebec de Johnny

EMPANADA DE ARROZ CON POLLO

Este plato requiere alguna preparación, pero vale la pena el esfuerzo. Disfrute los placeres que le va a brindar.

1 ración	1	Pasta Gourmet (ver página 455)
2 lbs	900 gr	pollo
2 cdtas	10 g	sal
3 cdas	45 ml	perejil picado
½ taza	112 g	mantequilla
1	1	cebolla grande picada
¾ taza	170 g	arroz
2 tazas	500 ml	Caldo de Pollo (ver página 77)
½ cdta	3 ml	mejorana
½ cdta	3 ml	tomillo
¾ taza	180 ml	Velouté de Pollo (ver página 105)
¼ lb	115 gr	champiñones cocidos, picados
3	3	huevos duros picados
1	1	yema de huevo
2 cdas	30 ml	crema ligera

Cortar el pollo en trozos de ¾" (2 cm). Espolvorear a los filetes de pollo con la sal y 1 cda. (15 ml) de perejil. Refrigerar.

Calentar la mitad de la mantequilla en una cacerola; sofreír ¼ de la cebolla hasta que se ablande. Agregar el arroz y el caldo de pollo; cocinar el arroz hasta que se ablande. Dejar enfriar.

En una segunda cacerola, calentar el resto de la mantequilla y sofreír el resto de la cebolla. Dejar enfriar. Combinar el arroz cocido, la cebolla frita, el resto del perejil, el huevo picado, las especias y el velouté. Estirar la mitad de la pasta y formar un rectángulo. Poner ¼ de la mezcla del arroz en la pasta, dejando un borde de ¾" (2 cm) en cada orilla. Poner tiras de pollo sobre el arroz. Continuar haciendo capas de arroz y luego de pollo.

Al final deben haber 4 capas de arroz y 3 capas de pollo.

Estirar la pasta restante un poco más grande que la anterior. Mezclar la yema de huevo con la crema. Con una brochita, untar en los bordes de las capas de abajo. Poner la segunda parte de la masa encima. Apretar firmemente los bordes para que queden bien sellados. Cortar los sobrantes de la pasta. Untar con la mezcla de huevo.

Hacer un agujero en el centro exacto de la masa para permitir que escape el vapor. Decorar con la masa que sobre. Untar con el huevo por última vez. Poner en el horno precalentado a 400°F (200°) por 20 minutos, cubrir con papel de aluminio y continuar horneando por otros 15 minutos. Sacar del horno y servirlo caliente, tibio o frío.

PARA 8 PORCIONES

MOUSSE DE TERNERA Y ALBAHACA

1½ lb	675 gr	ternera magra, molida dos veces
1 cdta	5 g	sal
¼ cdta	1,2 g	pimienta blanca
2 cdtas	10 ml	albahaca fresca picada
3	3	claras de huevo
¾ taza	180 ml	crema ligera
¼ taza	60 ml	jerez

En un procesador de alimentos, combinar la ternera, la sal, la pimienta, la albahaca y las claras de huevo. Con el aparato a poca velocidad, añadir la crema y el jerez.

Precalentar el horno a 350°F (180°C).

Con una cuchara poner la mezcla en un molde de hornear engrasado de 9" (23 cm). Cubrirlo con papel parafinado y ponerlo en otro molde que tenga 1" (2,5 cm) de agua. Hornear por 45 minutos. Sacar del horno y dejar reposar por 10 minutos.

Sacar del molde y servir con Salsa de Champiñones Silvestres al Jerez (ver página 105).

PARA 6 PORCIONES

Empanada de Arroz con Pollo

EMPANADA DE PATE

1 ración	1	Pasta de Paté Gourmet (Instrucciones al lado)
1 taza	112 g	queso cheddar rallado
4	4	huevos
2 cdas	28 g	mantequilla
4 oz	115 gr	champiñones, en rodajas
1	1	cebolla picada
1	1	diente de ajo picado
1¼ lb	565 gr	ternera magra molida
1¼ lb	565 gr	cerdo magro molido
1 lb	450 gr	carne de salchicha cruda, molida
1 cda	15 g	sal
½ cdta	3 ml	de cada uno: pimienta, tomillo, mejorana
4	4	zanahorias en tiras finas, hervidas
6	6	huevos duros

Mezclar la pasta con ½ taza (56 g) del queso. Agregar un huevo y amasar hasta lograr una masa muy uniforme.

Cubrir un molde de hornear de 13" x 4" (32 x 10 cm) con papel de aluminio. Engrasar ligeramente este papel. Estirar ⅔ de la pasta y forrar el interior del molde; extender la masa sobre los bordes. Refrigerar.

Derretir la mantequilla y sofreír la cebolla, los champiñones y el ajo hasta que se ablanden. Ponerlos en una fuente grande para mezclarlos. Agregar la ternera, el cerdo, la carne de salchicha y los condimentos; mezclar bien.

Batir los 3 huevos y apartar ¼ de taza (60 ml). Añadirle el huevo restante a la mezcla de las carnes. Llenar la mitad del molde con esta mezcla. Colocar encima las zanahorias y los huevos. Cubrir con el resto de la mezcla de carne. Agregar el resto del queso.

Extender la pasta. Ponerla encima del molde y sellar los bordes. Decorar con la pasta que sobre. Untar finalmente con el huevo batido. Hornear a 350°F (180°C), por dos horas o hasta que la masa se dore. Sacar del molde. Tirar el papel de aluminio. Se puede servir caliente, o refrigerarlo y servirlo frío.

PASTA GOURMET DE PATE

1 taza	112 g	harina corriente cernida
¼ cdta	1,2 g	sal
1 cdta	5 g	polvo de hornear
¼ taza	56 g	manteca vegetal
¼ taza	60 ml	agua caliente
¼ taza	56 g	mantequilla
1 cdta	5 ml	jugo de limón
1	1	yema de huevo batida

Cernir la harina, sazonarla con la sal y el polvo de hornear juntos. Agregar la manteca vegetal. Mezclar el agua caliente con la mantequilla y el jugo de limón, después incorporar removiendo la yema de huevo. Añadir los ingredientes secos.

Refrigerar y usar como se desee.

Empanada de Paté

Mousse de Jamón

TERRINA DE CORDERO Y TERNERA

⅓ taza	80 ml	aceite de girasol
1	1	cebolla picada
3	3	dientes de ajo picados
1½ lb	675 g	cordero magro, deshuesado
1½ lb	675 g	ternera magra, deshuesada
1 lb	450 g	lascas de tocineta
⅓ taza	80 ml	jerez
2 cdtas	10 ml	de cada uno : tomillo, romero, salvia, orégano
1 cda	15 g	sal
½ cdta	2,5 g	pimienta
½ taza	56 g	miga sazonada de pan
2	2	hojas de laurel
3	3	huevos

Calentar el aceite en una sartén. Sofreír la cebolla y el ajo hasta que se ablanden. Ponerlos en un tazón grande.

En un procesador de alimentos, moler el cordero, la ternera y la mitad de la tocineta hasta que estén bien molidos. Mezclar con la cebolla. Agregar los demás ingredientes y mezclar bien.

Untar con grasa un molde de 9" (23 cm). Poner encima el resto de la tocineta. Con una cuchara, poner la mezcla de las carnes en el molde. Colocar encima las hojas de laurel.

Untar con mantequilla un pedazo de papel parafinado y colocar la parte con la mantequilla boca abajo, sobre el paté. Poner en baño maría y hornear por 2 horas en el horno precalentado a 350°F (180°C). Sacar del horno y dejar enfriar por 30 minutos.

Refrigerar por 1-4 días antes de usar. Sacar del molde y quitar la tocineta. Eliminar el exceso de grasa. Servir.

PARA 6 PORCIONES

PATE DE TRES CARNES

1 lb	450 g	carne de pollo
1¼ lb	565 g	cerdo con grasa, sin hueso
1¼ lb	565 g	ternera sin hueso
3 cdas	45 ml	jerez
1	1	huevo
1 cdta	5 g	sal
½ cdta	1,2 g	pimienta
½ cdta	1,2 g	paprika
1 cdta	5 ml	tomillo
1 cdta	5 ml	albahaca
8 oz	225 g	lascas de tocineta

En un procesador de alimentos enfriado, moler muy fino las carnes. Ponerlas en un tazón y mezclar el jerez, el huevo, los condimentos y la sal. Forrar el interior de un molde de 9" (23 cm) con papel de aluminio. Untar con grasa el papel y ponerle encima las lascas de tocineta. Rellenar con la mezcla de las carnes. Cubrir con un pedazo de papel parafinado untado con mantequilla. Poner en un baño maría y hornear en un horno precalentado a 250°F (130°C), por 3 horas. Sacar el paté del horno y dejarlo enfriar por 30 minutos. Refrigerarlo por toda la noche. Sacarlo del molde y tirar la tocineta. Eliminar el exceso de grasa. Cortarlo en rodajas y servir.

PARA 6 PORCIONES

MOUSSE DE JAMON

2 cdas	28 g	gelatina sin sabor
⅔ taza	160 ml	agua
1¼ taza	310 ml	Salsa Béchamel caliente (ver página 112)
1 cdta	5 ml	mostaza Dijon preparada
½ cdta	3 ml	salsa inglesa
2 tazas	450 g	jamón molido cocido
¼ taza	32 g	cebolla picada
½ taza	125 ml	mayonesa
½ taza	125 ml	crema de batir, batida

Ablandar la gelatina en agua. Mezclarla con la Salsa Béchamel junto con la mostaza y la salsa inglesa. Dejar enfriar.

Agregar el jamón, la cebolla, la mayonesa y la crema de batir. Poner en un molde de 8 tazas (2 L), untado con aceite. Refrigerar y dejar enfriar hasta que esté firme. Sacar el paté del molde y servir.

PARA 8 PORCIONES

Paté de Hígado de Pollo

PATE DE HIGADO DE POLLO

2 cdas	28 g	gelatina sin sabor
1 taza	250 ml	caldo de tomate, carne o pollo, frío
6 cdas	84 g	mantequilla
1 lb	450 g	hígados de pollo
3 cdas	27 g	cebolla picada
½ cdta	2,5 g	sal
1 cda	15 ml	mostaza Dijon
½ cdta	2,5 g	pimienta de Jamaica
½ cdta	2,5 g	ajo en polvo
½ cdta	2,5 g	pimienta
¼ taza	60 ml	vino de Madeira
½ taza	125 ml	crema de batir

Disolver la gelatina en el caldo, llevar a ebullición y quitar del fuego. Poner la mitad del líquido en un molde y enfriar. Decorar este aspic frío, si se desea.

Derretir la mantequilla en una sartén. Agregarle los hígados de pollo y la cebolla; sofreír por 7 minutos. Poner en un procesador de alimentos. Agregar el resto del caldo y lo que quede de los ingredientes. Mezclar hasta que esté bien homogéneo y fino. Con una cuchara, poner la mezcla en el molde y refrigerar; cubrir con papel plástico, por 6-8 horas.

PARA 8 PORCIONES

PATE DE POLLO Y CAMARONES

1⅛ lb	510 g	pollo deshuesado
½ lb	225 g	jamón
¾ lb	340 g	tocineta
1	1	cebolla pequeña, picada
1½ lb	675 g	camarones, pelados y desvenados
1 taza	112 g	miga fina de pan
¾ taza	180 ml	crema ligera
2 cdas	30 ml	perejil picado
1 cdta	5 g	sal
½ cdta	2,5 g	pimienta blanca
¼ taza	60 ml	vermouth blanco dulce

En un procesador de alimentos, moler junto con la cebolla, el pollo, el jamón, y ¼ de la tocineta.

Combinar los camarones, la miga de pan, la crema, los condimentos y el vermouth.

Poner en el fondo de un molde de 8 tazas (2 L), la mitad del resto de la tocineta. Llenar el molde con la mezcla.

Cubrirlo con la tocineta restante. Taparlo con papel de aluminio y ponerlo en otro molde que tenga 1" (2,5 cm) de agua.

Dejar por 3 horas en el horno precalentado a 375°F (190°C). Escurrir la grasa. Dejar enfriar y después poner en el refrigerador. Sacar del molde, quitarle la tocineta y servirlo. Es excelente con Salsa Béarnaise (ver página 108).

PARA 8 PORCIONES

Paté de Pollo y Camarones

BARBACOA

¿Se ha preguntado alguna vez por qué un hombre a quien no se le conoce habilidad culinaria de pronto se convierte en un experto cuando se trata de una barbacoa en el patio? ¿Por qué la comida asada en llama al aire libre sabe tan sabrosa? Bueno, en las próximas páginas usted va a encontrar las respuestas a estas desconcertantes preguntas. En este capítulo del *Libro de Cocina Simplemente Deliciosa 2,* nosotros hemos refinado el arte de la barbacoa para usted. Ningún hombre es superior al próximo: tal vez simplemente ha aprendido las reglas de la barbacoa. Para asegurar el mejor resultado final para usted y sus invitados, estas reglas, como muchas, nunca deben romperse.

Utilice los mejores ingredientes. Esta primera regla de toda buena cocina se aplica no sólo en cuanto a los ingredientes, sino también para cada componente del proceso, incluyendo el carbón. Los carbones de madera de mezquite, nogal, aliso o manzana son los más apropiadas para barbacoa o asado y son mejores que los que tienen un contenido de aceite. Sólo el carbón produce un delicado sabor de humo que es apropiado para cordero, mariscos y pescados. Para obtener un sabor de humo más pronunciado en la carne de res, cerdo y animales de caza, use astillas de madera del mismo material que el carbón. Sumerja las astillas de madera en agua por media hora o más antes de usarlas, entonces, coloque las astillas en forma pareja sobre el carbón. Cocinando por cortos períodos de tiempo, esta combinación le dará suficiente humo para ese sabor "perfecto".

Usar una una parrilla cubierta le garantizará que el sabor de humo penetrará en la comida en vez de escaparse en el aire antes de sazonarla. Además, es importante planear todo con tiempo. Siga las instrucciones de la receta y esté seguro de comenzar el fuego por lo menos 40 minutos antes de comenzar la barbacoa. Utilice una parrilla que esté bien limpia y aceitada; permita que los ingredientes lleguen a la temperatura ambiente antes de usarlos. Use fuego fuerte para sellar las carnes rápidamente y luego retírelas hacia una parte menos caliente de la parrilla para finalizar la cocción. Los cortes de carne con más grasa se deben asar sobre una bandeja colocada sobre el carbón. Ase el pescado y los mariscos en el área menos caliente de la parrilla, éstos no necesitan sellarse con calor.

Siguiendo estas reglas sencillas, usted será compensado con mucho mejores resultados que el chef de fin de semana jamás se imaginó. Recuerde, que si usted posee el privilegio de una barbacoa dentro de su casa (como Jenn-Air®), estas recetas le darán el mismo placer culinario dentro de la casa, sin importar la temperatura de afuera.

Hay muchas recetas para barbacoa que se pueden encontrar en este libro pero las específicas de este capítulo son el camino seguro al corazón de sus invitados. Estas recetas lo convertirán en maestro de la barbacoa.

De su *Libro de Cocina Simplemente Deliciosa 2* usted puede seleccionar algunos platos a la barbacoa tan exquisitos como nuestro Pargo Rojo en Salsa de Frambuesa o los Filetes T-Bone Gourmet para un apetito más contundente. Usted encontrará excepcionales las Brochetas de Pez Espada y se divertirá con la Locura de New York. Cualquier cosa que elija, le asegurará un momento agradable, fantásticos recuerdos y comidas maravillosas que serán siempre *Simplemente Deliciosas.*

Brochetas de Mariscos de la Costa Pacífica y Costillitas del Rin

FILETE DE SALMON ENDIABLADO

1¼ taza	310 ml	vino blanco
¼ taza	32 g	cebollas verdes picadas
1¼ taza	310 ml	salsa Demi-Glace (ver página 123)
1 cdta	5 ml	salsa inglesa
½ cdta	3 g	mostaza en polvo
6 – 10 oz	6 – 300 g	filetes de salmón, de 1" (2,5 cm) de grosor
2 cdas	30 ml	aceite de oliva

En una cacerola pequeña, cocer juntos el vino y las cebollas verdes. Reducir el vino a ⅓ del volumen original.

Agregar los ingredientes restantes; reducir el fuego y cocer a fuego lento por 5 minutos. Pasar la salsa a través de un colador, conservarla tibia.

Untar los filetes con el aceite, luego asarlos sobre calor mediano en el carbón por 10 minutos, servir cubiertos con la salsa.

PARA 6 PORCIONES

PARGO ROJO EN SALSA DE FRAMBUESA

1 lb	450 g	frambuesas
2 cdtas	5 g	maicena
1 cda	15 ml	jugo de limón
2 cdas	30 ml	miel
4 – 6 oz	4 – 170 g	filetes de pargo rojo
3 cdas	45 ml	aceite de oliva
½ cdta	2,5 g	sal
½ cdta	2,5 g	pimienta negra

Hacer un puré con las frambuesas en un procesador de alimentos; pasarlo por un colador fino. Ponerlo en una cacerola y hacerlo hervir. Mezclar la maicena con el jugo de limón, batirlos en la salsa junto con la miel. Cocer a fuego muy lento hasta que la salsa se espese.

Untar los filetes con el aceite, y sazonarlos ligeramente con sal y pimienta. Asar sobre fuego moderado por 5-6 minutos por cada lado, untando con la salsa frecuentemente.

Servir con la salsa sobrante.

PARA 4 PORCIONES

COSTILLITAS TERIYAKI

4 – 12 oz	4 – 340 g	costillitas pequeñas danesas
1 cdta	5 ml	de cada uno: pimienta, sal, paprika, chile en polvo, cebolla en polvo, hojas de tomillo, ajo en polvo, hojas de orégano, albahaca
½ taza	125 ml	agua
⅓ taza	80 ml	salsa de soya
3 cdas	45 ml	aceite de oliva
4 cdas	60 ml	jerez
2 cdtas	10 g	jengibre en polvo
2	2	dientes de ajo picados
½ cdta	2,5 g	sal
3 cdas	45 ml	miel

Eliminar el exceso de grasa de las costillitas; colocarlas en una bandeja plana de hornear.

Mezclar los condimentos; espolvorearlos sobre las costillas; echar el agua alrededor de la bandeja. Tapar y cocinar en un horno precalentado a 350°F (180°C), por 1 ⅓ hora. Sacar las costillas del horno; ponerlas a enfriar, colar y quitarles la piel de la parte trasera.

Mezclar los ingredientes restantes y hacer una salsa.

Asar las costillas a temperatura moderada, 7 minutos por lado, untando con la salsa varias veces.

PARA 4 PORCIONES

Pargo Rojo en Salsa de Frambuesa

Pollo Asado Kal Bi

POLLO ASADO KAL BI

6 – 6 oz	6 – 170 g	pechugas de pollos, sin hueso, sin piel
⅓ taza	80 ml	salsa de soya
3 cdas	45 ml	aceite de ajonjolí
3 cdas	45 ml	jerez
½ taza	64 g	chalotes picados
2	2	dientes de ajo picados
2 cdtas	10 g	jenjibre fresco picado
3 cdas	30 g	azúcar morena

Macerar las pechugas de pollo y ponerlas en una bandeja para asar poco honda.

Combinar los ingredienres restantes y hacer una salsa de marinar. Poner la salsa sobre el pollo y marinar por 3 horas. Escurrir el pollo y conservar la salsa de marinar.

Asar a fuego mediano, 5-6 minutos por lado; untar frequentemente con la salsa de marinar.

PARA 6 PORCIONES

PUNTA DE FILETE ROTISSERIE

4½ lbs	2 kg	punta de lomo
6	6	dientes de ajo
1 taza	250 ml	aceite de oliva
½ taza	125 ml	vino rojo
1 taza	250 ml	rodajas de cebolla
1	1	hoja de laurel
1 cda	15 g	azúcar
1 cdta	5 g	ajo en polvo
1 cda	15 ml	salsa inglesa
1 cda	15 ml	salsa de soya
4 gotas	4 gotas	salsa de pimientos picantes
¼ taza	60 ml	jugo de limón

Hacer 12 cortes pequeños a distancias iguales alrededor de la carne. Cortar los dientes de ajo por la mitad e insertar una mitad en cada uno de los cortes. Poner la carne en una bandeja de hornear baja.

Mezclar juntos los ingredientes restantes, ponerlos en una cacerola. Llevar a ebullición; quitar del fuego y dejar enfriar. Poner sobre la carne y marinar por 8 horas.

Atravesar el asado con una espada de rotisería y asar a calor mediano bajo por 1½ a 2 horas, untando frecuentemente con la marinada. Cortar y servir.

PARA 8 PORCIONES

Brochetas de Mariscos Glaceadas con Albaricoques

BROCHETAS DE MARISCOS GLACEADAS CON ALBARICOQUES

1 lb	454 g	salmón, cortado en cubos grandes
½ lb	225 g	camarones grandes, pelados y desvenados
½ lb	225 g	vieiras de mar
2 cdas	30 ml	aceite de oliva
1 taza	150 g	albaricoques secos
1 taza	250 ml	agua
2 cdas	30 g	azúcar granulada
2 cdtas	10 ml	mostaza de Dijon
¼ taza	60 ml	jugo de manzana

Atravesar los mariscos en pinchos de bambú previamente remojados en agua. Alternar el salmón, los camarones y las vieiras.

En una cacerola hervir los albaricoques en agua, por 5 minutos. Pasar los albaricoques a un procesador de alimentos y hacerlos puré. Conservar el agua.

Revolver el azúcar y la mostaza en el agua. Verter sobre los albaricoques y mezclar.

Poner en una cacerola y revolver con el jugo de manzana; calentar pero sin hervir.

Untar las brochetas con el aceite y asar en carbón a temperatura mediana, 5 minutos por lado, untando frecuentemente con la salsa. Untar con la salsa una vez más antes de servir.

PARA 4 PORCIONES

Costillita Asiáticas en Barbacoa

COSTILLITAS ASIATICAS EN BARBACOA

Salsa:		
½ taza	125 ml	salsa hoisin*
3 cdas	45 ml	jugo de naranjas
3 cdas	45 ml	jerez
1 cda	15 g	jengibre fresco pelado y picado
1	1	diente de ajo picado
½ cdta	3 ml	cinco especias chinas
2 cdas	30 ml	salsa de soya
2 cdas	30 ml	vinagre de vino tinto
1 cda	15 ml	mostaza de Dijon
1 cda	15 ml	pasta de chile*

Costillitas:		
2¼ lbs	1 kg	costillitas de espalda de cerdo
1 cda	15 g	sal
1 cdta	5 ml	cinco especias chinas
1 cdta	5 g	pimienta

Salsa:

Combinar todos los ingredientes en un tazón; tapar y refrigerar.

Costillitas:

Cortar las costillas en secciones de 5 huesos. Combinar los condimentos y espolvorearlos sobre las costillas. Hornear en un horno precalentado a 350°F (180°C), por media hora.

Asar las costillas por 15 minutos al carbón, a temperatura mediana, untando frecuentemente con la salsa. Untar una vez más antes de servir.

PARA 4 PORCIONES

*Se pueden conseguir en almacenes asiáticos o en la sección Oriental de cualquier supermercado.

CALABACINES A LA PARRILLA

1 lb	450 g	calabacines
½ taza	125 ml	aceite de oliva
½ cdta	3 ml	de cada uno: ajo en polvo, cebolla en polvo, hojas de tomillo, albahaca, pimienta, sal

Lavar los calabacines y cortarles los extremos de cada uno. Cocer por 3-5 minutos en agua hirviendo con sal. Dejar enfriar y cortar por la mitad a lo largo, colocar las mitades en una bandeja plana.

Combinar los ingredientes restantes, poner sobre los calabacines y marinar por 1 hora.

Asar sobre la parrilla por 10 o 15 minutos, volteando y untando frecuentemente.

PARA 4 PORCIONES

BACALAO

¼ taza	60 ml	jugo de limón
⅔ taza	160 ml	aceite de oliva
1 cda	9 g	ajo picado
1 cdta	5 g	sal
2 cdtas	10 ml	salsa inglesa
½ cdta	3 ml	de cada uno: tomillo, albahaca, orégano
4 – 6 oz	4 – 170 g	filetes de bacalao

Mezclar el limón, el aceite, el ajo, la sal, la salsa inglesa y los condimentos.

Colocar el bacalao en una bandeja de hornear plana; verter la mezcla sobre el bacalao y marinar refrigerado por 4 horas. Colar, conservar el líquido.

Asar el pescado por 10 minutos por cada 2,5 cm de grueso, untando frecuentemente con el líquido conservado. Servir inmediatamente.

PARA 4 PORCIONES

ENSALADA DE POLLO A LA BARBACOA

2 cdtas	6 g	ajo picado
1 cda	5 g	sal
1 cdta	5 g	pimienta negra triturada
2 cdas	30 ml	vino tinto
1 cda	15 ml	jugo de limón
⅓ taza	80 ml	aceite de oliva
1 cdta	5 ml	salsa inglesa
1 cdta	5 ml	de cada uno: hojas secas de tomillo, albahaca, salvia, orégano y romero
1	1	pimiento dulce rojo
1	1	pimiento dulce amarillo
1	1	pimiento dulce verde
2	2	cebollas rojas
1	1	calabacín grande
4 – 4 oz	4 – 115 g	pechugas de pollo, sin hueso, sin piel

En un tazón, poner el ajo, la sal, la pimienta, el vino, el jugo de limón, el aceite, la salsa inglesa y los condimentos.

Cortar los pimientos dulces en cuatro trozos, sacarles las membranas y las semillas. Cortar la cebolla y el calabacín en rodajas grandes. Colocar los vegetales en una fuente y poner sobre ellos la mitad del vino y las especias. Verter el líquido restante sobre el pollo y marinar ambos por 2 horas.

Asar el pollo sobre carbón a temperatura mediana por 5 minutos; voltear y asar por 5 minutos más.

Mientras el pollo se cocina, asar los vegetales por 6 minutos. Servir juntos.

PARA 4 PORCIONES

Ensalada de Pollo a la Barbacoa

Filetes T-Bone Gourmet

FILETES T-BONE GOURMET

4 – 12 oz	4 – 340 g	filetes de T-bone
1 cda	9 g	cebolla picada
½ taza	125 ml	gelatina de grosella roja
½ taza	125 ml	oporto
2 cdas	30 ml	vinagre de vino tinto
1 cdta	5 ml	ralladura de naranja
1 cdta	5 ml	ralladura de limón
1 cdta	5 g	mostaza en polvo
pizca	pizca	pimiento de Cayena

Recortar todo exceso de grasa de los filetes. Combinar los demás ingredientes en una cacerola; reducir a la mitad el volumen original, a fuego lento. Asar los filetes hasta el grado deseado de cocción, untándolos con la salsa frecuentemente. Servir.

PARA 4 PORCIONES

PINCHO MORUNO ESPAÑOL

1½ lbs	675 g	lomo de res
2 cdtas	10 g	azúcar granulada
1 cdta	5 g	pimienta negra
1 cdta	3 g	ajo picado
1 cdta	5 g	cebolla en polvo
½ taza	125 ml	vinagre de ajo
½ taza	125 ml	vino tinto
1 taza	250 ml	aceite de oliva
½ cdta	3 ml	de cada uno: albahaca picada, hojas secas de tomillo, hojas secas de mejorana
1 cdta	5 g	sal

Quitarle la grasa al lomo de res y cortarlo en trocitos de 1"(2,5 cm). Atravesar los trocitos con pinchos de bambú, luego colocarlos en una bandeja.

Mezclar los demás ingredientes, hacer una salsa para marinar. Poner la salsa sobre la carne; marinar refrigerado y tapado por 6-8 horas. Colar, conservar la salsa.

Asar las brochetas a temperatura mediana hasta el punto de cocción deseado, untando frecuentemente con la salsa.

PARA 4 PORCIONES

CHULETAS DE CORDERO CON MIEL, AJO Y YOGUR

8 – 3 oz	8 – 90 g	chuletas de cordero
2	2	dientes de ajo picados
3 cdas	45 ml	miel líquida
¼ taza	60 ml	yogur natural
1 cdta	5 g	pimienta negra triturada

Cortar el exceso de grasa de las chuletas; colocarlas en una bandeja plana.

Combinar el ajo, la miel, el yogur y la pimienta. Verter sobre las chuletas y marinar por 8 horas.

Asar las chuletas sobre carbón a temperatura mediana, 3 minutos por cada lado, untando con el líquido mientras se cocinan. Servir.

PARA 4 PORCIONES

CHULETAS AHUMADAS

4 – 6 oz	4 – 170 g	chuletas ahumadas de cerdo o ternera
½ taza	125 ml	salsa de vino blanco
¼ taza	60 ml	salsa de soya, oscura
2 cdas	30 ml	aceite de oliva
½ cdta	3 ml	salsa inglesa
½ cdta	2,5 g	mostaza inglesa picante, en polvo
¼ cdta	1,2 g	de cada uno: canela molida, pimienta inglesa clavos de olor
2 cdtas	6 g	azúcar morena

Cortar exceso de grasa de las chuletas. Colocarlas en una bandeja poco honda.

Combinar los demás ingredientes y poner sobre las chuletas; marinar por 2 horas, tapadas y refrigeradas. Colar, conservar el líquido.

Asar las chuletas sobre fuego bajo, 6 minutos por lado, untando frecuentemente la salsa con una brochita.

PARA 4 PORCIONES

CHULETAS DE CORDERO ASADAS CON CILANTRO

12 – 2 oz	12 – 60 g	chuletas de cordero
1 cda	15 g	chile en polvo
½ cdta	3 ml	de cada uno: hojas de orégano, hojas de tomillo, hojas de albahaca, cebolla en polvo, ajo en polvo, sal, pimienta blanca, pimienta negra
¼ cdta	1,2 g	pimiento de Cayena
½ taza	112 g	mantequilla
4	4	dientes de ajo picados
½ taza	125 ml	cilantro fresco picado
1 cdta	5 ml	mostaza de Dijon
1 cdta	5 ml	cáscara de limón rallada
2 cdas	30 ml	aceite de oliva

Cortar todo exceso de grasa de las chuletas.

Combinar los condimentos y espolvorear en las chuletas. Tapar y refrigerar por 1 hora.

Combinar la mantequilla con el ajo, el cilantro, la mostaza y el limón. Untar en una hoja de papel encerado y enrollar en forma de cigarro. Poner en el congelador por 1 hora.

Untar a las chuletas con el aceite. Asarlas, 3 minutos por cada lado.

Cortar la mantequilla en rodajas gruesas redondas. Colocar una rodaja en cada porción de 2 chuletas. Servir inmediatamente.

PARA 6 PORCIONES

Chuletas de Cordero con Miel, Ajo y Yogur

Chuletas Ahumadas

PIERNA DE CORDERO ASADA

4½ lbs	2 kg	pierna de cordero
2 cdtas	6 g	ajo picado
1	1	cebolla en cuadritos
1	1	zanahoria en cuadritos
1	1	tallo de apio en cuadritos
1 cdta	5 g	sal
1 cdta	5 g	pimienta negra triturada
2 cdas	30 ml	vino tinto
1 cdas	15 ml	jugo de limón
⅓ taza	80 ml	aceite de oliva
1 cdta	5 ml	de cada uno: hojas secas de tomillo, albahaca, salvia, orégano y romero

Pedirle al carnicero que deshuese la pierna de cordero. Poner la pierna estirada en la mesa, cortar el exceso de grasa.

Untar la carne con el ajo, la cebolla, la zanahoria, el apio, la sal y la pimienta. Enrollarla y atarla firmemente. Colocarla en una cacerola poco honda.

Mezclar los ingredientes restantes, poner sobre la pierna y marinar por 8 horas o por toda la noche

Asar en la parrilla por 50 minutos a fuego bajo, dándole vuelta cada 8-10 minutos y untando con el líquido. Cortar y servir.

PARA 6 PORCIONES

POLLO A LA PARRILLA ESPECIAL

4 – 6 oz	4 – 170 g	pechugas de pollo, sin hueso, sin piel
⅓ taza	80 ml	jugo de papaya
⅓ taza	80 ml	aceite de girasol
2 cdtas	10 g	sal
½ cdta	2,5 g	ajo en polvo
½ cdta	2,5 g	pimienta negra triturada
1 cda	15 ml	hojas de menta picadas
1 taza	250 ml	crema ácida
1 cda	15 g	curry en polvo
1 cda	15 ml	jugo de limón
¼ cdta	1,2 g	azúcar

Colocar el pollo en una bandeja de hornear poco honda. Combinar el jugo de papaya , el aceite , una cucharadita (5 g) de sal, el ajo en polvo, la pimienta negra y las hojas de menta; poner sobre el pollo y marinar por 4 horas.

Mezclar los ingredientes restantes y refrigerar mientras el pollo se está marinando. Asar el pollo sobre carbón a temperatura mediana, 7-8 minutos por lado, untando varias veces con la crema ácida. Servir.

PARA 4 PORCIONES

LANGOSTA ASADA

4 – l lb	4 – 450 g	langostas
⅔ taza	150 g	mantequilla
2 cdas	30 ml	jugo de limón
1 cdta	5 ml	ralladura de limón
2 cdtas	10 ml	cilantro picado
½ cdta	3 ml	hojas de albahaca dulce

Cortar las langostas a lo largo de la parte trasera, sacarles el saco y la vena de arena. Aflojar la carne del caparazón, quebrar las pinzas.

Calentar la mantequilla en una sartén y agregar los ingredientes restantes.

Con una brochita, untar a las langostas con la mantequilla y asarlas por 15-20 minutos. Untarlas y voltearlas frecuentemente.

Servir la mantequilla sobrante con la langosta para que sus invitados puedan usarla como aderezo.

PARA 4 PORCIONES

Chuletas de Cordero Asadas al Cilantro

ATUN A LA BARBACOA

6 – 8 oz	6 – 250 g	filetes de atún
2 cdtas	10 ml	ajo picado
2 cdas	30 ml	vino tinto
1 cda	15 ml	jugo de limón
⅓ taza	80 ml	aceite de oliva
1 cdta	5 ml	salsa inglesa
1 cdta	5 g	sal
1 cdta	5 g	pimienta negra triturada
1 cdta	5 ml	de cada uno: hojas secas de tomillo, albahaca, salvia, orégano, romero

SALSA:		
1 taza	250 ml	salsa de tomate catsup
½ taza	125 ml	melaza
1	1	cebolla mediana, picada
¼ taza	42 g	azúcar morena
2 cdas	30 ml	jugo de limón
1 cda	15 g	chile en polvo
1 cdta	5 ml	de cada uno: sal, hojas de tomillo, orégano, albahaca
½ cdta	2,5 g	de cada uno: paprika, cebolla en polvo, ajo en polvo
¼ cdta	1 ml	salsa tabasco

Lavar y secar el pescado. Colocarlo en una bandeja poco honda. Combinar el ajo, el vino, el jugo de limón, el aceite, la salsa inglesa y los condimentos en un tazón. Poner sobre el atún y marinar por 4 horas.

SALSA:

Combinar todos los ingredientes en un tazón.

Asar el pescado por 5-6 minutos por lado, dependiendo del grosor. Con una brochita untar a menudo con la salsa de barbacoa. Untar una vez más antes de servir.

PARA 6 PORCIONES

Brochetas de Mariscos de la Costa Pacífica

BROCHETAS DE MARISCOS DE LA COSTA PACIFICA

1 lb	454 g	salmón
½ lb	225 g	camarones grandes
½ lb	225 g	vieiras de mar grandes
¼ taza	28 g	harina
2	2	pimientos dulces amarillos
16	16	champiñones grandes
16	16	tomatitos cereza
¼ taza	60 ml	aceite de oliva
¼ taza	60 ml	jugo de limón
¼ taza	60 m	vermouth blanco
1	1	diente de ajo picado
1 cdta	5 ml	de cada uno: tomillo, albahaca, perifollo, orégano, mejorana, sal
½ cdta	2,5 g	pimienta negra triturada
½ cdta	2,5 g	comino en polvo
1 cdta	5 ml	salsa inglesa
3 gotas	3 gotas	salsa tabasco

Remojar 8 pinchos de bambú en agua tibia por 30 minutos.

Cortar el salmón en cuadrados. Pelar y desvenar los camarones. Espolvorear las vieiras con la harina.

Cortar el pimiento amarillo en cuadrados grandes. Lavar los sombreros de los champiñones.

Atravesar los mariscos, alternando con los pimientos, los champiñones y los tomates.

Combinar el aceite y los ingredientes restantes. Asar por 5 minutos por lado, untando frecuentemente la salsa de marinar, con una brochita. Untar una vez más antes de servir.

PARA 4 PORCIONES

Lomos New York a la Barbacoa

VEGETALES ASADOS CON SALSA RANCHO DE MIEL Y AJO

SALSA:

1	1	diente de ajo
2	2	yemas de huevo
1 cdta	5 g	mostaza en polvo
pizca	pizca	pimiento de Cayena
¾ taza	190 ml	aceite de oliva
2 cdtas	10 ml	miel
1½ cdas	28 ml	jugo de limón
¼ taza	60 ml	leche descremada
⅓ taza	38 g	queso parmesano, recién rallado
1 cda	9 g	cebollines picados
½ cdta	2,5 g	pimienta negra triturada

VEGETALES:

4	4	zanahorias medianas
2	2	calabacines grandes
2 cdas	30 ml	aceite de oliva
2 cdas	30 ml	miel líquida
1 cdta	5 ml	albahaca
1 cda	15 g	semillas de ajonjolí tostadas (opcional)
16	16	tomatitos cereza

SALSA:
Poner el ajo, la yema de huevo, la mostaza y el pimiento de Cayena en una licuadora o procesador de alimentos. Con la máquina en marcha, lentamente agregar el aceite en un chorrito fino hasta que la mezcla tenga la consistencia de mayonesa. Agregar revolviendo la miel, el jugo de limón, la leche descremada, el queso, los cebollines y la pimienta.

VEGETALES:
Pelar las zanahorias. Cortar los vegetales en rodajas gruesas, a lo largo. Mezclar el aceite, la miel y la albahaca; poner sobre los vegetales y marinar por 30 minutos. Asar los vegetales por 8 minutos; pasar a una fuente de servir, espolvorear con las semillas de ajonjolí, adornar con los tomatitos cereza y servir con la salsa en el centro.

PARA 4 PORCIONES

Vegetales Asados con Salsa Rancho de Miel y Ajo

LOMOS NEW YORK A LA BARBACOA

½ taza	125 ml	vinagre de vino rojo
1 cda	15 ml	salsa inglesa
1 cdta	5 ml	de cada uno: hojas de albahaca, tomillo, orégano
½ taza	125 ml	salsa de tomate catsup
2	2	dientes de ajo picados
½ cdta	3 ml	saborizador de humo líquido
1 cda	15 g	azúcar
6 – 8 oz	6 – 225 g	filete de lomo de franja New York

En un tazón combinar todos los ingredientes, menos los filetes.

Cortar el exceso de grasa de los filetes. Cortar la tira que rodea a los filetes, esto evitará que los filetes se enrollen al cocinarlos. Poner la mezcla sobre los filetes y refrigerar tapados, por 6 horas.

Asar los filetes sobre carbón a temperatura mediana hasta alcanzar la cocción deseada. Con una brochita untar frecuentemente con la salsa de marinar.

PARA 6 PORCIONES

ANGELOTO AGRIDULCE EN BARBACOA

3 lbs	1,3 kg	filetes de angeloto
½ taza	125 ml	aceite de oliva
¼ taza	60 ml	vinagre de estragón
2 cdtas	10 ml	salsa inglesa
½ cdta	2,5 g	jengibre en polvo
1 cda	10 g	azúcar morena
2 cdas	30 ml	jerez
3 cdas	45 ml	salsa de soya
½ cdta	2,5 g	ajo en polvo

Acomodar los filetes de pescado en una bandeja de hornear poco honda.

Combinar los demás ingredientes y hacer una salsa de marinar; poner la salsa sobre el pescado. Marinar tapado y refrigerar por 1 hora. Colar y conservar el líquido.

Asar el pescado sobre carbón, a fuego mediano por 10 minutos; con una brochita untar el líquido. Colocar los filetes en una fuente, untar la salsa una vez más antes de servir.

PARA 6 PORCIONES

Chuletas de Cerdo con Miel y Limón

COSTILLITAS DEL RIN

4½ lbs	2 kg	costillas de lado o espalda de cerdo
2 cdtas	10 g	sal
1½ taza	375 ml	Caldo de Carne (ver página 85)
¼ taza	60 ml	salsa de tomate catsup
2 cdas	20 ml	azúcar morena
3 cdas	45 ml	vino tinto
¼ cdta	1,2 g	pimienta inglesa en polvo
¼ cdta	1,2 g	semillas de alcaravea
2 cdas	30 ml	salsa inglesa
pizca	pizca	pimiento de Cayena
1 cdta	5 ml	ralladura de limón
1 cda	7 g	maicena
2 cdas	30 ml	agua fría

Cortar y tirar todo exceso de grasa de las costillas. Colocarlas en una bandeja poco honda. Espolvorear con la sal, luego cocinarlas en un horno precalentado a 300°F (160°C), por 2 horas.

En una cacerola combinar los demás ingredientes, menos la maicena y el agua. Calentar hasta que hierva, mezclar la maicena con el agua y agregar a la salsa. Cocinar a fuego lento hasta que esté espesa.

Pasar las costillas a una parrilla de carbón, cocinar por 10 minutos por lado; con una brochita untar frecuentemente la salsa. Servir.

PARA 6 PORCIONES

BROCHETAS DE CAMARONES EXOTICAS

1½ lb	675 g	camarones grandes
⅓ taza	80 ml	salsa de soya
⅓ taza	80 ml	aceite de oliva
⅓ taza	80 ml	jerez
½ cdta	2,5 g	de cada uno: cebolla en polvo, ajo en polvo, jengibre en polvo y pimienta

Pelar y desvenar las camarones, ensartarlos en pinchos de bambú. Colocarlos en una bandeja poco honda.

Mezclar los demás ingredientes, poner sobre los camarones y marinar por 30 minutos.

Asar sobre carbón caliente, 3-5 minutos por lado.

PARA 4 PORCIONES

CHULETAS DE CERDO CON MIEL Y LIMON

½ taza	125 ml	cilantro picado
1 cda	15 ml	aceite de oliva
1 cda	15 ml	miel
1 cda	15 ml	jugo de limón
1 cdta	5 g	pimienta negra triturada
1 cdta	5 ml	cáscara de limón rallada
4 – 6 oz	4 – 170 g	chuletas de cerdo

Combinar el cilantro, el aceite, la miel, el jugo de limón, la pimienta y la ralladura de limón en un tazón pequeño.

Asar las chuletas sobre carbón a temperatura mediana, por 4 minutos. Voltear las chuletas, cubrirlas con la salsa y continuar asando por 4 minutos más. Cubrirlas con la salsa restante y servir.

PARA 4 PORCIONES

Costillitas del Rin

Costillas a la Barbacoa del Chef

COSTILLAS A LA BARBACOA DEL CHEF

COSTILLAS:

6 – 12 oz	6 – 340 g	costillitas danesas de espalda
3 cdas	45 ml	aceite de oliva
1 cdta	5 g	de cada uno: sal, pimienta negra triturada, paprika, chile en polvo

SALSA:

3 cdas	45 ml	aceite de oliva
2 cdas	18 g	cebolla picada
2 cdas	20 g	pimiento dulce verde, picado
2 cdas	20 g	apio picado
1	1	diente de ajo picado
¼ taza	60 ml	vino blanco
¼ cdta	1,2 g	pimienta negra
½ cdta	3 ml	hojas de orégano
½ cdta	3 ml	comino molido
3 cdas	30 g	azúcar morena
1¼ taza	310 ml	puré de tomate
½ cdta	3 g	sal ahumada al nogal

COSTILLAS:

Colocar las costillas en una bandeja poco honda; con una brochita untar el aceite y espolvorear con los condimentos. Hornear en un horno precalentado a 300°F (160°C), por 2 horas.

SALSA:

Mientras las costillas se hornean, calentar el aceite en una cacerola. Agregar la cebolla, los pimientos verdes, el apio y el ajo, freír hasta que se ablanden. Mezclar los ingredientes restantes. Calentar la salsa hasta el punto de ebullición, bajar el fuego y cocinar a fuego lento por 20 minutos.

Sacar las costillas del horno, quitarles la piel y cortarlas en porciones para servir. Asar las costillas sobre temperatura mediana, 6-8 minutos por lado. Con una brochita untar frecuentemente la salsa durante la cocción, y una vez más antes de servir.

PARA 6 PORCIONES

PECHUGAS DE POLLO ASADAS

6 – 6 oz	6 – 170 g	pechugas de pollo, sin hueso, sin piel
½ taza	125 ml	aceite de oliva
3 cdas	45 ml	vinagre de estragón
1 cda	15 ml	jugo de limón
1 cdta	5 g	sal de ajo
½ cdta	3 ml	cilantro picado

Colocar las pechugas de pollo en una bandeja poco honda.

Combinar los demás ingredientes, poner sobre el pollo; tapar y refrigerar por 2 horas; colar, conservar el líquido.

Asar el pollo por 7-8 minutos por lado, dependiendo del grosor de las pechugas. Con una brochita untar el líquido. Servir.

PARA 6 PORCIONES

BROCHETAS DE PEZ ESPADA

2 lbs	900 g	pez espada
3 cdas	45 ml	vinagre de ajo
⅓ taza	80 ml	aceite de oliva
1 cdta	5 ml	cáscara de limón rallada
½ cdta	3 ml	de cada uno: cebolla en polvo, ajo en polvo, orégano
1 cdta	5 ml	hojas de laurel
1 cda	15 ml	cilantro picado
1 cdta	5 g	sal

Cortar el pescado en cuadros de 1" (2,5 cm); insertar en pinchos de bambú y acomodarlos en una bandeja poco honda.

Combinar los demás ingredientes y ponerlos sobre el pescado. Marinar tapado en el refrigerador, por 2 horas.

Asar a temperatura mediana por 10 minutos, volteando y untando el líquido frecuentemente con una brochita.

PARA 6 PORCIONES

HAMBURGUESAS DE BUFALO

HAMBURGUESAS:

1 lb	450 g	carne magra de búfalo
4 oz	120 g	carne de cerdo picada
1	1	huevo
2 cdas	14 g	miga fina de pan
2 cdas	18 g	cebolla picada
1 cda	15 ml	mostaza de Dijon
1 cdta	5 ml	salsa inglesa

SALSA:

3 cdas	45 ml	aceite
¼ taza	32 g	cebolla picada
¼ taza	37 g	pimiento dulce verde, picado
¼ taza	37 g	apio picado
3 tazas	450 g	tomates pelados, sin semillas, picados
1 cda	15 g	sal ahumada al nogal
3 cdas	45 ml	vinagre de vino
½ cdta	3 ml	mostaza picante
⅓ taza	80 ml	pasta de tomate
½ cdta	3 ml	de cada uno: albahaca, tomillo, orégano, albahaca real, paprika, ajo en polvo, pimienta
⅓ taza	56 g	azúcar morena

HAMBURGUESA:

Poner todos los ingredientes en un tazón grande y mezclarlos bien. Hacer tortitas y colocarlas en una bandeja cubierta con papel encerado; cubrir las tortitas con papel encerado y refrigerar hasta el momento de usar.

SALSA:

Calentar el aceite en una sartén; agregar las verduras y freírlas hasta que se ablanden. Agregar todos los ingredientes restantes, bajar el fuego y cocer a fuego lento hasta que el líquido se reduzca a ⅓ del volumen original. Asar las hamburguesas sobre fuego mediano; con una brochita, untar la salsa frecuentemente. Servir calientes con salsa extra en los panecillos kaiser.

PARA 4 PORCIONES

CHULETAS DE TERNERA CON SALSA DE TOMATES Y LIMA

CHULETAS:

4 – 6 oz	4 – 170 g	chuletas de ternera
3 cdas	45 ml	jugo de lima
2 cdas	30 ml	aceite de oliva
2 cdas	30 ml	crema ácida
2 cdtas	10 g	azúcar
¼ cdta	1,2 g	sal
½ cdta	3 ml	chile rojo picante

SALSA:

4	4	tomates grandes pelados, sin semillas, picados
1	1	cebolla pequeña, picada fino
2	2	chiles jalapeños, picados fino
¼ taza	60 ml	cilantro fresco picado
2 cdas	30 ml	jugo de lima
½ cdta	2,5 g	sal
¼ cdta	1,2 g	pimienta negra triturada

CHULETAS:

Cortar el exceso de grasa de las chuletas.

Combinar los demás ingredientes y poner sobre las chuletas; marinar por 3 horas. Asar las chuletas, 5 minutos por lado sobre carbón a temperatura mediana. Con una brochita untar el líquido de marinar.

SALSA:

Combinar los ingredientes en un tazón; tapar y marinar por 3 horas.

Colocar las chuletas en platos, cubrirlas con salsa y servir.

PARA 4 PORCIONES

Chuletas de Ternera con Salsa de Tomates y Lima

Costillas a la Barbacoa Estilo Cajun

BISTEC Y LANGOSTA

Un favorito de siempre, sin el precio del restaurante.

4 – 4 oz	4 – 115 g	filetes de lomo
4	4	lonjas de tocineta
4 – 4 oz	4 – 115 g	colas de langosta
⅓ taza	80 ml	mantequilla derretida
½ cdta	3 ml	de cada uno: cebolla en polvo, semillas de alcaravea, semillas de cilantro, hojas de tomillo, hojas de orégano, hojas de albahaca, perifollo, paprika
1 cdta	5 g	ajo en polvo
1 cda	15 g	chile en polvo
3 cdas	45 g	sal de roca
1 taza	250 ml	Salsa Béarnaise (ver página 108)

Envolver los filetes con las lonjas de tocino. Asegurar con palillos de dientes para mantenerlos firmes.

Dividir la langosta por el medio cortando a través. Sacar la carne del caparazón y ponerla encima de éste. Con una brochita untar un poco de la mantequilla. Asar en un horno precalentado a 400°F (200°C), por 15-20 minutos, o hasta que esté bien cocida.

Mientras la langosta se asa, combinar los condimentos; espolvorear sobre los filetes. Asar los filetes 7 minutos por lado para medio asado, menos para tiernos, más tiempo para más cocido.

Servir el bistec con la Salsa Béarnaise. Servir la langosta con la mantequilla caliente. Los recipientes pequeños para la mantequilla la mantienen caliente por más tiempo.

PARA 4 PORCIONES

Bistec y Langosta

COSTILLAS A LA BARBACOA ESTILO CAJUN

Salsa:		
1 taza	250 ml	salsa de tomate catsup
½ taza	125 ml	melaza
1	1	cebolla mediana picada
¼ taza	42 g	azúcar morena
2 cdas	30 ml	jugo de limón
1 cda	15 g	chile en polvo
1 cdta	5 ml	de cada uno: sal, hojas de tomillo, hojas de orégano, hojas de albahaca,
½ tsp	2,5 g	de cada uno: paprika, cebolla en polvo, ajo en polvo
¼ cdta	1 ml	salsa tabasco

Costillas:		
2¼ lbs	1 kg	costillas de cerdo pequeñas o danesas
½ cdta	3 ml	de cada uno: sal, paprika, hojas de tomillo, hojas de orégano, pimienta blanca, pimienta negra, pimiento de Cayena, cebolla en polvo, ajo en polvo
1 cdta	15 g	chile en polvo

Salsa:

En un procesador de alimentos combinar todos los ingredientes, mezclando bien. Pasarlos a un tazón y conservarlos.

Costillas:

Cortar las costillas en trozos con 5 huesos.

Combinar los condimentos. Espolvorearlos en las costillas y frotarlos en la carne. Refrigerar por 1 hora. Asar en un horno precalentado a 350°F (180°C), por ½ hora. Asar las costillitas a la parrilla y cocinar sobre carbón a temperatura mediana. Con una brochita untar la salsa frecuentemente. Untar una última vez antes de servir.

PARA 8 PORCIONES

ANGELOTO AL DURAZNO

6 – 6 oz	6 – 170 g	filetes de angeloto
2 cdas	30 ml	aceite de oliva
2 cdtas	10 ml	hojas de albahaca
2 tazas	450 g	durazno, en rodajas
1 taza	250 ml	agua
2 cdas	30 g	azúcar
2 cdtas	10 ml	mostaza de Dijon
1 cdta	2,5 g	maicena
1 cda	15 ml	jugo de limón
¼ taza	60 ml	jugo de manzana

Con una brochita untar el aceite a los filetes y salpicar con la albahaca.

En una cacerola con agua, hervir las rodajas de durazno por 5 minutos. Pasar los duraznos a un procesador de alimentos y hacerlos puré. Conservar el agua. Agregar revolviendo, el azúcar y la mostaza en el agua conservada. Mezclar la maicena con el jugo de limón; agregar al agua y cocer a fuego lento hasta espesar. Poner sobre los duraznos y mezclar.

Regresar los duraznos a la cacerola y agregar revolviendo el jugo de manzana; calentar pero sin hervir.

Asar el pescado por 10 minutos untando con la salsa. Untar una vez más antes de servir.

PARA 6 PORCIONES

FILETES DE TERNERA EN FRUTA

6 – 6 oz	6 – 170 g	filetes de ternera
2 cdas	30 ml	aceite de oliva
1 cdta	15 ml	albahaca
¼ taza	56 g	azúcar
¼ taza	60 ml	agua
¼ cdta	1,2 g	canela en polvo
2	2	clavos de olor
1 cda	15 ml	ralladura de limón
1 cda	15 ml	ralladura de naranja
1 taza	250 ml	fresas, en rodajas
1 taza	100 g	duraznos frescos, en rodajas
1 taza	100 g	arándanos frescos
2 cdtas	10 ml	jugo de limón

Cortar todo exceso de grasa de los filetes. Con una brochita untar el aceite y salpicar con la albahaca. Asar sobre carbón hasta que esté cocinado a gusto.

Combinar el azúcar, el agua, la canela, los clavos y las ralladuras de fruta en una cacerola pequeña. Llevar a ebullición, bajar la temperatura y seguir cociendo a fuego lento hasta que se forme un jarabe espeso.

En un tazón combinar los ingredientes restantes, agregar el jarabe y poner a cucharadas sobre los filetes. Servir.

PARA 6 PORCIONES

SALMÓN A LA BARBACOA CON MIEL

3 cdas	42 g	mantequilla
3 cdas	45 ml	aceite
1	1	cebolla mediana, picada
1	1	diente de ajo picado
⅔ taza	160 ml	salsa de tomate catsup
⅔ taza	160 ml	miel líquida
¼ taza	60 ml	vinagre de sidra
1 cda	15 ml	salsa inglesa
½ cdta	3 ml	de cada uno: hojas de tomillo, hojas de orégano, hojas de albahaca, paprika, pimienta, chile en polvo, sal
½ cdta	3 ml	saborizador de humo líquido
4 – 6 oz	4 – 170 g	filetes de salmón sin espinas de 1" (2,5 cm) de grosor

Calentar la mantequilla con 2 cucharadas (30 ml) de aceite en una cacerola. Agregar la cebolla y el ajo; freír hasta que se ablanden.

Agregar la salsa de tomate, la miel, el vinagre, la salsa inglesa, los condimentos y el humo líquido. Cocer a fuego lento hasta tener una salsa espesa y brillante. Dejar enfriar.

Con una brochita untar al salmón con el aceite restante. Asar sobre carbón a temperatura mediana, 5 minutos por lado, untando frecuentemente con la salsa. Untar una vez más antes de servir.

PARA 4 PORCIONES

Angeloto al Durazno

món con Pesto de Cilantro

CODORNIZ A LA TOSCANA (CODORNIZ A LA BARBACOA)

12	12	codornices
½ taza	125 ml	aceite de oliva
3 cdas	45 ml	vinagre de vino blanco
1 cdta	5 g	ajo en polvo
½ cdta	2,5 g	pimienta negra triturada
2 cdtas	10 ml	cilantro picado
½ cdta	3 ml	de cada uno: romero fresco, estragón, orégano, tomillo, albahaca, picados

Cortar las codornices por la mitad y colocarlas en una asadera poco honda.

Combinar los demás ingredientes en un tazón, poner sobre las codornices; marinar por 2 horas a temperatura ambiente. Colar y conservar el jugo.

Asar las codornices sobre temperatura mediana por 10-15 minutos, untando frecuentemente con el jugo de marinar. Servir.

PARA 6 PORCIONES

SALMON CON PESTO DE CILANTRO

Salsa:

1½ taza	375 ml	cilantro fresco picado, apretado dentro de la taza
6	6	dientes de ajo picados
⅓ taza	68 g	piñones tostados
⅔ taza	75 g	queso parmesano rallado
1 cdta	5 g	sal
½ cdta	2,5 g	pimienta
¾ taza	180 ml	aceite de oliva

Pescado:

4 – 6 oz	4 – 170 g	filetes de salmón
2 cdas	30 ml	aceite de oliva
½ cdta	2,5 g	sal
½ cdta	2,5 g	pimienta blanca

SALSA:

Combinar todos los ingredientes en un procesador de alimentos, menos el aceite; mezclar hasta que estén bien incorporados. Lentamente agregar el aceite hasta formar una salsa con la consistencia de mayonesa espesa, conservarla hasta cuando se necesite.

PESCADO:

Con una brochita untar el aceite a los filetes; sazonar con sal y pimienta. Asar los filetes sobre temperatura mediana; 5-6 minutos por lado. Servir con un poquito de salsa sobre cada filete.

PARA 4 PORCIONES

Pimientos Dulces Asados a la Parrilla con Pesto de Macadamia

Costillar de Cordero Okey's

PIMIENTOS DULCES ASADOS A LA PARRILLA CON PESTO DE MACADAMIA

2	2	pimientos dulces rojos
2	2	pimientos dulces verdes
2	2	pimientos dulces amarillos
¾ taza	190 ml	aceite de oliva
1 taza	250 ml	albahaca fresca picada
2	2	dientes de ajo picado
1 taza	150 g	nueces de macadamia saladas, tostadas y picadas
¼ taza	28 g	queso parmesano, recién rallado

Colocar los pimientos en una bandeja y asarlos en un horno precalentado a 400°F (200°C), hasta que la piel forme ampollas. Colocarlos en una bolsa de papel y dejarlos en su vapor por 20 minutos.

Sacarlos de la bolsa y pelarlos. Cortarlos en cuatro, sacarles las semillas.

En un procesador de alimentos o licuadora, mezclar ¼ taza (60 ml) de aceite, la albahaca, el ajo, las nueces y el queso. Con la máquina en marcha, agregar lentamente el aceite restante.

Asar los cuartos de pimientos sobre temperatura media, por 6 minutos. Colocarlos en una fuente y cubrirlos con salsa.

PARA 6 PORCIONES

COSTILLAR DE CORDERO OKEY'S

4	4	costillares de cordero
¼ taza	60 ml	aceite de oliva
¼ taza	60 ml	jugo de limón
¼ taza	60 ml	vermouth blanco
1 cdta	5 ml	de cada uno: tomillo, albahaca, perifollo orégano, mejorana, sal
½ cdta	2,5 g	pimienta negra triturada
½ cdta	2,5 g	comino molido
1 cdta	5 ml	salsa inglesa
3 gotas	3 gotas	salsa tabasco

Cortar y tirar todo exceso de grasa de los costillares; colocarlos en una asadera poco honda.

Combinar los demás ingredientes, poner sobre los costillares y marinar por 8 horas.

Asar los costillares a la parrilla, 5 minutos por lado sobre carbón bien caliente. Insertar uno de los costillares un termómetro para carnes. Mover los costillares a una parte menos caliente de la parrilla, cubrir la parrilla y seguir cocinando hasta que el termómetro registre 160°F (66°C) para medio cocinado; asar por más tiempo, para más cocinado. Con una brochita untar con la marinada ocasionalmente. Servir.

PARA 4 PORCIONES

LOCURA DE NEW YORK

4 – 8 oz	4 – 225 g	filetes de franja New York
½ taza	125 ml	vino tinto
2 cdas	30 ml	jugo de limón
2	2	dientes de ajo picados
¼ taza	60 ml	aceite de oliva
1 cdta	5 ml	de cada uno: hojas de tomillo, hojas de albahaca, orégano, paprika, cebolla en polvo
2 cdtas	10 g	pimienta negra triturada
½ cdta	3 ml	sal o ¼ cdta (1 ml) de sal ahumada al nogal

Cortar todo exceso de grasa de los filetes, remover la franja de alrededor de los bordes para evitar que la carne se enrolle al asarse. Colocar los filetes en una bandeja poco honda.

Combinar los demás ingredientes y poner sobre los filetes; marinar refrigerados y tapados por 6-8 horas.

Escurrir los filetes, conservando la salsa de marinar. Cocinar los filetes sobre temperatura mediana en una parrilla hasta la cocción deseada; con una brochita untar la salsa varias veces mientras se asan.

PARA 4 PORCIONES

FILETES DE SALMON CON MANTEQUILLA DE PIÑONES

4 – 6 oz	4 – 170 g	filetes de salmón
¼ taza	60 ml	aceite de oliva
2 cdas	30 ml	vino tinto
2 cdas	30 ml	jugo de limón
2 cdas	18 g	cebollines picados
1	1	diente de ajo picado
2 cdas	30 ml	cilantro picado
¼ taza	56 g	mantequilla
¼ taza	50 g	piñones finamente picados

Lavar y secar los filetes de salmón; colocarlos en una bandeja poco honda.

Mezclar el aceite, el vino, el jugo de limón, los cebollines picados, el ajo y el cilantro, en un tazón; poner sobre los filetes y marinar por 3 horas, tapados y refrigerados.

Mezclar la mantequilla con los piñones, poner con una cuchara, en papel encerado y enrollar. Refrigerar por 3 horas.

Asar el pescado 5 minutos por cada lado; con una brochita untar el líquido de marinar. Colocar los filetes en una fuente, poner una rodaja de la mantequilla refrigerada en cada filete.

PARA 4 PORCIONES

PAPAS AHUMADAS AL NOGAL

1½ lb	675 g	papas nuevas
½ taza	125 ml	aceite de oliva
1 cda	15 g	sal ahumada al nogal

Lavar y cepillar las papas. Hervirlas en una cacerola grande con agua salada, hasta que estén blandas pero firmes. Escurrir las papas y dejarlas enfriar a temperatura ambiente. Cortarlas en rodajas de ⅓ " (1 cm). Colocarlas en una bandeja poco honda.

Con una brochita untar a las papas el aceite y espolvorearlas con la sal.

Asarlas sobre una parrilla caliente, 3 minutos por lado. Servir.

PARA 4 PORCIONES

FILETES AL FUEGO

6 – 10 oz	6 – 300 g	filetes de lomo New York
1 cdta	5 g	ajo granulado
2 cdtas	10 g	pimienta negra
½ cdta	3 ml	de cada uno: pimiento de Cayena, hojas de orégano, hojas de tomillo, romero picado, hojas de albahaca, cebolla en polvo, sal

Cortar y tirar la grasa de los filetes y quitarles la franja de los bordes (para evitar que se enrollen al cocinarlos).

Mezclar los condimentos y frotárselos a los filetes. Dejar los filetes reposar por 30 minutos.

Asar sobre carbón en temperatura media hasta la cocción deseada.

PARA 6 PORCIONES

Filetes de Salmón con Mantequilla de Piñones

Filetes al Fuego

SOPAS

Lo que distingue a un buen cocinero, no es que tan elegante luce su comida, sino que tan bien preparada está la comida. Nada expresa mejor esta maestría en la cocina que una deliciosa taza de sopa.

Hay un antiguo refrán que dice que "todo lo bueno de la naturaleza se encuentra en una cuchara". Esto nos viene a la memoria cuando nos sirven una estimulante taza de sopa. Nosotros no lo podríamos expresar mejor, ya que mientras las carnes, las verduras y los condimentos se están cocinado, el aroma que emana nos proporciona una sensación de bienestar. Nuestras madres siempre han sabido que una taza de sopa de pollo hecha en casa nos va a hacer sentir mejor. Tal vez ellas no comprendían que el lento cocimiento de la carne y las verduras les extrae todo el valor nutritivo y lo concentra en la sopa. Ellas simplemente sabían de que esto daba buenos resultados y eso era lo que realmente les interesaba.

Hoy en día, las sopas todavía tienen un lugar especial en el corazón de la mayoría de los que cocinan, ya que ellos saben que el tiempo que pasan haciendo la sopa es el tiempo que más disfrutan en la cocina. Una comida completa puede prepararse y consumirse en el término de una hora. Aunque la preparación de la sopa puede requerir sólo algunos minutos, a menudo se necesitan horas de cocimiento para completar este exquisito proceso. Mientras tanto, las fragancia que emana de la sopa llena el aire de la casa como si fueran el rey del popurrí.

Ya sea que la sopa se prepare para comenzar la comida o como plato principal, las sopas que le presentamos en este capítulo están entre las mejores. Incluimos sopas tanto de estilo internacional como especialidades locales, pero todas son de sabor extraordinario. Sus sopas pueden ser tan memorables como cualquier otro plato, y así debe ser.

Con excepción de las aletas de tiburón y la carne de cocodrilo, todos los ingredientes se pueden conseguir en su supermercado local. Asegúrese de usar los ingredientes más frescos y mejores que pueda encontrar. La sopa no es un plato que acepte compromisos en su calidad. Cuando no se sirven entremeses, la sopa establece las pautas para el resto de la comida. Una sopa de calidad inferior indica que los platos que la van a seguir también serán inferiores. Quien comprometa la calidad de la sopa también hace lo mismo con el resto de la comida.

Ya sea que su menú requiere una variedad de sopa tipo puré, crema, bisque, consommé, de cualquier clase, usted las va a encontrar todas en las páginas de este capítulo. La sopa del día, cuando se hace con amor, tiempo y una de nuestra recetas, siempre será *Simplemente Deliciosa*.

Sopa del Barco a la Costa

POTAJE DOYEN

⅔ taza	300 g	pollo crudo, molido dos veces
1 cdta	5 g	cebolla rallada
¼ cdta	1 ml	de cada uno: pimienta, albahaca, tomillo, paprika
½ cdta	2,5 g	sal
1	1	clara de huevo
⅛ taza	30 ml	crema de batir
6 tazas	1,5 L	Caldo de Pollo (ver página 77)
⅓ taza	75 g	mantequilla
⅓ taza	37 g	harina
2 tazas	500 ml	leche 50% crema
1 cdta	5 g	sal
¼ cdta	1,2 g	pimienta blanca
1½ taza	225 g	pollo cocido, en cubitos
2 tazas	180 g	arvejas hervidas

En una olla grande mezclar el pollo molido, la cebolla, los condimentos, la clara de huevo y la crema. Colar fino, apretando sobre el colador, y formar bolitas pequeñas.

Llevar a ebullición 2 tazas (500 ml) del caldo, echarle las bolitas, bajar el fuego y cocer a fuego lento por 10 minutos. Sacar las bolitas.

Calentar la mantequilla en una sartén grande, añadir removiendo la harina y cocinar con fuego bajo por 2 minutos.

Agregar el resto del caldo, la crema, sal y pimienta, y cocinar a fuego lento por 10 minutos.

Dividir la sopa en dos ollas más pequeñas, poner el pollo cocido en cubitos en una de las ollas, y una taza (90 g) de las arvejas en la otra. Poner cada una de ellas a fuego lento por 5 minutos. Después, por separado, hacerlas puré en un procesador de alimentos, ponerlas de nuevo en las ollas de sopa y continuar cociendo a fuego lento por otros 5 minutos.

Poner parado un platillo pequeño en el tazón de servir; con un cucharón, echar la sopa de pollo en un lado del platillo y la sopa de arvejas en el otro lado; quitar rápidamente el platillo. Poner encima las bolitas de pollo y el resto de las arvejas. Servir la sopa inmediatamente.

PARA 6 RACIONES

MINESTRONE MILANES

3 cdas	42 g	mantequilla
2	2	dientes de ajo picados
½ taza	75 g	cebolla en rodajas
½ taza	75 g	apio picado
½ taza	75 g	pimiento dulce verde, picado
½ taza	38 g	champiñones
½ taza	75 g	calabacín picado
3	3	papas medianas, peladas, picadas
2 tazas	300 g	tomates pelados, sin semilla, picados
5 tazas	1,25 L	Caldo de Pollo (ver página 77)
2 tazas	300 g	pollo cocido, en cubitos
2 cdtas	10 ml	salsa inglesa
1 cdta	5 ml	albahaca
½ cdta	3 ml	tomillo
½ cdta	3 ml	orégano
1 cdta	5 g	sal
2 tazas	112 g	fideos penne cocidos
1 taza	112 g	queso parmesano, recién rallado

Calentar la mantequilla en una cacerola grande o una olla. Agregar el ajo, la cebolla, el apio, los pimientos dulces, los champiñones y el calabacín, freírlos hasta que se ablanden.

Añadir las papas y los tomates, freírlos por 5 minutos.

Poner en el caldo de pollo, junto con los cubitos de pollo, la salsa inglesa, la albahaca, el tomillo, el orégano y la sal. Cocer a fuego lento por 15-20 minutos (o hasta que las papas estén cocidas, pero firmes).

Incorporar removiendo, los fideos y el queso. Cocinar por dos minutos más. Servir.

PARA 8 PORCIONES

Potaje Doyen

Minestrone Milanés

Bisque Bretón de Camarones

CALDO DE PESCADO

4½ lbs	2 kg	huesos y recortes de pescado
1	1	cebolla picada
3	3	zanahorias grandes, picadas
3	3	tallos de apio picados
1	1	ramito de hierbas (ver el Glosario)
12 tazas	3 L	agua

Poner los recortes y huesos de pescado en una cacerola grande o una olla de hierro. Agregar las verduras, el ramito de hierbas y el agua. Debe cocinarse sin llegar a ebullición. Cocinar a fuego lento por 2 horas. Cuando el caldo se esté cocinando quitarle toda la espuma que suba a la superficie.

Colar primero a través de un colador fino y después pasar por una muselina. Usar como se desee.

PRODUCE 8 TAZAS (2 L)

BISQUE BRETON DE CAMARONES

3 cdas	45 g	cebolla rallada
3 cdas	45 g	apio rallado
3 cdas	45 g	zanahoria rallada
4 cdas	38 g	pimiento dulce rojo, picado fino
¼ taza	37 g	champiñones, en rodajas finas
½ taza	112 g	mantequilla
1 lb	450 g	camarón, pelado y desvenado
2¼ tazas	625 ml	Caldo de Pescado (receta anterior) o Caldo de Pollo (ver página 77)
½ taza	125 ml	jerez
4 cdas	28 g	harina
1 taza	250 ml	crema entera
1 taza	150 g	camarón muy pequeño, cocido

En una cacerola grande, sofreír hasta que se ablanden, la cebolla, el apio, la zanahoria, el pimiento y los champiñones, en 4 cdas. (56 g) de mantequilla. Agregar el camarón pelado, sofreírlo por 5 minutos.

Añadir el caldo y hervir por 15 minutos.

Hacerlo todo puré en el procesador de alimentos y volverlo a poner en la cacerola. Agregar el jerez y cocer a fuego lento por 5 minutos.

Calentar el resto de la mantequilla en una sartén pequeña, agregarle la harina y cocinar por 2 minutos con poco fuego. Incorporar la crema, y cocer a fuego lento hasta que la mezcla esté bien espesa.

Incorporarla en la sopa y cocinar a fuego lento por 5 minutos más.

Poner la sopa en tazones y adornarla con los camarones pequeños. Servir inmediatamente.

PARA 6 PORCIONES

TERCIOPELO (VELOUTÉ) DE LA CHAMPAÑA

2 tazas	260 g	papas peladas, picadas
1½ taza	225 g	apio picado
½ taza	112 g	mantequilla
½ taza	56 g	harina
6 tazas	1,5 L	Caldo de Pollo (ver receta en esta página)
1½ cdta	7,5 g	sal
½ cdta	2,5 g	pimienta blanca
¾ taza	112 g	jamón, en cubitos pequeños
½ taza	75 g	zanahoria hervida, picada muy fino
½ taza	75 g	apio hervido, picado muy fino

Poner las papas en una cacerola pequeña, llenarla con agua y cocerlas hasta que se ablanden; luego hacerlas puré en el procesador de alimentos.

Poner el apio en otra cacerola, llenarla con agua y cocerlo hasta que esté blando; después hacerlo puré en el procesador de alimentos.

En una cacerola, derretir la mantequilla, añadir la harina y batirla; cocinar por 2 minutos en fuego bajo.

Agregar el caldo de pollo, sazonar con sal y pimienta, y revolver. Cocinar a fuego lento por 30 minutos o hasta que la sopa se espese.

Dividir la sopa en dos ollas más pequeñas. En una de ellas mezclar el puré de las papas. En la otra mezclar el puré del apio. Cocinar ambas sopas a fuego lento por 10 minutos.

Poner parado un platillo pequeño en el tazón de servir; con un cucharón echar la sopa de papas por un lado del platillo y la de apio en el otro lado. Quitar rápidamente el platillo. Poner encima el jamón, la zanahoria y el apio. Servir inmediatamente.

PARA 6 PORCIONES

SOPA DE ALCACHOFAS

4	4	alcachofas
4 tazas	1 L	Caldo de Pollo (ver receta en esta página)
3 cdas	28 g	mantequilla
3 cdas	21 g	harina
2 tazas	500 ml	leche

Quitarle los tallos a las alcachofas. Quitarles también las hojas inferiores y recortarles la parte de arriba. Cocer las alcachofas en agua hirviendo hasta que se ablanden. Sumergirlas en agua fría. Escurrir y extender las hojas. Abrir las alcachofas con los dedos y sacarles el corazón utilizando una cuchara.

Calentar el caldo de pollo en una cacerola. Echar las alcachofas y cocer a fuego lento por 1 hora. Sacar las alcachofas y ponerlas en el procesador de alimentos para hacerlas puré. Echar el puré en la sopa. Continuar cociendo a fuego lento.

Calentar la mantequilla en una sartén pequeña, agregar la harina y cocer por 2 minutos con fuego bajo. Incorporar batiendo en la sopa. Añadir la leche y seguir cociendo a fuego lento hasta que espese. Probarla, ajustar el sazonamiento si es necesario; servirla caliente.

PARA 4 PORCIONES

CALDO DE POLLO

2¼ lbs	1 kg	carne de pollo, con huesos
10 tazas	2,5 L	agua fría
2	2	tallos de apio, picados grueso
2	2	zanahorias grandes, picadas grueso
1	1	cebolla, picada grueso
1	1	ramito de hierbas (ver el Glosario)
1 cdta	5 g	sal

Poner los huesos del pollo en una cacerola grande o una olla de hierro. Agregar el agua y los demás ingredientes; llevar a punto de hervir. Luego cocer a fuego lento, sin tapar, por 3-4 horas. Quitar toda espuma o grasa que suba. Sacar la carne (guardarla y usarla según sea requerido), los huesos (tirarlos), ramito de hierbas (tirarlo) y las verduras (tirarlas). Colar usando una tela de muselina o un colador fino.

Refrigerar el caldo y quitarle toda la grasa de la superficie. Dejar el caldo en el refrigerador por 24 horas antes de usarlo. Se puede usar para sopas y salsas, o como se desee.

PRODUCE 6 TAZAS (1,5 L)

Terciopelo (Velouté) de la Champaña

Sopa Tom Kar Gai

SOPA DE ARVEJAS FRANCO CANADIENSE

Esta sopa rinde una buena cantidad. Puede congelar la que no necesite.

1 lb	450 g	arvejas
1	1	hueso de jamón
16 tazas	4 L	agua
3	3	puerros, picados fino
3	3	tallos de apio, picados fino
2	2	zanahorias, picadas fino
½ lb	225 g	jamón en cubitos
		sal, sólo si se requiere
½ cdta	2,5 g	pimienta blanca

Dejar remojando las arvejas por una noche o por 8 horas. Ponerlas en una cacerola grande con el hueso de jamón y cubrir con el agua. Llevar a ebullición, luego reducir el fuego y cocer a fuego lento; agregar las verduras. Cocer por 3½- 4 horas.

Sacar y tirar el hueso. Añadir el jamón y cocer a fuego lento por otros 15 minutos. Probar, ajustar el sazonamiento. Servir muy caliente.

PARA 10 RACIONES

SOPA TOM KAR GAI

1 cdta	5 g	jengibre picado
3 cdas	42 g	mantequilla
3 cdas	21 g	harina
4 tazas	1 L	Caldo de Pollo (ver página 77)
2 tazas	500 ml	leche 50% crema
2 tazas	300 g	carne de pollo cocida, en cubitos
½ taza	125 ml	leche de coco
2 cdas	30 ml	cilantro picado
		rodajas de lima, para adornar

En una sartén, sofreír el jengibre en la mantequilla; revolverle la harina y cocinar por 2 minutos.

Echar el caldo de pollo y cocer a fuego lento hasta que la sopa empiece a espesarse. Agregar la crema, el pollo, y el coco; seguir cociendo a fuego lento por 20 minutos.

Agregar el cilantro y servir. Adornar con las rodajas de lima, las que se ponen para que floten encima.

PARA 6 PORCIONES

OLLA AL FUEGO (POT AU FEU)

Este es es tradicional puchero francés. ¿Es sopa o es comida? Puede ser ambas.

1 lb	450 g	huesos soperos de res
4 cdas	60 ml	aceite
2¼ lbs	1 kg	carne para asado (cualquier corte)
4	4	zanahorias
2	2	nabos
2	2	puerros
2	2	cebollas españolas
3	3	tallos de apio
1	1	chirivía
1 cdta	5 g	sal
1	1	ramito de hierbas (ver Glosario)

Poner los huesos en una bandeja para asar y asarlos en el horno precalentado a 400°F (200°C), hasta que se doren.

Calentar el aceite en una cacerola grande, sofreír la carne por todos lados en el aceite. Pasar los huesos a la cacerola con la carne. Cubrir la carne con 12-16 tazas (3-4 L) de agua.

Pelar y cortar en pedazos gruesos las verduras, echarlas en la cacerola. Agregar la sal y el ramito de hierbas.

Reducir el fuego y cocer a fuego lento por 3½- 4 horas. Quitar la espuma que suba, para tener un caldo claro.

Sacar la carne y las verduras, mantenerlas calientes.

Colar el caldo. Cortar la carne y servir con las verduras, poner encima el caldo.

PARA 8 PORCIONES

Sopa de Arvejas Franco Canadiense

BISQUE DE LANGOSTINOS CARDINAL

5 lbs	2 kg	langostinos
10 tazas	2,5 L	agua
4 cdas	56 g	mantequilla
1	1	cebolla mediana, picada fino
1	1	diente de ajo picado
1	1	tallo de apio, picado fino
4 cdas	28 g	harina
1 taza	150 g	tomates pelados, sin semillas, en cubitos
3 oz	80 ml	pasta de tomate
⅓ taza	80 ml	jerez
½ cdta	2,5 g	sal
¼ cdta	1,2 g	pimienta
1 taza	250 ml	crema de batir

Poner los langostinos en una cacerola grande. Cubrirlos con el agua. Llevar a ebullición y dejar hervir por 30 minutos. Sacar los langostinos y dejarlos que se enfríen. Quitarles la carne de la cola, guardar la carne; volver a poner los caparazones en el agua.

Cocer a fuego lento los caparazones hasta que el agua se reduzca a sólo 4 tazas (1 L). Colar el caldo y guardarlo. Tirar los caparazones .

Calentar la mantequilla en una sartén grande. Sofreír la cebolla, el ajo y el apio hasta que se ablanden. Espolvorear con harina y cocinar por 2 minutos a fuego bajo.

Echar el caldo de langostinos sobre las verduras. Agregar los tomates, la pasta de tomates, las colas de langostinos, el jerez, sal y pimienta. Cocer a fuego lento por 15 minutos. Pasar la sopa a una licuadora y hacerla puré. Regresarla a la olla y continuar cociéndola a fuego lento por 5 minutos.

Incorporar la crema en la sopa, y cocinar a fuego lento por otros 10 minutos más. Servir muy caliente.

PARA 4 RACIONES

Crema de Hinojo

SOPA DE ALCARAVEA (KUMMEL SUPPE)

2 cdas	28 g	mantequilla
1	1	cebolla española, picada fino
1	1	zanahoria mediana, picada fino
2	2	tallos de apio, picados fino
2 cdas	14 g	harina
1 cdta	5 g	semillas de alcaravea
5 tazas	1.25 L	Caldo de Res (ver página 85)
2 tazas	113 g	macarrón de coditos, cocido

Calentar la mantequilla en una sartén grande. Agregar las verduras y sofreírlas hasta que se ablanden. Espolvorear con harina y alcaravea. Cocinar hasta que las verduras y la harina tomen un color marrón.

Agregar el caldo y cocer a fuego lento hasta que la sopa esté ligeramente espesa. Incorporar revolviendo el macarrón y cocer a fuego lento por 5 minutos. Servir caliente.

PARA 4 PORCIONES

CREMA DE HINOJO

2½ tazas	625 ml	hinojo picado
4 tazas	1 L	Caldo de Pollo (ver página 77)
3 cdas	42 g	mantequilla
3 cdas	21 g	harina
2 tazas	500 ml	crema

Poner el hinojo en una sartén grande, cubrirlo con el caldo de pollo. Cocer a fuego lento por 30 minutos. Colar y guardar el caldo y el hinojo.

Hacer puré el hinojo en un procesador de alimentos o un moledor. Regresar el hinojo al caldo.

Calentar la mantequilla en una sartén pequeña y agregar la harina; cocinar por 2 minutos a fuego bajo. Añadir la crema y cocinar hasta lograr una salsa espesa.

Batir la salsa en la sopa. Recalentar hasta que esté bien caliente. Servir.

PARA 6 PORCIONES

SOPA DEL BARCO A LA COSTA

⅔ taza	300 g	pollo, molido dos veces
1 cdta	5 g	cebolla rallada
¼ cdta	1 ml	de cada uno: pimienta, albahaca, tomillo, paprika
½ cdta	2,5 g	sal
1	1	clara de huevo
⅛ taza	30 ml	crema de batir
6 tazas	1,5 L	Caldo de Pescado (ver página 76) o Caldo de Pollo (ver página 77)
1 cda	14 g	mantequilla
¾ taza	112 g	carne de langosta, en cubitos
1 taza	150 g	camarón, pelado y desvenado
½ taza	38 g	champiñones de botón
1 taza	113 g	arroz de grano largo, cocido

En un tazón, mezclar el pollo, la cebolla, los condimentos, la clara de huevo y la crema. Colar aplicando presión en un colador fino y hacer bolitas pequeñas.

Llevar a ebullición 2 tazas (500 ml) del caldo; echar las bolitas en el caldo, reducir el fuego y cocer a fuego lento por 10 minutos. Sacar las bolitas.

Calentar la mantequilla en una olla de hierro o una cacerola grande, sofreír los mariscos junto con los champiñones. Agregar el resto del caldo y el pollo; bajar el fuego y cocer a fuego lento por 10 minutos. Servir.

PARA 6 PORCIONES

SOPA DE BERRO

Una deliciosa sopa picante para el invierno

10 oz	280 g	berro, lavado y picado
4 cdas	56 g	mantequilla
¼ taza	60 g	cebolla rallada
3 cdas	21 g	harina
3 tazas	750 ml	Caldo de Pollo (ver página 77)
2 tazas	500 ml	crema de batir
½ cdta	2,5 g	sal
¼ cdta	1,2 g	pimienta
⅛ cdta	pizca	chile picante

Sofreír juntos el berro, la mantequilla y la cebolla. Espolvorear con harina y cocer por 2 minutos a fuego bajo.

Agregar el caldo, la crema y los condimentos. Cocer a fuego lento por 30 minutos. Servir muy caliente.

PARA 4 PORCIONES

CONSOMME ANJOU

⅔ taza	300 g	carne de venado, molida dos veces
1 cdta	5 g	cebolla rallada
¼ cdta	1 ml	de cada uno: pimienta, albahaca, tomillo, paprika
½ cdta	2,5 g	sal
1	1	clara de huevo
⅛ taza	30 ml	crema de batir
6 tazas	1,5 L	Caldo de Caza (ver página 85)
1½ taza	225 g	puntas de espárrago
1 taza	113 g	arroz de grano largo, cocido

En un tazón grande, combinar la carne, la cebolla, los condimentos, la clara de huevo y la crema. Colar apretando en un colador fino y formar bolitas pequeñas.

Llevar a ebullición 2 tazas (500 ml) del caldo; echar las bolitas en el caldo, reducir el fuego y cocer a fuego lento por 10 minutos. Sacar las bolitas.

Calentar el caldo restante en una cacerola grande o una olla de hierro; agregar los espárragos, el arroz, y las bolitas de carne; cocer a fuego lento por 10 minutos; servir.

PARA 6 PORCIONES

Sopa del Barco a la Costa

SOPA DE TACO

2 lbs	900 g	carne de res magra, molida
3 cdas	45 ml	aceite de girasol
2	2	chiles jalapeños sin semilla, picados
1	1	cebolla española, picada
2 tazas	300 g	tomates pelados, sin semillas, picados
3 tazas	750 ml	Caldo de Res (ver página 85)
2 tazas	500 ml	jugo V-8
1 cda	15 ml	comino
1 cda	15 g	chile picante en polvo
1 cdta	5 g	sal
1½ taza	170 g	queso cheddar, rallado
		triangulitos de tortilla tostada (chips)

En una olla de hierro o en una cacerola grande, freír la carne de res en el aceite. Agregar los chiles y la cebolla. Sofreírlos hasta que se ablanden.

Añadir los tomates, el caldo, el jugo y los condimentos. Llevar a ebullición. Reducir el fuego y cocer a fuego lento por 15 minutos.

Servir la sopa en tazones; adornar con chips de tortilla y el queso; servir.

PARA 6 PORCIONES

SOPA DE FRIJOL HORNEADO

8 oz	225 g	frijoles blancos
8 tazas	2 L	Caldo de Pollo (ver página 77)
2 tazas	500 ml	jugo de tomate
¼ lb	125 g	tocineta en cubitos
1	1	cebolla española, picada fino
2	2	tallos de apio, picados fino
2	2	zanahorias, picadas fino
¼ taza	60 ml	pasta de tomate
1 cda	15 g	chile picante en polvo
1 cdta	5 g	sal
¼ cdta	1,2 g	pimienta negra

Poner en remojo en agua fría los frijoles, por 6-8 horas. Escurrir. Colocar los frijoles en una olla grande; cubrir con el caldo de pollo; cocer a fuego lento por 2½ horas. Agregar el jugo de tomate.

Sofreír la tocineta en una sartén y añadirle la cebolla, el apio y la zanahoria. Continuar sofriendo hasta que se ablanden. Escurrir el exceso de grasa; agregar la tocineta y las verduras a la sopa.

Revolver en la sopa la pasta de tomate y los condimentos. Continuar cociendo a fuego lento por 1 hora más. Servir muy caliente.

PARA 8 PORCIONES

TORTELLINI DE QUESO Y POLLO EN CALDO

½ ración	0,5	Masa de Pasta Básica (ver página 426)
½ lb	225 g	carne de pollo cocida, en cubitos pequeños
1 taza	225 g	queso ricotta
1	1	huevo
½ cdta	3 ml	albahaca
¼ cdta	1 ml	nuez moscada
¼ cdta	1,2 g	sal
¼ cdta	1,2 g	pimienta
8 tazas	2 L	Caldo de Pollo fuerte, caliente (ver página 77)

Procesar la pasta como se indica; extenderla y formar láminas delgadas. Cortar círculos de pasta con un cortador redondo de galletas de 3" (7,5 cm). Cubrir con una tela húmeda y reservar.

En un tazón, combinar el pollo, la ricotta, el huevo y los condimentos. Poner una cucharadita de relleno en cada ruedita de pasta. Humedecer los bordes con un poco de agua. Doblar cada ruedita por la mitad. Apretar los bordes para sellarlos. Rizar los bordes alrededor del relleno y apretar para juntarlos. Poner la mitad del caldo en una cacerola grande, llevar a ebullición y cocer la pasta por dos minutos o hasta que estén flotando las rueditas.

Con una cuchara poner cantidades iguales de tortellinis en tazones de sopa. Cubrir con el resto del caldo de pollo caliente. Servir.

PARA 4 PORCIONES

Tortellini de Queso y Pollo en Caldo

Sopa de Taco

Gulyasleves (Sopa Goulash)

CALDO DE CARNE O DE CAZA

2¼ lbs	1 kg	huesos con carne de res o de ternera**
¼ taza	60 ml	aceite de oliva
10 tazas	2,5 L	agua fría
2	2	tallos de apio, picados grueso
2	2	zanahorias grandes, picadas grueso
1	1	cebolla, picada grueso
1	1	ramito de hierbas (ver el Glosario)
1 cdta	5 g	sal

Poner los huesos en una bandeja para asar y cubrir con el aceite. Hornear en un horno precalentado a 350°F (180°C) por 1 hora o hasta que los huesos estén bien dorados. Pasarlos a una cacerola grande o una olla de hierro.

Agregar el agua y los demás ingredientes; empezar a cocer sin hervir; luego cocer a fuego lento, sin tapar, por 3-4 horas, sacando toda la espuma o grasa que suba a la superficie.

Sacar la carne (guardarla y usarla cuando se necesite), los huesos (tirarlos), el ramito (tirarlo) y las verduras (tirarlas). Colar en una tela de estopilla o colador fino.

Refrigerar el caldo y quitarle toda la grasa de la superficie.

Dejar el caldo en refrigeración por 24 horas antes de usarlo. Usarlo para sopas y salsas, o como se desee.

PRODUCE 6 TAZAS (1,5 L)

** Para caldo de ternera, no dorar los huesos con carne.

NOTA: Para hacer el caldo de caza, sustituir con huesos de venado o alce, los huesos de res o ternera.

Sopa de Letras a la Antigua

GULYASLEVES (SOPA GOULASH)

½ lb	225 g	carne para asar, cocida
¼ lb	115 g	cerdo para asar, cocido
¼ lb	115 g	jamón ahumado
3 cdas	42 g	mantequilla
3 cdas	45 ml	aceite
1	1	cebolla española, picada
1	1	tallo de apio picado
1	1	pimiento dulce rojo, picado
3 cdas	21 g	harina
2 tazas	500 ml	tomates pelados, sin semillas, picados
6 tazas	1,5 L	Caldo de Carne espeso (receta en esta página)
1 cdta	5 g	semillas de alcaravea

Cortar las carnes en rodajas y picarlas. Calentar juntos la mantequilla y el aceite en una sartén grande. Agregar las verduras y sofreírlas hasta que se ablanden. Espolvorear con la harina y cocinar por 5 minutos o hasta que la harina se dore. Incorporar revolviendo los tomates en el caldo. Agregar las carnes y cocer a fuego lento por 90 minutos. Espolvorear con las semillas de alcaravea y cocer a fuego lento por 5 minutos más. Servir muy caliente.

PARA 8 PORCIONES

SOPA DE LETRAS A LA ANTIGUA

2 cdas	30 ml	aceite de girasol
1	1	cebolla, picada fino
2	2	zanahorias peladas, picadas fino
3	3	tallos de apio, picados fino
2 tazas	300 g	carne de res cocida, en cubitos
6 tazas	1½ L	Caldo de Carne (receta en esta página)
2 tazas	300 g	tomates pelados, sin semillas
½ cdta	2,5 g	sal
¼ cdta	1,2 g	pimienta
⅓ taza	37 g	fideos de letras

Calentar el aceite en una cacerola grande o una olla de hierro.

Agregar las verduras y sofreírlas hasta que se ablanden.

Añadir la carne de res, el caldo, los tomates, sal y pimienta. Llevar a ebullición. Agregar los fideos. Tapar y bajar el fuego. Cocer a fuego lento por 10 minutos.

Servir muy caliente.

PARA 6 PORCIONES

Crema de Pollo con Dos Aceitunas

Potaje a la Andaluza

CREMA DE POLLO CON DOS ACEITUNAS

3 cdas	42 g	mantequilla
3 cdas	21 g	harina
2½ tazas	625 ml	Caldo de Pollo (ver página 77)
2 tazas	500 ml	leche 50% crema
2 tazas	300 g	carne de pollo cocida, en cubitos
¼ taza	35 g	aceitunas rellenas, en rodajas
¼ taza	35 g	aceitunas negras sin semillas, en rodajas

Calentar la mantequilla en una sartén de 3 cuartos. Espolvorear con harina y cocinar por 2 minutos a fuego bajo. Agregar el caldo de pollo y cocer a fuego lento por 10 minutos. Agregar la crema y la carne de pollo, continuar cociendo a fuego lento por 10 minutos más. Echar las aceitunas y cocer a fuego lento 1 minuto más.

Servir muy caliente o muy fría. Cuando se sirva fría revolverle 2 cdtas. (30 ml) de crema adicional por cada ración, inmediatamente antes de servirla.

PARA 6 PORCIONES

POTAJE A LA ANDALUZA

4 tazas	1 L	tomate pelado, sin semillas, picado
1	1	cebolla, picada fino
2	2	hojas de laurel
2	2	clavos de olor
2	2	ramitas de perejil
2	2	ramitas de mejorana
1	1	tallo de apio
6	6	granos de pimienta
2 cdtas	10 g	azúcar
1 cda	5 ml	salsa inglesa
¼ cda	1,2 g	sal
¼ cdta	1,2 g	pimienta blanca
pizca	pizca	nuez moscada
1 taza	113 g	arroz de grano largo, cocido
3 cdas	28 g	pimiento dulce rojo, picado fino
3 cdas	28 g	pimiento dulce amarillo, picado fino
3 cdas	28 g	pimiento dulce verde, picado fino

Cocer juntos a fuego lento los tomates, las cebollas, la hoja de laurel, los clavos de olor, el perejil, la mejorana, el apio, los granos de pimienta y el azúcar, por 30 minutos. Colar aplicando presión; agregar los condimentos; regresar a la olla para cocer a fuego lento por 5 minutos.

Incorporar el arroz a la sopa y cocer a fuego lento por 3 minutos más.

Con un cucharón, servir la sopa en los tazones y decorar con los pimientos picados.

PARA 4 PORCIONES

SOPA DE BROCULI Y CHEDDAR

¼ taza	56 g	mantequilla
¼ taza	28 g	harina
3 tazas	750 ml	Caldo de Pollo (ver página 77)
3 tazas	750 ml	leche
½ cdta	2,5 g	sal
½ cdta	2,5 g	pimienta blanca
2 tazas	200 g	florecillas de bróculi, cocidas
3 tazas	340 g	queso cheddar fuerte, rallado

En una cacerola grande o una olla de hierro, calentar la mantequilla, agregar la harina y bajar el fuego. Cocinar por 2 minutos.

Agregar el caldo, la leche, sal y pimienta. Llevar a ebullición. Reducir el fuego y cocer a fuego lento por 10 minutos.

Incorporar revolviendo en el caldo el bróculi y el queso. Continuar cociendo a fuego lento por 5 minutos más.

Servir la sopa inmediatamente.

PARA 6 RACIONES

CONSOMMÉ ADÈLE

⅔ taza	100 g	pollo, molido dos veces
1 cdta	5 g	cebolla rallada
¼ cdta	1 ml	de cada uno : pimienta, albahaca, tomillo, paprika
½ cdta	2,5 g	sal
1	1	clara de huevo
⅛ taza	30 ml	crema de batir
6 tazas	1,5 L	Caldo de Pollo (ver página 77)
¾ taza	135 g	arvejas
2	2	zanahorias peladas, picadas fino

En un tazón, combinar la carne, la cebolla, los condimentos, la clara de huevo y la crema. Colar aplicando presión en un colador fino y formar bolitas pequeñas.

Llevar a ebullición 2 tazas (500 ml) del caldo; echar las bolitas en el caldo, reducir el fuego y cocer por 10 minutos. Sacar las bolitas.

Llevar a ebullición el resto del caldo, reducir el fuego y cocer a fuego lento; agregar las arvejas y las zanahorias; cocer a fuego lento por 10 minutos. Agregar las bolitas de carne y seguir cociendo a fuego lento por 5 minutos más. Servir la sopa muy caliente.

PARA 4 PORCIONES

GUMBO DE MARISCOS

¼ taza	60 ml	aceite de girasol
1	1	cebolla española, picada
2	2	pimientos dulces verdes, picados
3	3	tallos de apio picados
½ lb	225 g	salchicha italiana picante, en rodajas
3 cdas	21 g	harina
2 tazas	300 g	tomate pelado, sin semillas, picado
3 tazas	750 ml	agua o caldo de pescado
1 taza	227 g	arroz crudo
2 cdtas	10 g	sal
½ cdta	3 ml	de cada uno : hojas de orégano, hojas de tomillo, paprika, pimienta negra, ajo en polvo, cebolla en polvo, chile picante en polvo
2 tazas	300 g	quimbombó, en rodajas
½ lb	225 g	camarón, pelado y desvenado
½ lb	225 g	carne de cangrejo
½ lb	225 g	carne de langosta
½ lb	225 g	almejas
2 cdas	30 ml	filé gumbo*

En una olla de hierro grande, calentar el aceite, agregar la cebolla, los pimientos dulces, el apio y la salchicha. Cocinar hasta que la salchicha esté bien cocida. Agregar la harina y cocinar por 3 minutos. Agregar los tomates, el agua, el arroz, los condimentos y el quimbombó; cubrir y cocer a fuego lento por 30 minutos. Agregar los mariscos y continuar cociendo a fuego lento por 15 minutos. Revolver en el caldo el filé gumbo y servir.

PARA 6 RACIONES

*El filé gumbo se hace de hojas de sasafrás molidas. Se consigue en la mayoría de los supermercados, en la sección de comidas especiales. Tiene un agente espesador y se usa para dar la apariencia y consistencia de gumbo.

Gumbo de Mariscos

Sopa de Bróculi & Cheddar

CONSOMMÉ CHERBURGO

⅔ taza	150 g	jamón, molido dos veces
1 cdta	5 g	cebolla rallada
¼ cdta	1 ml	de cada uno : pimienta, albahaca, tomillo, paprika
½ cdta	2,5 g	sal
1	1	clara de huevo
⅛ taza	30 ml	crema de batir
7 tazas	1,75 L	Caldo de Carne (ver página 85)
6	6	huevos
1 taza	250 ml	vino de Madeira
1 taza	150 g	champiñones limpios, en rodajas
2 cdas	28 g	trufas, en rodajas finas

En un tazón, combinar el jamón, la cebolla, los condimentos, la clara de huevo y la crema. Colar aplicando presión en un colador fino y formar bolitas pequeñas.

Llevar a ebullición 2 tazas (500 ml) del caldo; echar las bolitas en el caldo, reducir el fuego y cocer a fuego lento por 10 minutos. Sacar las bolitas del caldo. Escalfar los huevos en un escalfador de huevos, hasta que las claras estén cocidas pero las yemas todavía no estén totalmente cocidas.

Mientras los huevos se estén escalfando, calentar el caldo restante con el vino, las bolitas de carne y los champiñones. Cocer a fuego lento por 10 minutos.

Poner un huevo escalfado en un tazón, cubrirlo con sopa y adornar con trufas; servir inmediatamente.

PARA 6 PORCIONES

POTAJE DE CREMA DE AVES SUPREMO

½ ración	0,5	Pasta de Hojaldre (ver página 689)
1	1	huevo
⅓ taza	75 g	mantequilla
⅓ taza	37 g	harina
4 tazas	1 L	Caldo de Pollo (ver página 77)
1½ taza	225 g	pollo cocido, en cubitos
2 tazas	500 ml	crema de batir
1 cdta	5 g	sal
¼ cdta	1,2 g	pimienta blanca
6	6	ramitas de perejil

Extender la pasta como se indica; cortarla en pedacitos de varias formas, colocarlos en una lámina de hornear. Batir el huevo y con una brochita untarlo en la pasta. Hornear por 10 minutos en un horno precalentado a 400°F (180°C).

En una sartén grande, calentar la mantequilla y agregar la harina, cocer a fuego bajo. Agregar el caldo de pollo y el pollo cocido, cocer a fuego lento por 15 minutos.

Revolver la crema, sal y pimienta en el caldo, continuar cociendo a fuego lento por 10 minutos.

Con un cucharón, servir la sopa en tazones, adornar con los pastelitos y una ramita de perejil.

PARA 6 PORCIONES

SOPA DE CILANTRO Y ZANAHORIA

6	6	zanahorias grandes
4 tazas	1 L	agua
½ taza	120 g	cebolla rallada
4 cdas	56 g	mantequilla
3 cdas	21 g	harina
3 tazas	750 ml	Caldo de Pollo (ver página 77)
2 tazas	500 ml	crema ligera
1 cdta	5 g	sal
¼ cdta	1,2 g	pimienta blanca
⅛ cdta	pizca	pimiento de Cayena
2 cdas	30 ml	cilantro

Pelar y picar las zanahorias. Hervirlas en el agua hasta que se ablanden. Escurrirlas y hacerlas puré en un procesador de alimentos.

Sofreír la cebolla en la mantequilla, espolvorearla con harina y cocinarla por 2 minutos a fuego bajo. Agregar el caldo de pollo, la crema y el puré de zanahoria. Cocer a fuego lento por 3 minutos. Revolver los condimentos en el caldo. Cocer a fuego lento por 3 minutos. Espolvorear con cilantro y servir.

PARA 6 PORCIONES

Sopa de Cilantro y Zanahoria

CALDO DE VERDURAS

½ taza	112 g	mantequilla
2	2	cebollas
6	6	zanahorias peladas, picadas
4	4	tallos de apio picados
1	1	diente de ajo picado
1 lb	450 g	tomates pelados, sin semillas, picados
1	1	ramito de hierbas (ver el Glosario)
12 tazas	3 L	agua

En una cacerola grande o una olla de hierro, calentar la mantequilla, agregar las cebollas, las zanahorias y el apio, sofreírlos hasta que se ablanden.

Agregar el ajo, los tomates, el ramito y el agua. Cocer a fuego lento sin tapar, hasta que el líquido se reduzca a la mitad de su volumen. Colar pasando por una muselina. Usar el caldo como se desee.

PRODUCE 8 TAZAS (2 L)

SOPA LYONESA GRATINADA

¼ taza	56 g	mantequilla
3	3	cebollas grandes, en rodajas
1 cdta	5 g	azúcar granulada
6 tazas	1,5 L	Caldo de Carne o Ternera (ver página 85)
½ cdta	3 ml	de cada uno: hojas de tomillo, hojas de orégano, sal
½ cdta	3 ml	salsa inglesa
1 cda	15 ml	salsa de soya
6	6	rodajas tostadas de pan
2 tazas	226 g	queso gruyére rallado

Calentar la mantequilla en una cacerola grande o una olla de hierro.

Agregar las cebollas y el azúcar, reducir el fuego y sofreír las cebollas hasta que estén caramelizadas.

Agregar el caldo, los condimentos, las salsa inglesa y la de soya. Cocer a fuego lento por 15 minutos.

Con un cucharón, servir la sopa en ollitas de cerámica para sopa de cebolla, ponerles encima una tostada. Espolvorear con queso.

Poner las ollitas en el asador del horno precalentado; sacarlas hasta que el queso esté bien dorado.

Servir inmediatamente.

PARA 6 PORCIONES

CONSOMMÉ ROYALE

2	2	huevos
4	4	yemas de huevo
1 taza	250 ml	Caldo de Pollo (ver página 77)
⅛ cdta	pizca	de cada uno: sal, pimienta blanca, pimiento de Cayena, nuez moscada
⅛ taza	30 ml	zanahoria en puré
⅛ taza	30 ml	espárrago en puré
⅛ taza	30 ml	pasta de tomate
6 tazas	1,5 L	Caldo de Carne o de Caza (ver página 85) o Caldo de Pollo (ver página 77)

Batir los huevos con las yemas de huevo, agregar el caldo y los condimentos. Dividir en tres tazones.

Mezclar el puré de zanahoria en el primero; el de espárrago en el segundo, y la pasta de tomate en el tercero.

Poner en tres cacerolas pequeñas, colocarlas en una sartén grande que tenga agua caliente hasta la mitad, y hornear en un horno precalentado a 350°F (180°C), hasta que los caldos estén bien firmes. Sacar del horno y dejar enfriar, despues refrigerar hasta que tengan consistencia sólida.

Cuando ya estén sólidos, cortar en cuadraditos, diamantes, corazones o cualquier otra forma.

Calentar el consommé, agregar las formas diseñadas, cocer a fuego lento por 5 minutos y servir.

PARA 6 PORCIONES

Sopa Lyonesa Gratinada

Consommé Royale

Sopa de Wor Won Ton

SOPA DE WOR WON TON

¼ lb	115 g	camarones pequeños, pelados y desvenados
¼ lb	115 g	cerdo magro molido
3	3	cebollas verdes, picadas
2 cdas	30 ml	salsa de soya
1	1	diente de ajo, machacado
¼ cdta	1 ml	mezcla de cinco especias
½ cdta	2,5 g	sal
¼ lb	114 g	envolturas de won ton
6 tazas	1,5 L	Caldo de Pollo (ver página 77)
3	3	cebollines picados
1	1	cebolla mediana, en rodajas
1 taza	100 g	florecillas de brócoli
1 taza	75 g	champiñones de botón
½ taza	75 g	zanahorias peladas, en rodajas
¼ lb	115 g	camarones grandes, pelados y desvenados

En un procesador de alimentos, poner el camarón pequeño, el cerdo, las cebollas verdes, la salsa de soya, el ajo, las especias y la sal. Procesar por 1 minuto.

Poner una pequeña cantidad de la mezcla en una envoltura de won ton. Ponerle agua con una brochita, doblarla en triángulo. Juntar las tres esquinas y sellar aplicando presión. Repetir hasta que se use toda la mezcla.

Poner el caldo en una olla grande y llevar a ebullición. Agregar los won ton y cocer por 6 minutos. Agregar los ingredientes restantes y continuar cociendo a fuego lento por 5 minutos más.

Servir inmediatamente.

PARA 6 PORCIONES

SOPA DE ACEDERA, LECHUGA Y PERIFOLLO

¼ lb	115 g	acedera
1	1	cabeza de lechuga Bibb, muy pequeña
1 cda	15 ml	perifollo
2 cdas	28 g	mantequilla
5 tazas	1,25 L	Caldo de Pollo frío (ver página 77)
2	2	yemas de huevo
1 taza	100 g	cubitos de pan tostado (croutons)

Lavar y recortar la acedera, la lechuga y el perifollo. Picarlos fino.

Calentar la mantequilla en una sartén grande, agregar las verduras y sofreírlas hasta que se ablanden. Agregar todo el caldo de pollo, menos ½ taza (125 ml).

Cocer a fuego lento la sopa por media hora.

En un tazón pequeño, mezclar las yemas de huevo con el caldo frío, revolviendo gradualmente un poco de caldo caliente hasta que se forme una salsa espesa.

Quitar la sopa del fuego. Revolver poco a poco la salsa en la sopa. Servir de inmediato.

PARA 6 PORCIONES

POTAJE DE COCODRILO AL JEREZ

2 cdas	28 g	mantequilla
2 cdas	30 ml	aceite de girasol
1 lb	450 g	carne de cocodrilo, en cubitos*
1	1	cebolla, picada fino
2	2	zanahorias, picadas fino
2	2	tallos de apio, picados fino
10 tazas	2,5 L	Caldo de Pollo (ver página 77)
2 tazas	226 g	arroz cocido
½ taza	125 ml	crema de jerez

En una cacerola grande calentar la mantequilla y el aceite, dorar la carne de cocodrilo, sacarla y guardarla.

Agregar las verduras y sofreírlas hasta que se ablanden. Regresar la carne a la cacerola. Cubrir con el caldo de pollo, reducir el fuego y cocer a fuego lento por 1½ horas, sin tapar. Sacar de la sopa las impurezas que suban a la superficie.

Agregar el arroz cocido y el jerez; cocer a fuego lento por 15 minutos más. Servir.

PARA 8 PORCIONES

*La carne de cocodrilo puede ser un poco difícil de encontrar. Trate de ordenarla especialmente en su carnicería o venta de mariscos.

SOPA DE FRIJOL NEGRO

1 taza	180 g	frijol negro o frijol tortuga, secos
¼ lb	115 g	tocineta picada
2	2	cebollas, picadas fino
1	1	zanahoria, picada fino
4 tazas	1 L	Caldo de Pollo (ver página 77)
½ cdta	3 ml	de cada uno: hojas de mejorana, hojas de tomillo, sal, pimienta, paprika
pizca	pizca	pimiento de Cayena
½ cdta	3 ml	salsa inglesa
1	1	hoja de laurel
⅓ taza	80 ml	jerez
½ taza	125 ml	crema ácida
¼ taza	32 g	cebolla roja, picada fino

Dejar los frijoles en remojo por ocho horas, o durante toda la noche.

En una cacerola grande o una olla de hierro, freír la tocineta. Agregar las verduras y sofreírlas hasta que se ablanden. Agregar los frijoles, el caldo de pollo, los condimentos, la salsa inglesa y la hoja de laurel. Tapar y cocer a fuego lento por 1½ horas. Sacar y tirar la hoja de laurel.

Hacer puré la sopa en porciones pequeñas, en un procesador de alimentos o una licuadora. Regresarla a la cacerola y volverla a calentar. Agregar el jerez.

Servir en tazas de sopa y ponerle encima la crema ácida. Adornar con la cebolla roja.

PARA 6 RACIONES

SOPA ITALIANA DE DOS COLORES

1 taza	250 ml	leche
1½ cda	21 g	mantequilla
¼ cdta	1,2 g	sal
⅛ cdta	pizca	nuez moscada
1½ taza	168 g	harina
1	1	huevo
1	1	yema de huevo
¼ taza	28 g	queso parmesano, recién rallado
4 oz	120 g	espinaca, lavada y cortada
8 tazas	2 L	Caldo de Pollo (ver página 77)

Calentar la leche en una cacerola. Agregar la mantequilla, la sal y la nuez moscada. Añadir gradualmente la harina, mezclándola hasta formar una pasta homogénea. Quitarla del fuego, batirle primero el huevo y después la yema de huevo. Revolverle el queso parmesano. Dividir la pasta en dos partes.

Cocer la espinaca al vapor. Hacerla puré en un procesador de alimentos, escurrirla bien. Mezclar la espinaca con 1 parte de la pasta.

Calentar el caldo de pollo llevándolo a ebullición. Echar cucharadas de las pastas verde y amarilla en la sopa. Cocinar hasta que las empanadas floten y luego servir muy caliente.

PARA 6 PORCIONES

SOPA DE ALETA DE TIBURON SAN SI YU CHI

El tiburón ha ganado popularidad durante los últimos años, en el mundo occidental. Aquí les presentamos la versión china clásica de su sopa más famosa. Las aletas de tiburón se pueden conseguir en los mercados de comidas orientales.

6 oz	170 g	aletas de tiburón secas
1	1	diente de ajo picado
½ oz	14 g	jengibre picado
4 tazas	1 L	Caldo de Pescado (ver página 76)
6 oz	170 g	pollo
3 tazas	420 g	brotes de bambú
⅛ cdta	2 gotas	aceite de ajonjolí
1 cda	15 ml	salsa de soya

Poner las aletas de tiburón en agua fría y dejarlas en remojo por 12-20 horas. Pasarlas a una cacerola y agregar el ajo y el jengibre. Llevar a ebullición, reducir el fuego y cocer a fuego lento por 3½ - 4 horas. Escurrirlas y enjuagarlas en agua fría. Quitarles la carne a las aletas. Cocer la carne a vapor por 1½ - 2 horas. Cortar las aletas en tiras muy finas.

Poner el caldo en una cacerola grande, agregar las aletas y llevar a ebullición.

Cortar el pollo en tiras delgadas, ponerlo en la sopa junto con los brotes de bambú. Hervir por 10 minutos.

Incorporar y batir el aceite y la salsa de soya. Servir inmediatamente.

PARA 6 PORCIONES

Sopa de Frijol Negro

SOPA DE ESPARRAGOS Y QUESO BRIE

⅓ taza	75 g	mantequilla
½ lb	225 g	espárragos pelados, hervidos
¼ taza	28 g	harina
3 tazas	750 ml	Caldo de Pollo (ver página 77)
½ taza	125 ml	vino blanco dulce
1 taza	250 ml	crema espesa
½ taza	113 g	brie, sin corteza

En una sartén, calentar la mantequilla. Agregar los espárragos y sofreírlos hasta que se ablanden.

Poner y remover la harina, reducir el fuego y cocinar por 2 minutos.

Agregar el caldo, el vino y la crema. Llevar a ebullición, reducir el fuego y continuar cociendo a fuego lento por 10 minutos.

Pasar la sopa a un procesador de alimentos o una licuadora y hacerla puré. Regresarla a la cacerola y volverla a calentar. Ponerle el queso y removerlo, continuar cociendo a fuego lento por 5 minutos. Servir la sopa muy caliente.

PARA 4 PORCIONES

SOPA DEL AMANECER (MORGENROT)

6 tazas	1,5 L	Caldo de Pollo (ver página 77)
1 taza	224 g	tapioca
½ taza	125 ml	pasta de tomate
2 tazas	300 g	pollo cocido, en tiras finas

Calentar el caldo de pollo en una cacerola de 8 tazas (2 L). Agregar la tapioca y cocer a fuego lento por 30-40 minutos.

Batir en la sopa la pasta de tomate y agregar el pollo; cocer a fuego lento por 5 minutos más y servir.

PARA 6 PORCIONES

SOPA BELGA DE POLLO (LE WATERZOIE)

Esta es otra versión más de una comida completa, en una sola cacerola.

1 – 5 lbs	1 – 2 kg	pollo entero
1	1	limón
10 tazas	2,5 L	Caldo de Pollo frío (ver página 77)
1	1	cebolla, con un clavo de olor incrustado
2	2	tallos de apio picados
2	2	zanahorias picadas
1	1	ramito de hierbas (ver el Glosario)
2 tazas	500 ml	vino blanco
3 tazas	390 g	papas peladas, picadas

Frotar al pollo con el limón; poner el pollo en una cacerola grande y cubrirlo con el caldo.

Agregar la cebolla, el apio, la zanahoria y el ramito de hierbas; tapar y cocer a fuego lento. Quitar del caldo todas las impurezas que suban a la superficie durante las 2½ -4 horas de cocimiento. Sacar y tirar el ramito de hierbas.

Sacar el pollo y mantenerlo caliente. Agregar el vino y las papas, cocer a fuego lento por 30 minutos más (o hasta que las papas estén cocidas).

Cortar el pollo, ponerlo en tazones grandes, cubrirlo con caldo y verduras. Servir.

PARA 6 PORCIONES

Sopa Belga de Pollo (Le Waterzoie)

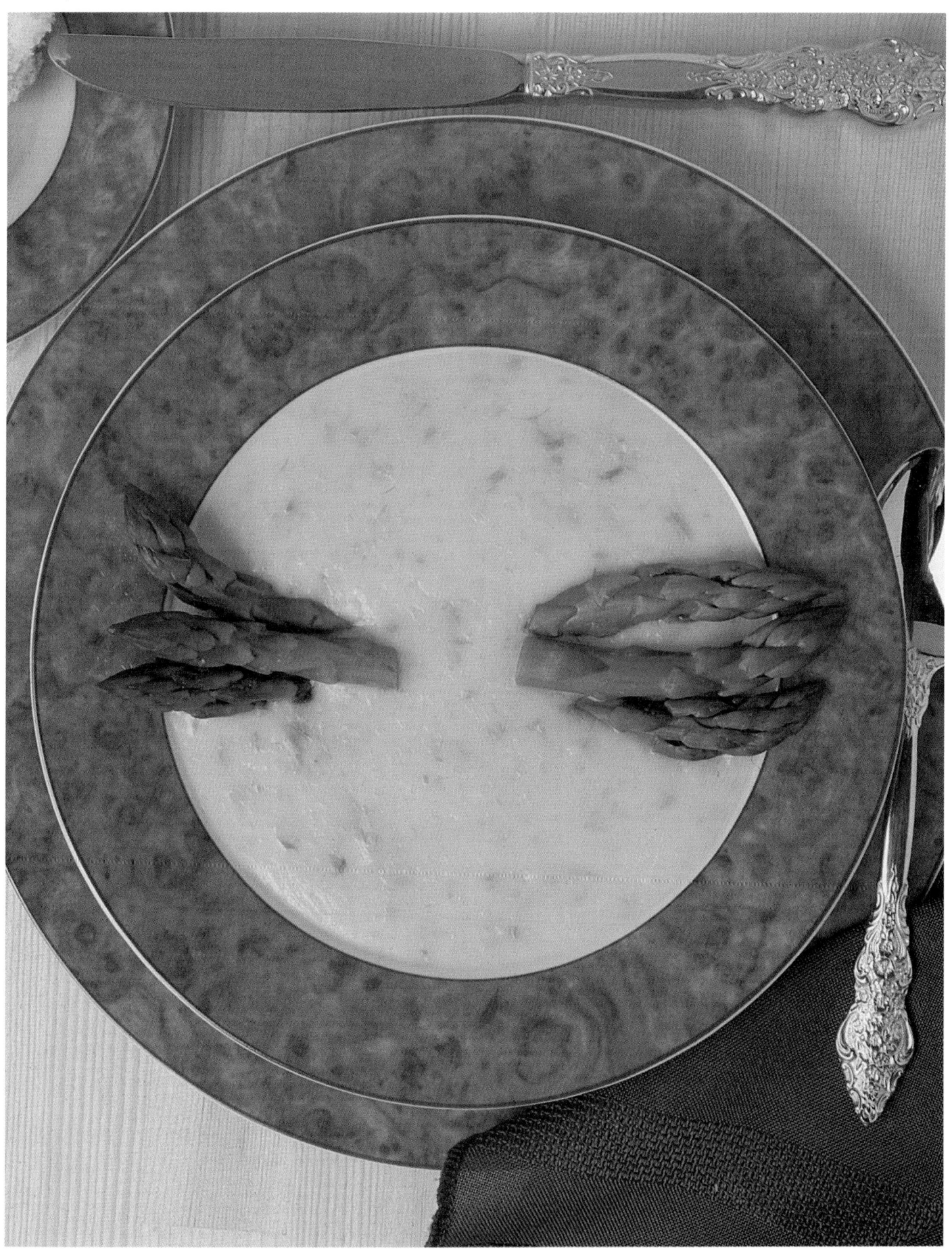

Sopa de Espárragos y Brie

Sopa de Quimbombó (Sopa de Verduras Sudamericana)

Sopa Campestre de Pollo y Fideos

SOPA DE QUIMBOMBO (SOPA DE VERDURAS SUDAMERICANA)

3 cdas	42 g	mantequilla
1	1	cebolla, picada fino
2	2	tallos de apio, picados fino
2	2	zanahorias, picadas fino
3 cdas	21 g	harina
2 tazas	300 g	quimbombó, en rodajas
4 tazas	1 L	Caldo de Verduras (ver página 92)
2 tazas	300 g	tomates pelados, sin semillas, picados
¼ cdta	1 ml	de cada uno : orégano, tomillo, albahaca, ajo en polvo, cebolla en polvo
1 cdta	5 g	sal
½ cdta	2,5 g	pimienta negra

En una sartén grande, calentar la mantequilla, agregar la cebolla, el apio y las zanahorias; sofreírlos hasta que se ablanden. Espolvorear con harina y cocinar por 2 minutos.

Agregar el quimbombó y el caldo de verduras, cocer a fuego lento por 30 minutos. Agregar el tomate y los condimentos, continuar cociendo a fuego lento por 15 minutos. Servir muy caliente.

PARA 6 PORCIONES

SOPA CAMPESTRE DE POLLO Y FIDEOS

5 lbs	2 kg	pollo, en trozos
12 tazas	3 L	agua
4	4	tallos de apio, picados
4	4	zanahorias peladas, picadas
2	2	cebollas medianas, picadas
1 taza	150 g	tomates pelados, sin semillas, picados
1 cda	15 g	sal
1	1	hoja de laurel
2 tazas	226 g	fideos planos de huevo

Poner el pollo en una cacerola grande o una olla de hierro. Cubrirlo con agua; agregar el apio, las zanahorias y las cebollas. Llevar a ebullición; reducir el fuego y cocer a fuego lento, tapado, por 8 horas.

Sacar los trozos de pollo y quitarles toda la carne. Tirar los huesos, partir la carne en cubitos y regresarla a la sopa.

Agregar los demás ingredientes. Llevar a ebullición, reducir el fuego y cocer a fuego lento por 15 minutos más. Sacar y tirar la hoja de laurel. Servir la sopa muy caliente.

PARA 6 PORCIONES

SOPA MISOSHIRU

Sopa japonesa de atún y verduras.

6 tazas	1,5 L	caldo de pescado o pollo
18	18	cebollitas perla
1	1	puerro, en tiras finas
1	1	nabo picado
2 tazas	280 g	brotes de bambú
1 taza	227 g	tofu sólido, picado
6 oz	170 g	atún seco, rallado*

Poner el caldo en una cacerola grande. Agregar la cebolla, los puerros y el nabo, llevar a ebullición. Hervir hasta que el nabo se ablande. Agregar el bambú, el tofu y el atún. Cocer a fuego lento por 5 minutos. Servir muy caliente.

PARA 6 PORCIONES

*El atún seco se puede conseguir en los mercados de comidas orientales.

SALSAS

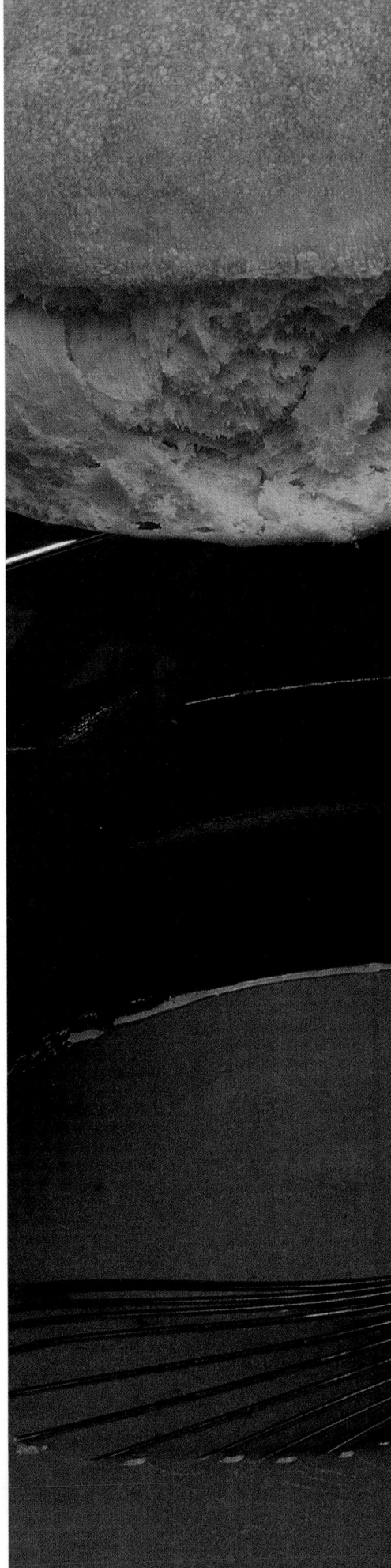

El chef responsable por la producción de deliciosas salsas en una cocina comercial es un "saucier." El/Ella sabe que el producto que ellos hacen es, normalmente, el primer artículo en ser apreciado por los comensales. La salsa realiza hazañas con el sabor inicial y debe ser de primera clase.

Una buena salsa vale por sí misma, pero no debe ser tan poderosa que elimine el sabor del plato con el cual será servida. Debe complementar el plato que acompaña. Una buena salsa debe hacerse desde el principio y nunca puede considerarse buena si la salsa sale de un paquete al cual sólo hay que agregarle agua caliente. No existe salsa instantánea que sea buena; las salsas empaquetadas se han hecho para esconder el sabor de una comida mediocre.

El saucier produce los platos más originales con las salsas que es llamado a crear, por ejemplo, tomando la Salsa Holandesa y volviéndola una Frambuesa Delicia, como encontramos en Turnedos Dianna Lynn. O tal vez, una salsa que puede tener varias aplicaciones, como se espera de cualquiera de las salsas básicas. Encuentre y domine estas cinco salsas básicas y habrá comenzado el viaje por lo que el mundo reconoce como las artes culinarias. Como usted sabrá, las culturas no se conocen a través de sus gobernantes sino a través de sus artistas.

Las cinco salsas del saucier artista son, holandesa, española, velouté, tomate y béchamel, en las cuales todas las salsas tienen su principio. Usted no necesita buscar más lejos que estas páginas de su *Libro de Cocina Simplemente Deliciosa 2*. Si usted también desea saber como preparar las salsas de frutas que son utilizadas en muchos platos excitantes desde entremeses hasta postres, también las encontrará en este capítulo.

Con una salsa, usted puede tomar una vieja receta favorita y convertirla en un éxito. Por ejemplo, ponga una Salsa de Frambuesas sobre un pastel de manzanas y vea la alegría en los rostros de los miembros de su familia. O qué tal una Salsa Praline sobre Pastel de Zanahorias – ¡algo grandioso! Con las salsas del *Libro de Cocina Simplemente Deliciosa 2*, usted puede estar seguro de hacer cada comida un desfile de elogios.

Salsa Española

SALSA PRALINE

½ taza	112 g	mantequilla
2 tazas	336 g	azúcar morena
½ taza	125 ml	crema ácida
1 cda	15 ml	jugo de limón
¼ taza	38 g	pacanas picadas
1 cdta	5 ml	extracto de vainilla

Derretir la mantequilla en una cacerola doble. Mezclar el azúcar con la mantequilla. Mezclar, batiendo, la crema hasta que esté bien mezclada. Agregar, revolviendo, el jugo de limón; cocinar por 45 minutos sobre agua hirviendo, lentamente. Revolver ocasionalmente.

Quitar del fuego; agregar las nueces y la vainilla, revolviendo. Usar caliente cuando desee.

PRODUCE 2 TAZAS (500ml)

ALLIOLI

2	2	dientes de ajo, machacados para hacer una pasta
2	2	yemas de huevo
½ cdta	2,5 g	sal
pizca	pizca	pimienta
½ cdta	3 ml	mostaza de Dijon
1 taza	250 ml	aceite de oliva
4 cdtas	20 ml	vinagre de vino

En una licuadora o procesador de alimentos, hacer una crema con el ajo, las yemas de huevo, la sal, la pimienta y la mostaza.

Con la máquina en marcha agregar el aceite en un chorro fino y continuo. Agregar el vinagre.

Poner en un tazón de servir o usar como sea necesario.

PRODUCE 1½ TAZA (375ml

CANELA Y MANTEQUILLA

4 cdas	56 g	mantequilla
1 cda	15 g	azúcar granulada
1½ cdta	7,5 g	canela molida

Combinar los ingredientes. Usar como se desee.

PRODUCE ⅓ TAZA (90 ml)

SALSA DE CHAMPAN

3 cdas	42 g	mantequilla
3 cdas	21 g	harina
½ taza	125 ml	Caldo de Pollo (ver página 77)
½ taza	125 ml	crema espesa
½ taza	125 ml	champán

Derretir la mantequilla en una cacerola. Agregar la harina y revolver hasta formar una pasta (roux), cocinando sobre fuego lento.

Agregar el caldo de pollo, la crema y el champán. Mezclar batiendo los ingredientes.

Cocer por 10 minutos sobre fuego mediano.

PRODUCE 1¾ TAZA (430 ml)

Salsa Praline

Allioli

Salsa de Champiñones Silvestres Con Jerez

SALSA DE ALBARICOQUES O DURAZNOS

1 taza	150 g	albaricoques secos
1 taza	250 ml	agua
2 cdas	30 g	azúcar granulada
1 cdta	2,5 g	maicena
1 cda	15 ml	jugo de limón
¼ taza	60 ml	jugo de manzana

En una cacerola con agua, hervir los albaricoques por 5 minutos. Pasar los albaricoques a un procesador de alimentos y hacerlos puré.

Revolver el azúcar en el puré de albaricoques. Mezclar la maicena con el jugo de limón; agregar el agua y cocer a fuego lento hasta que espese; poner sobre los albaricoques y mezclar.

Regresar a la cacerola y agregar el jugo de manzana; calentar pero sin hervir. Usar cuando sea requerido.

PRODUCE 1½ TAZA (310 ml)

SALSA DE CHAMPIÑONES SILVESTRES CON JEREZ

2 tazas	500 ml	Salsa Española (ver página 111)
1 taza	250 ml	jerez
1½ taza	225 g	champiñones silvestres*
2 cdas	28 g	mantequilla
1 cda	7 g	harina

Mezclar la Salsa Española con el jerez, llevar a ebullición y reducir a la mitad del volumen.

Freír los champiñones en la mantequilla en fuego fuerte; espolvorear con la harina, bajar el fuego y cocinar por 2 minutos. Agregar los champiñones a la salsa, cocinar a fuego lento por 5 minutos.

* Usar shiitakes, champiñones de paja, de ostra, de la selva negra, morelas, chanterelas o porcinis.

PRODUCE 3 TAZAS (750 ml)

SALSA DE MOSTAZA

2 cdas	28 g	mantequilla
2 cdas	14 g	harina
1 taza	250 ml	leche
¼ cdta	1,2 g	sal
¼ cdta	1,2 g	pimienta blanca
pizca	pizca	nuez moscada
¼ taza	60 ml	crema de batir
2 cdas	30 ml	jugo de limón
1 cdta	5 ml	mostaza preparada
1 cdta	5 ml	mostaza de Dijon

Derretir la mantequilla en una cacerola. Agregar la harina y revolver hasta formar una pasta (roux); cocinar por 2 minutos sobre fuego lento.

Agregar la leche y revolver; cocer a fuego lento hasta que se espese. Agregar la sal, la pimienta y la nuez moscada y cocinar por 2 minutos más.

Agregar la crema, el jugo de limón y las mostazas, revolviendo. Usar como sea necesario.

PRODUCE 1¾ TAZA (440 ml)

VELOUTE

½ taza	112 g	mantequilla
½ taza	56 g	harina
4 tazas	1 L	Caldo de Pollo (ver página 77)

En una cacerola, derretir la mantequilla, agregar la harina y revolver; cocinar por 2 minutos a fuego lento.

Agregar el caldo de pollo y revolver. Cocinar por 30 minutos o hasta que la salsa esté espesa.

PRODUCE 4 TAZAS (1 L)

Velouté

Sabayon

SABAYON

6	6	yemas de huevo
¾ taza	168 g	azúcar granulada
1¼ taza	310 ml	crema de jerez
1 cdta	5 ml	jugo de limón
⅛ cdta	pizca	nuez moscada

Batir las yema de huevo y el azúcar hasta que estén livianos. Colocar en una cacerola doble sobre agua hirviendo. Agregar, batiendo suavemente el jerez. Cocer hasta que esté espeso; si se cocinan demasiado los huevos se cortan. Batir el jugo de limón y la nuez moscada.

Servir inmediatamente sobre fruta y postres helados, o poner en copas de champán y servir solo.

PRODUCE 2½ TAZAS (625 ml)

SALSA DE TOMATES

¼ taza	56 g	mantequilla
2	2	dientes de ajo picado
2	2	zanahorias picadas
1	1	cebolla picada
2	2	tallos de apio picados
3¼ lbs	1,5 kg	tomates pelados, sin semillas y picados
3	3	hojas de laurel
1 cdta	5 ml	hojas de tomillo
1 cdta	5 ml	hojas de orégano
1 cdta	5 ml	hojas de albahaca
1 cda	15 g	sal
1 cdta	5 g	pimienta

En una cacerola grande calentar la mantequilla y freír el ajo, las zanahorias, la cebolla y el apio hasta que estén blandos. Agregar los tomates y los condimentos. Reducir la temperatura y cocinar a fuego lento por 3 horas. Pasar la salsa por un colador y regresarla a la cacerola; continuar la cocción lentamente hasta la consistencia deseada.

PRODUCE 2½ TAZAS (625 ml)

SALSA DE KIWI Y PAPAYA

6	6	kiwis pelados y picados
2 tazas	500 g	pulpa de papaya
¼ taza	56 g	azúcar granulada
1½ cda	11 g	maicena
⅓ taza	80 ml	jugo de manzana

Hacer un puré con los kiwis y la papaya en un procesador de alimentos. Pasar por un colador fino y poner en una cacerola pequeña. Agregar revolviendo el azúcar. Mezclar la maicena con el jugo de manzana, agregar a la fruta. Calentar sobre fuego lento hasta que la salsa esté espesa.

Usar sobre fruta, helados, souflés o como desee. Muy bueno con platillos de chocolate.

PRODUCE 3 TAZAS (750 ml)

SALSA DE BRANDY DE CEREZAS

1¼ taza	125 g	cerezas de lata o frescas, sin semillas
¼ taza	60 ml	brandy de cerezas
3 cdas	45 ml	líquido de cerezas o jugo de manzana
1 cda	15 ml	jugo de limón
2 cdas	30 g	azúcar granulada

Calentar las cerezas en el brandy a fuego bajo, hasta que estén blandas. Pasar por un colador montado sobre una cacerola.

Agregar los ingredientes restantes, cocinar a fuego lento hasta espesar. Usar frío o caliente sobre frutas, sorbetes, helado, panqueques (crepas), pasta de chocolate o con soufflés.

PRODUCE 1½ TAZA (375 ml)

SALSA DE FRAMBUESAS

1½ lb	675 g	frambuesas frescas
¼ taza	56 g	azúcar granulada
1 cda	15 ml	jugo de limón
2 cdtas	5 g	maicena

Hacer un puré con las frambuesas en un procesador de alimentos; pasar por un colador(para eliminar las semillas) y poner en una cacerola. Mezclar el azúcar, batiendo; calentar hasta hervir, bajar el fuego y seguir cociendo a fuego lento.

Mezclar el limón con la maicena, agregar a la salsa y continuar cocinando a fuego lento hasta espesar.

PRODUCE 2 TAZAS (500 ml)

SALSA DE BRANDY DE NARANJA

2 cdtas	5 g	maicena
½ taza	112 g	azúcar granulada
1½ taza	375 ml	jugo de naranja
½ taza	125 ml	licor Grand Marnier
2 cdtas	10 ml	cáscara de naranja rallada
1½ cda	21 g	mantequilla

Mezclar la maicena con el azúcar. Calentar el jugo de naranja y el licor hasta hervir. Agregar el azúcar, revolviendo; reducir la temperatura y cocer a fuego lento hasta espesar. Quitar del fuego y agregar revolviendo, la cáscara de naranja y la mantequilla.

Usar caliente sobre helado, sorbetes, panqueques (crepas).

PRODUCE 2½ TAZAS (560 ml)

COULIS DE FRESAS

2 tazas	200 g	fresas lavadas
⅓ taza	80 ml	jugo de manzana
3 cdas	45 g	azúcar granulada

Poner las fresas en un procesador de alimentos, con el jugo de manzana y el azúcar; hacer un puré. Poner en una cacerola, cocer a fuego bajo hasta que se espese. Pasar por el colador y colocar en un recipiente de mezclar.

Servir sobre fruta fresca, panqueques (crepas), helado, sorbetes, pasta de chocolate o con soufflés

PRODUCE 2 TAZAS (500 ml)

Salsa de Frambuesas

SALSA DE ALBARICOQUES Y FRAMBUESAS

¾ lb	340 g	albaricoques pelados y sin semilla
1 lb	450 g	frambuesas frescas
½ taza	125 ml	jugo de manzana
2 cdas	30 ml	jugo de limón
¼ taza	56 g	azúcar granulada

Colocar los albaricoques y las frambuesas en un procesador de alimentos; hacerlos puré. Pasar por el colador para eliminar las semillas y poner en una cacerola.

Mezclar los ingredientes restantes y cocinar a fuego lento hasta formar una salsa espesa. Servir sobre frutas, pasteles, helado o soufflés.

PRODUCE 3 TAZAS (750 ml)

SALSA BÉARNAISE

3 cdas	45 ml	vino blanco
1 cda	15 ml	hojas de estragón secas
1 cdta	5 ml	jugo de limón
½ taza	112 g	mantequilla
3	3	yemas de huevo
1 cdta	5 ml	estragón fresco picado

Combinar el vino, el estragón seco y el jugo de limón en una cacerola. A temperatura alta calentar y reducir a 2 cucharadas (30 ml), luego pasar por un colador.

En otra cacerola pequeña, derretir la mantequilla y calentar hasta casi hervir.

En una licuadora o procesador de alimentos licuar las yemas de huevo hasta que estén bien mezcladas.

Con la máquina a poca velocidad, agregar la mantequilla en un chorro lento, agregar la mezcla reducida del vino. Procesar hasta mezclar bien, colocar en un tazón de servir. Agregar el estragón fresco.

PRODUCE ¾ TAZA (180 ml)

HOLANDESA DE FRAMBUESAS

½ lb	250 g	frambuesas
½ taza	112 g	mantequilla
2	2	yemas de huevo

Hacer un puré con las frambuesas en un procesador de alimentos; pasar por un colador y eliminar la pulpa y las semillas. En una cacerola calentar y hervir el jugo hasta reducir a 2 cucharadas (30ml); dejar enfriar.

Batir juntos el jugo y las yemas de huevo. Derretir la mantequilla y mantenerla caliente. Poner las yemas de huevo en una cacerola doble y sobre fuego lento, cocinar batiendo constantemente hasta espesar. Quitar del fuego, agregar batiendo la mantequilla caliente hasta tener una salsa delicada y cremosa. No recalentar. Usar como se desee.

SALSA JARDINERA

1 taza	250 ml	Salsa Española (ver página 111)
2 cdas	10 g	zanahorias cocidas, picadas fino
2 cdas	10 g	calabacines cocidos, picados fino
2 cdas	10 g	apio cocido, picado fino
2 cdas	10 g	pimiento dulce rojo, picado fino
1 cdta	5 ml	de cada uno: perejil, chirivía, cebollines picados

Combinar todos los ingredientes en una cacerola pequeña, llevar a ebullición; bajar el fuego y cocinar por 5 minutos.

Usar como se desee.

PRODUCE 1½ TAZA (375 ml)

Salsa Jardinera

Salsa de Albaricoques y Frambuesas

Salsa Marinara

SALSA ESPAÑOLA

4½ lbs	2 kg	huesos de ternera o res
1	1	cebolla en cubitos
4	4	zanahorias en cubitos
3	3	tallos de apio en cubitos
3	3	hojas de laurel
3	3	dientes de ajo picados
2 cdtas	10 g	sal
½ taza	56 g	harina
12 tazas	3 L	agua
1	1	ramito de hierbas (ver el Glosario)
1 taza	250 ml	tomates en puré
¾ taza	95 g	puerros picados
3	3	ramitas de perejil

Salsa Mornay

Precalentar el horno a 450°F (230C).

En una lata de hornear poner los huesos, la cebolla, la zanahoria, el apio, las hojas de laurel, el ajo y la sal.

Poner en el horno por 45-50 minutos, hasta que los huesos estén dorados, cuidando de no quemarlos. Espolvorear con harina y continuar cocinando por 15 minutos más.

Pasar los ingredientes a una cacerola de sopa. Poner un poquito de agua en la lata y enjuagarla; echar en la cacerola de sopa el líquido (jugo) producido. Agregar todos los ingredientes restantes, llevar a ebullición.

Reducir la temperatura y cocinar a fuego lento por 3 o 4 horas, o hasta que se reduzca a la mitad. Con una espumadera eliminar todas las impurezas que suban a la superficie. Colar la salsa para sacar los huesos, etc. Luego colar por segunda vez a través de una muselina. Volver a poner en la cacerola y cocer hasta alcanzar el volumen deseado.

PRODUCE 6 TAZAS (1,5 L)

SALSA MARINARA

3	3	chiles cascabel rojos
⅓ taza	47 g	aceitunas negras picadas
2 cdas	30 g	alcaparras
⅓ taza	80 ml	aceite de oliva
1	1	cebolla picada
2	2	dientes de ajo picado
1½ lb	675 g	tomates pelados, sin semillas y picados
2 cdtas	10 ml	hojas de orégano

Sacar las semillas y cortar el chile en cuadraditos; mezclar con las aceitunas, las alcaparras y la mitad del aceite. Marinar por 1 hora.

Calentar el aceite en una sartén. Freír la cebolla y el ajo hasta que estén blandos.

Agregar la cebolla a los ingredientes marinados colados. Agregar los tomates y el orégano. Reducir la temperatura a mediana, cocinar hasta que la salsa se espese. Servir sobre pasta.

PRODUCE 3 TAZAS (750 ml)

SALSA MORNAY

3 cdas	42 g	mantequilla
3 cdas	21 g	harina
1¼ taza	310 ml	Caldo de Pollo (ver página 77)
1¼ taza	310 ml	leche 50% crema
½ taza	56 g	queso parmesano, recién rallado

Calentar la mantequilla en una cacerola. Agregar la harina y cocinar por 2 minutos sobre fuego lento.

Agregar revolviendo el caldo de pollo y la crema. Reducir la temperatura y cocinar a fuego lento hasta que esté espesa. Agregar revolviendo el queso y cocinar por 2 minutos más.

Use como lo desee.

PRODUCE 3 TAZAS (750 ml)

SALSA DE VINO MADEIRA

2 tazas	500 ml	Salsa Española (ver página 111)
1 taza	250 ml	jerez

Mezclar la Salsa Española con el jerez, calentar hasta hervir y reducir el volumen a la mitad.

PRODUCE 1½ TAZA (375 ml)

MANTEQUILLA DE AJO

1	1	diente de ajo picado
⅓ taza	75 g	mantequilla
½ cdta	3 ml	de cada uno: perejil, cebollines picados, chirivía, albahaca, chalotes
1 cda	15 ml	licor Pernod

Poner los ingredientes en un procesador de alimentos hasta formar una salsa muy suave y homogénea. Usar como se desee.

PRODUCE ½ TAZA (125 ml)

SALSA BÉCHAMEL

2 cdas	28 g	mantequilla
2 cdas	14 g	harina
1 taza	250 ml	leche
¼ cdta	1,2 g	sal
¼ cdta	1,2 g	pimienta blanca
pizca	pizca	nuez moscada

Derretir la mantequilla en una cacerola. Agregar la harina y revolver hasta formar una pasta (roux); cocinar por 2 minutos sobre fuego lento.

Agregar la leche y revolver; cocinar a fuego lento hasta espesar. Agregar los condimentos y cocinar 2 minutos más.

PRODUCE 1¼ TAZA (310 ml)

MANTEQUILLA DE LANGOSTINO O CAMARON

¼ taza	60 ml	carne de langostino o camarón, cocida
¼ taza	60 ml	mantequilla

Colocar los dos ingredientes en una licuadora y mezclar bien hasta que quede suave y homogéneo. Usar como se desee.

PRODUCE ½ TAZA (125 ml)

SALSA DE CAFE Y MENTA

¼ taza	56 g	azúcar granulada
4	4	yemas de huevo
2 tazas	500 ml	leche hervida
2 cdas	30 ml	café fuerte
½ cdta	3 ml	extracto de menta

Batir el azúcar y los huevos hasta que estén suaves y de color pálido. Agregar, revolviendo la leche en los huevos; pasarlos a una cacerola de doble fondo, revolviendo constantemente hasta espesar. Quitar del fuego, agregar revolviendo el café y el extracto. Usar caliente sobre helado, soufflés o bayas.

PRODUCE 2 TAZAS (500 ml)

SALSA DE CAFE Y CHOCOLATE

1 taza	250 ml	agua hirviendo
2 cdtas	4 g	café instantáneo
2 cdas	30 g	azúcar granulada
4	4	yemas de huevo
⅓ taza	80 ml	crema de batir
1½ cdta	4 g	maicena
2 cdas	30 ml	leche
2 oz	60 g	trocitos de chocolate

Disolver el café en el agua hirviendo. Colocar en una cacerola de doble fondo. Agregar el azúcar y revolver hasta disolverla. Agregar batiendo, las yemas de huevo, una por una. Agregar la crema y cocinar por 2 minutos.

Mezclar la maicena con la leche y agregar a la salsa junto con el chocolate. Cocinar lentamente hasta que la salsa espese. Quitar del fuego. Usar como se desee.

PRODUCE 2 TAZAS (500 ml)

Salsa Béchamel

Salsa de Café y Menta

Salsa Holandesa

SALSA DE CREMA Y DULCES DE MANTEQUILLA

3 oz	80 g	trocitos de dulce de mantequilla
¾ taza	84 g	azúcar glacé
¼ taza	60 ml	agua hirviendo
1 taza	250 ml	crema de batir
1	1	clara de huevo
1 cdta	5 ml	extracto de vanilla

En una cacerola doble derretir los dulces de mantequilla; agregar revolviendo el azúcar y el agua. Quitar del fuego y dejar enfriar.

Batir la crema e incorporarla lentamente a los dulces de mantequilla. Batir la clara de huevo y agregarla lentamente en la mezcla junto con la vainilla. Usar como se desee.

PRODUCE 2 TAZAS (500 ml)

SALSA MALTESA

½ taza	112 g	mantequilla
2	2	yemas de huevo
2 cdtas	10 ml	jugo de limón
⅛ cdta	pizca	pimiento de Cayena
3 cdas	45 ml	jugo de naranja, recién exprimido
1 cdta	5 ml	cáscara de naranja rallada

Derretir la mantequilla hasta que esté bien caliente.

Colocar las yemas de huevo en una cacerola de doble fondo, sobre fuego lento.

Agregar el jugo de limón lentamente, asegurarse que se incorpore completamente .

Quitar la cacerola del fuego; lentamente, agregar batiendo la mantequilla caliente.

Agregar el pimiento de Cayena; revolver lentamente el jugo y la cáscara de naranja. Usar la salsa como se desee con pescado, mariscos o vegetales.

PRODUCE 1 TAZA (250 ml)

VERONICA

1 taza	250 ml	Caldo de Pescado (ver página 76)
¼ taza	60 ml	vino blanco
4 cdtas	12 g	cebolla verde
1 cdta	2,5 g	maicena
1 cda	15 ml	agua fría
½ taza	125 ml	crema batir
¼ cdta	1,2 g	sal
¼ cdta	1,2 g	pimienta
1	1	yema de huevo
16	16	uvas sin semilla

Combinar el caldo, el vino y la cebolla verde en una cacerola. Llevar a ebullición; reducir hasta la mitad del volumen original. Colar; volver a poner el líquido en la cacerola.

Mezcar la maicena con el agua fría, mezclar en la salsa. Recalentar y agregar batiendo la crema; agregar la sal y la pimienta.

Mezclar la yema con un poquito de la salsa tibia; agregar batiendo en la salsa y quitar del fuego.

Agregar las uvas. Usar de acuerdo a sus deseos.

PRODUCE 1 TAZA (250 ml)

SALSA HOLANDESA

½ taza	112 g	mantequilla
2	2	yemas de huevo
2 cdtas	10 ml	jugo de limón
pizca	pizca	pimiento de Cayena

Derretir la mantequilla hasta que esté bien caliente.

Poner las yemas de huevo en una cacerola doble, a fuego bajo.

Agregar el jugo de limón lentamente, asegurarse de que se mezcle bien.

Quitar del fuego, lentamente agregar batiendo la mantequilla caliente.

Agregar el pimiento de Cayena y usar la salsa inmediatamente.

PRODUCE ¾ TAZA (180 ml)

SALSA DE CHOCOLATE Y FRAMBUESAS

1 lb	450 g	frambuesas frescas
2 cdas	30 ml	jugo de limón
3 cdas	45 g	azúcar granulada
3 oz	80 g	chocolate semi- dulce rallado
1 cda	14 g	mantequilla

Poner las frambuesas en un procesador de alimentos y hacerlas puré; pasar por un colador para eliminar las semillas, y poner en una cacerola pequeña.

Agregar el jugo de limón y el azúcar; llevar a ebullición, bajar el fuego y cocer a fuego lento hasta reducir a 1 taza (250ml). Agregar revolviendo el chocolate. Quitar del fuego; agregar batiendo la mantequilla, usar como se desee.

PRODUCE 1½ TAZA (375 ml)

GUACAMOLE

2	2	aguacates
1	1	tomate pelado, sin semillas y picado
1	1	cebolla roja picada
3 cdas	45 ml	cilantro picado
2 cdas	30 ml	jugo de lima
1 cdta	5 ml	salsa inglesa
¼ cdta	1,2 g	sal

Pelar y sacar la semilla del aguacate; poner la pulpa en un procesador de alimentos con los ingredientes restantes. Mezclar hasta que esté suave y homogéneo. Usar como se desee.

PRODUCE 2 TAZAS (500 ml)

SALSA MEXICANA

1 lb	450 g	tomates pelados y sin semillas
1	1	cebolla española
3	3	dientes de ajo machacados
1	1	manojo de cilantro picado
2	2	chiles jalapeños
1	1	pimiento dulce verde
2 cdas	30 ml	jugo de lima
½ cdta	2,5 g	sal

Cortar los tomates, picar la cebolla. Ponerlos en un tazón junto con el ajo y el cilantro.

Sacarles las semillas a los jalapeños y cortarlos en cuadraditos pequeños. Mezclarlos con los tomates.

Sacarle las semillas y membranas al pimiento dulce, cortarlo en cuadraditos pequeños; mezclar con los tomates junto con el jugo de lima, agregar la sal.

Refrigerar por 30 minutos antes de servir.

PRODUCE 4 TAZAS (1 L)

Salsa Mexicana y Guacamole

SALSA DE LIMON

2 cdtas	5 g	maicena
¾ taza	168 g	azúcar granulada
1¾ taza	430 ml	agua hirviendo
¼ taza	60 ml	jugo de limón
1 cda	15 ml	cáscara de limón rallada
2 cdas	28 g	mantequilla

Mezclar la maicena con el azúcar. Poner en el agua hirviendo, batir y cocer hasta que se espese. Agregar batiendo, el jugo y la cáscara de limón; cocer hasta que la salsa vuelva a espesarse.

Quitar del fuego. Agregar batiendo la mantequilla. Usar fría o caliente con frutas, sorbetes, panqueques (crepas), pasteles o souflés.

PRODUCE 1¾ TAZA (430 ml)

SALSA DE CHOCOLATE Y GRAND MARNIER

2 oz	60 g	chocolate semi-dulce rallado
3 cdas	42 g	mantequilla
3	3	yemas de huevo
3 cdas	45 g	azúcar granulada
¼ taza	60 ml	leche 50% crema
⅓ taza	80 ml	licor Grand Marnier
1 cdta	5 ml	cáscara de naranja rallada

Derretir el chocolate en una cacerola doble, agregar la mantequilla y revolver hasta derretir. Batir en el chocolate las yemas de huevo, una por una, luego el azúcar. Agregar batiendo la crema y cocer hasta que esté espesa. Agregar el licor y la ralladura de naranja, quitar del fuego y usar como se desee.

PRODUCE 1½ TAZA (375 ml)

Salsa de Tomate Gruesa

SALSA DE TOMATE GRUESA (SALSA DE TOMATE II)

2 cdas	30 ml	aceite de oliva
2	2	dientes de ajo picados
1	1	pimiento dulce verde, picado
1	1	cebolla picada
2	2	tallos de apio picados
4 oz	120 g	champiñones en rodajas
1 cdta	5 g	sal
½ cdta	2,5 g	pimienta
1 cdta	5 ml	hojas de albahaca
½ cdta	3 ml	hojas de orégano
½ cdta	3 ml	hojas de tomillo
½ cdta	2,5 g	paprika
¼ cdta	1,2 g	pimiento de Cayena
3 lbs	1,35 kg	tomates lavados, pelados y picados

Calentar el aceite en una cacerola. Freír el ajo, el pimiento dulce, la cebolla, el apio y los champiñones, hasta que se ablanden. Agregar los condimentos y los tomates. Cocinar a fuego lento por 3 horas o hasta el espesor deseado. Usar la salsa como se desee.

PRODUCE 4-6 TAZAS (1-1,5 L)

CALDO DE LA CORTE

16 tazas	4 L	agua
1 cda	15 g	granos de pimienta verde
1 cda	15 g	sal
1	1	cebolla en rodajas
2	2	zanahorias picadas
1	1	tallo de apio picado
1	1	limón cortado por la mitad
1 taza	250 ml	vino blanco
1	1	ramito de hierbas (ver el Glosario)

Combinar todos los ingredientes. Llevar a ebullición. Dejar hervir por 30 minutos.

Colar a través de una muselina. Conservar el líquido y tirar el ramito de hierbas.

Usar el caldo para cocinar pescado y mariscos.

PRODUCE 16 TAZAS (4 L)

CREMA DE NATILLAS FRANGIPANE

1	1	huevo
3	3	yemas de huevo
½ taza	112 g	azúcar granulada
1 cda	7 g	harina
1¼ taza	310 ml	leche
¾ taza	75 g	almendras molidas
1 cda	14 g	mantequilla
2 cdtas	10 ml	extracto de naranja
1 cdta	5 ml	extracto de ron

Batir juntoslos huevos, las yemas, el azúcar y la harina hasta tener una mezcla suave. Mezclar la leche y las almendras en una cacerola, llevar a ebullición. Quitar del fuego y dejar que se asiente por 10 minutos.

Colar para separar la leche de las almendras; poner las almendras en la mezcla de los huevos. Poner la leche en los huevos revolviéndola lentamente. Poner la mezcla en una cacerola doble y cocer la salsa hasta que esté espesa.

Quitar del fuego y agregar la mantequilla y los extractos.

Usar la salsa fría para rellenar pasteles; servir caliente o fría sobre frutas o con postres helados.

PRODUCE 3 TAZAS (750 ml)

SALSA BERRY BERRY

1 lb	450 g	fresas lavadas
½ lb	225 g	frambuesas lavadas
½ lb	225 g	moras lavadas
1 taza	225 g	azúcar granulada
2 cdtas	10 ml	jugo de limón
1 cdta	5 ml	cáscara de limón rallada

Poner las frutas en un procesador de alimentos. Licuarlas hasta hacerlas puré. Pasar a través de un colador fino y poner en una cacerola; agregar el azúcar y revolver hasta que se disuelva. Agregar el jugo de limón y la cáscara rallada. Llevar a ebullición, bajar el fuego y cocer a fuego lento hasta que la salsa produzca 2 tazas (500ml).

Servir en crepas, helado o en pasta de banana.

PRODUCE 2 TAZAS (500 ml)

SALSA MERCADER DE VINOS

2 cdas	28 g	mantequilla
½ taza	112 g	jamón en cubitos
½ taza	75 g	champiñones en cubitos
½ taza	64 g	cebolla verde
1½ taza	375 ml	Demi-Glace (ver página 123)
½ taza	125 ml	jerez
¼ taza	60 ml	crema espesa (opcional)

Derretir la mantequilla en una cacerola; freír el jamón, los champiñones y la cebolla verde.

Agregar la Demi-Glace y el jerez. Bajar el fuego y cocer a fuego lento hasta alcanzar la mitad del volumen original de la salsa.

Agregar la crema y cocer por 2 minutos más.

PRODUCE 1¾ TAZA (430 ml)

SALSA CAMPESINA

4 cdas	56 g	mantequilla
3 cdas	21 g	harina
1 taza	250 ml	leche
1 taza	250 ml	Caldo de Pollo (ver página 77)
½ cdta	2,5 g	sal
¼ cdta	1,2 g	pimienta negra triturada

En una cacerola calentar la mantequilla; agregar la harina y cocer por 2 minutos en fuego bajo. Incorporar la leche, el caldo, la sal y la pimienta. Bajar el fuego y cocer a fuego lento hasta que esté cremosa.

PRODUCE 2 TAZAS (500 ml)

Salsa Mercader de Vinos

Salsa Campesina

Salsa de Piña y Mango

SALSA DE PIÑA Y MANGO

1 taza	225 g	piña machacada; escurrirla y conservar el jugo
1 taza	225 g	pulpa de mango
¼ taza	56 g	azúcar granulada
1½ cda	11 g	maicena

Hacer un puré con la piña y el mango en un procesador de alimentos; pasar por un colador y poner en una cacerola pequeña. Agregar y revolver el azúcar.

Mezclar la maicena en ¼ taza (60ml) del jugo conservado de la piña. Agregar a la fruta. Cocinar a fuego lento hasta que la salsa se espese.

Usar fría o caliente sobre fruta, helado o con platillos de chocolate.

PRODUCE 2¼ TAZAS (560 ml)

SALSA DE FRAMBUESAS O ZARZAMORAS

2 lbs	900 g	frambuesas o zarzamoras frescas
1½ cda	11 g	maicena
1 cda	15 ml	jugo de manzana
¼ taza	56 g	azúcar granulada

Hacer un puré con las frutas en un procesador de alimentos; pasar por un colador y poner en una cacerola pequeña. Mezclar la maicena, el jugo de manzana y el azúcar en el puré. Calentar a fuego lento hasta que se espese.

Usar caliente o frío sobre fruta, helado, crepes, soufflés o como se desee.

PRODUCE 2 TAZAS (500 ml)

CREMA INGLESA

¾ taza	168 g	azúcar granulada
6	6	yemas de huevo
2 tazas	500 ml	leche cocida
¼ cdta	2 ml	vainilla

En la parte superior de una cacerola doble, batir el azúcar con las yemas de huevo hasta que estén suaves y de color más pálido; colocar sobre agua hirviendo. Agregar batiendo lentamente la leche y cocer hasta que se espese, revolviendo constantemente.

Quitar del fuego, agregar la vainilla. Usar caliente o fría con frutas, sorbetes, helados, platillos de chocolate, islas flotantes, pasta de chocolate blanco, o como se desee.

PRODUCE 2 TAZAS (500 ml)

SALSA CREOLE

3 cdas	45 ml	aceite de girasol
3	3	cebollas, picadas fino
2	2	pimientos dulces verde, picados fino
3	3	tallos de apio, picados fino
20	20	tomates pelados, sin semillas, picados
2 cdtas	10 g	sal
2 cdtas	10 g	paprika
1 cdta	5 g	ajo en polvo
1 cdta	5 g	cebolla en polvo
1 cdta	5 g	pimiento de Cayena
½ cdta	2,5 g	pimienta blanca
½ cdta	3 ml	pimienta negra
1 cdta	5 ml	hojas de albahaca
½ cdta	3 ml	hojas de orégano
½ cdta	3 ml	hojas de tomillo
6	6	cebollas verdes, picadas fino
1	1	manojo de perejil picado

Calentar el aceite en una cacerola grande. Freír la cebolla, el apio y los pimientos verdes hasta que se ablanden. Agregar los tomates y los condimentos, cocer a fuego lento hasta obtener el espesor deseado (más o menos 4 horas).

Agregar las cebollas verdes y el perejil. Cocer a fuego lento por 15 minutos más. La salsa está lista para usarse.

PRODUCE 4-6 TAZAS (1-1,5 L)

SALSA DE NUEZ Y MIEL DE ARCE

2	2	yemas de huevo
½ taza	125 ml	miel de arce
½ taza	125 ml	crema batida
¼ taza	38 g	trocitos de nueces de nogal

Batir las yemas de huevo. Agregarlas batiendo en la miel de arce; poner en una cacerola doble y cocinar hasta que esté espesa; quitar del fuego y dejar enfriar.

Agregar lentamente la crema y las nueces. Usar como se desee

PRODUCE 1½ TAZA (375 ml)

MANTEQUILLA DE HIERBAS

¼ taza	56 g	mantequilla
½ cdta	3 ml	de cada uno: cebollines, perejil, chirivía, estragón y chalote
1 cda	15 ml	crema de batir

Poner los ingredientes en una licuadora y mezclarlos hasta que tener una mezcla muy suave y homogénea.

PRODUCE ⅓ TAZA (90 ml)

Salsa Creole

Salsa de Chocolate

Salsa Californiana

SALSA DE CHOCOLATE

3 oz	80 g	chocolate semi-dulce
1 taza	225 g	azúcar granulada
½ taza	125 ml	agua
½ cdta	1,2 g	sal
1 cdta	5 ml	vainilla
3 cdas	42 g	mantequilla

Derretir el chocolate en una cacerola doble.

En una cacerola corriente calentar el azúcar, el agua, la sal y la vainilla; reducir hasta ¾ o la mitad de su volumen original. Agregar al chocolate, revolviéndolo y quitar del fuego.

Agregar la mantequilla batiéndola. Usar como se desee.

PRODUCE 1¾ TAZA (430 ml)

DEMI-GLACE

3 tazas	750 ml	Salsa Española (ver página 111)
1¼ taza	310 ml	Caldo de Carne (ver página 85)
¼ taza	60 ml	jerez

Combinar la Salsa Española y el Caldo de Carne. Cocer a fuego lento hasta que la salsa se reduzca a ⅔ del volumen original.

Agregar el jerez y usar como se desee.

PRODUCE 1¾ TAZA (430 ml)

SALSA REMOULADE

2 cdas	30 ml	mostaza preparada
2 cdas	30 g	paprika
2 cdas	30 ml	crema de rábano picante
2 tazas	500 ml	aceite de oliva
½ taza	125 ml	vinagre de estragón
2 cdtas	10 ml	salsa inglesa
1 cdta	5 g	salsa tabasco
2 cdtas	10 g	sal
2 cdas	30 ml	perejil picado
¾ taza	112 g	pimiento dulce rojo, picado fino
¾ taza	112 g	pimiento dulce verde, picado fino
½ taza	64 g	cebollas verdes, picadas fino
½ taza	80 g	pepinillos encurtidos, picados fino

En una licuadora combinar la mostaza, la paprika y el rábano picante. Con la máquina en marcha, agregar lentamente el aceite.

Mezclar los ingredientes restantes, procesar hasta que tener una mezcla suave y homogénea. Esta receta puede ser dividida en cantidades más pequeñas.

PRODUCE 4 TAZAS (1 L)

SALSA CALIFORNIANA

3 cdas	45 ml	aceite de oliva
3 cdas	21 g	harina
⅔ taza	160 ml	Caldo de Pollo (ver página 77)
⅔ taza	160 ml	crema ligera
⅓ taza	80 ml	salsa de tomate catsup
2 cdtas	10 ml	salsa inglesa
1 cdta	5 g	paprika
3 gotas	3	salsa tabasco
1 cda	15 ml	jugo de limón

Calentar el aceite en una cacerola, agregar la harina y cocinar por 2 minutos en fuego bajo.

Agregar batiendo, el caldo y la crema; cocer lentamente hasta espesar. Incorporar los ingredientes restantes, continuar cociendo lentamente por 2 minutos más.

Quitar del fuego, usar como se desee

PRODUCE 2 TAZAS (500 ml)

$\mathcal{E}$NSALADAS

Qué cosa más notable es un ensalada bien hecha. La habilidad para refrescar el apetito y hacer que las papillas gustativas dancen con frescura, no puede ser superada por ningún otro plato del menú.

Una ensalada memorable no es siempre una que tenga varios ingredientes. Muy a menudo, las ensaladas representan una mezcla de componentes sin distinción que dejan al comensal preguntándose qué será lo que comió. Una buena ensalada debe llevar una sensación de frescura al paladar. Debe preparar al comensal para los platos que siguen, crear una sensación de anticipada emoción para todas las nuevas sensaciones gustativas que siguen en la cena.

Parece redundante decir que para preparar una ensalada uno debe usar los ingredientes más frescos y más finos . Esto es evidente, ya que en ningún otro plato los productos de calidad inferior se hacen notar más rapidamente, que en los platos que por su naturaleza tienen que ser frescos. Una hoja marchita, una verdura arrugada o una fruta reseca y manchada, demuestra desdén por el plato que se está sirviendo y una actitud de indiferencia hacia el comensal. Esta actitud no es apropiada en lo que respecta a las artes culinarias, y principalmente en el área de preparación de comidas frías, donde la preparación de ensaladas es una parte integral.

En este *Libro de Cocina Simplemente Deliciosa 2*, hemos llevado las ensaladas a nuevas alturas. Este capítulo incluye una amplia variedad de ensaladas para satisfacer todos los gustos. Hay recetas para ensaladas calientes, frías y congeladas. Algunas ensaladas se pueden servir en el patio de su casa con un asado o en un paseo familiar campestre. Otras serán apropiadas para sus cenas más elegantes y formales. También les presentamos ensaladas de origen internacional para que usted disfrute los sabores de las cocinas de otros países sin salir de su casa. Desde las ensaladas populares, tipo fonda hasta las ensaladas clásicas que han sido el estándar de los mejores restaurantes de todo el mundo, por muchos años; no importa cual sea su preferencia, usted va a encontrar la ensalada perfecta en este capítulo. Para sus invitados, la mayor atracción para nuestras ensaladas es que siempre serán *Simplemente Deliciosas*.

Ensalada de Muchos Colores

ADEREZO DE GROSELLA ROJA

1 taza	250 ml	mayonesa
3 cdas	45 ml	conserva de grosella roja
2 cdas	14 g	azúcar glacé
1 cdta	5 ml	corteza de naranja, rallada

Combinar todos los ingredientes en una fuente pequeña y mezclarlos.

Usar como se desee o cuando se desee.

PRODUCE 1¼ DE TAZA (310 mL)

MAYONESA

½ cdta	3 ml	mostaza preparada
½ cdta	2,5 g	azúcar granulada
⅛ cdta	pizca	pimiento de Cayena
1	1	yema de huevo
1 cda	15 ml	jugo de limón
⅔ taza	170 ml	aceite de oliva

Mezclar la mostaza, el azúcar y el pimiento de Cayena.

Batir muy bien la yema de huevo, añadirle el jugo de limón; mezclar completamente.

Poner el aceite, batiendo unas pocas gotas cada vez, hasta que la salsa esté muy espesa.

PRODUCE 1 TAZA (250 mL)

ADEREZO SUZETTE

8 oz	225 g	queso de crema
½ taza	75 g	conserva de grosella roja
3 cdas	45 ml	jugo de naranja
1 cdta	5 ml	corteza de naranja rallada
1 taza	250 ml	crema batida
3 cdas	28 g	nueces de pistacho, picadas

Ablandar el queso de crema y batirlo hasta que quede muy suave. Agregar las conservas, el jugo y la corteza de naranja, batiéndo para incorporarlos. Mezclar en la salsa la crema batida y las nueces.

PRODUCE 3 TAZAS (750 mL)

Aderezos de Crema de Frambuesa, Mayonesa, Grosella Roja y Suzette

ENSALADA DE MARISCOS ITALIANA

2	2	dientes de ajo, machacados hasta hacer una pasta
2	2	yemas de huevo
½ cdta	2,5 g	sal
pizca	pizca	pimienta
½ cdta	3 ml	mostaza de Dijon
1 taza	250 ml	aceite de oliva
4 cdas	20 ml	vinagre de vino
16	16	tomatitos cereza
1	1	pimiento dulce rojo, en tiras finas
1	1	pimiento dulce amarillo, en tiras finas
1	1	pimiento dulce verde, en tiras finas
1	1	cebolla española, en rodajas
1 taza	150 g	langosta cocida, en cubitos
1 taza	150 g	vieira de mar cocida
1 taza	150 g	camarón grande cocido

En una licuadora o un procesador de alimentos, hacer una crema con el ajo, las yemas de huevo, sal, pimienta y la mostaza.

Mientras el aparato está en marcha, agregar el aceite lentamente, a chorrito fino. Agregar el vinagre y mezclarlo.

Combinar los ingredientes restantes en un tazón grande. Poner la salsa encima y revolver para cubrir los ingredientes. Servir refrigerada.

PARA 6 RACIONES

Ensalada de Mariscos Italiana

ADEREZO DE CREMA DE FRAMBUESA

1 taza	100 g	frambuesas
¼ taza	60 ml	vinagre de frambuesa
2 cdas	30 g	azúcar granulada
½ taza	125 ml	aceite de girasol
⅓ taza	80 ml	crema espesa

Lavar y quitar el cáliz a las frambuesas. Colar aplicando presión en un colador puesto sobre un tazón.

Añadir removiendo el vinagre y el azúcar. Incorporar el aceite.

Incorporar la crema al momento de servir.

PRODUCE 1¾ DE TAZA (430 mL)

ENSALADA PRIMAVERA

1 taza	100 g	florecillas de bróculi
1 taza	100 g	florecillas de coliflor
1	1	zanahoria grande, en tiras finas
1	1	tallo de apio, en tiras finas
1	1	pimiento dulce rojo, en tiras finas
1 taza	150 g	tomates pelados, sin semillas, picados
4	4	cebollas verdes, picadas
4 tazas	226 g	rotini cocido
1½ taza	375 ml	mayonesa
1½ cdta	8 ml	de cada uno: albahaca, tomillo, orégano, sal, pimienta
1 taza	113 g	queso cheddar rallado

Mezclar las verduras con el rotini.

Combinar juntos la mayonesa, los condimentos y el queso. Mezclar muy bien todos los ingredientes de la ensalada y servir.

PARA 8 PORCIONES

Ensalada de Durazno y Almendra

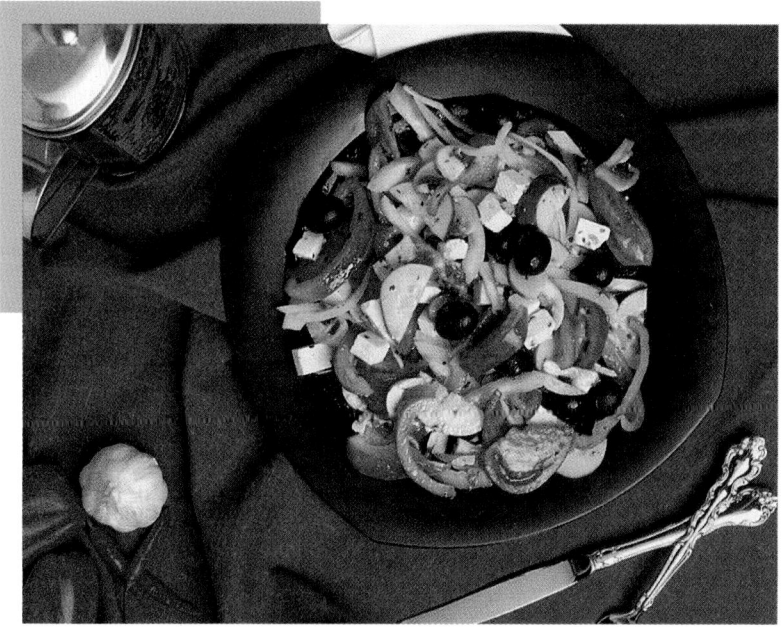

Ensalada Griega Clásica

OTRA ENSALADA DE FRIJOL

l lb	450 g	ejotes, cortados a lo largo
¼ lb	115 g	tocineta
1	1	cebolla española
3	3	tomates pelados, sin semillas, picados
½ taza	125 ml	aceite de oliva
3 cdas	45 ml	vinagre
2 cdas	30 ml	jugo de limón
½ cdta	2,5 g	sal
¼ cdta	1,2 g	pimienta negra
½ taza	56 g	queso parmesano, recién rallado
2	2	huevos duros rallados

Hervir los ejotes en agua hirviendo con sal, por 5 minutos. Enjuagarlos en agua fría. Escurrirlos y ponerlos en un tazón grande.

Picar la tocineta en cubitos, sofreírla hasta que esté tostada, escurrirle la grasa y guardarla.

Picar la cebolla y mezclarla con los tomates y los ejotes.

Mezclar el aceite, el vinagre, el limón, la sal y la pimienta. Echar sobre la ensalada y marinar por 1 hora.

Espolvorear con el queso, el huevo y la tocineta. Servir.

PARA 6-8 PORCIONES

ENSALADA DE DURAZNO Y ALMENDRA

10 oz	300 g	espinaca, lavada y cortada
8	8	champiñones grandes, en rodajas
1 taza	113 g	queso Gruyère rallado
1 taza	100 g	uvas rojas, sin semilla
1½ taza	338 g	durazno fresco, en rodajas
¼ taza	38 g	almendras doradas
1 taza	250 ml	mayonesa
½ taza	125 ml	jugo de naranja concentrado
¼ cdta	1 ml	canela molida

Cortar la espinaca en trozos pequeños y ponerlos en platos refrigerados. Poner encima los champiñones, el queso, las uvas, las rodajas de durazno y las almendras.

En un tazón grande, mezclar la mayonesa, el jugo y la canela. Servir con la ensalada, aparte.

PARA 4 PORCIONES

ENSALADA GRIEGA CLASICA

4	4	tomates grandes, picados
1	1	cebolla española, picada
1	1	pepino pequeño, pelado y picado
2	2	pimientos dulces verdes, picados
24	24	champiñones, en cuartos
24	24	aceitunas negras
1 taza	227 g	queso feta
½ taza	125 ml	aceite de oliva
2 cdas	30 ml	jugo de limón
2 cdas	30 ml	vinagre de vino blanco
1 cda	10 g	hojas de orégano
1 cdta	5 g	sal
½ cdta	2,5 g	pimienta negra, triturada

En un tazón grande, combinar las verduras, las aceitunas y el queso.

En otro tazón pequeño, mezclar los ingredientes restantes. Verter sobre la ensalada, removiendo para cubrir todos los ingredientes. Servir inmediatamente.

PARA 4 PORCIONES

ENSALADA DE LANGOSTA A LA LIECHTENSTEIN

2 oz	60 g	champiñones de botón
1 cda	14 g	mantequilla
1 lb	450 g	carne de langosta cocida, en cubitos
⅓ taza	80 ml	aceite de oliva extra virgen
3 cdas	45 ml	jugo de limón
½ cdta	2,5 g	mostaza en polvo
¼ cdta	1 ml	de cada una: sal, pimienta, paprika
1 taza	250 ml	crema de batir
4	4	hojas de lechuga rizada
1	1	cebolla roja, cortada en anillos

Lavar los champiñones y quitarles los tallos.

Calentar la mantequilla en una sartén y sofreír los champiñones.

Poner la carne cocida de langosta en un tazón para mezclar.

Mezclar el aceite con el jugo de limón, la mostaza y los condimentos. Batir la crema, mezclarla con la vinagreta. Ponérsela a la langosta.

Dejar enfriar. Poner las hojas de lechuga en platos refrigerados. Con una cuchara, poner la langosta sobre la lechuga, adornar con los champiñones fritos y los anillos de cebolla. Servir.

PARA 4 PORCIONES

PONCHE DE FRUTAS CONGELADAS

8 oz	225 g	queso de crema, suave
1 taza	250 ml	mayonesa
¼ taza	28 g	azúcar glacé
1-3 oz pqt	1–80 g	gelatina de cereza
½ taza	125 ml	agua hirviendo
1 taza	150 g	gajos de mandarina
1 taza	225 g	pera en cubitos
1 taza	225 g	piña machacada
1 taza	225 g	durazno en cubitos
1 taza	250 ml	crema de batir

Batir el queso de crema con la mayonesa y el azúcar de escarchar.

Mezclar la gelatina con el agua y verterla en la mezcla de queso.

Incorporar la fruta.

Batir la crema y ponerla en la ensalada.

Poner la mezcla en un molde redondo o cuadrado. Congelar, tapado.

Sacar del molde sumergiendo el recipiente en agua muy caliente. Pasar a una bandeja y servir.

PARA 6-8 PORCIONES

ENSALADA DE PAPAS DE LA ABUELITA

8	8	papas grandes
¼ lb	115 g	tocineta
1 cda	15 ml	aceite de girasol
2 cdas	30 ml	vinagre
3	3	cebollas verdes, picadas
5	5	rábanos picados
2	2	tallos de apio picados
1 taza	250 ml	mayonesa
1 cda	15 ml	mostaza
3	3	huevos duros picados
1 cdta	5 g	sal
½ cdta	2,5 g	pimienta blanca

Pelar y picar en cubitos las papas. Ponerlas en una olla y hervirlas hasta que estén blandas. Escurrirlas y enjuagarlas en agua fría.

Picar la tocineta en cubitos y freírlos hasta que estén dorados. Escurrir la grasa y guardarlos.

Poner las papas en un tazón grande. Rociarlas con el aceite y el vinagre.

Incorporar las cebollas, los rábanos y el apio, revolviendo.

En un tazón pequeño, mezclar la mayonesa, la mostaza, los huevos, la sal y la pimienta. Echar esta mezcla a las papas, junto con la tocineta.

Servir como se desee.

PARA 6 PORCIONES

Ensalada de Papas de la Abuelita

Ponche de Frutas Congeladas

Ensalada de Cangrejo y Pollo en Tomate

ENSALADA DE CANGREJO Y POLLO EN TOMATE

⅓ lb	125 g	carne de cangejo cocida
⅓ lb	125 g	carne de pollo cocida
3	3	cebollas verdes, picadas
1	1	apio picado fino
¼ taza	37 g	pimiento dulce verde, picado fino
¼ taza	37 g	pimiento dulce rojo, picado fino
1 taza	250 ml	yogur sin sabor
1 cda	15 ml	jugo de limón
½ cdta	2,5 g	sal
¼ cdta	1,2 g	pimienta negra, recién triturada
1 cdta	5 g	azúcar granulada
1 cdta	5 ml	eneldo
1 cdta	5 ml	albahaca dulce
6	6	tomates grandes
2 tazas	350 g	brotes de alfalfa
6	6	hojas de lechuga escarola
1 cda	15 ml	cilantro picado

Picar las carnes en cubitos y ponerlas en un tazón. Mezclarlas con las verduras picadas.

Combinar juntos el yogur, el limón y los condimentos.

Cortar la parte de encima de los tomates. Con una cuchara sacar la pulpa. Picar las partes cortadas y mezclarlas, junto con la pulpa, con el cangrejo.

Poner la mitad del aderezo en la ensalada y revolver bien. Llenar la cavidad de los tomates con la ensalada.

Colocar la alfalfa y la escarola en platos refrigerados y formar nidos.

Poner un tomate en cada nido. Con una cuchara, poner en cada uno un poco de aderezo. Espolvorear con cilantro y servir.

PARA 6 PORCIONES

ENSALADA DE ESCAROLA

1 cabeza	1	lechuga escarola
⅓ taza	80 ml	aceite de oliva
1	1	diente de ajo picado
2 cdas	30 ml	jugo de limón
2 cdtas	10 ml	menta, recién picada
¼ cdta	1,2 g	sal
⅛ cdta	pizca	pimienta
2	2	huevos duros picados
⅓ taza	83 g	trocitos de tocineta cocinados, dorados
⅓ taza	38 g	queso romano, recién rallado

Lavar bien la lechuga; cortarle las hojas descoloridas y partirla en pedazos pequeños.

Mezclar el aceite, el ajo, el limón y los condimentos. Poner la mezcla sobre los trozos de lechuga, en un tazón. Espolvorear con el huevo, la tocineta y el queso; servir inmediatamente.

PARA 4 PORCIONES

ENSALADA DE NARANJA Y ALMENDRA

10 oz	300 g	espinaca, lavada y cortada
8	8	champiñones grandes, en rodajas
1 taza	113 g	queso gruyére rallado
1 taza	100 g	uvas rojas, sin semilla
1 taza	150 g	gajos de mandarina en lata, escurridos
¼ taza	38 g	almendras doradas
1 taza	250 ml	mayonesa
¼ taza	60 ml	jugo de gajos de mandarina
¼ taza	60 ml	jugo de naranja concentrado
¼ cdta	1 ml	canela

Partir la espinaca en pedazos pequeños y poner en platos refrigerados. Cubrir con los champiñones, el queso, las uvas, los gajos de mandarina y las almendras.

En un tazón, mezclar la mayonesa, los jugos y la canela. Servir con la ensalada, aparte.

PARA 4 PORCIONES

Ensalada de Naranja y Almendra

133

Ensalada de Muchos Colores

ENSALADA DE MUCHOS COLORES

1 cabeza	1	lechuga de mantequilla
1 cabeza	1	radicchio pequeño
2	2	escarolas belgas
1	1	zanahoria grande
1	1	pimiento dulce rojo, en tiras finas
16	16	capuchinas amarillas y anaranjadas
8	8	botones de rosa roja o blanca, o pétalos de rosa
1	1	diente de ajo, machacado
⅓ taza	80 ml	aceite de oliva extra virgen
2 cda	30 ml	jugo de limón
¼ cdta	1,2 g	sal
¼ cdta	1,2 g	pimienta negra
1 cda	9 g	cebollines picados
1 cdta	5 ml	tomillo, recién picado

Lavar, cortar y secar la lechuga, el radicchio y las escarolas. Mezclar en un tazón grande.

Pelar la zanahoria y cortarla en rebanadas delgadas, en forma de estrella. Poner, junto con el pimiento dulce, sobre la lechuga.

Colocar las flores y pétalos de rosa alrededor de la ensalada.

Mezclar el ajo con el aceite de oliva, el jugo de limón y los condimentos. Servir la ensalada con esta vinagreta, separadamente.

PARA 4-6 PORCIONES

ENSALADA DE ATUN NIÇOISE

¾ taza	180 ml	aceite de oliva
¼ taza	60 ml	vinagre
½ cdta	3 ml	de cada una: pimienta, mostaza en polvo
1 cdta	5 g	sal
2 cdas	30 ml	jugo de limón
8	8	papas medianas peladas, cocidas y en cubitos
1	1	cebolla verde, picada fino
½ lb	225 g	ejotes verdes de corte francés, hervidos
4	4	hojas de lechuga
4	4	tomates
4	4	huevos duros
2 tazas	500 ml	atún enlatado, escurrido
12	12	aceitunas negras, sin semillas
8	8	filetes de anchoa
1 cda	15 ml	hojas de albahaca fresca

Combinar el aceite, el vinagre, la pimienta, la mostaza, el jugo de limón y la sal.

Poner a las papas la mitad de este aderezo. Refrigerar por 1 hora.

Revolver las cebollas y los ejotes con ¼ del aderezo.

Mezclar los ejotes con las papas.

Colocar las hojas de lechuga en platos refrigerados. Poner sobre las lechugas cantidades iguales de la ensalada.

Distribuir en porciones iguales sobre la ensalada, el tomate, el atún, las aceitunas y las anchoas. Poner el resto de la salsa sobre la ensalada. Espolvorear con la albahaca y servir.

PARA 6 PORCIONES

Ensalada de Atún Niçoise

Ensalada Caliente de Colirrábano

ENSALADA CALIENTE DE COLIRRABANO

20 oz	560 g	hojas de colirrábano
3 oz	80 g	champiñones, en rodajas
⅓ taza	80 ml	aceite de oliva extra virgen
3 cdas	45 ml	jugo de limón
2 cdas	30 ml	vinagre
2 cdtas	10 ml	mostaza de Dijon
1 cdta	5 ml	salsa inglesa
¼ cdta	1,2 g	sal
¼ cdta	1,2 g	pimienta negra, recién triturada
½ taza	125 g	tocineta cocida, desmenuzada
½ taza	56 g	queso parmesano, recién rallado
2	2	huevos duros rallados

Lavar y cortar las hojas de colirrábano. Ponerlas en un tazón o una ensaladera. Espolvorear con los champiñones.

Calentar el aceite en una sartén, incorporar batiendo el jugo de limón, el vinagre, la mostaza, la salsa inglesa, sal y pimienta. Calentar por 2 minutos. Poner inmediatamente sobre el colirrábano.

Espolvorear con la tocineta, el queso y los huevos; servir inmediatamente.

PARA 4 PORCIONES

ENSALADA ASTORIA

1	1	toronja amarilla, en gajos
1	1	toronja rosada, en gajos
3	3	peras Bartlett peladas, sin corazón, en tiras finas
1	1	pimiento dulce verde, en tiras finas
1	1	pimiento dulce rojo, en tiras finas
½ taza	75 g	avellanas, en rodajas
½ taza	125 ml	aceite de oliva extra virgen
3 cdas	45 ml	jugo de limón
1 cdta	5 ml	albahaca
¼ cdta	1,2 g	sal
⅛ cdta	pizca	pimienta
4	4	hojas de lechuga escarola rizada

Mezclar las toronjas, las peras, los pimientos dulces y las avellanas.

Mezclar el aceite, el jugo de limón y los condimentos.

Colocar las hojas de lechuga en platos refrigerados, cubrirlas con la ensalada, echar la vinagreta encima de la ensalada y servir.

PARA 4 PORCIONES

Ensalada Astoria

ADEREZO DE QUESO AZUL

¼ taza	57 g	queso azul
1½ taza	375 ml	mayonesa
1 cda	15 ml	jugo de limón
½ cdta	2,5 g	sal
¼ cdta	1,2 g	pimienta blanca

Derretir el queso en una cacerola doble. Retirar del fuego.

Poner en un tazón. Mezclar con la mayonesa, el jugo de limón y los condimentos.

Refrigerar, usarla como se requiera. Si se desea, se le puede poner más queso azul desmenuzado al aderezo, antes de servir.

PRODUCE 2 TAZAS (500 mL)

ADEREZO DE MIEL Y PIMIENTA

1½ taza	375 ml	aceite de girasol
¼ taza	60 ml	jugo de limón
¼ taza	60 ml	vinagre blanco
1 cdta	5 g	de cada uno: sal, azúcar granulada, paprika
2 cdtas	10 g	granos de pimienta rosada
2 cdtas	10 g	granos de pimienta verde
¼ taza	60 ml	miel líquida

Mezclar bien todos los ingredientes. Refrigerar. Usar como se desee.

PRODUCE 2½ TAZAS (560 mL)

ADEREZO RANCHERO DE PIMIENTA NEGRA

1 taza	250 ml	mayonesa
½ taza	125 ml	leche descremada
3 cdas	27 g	cebollines picados
1 cdta	5 g	pimienta negra, triturada
1 cda	15 ml	jugo de limón
¼ cdta	1,2 g	sal

Mezclar la mayonesa y la leche descremada. Incorporar batiendo los demás ingredientes. Refrigerar. Usar como se desee.

PRODUCE 2 TAZAS (500 mL)

MIL ISLAS

1 taza	250 ml	mayonesa
⅓ taza	80 ml	salsa de chile picante
⅓ taza	80 ml	salsa de tomate catsup
¼ taza	60 ml	salsa dulce de pepinos
½ cdta	3 ml	mostaza de Dijon
½ cdta	3,5 g	hojas de albahaca
½ cdta	3 ml	salsa inglesa
3 gotas	3	salsa tabasco
1 cda	15 ml	chile picante rojo
2	2	huevos duros rallados

Mezclar bien todos los ingredientes. Refrigerar. Usarlo como se desee.

PRODUCE 2 TAZAS (500 ML)

Aderezos Italiano, Ranchero de Pimienta Negra, Queso Azul, Mil Islas, y de Miel y Granos de Pimienta

Ensalada Jardinera del Campo

ENSALADA DE PAMELA KRISTAL

4 oz	120 g	chocolate blanco
8 oz	225 g	queso de crema, ablandado
1–3 oz pqt	1–80 g	gelatina de fresa
½ taza	125 ml	crema ligera
2 taza	500 ml	crema de batir
½ taza	56 g	azúcar glacé
2 tazas	200 g	fresas, en rodajas
		fresas enteras, para adornar

Derretir el chocolate en una cacerola doble.

Batir el queso de crema.

Mezclar el chocolate con el queso.

Poner la gelatina en la crema, calentar y revolver hasta que se disuelva la gelatina. Dejar que se enfríe. Incorporar en la mezcla de queso. Dejar enfriar y refrigerar, pero no dejar que se solidifique.

Batir la crema de batir. Mezclarla con el azúcar glacé.

Lavar y limpiar las fresas; después cortarlas en rodajas; incorporarlas en la mezcla del queso. Poner la ensalada en un molde. Congelar, tapado.

Sacar del molde sumergiéndolo rápidamente en agua caliente. Colocar en una bandeja. Decorar con las fresas. Servir.

PARA 6 PORCIONES

ADEREZO ITALIANO

1½ taza	375 ml	aceite de oliva
1	1	diente de ajo picado
3 cdas	27 g	cebolla picada
2 cdas	19 g	chile picante rojo, picado
2 cdas	30 g	azúcar granulada
2 cdtas	10 ml	salsa inglesa
1 cdta	5 g	de cada uno: sal, mostaza en polvo, paprika
½ cdta	3 ml	de cada uno: hojas de tomillo, de albahaca, de orégano, y de mejorana; perifollo
¼ taza	60 ml	jugo de limón
¼ taza	60 ml	vinagre blanco

Mezclar bien todos los ingredientes. Refrigerar. Usar como se desee.

PRODUCE 2¼ TAZAS (560 ML)

ENSALADA JARDINERA DEL CAMPO

1 cabeza	1	lechuga Bibb
1	1	manojo de cebollas verdes
3	3	tallos de apio
4	4	rábanos grandes
½ taza	75 g	champiñones limpios, en rodajas
1	1	pimiento dulce rojo
1	1	pepino pequeño
1	1	radicchio pequeño
1½ taza	150 g	florecillas de bróculi
1½ taza	150 g	florecillas de coliflor
24	24	tomatitos cereza

Lavar y cortar la lechuga en pedazos pequeños. Poner en un tazón grande.

Picar grueso las cebollas, el apio, los rábanos, los champiñones, el pimiento, el pepino y el radicchio. Agregárselos a la lechuga.

Incorporar y mezclar las demás verduras. Servir con uno o en combinación, de los aderezos Italiano, Ranchero y Pimienta Negra, Queso Azul, Mil Islas y Miel con Pimienta (ver página anterior).

PARA 6 PORCIONES

ENSALADA CON PASION

8 oz	225 g	queso de crema, ablandado
1 taza	250 ml	mayonesa
¼ taza	28 g	azúcar glacé
¼ cdta	1 ml	colorante líquido de alimentos, rojo
1 taza	250 ml	agua hirviendo
1 cda	14 g	gelatina sin sabor
⅔ taza	115 g	corazones de dulce de canela
2 tazas	500 ml	crema de batir
2 tazas	225 g	bombones de merengue (angelitos), en miniatura

Batir juntos el queso de crema, la mayonesa, el azúcar y el colorante.

Disolver la gelatina y la mitad de los corazones de dulce en el agua hirviendo. Dejar enfriar. Incorporarlos en la mezcla de queso. Refrigerar pero no dejar que se solidifique.

Batir la crema e incorporar en la mezcla de queso con los bombones. Poner en un molde en forma de corazón y congelar tapado.

Sacar del molde sumergiéndolo en agua caliente. Poner en una bandeja. Poner encima el resto de los corazones de dulce y de los bombones. Servir.

PARA 6-8 PORCIONES

ENSALADA DE MARISCOS

4	4	tomates muy grandes
¼ lb	115 g	camarón cocido, pelado y desvenado
¼ lb	115 g	carne de langosta cocida
¼ lb	115 g	carne de cangrejo cocida
¼ lb	115 g	vieiras pequeñas cocidas
2	2	cebollas verdes, picadas
3 cdas	28 g	pimiento dulce rojo, picado fino
3 cdas	28 g	apio, picado fino
1 taza	250 ml	Aderezo Ranchero de Pimienta Negra (ver página 138)
2 tazas	300 g	brotes de alfalfa

Cortar la parte de encima de los tomates, sacar con una cuchara la pulpa y reservarlos.

En un tazón, mezclar los mariscos, las verduras y el aderezo.

Llenar la cavidad de los tomates con la mezcla de mariscos.

Colocar los brotes de alfalfa en cuatro platos refrigerados; poner encima de cada uno un tomate y servir.

PARA 4 PORCIONES

ENSALADA DE CANGREJO Y FIDEOS ORZO

1 lb	450 g	carne de cangrejo cocida
3	3	tomates pelados, sin semillas, picados
1	1	zanahoria pelada, picada fino
1	1	pimiento dulce rojo, picado fino
1	1	pimiento dulce verde, picado fino
3	3	cebollas verdes, picadas
4 tazas	226 g	orzo* cocinado y refrigerado
½ taza	125 ml	mayonesa
3 cdas	45 ml	salsa de chile picante
1 cda	15 ml	jugo de limón
1 cdta	5 g	sal
½ cdta	2,5 g	pimienta blanca
3 gotas	3	salsa tabasco

En un tazón grande, mezclar con el orzo, la carne de cangrejo, los tomates, las zanahorias, los pimientos y las cebollas verdes.

En un tazón pequeño, mezclar la mayonesa, la salsa de chile, el jugo de limón, sal y pimienta, y la salsa tabasco. Poner sobre la ensalada. Revolver para impregnar bien los ingredientes y servir.

PARA 6 PORCIONES

*El orzo es un fideo, de forma muy parecida a un grano de arroz. Se puede encontrar en la sección de pastas del supermercado.

Ensalada de Cangrejo y Orzo

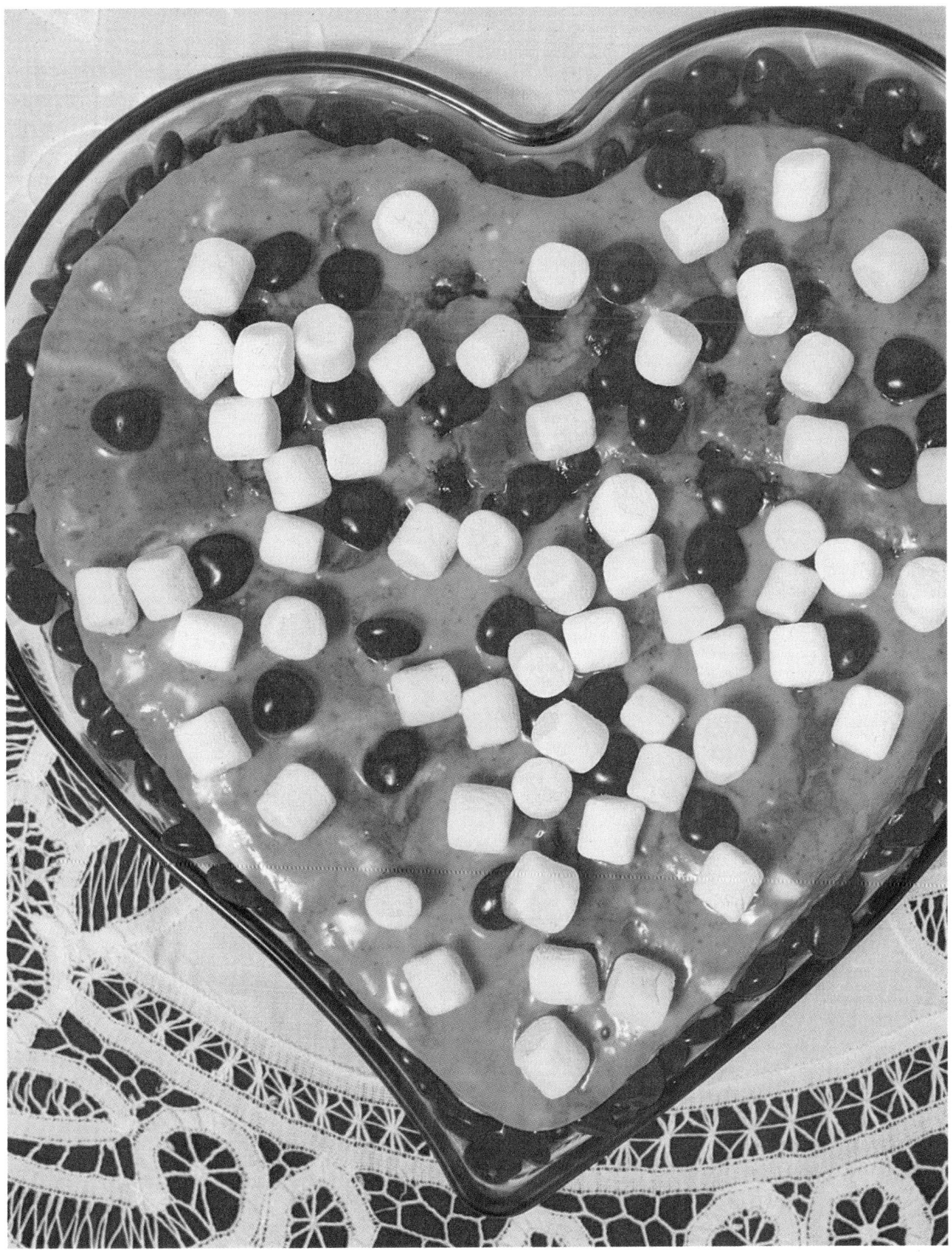

Ensalada Con Pasión

Ensalada Rusa

Ensalada César Ranchera y Cremosa

ENSALADA CESAR RANCHERA Y CREMOSA

1	1	diente de ajo
2	2	yemas de huevo
1 cdta	5 g	mostaza en polvo
2 cdtas	10 g	azúcar granulada
⅛ cdta	pizca	pimiento de Cayena
1½ taza	375 ml	aceite de oliva
3 cdas	45 ml	jugo de limón
¼ taza	60 ml	leche descremada
⅓ taza	38 g	queso parmesano, recién rallado
2 cdas	18 g	cebollines picados
½ cdta	2,5 g	pimienta negra, triturada
2	2	cabezas de lechuga romana, lavadas
⅓ taza	83 g	tocineta cocida, en cubitos
⅓ taza	33 g	cubitos de pan tostado

Poner el ajo, las yemas de huevo, la mostaza, el azúcar y el pimiento de Cayena en una licuadora o procesadora de alimentos. Con el aparato en marcha, muy lentamente echar el aceite en chorritos finos, hasta que la mezcla tenga la consistencia de mayonesa.

Incorporar moviendo el jugo de limón, la leche descremada, el queso, los cebollines y la pimienta.

Cortar la lechuga en pedazos pequeños y poner en un tazón grande. Cubrirla con el aderezo y revolver para untar bien la salsa.

Servir la ensalada en platos refrigerados; decorar con la tocineta y los trocitos de pan tostado.

PARA 6 PORCIONES

ENSALADA AIDA

1 cabeza	1	lechuga escarola rizada
8	8	alcachofas marinadas, en tiras finas
4	4	tomates, cortados en cascos
1	1	pimiento dulce verde, en tiras finas
1	1	pimiento dulce rojo, en tiras finas
3	3	huevos duros picados
½ taza	125 ml	aceite de oliva extra virgen
3 cdas	45 ml	vinagre de vino tinto
1 cdta	5 ml	de cada uno: albahaca, estragón
¼ cdta	1,2 g	sal
¼ cdta	1,2 g	pimienta negra, triturada

Lavar, cortar y partir la lechuga. Poner en una ensaladera. Colocar los tomates, la alcachofa, los pimientos y los huevos alrededor de la lechuga.

Mezclar el aceite, el vinagre y los condimentos. Poner sobre la ensalada y servir.

PARA 6 PORCIONES

ENSALADA RUSA

½ lb	225 g	carne de langosta cocida, en cubitos
½ lb	225 g	carne de pollo cocida, sin huesos, en cubitos
½ taza	45 g	arvejas hervidas
½ taza	75 g	zanahoria hervida, en cubitos
3 oz	80 g	ejotes verdes, corte francés, hervidos
3	3	papas peladas hervidas, en cubitos
1	1	nabo pelado hervido, en cubitos
1½ taza	375 ml	mayonesa
1 cda	15 ml	jugo de limón
½ cdta	2,5 g	de cada uno: sal, pimienta, paprika
6-8	6-8	hojas de lechuga romana, lavadas

Mezclar la langosta, el pollo y las verduras en un tazón.

Mezclar la mayonesa con el limón y los condimentos. Incorporar en la ensalada. Refrigerar por 30 minutos.

Colocar las hojas de lechuga romana alrededor de una ensaladera. Con una cuchara, poner la ensalada en el centro de las hojas. Servir.

PARA 6 PORCIONES

Ensalada César de Pollo con Ajo a la Parrilla

ENSALADA CESAR DE POLLO CON AJO A LA PARRILLA

4 – 4 oz	4 – 115 g	pechugas de pollo, sin hueso, sin piel
4 oz	115 g	tocineta en cubitos
1	1	diente de ajo
2	2	yemas de huevo
1 cdta	5 g	mostaza en polvo
2 cdtas	10 g	azúcar granulada
⅛ cdta	pizca	pimiento de Cayena
1½ taza	375 ml	aceite de oliva
3 cdas	45 ml	jugo de limón
1 cda	30 g	perejil picado *
¼ cdta	1 ml	de cada uno: tomillo, albahaca, orégano, sal, pimienta
⅓ taza	38 g	queso parmesano, recién rallado
1	1	cabeza de lechuga romana, lavada
12	12	tomatitos cereza

Asar a la parrilla la pechuga de pollo; 6 minutos por cada lado, o hasta que esté bien asada.

Freír la tocineta hasta que esté dorada, escurrir la grasa y dejar enfriar la carne.

Mientras se asa el pollo, poner el ajo, las yemas de huevo, la mostaza, el azúcar y el pimiento de Cayena en un procesador de alimentos o una licuadora. Con el aparato a baja velocidad, agregar el aceite en un chorrito fino y uniforme hasta que la mezcla tome la consistencia de mayonesa.

Incorporar el jugo de limón y los condimentos.

Cortar la lechuga en pedazos pequeños y poner en un tazón grande. Cubrir con el aderezo y revolver para impregnar bien.

Colocar en bandejas refrigeradas.

Cortar el pollo en tiras finas y poner sobre la ensalada. Espolvorear con el queso, los tomatitos y la tocineta.

PARA 4 PORCIONES

*Nota: Sustituir el pollo con camarón grande, pelado y desvenado, para hacer la Ensalada César de Camarón.

ENSALADA DIVINA

2	2	alcachofas hervidas, en tiras finas
2	2	tallos de apio, en tiras finas
1 oz	28 g	trufas, picadas fino
3 tazas	225 g	puntas de espárragos, hervidas
⅓ taza	80 ml	aceite de oliva extra virgen
3 cdas	45 ml	jugo de limón
¼ cdta	1 ml	de cada uno: sal, pimienta, albahaca, perifollo
½ taza	125 ml	mayonesa
1 taza	250 ml	crema de batir
¼ taza	60 ml	jerez dulce
1 cabeza	1	lechuga de mantequilla
½ lb	225 g	camarón miniatura, cocido

Mezclar las alcachofas, el apio, las trufas y el espárrago.

Mezclar el aceite con el limón y los condimentos. Echárselo a la ensalada y marinar en el refrigerador por 2 horas. Escurrir.

Mezclar la mayonesa con la crema batida y el jerez.

Lavar y cortar la lechuga. Colocar las hojas de lechuga en platos refrigerados. Poner encima la ensalada.

Con una cuchara, poner sobre la ensalada 4 cdas. (60 ml) de aderezo de mayonesa.

Poner encima los camarones y servir.

PARA 6 PORCIONES

ADEREZO FRANCES ORIGINAL

1½ taza	375 ml	aceite de oliva
¼ taza	60 ml	jugo de limón
¼ taza	60 ml	vinagre
1 cda	15 g	cebolla rallada
1 cdta	5 g	sal
½ cdta	2,5 g	pimienta

Combinar todos los ingredientes, mezclándolos bien.

PRODUCE 2 TAZAS (500 mL)

ENSALADA CALIENTE DE ESPINACA

½ lb	225 g	tocineta
10 oz	300 g	espinaca
1½ taza	112 g	champiñones
⅓ taza	38 g	queso parmesano, recién rallado
2	2	huevos duros rallados

Aderezo:		
4 cdtas	20 ml	mostaza de Dijon
2 cdtas	10 g	azúcar granulada
¼ taza	60 ml	vinagre de vino blanco
2 cdtas	10 ml	salsa inglesa
1 cdta	5 g	sal sazonada
½ taza	125 ml	aceite de oliva
2	2	cebollas verdes, picadas

Picar la tocineta en cubitos y freírla hasta que se dore. Escurrir y conservar la grasa.

Lavar la espinaca y cortar las hojas. Cortar en trozos pequeños. Colocar en platos para servir. Poner encima la tocineta, los champiñones, el queso y los huevos.

En una sartén, calentar 3 cdas. (45 ml) de la grasa de la tocineta. Agregar la mostaza y el azúcar; llevar a ebullición.

Incorporar el vinagre, la salsa inglesa y la sal.

Agregar el aceite poco a poco, revolviendo constantemente. Incorporar las cebollas verdes. Poner la salsa sobre la ensalada y servir inmediatamente.

PARA 4 PORCIONES

Ensalada Caliente de Espinaca

ENSALADA GENGHIS KHAN

1 taza	168 g	trigo búlgaro (quebrado)
1 taza	150 g	calabacín, picado fino
3	3	tomates pelados, sin semillas, picados
6	6	cebollas verdes, picadas fino
4 cdas	60 ml	perejil picado
1	1	tallo de apio, picado fino
1	1	pimiento dulce rojo, picado fino
1	1	diente de ajo picado
4 cdas	60 ml	menta fresca picada
1 cda	15 ml	albahaca dulce
¼ taza	60 ml	aceite de oliva extra virgen
1 cdta	5 g	sal
½ taza	125 ml	jugo de limón

Remojar el trigo en agua fría, por 1 hora. Escurrir bien. Poner en un tazón; agregar las verduras y el ajo, mezclar bien.

Mezclar la menta, la albahaca, el aceite, la sal y el jugo de limón. Poner sobre la ensalada. Refrigerar por 2½ horas. Servir.

NOTA: Esta ensalada se descompone de un día para otro. Se debe servir inmediatamente después de refrigerar.

PARA 8 PORCIONES

ENSALADA DE JENNY K

1 lb	450 g	pollo cocido, en cubitos
2 tazas	300 g	manzanas peladas, sin corazón, en tiras finas
4 oz	120 g	champiñones de botón
1 lb	450 g	puntas de espárrago, hervidas
1½ taza	375 ml	mayonesa
¼ taza	28 g	azúcar glacé
1 cdta	5 g	curry en polvo
6 oz	170 g	berro

Poner el pollo, las manzanas y las verduras en un tazón.

Mezclar la mayonesa, el azúcar y el curry en polvo.

Lavar y recortar el berro. Poner la ensalada en platos refrigerados, colocar el berro alrededor. Servir.

PARA 8 PORCIONES

ENSALADA CRISPI

8	8	hojas de escarola rizada
2	2	aguacates pelados
1	1	gajos de toronja rosada
2	2	gajos de naranja
2 tazas	200 g	cerezas, sin semilla
½ taza	100 g	piñones
1 taza	250 ml	mayonesa
¼ taza	28 g	azúcar glacé
½ cdta	2,5 g	canela molida
⅓ taza	22 g	coco tostado rallado

Poner la escarola en platos de ensalada refrigerados.

Cortar los aguacates en mitades. Cortar las mitades en tiras finas, empezar a ¼ pulg. (6 mm) del extremo delgado avanzando hacia el extremo ancho. Formar un abanico con cada mitad de aguacate.

Mezclar la fruta y los piñones. Mezclar la mayonesa con el azúcar y la canela. Impregnar bien la fruta.

Dividir la ensalada de frutas en los platos. Poner un abanico de aguacate en cada uno. Espolvorear con el coco rallado. Servir.

PARA 4 PORCIONES

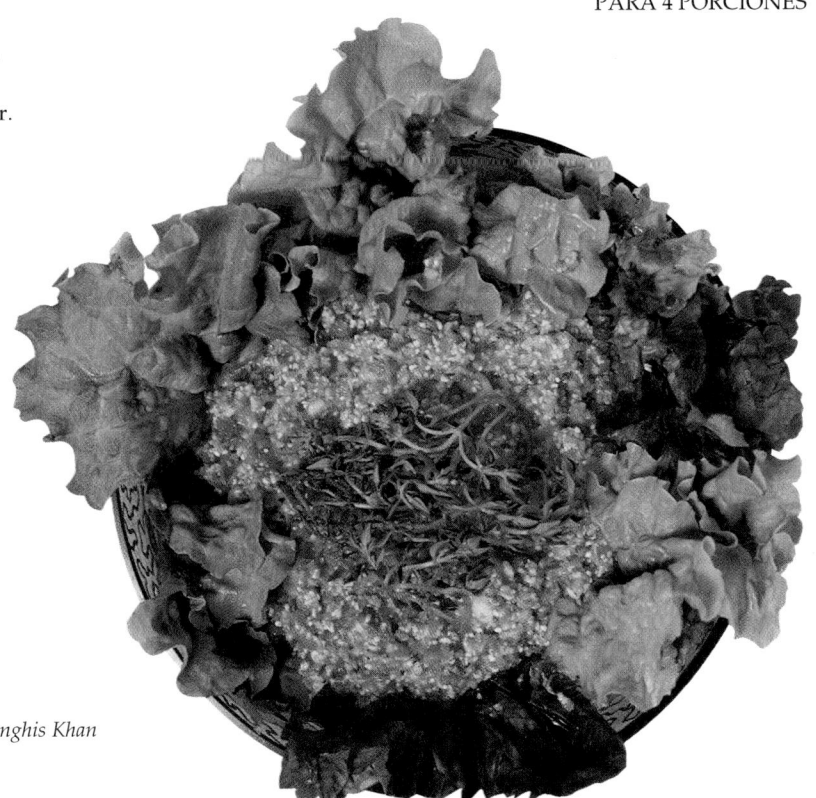

Ensalada Genghis Khan

ENSALADA TNRK

6	6	naranjas de hoyito
4 oz	120 g	queso de crema
2 cdas	30 ml	mayonesa
¼ taza	28 g	azúcar glacé
1–3 oz pqt	1–80 g	gelatina de mandarina
1½ taza	375 ml	leche 50% crema
3	3	manzanas grandes, peladas, sin corazón, en cubitos
1	1	tallos de apio, en tiras finas
1	1	zanahoria pelada, en tiras finas
2 tazas	200 g	uvas verdes sin semilla, partidas en dos
1 taza	250 ml	mayonesa
1 cabeza	1	lechuga de mantequilla
⅓ taza	50 g	almendras tostadas, partidas

Cortar la parte de encima de las naranjas, sacar la pulpa y el jugo; poner aparte en una tazón pequeño. Poner en agua hirviendo las naranjas vacías por 3 minutos; escurrir y refrigerar.

Batir juntos el queso de crema, 2 cdas. (30 ml) de mayonesa y el azúcar. Incorporar la pulpa y el jugo de las naranjas.

Calentar la crema; disolver la gelatina en la crema. Dejar enfriar. Incorporar revolviendo en la mezcla del queso. Con un cuchara, echar esta mezcla en las cavidades de las naranjas. Cubrir con papel encerado y congelar.

Mezclar las manzanas, el apio, las zanahorias, las uvas y la mayonesa.

Lavar y cortar la lechuga en pedazos pequeños. Colocar en platos refrigerados. Poner encima la mezcla de ensalada de manzana y espolvorear con las almendras. Colocar una naranja en el centro del plato. Servir.

PARA 6 PORCIONES

ENSALADA DE ROSEANNE DE ASADO Y ORZO

1 lb	450 g	carne de asado cocida, en cubitos
3	3	tomates pelados, sin semillas, picados
1	1	zanahoria pelada, picada fino
1	1	pimiento dulce rojo, picado fino
1	1	pimiento dulce verde, picado fino
3	3	cebollas verdes, picadas
4 tazas	226 g	orzo* cocido, refrigerado
½ taza	125 ml	mayonesa
3 cdas	45 ml	salsa picante
1 cda	15 ml	jugo de limón
½ cdta	2,5 g	de cada uno: cebolla en polvo, ajo en polvo
1 cdta	5 g	chile en polvo
3 gotas	3 gotas	salsa tabasco
6	6	hojas grandes de lechuga rizada
		ramitas de perejil

Mezclar la carne, las verduras y el orzo en un tazón.

Mezclar la mayonesa, la salsa picante, el jugo de limón, los condimentos y la salsa tabasco. Poner sobre la ensalada y cubrir los ingredientes.

Colocar las hojas de lechuga en platos refrigerados, poner encima la ensalada, decorar con el perejil y servir.

PARA 6 PORCIONES

*El orzo es una pasta seca, en forma de granos de arroz. Se puede encontrar en la sección de pastas del supermercado.

Ensalada TNRK

Ensalada de Roseanne de Asado y Orzo

*Una Variedad de
Ensalada de Pasta*

ENSALADAS

UNA VARIEDAD DE ENSALADA DE PASTA

3 tazas	300 g	florecillas de bróculi
2	2	cebollas verdes, picadas
1	1	pimiento dulce rojo, picado
1	1	pimiento dulce verde, picado
2	2	tomates pelados, sin semillas, picados
4 tazas	226 g	rotini multicolor, cocido
¼ taza	56 g	azúcar granulada
1 cdta	5 g	mostaza en polvo
1 cdta	5 g	paprika
½ cdta	3 g	semillas de apio
½ cdta	2,5 g	sal
⅓ taza	80 ml	miel
2 cdas	30 ml	vinagre
2 cdas	30 ml	jugo de limón
⅔ taza	160 ml	aceite de girasol

Hervir el bróculi y enfriarlo en agua fría; escurrirlo y ponerlo en un tazón.

Incorporar en las verduras y el rotini.

Mezclar el azúcar, los condimentos, la miel, el vinagre, el limón y el aceite. Poner sobre la ensalada. Refrigerar por 1 hora antes de servir.

PARA 6-8 PORCIONES

ENSALADA DE CARNE PARISINA

1 lb	450 g	carne de asado magra, cocida
3	3	papas grandes, cocidas, en cubitos
1	1	cebolla roja, en rodajas
½ taza	125 ml	aceite de oliva
3 cdas	45 ml	vinagre de ajo
2 cdas	30 ml	jugo de limón
½ cdta	3 ml	de cada uno: sal, pimienta, orégano, tomillo
¼ cdta	1 ml	de cada uno: albahaca, ajo en polvo, cebolla en polvo
6-8	6-8	hojas de lechuga
2	2	tomates, en cuartos
2	2	huevos duros, en cuartos

Cortar la carne en rodajas finas, poner en un tazón. Incorporar las papas y la cebolla.

Mezclar el aceite, el vinagre, el limón y los condimentos. Poner sobre la carne. Marinar en refrigeración por 1 hora.

Colocar las hojas de lechuga en un platón; con una cuchara, poner la ensalada sobre las hojas. Decorar con el tomate y el huevo. Servir muy fría.

PARA 6-8 PORCIONES

ENSALADA DE MANZANAS

6	6	manzanas grandes
1½ taza	336 g	azúcar granulada
4 tazas	1 L	agua
½ lb	225 g	camarones miniatura
1	1	tallo de apio, picado fino
2	2	cebollas verdes, picadas
¼ taza	37 g	pimiento dulce rojo, picado fino
¼ taza	37 g	pimiento dulce verde, picado fino
1 taza	250 ml	mayonesa
6	6	hojas de lechuga escarola rizada
1 cda	15 ml	perejil picado

Pelar y sacar el corazón de las manzanas. Batir el azúcar en el agua. Calentar el agua en una cacerola. Cocer las manzanas en el jarabe del azúcar, hasta que se ablanden. Sacar y enfriar.

Mientras las manzanas se enfrían, mezclar el camarón, el apio, la cebolla verde, los pimientos y la mayonesa.

Rellenar las manzanas con la mezcla de los camarones. Poner una hoja de lechuga en en cada plato enfriado, formar pequeños nidos con el resto de la mezcla de los camarones. Poner encima una manzana y espolvorear con el perejil. Servir.

PARA 6 PORCIONES

ENSALADA BOMBAY

12	12	hojas de lechuga escarola rizada
1 lb	450 g	camarones grandes, pelados, desvenados, cocidos
3 tazas	340 g	arroz de grano largo, cocido
1	1	pimiento dulce verde, picado fino
1	1	pimiento dulce rojo, picado fino
4	4	cebollas verdes, picadas
2 tazas	300 g	tomates pelados, sin semillas, picados
2	2	tallos de apio, picados fino
½ taza	125 ml	aceite de oliva extra virgen
4 cdas	60 ml	jugo de limón
½ cdta	2,5 g	sal
1 cdta	5 g	curry en polvo
¼ cdta	1,2 g	pimienta negra
2 cdas	30 ml	perejil picado

Poner las hojas de lechuga en un platón grande. Colocar los camarones alrededor de las hojas, hacia el borde de la bandeja.

Mezclar el arroz con las verduras.

Mezclar el aceite, el jugo de limón, la sal, el curry y la pimienta. Poner sobre el arroz y mezclar bien.

Colocar en arroz en el centro del anillo de camarones. Espolvorear con perejil y servir.

PARA 6 RACIONES

ENSALADA A LA EGIPCIA

¼ lb	115 g	hígados de pollo
2 cdas	28 g	mantequilla
¼ lb	115 g	jamón cocido, en tiras finas
1	1	alcachofa hervida, en tiras finas
1 taza	150 g	champiñones, en rodajas
1 taza	90 g	arvejas hervidas
1	1	pimiento dulce rojo, en tiras finas
4	4	cebollas verdes, picadas
4 tazas	450 g	arroz de grano largo, cocido
½ taza	125 ml	aceite de girasol
3 cdas	45 ml	jugo de limón
¼ cdta	1 ml	de cada uno: sal, pimienta, ajo en polvo, albahaca, cebolla en polvo, tomillo
1 cdta	5 ml	salsa inglesa
8	8	hojas de lechuga romana lavadas, cortadas
3	3	tomates, cortados en cascos

Sofreír los hígados de pollo en la mantequilla; poner sobre una toalla de papel para absorber el exceso de grasa. Dejar enfriar.

Mezclar con el jamón, las verduras y el arroz.

Mezclar el aceite, los condimentos y la salsa inglesa. Mezclarlos bien en la ensalada.

Colocar las hojas de lechuga alrededor del borde de una ensaladera, llenar con la ensalada. Adornar con los casquitos de tomate. Servir.

PARA 6-8 PORCIONES

Ensalada a la Egipcia

Ensalada de Cereza

ESTHER BULK

ENSALADA DE CEREZA

3 tazas	300 g	cerezas, en mitades, recién despepitadas
1 taza	150 g	avellanas, en trocitos
1 taza	150 g	apio, picado grueso
1 taza	250 ml	mayonesa
¼ taza	28 g	azúcar glacé
1 cdta	5 ml	extracto de vainilla blanca

Mezclar las cerezas, las avellanas y el apio, en un tazón.

Mezclar la mayonesa con el azúcar y la vainilla.

Poner sobre las cerezas y revolver para mezclar. Refrigerar por 1 hora antes de servir.

PARA 4 PORCIONES

ENSALADA DEL CHEF

4 oz	115 g	jamón
4 oz	115 g	pavo
4 oz	115 g	carne de asar
4 oz	115 g	queso cheddar
1 ración	1	Ensalada Jardinera del Campo (ver página 139)
4	4	huevos duros, en rodajas
12	12	tomatitos cereza

Cortar en tiras finas el jamón, el pavo, la carne y el queso.

Dividir la ensalada en cuatro platos enfriados.

Poner encima de la ensalada cantidades iguales de las carnes, 1 huevo y 3 tomatitos. Servir con el aderezo que desee.

PARA 4 PORCIONES

Ensalada del Chef

ENSALADA CHAMBERRY

6	6	tomates grandes
1 taza	250 ml	Vinagreta de Miel (receta siguiente)
½ lb	225 g	carne de langosta cocida, en cubitos
¼ lb	115 g	salmón ahumado, en tiras finas
2	2	alcachofas cortadas, hervidas, en tiras finas
¼ lb	115 g	ejotes verdes franceses, hervidos
3 cdas	30 g	pepinillos picados
1 taza	250 ml	mayonesa
½ cabeza	0,5	lechuga Bibb desmenuzada

Cortar la parte de arriba de los tomates, ahuecando cuidadosamente el centro. Marinar los tomates en la vinagreta por 1 hora.

Mientras los tomates se están marinando, mezclar la langosta, el salmón, la alcachofa, los ejotes verdes y los pepinillos, todo con la mayonesa. Sacar los tomates de la vinagreta y rellenarlos con la ensalada. Formar nidos de lechuga en platos fríos y poner un tomate en cada nido. Poner la salsa de marinar sobre la ensalada y servir.

VINAGRETA DE MIEL

¾ taza	180 ml	aceite de girasol
3 cdas	45 ml	jugo de limón
¼ taza	60 ml	miel
¼ cdta	1 ml	de cada uno: albahaca, tomillo, orégano, ajo y cebolla en polvo, sal, pimienta negra, perifollo

Mezclar bien todos los ingredientes.

PARA 6 PORCIONES

ENSALADA DAMA ELEGANTE

1	1	melón blanco dulce
6 oz	170 g	carne de pollo cocida, en cubitos
2	2	tomates pelados, sin semillas, picados
2	2	gajos de mandarina
1 taza	250 ml	mayonesa
2 cdas	30 ml	salsa de tomate catsup
2 cdas	30 ml	jugo de naranja
1	1	pimiento dulce rojo, picado muy fino

Cortar el melón por la mitad. Con una cuchara, sacar las semillas y las fibras. Sacar la carne del melón y cortarla en cubitos; guardar las mitades de melón vacías. Mezclar con el pollo, los tomates y las mandarinas.

Mezclar la mayonesa con la salsa de tomate y el jugo de naranja. Juntar la ensalada con la mayonesa. Rellenar las cavidades de los melones con la ensalada. Espolvorear con el pimiento rojo y servir.

PARA 2 PORCIONES

ENSALADA DE LAS 24 HORAS

½ cabeza	0,5	lechuga Bibb
½ cabeza	0,5	lechuga de mantequilla
1 oz	30 g	trufas negras, en rodajas
2	2	yemas de huevo
⅓ taza	80 ml	aceite de oliva
2	2	filetes de anchoas
½ cdta	3 ml	mostaza de Dijon
3 cdas	45 ml	vinagre
2 cdas	30 ml	jugo de limón
3 cdas	28 g	caviar negro
12	12	flores de capuchino, amarillas y naranja

Mezclar las dos lechugas. Espolvorear con las trufas picadas. Poner las yemas de huevo en una licuadora. A alta velocidad, incorporar lentamente el aceite con los huevos, para formar una mayonesa espesa. Mezclar las anchoas, la mostaza, el vinagre y el limón.

Poner el aderezo sobre la lechuga y revolver. Colocar la lechuga en platos muy fríos. Rociar con el caviar y adornar con las flores. Servir.

PARA 4 PORCIONES

ENSALADA CESAR CLASICA

1 cdta	5 g	sal
1	1	diente de ajo picado
3	3	filetes de anchoas
½ cdta	2,5 g	mostaza en polvo
1 cda	15 ml	jugo de limón
¼ cdta	1 ml	salsa inglesa
3 gotas	3 gotas	salsa tabasco
1 cda	15 ml	vinagre de vino tinto
½ cdta	2,5 g	pimienta negra, triturada
¼ taza	60 ml	aceite de oliva
1	1	yema de huevo
1	1	cabeza de lechuga romana, lavada
1	1	huevo duro rallado
⅓ taza	38 g	queso parmesano, recién rallado
⅓ taza	83 g	tocineta cocida, en cubitos
½ taza	50 g	cubitos de pan tostado

Restregar el fondo de un tazón grande de madera con la sal. Agregar el ajo y los filetes de anchoa, machacar con dos tenedores.

Agregar la mostaza, el jugo de limón, la salsa inglesa, la salsa Tabasco, el vinagre, la pimienta y el aceite. Combinar bien. Añadir la yema de huevo y mezclar bien.

Cortar la lechuga en pedazos pequeños. Ponerle el aderezo y revolverla.

Servir la ensalada en platos refrigerados. Decorar con el huevo, el queso, la tocineta y los cubitos de pan. Servir inmediatamente.

PARA 4 PORCIONES

Ensalada César Clásica

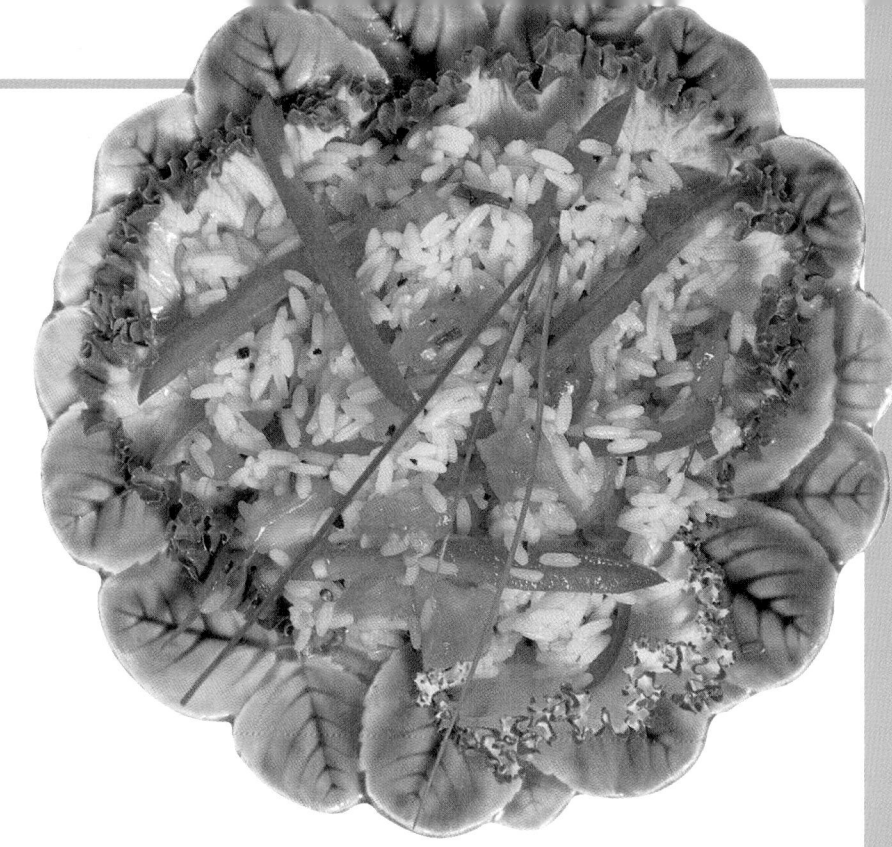

Ensalada Andaluza

ENSALADA ANDALUZA

1	1	pimiento dulce rojo
2 tazas	300 g	tomates pelados, sin semillas, picados
3 tazas	340 g	arroz de grano largo, cocido, refrigerado
3 cdas	27 g	cebollines picados
⅓ taza	80 ml	aceite de girasol
2 cdas	30 ml	jugo de limón
2 cdas	30 ml	vinagre
1 cdta	3 g	ajo picado
½ cdta	2,5 g	sal
½ cdta	2,5 g	pimienta negra, recién triturada
4	4	hojas de lechuga

Abrir el pimiento, sacarle las semillas y las membranas. Cortar en cubitos pequeños.

En un tazón, mezclar el pimiento, los tomates, el arroz y los cebollines.

Batir el aceite junto con los ingredientes restantes, excepto las hojas de lechuga. Poner sobre el arroz. Marinar en refrigeración por 2 horas.

Colocar las hojas de lechuga lavadas en platos refrigerados. Ponerles encima la ensalada y servir.

PARA 4 PORCIONES

ENSALADA CALIENTE DE POLLO

1 lb	450 g	pechugas de pollo, sin hueso
⅛ cdta	pizca	de cada uno: orégano, albahaca, tomillo, sal, pimienta, paprika, cebolla en polvo, ajo en polvo
1 cabeza	1	lechuga romana
1	1	diente de ajo picado
1	1	yema de huevo
⅓ taza	80 ml	aceite de oliva
3 cdas	45 ml	jugo de limón
¼ cdta	1 ml	de cada uno: albahaca, tomillo, pimienta, sal, mostaza en polvo
½ cdta	3 ml	salsa inglesa
1 taza	100 g	cubitos de pan tostado
⅓ taza	83 g	tocineta cocida, desmenuzada
1 taza	250 ml	queso cheddar rallado

Poner el pollo en una bandeja para asar.

Mezclar los ingredientes de la primera lista de condimentos y espolvorear sobre el pollo. Asar cada lado por 6 minutos o hasta que esté bien cocido, en el asador precalentado del horno. Sacar el pollo y conservarlo caliente.

Mientras el pollo se asa, cortar y lavar la lechuga y secarla muy bien. Poner el ajo y la yema de huevo en la licuadora. Operar a velocidad media. Poner lentamente el aceite en la licuadora para formar una mayonesa. Agregar el jugo de limón, los ingredientes de la segunda lista de condimentos y la salsa inglesa.

Poner el aderezo en la lechuga. Colocar en platos fríos. Espolvorear con los cubitos de pan, la tocineta y el queso.

Cortar el pollo en tiras finas y ponerlo encima. Servir inmediatamente.

PARA 4 PORCIONES

Mariscos

Con los supermercados de hoy presentando pescado fresco en sus mostradores, la selección de pescados y mariscos para su mesa puede ser original cada noche. Tan vasta y diversa es la variedad de pescado que uno puede tener una comida diferente todos los días por un año, sin repetir la misma receta. Todo lo que necesita es permitirle libertad a su creatividad.

Eso el exactamente lo que hemos hecho por usted en el *Libro de Cocina Simplemente Deliciosa 2*. No es importante si usted está de humor por pescado o crustáceos, su mente estará satisfecha con las recetas en este capítulo.

El pescado reúne los requerimientos nutricionales para la familia moderna, y excede aquellos encontrados en muchos cortes de carne. Las comidas livianas y delicadas son hechas mejor cuando son preparadas con pescados y mariscos. La persona aventurera en cuanto a comidas, sabe que cuando se trata de un plato como Pargo con avellanas, ellos han reunido no sólo los requerimientos de la nutrición sino también los requerimientos de la gran cocina. Nunca hay compromisos con el pescado fresco.

No solamente considere los salmones y lenguados para llevar satisfacción, sino todos los tipos de pescados. El pargo y el róbalo son tan buenos como los más costosos de los productos de mar; menos costosos tipos de pescado a menudo igualan los resultados de los grandes nombres sin ser tan caros. Muchas recetas que llevan salmón, por ejemplo, se pueden preparar con un pescado que cuesta menos; los mismos elogios serán el resultado.

La fascinación encontrada en servir pescado se ahondará a medida que usted se aventure en las hojas de este capítulo. Con una nueva receta por cada día del mes, nadie podría estar aburrido con su pescado del día. Nosotros hemos presentado platos tan interesantes como Camarones Picantes o Tiburón Mako con Nueces de Macadamia. Todo el mundo ha oído del angelote pero cuando usted le pone un nombre italiano, el mismo se transforma en algo mucho más excitante; por lo tanto angelote con tomates se transforma en Rana Pescatrice al Forno.

Por supuesto, cuanto más fresco el pescado, mejor. Si usted mismo lo pesca, lo va a disfrutar aún más. Por lo tanto pesque las recetas frescas aquí y disfrute pescados y mariscos que son *Simplemente Deliciosos*.

Estofado de Atún con Vino Tinto y Trucha con Camarones

Camarones en Albaricoques y Frambuesas

TIBURON EN SALSA DE TOMATE Y JENGIBRE

1 lb	454 g	tiburón, sin huesos
3 cdas	45 ml	aceite de oliva
2 cdas	30 ml	salsa de soya
2 cdas	30 ml	jerez
1	1	diente de ajo picado
1 cdta	5 g	jengibre picado
6	6	champiñones chinos, remojados en agua tibia por 1 hora
2 cdas	30 ml	pasta de tomate

Cortar el tiburón en tiras finas.

Mezclar 1 cucharadita (5ml) de aceite con la soya, el jerez, el ajo y el jengibre y poner sobre el tiburón y dejar marinar por 2 horas.

Cortar los champiñones en rodajas.

Calentar el aceite restante en una sartén china (wok). Rápidamente freír el tiburón sin escurrir, con los champiñones. Agregar la pasta de tomate y cocinar por 1 minuto más. Servir.

PARA 4 PORCIONES

CAMARONES EN ALBARICOQUES Y FRAMBUESAS

¾ lb	345 g	albaricoques pelados y sin semillas
1 lb	450 g	frambuesas frescas
½ taza	125 ml	jugo de manzana
2 cdas	30 ml	jugo de limón
¼ taza	56 g	azúcar
4 tazas	1 L	Caldo de la Corte (ver página 117)
2¼ lbs	1 kg	camarones grandes pelados y desvenados

Colocar los albaricoques y las frambuesas en un procesador de alimentos, hacerlos puré. Pasar por un colador para eliminar las semillas y poner en una cacerola.

Mezclar el jugo de manzana, el limón y el azúcar; hervir hasta formar una salsa espesa.

Mientras la salsa se cocina, calentar el Caldo de la Corte hasta hervir, agregar los camarones y bajar el fuego; cocinar a fuego lento por 15 minutos.

Colocar los camarones en una fuente grande, poner la salsa en la mesa aparte.

PARA 6 PORCIONES

LENGUADO RELLENO CON CANGREJO

¼ taza	56 g	mantequilla
2	2	cebollas verdes picadas
½ cdta	3 ml	albahaca fresca picada
1 cda	15 ml	perejil picado
½ cdta	2,5 g	sal
¼ cdta	1,2 g	pimienta blanca
½ taza	125 ml	crema
½ lb	225 g	carne de cangrejo cocida
4 cdtas	20 ml	jugo de limón
2 tazas	225 g	miga de pan sazonada
6 – 6 oz	6 – 170 g	filetes de lenguado

Salsa:		
3 cdas	42 g	mantequilla
3 cdas	21 g	harina
1 taza	250 ml	Caldo de Pollo (ver página 77)
¼ taza	60 ml	crema
½ taza	56 g	queso cheddar rallado

En una cacerola, calentar la mantequilla. Agregar las cebollas con la albahaca, el perejil, la sal, la pimienta, la crema, la carne de cangrejo y el jugo de limón. Poner en un recipiente de mezclar, agregar revolviendo, la miga de pan.

Colocar el pescado en una asadera engrasada. Poner encima el relleno. Cocinar en un horno precalentado a 375F° (190°), por 25 minutos.

Salsa:

Mientras el pescado se cocina, calentar la mantequilla en una cacerola pequeña. Agregar la harina, reducir la temperatura y cocinar por 2 minutos. Agregar revolviendo, el caldo y la crema y cocinar a fuego lento hasta que esté espeso. Combinar el queso en la salsa. Colocar el pescado en una fuente. Poner la salsa encima y servir.

PARA 6 PORCIONES

Lenguado Relleno con Cangrejo

LENGUADO EN MANTEQUILLA DE LIMON (SOGLIOLA AL LIMONE)

¼ taza	56 g	mantequilla sin sal
1 cda	15 ml	jugo de limón
1 cda	15 ml	perejil picado
4 – 6 oz	4 – 170 g	filetes de lenguado o perca
1 cda	15 ml	aceite de oliva

Batir la mantequilla hasta formar una crema, agregar mezclando el jugo de limón y el perejil. Colocar en un papel encerado y enrollar en forma de tubo. Refrigerar por lo menos una hora.

Untar los filetes de pescado con el aceite y sofreír cada uno ligeramente por 7 ½ u 8 minutos sobre fuego mediano. Colocar los filetes un una fuente de servir. Colocar una rebanada de mantequilla sobre ellos y servir.

PARA 4 PORCIONES

TIBURON MAKO CON NUECES DE MACADAMIA

6 – 6 oz	6 – 170 g	filetes de tiburón mako o pez espada
½ taza	50 g	nueces de macadamia molidas
¼ taza	28 g	queso parmesano recién rallado
1 taza	112 g	miga de pan fina
¼ taza	60 ml	mantequilla derretida

Lavar y secar los filetes de pescado.

Combinar las nueces, el queso y la miga de pan en un tazón de mezclar pequeño.

Sumergir los filetes en la mantequilla derretida y luego pasarlos por la miga de pan. Colocar en un molde pequeño. Cocinar en el horno precalentado a 350°F (180°C), por 15 minutos o hasta que el tiburón esté dorado. Servir de inmediato con una Salsa de Albaricoque y Frambuesas (ver página 108).

PARA 6 PORCIONES

MUSELINA DE ROUGHY NARANJA COCIDO

4 tazas	1 l	agua
2 tazas	500 ml	vino blanco
1	1	cebolla picada
1	1	zanahoria grande picada
1	1	tallo de apio picado
1	1	ramito de hierbas
6-6oz	6-170 g	filetes de roughy naranja
3	3	yemas de huevo
1 cda	15 ml	agua
1 cda	15 ml	jugo de limón
¾ taza	180 ml	mantequilla derretida
½ taza	125 ml	crema de batir
¼ cdta	1,2 g	de cada uno: sal y pimienta
pizca	pizca	pimiento de Cayena

En una cacerola grande, hervir el agua, el vino, la cebolla, la zanahoria, el apio y el ramito de hierbas. Reducir hasta la mitad del líquido original. Bajar el fuego, colocar el pescado en el líquido y cocinar por 10 minutos.

Mientras el pescado se cocina, mezclar los huevos con 15 ml (1 cucharada) de agua y el jugo del limón. Colocar en una cacerola doble. Cocinar revolviendo constantemente hasta que los huevos se espesen, pero sin recocinar.

Quitar del fuego y agregar la mantequilla batiéndola, hasta que la salsa esté suave y espesa. Batir la crema y agregarla lentamente a la salsa, agregar los condimentos.

Colocar los pescados cocidos en platos de servir. Cubrir con la salsa y servir.

PARA 6 PORCIONES

El ramito de hierbas para este platillo es: 1 hoja de laurel, 8 ramitas de perejil, 2 ramitas de tomillo, 6 granos de pimienta y 1 puerro pequeño picado, todo atado junto y envuelto en una muselina.

Lenguado en Mantequilla de Limón (Sogliola al Limone)

Tiburón Mako con Nueces de Macadamia

CAMARONES PICANTES

1½ lb	675 g	camarones grandes
¼ taza	60 ml	aceite de oliva
1 cdta	5 g	sal
½ cdta	3 ml	de cada uno: ajo en polvo, cebolla en polvo, pimiento de Cayena, orégano, tomillo, albahaca, pimienta blanca y pimienta negra

Pelar y desvenar los camarones; atravesar los camarones a lo largo para evitar que se enrosquen al cocinar. Untar con aceite y colocarlos en una asadera.

Mezclar las hierbas y los condimentos, y sazonar bien los camarones. Asar los camarones por 2½ - 3 minutos en cada lado, sobre una parrilla de carbón o bajo la parrilla del horno. Servir inmediatamente.

PARA 4 PORCIONES

TIBURON EMPANIZADO CON CERVEZA

1½ lb	675 g	tiburón sin hueso
2	2	huevos
1½ taza	168 g	harina
½ taza	125 ml	cerveza bien fría
1 cdta	5 g	polvo de hornear
3 tazas	750 ml	aceite de girasol

Cortar el tiburón en tiras de 1" (2,5 cm). Batir los huevos, 1 taza de harina (250 ml), la cerveza y el polvo de hornear juntos.

Calentar el aceite a 375° (190°C).

Espolvorear el tiburón con la harina restante. Sumergir en la mezcla y freír unas pocas tiras a la vez, hasta que estén dorados; conservar caliente. Cuando todo el tiburón ha sido cocinado, servir con Salsa Remoulade (ver página 123).

PARA 6 PORCIONES

SALMON COCIDO GRIBICHE

4 tazas	1 L	agua
1 taza	250 ml	vino blanco
1	1	limón
1	1	tallo de apio
1	1	cebolla picada
1	1	zanahoria picada
1¼ cdta	6 g	sal
1	1	ramito de hierbas*
6 – 6 oz	6 – 170 g	filetes de salmón
3	3	huevos duros
½ cdta	3 ml	mostaza de Dijon
¼ cdta	1 ml	mostaza seca en polvo
1 taza	250 ml	aceite de oliva
¼ taza	60 ml	vinagre de vino blanco
1	1	diente de ajo picado
1 cdta	5 ml	de cada uno: estragón, albahaca, chirivía, mejorana, frescas y recién picadas
2 cdtas	10 ml	perejil fresco picado
8	8	alcaparras

En una cacerola grande y poco profunda, poner a hervir el agua y el vino. Cortar el limón por la mitad. Exprimir el jugo y luego echar el limón en el agua, junto con el apio, la cebolla, la zanahoria, 1 cucharadita (5 g) de sa l y el ramito de hierbas. Hervir hasta que el líquido se reduzca a la mitad.

Bajar el fuego y cocinar el salmón en el caldo hirviendo por 10-12 minutos.

Mientras el salmón se cocina, separar los huevos, reservar las claras y colocar las yemas en un procesador de alimentos. Mezclar la mostaza y la sal restante.

Con la máquina en marcha, agregar el aceite muy lentamente con un chorro fino y constante, 2 cucharadas a la vez. Una vez que la salsa se ha espesado bastante, agregar el vinagre con el mismo chorro fino y constante, manteniendo la salsa espesa. Mezclar los ingredientes restantes.

Cortar la clara de huevo en tiritas finas.

Colocar el pescado cocinado en platos de servir. Poner un poquito de la salsa sobre cada pescado, cubrir con la clara de huevo y servir.

PARA 6 PORCIONES

* El ramito de hierbas para este plato es perejil, hojas de laurel, tomillo, chirivía y 5 granos de pimienta atados juntos en una muselina. (J-Cloth también da resultado)

Camarones Picantes

FILETE DE TIBURON MERCADER DE VINOS

6 cdas	84 g	mantequilla
⅔ taza	83 g	cebolla verde picada
1 taza	250 ml	vino tinto
½ taza	125 ml	jerez tipo crema
¼ cdta	1 ml	romero molido
¼ cdta	1 ml	mejorana
4 cdas	60 ml	perejil picado
2 cdas	14 g	harina
½ taza	125 ml	Caldo de Carne (ver página 85)
1 cda	15 ml	jugo de limón
6 – 6 oz	6 – 170 g	filetes de tiburón de 1"(2,5 cm) de grueso

Calentar 2 cucharadas (28 g) de mantequilla en una cacerola, freír la cebolla verde por 3 minutos. Agregar el vino, el jerez y las hierbas. Llevar a ebullición; bajar el fuego y cocinar a fuego lento hasta obtener ¾ tazas de líquido. Pasar por un colador.

En otra cacerola calentar 2 cucharadas (28 g) de mantequilla, agregar la harina y cocinar sobre fuego lento por 8 minutos o hasta que tome un color dorado. Agregar la salsa colada, el caldo de carne y el jugo del limón; continuar cocinando a fuego lento por 7 minutos más. Espolvorear con el perejil restante.

Calentar la mantequilla restante y untar en los filetes; asar los filetes 5 minutos por lado. Colocar en platos de servir, poner la salsa sobre los filetes y servir.

PARA 6 PORCIONES

Filete de Atún a la Pimienta de Limón

FILETE DE ATUN A LA PIMIENTA DE LIMON

4 – 6 oz	4 – 170 g	filetes de atún, de 1" (2,5cm) de grosor
¼ taza	56 g	pimienta de limón
2 cdas	30 ml	aceite de girasol
2 cdas	28 g	mantequilla
1 taza	250 ml	Salsa de Jerez y Champiñones Silvestres (ver página 105)
⅓ taza	80 ml	crema ácida

Hacer rodar los filetes en la pimienta de limón.

Calentar el aceite con la mantequilla en una sartén grande y freír el atún por 5 minutos de cada lado.

Mientras los filetes se cocinan, calentar la salsa en una cacerola. Agregar batiendo, la crema ácida.

Cuando los filetes estén listos, colocarlos en platos de servir, poner la salsa sobre los mismos y servir.

PARA 4 PORCIONES

PARGO ROJO CON AVELLANAS

¾ taza	75 g	avellanas molidas
¼ taza	28 g	miga fina de pan
¼ taza	28 g	queso romano
¼ taza	60 ml	leche
1	1	huevo
4 – 6 oz	4 – 170 g	filetes de pargo rojo
3 cdas	42 g	mantequilla
¼ taza	28 g	harina
3 cdas	45 ml	aceite de girasol

Mezclar las avellanas, la miga de pan y el queso. Mezclar la leche con el huevo. Espolvorear el pargo rojo con la harina, sumergirlo en la leche y pasarlo por la mezcla de las nueces.

Calentar la mantequilla y el aceite juntos en una sartén grande. Freír los filetes sobre fuego moderado por 5-6 minutos por lado, dependiendo del grosor.

Servir con Salsa Holandesa de Frambuesas.

PARA 4 PORCIONES

Vieiras Cajun con Mayonesa de Chiles Picantes

Angeloto con Salsa de Pimientas Rosada y Verde

ANGELOTO CON SALSA DE PIMIENTAS ROSADA Y VERDE

2 cdas	28 g	mantequilla
2 cdas	14 g	harina
½ taza	125 ml	Caldo de Pescado (ver página 76) o Caldo de Pollo (ver página 77)
½ taza	125 ml	crema ligera
3 cdas	45 ml	brandy
1 cda	15 g	pimienta en grano rosada
1 cda	15 g	pimienta en grano verde
1 cda	15 9 g	cebolla verde picada
1 cda	15 ml	perejil picado
4 – 6 oz	4 – 170 g	filetes de angelote
2 cdas	30 ml	mantequilla derretida
½ cdta	2,5 g	sal
¼ cdta	1,2 g	pimienta blanca

Calentar la mantequilla en una cacerola y agregar la harina, luego cocinar por 2 minutos sobre fuego lento. Agregar revolviendo, el caldo, la crema, el brandy y cocinar a fuego lento hasta que se espese. Agregar los granos de pimienta, la cebolla verde y el perejil, revolver. Mientras la salsa se cocina, con una brochita untar los filetes con la mantequilla derretida. Sazonar con la sal y la pimienta, y cocinar en un horno precalentado a 375°F (190°C), por 10 minutos. Sacar del horno y colocar en una fuente de servir. Cubrir con la salsa y servir inmediatamente.

PARA 4 PORCIONES

VIEIRAS CAJUN CON MAYONESA DE CHILES PICANTES

MAYONESA:

2	2	yemas de huevo
1 taza	250 ml	aceite de girasol
1 cda	15 ml	jugo de limón
¼ cdta	1,2 g	sal
1 cda	15 g	chile en polvo
3 gotas	3 gotas	salsa de pimientos picantes

Colocar las yemas de huevo en una licuadora. Con la máquina en marcha, agregar el aceite lentamente hasta se forme una salsa espesa.

Agregar el jugo de limón, la sal, el chile en polvo y la salsa picante. Parar la máquina, poner la salsa en una salsera y servir con las vieiras.

VIEIRAS:

1 lb	450 g	vieiras grandes
½ cdta	3 ml	de cada uno: hojas de orégano, hojas de tomillo, hojas de albahaca, pimiento de Cayena, pimienta negra, cebolla en polvo, ajo en polvo
1 cdta	5 g	de cada uno: paprika, sal, chile en polvo
1½ taza	168 g	harina
¾ taza	180 ml	leche
2 tazas	500 ml	aceite de girasol

Lavar y secar bien las vieiras.

Mezclar todos los condimentos con la harina. Sumergir las vieiras en la leche, luego espolvorearlas con la harina sazonada.

Calentar el aceite en una cacerola grande a 375°F (190°C) y freír las vieiras (unas pocas a la vez)' por 3-4 minutos, hasta que se doren. Servir inmediatamente con la mayonesa.

PARA 4 PORCIONES

SALMON ASIATICO

4 – 6 oz	4 – 170 g	filetes de salmón
½ taza	125 ml	yogur
2 cdtas	5 g	harina
1 cda	15 g	curry en polvo
2 cdas	14 g	miga de pan fina
2 cdas	30 ml	agua

Poner el salmón en una cacerola.

En un tazón de mezclar pequeño mezclar el yogur, la harina y el curry en polvo. Poner sobre el salmón. Espolvorear con la miga de pan y verter el agua alrededor.

Poner en un horno precalentado a 350°F (180°C) y hornear por 15 minutos.

Sacar del horno y servir con arroz pilaf.

PARA 4 PORCIONES

POMPANO MONTMORENCY

1¼ taza	310 ml	cerezas Bing - frescas o en lata, sin semillas
¼ taza	60 ml	brandy de cerezas
3 cdas	45 ml	líquido de cerezas o jugo de manzana
1 cda	15 ml	jugo de limón
2 cdas	30 g	azúcar granulada
6 – 6 oz	6 – 170 g	filetes de pompano
2 cdas	30 ml	mantequilla derretida

Calentar las cerezas en el brandy de cerezas sobre fuego lento, hasta que estén blandas. Pasar a través del colador y poner en una cacerola, volver a poner en el fuego.

Agregar el jugo de cerezas, el jugo de limón y el azúcar; cocinar a fuego lento hasta espesar.

Poner el pescado en una bandeja y untarlo con la mantequilla; hornear en un horno precalentado a 375°F (180°C), por 8 minutos.

Poner en platos y cubrirlos con la salsa. Servir.

PARA 6 PORCIONES

FILETES DE TIBURON O ATUN A LA BARBACOA

2	2	dientes de ajo picados
1	1	cebolla española picada
2 cdas	28 g	mantequilla
2 cdas	30 ml	aceite de oliva
1 taza	168 g	azúcar morena
2 cdtas	10 ml	salsa inglesa
½ cdta	3 ml	de cada uno: hojas de tomillo, chirivía, comino, paprika, pimienta negra, pimienta blanca
1 cda	15 g	chile en polvo
1 cdta	5 g	sal
2 tazas	500 ml	salsa de tomate catsup
2 cdtas	10 ml	jugo de limón
6 – 6 oz	6 – 170 g	filetes de tiburón o de atún
2 cdas	30 ml	mantequilla derretida

En una cacerola, freír el ajo y la cebolla en la mantequilla y el aceite. Combinar el azúcar, la salsa inglesa, los condimentos, el catsup y el jugo de limón, agregar a la cacerola. Bajar el fuego y cocinar a fuego lento por 15-20 minutos, revolviendo ocasionalmente.

Untar el pescado con mantequilla y asar sobre carbón en fuego mediano, 5 minutos por lado, untando frecuentemente con la salsa. Untar una vez más antes de servir.

PARA 6 PORCIONES

Filetes de Tiburón a la Barbacoa

Pompano Montmorency

ROUGHY NARANJA MEUNIÈRE

6 – 6 oz	6 – 175 g	filetes de roughy naranja
½ taza	112 g	mantequilla
1 cda	15 ml	jugo de limón
2 cdas	30 ml	perejil fresco picado

Poner los filetes en una bandeja de asar.

Calentar la mantequilla en una cacerola. Untar los filetes con mantequilla y hornearlos en un horno precalentado a 375°F (190°C), por 10 minutos.

Mientras los filetes se hornean, continuar cocinando la mantequilla a fuego lento hasta que tome un color dorado. Agregar el jugo de limón y el perejil.

Sacar el pescado del horno, colocarlo en platos de servir. Poner la salsa de mantequilla sobre el pescado y servir.

PARA 6 PORCIONES

VIEIRAS ST. JACQUES ALFONSO XII

3 cdas	42 g	mantequilla
1 lb	450 g	vieiras
1 taza	140 g	higos secos picados
1	1	pimiento dulce verde, picado
3 cdas	21 g	harina
2 tazas	500 ml	Caldo de Pescado (ver página 76) o Caldo de Pollo (ver página 77)
1 taza	250 ml	rodajas de banana
1½ taza	375 ml	Salsa Bearnaise (ver página 108)

Calentar la mantequilla en una sartén grande. Freír las vieiras, los higos y los pimientos, hasta que estén blandos. Espolvorear con la harina y continuar friendo por 2 minutos. Agregar el caldo y cocinar a fuego lento hasta que se espese. Agregar revolviendo las rodajas de banana.

Con una cuchara poner un poco de la mezcla en cuatro conchas de vieiras. Coronar con la salsa Bearnaise.

Poner en un horno precalentado a 500°F (250° C), por 5-6 minutos o hasta que se doren. Servir con arroz, inmediatamente.

PARA 4 PORCIONES

BROCHETAS DE TIBURON Y ATUN DE CALIFORNIA

1 lb	454 g	atún grande en cubos
1 lb	454 g	tiburón grande en cubos
½ taza	125 ml	néctar de albaricoques
1 cda	15 ml	jugo de limón
1 cda	15 ml	jugo de lima
¼ taza	60 ml	aceite de oliva
1 cda	15 ml	salsa inglesa
½ cdta	2,5 g	sal
½ cta	3 ml	hojas de tomillo
1 cda	15 ml	cilantro picado
2	2	pimientos dulces verdes en cubos
1	1	pimiento dulce amarillo, en cubos
12	12	champiñones
12	12	tomatitos cereza
1	1	cebolla española en cubos
1	1	calabacín en rodajas gruesas

Cortar el pescado en cubos de ¾" (2 cm) y ponerlo en un tazón.

Mezclar el albaricoque, el limón, la lima, el aceite, la salsa inglesa, la sal, el tomillo y el cilantro, poner esta mezcla sobre el pescado y dejar marinar por 12 horas o durante la noche.

Alternar el pescado, los pimientos, los champiñones, los tomatitos, la cebollas y los calabacines en pinchos de bambú. Asar sobre temperatura mediana en la parrilla por 8-10 minutos. Untar en la salsa de marinar. Servir.

PARA 6 PORCIONES

Brochetas de Tiburón y Atún de California

ATUN AL CURRY

1½ lb	675 g	atún
2 cdas	30 g	cebolla
¼ taza	28 g	miga de pan
1	1	huevo
½ cdta	3 ml	de cada uno: pimiento de Cayena, cúrcuma, jengibre en polvo, pimienta negra, albahaca, hojas de tomillo, orégano, paprika
1 cdta	5 g	sal
1	1	diente de ajo picado
3 cdas	45 ml	aceite de girasol
2 cdas	30 ml	mantequilla
2 cdas	30 ml	harina
1 cdta	5 g	curry en polvo
1½ taza	375 ml	Caldo de Pollo (ver página 77)
¾ taza	180 ml	crema ligera

En un procesador de alimentos deshacer el atún en trozos. Agregar la cebolla, la miga de pan, los huevos, los condimentos y el ajo. Procesar otra vez hast tener una mezcla fina. Sacar del procesador y formar bolitas pequeñas.

Calentar el aceite en una sartén grande y dorar las bolitas de carne. Escurrir el aceite. Poner las bolitas en una cazuela.

Calentar la mantequilla en una cacerola, agregar la harina y el curry en polvo; cocinar por 2 minutos sobre fuego lento. Agregar el caldo y la crema, cocinar a fuego lento otros 5 minutos. Poner la salsa sobre las bolitas de carne.

Cubrir la cazuela y hornear en un horno precalentado a 350°F (180°C), por 25 minutos. Servir con arroz.

PARA 6 PORCIONES

Vieiras Orientales

VIEIRAS ORIENTALES

½ taza	125 ml	salsa de soya
¼ taza	60 ml	salsa de ostras
¼ taza	60 ml	jerez
1 cda	15 ml	salsa inglesa
1 lb	454 g	vieiras de mar grandes
¼ taza	28 g	harina
3 cdas	45 ml	aceite de girasol
2	2	dientes de ajo machacados
1 cda	15 g	jengibre en tiras finas
2	2	chiles picantes secos

En un tazón combinar la salsa de soya, la salsa de ostras, el jerez y la salsa inglesa.

Lavar y secar las vieiras, espolvorearlas con harina.

En una sartén china o sartén grande, calentar el aceite, freír el ajo, el jengibre y los chiles picantes por 30 segundos. Agregar las vieiras y cocinar por 2 minutos. Verter en la salsa; bajar el fuego y cocinar hasta que la mayoría del líquido se evapore.

Servir inmediatamente.

PARA 4 PORCIONES

LENGUADO ALMANDINE

4 – 6 oz	4 – 175 g	filetes de lenguado
⅓ taza	90 ml	leche
⅓ taza	37 g	harina
⅓ taza	75 g	mantequilla
2 cdas	30 ml	perejil fresco
2 cdas	30 ml	jugo de limón
⅓ taza	50 g	almendras tostadas, en rodajas

Sumergir el pescado en la leche y espolvorearlo con la harina.

Calentar la mantequilla en una sartén grande. Freír los filetes en la mantequilla, 2½ minutos por lado.

Sacar el pescado y ponerlo en un plato tibio.

Agregar el perejil, el limón y las almendras. Cocinar por 1 minuto. Poner la salsa sobre los filetes y servir inmediatamente.

PARA 4 PORCIONES

Souvlakia de Vieiras, Halibut y Camarones

SOUVLAKIA DE VIEIRAS, HALIBUT Y CAMARONES

½ lb	225 g	camarones grandes pelados y devenados
½ lb	225 g	vieiras grandes de mar
½ lb	225 g	halibut cortado en cubos grandes
⅓ taza	80 ml	aceite de oliva
3 cdas	45 ml	jugo de limón
1	1	diente de ajo picado
¼ cdta	1,2 g	sal
¼ cdta	1,2 g	pimienta
2 cdtas	10 ml	orégano

Atravesar en pinchos, alternando el pescado, los camarones y las vieiras. Colocarlos en una bandeja de asar. Mezclar el aceite con el jugo de limón, el ajo y los condimentos. Poner sobre los mariscos y dejar marinar por 4-6 horas. Asar las brochetas por 10 minutos sobre fuego mediano, volteando y untando con el líquido de marinar. Servir con arroz caliente.

PARA 4 PORCIONES

MOUSSE VERONIQUE DE ROBALO Y LANGOSTA

2 cdas	28 g	gelatina sin sabor
¼ taza	60 ml	vino blanco
¾ taza	180 ml	Caldo de Pescado (ver página 76) o Caldo de Pollo (ver página 77)
¼ taza	60 ml	mayonesa
½ cdta	2,5 g	sal
½ cdta	2,5 g	paprika
½ cdta	2,5 g	pimienta blanca
2 cdtas	20 ml	cáscara de limón rallada
1¾ taza	262 g	róbalo cocido
¾ taza	180 ml	crema entera
⅓ taza	38 g	galletitas saladas molidas
1 taza	150 g	carne de langosta cocida, en trocitos
1½ taza	375 ml	Salsa Veronique (ver página 114)

Ablandar la gelatina en el vino. Agregar el caldo y hacerlo hervir. Dejar enfriar a temperatura ambiente.

En un tazón, combinar la mayonesa, la sal, la paprika, la pimienta y la ralladura de limón. Agregar esta mezcla en ⅔ del caldo y luego, revolviendo, el róbalo, la crema y miga de las galletitas.

En otro recipiente mezclar la langosta con el caldo restante. Poner la mitad de la mezcla en 6 moldes de 1 taza (250ml)

Poner la mezcla de la langosta encima de la mezcla del bajo. Luego verter la mezcla restante del róbalo encima de la langosta.

Refrigerar por 5-6 horas o toda la noche; sacar de los moldes. Colocar en una fuente, cubrir con salsa Veronique y servir.

PARA 6 PORCIONES

Mousse Veronique de Róbalo y Langosta

CAMARONES ENFRIADOS AILLIOLI

2¼ lbs	1 kg	camarones pequeños
4 tazas	1 L	Caldo de la Corte (ver página 117)
2	2	dientes de ajo machacados hasta formar una pasta
2	2	yemas de huevo
½ cdta	2,5 g	sal
pizca	pizca	pimienta
½ cdta	3 ml	mostaza de Dijon
1 taza	250 ml	aceite de oliva
4 cdtas	20 ml	vinagre de vino

Cocinar los camarones en el Caldo de la Corte a fuego lento, por 15 minutos. Escurrir, poner en un tazón y dejar enfriar.

En una licuadora o procesador de alimentos batir hasta formar una crema, el ajo, las yemas de huevo, la sal, la pimienta y la mostaza.

Con la máquina en marcha agregar el aceite de oliva en un chorro fino y constante. Agregar el vinagre.

Poner en un tazón de servir, colocarlo en el centro de una fuente, con los camarones alrededor. Servir como crema para sumergir los camarones.

PARA 6 PORCIONES

LANGOSTA MORNAY

1 lb	454 g	carne de langosta
¼ taza	56 g	mantequilla
¼ taza	28 g	harina
1 taza	250 ml	Caldo de Pescado (ver página 76) o Caldo de Pollo (ver página 77)
1 taza	250 ml	crema liviana
½ cdta	2,5 g	pimienta blanca
½ taza	56 g	queso parmesano recién rallado

Cortar la carne de langosta en cubos.

Calentar la mantequilla en una cacerola pequeña. Freír la langosta, quitarla del fuego y conservarla.

Agregar la harina a la cacerola y bajar el fuego. Cocinar por 2 minutos.

Agregar el caldo, la crema y la pimienta. Cocinar a fuego lento hasta espesar.

Agregar el queso y la langosta; continuar cocinando por 5 minutos.

Servir con arroz pilaf.

PARA 4 PORCIONES

CAMARONES DIJON

¼ taza	60 ml	aceite
¼ taza	28 g	harina
1	1	cebolla española picada fino
2	2	pimientos dulces verdes, picados fino
3	3	tallos de apio, picados fino
2 tazas	300 g	tomates pelados, sin semillas y picados
2 cdtas	10 g	sal
1 cdta	5 ml	de cada uno: hojas de orégano, hojas de tomillo, hojas de albahaca
2 cdas	30 ml	mostaza de Dijon, molida y preparada
1½ taza	375 ml	Caldo de Pescado (ver página 76) o Caldo de Pollo (ver página 77)
1 cda	10 g	azúcar morena
1½ lb	675 g	camarones grandes, pelados y desvenados
¼ taza	32 g	cebolla verde picada
3 cdas	45 ml	perejil picado

Calentar el aceite en una cacerola grande. Agregar la harina; bajar el fuego y cocinar hasta formar una pasta (roux). Agregar las cebollas, los pimientos y el apio, freír hasta que se ablanden, revolver constantemente.

Agregar los tomates, los condimentos, la mostaza, el caldo y el azúcar. Cocinar a fuego lento, tapado, por 20 minutos.

Agregar los camarones y continuar cocinando destapado por 10 minutos. Agregar revolviendo la cebolla y el perejil; servir inmediatamente, sobre arroz cocido.

PARA 4 PORCIONES

Camarones Enfriados Aillioli

Camarones Dijon

CAMARONES EN CERVEZA DE COCO CON MERMELADA DE JALAPEÑO

½ taza	112 g	harina
¼ cdta	1,2 g	polvo de hornear
⅛ cdta	pizca	bicarbonato de soda
½ cdta	2,5 g	sal
½ taza	125 ml	cerveza
2 tazas	500 ml	aceite vegetal
1	1	clara de huevo
1 lb	450 g	camarones grandes pelados y desvenados
¼ taza	20 g	hojuelas de coco
1 taza	250 ml	Mermelada de Jalapeño *

En un tazón, cernir juntos los ingredientes secos. Lentamente agregar la cerveza, batir enérgicamente y dejar descansar por 1 hora.

Calentar el aceite a 375° F (190°C).

Batir la clara de huevo e integrar en la mezcla. Rodar los camarones en el coco rallado, luego sumergirlos en la mezcla. Freír en el aceite por 2½ o 3 minutos o hasta que estén dorados. Servir de inmediato, acompañados con la mermelada.

*Usar nuestra Mermelada de Jalapeño (ver página 701) o mezclar 3 chiles jalapeños, sin semillas, sin tallo y picados con 1 taza de mermelada de limón o naranja.

PARA 4 PORCIONES

SALMON NADINE EN MASA DE HOJALDRE

4 oz	120 g	camarones pelados y desvenados
4 oz	120 g	vieiras de bahía
2 cdas	28 g	mantequilla
1 ración	1	Masa de Hojaldre (see page 689)
4 – 4 oz	4 – 120 g	filetes de salmón
4 oz	120 g	queso crema
2 cdas	30 g	pimienta roja, en grano
1 taza	250 ml	Salsa de Champiñones Silvestres con Jerez (ver página 105)

Freír los camarones y las vieiras en la mantequilla; escurrir y dejar enfriar.

Estirar la masa para la etapa final y cortar en cuatro partes iguales. Colocar un filete de salmón en cada cuadrado de masa, y porciones iguales de camarones, vieiras y queso, espolvorear con la pimienta en grano.

Cuidadosamente envolver la masa alrededor de los filetes. Sellar los bordes y decorar con la masa sobrante. Colocar los filetes rellenos con la parte sellada para abajo.

Cocinar en un horno precalentado a 425°F (220°C), por 20 minutos o hasta que la masa esté dorada. Servir con la Salsa de Champiñones Silvestres al Jerez para acompañar.

PARA 4 PORCIONES

Camarones en Cerveza de Coco con Mermelada de Jalapeño

Salmón Nadine en Masa de Hojaldre

ROUGHY NARANJA AL GRAND MARNIER

⅔ taza	100 g	albaricoques secos
1 taza	250 ml	agua
1 cda	15 g	azúcar granulada
1 cdta	2,5 g	maicena
¼ taza	60 ml	licor Grand Marnier
4 – 6 oz	4 – 170 g	filetes de roughy naranja
2 cdas	28 g	mantequilla derretida
½ cdta	2,5 g	sal
½ cdta	2,5 g	pimienta blanca

En una cacerola pequeña cocinar los albaricoques con el agua hasta que estén blandos .

Agregar el azúcar al líquido, combinar la maicena con el Grand Marnier. Poner en un procesador de alimentos con los albaricoques. Hacer un puré y conservar tibio.

Lavar y secar los filetes. Calentar la mantequilla en una sartén y freír los filetes ligeramente por 2½ o 3 minutos por lado. Sazonar con la sal y la pimienta. Colocar en una fuente, cubrir con la salsa y servir.

PARA 4 PORCIONES

SALMON CON SIDRA DE PERAS Y GALLETITAS DE JENGIBRE

3 tazas	750 ml	sidra de peras
4 – 6 oz	4 – 170 g	filetes de salmón
3 cdas	42 g	mantequilla
¼ taza	28 g	galletitas de jengibre molidas
½ taza	125 ml	crema entera

Calentar 2 tazas (500 ml) de sidra en una cacerola poco profunda. Bajar el fuego, agregar el salmón y cocer por 12-15 minutos. Mientras el salmón se cocina, calentar la mantequilla en una cacerola. Agregar las galletitas molidas y cocinar por 2 minutos. Agregar la sidra restante y la crema, cocinar a fuego lento hasta que se espese.

Colocar el salmón en los platos, cubrir con salsa y servir.

PARA 4 PORCIONES

Roughy Naranja al Grand Marnier

Salmón Dianna Lynn

MARISCOS

MARISCOS SOFRITOS A LA BARBACOA

2	2	dientes de ajo picados
1	1	cebolla española picada
2 cdas	28 g	mantequilla
2 cdas	30 ml	aceite de oliva
1 taza	168 g	azúcar morena
2 cdtas	10 ml	salsa inglesa
½ cdta	3 ml	de cada uno: hojas de tomillo, orégano, perifollo, comino, paprika, pimienta negra, pimienta blanca
1 cda	15 g	chile en polvo
1 cdta	5 g	sal
2 tazas	500 ml	salsa de tomate catsup
2 cdta	10 ml	jugo de limón
½ lb	225 g	carne de langosta cortada en cubos
½ lb	225 g	camarones grandes pelados y desvenados
½ lb	225 g	vieiras grandes
2 cdas	28 g	mantequilla
2 cdas	30 ml	aceite de girasol

En una sartén, sofreír el ajo y la cebolla en la mantequilla y el aceite de oliva.

Combinar el azúcar, la salsa inglesa, los condimentos, la salsa catsup y el jugo de limón y agregar. Bajar el fuego y cocer a fuego lento por 15-20 minutos, revolviendo ocasionalmente.

Freír los mariscos en la mantequilla y el aceite en una sartén grande. Poner la salsa encima y cocer a fuego lento por 10 minutos. Servir con arroz o pasta.

PARA 6 PORCIONES

SALMON DIANNA LYNN

4 – 6 oz	4 – 170 g	filetes de salmón
3	3	yemas de huevo
1 cdta	5 ml	agua fría
pizca	pizca	pimiento de Cayena
2 cdas	30 ml	jugo de limón
½ taza	125 ml	mantequilla derretida
⅔ taza	100 g	camarones cocidos
½ taza	112 g	pulpa de duraznos frescos

Asar o cocer el salmón, 10 minutos por pulgada de grosor.

Mezclar las yemas de huevo, el agua fría, la pimienta y el jugo de limón, batiendo constantemente; agregar el huevo sobre el agua mientras hierve lentamente. Batir hasta espesar.

Sacar del fuego. Lentamente y batiendo agregar poco a poco la mantequilla. Una vez espesa, se forma una salsa holandesa, agregar los camarones y los duraznos.

Poner el salmón cocido en platos y cubrir con la salsa. Servir con vegetales al gusto.

PARA 4 PORCIONES

ATUN AL COCO

1½ lb	675 g	atún cortado en cubitos
1 cdta	5 g	de cada uno: sal, paprika y pimienta
6 cdas	84 g	mantequilla
1	1	cebolla española picada fina
1	1	diente de ajo picado
3 cdas	21 g	harina
¾ taza	75 g	almendras peladas y molidas
1 cdta	5 g	chile picante molido
½ cdta	2,5 g	hojas de tomillo,
1	1	hoja de laurel
¼ taza	60 ml	jugo de limón
¼ taza	60 ml	miel
2 tazas	500 ml	leche de coco
1 taza	250 ml	coco fresco rallado

Espolvorear los pedazos de atún con sal, paprika y pimienta.

Calentar la mantequilla en una sartén grande y freír la cebolla y el ajo con el atún hasta que se dore. Espolvorear con la harina y cocer por 2 minutos. Agregar el resto de los ingredientes. Tapar y bajar el fuego; cocer a fuego lento por 30 minutos. Servir con arroz pilaf.

PARA 6 PORCIONES

SALMON ASADO RELLENO 2

4½ lbs	2 kg	salmón Coho, rosado o Chinook
2 cdas	30 ml	aceite de oliva
¼ lb	115 g	jamón Selva Negra, picado en cubos
1	1	cebolla picada
1	1	apio picado en cubos
2	2	zanahorias peladas y picadas en cubitos
2 tazas	225 g	miga sazonada de pan
1 taza	250 ml	camarones pequeños
1 cdta	5 g	paprika
¼ cdta	1,2 g	pimienta
½ taza	125 ml	vino blanco

Precalentar el horno a 375°F (190°C).

Lavar y limpiar el salmón cuidadosamente. Calentar el aceite en una sartén. Agregar el jamón, la cebolla, el apio y la zanahoria. Freír hasta que esté blando. Enfriar.

Mezclar la miga de pan con los camarones, los condimentos y el vino. Revolver en la mezcla frita. Rellenar el pescado. Amarrar con una tira. Cocinar en una olla engrasada y tapada por 40-45 minutos. Cortar y servir.

PARA 8 PORCIONES

BROCHETAS DE MARISCOS CON MOSTAZA Y MIEL

1 lb	454 g	camarones grandes, pelados y desvenados
1 lb	454 g	vieiras grandes
½ taza	125 ml	aceite de girasol
¼ taza	60 ml	perejil picado
2 cdas	30 ml	jugo de limón
2 cdas	30 ml	miel líquida
½ cda	2,5 g	pimienta negra triturada
2	2	dientes de ajo picado
2 cdas	10 ml	mostaza de Dijon

Ensartar alternando los camarones y vieiras en un pincho de bambú mojado con agua, poner en una cacerola baja.

Combinar los ingredientes restantes en una licuadora y mezclar por 30 segundos, vaciar sobre las brochetas para marinar por una hora, tapado y refrigerado.

Asar las brochetas, 5 minutos por lado sobre carbones a calor mediano, untando frecuentemente la mezcla de marinar con una brochita. Untar una vez más antes de servir.

PARA 6 PORCIONES

PEZ ESPADA KHARIA

¾ lb	375 g	pez espada
3 cdas	45 ml	aceite de oliva
1	1	diente de ajo
2 cdtas	10 g	jengibre fresco, pelado y rodajado
1	1	pimiento dulce rojo, en rodajas finas
1	1	pimiento dulce verde, en rodajas finas
1	1	cebolla, en rodajas finas
2 cdas	14 g	harina
2 cdas	30 ml	salsa de soya
1 cdta	5 ml	salsa inglesa
⅓ taza	90 ml	vino Gewürztraminer
¾ taza	190 ml	Caldo de Pollo (ver página 77)
1	1	huevo

Cortar el pescado en tiras.

Calentar el aceite en una sartén grande, freír el pescado completamente, quitar del fuego y guardar.

Agregar el ajo, el jengibre, los pimientos, y la cebolla; sofreír hasta que estén blandos; sacar el diente de ajo. Espolvorear con harina y cocer por 2 minutos a fuego lento. Agregar la salsa de soya, la salsa inglesa, el vino y el caldo, cocer a fuego lento hasta que la salsa se espese.

Agregar el pescado y continuar cociendo a fuego lento por 5 minutos.

Batir el huevo en un poco de salsa y agregar lentamente a la mezcla; poner por 1 minuto a fuego lento, no hervir, quitar del fuego y servir sobre arroz o fideos.

PARA 4 PORCIONES

Pez Espada Kharia

Brochetas de Mariscos con Mostaza y Miel

FRICASSEE DE CAMARONES

2 cdas	28 g	mantequilla
2 cdas	18 g	cebolla picada fino
2 cdas	20 g	pimiento dulce verde, picado fino
2 cdas	20 g	pimiento dulce rojo, picado fino
1	1	diente de ajo picado
2 cdas	14 g	harina
1½ taza	225 g	tomates machacados
¼ cdta	1 ml	de cada uno: pimienta, paprika, albahaca, perifollo, merjorana
1 cda	15 ml	perejil picado
1 cdta	5 g	sal
⅛ cdta	5 gotas	salsa tabasco
½ cdta	3 ml	salsa inglesa
1 lb	454 g	camarones pelados y desvenados
2½ tazas	282 g	de arroz de grano largo cocido

En una sartén grande calentar la mantequilla y sofreír los vegetales hasta que estén blandos; espolvorear con harina y cocer por dos minutos a fuego lento.

Agregar los tomates, los condimentos, la salsa tabasco y la salsa inglesa; tapar y cocer a fuego lento por 15 minutos.

Agregar los camarones y continuar cociendo a fuego lento por 10 minutos más.

Poner el arroz en un plato de servir, cubrir con los camarones, luego con salsa y servir inmediatamente.

PARA 4 PORCIONES

SALMON ROSADO

4 – 6 oz	4 – 170 g	filetes de salmón
3 tazas	750 ml	vino rosado
3 cdas	42 g	mantequilla
3 cdas	21 g	harina
½ taza	125 ml	crema de batir
3 cdas	28 g	chalote picado
1 cda	15 ml	albahaca fresca picada

Lavar y secar los filetes de salmón. Poner 2 tazas (500 ml) de vino rosado en una cacerola grande. Hervir y cocer a fuego lento. Cocer el salmón en el vino por 10-12 minutos.

En una cacerola pequeña calentar la mantequilla, agregar la harina y cocer por 2 minutos a fuego lento. Agregar la otra taza del vino rosado y la crema. Cocer a fuego lento hasta que espese. Agregar los chalotes y la albahaca.

Poner el salmón en un plato y servir cubierto con salsa.

PARA 4 PORCIONES

SALMON OSCAR

4 – 6 oz	4 – 170 g	filetes de salmón
2 cdas	30 ml	mantequilla derretida
8 oz	225 g	carne de cangrejo cocida
12	12	espárragos enteros
1 taza	250 ml	Salsa Béarnaise (ver página 108)

Poner los filetes de salmón en una bandeja para hornear. Untar con la mantequilla derretida. Hornear en un horno precalentado a 350°F (180°C), por 10-12 minutos.

Sacar el salmón del horno y ajustar la temperatura para asar.

Poner encima de cada filete 2 oz (60 g) de cangrejo, 4 espárragos y medidas iguales de salsa Béarnaise. Volver a poner en el horno por 3-4 minutos o hasta que la salsa esté dorada. Servir inmediatamente.

PARA 4 PORCIONES

Salmón Rosado

Salmón Oscar

ESTOFADO DE ATUN EN VINO TINTO

4 cdas	60 ml	aceite de girasol
8	8	tiras de tocino
20	20	champiñones
20	20	cebollitas perla
3	3	tallos de apio picados
3	3	zanahorias picadas
4 cdas	28 g	harina
1 taza	225 g	tomates pelados, sin semillas y picados
2 tazas	500 ml	vino tinto
1 taza	250 ml	Caldo de Carne (ver página 85)
2 cdtas	10 ml	salsa inglesa
1 cda	15 ml	salsa de soya
½ cdta	3 ml	mostaza de Dijon
¼ cdta	1,2 g	sal
¼ cdta	1,2 g	pimienta negra molida
1½ lb	675 g	atún fresco, cortado en cubos y sin espinas

Cortar el tocino en cubitos, freírlo en una sartén; agregar el aceite y los vegetales; freír por 3 minutos. Espolvorear con la harina y cocer por 3 minutos. Agregar los ingredientes restantes menos el atún. Cubrir y cocer a fuego lento por 20 minutos.

Agregar el atún y continuar cociendo tapado, a fuego lento por 30 minutos. Servir con arroz o fideos.

PARA 6 PORCIONES

LANGOSTA OH MY

¼ cdta	1,2 g	sal
¼ cdta	1,2 g	pimienta negra molida
3 cdas	45 ml	salsa de soya
3 cdas	45 ml	jerez
1 cdta	3 g	cebollines picados
¼ cdta	1,2 g	ajo en polvo
¼ cdta	1,2 g	jengibre molido o 5 condimentos chinos
2 cdtas	6 g	azúcar morena
1 lb	450 g	carne de langosta
2 cdas	30 ml	aceite de ajonjolí
1 cda	15 ml	agua
1 cdta	2,5 g	maicena

Mezclar la sal, la pimienta, la salsa de soya, el jerez, los cebollines, el ajo, el jengibre y el azúcar.

Cortar la carne de langosta en cubos grandes.

Calentar el aceite en una cacerola grande o una sartén china y freír rápidamente la langosta por 3 minutos. Agregar la salsa y bajar el fuego.

Mezclar el agua con la maicena y añadir a la langosta; cocer a fuego lento hasta que espese. Servir inmediatamente con Arroz Bombay (ver página 709).

PARA 4 PORCIONES

CANGREJOS SORPRESA CALIFORNIANA

3 cdas	45 ml	aceite de oliva
3 cdas	21 g	harina
⅔ taza	160 ml	Caldo de Pollo (ver página 77)
⅔ taza	160 ml	crema ligera
¼ taza	80 ml	salsa de tomate catsup
2 cdtas	10 ml	salsa inglesa
1 cdta	5 g	paprika
3 gotas	3 gotas	salsa tabasco
1 cda	15 ml	jugo de limón
1¾ lb	800 g	tenazas de cangrejo
3 tazas	750 ml	Arroz Español (ver página 749)

Calentar el aceite en una sartén, agregar la harina y cocer a fuego lento por 2 minutos.

Batir el caldo y la crema y cocer a fuego lento hasta que espese. Batir la salsa catsup, la salsa inglesa, la paprika, la salsa tabasco y el jugo de limón, continuar la cocción por otros 2 minutos. Agregar las tenazas de cangrejo, cocer a fuego lento por 10 minutos más. Poner el arroz en un plato de servir, cubrir con la mezcla y servir.

PARA 6 PORCIONES

Estofado de Atún en Vino Tinto

Barbacoa de Camarón del Chef K

BARBACOA DE CAMARON DEL CHEF K

3 cdas	42 g	mantequilla
3 cdas	45 ml	aceite
1	1	cebolla picada
1	1	diente de ajo picado
⅔ taza	160 ml	salsa de tomate catsup
⅔ taza	160 ml	brandy de naranja
½ taza	125 ml	vinagre de sidra
½ taza	125 ml	jugo de naranja
½ taza	125 ml	concentrado de jugo de naranja

⅓ taza	80 ml	melaza liviana
1 cda	15 ml	salsa inglesa
½ cdta	3 ml	de cada uno: hojas de tomillo, hojas de albahaca, perifollo, hojas de orégano, ajo en polvo pimienta negra molida pimienta blanca, paprika, sal
¼ cdta	1 ml	salsa tabasco
½ cdta	3 ml	saborizador de humo líquido
2¼ lbs	1 kg	langostinos o camarones grandes
1 ración	1	Caldo de la Corte (ver página 117)
3 cdas	45 ml	mantequilla derretida

Calentar la mantequilla en una sartén con aceite, agregar la cebolla y el ajo; freír hasta que estén blandos.

Agregar revolviendo, la salsa catsup, el brandy, el vinagre, el jugo de naranja, el concentrado, la melaza, la salsa inglesa, los condimentos, la salsa tabasco y el saborizador de humo, hervir. Bajar el fuego y cocer a fuego lento hasta que la salsa esté bien espesa. Enfriar.

Pelar y desvenar los langostinos. Hervir el Caldo de la Corte y cocer a fuego lento los langostinos o camarones hasta que estén bien cocidos. Mezclar los langostinos en la salsa de barbacoa y servir.

Untar los langostinos con mantequilla derretida y asar en una parrilla sobre carbón a mediana temperatura por 10 minutos, untando frecuentemente la salsa con una brochita.

PARA 6 PORCIONES

Roughy Naranja al Oporto y Frambuesa

SALMON TERIYAKI

⅓ taza	56 g	azúcar morena
1 cdta	5 g	jengibre molido
1 taza	250 ml	Caldo de Carne (ver página 85)
⅓ taza	80 ml	salsa de soya
2 cdas	14 g	maicena
¼ taza	60 ml	vino blanco
4 – 6 oz	4 – 170 g	trozos de salmón de 1" (2,5 cm) de grosor

Disolver el azúcar y el jengibre en el caldo y la salsa soya en una sartén. Hervir. Mezclar la maicena en el vino. Agregar al caldo y cocer a fuego lento hasta que espese. Enfriar.

Poner el salmón en una bandeja baja, cubrir con la salsa y marinar por 1 hora, refrigerar.

Asar los trozos de salmón en una parrilla sobre carbón a temperatura mediana, o en el horno por 10 minutos, volteándolo una vez. Untar la salsa con una brochita unas cuantas veces mientras se asan.

PARA 4 PORCIONES

TRUCHA CON CHAMPIÑONES

6 – 8 oz	6 – 225 g	truchas
5 cdas	70 g	mantequilla
1¾ taza	262 g	champiñones cortados finos
2 cdas	18 g	cebollines picados
1½ taza	168 g	miga de pan fresco
2 cdas	30 ml	perejil picado
1 cdta	5 ml	de cada uno: albahaca, perifollo y sal
½ cdta	2,5 g	pimienta negra molida
¾ taza	190 g	camarones pequeños cocidos
¼ taza	60 ml	crema espesa

Lavar y secar la trucha.

Calentar 3 cucharadas (45 ml) de mantequilla en una cacerola, freír los champiñones hasta que todo el líquido se evapore.

Combinar los champiñones con los ingredientes restantes en un tazón, mezclando completamente. Rellenar la cavidad de la trucha.

Poner la trucha en una cacerola pequeña, untar con la mantequilla restante. Cocinar en un horno precalentado a 375°F (190°C), por 20 minutos. Servir.

PARA 6 PORCIONES

ROUGHY NARANJA AL OPORTO Y FRAMBUESA

½ taza	125 ml	mermelada de grosella
¼ taza	60 ml	oporto
2 cdtas	10 ml	jugo de limón
1½ taza	150 g	frambuesas
2 cdtas	5 g	maicena
¼ cdta	1,2 g	pimienta negra triturada
4 – 6 oz	4 – 170 g	filetes de roughy naranja
1 cda	15 ml	mantequilla derretida

Poner la mermelada de grosellas en una cacerola pequeña, añadir el oporto y el jugo de limón, cocinar a fuego lento.

Pasar las frambuesas por un colador para eliminar las semillas, agregar a la salsa. Cocer la salsa.

Mezclar la maicena con 1 cucharada (15 ml) de agua, añadir a la salsa y cocer a fuego lento hasta que espese. Quitar del fuego, añadir y revolver la pimienta negra.

Untar el pescado con la mantequilla, asar en un horno precalentado a 350°F (180°C), por 8 minutos.

Poner el pescado en un plato, verter la salsa y servir.

PARA 4 PORCIONES

Salmón Teriyaki

CAMARONES TIGRE NEW ORLEANS

3 cdtas	45 ml	aceite de girasol
3	3	cebollas picadas fino
2	2	pimientos dulces verdes, picados fino
3	3	tallos de apio, picados fino
20	20	tomates pelados, sin semillas y picados
2 cdtas	10 g	sal
2 cdtas	10 g	paprika
1 cdta	5 ml	de cada uno: ajo en polvo, cebolla en polvo, pimiento de Cayena, hojas de albahaca
½ cdta	3 ml	de cada uno: pimienta blanca pimienta negra, hojas de orégano hojas de tomillo
2 cdtas	10 ml	salsa inglesa
¼ cdta	1 ml	salsa tabasco
6	6	cebollas verdes picadas
1	1	manojo de perejil picado
2¼ lbs	1 kg	camarones tigre o camarones grandes
1 ración	1	Caldo de la Corte (ver página 117)
1 ración	1	Arroz Matriciana (ver página 757)

Calentar el aceite en una cacerola grande; freír la cebolla, el apio y el pimiento verde hasta que estén blandos. Agregar los tomates y los condimentos, la salsa inglesa, la salsa tabasco y cocinar a fuego lento hasta obtener la consistencia deseada, (más o menos 4 horas).

Agregar la cebolla y el perejil. Cocinar a fuego lento por 15 minutos más.

Durante la última media hora de cocer la salsa a fuego lento, hervir el Caldo de la Corte. Pelar y desvenar los camarones tigre, cocinarlos a fuego lento hasta que estén cocidos, aproximadamente 12 minutos .

Poner el arroz en un plato, cubrir con salsa y coronar con los camarones.

Servir inmediatamente.

PARA 6 PORCIONES

Camarones Tigre New Orleans

Pastel de Salmón y Camarón

FILETES DE LENGUADO A LA FLORENTINA (FILETTI DI SOGLIOLA ALLA FIORENTINA)

4 – 6 oz	4 – 170 g	filetes de lenguado
3 tazas	750 ml	caldo de pescado
10 oz	280 g	espinaca fresca picada
3 cdas	45 ml	vino blanco seco
1 taza	150 g	carne cocida de camarón de bahía
1¼ taza	310 ml	Salsa Mornay (ver página 111)
¼ taza	28 g	queso parmesano, recién rallado
¼ taza	28 g	queso romano, recién rallado
3 cdas	28 g	aceitunas negras sin semillas, en rodajas
¼ taza	37 g	tomates pelados, sin semillas y picados

Lavar y secar los filetes. Poner el caldo de pescado en una cacerola grande, hervir; bajar el fuego, mantener a fuego lento. Cocer el lenguado en el caldo por 5-6 minutos, sacar y conservar.

Poner las espinacas al vapor y escurrirlas. Poner en una bandeja de hornear. Poner encima los filetes. Rociar con vino y ponerles la carne de camarón.

Cubrir la bandeja con Salsa Mornay y espolvorear con los quesos.

Poner en un horno precalentado a 400°F (200°C), por 10 minutos. Adornar con las aceitunas y tomates. Servir inmediatamente.

PARA 4 PORCIONES

PASTEL DE SALMON Y CAMARON

½ ración	½	Masa Sencilla (ver página 616)
1 taza	150 g	salmón cocido, picado fino
1 taza	150 g	camarones cocidos, picados fino
2 tazas	500 ml	Velouté (ver página 105)
¼ cdta	1,2 g	de cada uno: sal, pimienta, nuez moscada.
1 cda	15 ml	perejil
1 cda	9 g	cebolla rallada
3	3	huevos, separados

Estirar la masa y ponerla en un molde hondo de 9" para formar la corteza.

En un tazón mezclar el salmón, los camarones y el Velouté. Agregar los condimentos y la cebolla.

Batir las yemas y agregar a la mezcla. Batir las claras hasta que estén espesas, agregar a la mezcla.

Vaciar la mezcla en la corteza y hornear por 25-30 minutos en un horno precalentado a 400°F (200°C), o hasta que la mezcla suba y esté dorada. Servir inmediatamente.

PARA 6 PORCIONES

BARBACOA DE PEZ ESPADA EN SALSA DE LIMON

¾ taza	190 ml	concentrado de limonada
¼ taza	60 ml	salsa de tomate catsup
3 cdas	30 g	azúcar morena
3 cdas	45 ml	vinagre blanco
¼ cdta	1,2 g	jengibre molido
1 cdta	5 ml	salsa de soya
¼ cdta	1 ml	de cada uno: paprika, chile en polvo, ajo en polvo , cebolla en polvo, tomillo, albahaca, orégano, sal y pimienta
1–2¼ lbs	1 – 1 kg	pez espada, cortado en pedazos
½ taza	56 g	harina
¼ taza	60 ml	aceite de girasol

En un tazón combinar el concentrado, la salsa de tomates, el azúcar, el vinagre, el jengibre, la soya y los condimentos.

Espolvorear los pedazos de pez espada con la harina. Calentar el aceite en una sartén grande o una olla de hierro, dorar los pedazos. Quitar el exceso de aceite. Poner la salsa sobre el pescado, cocer a fuego lento por 15 minutos.

PARA 4 PORCIONES

MARISCOS

PEZ GATO GOURMET

8 – 4 oz	8 – 115 g	filetes de pez gato
2	2	huevos
¼ taza	60 ml	leche
½ taza	56 g	harina
1⅓ taza	325 ml	miga de pan
1 cda	15 g	paprika
1 cdta	5 ml	de cada uno: orégano, tomillo, salvia, ajo en polvo, cebolla en polvo, pimienta negra, mejorana, chile en polvo
2 tazas	500 ml	aceite de girasol
3 cdas	42 g	mantequilla
3 cdas	21 g	harina
½ taza	125 ml	Caldo de Pollo (ver página 77)
½ taza	125 ml	crema espesa
½ taza	125 ml	champán

Lavar el pez gato y secarlo.

En un tazón combinar los huevos y la leche. Poner la harina en otro tazón y la miga de pan en un tercero. Mezclar los condimentos con la miga de pan.

Espolvorear el pescado con la harina, bañar con los huevos y pasar por la miga de pan.

Calentar el aceite a 325°F (160°C). Freír el pescado en pequeñas cantidades, hasta que esté dorado, asegurándose que el pescado esté completamente cocido. El tiempo de cocción depende del tamaño de los trozos.

Mantener caliente hasta que todo el pescado esté cocinado.

Derretir la mantequilla en una sartén. Agregar el resto de la harina y revolver hasta formar una pasta (roux), cociendo a fuego lento.

Agregar el caldo de pollo, la crema y el champán. Batir juntos todos los ingredientes.

Cocer a fuego lento por 10 minutos.

Poner en una fuente y cubrir con la salsa, servir.

PARA 4 PORCIONES

ROLLOS DE PERCA MARINA

6 – 4 oz	6 – 120 g	filetes de perca marina
1 taza	100 g	uvas verdes, sin semillas
6 oz	170 g	queso Brie sin corteza
1 taza	225 g	camarones pequeños
2	2	huevos
⅓ taza	80 ml	leche
⅓ taza	35 g	piñones molidos
½ taza	56 g	miga de pan sazonada
⅓ taza	80 ml	queso romano, recién rallado
½ taza	56 g	harina
⅓ taza	80 ml	aceite de girasol

Poner la perca entre dos pedazos de papel encerado, macerarla fino con un mazo para ablandar carnes.

Cortar las uvas en mitades y poner unas pocas en la perca junto con 1 oz (30 g) de queso y camarones. Enrollar la perca para mantener el relleno adentro. Poner en una bandeja de hornear y refrigerar por 1 hora.

Mezclar los huevos con la leche. Juntar los piñones con la miga de pan y el queso. Espolvorear la perca ya enrollada con harina, bañar en el batido de huevo y pasar sobre la miga de pan.

En una cacerola grande calentar el aceite, freír la perca hasta que esté dorada por todos lados. Servir con Salsa de Brandy de Moras (ver Asado de Ternera con Salsa de Brandy de Moras, página 214)

PARA 6 PORCIONES

Rollos de Perca Marina

Pez Gato Gourmet

Bacalao Negro Canadiense Ahumado con Mantequilla de Limón y Hierbas

BACALAO NEGRO CANADIENSE AHUMADO

1 taza	250 ml	vino blanco Riesling
2 tazas	500 ml	agua
10	10	granos de pimienta negra
1	1	hoja de laurel
1	1	ramita de perejil
½ cdta	3 ml	de cada uno: tomillo, albahaca, mejorana
1	1	cebolla española pequeña, cortada en cubos
2	2	zanahorias peladas y cortadas en cubos
2	2	tallos de apio cortados en cubos
1	1	limón, cortado en mitades
4 – 6 oz	4 – 170 g	filetes de bacalao negro (pez sable)

En una olla grande combinar el vino y el agua.

Amarrar juntos los granos de pimienta, la hoja de laurel, el perejil y las hierbas en una muselina de algodón y poner en la olla. Agregar los vegetales y el limón. Llevar a ebullición; bajar el fuego y cocer a fuego lento por 10 minutos.

Poner los filetes en la olla y cocer a fuego lento por 15 minutos. Sacar y poner en platos para servir, servir inmediatamente con la Mantequilla de Limón y Hierbas (receta siguiente), zanahorias frescas al vapor, bróculi y arroz pilaf.

PARA 4 PORCIONES

MANTEQUILLA DE LIMON Y HIERBAS

1 taza	225 g	mantequilla blanda
½ cdta	3 ml	de cada uno: albahaca, tomillo, orégano, mejorana
1 cda	15 ml	cáscara de limón rallada
3 cdas	45 ml	jugo de limón

Mezclar todos los ingredientes. Poner en una hoja de papel encerado y enrollar. Refrigerar por 1 hora. Remover el papel encerado y cortar en rodajas. Poner dos rodajas en cada filete.

TRUCHA RELLENA CON CAMARONES

6 – 8 oz	6 – 225 g	trucha
2 cdas	18 g	cebollines picados
1½ taza	168 g	miga de pan fresca
2 cdas	30 ml	perejil picado
1 cdta	5 ml	da cada uno: albahaca, perifollo y sal
½ cdta	2,5 g	pimienta negra triturada
¾ taza	190 g	camarones pequeños cocidos
¼ taza	60 ml	crema espesa
3 cdas	45 ml	mantequilla derretida

Lavar y secar la trucha.

Mezclar completamente los demás ingredientes en un tazón. Rellenar la cavidad de la trucha.

Poner la trucha en una cacerola pequeña, untarla con mantequilla. Hornear en un horno precalentado a 375°F (190°C), por 20 minutos. Servir.

PARA 6 PORCIONES

Trucha Rellena con Camarones

CACEROLA DE PARGO ROJO BÉARNAISE

1½ lb	675 g	filetes de pargo rojo
¾ taza	168 g	mantequilla
1	1	cebolla pequeña picada fino
¼ taza	37 g	pimiento dulce rojo, picado fino
¼ taza	37 g	pimiento dulce amarillo, picado fino
¼ taza	37 g	pimiento dulce verde, picado fino
2⅔ tazas	300 g	arroz de grano largo, cocido
3 cdas	45 ml	vino blanco
1 cda	15 ml	hojas secas de estragón
1 cdta	5 ml	jugo de limón
3	3	yemas de huevo
1 cdta	5 ml	estragón fresco picado

Cortar el pargo rojo en trozos grandes.

Calentar 3 cucharadas (42 g) de mantequilla en una cacerola grande y freír el pescado; quitar del fuego y guardar. Agregar las cebollas y los pimientos a la cacerola hasta que estén blandos. Agregar el arroz y cocer por 8 minutos. Colocar en una bandeja de hornear engrasada.

Poner el pescado encima, cubrir con papel encerado y hornear en un horno precalentado a 350°F (180°C), por 15 minutos.

Mientras el pescado se hornea, combinar el vino, el estragón y el jugo de limón en una sartén pequeña. A fuego alto reducir a 2 cucharadas (30 ml), colar. En otra sartén pequeña, derretir la mantequilla y calentar hasta casi hervir.

En una licuadora o procesador de alimentos, batir las yemas de huevo hasta que se mezclen bien. Con la máquina en marcha, agregar lentamente la mantequilla derretida.

Con la máquina funcionando despacio agregar la mezcla reducida de vino y limón. Procesar justo hasta que se mezcle, poner en un tazón para servir. Agregar el estragón fresco.

Quitar el papel encerado, poner la salsa sobre el pescado, subir la temperatura del horno a 450°F (230°C) y hornear por 10 minutos o hasta que la salsa esté dorada.

PARA 6 PORCIONES

OSTRAS CASINO

36	36	ostras
6	6	lascas de tocineta, picadas
1	1	cebolla pequeña, picada
¼ taza	60 ml	pimiento dulce verde, picado fino
¼ taza	60 ml	apio picado fino
1 cda	15 ml	jugo de limón
1 cdta	5 g	sal
¼ cdta	1,2 g	pimienta
1 cdta	5 ml	salsa inglesa
⅛ cdta	5 gotas	salsa tabasco
½ taza	56 g	queso provolone rallado

Desconchar las ostras y ponerlas en una lata de hornear.

En una cacerola freír el tocino y tirar toda la grasa menos 2 cucharaditas (10 ml); freír la cebolla, el pimiento y el apio hasta que estén blandos. Agregar los ingredientes restantes y cocer a fuego lento por 5 minutos.

Con una cuchara poner iguales cantidades de mezcla sobre las ostras; hornear en un horno precalentado a 350°F (180°C), por 10 minutos, espolvorear con queso y continuar horneando por 5 minutos o hasta que esté dorado. Servir bien caliente.

PARA 6 PORCIONES

Buena receta para preparar almejas también.

Ostras Casino

Salmón Vol au Vént

SALMON VOL AU VÉNT

1 ración	1	Masa de Hojaldre (ver página 689)
2	2	huevos batidos
1½ lb	675 g	filetes de salmón
4 cdas	56 g	mantequilla
2 cdas	14 g	harina
1 taza	250 ml	leche
¼ cdta	1,2 g	sal
¼ cdta	1,2 g	pimienta blanca
1 cdta	5 ml	albahaca
2 cdas	20 g	pimiento dulce rojo, picado fino

Estirar la masa según las instrucciones. Cortar 6 círculos de 4" (10 cm) , y 6 círculos de 3" (7,5 cm) con un hoyo de 2" (5 cm) en el medio. Poner el círculo de 4" (10 cm) en una bandeja de hornear; untarlo con huevo; poner encima el círculo de 3" (7,5 cm); untarlo también con huevo. Hornear a 425°F (215°C) por 5 minutos; reducir el calor a 350°F (180°C) y continuar horneando por 20-25 minutos más. Sacar del horno y enfriar; quitar y conservar el centro.

Picar el salmón en pedazos pequeños. En una cacerola calentar 2 cucharadas (28 g) de mantequilla y freír el salmón. Derretir la mantequilla restante en una cacerola. Agregar la harina y revolver hasta que se forme una pasta (roux); cocer por 2 minutos a fuego lento.

Agregar la leche y revolver; cocer a fuego lento hasta que espese. Agregar los condimentos y el pimiento, cocer lentamente por otros 2 minutos. Revolviendo agregar el salmón y cocer a fuego lento por 5 minutos.

Poner el salmón en los moldes de masa horneada. Cubrir con el centro de masa restante y servir.

PARA 6 PORCIONES

TRUCHA PISZTRANG CON MAYONESA DE VINO BLANCO

4 cdas	60 ml	vino blanco
3	3	yemas de huevo
½ taza	125 ml	aceite
4 – 8oz	4 – 225 g	trucha – preparada o limpia
3 cdas	42 g	mantequilla
1 cda	15 ml	jugo de limón

Reducir el vino en una cacerola a dos cucharadas (30 ml). En una licuadora o procesador de alimentos, procesar las yemas hasta que se mezclen. Con la máquina funcionando agregar lentamente el aceite en un chorrito. Con la máquina despacio agregar el vino. Procesar hasta que se mezcle, vaciar en un recipiente para salsas.

Freír la trucha a temperatura mediana, 4-6 minutos por lado en la mantequilla y jugo de limón. Servir acompañado de la mayonesa.

PARA 4 PORCIONES

SOPA DE PESCADO

2 cdas	30 ml	aceite de oliva
4 oz	120 g	mitades de champiñones
1	1	cebolla mediana picada
2	2	zanahorias picadas
2	2	tallos de apio picados
4 tazas	1 L	Caldo de Pescado (ver página 76)
1½ taza	225 g	tomates pelados, sin semillas y picados,
8 oz	225 g	pargo rojo, en trozos grandes
8 oz	225 g	carne de langosta, en trozos grandes
8 oz	225 g	camarones pelados y desvenados
8 oz	225 g	vieiras
16	16	mejillones limpios y lavados
16	16	almejas restregadas y lavadas
½ taza	125 ml	vino blanco
½ cdta	2,5 g	sal
1 cdta	5 ml	albahaca fresca picada

Calenter el aceite en una cacerola grande. Agregar las verduras y sofreírlas hasta que se ablanden.

Agregar los tomates y el caldo. Cocer a fuego lento por 5 minutos.

Agregar los ingredientes restantes, cocer a fuego lento por 15 minutos, servir inmediatamente.

PARA 4 PORCIONES

Salmón Jambalaya

SALMON JAMBALAYA

2 cdas	30 ml	aceite de girasol
2 cdas	28 g	mantequilla
½ lb	225 g	salchicha andouille (ver el Glosario)
½ taza	56 g	cebollas picadas
2	2	dientes de ajo picados
3 cdas	45 ml	perejil picado
1½ taza	225 g	pimiento dulce verde, picado
2	2	tallos de apio picados
2 tazas	300 g	tomates pelados, sin semillas, picados
1 cdta	5 g	sal
½ cdta	3 ml	de cada uno: pimienta blanca, pimienta negra, hojas de orégano, albahaca, hojas de tomillo, ajo en polvo, cebolla en polvo, chile en polvo
2 cdtas	10 ml	salsa inglesa
⅛ cdta	5 gotas	salsa tabasco
1½ taza	375 ml	agua
1 taza	227 g	arroz de grano largo, crudo
1½ lb	670 g	salmón sin huesos, picado grueso
2 tazas	300 g	colas de langostinos cocidas

En una cacerola grande, sofreír la salchicha en el aceite con mantequilla. Agregar las verduras, continuar friendo hasta que las verduras se ablanden.

Agregar revolviendo los ingredientes restantes, menos el salmón y los langostinos; bajar el fuego, tapar y cocer a fuego lento por 40 minutos. Revolviendo agregar el pescado y continuar cociendo por 15 minutos. Servir.

PARA 6 PORCIONES

Salmón Estilo Gran Duque

196

SALMON ESTILO GRAN DUQUE

4 – 6 oz	4 – 170 g	filetes de salmón, de 1" (2,5 cm) de grueso
5 cdas	70 g	mantequilla
3 tazas	750 ml	caldo de pollo
3 cdas	21 g	harina
½ taza	125 ml	crema
¼ taza	60 ml	Mantequilla de Langostino (ver página 112)
1 taza	150 g	colas de langostinos cocidas
1 taza	150 g	puntas de espárrago peladas
⅓ taza	38 g	queso parmesano, recién rallado
4	4	rodajas grandes de trufas

Lavar y secar los filetes de salmón. Ponerlos en una lata de hornear. Derretir 2 cucharadas (28 g) de mantequilla y untar el pescado. Hornear en un horno precalentado a 350°F (180°C), por 10 minutos.

Calentar el caldo de pollo hasta que hierva; reducir a 1½ taza (375 ml) de líquido.

Calentar el resto de la mantequilla en una cacerola y agregar la harina; cocer a fuego lento por 2 minutos. Agregar el caldo reducido y la crema; cocer a fuego lento hasta que espese. Agregar la mantequilla de langostinos, las colas de langostino y las puntas de los espárragos y cocer a fuego lento por 3 minutos; agregar el queso.

Servir el pescado en platos, cubrir con salsa y adornar con una rodaja de trufas.

Servir inmediatamente.

PARA 4 PORCIONES

FRITOS DE VIEIRAS

1¼ taza	140 g	harina
2	2	huevos separados
¾ taza	190 ml	cerveza
¼ cdta	1 ml	de cada uno: tomillo, pimiento de Cayena, pimienta, albahaca, sal
3 tazas	750 ml	aceite de girasol
2¼ lbs	1 kg	vieiras grandes de mar
2 tazas	500 ml	Salsa Remoulade (ver página 123)

Combinar 1 taza (112 g) de harina y las yemas de huevo en un tazón. Poner suficiente cerveza para hacer un batido uniforme. Batiendo incorporar los condimentos. Dejar reposar la mezcla por 1 hora.

Batir las claras de huevo hasta que estén espesas y agregarlas al batido.

Calentar el aceite a 375°F (180°C).

Espolvorear las vieiras con el resto de la harina, sumergirlas en la mezcla; freírlas en pequeños grupos hasta que se doren; mantenerlas calientes mientras se cuece el resto.

Servir con Salsa Remoulade.

PARA 6 PORCIONES

ROUGHY NARANJA SOFRITO CON SALSA CLEMENTINA

6 – 6 oz	6 – 170 g	filetes de roughy naranja
3 cdas	45 ml	aceite
		sal y pimienta
⅓ taza	80 ml	jugo de mandarina o naranja, concentrado
½ taza	125 ml	Caldo de Pollo (ver página 77)
¼ taza	60 ml	crema de batir
1 cdta	5 g	mantequilla
¼ cdta	1,2 g	pimienta negra triturada
1 cda	5 ml	jugo de lima

Calentar el aceite en una cacerola grande. Sofreír los filetes por 6-8 minutos. Sazonarlos con sal y pimienta, mantenerlos calientes.

Calentar el jugo de mandarina en una cacerola con el caldo de pollo; hervir y luego bajar el fuego. Agregar la crema y cocer a fuego lento hasta que la salsa se pegue a la cuchara. Quitar del fuego. Incorporar la mantequilla, pimienta y el jugo de lima.

Poner los filetes en una fuente, cubrirlos con salsa y servir.

PARA 6 PORCIONES

Fritos de Vieiras

CAMARONES CHASSEUR

1 lb	454 g	camarones grandes pelados y desvenados
¼ taza	56 g	mantequilla
1 cda	15 ml	aceite de girasol
4 oz	115 g	champiñones cortados
1 cdta	3 g	cebollas verdes picadas
3 cdas	45 ml	brandy
⅓ taza	90 ml	vino blanco
1¼ taza	310 ml	Demi-Glace (ver página 123)
2 cdas	30 ml	pasta de tomate
1 cdta	5 ml	perejil fresco picado
3 tazas	340 g	arroz al vapor

Lavar los camarones y escurrirlos.

Calentar una cucharada (14 g) de mantequilla con el aceite en una cacerola pequeña y sofreír los champiñones con las cebollas. Agregar el brandy y el vino, reducir su volumen a la mitad. Agregar el Demi-Glace y la pasta de tomate. Llevar a ebullición; bajar el fuego y cocer a fuego lento por 5 minutos. Agregar el perejil.

En una cacerola, calentar el resto de la mantequilla y sofreír los camarones. Poner la salsa sobre los camarones. Poner el arroz en platos de servir, ponerle encima camarones y salsa.

PARA 4 PORCIONES

ATUN Y ARROZ

¼ taza	56 g	mantequilla
1½ lb	680 g	atún sin huesos, picado
½ lb	225 g	champiñones en rodajas
¼ taza	60 ml	cebolla picada fino
3 cdas	21 g	harina
1½ taza	375 ml	Caldo de Pollo (ver página 77)
½ taza	125 ml	crema ligera
¼ taza	60 ml	jerez
⅓ taza	50 g	almendras tostadas en rodajas
2 tazas	225 g	arroz de grano largo, cocido
		perejil fresco

En una cacerola grande calentar la mantequilla, agregar el atún y dorarlo. Sacar el atún y conservarlo.

Agregar los champiñones y la cebolla, sofreír hasta que se ablanden. Espolvorear con harina y cocer por 2 minutos sobre fuego lento. Añadir el caldo, la crema y el jerez; cocer a fuego lento por 3 minutos.

Poner el atún y continuar cociendo a fuego lento por 35 minutos más.

Revolviendo, agregar las almendras al arroz y con una cuchara amoldar el arroz a los costados de una fuente. Con un cucharón poner el atún en el centro y servir adornado con perejil.

PARA 4 PORCIONES

ESTOFADO DE MARISCOS

⅓ taza	75 g	mantequilla
¾ taza	95 g	cebolla picadas
1	1	pimiento dulce verde, picado
2 tazas	300 g	tomates pelados, sin semillas y picados
1 cdta	5 g	de cada uno: sal, pimienta, paprika
½ cdta	3 ml	de cada uno: hojas de orégano hojas de tomillo, pimiento de Cayena, ajo en polvo, cebolla en polvo, chile en polvo
1 cdta	5 ml	salsa inglesa
⅛ cdta	5 gotas	salsa tabasco
¼ taza	32 g	cebollas verdes picadas
2 cdas	30 ml	perejil picado
1 lb	454 g	camarones pelados y desvenados
½ lb	225 g	carne de cangrejo
¼ lb	115 g	carne de langosta
4 tazas	450 g	arroz al vapor

Derretir la mantequilla en una cacerola. Agregar las cebollas y los pimientos, sofreír hasta que se ablanden. Añadir los tomates, los condimentos, la salsa inglesa y la salsa tabasco. Bajar el fuego y cocer a fuego lento por 30 minutos.

Agregar la cebolla picada, el perejil y los mariscos; cubrir y cocer a fuego lento por 15 minutos.

Poner el arroz en platos, cubrir con la mezcla y servir.

PARA 6 PORCIONES

Estofado de Mariscos

Camarones Chasseur

PERCA DE MAR CON CREMA DE VINO ITALIANO Y FRESAS

6 – 4 oz	6 – 120 g	filetes de perca de mar
1 cda	15 ml	aceite de oliva
¼ cdta	1 ml	de cada uno: albahaca, sal, pimienta, paprika
6	6	yemas de huevo
½ taza	112 g	azúcar granulada
½ taza	125 ml	Marsala o jerez dulce
1½ taza	150 g	fresas en rodajas

Untar la perca con el aceite, espolvorearla con los condimentos. Asar en el horno, 3 - 5 minutos por lado, mantenerla tibia.

Batir las yemas de huevo con el azúcar en la parte de arriba de una olla doble , hasta que estén espumosas y de color pálido. Poner sobre el agua hirviendo. Lentamente agregar el jerez, batiendo constantemente hasta que la mezcla esté espesa y espumosa. Quitar del fuego y agregar revolviendo las fresas.

Poner la perca en una fuente con la mitad de la salsa. Servir con el resto de la salsa aparte.

PARA 6 PORCIONES

LOBINA DE MAR FINOCCHIO

1½ lb	675 g	filetes deshuesados de lobina
3 tazas	750 ml	Caldo de Pollo (ver página 77)
6 cdas	84 g	mantequilla
1½ taza	375 ml	hinojo picado fino
1	1	zanahoria en tiras finas
1	1	pimiento dulce rojo, en tiras finas
3 cdas	21 g	harina
¾ taza	190 ml	crema liviana
1 ración	1	Risotto Alla Certosina (ver página 740)

Cortar la lobina en trozos grandes.

Calentar el caldo en una cacerola grande y cocer la lobina por 10 minutos. Quitar del fuego y conservar la lobina, colar el caldo. Regresar el caldo a la cacerola; hervir, reducir a 1½ taza.

En una cacerola calentar la mantequilla y sofreír las verduras hasta que se ablanden. Espolvorear con harina y cocinar a fuego lento por 2 minutos. Añadir el caldo y la crema y cocinar a fuego lento hasta que la salsa se espese. Añadir revolviendo la lobina y continuar cociendo a fuego lento por 5 minutos.

Poner el risotto alrededor de una fuente. Con un cucharón poner la lobina en el centro y servir.

PARA 4 PORCIONES

ANGELOTO AL HORNO (RANA PESCATRICE AL FORNO)

1½ lb	750 g	colas de angeloto – peladas
2 cdas	30 ml	aceite de oliva
1	1	cebolla pequeña, picada fino
1	1	tallo de apio, picado fino
1 taza	150 g	champiñones en rodajas
1 cda	7 g	harina
1 taza	150 g	tomates pelados, sin semillas y picados
½ taza	125 ml	Caldo de Pescado (ver página 76) o Caldo de Pollo (ver página 77)
½ cdta	3 ml	hojas de albahaca

Colocar el angeloto en una bandeja de hornear grande. Calentar el aceite en una sartén, sofreír la cebolla, el apio y los champiñones hasta que se ablanden. Espolvorear con harina, bajar el fuego, cocer por 2 minutos.

Agregar los tomates, el caldo y la albahaca. Cocer a fuego lento por 5 minutos. Poner sobre el pescado, tapar la bandeja y hornear en un horno precalentado a 350°F (180°C), por 30 minutos.

PARA 4 PORCIONES

Lobina de Mar Finocchio

Angeloto al Horno (Rana Pescatrice Al Forno)

RES Y TERNERA

Como en todos los capítulos de este libro, aquí les ofrecemos algunas de las recetas más creativas. Siguiendo las recetas del *Libro de Cocina Simplemente Deliciosa 2* usted nunca se aburrirá de cocinar. Podrá escoger entre los estilos Cajun, Oriental, Alemán, o cualquier otro. Aquí siempre encontrará una gran variedad. El uso creativo de algunas recetas como los Pajaritos de Ternera o las Costillitas Picantes siempre van a dejar a sus invitados con deseos de volver a su mesa.

Use los cortes más adecuados para lo que desea cocinar y nunca comprometa la calidad. Recuerde que usted también va a comer lo mismo. Elimine la grasa de las carnes y siga los métodos de cocina que den los mejores resultados. La carne de las reses engordadas con cereales del Oeste del Canadá y de las engordadas con maíz del Oeste Medio de los Estados Unidos, es de las mejores del mundo. Esta carne es la que usted debe comprar. Siempre use los mejores ingredientes, ya que estos van a ser la diferencia en el producto final. Las carnes añejadas son las mejores (21-30 días de añejamiento), y generalmente uno no las puede conseguir en el supermercado. Cómprelas en una carnicería buena y confiable. Este tiene que ser el primer paso para preparar su receta.

Poner sal y sazonar las carnes a la parrilla debe hacerse cuando la carne está ya casi cocinada. Poner los condimentos antes de tiempo tiende a secar las carnes. Si es posible, evite poner sal; en su lugar trate de usar hierbas y especias. Usted encontrará que el producto final es de mucho mejor calidad.

Asar por más tiempo y más lentamente las carnes, le proporcionará un mejor producto en comparación con un tiempo de asado rápido, con fuego alto. Con sus carnes usted puede probar soasarlas, asarlas a la parrilla, sofreírlas e incluso hervirlas. Si la gente fuera más creativa en su manera de cocinar, no necesitarían seguir tantas nuevas modas en su comida, ya que lograrían todas sus metas de dieta con el sólo uso de su creatividad.

Esto es lo que les ofrecemos con el *Libro de Cocina Simplemente Deliciosa 2*. Ya sea que usted escoja el Guiso de Ternera y Tomate, las Brochetas California a la Parrilla o una Tenera Asada con Salsa de Brandy de Moras, su creatividad va a relucir.

En Francia, hablan de los " les plaisirs de la bonne table", que se aplica cuando los invitados han disfrutado de los placeres de una buena mesa. Sus propios invitados hablaran así de su comida cuando su deliciosa cena ha sido el resultado de las recetas de este libro. En español, como siempre, dirán "está *Simplemente Deliciosa*".

Barón de Carne Asada

Lasaña de Bistec de Tom

LASAÑA DE BISTEC DE TOM

1 ración	1	Masa de Pasta Básica (ver página 426)
1 lb	454 g	solomillo, cortado fino
3 cdas	45 ml	aceite de oliva
1	1	cebolla española, en rodajas
1	1	pimiento dulce rojo, en rodajas
1	1	pimiento dulce verde, en rodajas
3	3	tallos de apio picados
2	2	diente de ajo picados
2 tazas	300 g	tomates pelados, sin semillas, picados
½ cdta	3 ml	de cada uno: hojas de orégano y de tomillo; albahaca, ajo y cebolla en polvo; mejorana, perifollo, paprika, pimienta
1 cdta	5 g	sal
2 cdtas	10 g	chile en polvo
1 taza	227 g	queso ricotta
1½ taza	170 g	queso cheddar rallado
2	2	huevos
1	1	cebolla verde picada
1½ taza	170 g	mozzarella rallada

Procesar la masa de acuerdo a las instrucciones. Cortarla para hacer pasta de lasaña. Conservar.

En una sartén grande, freír el bistec en el aceite. Agregar la cebolla, los pimientos dulces, el apio y el ajo. Sofreírlos hasta que se ablanden. Agregar los tomates y los condimentos, tapar y cocer a fuego lento por 30 minutos.

Mezclar la ricotta, el cheddar, los huevos y las cebollas verdes.

En una bandeja de hornear grande, engrasada, alternar capas de pasta, salsa de carne, y mezcla de queso. Terminar con una capa de salsa. Cubrir con queso mozzarella.

Hornear en un horno precalentado a 375°F (190°C) por 50-60 minutos, o hasta que el queso esté bien dorado. Servir inmediatamente.

PARA 6 PORCIONES

FILETES DE TERNERA CON MIEL A LA BARBACOA

3 cdas	42 g	mantequilla
3 cdas	45 ml	aceite
1	1	cebolla mediana picada
1	1	diente de ajo picado
⅔ taza	160 ml	salsa de tomate catsup
⅔ taza	160 ml	miel líquida
¼ taza	60 ml	vinagre de sidra
1 cda	15 ml	salsa inglesa
½ cdta	3 ml	de cada uno: hojas de tomillo, de orégano y de albahaca; paprika, pimienta, chile en polvo, sal
½ cdta	3 ml	humificador líquido
4 - 6 oz	4 - 170 g	filetes redondos de ternera

En una sartén, calentar la mantequilla con 2 cdas. (30 ml) de aceite. Agregar la cebolla y el ajo; sofreír hasta que se ablanden.

Agregar la salsa de tomate, la miel, el vinagre, la salsa inglesa, los condimentos y el saborizador de humo. Cocer a fuego lento hasta que la salsa esté espesa y brillante. Dejar enfriar.

Con una brochita, untar a los filetes con el resto del aceite. Asar en carbones a medio fuego, 6 minutos por lado, untando frecuentemente la salsa. Untar una última vez antes de servir.

PARA 4 PORCIONES

Filetes de Ternera con Miel a la Barbacoa

GUISO AL VINO TINTO

1½ lb	675 g	ternera magra, sin hueso
5 cdas	70 g	mantequilla
1	1	diente de ajo picado
3 cdas	21 g	harina
1 cda	15 ml	perejil fresco picado
¼ taza	60 ml	vino tinto
1 taza	150 g	tomates pelados, sin semillas, picados
½ taza	125 ml	Caldo de Ternera (ver página 85) o Caldo de Pollo (ver página 77)
½ cdta	2,5 g	de cada uno: sal, pimienta, paprika
1 cdta	5 ml	orégano
2 cdtas	10 ml	alcaparras
2 cdtas	10 ml	cáscara de limón rallada

Picar grueso la ternera. Calentar la mantequilla en una sartén grande. Agregar la ternera y el ajo; cocinar hasta que se dore la carne. Espolvorear con harina y continuar cocinado a fuego bajo por 3 minutos. Agregar los ingredientes restantes. Cubrir y cocer a fuego lento por 30 minutos.

Servir con arroz.

PARA 6 PORCIONES

CHULETAS DE TERNERA A LA PIMIENTA

6 – 6 oz	6 – 180 g	chuletas de ternera
¼ taza	60 g	granos de pimienta negra, triturados
¼ taza	56 g	mantequila
2 cdas	30 ml	brandy
1 taza	250 ml	Demi-Glace (ver página 123)
2 cdas	30 ml	jerez
¼ taza	60 ml	crema espesa

Untar a las chuletas de ternera con los granos de pimienta triturados.

Calentar la mantequilla en una sartén grande y sofreír la chuletas al punto que se deseen. Quitarlas del fuego y guardarlas calientes.

Ponerles encima el brandy y encenderlo. Agregar la salsa Demi-Glace y el jerez. Cocer a fuego lento por 1 minuto. Agregar la crema, revolverla bien.

Poner salsa sobre las chuletas y servir.

PARA 6 PORCIONES

BLANQUETTE DE TERNERA A LA INDIANA

1½ lb	675 g	espaldilla de ternera, en cubitos de ¾"
4 tazas	1 L	Caldo de Pollo (ver página 77)
2 cdtas	10 g	sal
20	20	cebollitas perla
4	4	zanahorias, en tiritas
2 cdas	28 g	mantequilla
2 cdas	14 g	harina
2 cdas	30 g	curry en polvo
2 cdas	30 ml	jugo de limón
2	2	yemas de huevo
1 cda	15 ml	perejil picado

En una olla grande de hierro, poner la ternera, el caldo de pollo y la sal. Tapar y cocer a fuego lento por 1½ hora.

Agregar las cebollas y las zanahorias. Continuar cociendo por 15 minutos. Sacar 2 tazas (500 ml) del líquido.

Derretir la mantequilla en una sartén pequeña. Agregar la harina y el curry; cocer por tres minutos a fuego bajo. Agregar lentamente las 2 tazas del líquido, removiendo hasta espesar.

Batir el jugo de limón con las yemas de huevo. Mezclar en la salsa. No hervir.

Poner la salsa en la ternera. Recalentar, pero sin hervir. Poner en un platón de servir. Decorar con el perejil. Servir sobre fideos de huevo cocidos.

PARA 6 PORCIONES

Guiso al Vino Tinto

ESTOFADO CAMPESTRE

2¼ lbs	1 kg	filetes redondos de res
3 cdas	45 ml	aceite de oliva
3 cdas	21 g	harina
3	3	cebollas picadas
1	1	diente de ajo picado
3	3	zanahorias grandes picadas
4	4	tallos de apio picados
20	20	champiñones de botón
3 tazas	750 ml	Caldo de Carne (ver página 85)
⅓ taza	90 ml	pasta de tomate
1 cda	15 ml	salsa inglesa
2 cdas	30 ml	salsa de soya
½ cdta	3 ml	de cada uno: sal, pimienta, paprika, chile en polvo, tomillo, orégano
6	6	papas grandes

Estofado Campestre

Cortar la carne en cubitos grandes. Calentar el aceite en una cacerola grande, o una olla de hierro. Agregar la carne y dorarla. Sacar la carne.

Espolvorear con harina y cocinar a fuego bajo por 5 minutos, o hasta que la carne esté bien dorada.

Agregar la cebolla, el ajo, las zanahorias, el apio y los champiñones. Sofreírlos hasta que se ablanden. Incorporar el caldo de carne, la pasta de tomate, la salsa inglesa, la soya y los condimentos. Tapar y cocer a fuego lento por 45 minutos.

Pelar y picar las papas en cubitos. Ponerlas en el guiso y continuar cociendo a fuego lento por 30 minutos más. Servir con las Mejores Masitas de la Abuelita (receta siguiente) o panecillos recién horneados.

PARA 6 PORCIONES

LAS MEJORES MASITAS DE LA ABUELITA

1 taza	112 g	harina sin blanquear
1½ cdta	8 g	polvo de hornear
½ cdta	2,5 g	sal
½ taza	125 ml	leche descremada

En un tazón, cernir juntos la harina, la sal y el polvo de hornear. Agregar gradualmente la leche hasta formar una masa suave y liviana.

Poner en un guiso o fricassee en cucharadas pequeñas. Tapar y cocer a fuego lento por 15 minutos antes de servir. No destapar durante el proceso de cocimiento.

PARA 6 PORCIONES

TERNERA OSCAR

1½ lb	675 g	espaldilla de ternera
2	2	huevos
¼ taza	60 ml	leche
½ taza	56 g	harina
1 taza	112 g	miga fina sazonada de pan
¼ taza	60 ml	aceite de girasol
1½ taza	225 g	carne de cangrejo cocida
18	18	tallos de espárrago hervidos
¾ taza	180 ml	Salsa Béarnaise (ver página 108)

Cortar la ternera en 6 piezas de 4 oz (120 g). Macerar y ablandar cada pieza con un mazo para carne.

Mezclar los huevos en la leche. Espolvorear cada pieza de carne con harina; sumergirla en la mezcla de huevo y untarla con la miga de pan.

Calentar el aceite en una cacerola grande y freír la carne hasta que cada lado esté bien dorado.

Pasar las piezas de carne a una lata de hornear. Poner sobre cada pieza cantidades iguales de carne de cangrejo, 3 tallos de espárrago y 2 cdas. (30 ml) de salsa béarnaise. Poner en el asador precalentado del horno por 1½ minutos. Servir.

PARA 6 PORCIONES

Bistec a la Pollo Frito

CARNE Y TOMATE CON FIDEOS

½ cdta	2,5 g	bicarbonato de soda
3 cdas	45 ml	aceite de maní
2	2	dientes de ajo picados
2 cdtas	10 g	azúcar granulada
1 cdta	5 g	sal
3 cdas	45 ml	salsa de soya
2 cdas	30 ml	jerez
1 lb	454 g	bistec de costado
½ taza	75 g	champiñones en rodajas
1	1	cebolla mediana en rodajas
1 taza	150 g	tomates pelados, sin semillas, picados
1 cdta	2,5 g	maicena
1 cda	15 ml	agua
12 oz	345 g	fideos chinos

Mezclar el bicarbonato de soda con 1 cda. (15 ml) de aceite, junto con el ajo, el azúcar, la sal, la salsa de soya y el jerez.

Cortar la carne en rodajas delgadas; ponerlas en un tazón grande. Verter sobre la carne la salsa de marinar y ponerla aparte por 20 minutos.

En una sartén china (wok) o una sartén grande, calentar el resto del aceite. Escurrir la carne y conservar la salsa de marinar. Freír la carne, los champiñones y la cebolla por 3 minutos. Agregar la salsa de marinar que se conservó y los tomates; bajar el fuego y cocer a fuego lento por 1 minuto.

Mezclar la maicena con el agua y ponérsela a la carne. Cocer a fuego lento hasta que la salsa se espese.

Mientras la carne se cocina, cocer los fideos en una sartén grande, en agua hirviendo con sal. Escurrirlos y pasarlos a un platón de servir. Poner la carne sobre los fideos y servir.

PARA 6 PORCIONES

BISTEC A LA POLLO FRITO

6 – 4 oz	6 – 115 g	filetes redondos de res
2	2	huevos
¼ taza	60 ml	leche
1 taza	112 g	miga fina de pan
¼ cdta	1 ml	de cada uno: sal, pimienta, albahaca, hojas de tomillo, chile en polvo, cebolla en polvo, orégano, paprika
⅓ taza	37 g	harina
¼ taza	60 ml	aceite de girasol
2 tazas	500 ml	Salsa Campesina (ver página 118)

Macerar y ablandar la carne con un mazo para carne.

Mezclar los huevos con la leche. Combinar la miga de pan con los condimentos. Espolvorear a los filetes con la harina, sumergirlos en el huevo batido y cubrirlos con la miga de pan. Calentar el aceite en una sartén grande. Freír los filetes 3 minutos por cada lado. Servir con la salsa aparte.

PARA 6 PORCIONES

BISTEC CON PIMIENTA DE LIMON

1 lb	450 g	solomillo
¼ taza	60 g	pimienta de limón
2 cdas	30 ml	aceite de girasol
2 cdas	28 g	mantequilla
1 taza	250 ml	Salsa de Champiñones Silvestres y Jerez (ver página 105)
⅓ taza	80 ml	crema ácida

Quitarle la grasa a la carne; cortar la carne en filetes. Poner cada filete en la pimienta de limón.

Calentar el aceite con la mantequilla en una sartén grande y sofreír la carne al punto deseado de cocción.

Mientras se cocinan los filetes, calentar la salsa en una cacerola. Incorporar la crema ácida, batiéndola.

Cuando los filetes estén listos, colocarlos en platos de servir, ponerles la salsa y servir.

PARA 4 PORCIONES

Bistec con Limón y Pimienta

CHULETAS DE TERNERA CON ARANDANOS

6 – 6 oz	6 – 170 g	chuletas de ternera, sin hueso
3 cdas	45 ml	aceite de oliva
2 tazas	200 g	arándanos frescos
¾ taza	168 g	azúcar granulada
½ cdta	2,5 g	sal
⅓ taza	80 ml	agua

Dorar las chuletas en el aceite, en una sartén grande. Escurrir la grasa.

Agregar los demás ingredientes. Llevar a ebullición. Bajar el fuego y cocer a fuego lento por ½ hora, tapado.

Servir las chuletas cubiertas con la salsa.

PARA 6 PORCIONES

HAMBURGUESA EN SALSA DE MANZANA

1 lb	450 g	carne magra molida
1	1	cebolla pequeña picada
½ taza	125 ml	salsa de manzana
2 cdas	20 g	azúcar morena
¼ taza	60 ml	salsa de tomate
½ taza	56 g	miga de pan
6	6	panecillos kaiser

Mezclar bien la carne molida con los demás ingredientes. Formar seis tortitas.

Colocarlas en una bandeja para asar; ponerlas por 15 minutos en un horno precalentado a 400°F (200°C).

Poner cada tortita en un panecillo; aderezar como se desee. Servir caliente.

PARA 6 PORCIONES

CHULETAS DE TERNERA PICANTES

2 cdas	28 g	mantequilla
¼ cdta	1,2 g	de cada uno: pimiento de Cayena, pimienta corriente, pimienta negra, pimienta blanca
6 – 6 oz	6 – 170 g	chuletas de ternera, sin hueso
½ taza	125 ml	salsa de chile
½ taza	125 ml	salsa de tomate catsup
¼ taza	1 ml	de cada uno: sal, albahaca, paprika, chile en polvo, tomillo, orégano
2 cdas	30 ml	salsa inglesa
2 cdas	30 ml	mostaza de Dijon
½ taza	125 ml	agua

Hacer una pasta homogénea y fina con la mantequilla y las pimientas.

Poner las chuletas en una bandeja de hornear y con una brochita, untarlas con la mantequilla. Poner en el asador del horno por 3 minutos, darle vuelta a la ternera y asar por 3 minutos más.

Mientras la ternera se asa, combinar todos los demás ingredientes en un tazón pequeño. Verterlos sobre la ternera y ponerla en un horno precalentado a 350°F (180°C), por 20 -25 minutos.

Servir con arroz pilaf.

PARA 6 PORCIONES

Chuletas de Ternera con Arándanos

BROCHETAS CALIFORNIA

2 lbs	900 g	puntas de filete
½ taza	125 ml	néctar de albaricoque
1 cda	15 ml	jugo de limón
1 cda	15 ml	jugo de lima
¼ taza	60 ml	aceite de oliva
1 cda	15 ml	salsa inglesa
½ cdta	2,5 g	sal
½ cdta	3 ml	hojas de tomillo
1 cda	15 ml	cilantro picado
2	2	pimientos dulces verdes, en cubos
1	1	pimientos dulces amarillos, en cubos
12	12	champiñones
12	12	tomatitos cereza
1	1	cebolla española, en cubos
1	1	calabacín, en rodajas finas

Quitarle toda la grasa a la carne. Luego cortar la carne en cubos de ¾" (2 cm). Poner los cubos en un tazón.

Mezclar los jugos de albaricoque, limón y lima con el aceite, la salsa inglesa, la sal, el tomillo y el cilantro. Poner esta salsa sobre la carne y marinar en el refrigerador por 12 horas, o por toda la noche.

En pinchos de bambú, alternar carne, pimientos, champiñones, tomates, cebollas y calabacín. Asar a fuego medio por 8-10 minutos, untando con una brochita la salsa de marinar. Servir.

PARA 6 PORCIONES

Brochetas California

PAVITOS DE TERNERA CREOLE

8	8	chuletas doble de ternera de ¾"
2¾ tazas	138 g	cubos de pan
5 cdas	70 g	mantequilla
1	1	cebolla pequeña picada
½ cdta	3 ml	salsa inglesa
½ cdta	2,5 g	sal
½ cdta	2,5 g	pimienta
4 cdas	60 ml	aceite
2 tazas	500 ml	Salsa Creole (ver página 121)

Hacer un relleno con el pan, la mantequilla, la cebolla, la salsa inglesa, la sal y la pimienta. Rellenar las chuletas.

Calentar el aceite en una sartén grande. Dorar las chuletas en el aceite. Poner la salsa sobre las chuletas. Tapar y reducir el fuego. Cocer a fuego lento por 1 hora.

Servir con arroz.

PARA 6 PORCIONES

HIGADO ORIENTAL

1 lb	450 g	hígado de ternero
¼ taza	28 g	harina
4 cdas	60 ml	aceite de girasol
4 oz	115 g	champiñones de botón
3 oz	80 g	habas
1	1	diente de ajo picado
1	1	cebolla en rodajas
1 cdta	5 g	jengibre picado
¼ cdta	1 ml	cinco especias chinas
½ taza	125 ml	Caldo de Carne (ver página 85)
1 cda	15 ml	salsa de soya
1 cdta	5 ml	salsa inglesa

Quitarle todas las membranas al hígado. Cortarlo en rodajas pequeñas. Espolvorear las rodajas de hígado con harina. Calentar el aceite en una sartén china, debe estar muy caliente. Poner el hígado y freírlo por 3 minutos. Agregar los champiñones, las habas, el ajo, la cebolla y el jengibre. Freír por 4 minutos más. Agregar los demás ingredientes. Bajar el fuego y cocer a fuego lento hasta que se espese la salsa.

Servir con Arroz Bombay (ver página 709).

PARA 4 PORCIONES

Hígado de Ternero con Salsa de Cítricos y Pimienta

212

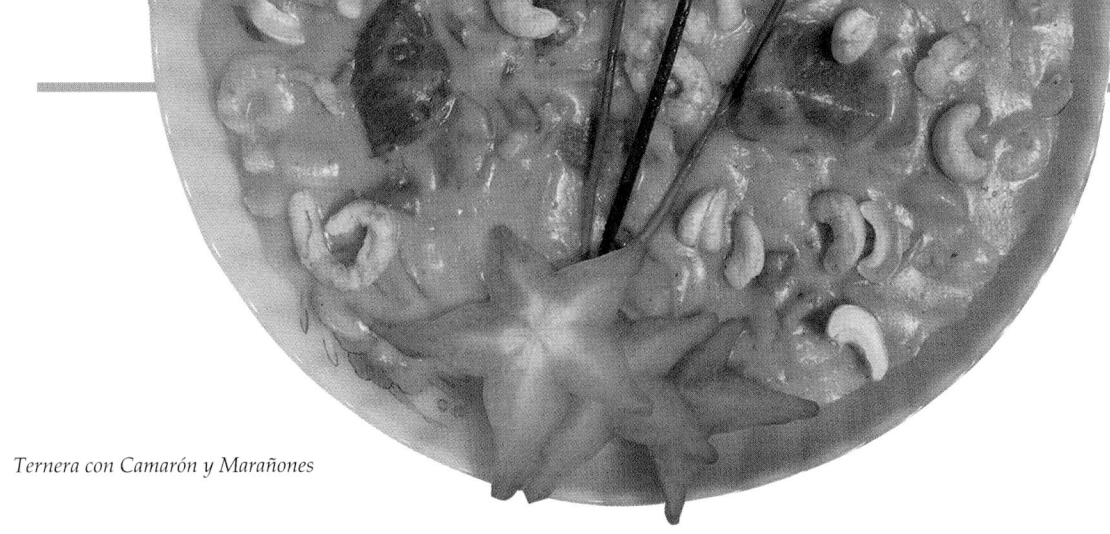

Ternera con Camarón y Marañones

HIGADO CON SALSA DE CITRICOS Y PIMIENTA

6 – 4 oz	6 – 115 g	rodajas de hígado de ternero
⅓ taza	37 g	harina
¾ taza	168 g	mantequilla
½ taza	100 g	azúcar fina
3	3	naranjas
2	2	toronjas
1 cda	15 g	granos de pimienta verde

Quitarle todas las venas al hígado; después espolvorear a las rodajas con harina.

Calentar 4 cdas. (60 ml) de mantequilla en una sartén; sofreír las rodajas, 3 minutos por cada lado.

Calentar el resto de la mantequilla en una cacerola. Agregar el azúcar y caramelizarla. Agregar el jugo de 2 naranjas y 1 toronja. Rallar las cáscaras de la naranja y toronja restante, luego cortarlas en gajos. Agregar a la salsa 2 cdtas. (10 ml) de ralladura de limón y 1 cdta. (5ml) de ralladura de toronja. Cocinar por 1 minuto. Quitar del fuego, y agregar los gajos de fruta y los granos de pimienta.

Colocar el hígado sofrito en platos de servir. Cubrir con salsa y servir.

PARA 6 PORCIONES

LOMO NEW YORK ENDIABLADO

6 – 10 oz	6 – 300 g	filetes de lomo de tira New York
1¼ taza	310 ml	vino blanco
¼ taza	32 g	cebollas verdes picadas
1¼ taza	310 ml	Salsa Demi-Glace (ver página 123)
1 cdta	5 ml	salsa inglesa
½ cdta	2,5 g	mostaza en polvo

Quitar toda la grasa, y el cartílago del borde del filete, para evitar que la carne se enrolle cuando se cocine.

En una cacerola pequeña, hervir juntos el vino y la cebolla. Reducir ⅓ del volumen del vino. Agregar los ingredientes restantes. Bajar el fuego y cocer a fuego lento por 5 minutos. Colar la salsa y conservarla caliente.

Asar los filetes en carbones a fuego medio, al punto de cocción deseado. Servir la carne cubierta con la salsa.

PARA 6 PORCIONES

TERNERA CON CAMARONES Y MARAÑONES

2 lbs	900 g	espaldilla de ternera, sin hueso
3 cdas	45 ml	aceite de girasol
1	1	cebolla picada
2	2	zanahorias, picadas grueso
2	2	tallos de apio, picados grueso
3 cdas	21 g	harina
2 tazas	500 ml	Caldo de Pollo (ver página 77)
1 taza	250 ml	crema liviana
1 lb	450 g	camarones miniatura cocidos
1 taza	270 g	nueces de marañón

Picar la ternera en cubos de ¾" (2 cm).

Calentar el aceite en una olla de hierro. Poner la ternera y dorarla. Agregar la cebolla, la zanahoria y el apio; sofreírlos hasta que se ablanden. Espolvorear con harina y cocinar por 2 minutos. Agregar el caldo de pollo y la crema. Bajar el fuego y cocer a fuego lento por 1 hora.

Poner en platones de servir. Espolvorear con los camaroncitos y las nueces. Servir con fideos.

PARA 6 PORCIONES

Chili Con Carne & Queso

FILETE A LA PIMIENTA

6 – 8 oz	6 – 225 g	filetes de solomillo
¼ taza	60 g	granos de pimienta negra, triturados
¼ taza	56 g	mantequilla
2 cdas	30 ml	brandy
1 taza	250 ml	Salsa Demi-Glace (ver página 123)
2 cdas	30 ml	jerez
¼ taza	60 ml	crema espesa

Cortarle toda la grasa a los filetes. Untar a la carne con los granos de pimienta.

Calentar la mantequilla y sofreír la carne hasta el grado de cocción deseado. Quitar del fuego y guardar caliente.

Poner el brandy en la sartén y encenderlo con cuidado. Agregar la salsa Demi-Glace, el jerez y la crema. Mezclar bien. Poner la salsa sobre los filetes y servir.

PARA 6 PORCIONES

TERNERA ASADA CON SALSA DE MORAS Y BRANDY

1½ lb	675 g	espaldilla de ternera, deshuesada y atada
1	1	diente de ajo
¼ cdta	1 ml	de cada uno: hojas de tomillo y de orégano; sal, pimienta, paprika, mostaza en polvo
1 cda	15 ml	aceite de oliva

SALSA:		
1¼ lb	625 g	moras
4 cdtas	10 g	maicena
¼ taza	60 ml	brandy de moras
2 cdas	25 g	azúcar fina

Precalentar el horno a 350°F (180°C).

Frotar la carne con el diente de ajo. Mezclar los condimentos.

Poner la carne en una bandeja para asar pequeña y espolvorearla con los condimentos. Rociarla con aceite. Asar, sin tapar, por 35-45 minutos, dependiendo del grado de cocción deseado.

Mientras la carne se cocina, hacer puré las moras en un procesador de alimentos. Colar para eliminar la pulpa y las semillas. Poner el jugo en una cacerola pequeña. Incorporar la maicena, el brandy y el azúcar. Calentar lentamente hasta que se espese la salsa.

Sacar la carne del horno y cortarla. Colocarla en un platón de servir y ponerle encima la salsa. Servir.

PARA 4 PORCIONES

CHILI CON CARNE Y QUESO

2¼ lbs	1 kg	carne magra molida
3 cdas	45 ml	aceite de girasol
1	1	cebolla picada
1	1	pimiento dulce verde, picado
1	1	pimiento dulce rojo, picado
3 oz	90 g	champiñones en rodajas
3	3	tallos de apio picados
1	1	diente de ajo picado
3 tazas	450 g	tomates pelados, sin semillas, picados
1 cdta	5 ml	de cada uno: sal, pimienta, paprika, hojas de tomillo
1 cda	15 g	chile en polvo
2 cdtas	10 ml	salsa inglesa
3 gotas	3 gotas	salsa tabasco
2¼ tazas	560 ml	frijoles rojos de lata, escurridos
¼ taza	60 ml	pasta de tomate
1½ taza	170 g	queso cheddar rallado

En una olla de hierro grande, o una cacerola, dorar la carne en el aceite. Agregar las verduras y el ajo, sofreír hasta que se ablanden.

Incorporar el resto de los ingredientes, menos el queso. Bajar el fuego, cocer a fuego lento por 1 hora o hasta llegar al grado de espesor deseado.

Poner en tazones, espolvorear con queso y servir.

PARA 6 PORCIONES

CARNE EN SALSA DE TOMATE Y JENGIBRE

1 lb	450 g	solomillo
3 cdas	45 ml	aceite de oliva
2 cdas	30 ml	salsa de soya
2 cdas	30 ml	jerez
1	1	diente de ajo picado
1 cdta	5 g	jengibre picado
6	6	champiñones chinos secos; poner 1 hora en remojo en agua tibia
2 cdas	30 ml	pasta de tomate

Quitarle toda la grasa a la carne; luego cortar la carne en tiras finas.

Mezclar 1 cdta. (5 ml) de aceite con la soya, el jerez, el ajo y el jengibre; poner sobre la carne. Marinar por 2 horas.

Cortar los champiñones en rodajas.

Calentar el aceite restante en una sartén china (wok). Freír rápidamente la carne, sin escurrirla, con los champiñones. Incorporar la salsa de tomate y cocinar por 1 minuto más. Servir.

PARA 4 PORCIONES

SCALOPINI DE TERNERA

1½ lb	675 g	chuletas de ternera
¼ taza	28 g	harina
1 cdta	5 g	sal
¼ cdta	1,2 g	pimienta blanca
1	1	diente de ajo
3 cdas	45 ml	aceite de oliva
⅔ taza	170 ml	Caldo de Ternera (ver página 85) or Caldo de Pollo (ver página 77)
2 cdas	30 ml	jugo de limón
⅓ taza	90 ml	vino blanco
2 cdas	30 ml	perejil picado

Cortar la ternera en trozos pequeños.

Mezclar la harina con la sal y la pimienta; espolvorear a la ternera.

Calentar el aceite en una sartén grande y freír el ajo hasta que se dore ligeramente; sacarlo y tirarlo. Freír la ternera en el aceite, hasta que se dore bien.

Reducir el fuego y agregar el caldo, el jugo de limón y el vino. Tapar y cocer a fuego lento por 45 minutos.

Espolvorear con el perejil y servir.

PARA 6 PORCIONES

Filete a la Pimienta

215

CARNE EN SALSA DE PIÑA

1 lb	450 g	solomillo
1 cda	10 g	azúcar morena
½ cdta	2,5 g	jengibre picado
2 cdas	30 ml	salsa de soya
2 cdas	30 ml	jerez
2 cdas	30 ml	aceite de girasol
1 taza	225 g	trozos de piña
½ taza	125 ml	jugo de piña
1 cdta	2,5 g	maicena
2 cdas	30 ml	agua

Quitarle toda la grasa al solomillo, después cortarlo en tiras delgadas.

Mezclar el azúcar con el jengibre, la soya y el jerez; poner sobre la carne y marinar por 2 horas.

Calentar el aceite en una sartén china (wok). Poner la carne, junto con los trozos de piña. Freír por 3 minutos. Agregar el jugo de piña. Mezclar la maicena con el agua y poner en la carne. Cocer a fuego lento hasta que se espese la salsa. Servir.

PARA 6 PORCIONES

T-BONE CON CHAMPIÑONES A LA PARRILLA

1 taza	250 ml	aceite de oliva
4	4	dientes de ajo picados
1 cda	15 ml	hojas de albahaca
1 cdta	5 ml	perifollo
2 cdtas	10 ml	romero machacado
½ cdta	2,5 g	pimienta negra triturada
3 cdas	45 ml	jugo de limón
½ taza	125 ml	vino tinto seco
4 – 8 oz	4 – 225 g	filetes T-bone
6 oz	175 g	champiñones de ostra frescos
6 oz	175 g	champiñones chinos rehidratados
3 cdas	42 g	mantequilla

En un tazón, combinar el aceite, el ajo, la albahaca, el perifollo, el romero, la pimienta, el jugo de limón y el vino tinto.

Poner los filetes en una cacerola poco honda. Poner la salsa de marinar sobre los filetes y marinar por 1 hora. Escurrir los filetes. Asar a la parrilla en carbones calientes, 7 minutos por lado para medio cocido; requiere más tiempo si se desea bien cocido, y menos para rojo.

Mientras se asan los filetes, cortar los champiñones en rodajas. Calentar la mantequilla en una sartén y sofreír los champiñones. Servir sobre los filetes.

PARA 4 PORCIONES

TERNERA SATAY

2 lbs	900 g	ternera magra, sin hueso, picada grueso
4 cdas	60 ml	aceite de maní
1¼ cda	8 g	nueces de Brasil molidas
½ cdta	2,5 g	jengibre molido
1½ cdta	8 ml	cilantro molido
¼ cdta	1,2 g	de cada uno: pimiento de Cayena, ajo en polvo
½ cdta	2,5 g	de cada uno: pimienta, cebolla en polvo
2 cdtas	10 ml	melaza
4 cdtas	20 ml	jugo de lima
4 cdtas	20 ml	jugo de limón
3 cdas	45 ml	agua caliente

Poner la carne en pinchos de bambú. Colocarlos en una cacerola poco honda.

Mezclar los demás ingredientes en un tazón. Poner la mezcla sobre la carne. Marinar, tapado, en el refrigerador por 3½- 4 horas.

Asar la carne a la parrilla, con fuego fuerte por 10-12 minutos, o hasta que la carne esté bien cocida por dentro. Con una brochita, untar frecuentemente con la salsa de marinar.

Servir con Arroz Bombay (ver página 709).

PARA 6 PORCIONES

Carne en Salsa de Piña

Ternera Satay

FRICASSEE DE CHULETAS DE TERNERA II

4½ lbs	1-2 kg	chuletas pequeñas de ternera
½ taza	56 g	harina sazonada
4 cdas	60 ml	aceite de oliva
2	2	cebollas picadas
2	2	zanahorias picadas
2	2	tallos de apio picados
1	1	ramito de hierbas*
4 tazas	1 L	Caldo de Ternera frío (ver página 85) o Caldo de Pollo (ver página 77)
½ cdta	3 ml	de cada uno: sal, pimienta, paprika, chile en polvo, albahaca
½ taza	125 ml	pasta de tomate
3 cdas	42 g	mantequilla
3 cdas	21 g	harina

Lavar las chuletas, y secarlas dándoles golpecitos. Impregnar las chuletas en la harina sazonada.

Calentar el aceite en una cacerola grande, o una olla de hierro. Dorar ambos lados de las chuletas y escurrir el exceso de aceite. Agregar las cebollas, las zanahorias, el apio y el ramito de hierbas. Cubrir con el caldo y llevar a ebullición. Bajar el fuego y cocer a fuego lento por 45 minutos.

Sacar las chuletas y conservarlas calientes. Colar el caldo y tirar las verduras y el ramito. Regresar las chuletas a la cacerola, agregar los condimentos y la pasta de tomate. Llevar a ebullición y reducir el líquido a 2 tazas (500 ml).

En una olla pequeña, calentar la mantequilla, agregar la harina y cocinar a fuego bajo por 2 minutos. Añadir el caldo reducido y cocer a fuego lento hasta obtener una salsa espesa. Poner la salsa sobre las chuletas y servir con arroz o fideos.

PARA 4 PORCIONES

** El ramito de hierbas para este plato es: una hoja de laurel, 8 ramitas de perejil, 2 ramitas de tomillo, 6 granos de pimienta y un puerro pequeño picado; todo debe atarse junto, en una tela de muselina.

Filetes de Ternera con Mantequilla de Hierbas

FILETES DE TERNERA CON MANTEQUILLA DE HIERBAS

1	1	diente de ajo picado
½	0,5	limón
½	0,5	lima
2 cdtas	10 ml	de cada uno: perejil, albahaca, mejorana, tomillo
¼ lb	115 g	mantequilla dulce
6	6	lascas de tocineta ahumada con arce
6 – 6 oz	6 – 170 g	filetes de ternera magra

En un procesador de alimentos, combinar el ajo, los jugos de limón y lima, las hierbas y la mantequilla hasta que tener una mezcla homogénea. Dar a la mantequilla forma de clavija. Envolverla en papel parafinado y ponerla en el congelador por 1 hora. Enrollar cada filete con tocineta. Asar en una estufa de carbón, a fuego medio, o en el horno hasta que los filetes estén bien cocidos por dentro. Poner los filetes en platos y cubrirlos con una rodaja de mantequilla de hierbas.

PARA 6 PORCIONES

COSTILLAS PICANTES

18	18	costillas de res
¼ taza	60 ml	mostaza de Dijon
2 cdtas	10 g	mostaza en polvo inglesa
¼ taza	60 ml	vino blanco
4 cdas	60 ml	melaza
1 cda	15 ml	vinagre de sidra
¼ taza	60 ml	salsa inglesa
1 cdta	5 ml	salsa tabasco
¼ cdta	1,2 g	de cada uno: jengibre molido, cebolla en polvo, ajo en polvo

Poner las costillas en el asador de un horno grande.

Mezclar muy bien los demás ingredientes; verter sobre las costillas. Poner las costillas en un horno precalentado a 350°F (180°C), por 1¼ a 1½ horas, o cuando estén blandas al tenedor. Servir.

PARA 6 PORCIONES

FILETE SALISBURY A LA LYONESA

1½ lb	675 g	carne magra molida
⅓ taza	37 g	miga sazonada de pan
1	1	huevo
2 cdtas	10 ml	salsa inglesa
2 cdas	18 g	cebolla picada
2 cdas	19 g	zanahoria picada
2 cdas	19 g	apio picado
¼ taza	56 g	mantequilla
1	1	cebolla española, en rodajas
2 cdtas	10 g	azúcar granulada
3 cdas	21 g	harina
¼ taza	60 ml	jerez
1½ taza	375 ml	Caldo de Carne (ver página 85)
3 cdas	45 ml	pasta de tomate
½ cdta	2,5 g	sal
¼ cdta	1,2 g	pimienta negra

En un tazón grande, combinar la carne, la miga de pan, el huevo y la salsa inglesa, con la cebolla, la zanahoria y el apio picados. Formar 6 tortitas del mismo tamaño. Colocarlas en una bandeja de asar y ponerlas en un horno precalentado a 400°F (200°C), por 15-20 minutos. El tiempo de cocción depende del grosor de las tortitas.

Mientras las tortitas se cocinan, calentar la mantequilla en una sartén. Agregar las cebollas en rodajas y el azúcar. Sofreír a fuego bajo hasta que las cebollas estén caramelizadas. Espolvorear con la harina y seguir cocinando por 4 minutos. Agregar el jerez, el caldo, la pasta de tomate y los condimentos. Cocer a fuego lento hasta que la salsa se espese.

Poner las tortitas en los platos de servir, cubrirlas con salsa y servir.

PARA 6 PORCIONES

FILETE DESMENUZADO SZECHUAN

1½ lb	675 g	solomillo, en rodajas de 1/8" de grosor
3 cdas	45 ml	jerez
3 cdas	45 ml	salsa de soya
1 cdta	5 g	ajo picado
1 cdta	5 g	jengibre picado
¼ cdta	1,2 g	pimiento de Cayena
2 cdas	30 ml	aceite de girasol

Cortar la carne en tiras finas.

Mezclar el jerez, la salsa de soya, el ajo, el jengibre y el pimiento de Cayena. Poner sobre la carne y mezclar bien. Marinar por 30 minutos.

Calentar el aceite hasta que esté bien caliente, en una sartén china (wok) u otra sartén grande. Agregar la carne sin escurrirla. Freír, removiendo constantemente, por 5 minutos. Servir.

PARA 6 PORCIONES

Filete Salisbury a la Lyonesa

Nuevo Goulash de Carne

NUEVO GOULASH DE CARNE

3 cdas	42 g	mantequilla
3 cdas	27 g	cebolla picada
2 cdtas	10 g	sal
1 cdta	5 g	pimienta
1 cda	15 ml	paprika
2¼ lbs	1 kg	redondo de res, en cubos
3 cdas	21 g	harina
4 tazas	1 L	Caldo de Carne caliente (ver página 85)
1	1	ramito de hierbas (ver el Glosario)
1½ taza	375 ml	papas, en cubitos
1	1	ramita de mejorana fresca
1 taza	250 ml	crema ácida
¼ taza	60 ml	pasta de tomate
1 cdta	5 g	semillas de alcaravea

En una cacerola grande, o una olla de hierro calentar la mantequilla y agregar las cebollas. Cocinar hasta que estén blandas, sin dorarse.

Mezclar la sal, la pimienta y la paprika. Espolvorear a la carne con los condimentos y ponerla en la cacerola. Cocinar la carne hasta que se dore. Espolvorear con la harina y continuar cocinando por 3 minutos a fuego bajo.

Agregar el caldo y el ramito de hierbas. Cocer a fuego lento por 1¼ horas. Agregar las papas y la mejorana. Continuar cociendo a fuego lento por 30 minutos más. Sacar y tirar el ramito. Incorporar la crema ácida, la pasta de tomate y las semillas de alcaravea. Cocer a fuego lento 5 minutos más y servir de inmediato con Masitas de Goulash (receta siguiente).

PARA 6 PORCIONES

Pinchos Satay

MASITAS DE GOULASH

4 tazas	450 g	harina
1 cdta	5 g	sal
2	2	huevos
¼ taza	60 ml	agua
2	2	lascas de tocineta
2 tazas	500 ml	Caldo de Carne (ver página 85)

Cenir la harina con la sal. Ponerlas en un tazón y amasarlas con los huevos. Agregar el agua (sólo la suficiente para formar una pasta firme).

Extender la pasta sobre una superficie enharinada y dejar que se seque hasta que esté muy dura. Cuando esté seca, partirla en pedazos y rallarla con un rallador grueso de verduras. Freír la tocineta en una sartén ; colar la carne (usar la tocineta en algún otro plato); guardar 2 cdas. (30 ml) de la grasa de la tocineta.

Poner la grasa de la tocineta en una cacerola pequeña, agregar el caldo y lllevar a ebullición. Cocinar las masitas por 4-5 minutos. Servir con el Goulash.

PARA 6 PORCIONES

PINCHOS SATAY

1 lb	450 g	filete de costado de res
3 cdas	45 ml	aceite de maní
1 cda	6 g	nueces de Brasil molidas
¼ cdta	1,2 g	jengibre molido
1 cdta	5 ml	cilantro molido
¼ cdta	1,2 g	de cada uno: pimienta, cebolla en polvo
¼ cdta	1,2 g	de cada uno: pimiento de Cayena, ajo en polvo
1 cdta	5 ml	melaza
1 cda	15 ml	jugo de lima
1 cda	15 ml	jugo de limón
3 cdas	45 ml	agua caliente

Quitar la grasa y cortar la carne en tiras finas. Poner la carne en pinchos de bambú. Colocarlos en una cacerola poco honda.

En un tazón, mezclar los demás ingredientes; verterlos sobre la carne en pinchos. Marinar tapado en el refrigerador por 3 ½ - 4 horas. Asar los pinchos con mucho fuego, 2 minutos por cada lado; con una brochita, untar frecuentemente con la salsa de marinar. Servir inmediatamente.

PARA 4 PORCIONES

FILETES DE TERNERA CON SALSA DE PIMIENTAS ROSADA Y VERDE

2 cdas	28 g	mantequilla
2 cdas	14 g	harina
½ taza	125 ml	Caldo de Ternera (ver página 85) o Caldo de Pollo (ver página 77)
½ taza	125 ml	crema liviana
3 cdas	45 ml	brandy
1 cda	15 g	granos de pimienta rosada
1 cda	15 g	granos de pimienta verde
1 cda	15 g	cebolla verde picada
1 cda	15 ml	perejil picado
4 – 6 oz	4 – 170 g	filetes redondos de ternera
2 cdas	30 ml	mantequilla derretida
½ cdta	2,5 g	sal
¼ cdta	1,2 g	pimienta blanca

Calentar la mantequilla en una cacerola y agregar la harina. Bajar el fuego y cocinar por 2 minutos.

Incorporar el caldo, la crema y el brandy. Cocer a fuego lento hasta que la salsa se espese. Incorporar los granos de pimienta, la cebolla y el perejil.

Con una brochita, untar a la ternera con la mantequilla derretida. Sazonar con sal y pimienta. Poner en un horno precalentado a 375°F (190°C), por 15-20 minutos.

Sacar del horno y poner en un platón de servir. Cubrir con salsa y servir.

PARA 6 PORCIONES

COSTILLITAS SOASADAS

2¼ lbs	1 kg	costillitas de res
2 tazas	224 g	harina
½ cdta	2,5 g	de cada uno: ajo en polvo, cebolla en polvo, sal, pimienta
¼ cdta	1 ml	de cada uno: tomillo, orégano, chile en polvo, paprika
1	1	diente de ajo picado
½ taza	60 ml	salsa de soya
½ cdta	2,5 g	jengibre molido
½ taza	56 g	azúcar morena
½ taza	60 ml	jerez
¾ taza	180 ml	agua

Cortar las costillas del tamaño que se deseen servir.

Mezclar la harina con los condimentos; espolvorear a las costillas con la harina. Dorarlas en un horno precalentado a 350°F (180°C).

Mezclar el ajo, la salsa de soya, el jengibre, el azúcar, el jerez y el agua; poner la mezcla sobre las costillas. Tapar las costillas. Reducir la temperatura del horno a 300°F (150°C) y hornear por 2 horas.

Servir con Arroz Español (ver página 749).

PARA 6 PORCIONES

FILETE STROGANOFF

2 cdas	30 ml	aceite de girasol
2 cdas	28 g	mantequilla
1	1	tallo de apio picado
1	1	cebolla pequeña picada
1	1	pimiento dulce verde picado
1 lb	454 g	solomillo de res. en rodajas finas
3 cdas	21 g	harina
1½ taza	375 ml	Caldo de Carne (ver página 85)
¼ taza	60 ml	jerez
½ cdta	2,5 g	de cada uno: sal, pimienta, paprika
1 cdta	5 ml	mostaza de Dijon
1 taza	250 ml	crema ácida
3 tazas	340 g	arroz o fideos, al vapor

En una sartén grande, calentar el aceite y la mantequilla. Sofreír las verduras. Agregar la carne y sofreírla. Espolvorearla con harina. Cocinar por 3 minutos.

Agregar el caldo de carne, el jerez, los condimentos y la mostaza. Bajar el fuego y cocer a fuego lento, tapado, por 1¼ hora.

Incorporar la crema y mezclarla bien. Poner el arroz o los fideos en un platón de servir. Cubrir con el stroganoff y servir.

PARA 4 PORCIONES

Costillitas Soasadas

Guiso de Ternera con Clavos de Olor

TERNERA ASADA RELLENA

1½ lb	675 g	espaldilla de ternera, deshuesada
1	1	cebolla, picada fino
2	2	tallos de apio, picados fino
2	2	zanahorias, picadas fino
2 cdas	28 g	mantequilla
¼ taza	35 g	pasas
⅓ taza	90 g	marañones
3 tazas	150 g	cubos de pan
1 cdta	5 ml	de cada uno: sal, pimienta, azúcar, albahaca, hojas de tomillo
2	2	huevos

Precalentar el horno a 350°F (180°C).

Cortar en forma de mariposa la ternera haciendo en el centro un corte hacia abajo; a continuación, con un mazo de cocina macerar la carne a ambos lados del corte.

En una sartén, sofreír la cebolla, el apio y las zanahorias en la mantequilla. Dejar enfriar a temperatura ambiente. Poner en un tazón. Agregar las pasas, los marañones, los cubos de pan y los condimentos. Combinar todos los ingredientes con los huevos batidos.

Poner el relleno en los filetes de ternera. Enrollarlos y atarlos. Ponerlos en una bandeja para asar. Asar, sin tapar, por 45-50 minutos. Sacarlos del horno y cortarlos en rodajas. Colocarlos en un platón. Servir con Salsa de Champiñones Silvestres y Jerez (ver página 105).

PARA 4 PORCIONES

GUISO DE TERNERA CON CLAVOS DE OLOR

2 cdas	30 ml	aceite de oliva
2 lbs	900 g	ternera sin hueso, en cubitos
1 lb	450 g	tomates pelados, sin semillas, picados
6	6	clavos de olor
1 taza	250 ml	Caldo de Pollo (ver página 77)
2	2	dientes de ajo picados
¼ cdta	1 ml	de cada uno: albahaca, tomillo, mejorana
½ cdta	2,5 g	sal y pimienta
1 cda	15 ml	perejil picado

Calentar el aceite de oliva en una olla de hierro. Agregar la ternera y dorarla. Añadir los tomates, los clavos de olor, el caldo, el ajo y los condimentos.

Tapar, bajar el fuego y cocer a fuego lento por 2 horas.

Servir sobre fideos o arroz. Espolvorear con perejil para adornar.

PARA 6 PORCIONES

GUISO DE TOMATE Y TERNERA

1½ lb	675 g	espaldilla de ternera, picada grueso
3 tazas	750 ml	Caldo de Pollo (ver página 77)
2 cdtas	10 g	sal
1 cdta	5 ml	de cada uno: hojas de tomillo y de orégano
3 cdas	42 g	mantequilla
20	20	cebollitas de perla
2	2	zanahorias, en tiras finas
2	2	tallos de apio, en tiras finas
1	1	diente de ajo picado
20	20	champiñones de botón
3 cdas	21 g	harina
1½ taza	375 ml	puré de tomate

En una olla de hierro, poner la ternera, el caldo, la sal, el tomillo y el orégano. Tapar y cocer a fuego lento por 1½ hora.

Calentar la mantequilla en una cacerola. Poner las zanahorias, el apio, las cebollas, los champiñones y el ajo. Sofreírlos por 5 minutos. Espolvorear con harina y cocinar por 3 minutos, sin dorar.

Verter el sofrito en la olla con la ternera y mezclar. Agregar el puré de tomate y cocer a fuego lento por 10 minutos. Servir con arroz.

PARA 6 PORCIONES

CHULETAS DE TERNERA SOFRITAS CON SALSA CLEMENTINA

6 – 6 oz	6 – 170 g	chuletas de ternera sin hueso
3 cdas	45 ml	aceite
		sal y pimienta al gusto
⅓ taza	80 ml	concentrado de jugo de naranja o de mandarina
½ taza	125 ml	Caldo de Ternera (ver página 85) o Caldo de Pollo (ver página 77)
¼ taza	60 ml	crema de batir
1 cda	14 g	mantequilla
1 cdta	5 ml	jugo de lima

Calentar el aceite en una sartén grande. Sofreír la ternera por 6-8 minutos. Sazonarla con sal y pimienta; conservarla caliente.

Calentar en una cacerola el jugo de mandarina junto con el caldo; llevar a ebullición y reducir el fuego. Agregar la crema y cocer a fuego lento, hasta que la salsa se pueda adherir en una cuchara. Quitar del fuego. Incorporar la mantequilla y el jugo de lima. Poner las chuletas en un platón. Cubrirlas con la salsa y servir.

PARA 6 PORCIONES

CARNE EN SALSA DE CHAMPIÑONES Y VINO TINTO

2¼ lbs	1 kg	solomillo, en rodajas finas
3 cdas	42 g	mantequilla
3 cdas	45 ml	aceite de girasol
4 oz	115 g	champiñones, rodajas
3 cdas	28 g	zanahorias, picadas fino
3 cdas	28 g	apio, picado fino
¼ taza	28 g	harina
½ taza	125 ml	vino tinto
2 tazas	500 ml	Caldo de Carne (ver página 85)
3 cdas	45 ml	pasta de tomate
1 cdta	5 g	de cada uno: pimienta negra, ajo en polvo, cebolla en polvo

En una cacerola grande, o una olla de hierro , sofreír la carne en la mantequilla y el aceite. Agregar las verduras y continuar cocinando hasta que se ablanden. Espolvorear con la harina, reducir el fuego y cocinar por 5 minutos. Agregar el vino, el caldo, la pasta de tomate y los condimentos. Tapar y cocer a fuego lento por 50 minutos. Servir sobre fideos.

PARA 6 PORCIONES

BISTEC MERCADER DE VINOS

4 cdas	56 g	mantequilla
⅔ taza	83 g	cebolla verde picada
1 taza	250 ml	vino tinto
½ taza	125 ml	crema de jerez
¼ cdta	1 ml	romero machacado
¼ cdta	1 ml	mejorana
4 cdas	60 ml	perejil picado
2 cdas	14 g	harina
½ taza	125 ml	Caldo de Carne (ver página 85)
1 cda	15 ml	jugo de limón
6 – 6 oz	6 – 150 g	filetes de lomo de tira New York

Calentar 2 cdas. (28 g) de mantequilla en una cacerola. Sofreír las cebollas verdes por 3 minutos. Agregar el vino, el jerez y las hierbas. Llevar a ebullición, bajar el fuego y cocer a fuego a lento hasta que el líquido se reduzca a ¾ de taza (160 ml). Pasarlo por un colador fino.

En otra cacerola, calentar el resto de la mantequilla. Agregar la harina y cocinar con fuego bajo por 8 minutos o hasta que se dore bien. Agregar la salsa colada, el caldo de carne y el jugo de limón. Continuar cociendo a fuego lento por 7 minutos más. Espolvorear con el resto del perejil.

Cortarle toda la grasa a los filetes. Quitarles el cartílago que está al lado de la capita de grasa; esto evita que los filetes se enrollen al cocinarlos. Asar los filetes al punto de cocción deseado. Colocarlos en platones para servir. Poner salsa sobre los filetes y servir.

PARA 6 PORCIONES

Bistec Mercader de Vinos

Carne en Salsa de Champiñones y Vino Tinto

RES Y TERNERA

TOURNEDOS DIANNA LYNN

12	12	lascas de tocineta ahumada con arce
12	12	bisteces de filete de 3 oz (80 g)
12 oz	360 g	carne de cangrejo cocida
⅓ taza	90 ml	Salsa Holandesa de Frambuesa (ver página 108)

Envolver cada filete con una lasca de tocineta. Asar los filetes al punto de cocción deseado. Ponerles encima carne de cangrejo. Poner sobre cada filete 1 cda. (15 ml) de la salsa. Colocarlos en una lata de hornear. Asarlos por 1 minuto o hasta que estén bien dorados. Servir.

PARA 6 PORCIONES

BISTEC VIENES

1½ lb	675 g	filete de redondo
3 cdas	45 ml	aceite de girasol
2	2	cebollas españolas, en rodajas
2 cdtas	10 g	paprika
¼ taza	60 ml	jerez
20	20	champiñones de botón
¼ lb	115 g	champiñones de ostra, frecos o rehidratados, en rodajas
1	1	diente de ajo machacado
1 cda	15 ml	salsa inglesa
1 cdta	5 ml	albahaca
¼ taza	60 ml	vinagre de vino
¼ taza	28 g	harina
4	4	papas grandes, peladas, en cubos
2 tazas	500 ml	Caldo de Carne (ver página 85)

Cortar la carne en cubos de ¾" (2 cm).

Calentar el aceite en una olla de hierro grande. Agregar la cebolla y la paprika. Sofreír hasta que se ablande la cebolla. Agregar la carne y continuar sofriendo hasta que se dore la carne. Añadir el jerez, los champiñones, el ajo, la salsa inglesa, la albahaca y el vinagre. Cocer a fuego lento hasta que la mayor parte del líquido se evapore.

Espolvorear con harina y cocinar por 3 minutos. Agregar las papas y el caldo. Tapar y cocer a fuego lento hasta que la salsa se espese y se ablanden las papas. Servir.

PARA 4 PORCIONES

Tournedos Dianna Lynn

226

Bistec Vienés

Bistec Sudafricano

Carne Ceylanesa

BISTEC SUDAFRICANO

6 – 6 oz	6 – 150 g	filetes de espaldilla
½ taza	56 g	harina
½ cdta	3 ml	de cada uno: albahaca, hojas de orégano, hojas de tomillo, sal
¼ cdta	1 ml	de cada uno: chile en polvo, paprika, pimienta
3 cdas	45 ml	aceite de girasol
1 taza	150 g	champiñones en rodajas
1 taza	150 g	pimiento dulce verde, en rodajas
1 taza	150 g	cebolla en rodajas
2 tazas	300 g	tomates picados
½ taza	125 ml	agua
½ cdta	3 ml	salsa inglesa

Pedirle al carnicero que ablande la carne, o macerarla con un mazo para carne.

Mezclar la harina con las especias, luego sumergir los filetes en la harina sazonada.

Calentar el aceite en una sartén grande. Dorar los filetes. Pasarlos a una bandeja de hornear. Sofreír en el aceite los champiñones, el pimiento verde y la cebolla. Agregar el tomate, el agua y la salsa inglesa. Cocer a fuego lento por 5 minutos. Verter sobre los filetes, tapar y poner en un horno precalentado a 350°F (180°C), por 1 - 1½ hora.

Sacar del horno y servir con arroz pilaf.

PARA 6 PORCIONES

TERNERA A LA RIN

1½ lb	675 g	espaldilla de ternera
2	2	huevos
¼ taza	60 ml	leche
½ taza	56 g	harina
1 taza	112 g	miga fina de pan, sazonada
¼ taza	60 ml	aceite de girasol
1½ taza	375 g	camarones miniatura
18	18	tallos de espárrago hervidos
¾ taza	180 ml	Salsa Holandesa (ver página 114)

Cortar la ternera en 6 piezas de 4 oz (120 g). Con un mazo para carne, macerar y ablandar cada pieza, hasta obtener filetes delgados.

Mezclar los huevos con la leche. Espolvorear cada filete con harina, ponerlo en el huevo batido y cubrirlo con miga de pan.

Calentar el aceite en una sartén grande. Freír cada filete hasta que se dore bien de cada lado. Ponerlos en una lata de hornear.

Repartir los camarones para cada filete. Cubrir con 3 tallos de espárrago y 2 cdas. (30 ml) de Salsa Holandesa. Poner los filetes en el asador del horno por 1½ minuto o hasta que se doren bien. Servir.

PARA 6 PORCIONES

CARNE CEYLANESA

3 cdas	45 ml	aceite de girasol
2 lbs	900 g	espaldilla de vaca, en tiras delgadas
1 taza	150 g	cebollas en rodajas
1 taza	150 g	champiñones en rodajas
2	2	dientes de ajo picados
3 cdas	21 g	harina
½ cdta	2,5 g	sal
2 cdtas	10 g	curry en polvo
4 tazas	600 g	tomates pelados, sin semillas, picados
¼ taza	60 ml	jerez
½ taza	75 g	almendras peladas, en rodajas
2 tazas	300 g	habas

Calentar el aceite en una sartén grande o una cacerola. Poner la carne y dorarla bien. Agregar las cebollas, los champiñones y el ajo; continuar cocinando hasta que se ablanden. Espolvorear con la harina; bajar el fuego y cocinar por 2 minutos más. Agregar la sal, el curry, los tomates y el jerez. Llevar a ebullición; bajar el fuego y cocer por 15-20 minutos. Añadir las almendras y las habas. Continuar cocinado por 3 minutos más. Servir con arroz.

PARA 6 PORCIONES

PAJARITOS DE TERNERA

6 – 4 oz	6 – 115 g	chuletas de ternera provimi
4 oz	115 g	ternera molida
2 oz	60 g	tocineta
1	1	cebolla pequeña
1	1	zanahoria
1	1	tallo de apio
¼ cdta	1 ml	corteza de limón
½ cdta	3 ml	de cada uno: sal, hojas de albahaca, pimienta, hojas de tomillo
2 tazas	224 g	miga fina de pan
1	1	huevo
3 cdas	45 ml	aceite
3 cdas	42 g	mantequilla
4 cdas	28 g	harina
1½ taza	375 ml	Caldo de Pollo (ver página 77)
¾ taza	180 ml	crema espesa
2 cdas	30 ml	perejil picado

Macerar muy fino la carne. En un procesador de alimentos, poner la ternera molida, la tocineta, la cebolla, la zanahoria y el apio; moler muy fino. Pasar la mezcla a un tazón y agregar el jugo de limón, los condimentos y la miga de pan; mezclar muy bien. Agregar el huevo para juntar todo. Repartir el relleno en las chuletas, después enrollarlas y atarlas.

Calentar el aceite y la mantequilla en una cacerola. Sofreír las piezas de ternera, en ambos lados; luego pasarlas a una bandeja de hornear. Espolvorear la harina en la bandeja. Bajar el fuego y cocinar por 2 minutos. Agregar el caldo de pollo y la crema. Cocer a fuego lento por 5 minutos. Poner la salsa sobre la ternera.

Poner en un horno precalentado a 350°F (180°C), por 1 minuto. Sacar los pajaritos, desatarlos, ponerlos en un platón; cubrirlos con salsa y espolvorear con perejil para adornar antes de servir.

PARA 6 PORCIONES

FILET MIGNON STÉFANIE BLAIS

2 cdas	28 g	mantequilla
1 cdta	5 ml	aceite de oliva
1 cdta	3 g	cebolla picada
1 cdta	3 g	cebollines picados
½ lb	225 g	champiñones molidos
6 – 4 oz	6 – 115 g	filetes mignon
½ ración	0,5	Pasta de Hojaldre (ver página 689)
½ lb	225 g	colas de langostino cocidas o camarones pequeños
1	1	huevo
1½ taza	375 ml	Salsa Béarnaise (ver página 108) o Demi-Glace (ver página 123)

Calentar 1 cdta. (5 g) de la mantequilla junto con el aceite, en una sartén grande. Sofreír la cebolla, los cebollines y los champiñones hasta que se evapore todo el líquido.

Calentar el resto de la mantequilla en otra sartén y dorar los filetes a ambos lados. Secarlos en una toalla de papel.

Extender la pasta como se indica; cortarla en 6 piezas iguales. Poner parte de los champiñones en la pasta, cubrir con el langostino y un filete. Enrollar la pasta para sellar completamente el relleno. Recortar la pasta sobrante.

Extender el resto de la pasta y usarla para decorar los filetes. Mezclar el huevo con un poco de agua y con una brochita, untar en la pasta. Poner en un horno precalentado a 375°F (190°C), por 15 -18 minutos.

Servir con Salsa Béarnaise, aparte.

PARA 6 PORCIONES

Filet Mignon Stéfanie Blais

Pajaritos de Ternera

Lonja de Carne con Hierbas y Crema Acida

BARON DE CARNE ASADA

¼ taza	28 g	harina
2 cdas	30 g	mostaza en polvo
1 cdta	5 ml	albahaca
½ cdta	3 ml	de cada uno: hojas de tomillo, perifollo, sal
5 lbs	2,2 kg	barón de filete de res
2 cdas	30 ml	salsa inglesa
1	1	cebolla picada
2	2	zanahorias picadas
2	2	tallos de apio picados
1	1	hoja de laurel
1 taza	250 ml	vino tinto
1 taza	250 ml	Caldo de Carne (ver página 85) o agua

Precalentar el horno a 325°F (160°C).

Mezclar la harina, la mostaza y los condimentos.

Untarlos a la carne. Poner la carne en una bandeja de asar. Bañar la carne con salsa inglesa.

Rodear la carne con las verduras y la hoja de laurel. Echar el vino tinto y el agua.

Hornear al punto deseado de cocción (ver tabla de abajo), untando frecuentemente.

Usar los jugos de la cacerola para hacer una salsa.

PARA 8 PORCIONES

Tabla de Cocción:

Rojo	Medio	Bien Cocido
27	34	44 minutos por lb (454 g)

LONJA DE CARNE CON HIERBAS Y CREMA ACIDA

1 lb	454 g	carne magra molida
¾ lb	345 g	ternera molida
½ lb	225 g	cerdo magro molido
2	2	huevos
1 taza	112 g	miga de galletas de soda
1 taza	250 ml	crema ácida
⅓ taza	80 ml	perejil picado
3 cdas	27 g	cebollines picados
½ cdta	3 ml	de cada uno: hojas de tomillo, perifollo, hojas de albahaca
1 cdta	5 g	sal
¾ cdta	4 g	pimienta negra triturada
½ taza	125 ml	Salsa Mornay (ver página 111)

Precalentar el horno a 350°F (180°C).

En un tazón grande, combinar todos los ingredientes, menos la Salsa Mornay.

Forrar el interior de un molde grande con papel de aluminio. Hornear por 1 ½ hora. Sacar del horno la lonja de carne, y quitar el papel de aluminio. Cortar en rodajas y servir con Salsa Mornay.

PARA 6 PORCIONES

FILETES DE TERNERA CON MERMELADA DE TOMATE Y QUESO

1 taza	150 g	tomates machacados
1 taza	224 g	azúcar granulada
¼ taza	60 ml	jerez
6 – 4 oz	6 – 120 g	chuletas de ternera
1	1	huevo
¼ taza	60 ml	leche
½ taza	56 g	harina
1 taza	112 g	miga sazonada de pan
3 cdas	45 ml	aceite de girasol
2 tazas	226 g	queso Havarti rallado

Mezclar los tomates, el azúcar y el jerez en una cacerola. Calentar a fuego bajo, revolviendo constantemente. Reducir la mezcla hasta que esté muy espesa y tenga la consistencia de mermelada.

Macerar fino las chuletas con un mazo para carne. Mezclar el huevo con la leche. Espolvorear a las piezas de carne con harina, sumergirlas en el huevo batido, y cubrirlas con miga de pan.

Calentar el aceite en una sartén grande. Freír las piezas de carne hasta que se doren en ambos lados. Poner todas las piezas en una lata de hornear, cubrirlas con la mermelada de tomate, y espolvorearlas con queso. Ponerlas en un horno precalentado a 450°F (230°C), hasta que el queso se derrita y se dore.

Servir inmediatamente.

PARA 6 PORCIONES

Barón de Carne Asada

CHULETAS DE TERNERA CON MIEL Y LIMON

6 –4 oz	6 –115 g	chuletas de ternera
½ taza	56 g	harina
3 cdas	45 ml	aceite de girasol
2 cdas	28 g	mantequilla
2 cdas	14 g	harina
⅔ taza	160 ml	crema liviana
¼ taza	60 ml	jugo de limón
¼ taza	60 ml	miel líquida
12	12	rodajas de limón
		ramitas de perejil para adornar

Macerar bien las chuletas con un mazo para carne. Espolvorearlas con ½ taza (56 g) de harina.

Calentar el aceite en una sartén y freír las chuletas, 3 minutos por cada lado, o hasta que estén bien doradas.

Calentar la mantequilla en una cacerola. Agregar la harina y cocinar con fuego bajo por 2 minutos. Añadir la crema y cocer a fuego lento hasta obtener una crema espesa. Incorporar el jugo de limón y la miel. Continuar cociendo a fuego lento por 2 minutos.

Colocar las chuletas en un platón, ponerles salsa y adornar con rodajas de limón y perejil. Servir.

PARA 6 PORCIONES

CHULETAS DE TERNERA CON CREMA DE LIMA Y CILANTRO

1	1	huevo
¼ taza	60 ml	leche
6 – 4 oz	6 – 120 g	chuletas de ternera, sin hueso
½ taza	56 g	harina
1 taza	112 g	miga sazonada de pan
6 cdas	90 ml	aceite de oliva
3 cdas	42 g	mantequilla
2 cdas	14 g	harina
½ taza	125 ml	Caldo de Pollo (ver página 77)
½ taza	125 ml	crema liviana
¼ taza	60 ml	jugo de lima
2 cdas	30 ml	cilantro picado
1 taza	150 g	pimientos dulces, en tiras finas

Mezclar los huevos con la leche. Espolvorear a las chuletas con ½ taza (112 g) de harina, ponerlas en el huevo batido, luego untarles la miga de pan.

Calentar el aceite en una sartén grande. Freír las chuletas, 3 minutos por cada lado, o hasta que se doren bien. Mantenerlas calientes en el horno.

Calentar la mantequilla en una cacerola. Agregar la harina y cocinar por 2 minutos con fuego bajo. Agregar el caldo de pollo y la crema; cocer a fuego lento hasta obtener una salsa liviana. Incorporar el jugo de lima y el cilantro; continuar cociendo a fuego lento por 5 minutos.

Colocar las chuletas en un platón y ponerles la salsa. Adornar con los pimientos dulces.

PARA 6 PORCIONES

Chuletas de Ternera con Crema de Lima y Cilantro

Chuletas de Ternera con Miel y Limón

CHULETAS DE TERNERA CHERBURGO

6 – 4 oz	6 – 120 g	chuletas de ternera
1	1	huevo
¼ taza	60 ml	leche
½ taza	56 g	harina
1 taza	112 g	miga sazonada de pan
3 cdas	45 ml	aceite de girasol
6 cdas	84 g	mantequilla
3 cdas	21 g	harina
1 taza	250 ml	Caldo de Pollo (ver página 77)
1 taza	250 ml	crema liviana
1½ taza	225 g	colas de langostino cocidas
¼ cdta	2,5 g	sal
pizca	pizca	de cada uno: pimienta blanca, paprika

Macerar bien las chuletas con un mazo para carne.

Mezclar el huevo con la leche. Espolvorear las chuletas en la ½ taza (56 g) de harina. Sumergirlas en el huevo batido y untarlas con la miga de pan. Calentar el aceite en una sartén grande y freír las chuletas hasta que se doren bien. Conservarlas calientes.

Calentar la mitad de la mantequilla en una cacerola. Agregar la harina y cocinar por 2 minutos con fuego bajo. Agregar el caldo de pollo y la crema; cocer a fuego lento por 15 minutos o hasta que se espese la salsa.

En un procesador de alimentos, hacer puré con el resto de la mantequilla y la mitad de las colas de langostino. Quitar la salsa del fuego; incorporarle el puré. Agregar el resto de los langostinos y los condimentos.

Poner las chuletas en un platón. Cubrirlas con salsa y servir.

PARA 6 PORCIONES

BISTEC DE DESAYUNO DEL GOURMET

6 – 6 oz	6 – 170 g	filetes de solomillo
2 cdas	28 g	mantequilla
¾ taza	112 g	champiñones, en rodajas
3 cdas	27 g	cebollines picados
1½ taza	375 ml	Demi Glace (ver página 123)
3 cdas	45 ml	brandy
3 cdas	45 ml	jerez
¼ taza	60 ml	crema espesa
6	6	huevos
3	3	panecillos ingleses

Sazonar los filetes al gusto y asarlos al punto preferido de cocción.

Mientras los filetes se cocinan, calentar la mantequilla en una cacerola pequeña. Agregar los champiñones y sofreírlos hasta que se evapore casi todo el líquido. Agregar las cebollas, la salsa, el brandy y el jerez. Llevar a ebullición y reducir la salsa a la mitad de su volumen. Incorporar la crema.

Cocer los huevos y tostar los panecillos. Colocar medio panecillo en cada plato, ponerle encima un bistec y cubrir con salsa. Coronar con un huevo. Adornar como se desee.

PARA 6 PORCIONES

FILETES DE TERNERA A LA PROVENZAL

6 – 6 oz	6 – 170 g	filetes de redondo de ternera
4 cdas	56 g	mantequilla
3	3	dientes de ajo picados
1	1	pimiento dulce verde, en rodajas
1	1	cebolla en rodajas
3 tazas	450 g	tomates pelados, sin semillas, picados
¼ taza	60 ml	jerez
1 cdta	5 g	paprika
½ cdta	2,5 g	sal
¼ cdta	1,2 g	pimienta

En una sartén, freír la ternera en mantequilla; 4-6 minutos por cada lado (dependiendo del grosor). Quitar del fuego y mantener caliente. Agregar a la sartén el ajo, el pimiento dulce y las cebollas; sofreírlos hasta que se ablanden. Añadir los tomates y llevar a ebullición. Reducir el fuego y cocer a fuego lento por 10 minutos. Poner el jerez y los condimentos; continuar cociendo a fuego lento hasta que se evapore el líquido. Colocar los filetes en un platón, ponerles salsa y servir con arroz pilaf de limón.

PARA 6 PORCIONES

Filetes de Ternera a la Provenzal

Filete de Ternera Cumberland

FILETES DE TERNERA CUMBERLAND

6	6	lascas de tocineta
6 – 6 oz	6 – 170 g	filetes de ternera
3	3	chalotes
¼ taza	60 ml	agua
1	1	naranja
1	1	limón
pizca	pizca	de cada uno: jengibre molido, pimiento de Cayena
⅓ taza	80 ml	jalea de grosella roja
¼ taza	60 ml	vino Oporto

Envolver los filetes con la tocineta y sujetarlos con palillos de dientes. Asar en un asador de carbón, en carbones a medio fuego, o en el horno, hasta que estén bien cocidos.

Picar los chalotes y ponerlos en una cacerola con agua.

Rallar la naranja y el limón. Poner la ralladura en los chalotes, soasar por 3 minutos, y escurrir.

Agregar el jugo de la naranja y de ½ limón, los condimentos, la jalea y el vino. Llevar a ebullición y reducir el líquido a la mitad.

Poner sobre los filetes y servir.

PARA 6 PORCIONES

CHULETAS DE TERNERA VERDE

6 – 4 oz	6 – 120 g	chuletas de ternera
1	1	huevo
¼ taza	60 ml	leche
½ taza	56 g	harina
1 taza	112 g	miga sazonada de pan
4 cdas	60 ml	aceite
3 cdas	42 g	mantequilla
1	1	diente de ajo picado
2 cdas	14 g	harina
2 tazas	500 ml	Caldo de Ternera (ver página 85) o Caldo de Pollo (ver página 77)
1 taza	180 g	arvejas
¼ cdta	1 ml	de cada uno: sal y pimienta

Macerar fino las chuletas con un mazo para carne.

Mezclar el huevo con la leche. Espolvorear a las chuletas con ½ taza (56 g) de la harina, ponerlas en el huevo batido y untarlas con la miga de pan.

Calentar el aceite en una sartén y freír las chuletas hasta dorar bien cada lado. Mantenerlas calientes.

Calentar la mantequilla junto con el ajo. Espolvorear con harina y cocinar a fuego bajo por 2 minutos. Agregar el caldo, las arvejas y los condimentos. Cocer a fuego lento hasta que la salsa se espese. Poner en un procesador de alimentos y licuar hasta que la salsa esté homogénea y fina. Colocar las chuletas en un platón y cubrirlas con salsa. Servir.

PARA 6 PORCIONES

COSTILLAS PICANTES DE RES

¼ taza	28 g	harina
2 cdas	30 g	mostaza en polvo
1 cdta	5 ml	albahaca
½ cdta	3 ml	de cada uno: hojas de tomillo y de orégano, perifollo, sal, chile y cebolla en polvo, paprika, gránulos de ajo
5 lbs	2,2 kg	costillas de res (con 4 huesos)
2 cdas	30 ml	salsa inglesa
1 cda	15 ml	salsa de soya
1	1	cebolla picada
2	2	zanahorias picadas
2	2	tallos de apio picados
1	1	hoja de laurel
1 taza	250 ml	vino tinto

Precalentar el horno a 325°F (160C).

Mezclar la harina, la mostaza y los condimentos.

Frotarlos en la carne. Poner la carne en una bandeja para asar. Bañarla con la salsa inglesa y la salsa de soya.

Rodear la carne con las verduras y la hoja de laurel. Poner el vino.

Hornear al punto deseado de cocción (ver la tabla del Barón de Carne Asada, página 233), untar constantemente.

Usar los jugos de la bandeja para hacer una salsa.

PARA 8 PORCIONES

Costillas Picantes de Res

Chuletas de Ternera a la Creole

CROQUETAS DE CARNE

2 cdas	28 g	mantequilla
4 cdas	28 g	harina
1 taza	250 ml	leche
2 tazas	300 g	carne magra molida, cocida, sin grasa
½ cdta	2,5 g	de cada uno: sal, paprika, chile en polvo
¼ cdta	1,2 g	pimienta
1 cdta	5 ml	salsa inglesa
2 cdtas	10 ml	salsa de soya
1 cdta	5 ml	perejil, picado fino
1	1	huevo
2 cdas	30 ml	agua
½ taza	56 g	harina sazonada
1½ taza	168 g	miga fina de pan
1 taza	250 ml	aceite de girasol

Calentar la mantequilla en una cacerola. Agregar la harina y cocinar con fuego bajo por 2 minutos. Incorporar la leche y cocer a fuego lento hasta tener una salsa muy espesa. Batir constantemente; incorporar la carne, los condimentos, la salsa inglesa, la salsa de soya y el perejil. Dejar enfriar a temperatura ambiente. Formar tortitas de carne de igual tamaño.

Mezclar el huevo con agua. Espolvorear a cada tortita con harina, sumergirla en el huevo y cubrirla con miga de pan.

Calentar el aceite en una sartén grande. Freír las tortitas hasta dorarlas en ambos lados. Servir.

PARA 4 PORCIONES

Ternera con Champiñones

TERNERA CON CHAMPIÑONES

1½ lb	675 g	ternera sin hueso
8	8	champiñones negros chinos, secos; o champiñones silvestres
1½ cdta	3,8 g	maicena
4 cdtas	20 ml	salsa de soya liviana
1	1	clara de huevo
¼ taza	60 ml	aceite de girasol
1	1	diente de ajo picado
2 cdtas	10 g	azúcar granulada
3 cdas	45 ml	salsa de ostras
2 cdas	30 ml	vino tinto

Cortar la ternera en rodajas finas.

Poner los champiñones en remojo, en agua tibia por 1 hora.

Mezclar la maicena con la salsa de soya y la clara de huevo. Poner la mezcla sobre la ternera y marinar por una hora más.

Escurrir los champiñones y cortarlos en rodajas finas.

Calentar el aceite en una sartén china. Freír el ajo. Agregar la ternera y freírla por 2 minutos. Añadir el azúcar, la salsa de ostras y el vino. Continuar friendo hasta que la mayor parte del líquido se evapore.

Servir con arroz al vapor.

PARA 6 PORCIONES

CHULETAS DE TERNERA A LA CREOLE

12	12	chuletas pequeñas de ternera
¼ cdta	1 ml	de cada uno: tomillo, albahaca, orégano, sal, pimiento de Cayena, pimienta negra, pimienta blanca
½ cdta	3 g	paprika
1 cdta	5 g	chile en polvo
1½ taza	168 g	miga fina de pan, seca
2	2	huevos
¼ taza	60 ml	leche
½ taza	56 g	harina
¼ taza	60 ml	aceite de oliva
2 tazas	500 ml	Salsa Creole caliente (ver página 121)

Cortarle la grasa a las chuletas.

En un tazón, mezclar los condimentos con la miga de pan.

Mezclar los huevos con la leche.

Espolvorear a las chuletas con la harina, sumergirlas en el huevo y untarlas con la miga de pan.

Calentar el aceite en una sartén grande y freír las chuletas por 8 minutos o menos, dependiendo del tamaño. Colocarlas en un platón y ponerles la salsa Creole. Servir inmediatamente.

PARA 6 PORCIONES

Enrollados de Ternera

ENROLLADOS DE TERNERA

6 – 4 oz	6–120 g	chuletas de ternera
18	18	tallos de espárrago hervidos
18	18	camarones grandes, pelados y desvenados
3 oz	80 g	queso havarti rallado
1½ taza	375 ml	jugo de clementina o mandarina fresca
1 taza	250 ml	Caldo de Ternera (ver página 85) o Caldo de Pollo (ver página 77)
½ taza	125 ml	crema espesa
2 cdas	28 g	mantequilla
¼ cdta	1,2 g	pimienta recién molida
½ taza	75 g	mandarinas

Macerar muy fino la ternera con un mazo para carne. Poner 3 espárragos, 3 camarones grandes, y ½ oz (15 g) de queso, en cada chuleta. Juntar los extremos y enrollar. Sujetar con palillos de dientes. Poner los rollos en una lata de hornear.

Con una brochita, untarles aceite. Ponerlos en un horno precalentado a 350°F (180°C), por 25-30 minutos.

Mientras la ternera se hornea, combinar el jugo de clementina con el caldo de pollo, en una cacerola. Calentar y reducir el líquido a la mitad. Agregar la crema y reducir nuevamente a la mitad. Quitar del fuego. Incorporar la mantequilla. Agregar la pimienta y gajos de mandarina.

Colocar los rollitos en un platón. Ponerles salsa y servir.

PARA 6 PORCIONES

TERNERA FORESTIERE

1½ lb	675 g	espaldilla de ternera
2	2	huevos
¼ taza	60 ml	leche
½ taza	56 g	harina
1 taza	112 g	miga sazonada de pan, fina
¼ taza	60 ml	aceite de girasol
½ lb	225 g	champiñones en rodajas
1	1	cebolla española, picada fino
3 cdas	42 g	mantequilla
1½ taza	375 ml	Salsa Mornay (ver página 111)
¼ taza	28 g	queso parmesano, recién rallado

Cortar la ternera en 6 piezas de 4 oz (120 g). Macerar y ablandar cada pieza con un mazo para carne.

Mezclar los huevos con la leche. Espolvorear a cada pieza con harina, sumergirla en el huevo y untarla con miga de pan.

Calentar el aceite y freír las piezas, 3 minutos por cada lado. Colocarlas en una lata de hornear.

Sofreír los champiñones y la cebolla en la mantequilla hasta que se evapore toda la humedad. Poner en las piezas de ternera. Echarle a cada pieza salsa Mornay; espolvorear con el queso parmesano y poner en el asador de un horno precalentado, por 2 minutos. Servir.

PARA 6 PORCIONES

Ternera Forestiere

Aves

Algo más que simplemente pollo, las aves en los menús de hoy representan creatividad y buen gusto en su más alta forma. Las maneras ilimitadas de preparar las aves van desde la tradicional ave rellena, al platillo nuevo, nunca antes visto, como el Pollo con Crema de Fresas y Vino Italiano.

Internacionales en su alcance, local es en sabor, las recetas en este libro son preparadas fácilmente y un placer de servir. Ninguna receta se puede preferir sobre otra, pues todas son demasiado buenas para no probarlas. Sin embargo, cuando considere algo diferente para una ocasión especial, considere primero este capítulo. Un plato como la Lasaña de Pato, será seguramente un placer para cualquier grupo de personas. O quizás la ocasión es mucho más formal. En ese caso planee la Gallina de Guinea Asada con Salsa Holandesa de Arándanos y siéntase volar con los elogios que recibirá.

Las ideas para cocinar aves son ilimitadas. Ya sea cocinando el ave al horno, a la parrilla o frito, deje volar su creatividad y disfrute. Con las recetas del *Libro de Cocina Simplemente Deliciosa 2*, sus comidas siempre harán que sus invitados vuelvan por más.

El pollo ha dejado de ser un plato considerado humilde. Ya ha alcanzado nuevas alturas de éxito, y desafortunadamente, también el precio ha subido debido a la alta demanda del mismo. Pero lo que es excitante, sin embargo, es que cualquier cosa que se pueda lograr cocinando pollo, también se puede lograr con cualquier clase de ave. El pavo, por ejemplo, ha tomado nueva importancia. Ya no es la comida central de la mesa de fiesta tradicional; muchos platos hechos con pavo han aparecido recientemente mostrando un renovado amor por un viejo amigo, con platos como Filetes de Pavo Creole o Pavo Ahumado con Salsa de Cerezas.

Todo el mundo ama una comida preparada con amor, y todos adoran a la persona que prepara la comida que ellos prefieren. Generalmente esto significa un plato de ave *Simplemente Delicioso*.

GansoAsado para Navidad

Pollo con Crema de Fresas y Vino Italiano

CODORNICES ESTILO ISLA GRIEGA

4	4	codornices
1	1	berenjena
1	1	diente de ajo picado
3 cdas	45 ml	aceite de oliva
1 taza	250 ml	Salsa de Tomate (ver página 106)
2 cdtas	10 ml	hojas de orégano
1 cdta	5 ml	albahaca
¼ cdta	1,2 g	pimienta negra triturada
¾ lb	340 g	queso Feta desmenuzado

Partir las codornices por la mitad a lo largo del espinazo. Usar un cuchillo pequeño filoso para sacar los huesos.

Pelar la berenjena y cortarla en rodajas de ¾" (2 cm), ponerla en una bandeja de hornear de 8 x 8" (20 x 20 cm) y asarla 10 minutos por lado.

Frotar las codornices con el ajo. Freír el ajo en una sartén y dorar las codornices, pasarlas a la bandeja de hornear.

Combinar la salsa de tomate, el orégano, la albahaca y la pimienta, poner sobre las codornices. Espolvorear con el queso y asar tapado en un horno precalentado a 350°F (180°C), por 25 minutos. Quitar la tapa y asar por 15 minutos más.

Servir acompañado de Lingüinis con Aceite de Oliva, Ajo y Hierbas Frescas (ver página 448).

PARA 4 PORCIONES

Codornices Estilo Isla Griega

POLLO CON CREMA DE FRESAS Y VINO ITALIANO

6 – 4 oz	6 – 120 g	pechuga de pollo, sin hueso
1 cda	15 ml	aceite de oliva
¼ cdta	1 ml	de cada uno: albahaca, sal, pimienta, paprika
6	6	yemas de huevos
½ taza	112 g	azúcar granulada
½ taza	125 ml	Marsala o jerez dulce
1½ taza	375 ml	fresas en rodajas

Untar el pollo con aceite, espolvorear con los condimentos. Asar al horno por 3 - 4 minutos por lado. Mantener caliente.

Batir las yemas de huevo con el azúcar en la parte de arriba de una cacerola doble, hasta que formen espuma y tomen un color pálido. Lentamente añadir el jerez batiendo continuamente hasta que la mezcla esté espesa y espumosa. Quitar del fuego y revolviendo agregar las fresas.

Colocar el pollo en una fuente y poner la mitad de la salsa sobre el pollo; servir con el resto de la salsa aparte.

PARA 6 PORCIONES

POLLO Y CAMARONES ASADOS EN BRANDY DE MORA

2 tazas	500 ml	moras
1½ tazas	336 g	azúcar granulada
½ taza	125 ml	brandy de moras
2 – 6 oz	2 – 170 g	pollos en trozos, sin huesos
1 lb	454 g	camarones grandes pelados y desvenados
1 cda	15 ml	aceite

Hacer un puré con las moras en un procesador de alimentos. Pasar por un colador para eliminar las semillas.

Mezclar la pulpa de las moras, el azúcar y el brandy en una cacerola. Calentar hasta que hierva, bajar el fuego y cocer a fuego lento hasta que la salsa se espese.

Insertar trozos de pollo y camarón en pinchos de bambú mojados con agua. Con una brochita untar aceite a los trozos en los pinchos. Asarlos por 5 minutos por lado, untando frecuentemente con la salsa. Untar por última vez antes de servirlos.

PARA 4 PORCIONES

CODORNICES CON SALSA DE PIMIENTA

3 – 1 lb	3 – 450 g	codornices
¼ cdta	1 ml	de cada uno: sal, albahaca, orégano, pimienta, paprika
1	1	diente de ajo
1 cda	15 ml	aceite de oliva
2 cdas	28 g	mantequilla
2 cdas	14 g	harina
1 taza	250 ml	Caldo de Pollo (ver página 77)
½ taza	125 ml	crema ligera
1 cda	15 g	pimienta verde
1 cdta	5 ml	mostaza de Dijon
1 cda	9 g	cebollines picados
1 cda	15 ml	perejil picado

Partir las codornices en mitades.

Mezclar todos los condimentos. Frotar las codornices con el diente de ajo. Con una brochita untar a las codornices aceite de oliva y espolvorearlas con los condimentos. Ponerlas en una bandeja para asar y cocinar en un horno precalentado a 350°F (180°C), por 45 minutos.

Mientras se hornean las codornices, calentar la mantequilla en una cacerola y agregar la harina; cocinar por dos minutos a fuego bajo. Batiendo, agregar el caldo, la crema, la pimienta, la mostaza y los cebollines. Cocer a fuego lento por 10 minutos.

Pasar las codornices a una fuente, cubrir con salsa, espolvorear con perejil y servir.

PARA 6 PORCIONES

POLLO ENDIABLADO FLORENCE

6 – 6 oz	6 – 170 g	pechugas de pollo con hueso
¼ taza	60 ml	aceite de oliva
1	1	diente de ajo picado
2 cdtas	10 g	jengibre picado
1 cda	15 ml	jugo de limón

Macerar las pechugas de pollo y ponerlas en una bandeja para asar poco honda.

Mezclar juntos el resto de los ingredientes; poner sobre el pollo y marinar por 6 horas.

Asar el pollo sobre una parrilla a gas o carbón, 7 minutos por lado a calor mediano. Servir bien calientes.

PARA 6 PORCIONES

Codornices con Salsa de Pimienta

Pollo con Arroz y Pacanas

POLLO CON ARROZ Y PACANAS

¼ taza	56 g	mantequilla
1½ lb	675 g	trozos de pollo, sin huesos
½ lb	225 g	champiñones, en rodajas
¼ taza	32 g	cebollas picadas fino
3 cdas	21 g	harina
1½ taza	375 ml	Caldo de Pollo (ver página 77)
½ taza	125 ml	crema ligera
¼ taza	60 ml	jerez
⅓ taza	50 g	pacanas
2 tazas	500 ml	arroz de grano largo cocido
		ramitas de perejil

En una cacerola grande calentar la mantequilla, poner el pollo y dorarlo. Sacar el pollo y conservarlo.

Agregar los champiñones y las cebollas, sofreír hasta que se ablanden. Espolvorear con harina y cocer por 2 minutos a fuego lento. Agregar el caldo, la crema y el jerez; cocer a fuego lento por 3 minutos.

Regresar el pollo a la cacerola y continuar cociendo a fuego lento por 35 minutos más.

Revolver las pacanas en el arroz y con una cuchara poner el arroz alrededor de los bordes de una fuente. Con un cucharón poner el pollo en el centro; servir adornado con perejil.

PARA 4 PORCIONES

CODORNIZ ASADA MARINADA CON NOGAL

4	4	codornices
2 cdtas	10 ml	mostaza de Dijon
1 cda	15 ml	jugo de limón
¼ cdta	1,2 g	sal
¼ cdta	1,2 g	pimienta negra triturada
2 cdtas	10 ml	aceite de nogal
¼ taza	60 ml	aceite de oliva

Lavar las codornices y partirlas a lo largo del espinazo. Poner las codornices en una bandeja para asar poco honda.

En un tazón pequeño combinar los ingredientes restantes, poner sobre las codornices y marinar tapado y refrigerar por 8 horas.

Asar las codornices a fuego mediano en una asadera por 20 -25 minutos, untando frecuentemente con la salsa de marinar. Servir inmediatamente, con una última untada de salsa.

PARA 4 PORCIONES

POLLO PARMESANO AL HORNO

¾ taza	84 g	miga de pan
¼ taza	60 ml	hojas de perejil seco
⅓ taza	38 g	queso parmesano, recién rallado
¼ taza	56 g	mantequilla
1	1	diente de ajo picado
4 – 6 oz	4 – 170 g	pechugas de pollo, sin hueso y sin piel
½ cdta	2,5 g	sal
¼ cdta	1,2 g	pimienta

Combinar juntos la miga de pan, el perejil y el queso, en un tazón.

Derretir la mantequilla en una sartén y agregar el ajo, cocer por un minuto con fuego bajo.

Sumergir el pollo en la mantequilla y luego untarlo en la miga de pan; ponerlo en una bandeja de hornear pequeña. Condimentar con la sal y pimienta y untar con el resto de la mantequilla. Poner en un horno precalentado a 350°F (180°C), por 45 minutos.

PARA 4 PORCIONES

POLLO FRITO CON SALSA CLEMENTINA

6 – 6 oz	6 – 170 g	pechugas de pollo, sin hueso
3 cdas	45 ml	aceite
		sal y pimienta
⅓ taza	80 ml	jugo de mandarinas o de naranjas, concentrado
½ taza	125 ml	Caldo de Pollo (ver página 77)
¼ taza	60 ml	crema batida
1 cdta	5 g	mantequilla
1 cdta	5 ml	jugo de lima

Calentar el aceite en una sartén grande, sofreír el pollo por 6-8 minutos. Sazonar con sal y pimienta; guardar caliente.

Calentar el jugo de mandarina en una cacerola con el caldo de pollo, hacer hervir, bajar el fuego. Agregar la crema y cocer a fuego lento hasta que la salsa se pegue a la cuchara. Quitar del fuego. Agregar batiendo la mantequilla y el jugo de lima.

Poner el pollo en una fuente, cubrir con salsa y servir.

PARA 6 PORCIONES

PASTEL DE POLLO Y CAMARONES

½ ración	0,5	Pasta Sencilla (ver página 616)
1 taza	150 g	pollo cocido, finamente picado
1 taza	150 g	camarones cocidos, finamente picados
2 tazas	500 ml	Salsa Béchamel (ver página 112)
¼ cdta	1,2 g	de cada uno: sal, pimienta, nuez moscada
1 cda	15 ml	perejil
1 cda	9 g	cebolla rallada
3	3	huevos, separados

Estirar la masa y ponerla en un molde hondo de 9" para formar la corteza.

En un tazón mezclar el pollo, los camarones y la salsa Béchamel. Agregar los condimentos y la cebolla.

Batir las yemas y agregar a la mezcla. Batir las claras hasta que estén espesas; agregar a la mezcla.

Vaciar la mezcla en la corteza y cocinar 25-30 minutos en un horno precalentado a 400°F (200°C) o hasta que la corteza se dore. Servir inmediatamente.

PARA 6 PORCIONES

POLLO JAMBALAYA

1½ lb	675 g	pollo deshuesado, en trozos
2 cdas	30 ml	aceite de girasol
2 cdas	28 g	mantequilla
½ lb	225 g	salchicha andouille *
½ taza	56 g	cebollas picadas
2	2	dientes de ajo picados
3 cdas	45 ml	perejil picado
1½ taza	225 g	pimiento dulce verde, picado
2	2	tallos de apio picados
2 tazas	300 g	tomates pelados, sin semillas, picados
½ cdta	3 ml	de cada uno: de pimienta blanca, pimienta negra, hojas de orégano, hojas de albahaca, hojas de tomillo, ajo en polvo, cebolla en polvo, chile en polvo.
2 cdtas	10 ml	salsa inglesa
3 gotas	3 gotas	salsa de chile picante
2¼ tazas	625 ml	agua
1 taza	227 g	arroz de grano largo, crudo

En una cacerola grande, sofreír el pollo en el aceite y la mantequilla, agregar la salchicha y las verduras, continuar sofriendo hasta que las verduras se ablanden.

Agregar revolviendo los ingredientes restantes, bajar el fuego, tapar y cocer a fuego lento por 40-50 minutos. Servir.

PARA 6 PORCIONES

*Si no puede encontrar las salchichas andouille, ocupe salchicha italiana picante.

Pastel de Pollo y Camarones

Pollo Jambalaya

POLLO DE JENNIFER

6 – 4 oz	6 – 120 g	pechugas de pollo sin huesos
1 taza	100 g	uvas verdes sin semillas
6 oz	170 g	queso Brie sin corteza
1 taza	225 g	camarones miniatura
2	2	huevos
⅓ taza	80 ml	leche
⅓ taza	35 g	piñones molidos
½ taza	56 g	miga de pan sazonada
⅓ taza	38 g	queso romano, recién rallado
½ taza	56 g	harina
⅓ taza	80 ml	aceite de girasol

Macerar el pollo con un mazo para carnes.

Cortar las uvas en mitades y poner unas pocas sobre el pollo junto con 1 oz (30 g) de queso y camarones. Enrollar el pollo para mantener el relleno adentro. Poner en una bandeja de hornear y refrigerar por 1 hora.

Mezclar los huevos con la leche. Juntar los piñones con la miga de pan y el queso. Espolvorear el pollo ya enrollado con la harina, bañar en el batido de huevo y ponerle encima la miga de pan.

En una cacerola grande calentar el aceite, freír el pollo hasta que se dorn por los dos lados. Pasar a una lata de hornear y poner en un horno precalentado por 15-18 minutos.

Servir con Salsa de Moras al Brandy (ver Ternera Asada con Salsa de Moras al Brandy, página 214)

PARA 6 PORCIONES

POLLO CON ESTRAGON A LA ESPAÑOLA

1 cda	15 ml	aceite de oliva
1 – 3 lb	1 – 1 kg	pollo
8 oz	225 g	rodajas de jamón en tiras delgadas
2	2	cebollas en rodajas
2	2	tallos de apio picados grueso
3	3	zanahorias picadas grueso
1½ taza	375 ml	caldo de pollo
1 cda	15 ml	estragón fresco picado
2 cdas	28 g	mantequilla
2 cdas	14 g	harina

Untar el aceite sobre el pollo. Poner en una cacerola de barro. Poner destapado en un horno precalentado a 350°F (180°C). Hornear por 30 minutos.

Agregar el jamón, la cebolla, el apio, la zanahoria, el caldo y el estragón. Tapar y continuar horneando por una hora. Sacar del horno, colar el caldo y cortar el pollo.

Regresar el pollo a la cacerola de barro, conservarlo caliente con las verduras.

Calentar la mantequilla en una olla, agregar revolviendo la harina y dos tazas (500 ml) de caldo colado; cocer a fuego lento hasta que la salsa se espese, poner sobre el pollo y las verduras. Servir en la cacerola de barro.

PARA 6 PORCIONES

Pollo de Jennifer

POLLO CON NUECES

1 lb	450 g	tiras de pollo deshuesado
3 cdas	45 ml	jerez
⅔ taza	160 ml	Caldo de Pollo (ver página 77)
2 cdas	30 ml	salsa de soya
1 cda	7 g	maicena
3 cdas	45 ml	aceite de girasol
1½ taza	225 g	habas
4 oz	120 g	champiñones de botón
1 taza	150 g	apio en rodajas
1	1	cebolla en rodajas
1	1	pimiento dulce en rodajas
¾ taza	112 g	trocitos de nueces

Revolver el pollo y el jerez; marinar por 30 minutos.

Mezclar el caldo de pollo, la salsa de soya y la maicena en un tazón. Calentar 2 cucharadas (30 ml) de aceite en una sartén china (wok), agregar el pollo y freír completamente. Sacar la carne, agregar el aceite restante y freír las verduras.

Regresar el pollo y agregar el caldo. Cocer a fuego lento por dos minutos. Revolver las nueces y servir con arroz al vapor.

PARA 6 PORCIONES

POLLO Y CASTAÑAS

4 cdass	60 ml	aceite de girasol
1½ lb	675 g	carne de pollo deshuesada
1	1	cebolla española picada fino
1	1	pimiento dulce rojo, en cuadraditos
1	1	pimiento dulce verde, en cuadraditos
3 oz	80 g	champiñones en rodajas
3 oz	80 g	castañas peladas, en cuadraditos
4 cdas	28 g	harina
1 cda	15 g	curry en polvo
2 tazas	500 ml	Caldo de Pollo (ver página 77)
1 taza	250 ml	crema de batir

Calentar el aceite en una cacerola grande. Agregar el pollo, las verduras y las castañas. Freír hasta que el pollo se dore. Espolvorear con harina y polvo de curry, bajar el fuego y cocer por 2 minutos. Vaciar el caldo y la crema y cocer a fuego lento por 35-45 minutos.

Servir sobre fideos o arroz.

PARA 6 PORCIONES

FRICASSEE DE POLLO

1 – 4 ½ lb	1 – 2 kg	pollo, cortado en 8 pedazos
2	2	cebollas picadas
2	2	zanahorias picadas
2	2	tallos de apio picados
1	1	ramito de hierbas*
4 tazas	1 L	Caldo de Pollo frío (ver página 77)
1 cdta	5 g	sal de apio
½ cdta	2,5 g	pimienta blanca
3 cdas	42 g	mantequilla
3 cdas	21 g	harina

Lavar y secar el pollo.

Poner el pollo en una cacerola grande junto con las cebollas, las zanahorias, el apio y el ramito de hierbas. Cubrir con el caldo y hacer hervir, bajar el fuego y cocer a fuego lento por 1½ hora.

Sacar el pollo y conservarlo caliente. Colar el caldo y tirar las verduras y el ramito. Regresar el caldo a la cacerola, agregar la sal y la pimienta, hervir para reducir el líquido a 2 tazas (500 ml).

En una cacerola pequeña calentar la mantequilla, agregar la harina y cocer a fuego lento por 2 minutos. Agregar el caldo reducido y cocer a fuego lento hasta que la salsa se espese. Poner la salsa sobre el pollo y servir con arroz o fideos.

PARA 4 PORCIONES

*El ramito de hierbas para este plato se compone de: Una hoja de laurel, 8 ramitas de perejil, 2 ramitas de tomillo, 6 granos de pimienta y un 1 puerro pequeño; todo atado junto en una muselina.

Pollo y Castañas

Rollos de Pollo

GANSO ASADO PARA NAVIDAD

3	3	manzanas peladas, descorazadas y en cuadraditos
2	2	zanahorias ralladas
1	1	cebollas españolas picadas fino
2	2	tallos de apios picados fino
1 taza	140 g	pasas sin semillas
1 taza	150 g	nueces peladas y blanqueadas
½ taza	125 ml	leche
½ cdta	2,5 g	de cada uno: sal, pimienta
1 cdta	5 ml	merjorana
3 tazas	150 g	cubos de pan duro
1 – 9 lb	1 – 4 kg	ganso
1	1	diente de ajo
1 cda	15 ml	aceite de girasol
½ cdta	2,5 g	paprika
1 cdta	2,5 g	maicena

Mezclar las manzanas, las zanahorias, el apio, las pasas, las nueces, el pan, la leche y los condimentos. Rellenar el ganso con la mezcla, atar el ganso.

Poner en una asadera grande. Frotar el ganso con el ajo y untar con el aceite. Salpicar con paprika.

Poner en un horno precalentado a 350°F (180°C), por 3½ a 4 horas. Untar frecuentemente mientras se cuece. Cuando el ganso esté cocido quitar de la asadera, poner en una fuente y mantener caliente.

Sacar jugo de la asadera, mezclar la maicena con dos cucharadas de agua (30 ml). Poner en el jugo de la asadera. Hervir, colar y poner en una salsera y servir con el ganso.

ROLLOS DE POLLO

3	3	tiras de tocino en cuadraditos
1	1	zanahoria picada fino
1	1	tallo de apio en cuadraditos finos
1	1	cebolla pequeña finamente picada
1 taza	112 g	queso havarti rallado
4 – 6 oz	4 – 170 g	pechugas de pollo sin huesos, sin piel, maceradas fino
2 cdas	30 ml	mantequilla derretida
2 tazas	500 ml	Salsa Mornay caliente (ver página 111)

En una sartén grande freír el tocino; añadir las zanahorias, el apio y la cebolla y sofreír hasta que estén blandas; sacar el exceso de grasa, poner en un tazón y enfriar a temperatura ambiente.

Combinar la mezcla con el queso, y poner sobre las pechugas de pollo. Enrollar el pollo de tal manera que el relleno quede dentro. Colocar en una bandeja pequeña, untar con mantequilla y cocinar en un horno precalentado a 350°F (180°C), por 25-30 minutos

Poner el pollo en una fuente, cubrir con salsa Mornay y servir .

PARA 4 PORCIONES

POLLO RELLENO AUSTRIACO

3 oz	80 g	champiñones cortados
1	1	cebolla mediana picada en cuadraditos
1 cda	15 ml	aceite de girasol
2½ tazas	282 g	arroz cocido, frío
½ taza	90 g	arvejas
1½ cdta	7 ml	de cada uno: pimienta, hojas de tomillo, albahaca
¼ cdta	1,2 g	canela
1	1	huevo
1 – 5 lb	1 – 2 kg	pollo
2 tazas	500 ml	Salsa de Tomate (ver página 106)

Freír los champiñones y la cebolla en una sartén grande con aceite hasta que todo el líquido se evapore. Enfriar a temperatura ambiental. Agregar al arroz cocido junto con las arvejas, los condimentos y el huevo.

Rellenar el pollo con la mezcla; atar el pollo. Poner el pollo en una asadera y asar en un horno a 325°F (160°C), por 1½ hora. Revisar si está cocido. Sacar el pollo del horno. Con una cuchara, poner el relleno en una fuente, cortar el pollo y servir con salsa de tomate aparte.

PARA 6 PORCIONES

ALBONDIGAS DE POLLO AL CURRY

2 lbs	900 g	carne de pollo
2 cdas	30 g	cebolla
¼ taza	28 g	miga de pan
1	1	huevo
½ cdta	3 ml	de cada uno: pimiento de Cayena cúrcuma, albahaca, jengibre en polvo, pimienta negra, hojas de tomillo, orégano, paprika
1 cdta	5 g	sal
1	1	diente de ajo picado
3 cdas	45 ml	aceite de girasol
2 cdas	28 g	mantequilla
2 cdas	14 g	harina
1 cdta	5 g	curry en polvo
1½ taza	375 ml	Caldo de Pollo (ver página 77)
¾ taza	180 ml	crema ligera

En un procesador de alimentos, picar grueso el pollo. Agregar la cebolla, la miga de pan, el huevo, los condimentos y el ajo. Procesar hasta obtener una mezcla fina. Sacar y moldear en bolas pequeñas.

Calentar el aceite en una sartén grande y dorar las albóndigas. Sacar todo el aceite. Pasar las albóndigas a una cacerola.

Calentar la mantequilla en una olla, agregar la harina y el curry en polvo. Cocinar por 2 minutos sobre calor bajo. Agregar el caldo y la crema; cocer a fuego lento for 5 minutos. Poner la salsa sobre las albóndigas.

Tapar la cacerola y poner en un horno precalentado a 350°F (180°C), por 45 minutos. Servir con arroz.

PARA 6 PORCIONES

Pollo al Limón

POLLO AL LIMON

¾ taza	190 ml	concentrado de limonada
¼ taza	60 ml	salsa de tomate catsup
3 cdas	30 g	azúcar morena
3 cdas	45 ml	vinagre blanco
¼ cdta	1,2 g	jengibre molido
1 cdta	5 ml	salsa de soya
¼ cdta	1 ml	de cada uno: paprika, chile en polvo, ajo en polvo, cebolla en polvo, tomillo, albahaca, orégano, sal y pimienta
1 – 2¼ lb	1 – 1 kg	pollo, cortado en 8 pedazos
½ taza	56 g	harina
¼ taza	60 ml	aceite de girasol

Mezclar en un tazón el concentrado, la salsa catsup, el azúcar, el vinagre, el jengibre, la soya y los condimentos.

Pasar el pollo por la harina. Calentar el aceite en una cacerola grande, dorar el pollo. Tirar el exceso de aceite. Poner la salsa sobre el pollo, cocer tapado a fuego lento por 35-40 minutos. Servir con Papas Ahumadas con Nogal (ver peagina 70).

PARA 4 PORCIONES

POLLO CON NUECES DE MACADAMIA

6 – 6 oz	6 – 170 g	pechugas de pollo, sin huesos y sin piel
½ taza	50 g	nueces de macadamia molidas
¼ taza	28 g	queso parmesano, recién rallado
1 taza	250 ml	miga de pan
¼ taza	60 ml	mantequilla derretida

Lavar y secar las pechugas de pollo.

Mezclar la nueces, el queso y la miga de pan en un tazón de mezclar.

Untar el pollo con la mantequilla derretida, luego pasarlo por la mezcla de miga de pan. Poner en una cacerola pequeña. Hornear en un horno precalentado a 350°F (180°C), por 40-45 minutos o hasta que el pollo se dore. Servir inmediatamente con Salsa de Albaricoques y Frambuesa (ver página 108).

PARA 6 PORCIONES

Albóndigas de Pollo al Curry

POLLO CON CERVEZA EMPANIZADO

1½ lb	675 g	pechuga de pollo, sin huesos
2	2	huevos
1½ taza	168 g	harina
½ taza	125 ml	cerveza bien fría
1 cdta	5 g	polvo de hornear
3 tazas	750 ml	aceite de girasol

Cortar el pollo en tiras de 1" (2,5 cm). Batir juntos los huevos, 1 taza (112 g) de harina, la cerveza, y el polvo de hornear. Calentar el aceite a 375°F (190°C).

Espolvorear el pollo con la harina restante. Untar en la mezcla y freír las tiras de pollo, unas pocas a la vez hasta que estén doradas, conservarlas calientes. Cuando todo el pollo esté cocido, servir.

PARA 6 PORCIONES

GALLINAS DE GUINEA CON SALSA DE FRAMBUESA, KIWI Y PIMIENTA VERDE

4	4	gallinas de guinea pequeñas
2 cdas	30 ml	mantequilla derretida
1 cdta	5 g	sal
½ cdta	2,5 g	pimienta negra
1 taza	100 g	frambuesas
½ taza	125 ml	crema entera
¼ taza	50 g	azúcar en polvo
1 cda	15 g	granos de pimienta verde
2	2	kiwis

Colocar las gallinas en una bandeja de hornear, untarlas con la mantequilla y sazonarlas con sal y pimienta; ponerlas en un horno precalentado a 350°F (180°C), por 45-50 minutos.

Mientras las gallinas se hornean, hacer un puré con las frambuesas y pasar por un colador fino para eliminar las semillas.

Calentar juntos la crema, las frambuesas y el azúcar en una cacerola pequeña. Agregar los granos de pimienta y cocinar a fuego lento por 5 minutos .

Pelar los kiwis y cortarlos en cuadraditos; incorporarlos en la salsa.

Sacar las gallinas del horno, ponerlas sobre platos para servir y cubrirlas con salsa. Servir inmediatamente.

PARA 4 PORCIONES

Pollo con Cerveza Empanizado

FRICASSÉE DE POLLO II

1 – 4½ lb	1 – 2 kg	pollo, cortado en 8 pedazos
½ taza	56 g	harina sazonada
4 cdas	60 ml	aceite de oliva
2	2	cebollas picadas
2	2	zanahorias picadas
2	2	tallos de apio picados
1	1	ramito de hierbas (ver el Glosario)
4 tazas	1 L	Caldo de Pollo frío (ver página 77)
½ cdta	3 ml	de cada uno: sal, pimienta, paprika, chile en polvo, albahaca
½ taza	125 ml	pasta de tomate
3 cdas	42 g	mantequilla
3 cdas	21 g	harina

Lavar y secar el pollo.

Espolvorear el pollo en la harina sazonada.

Calentar el aceite en una cacerola grande, dorar el pollo por todos lados, escurrir el exceso de aceite. Agregar las cebollas, las zanahorias, el apio y el ramito; cubrir con el caldo y hervir; bajar el fuego y cocer a fuego lento por 1½ hora.

Sacar el pollo y conservarlo tibio. Colar el caldo y tirar las verduras y el ramito. Regresar el caldo a la cacerola, agregar los condimentos y la pasta de tomates; llevar a ebullición, reducir el líquido a 2 tazas (500 ml).

En una cacerola pequeña calentar la mantequilla, agregar la harina y cocer a fuego bajo por 2 minutos. Agregar el caldo reducido y cocinar a fuego lento hasta que se forme una salsa espesa. Poner sobre el pollo y servir con arroz o fideos.

PARA 4 PORCIONES

Fricassee de Pollo II

POLLO EN SALSA DE TRES PIMIENTAS

5 lbs	2 kg	pollo cortado en trozos
⅓ taza	37 g	harina
½ cdta	3 ml	de cada uno: cebolla en polvo, paprika, hojas de tomillo, hojas de orégano, pimienta negra, perifollo
2 cdtas	10 g	de cada uno: sal, chile en polvo
¼ taza	60 ml	aceite de girasol
3 oz	85 g	champiñones, en rodajas
2 cdtas	10 g	granos de pimienta verde
2 cdtas	10 g	granos de pimienta rosada
1 cdta	5 g	granos de pimienta negra
2 tazas	500 ml	Demi-Glace (ver página 123)
⅓ taza	80 ml	crema de batir
¼ taza	60 ml	vino Marsala
1 cda	14 g	mantequilla

Lavar el pollo y secar.

Combinar la harina con los condimentos. Espolvorear el pollo con la harina.

Calentar el aceite en una sartén grande. Freír el pollo hasta que se dore. Sacar y conservar.

Freír los champiñones hasta que se ablanden. Regresar el pollo a la cacerola. Agregar los granos de pimienta y la Demi-Glace. Bajar el fuego. Tapar y cocer a fuego lento por 1 hora. Pasar el pollo a una bandeja.

Subir al fuego y reducir la salsa a la mitad de su volumen. Revolviendo, agregar la crema y el vino. Incorporar la mantequilla; poner la salsa sobre el pollo y servir.

PARA 6 PORCIONES

Lasaña con Pato

POLLO FINOCCHIO

1½ lb	675 g	pollo deshuesado
3 tazas	750 ml	Caldo de Pollo (ver página 77)
6 cdas	84 g	mantequilla
1½ taza	375 ml	hinojo picado fino
1	1	zanahoria en tiras finas
1	1	pimiento dulce rojo, en tiras finas
3 cdas	21 g	harina
¾ taza	180 ml	crema ligera
1 ración	1	Risotto Alla Certosina (ver página 740)

Cortar el pollo en cubos grandes.

Calentar el caldo en una cacerola grande y hervir el pollo por 35 minutos. Sacar y conservar el pollo; colar el caldo. Regresar el caldo a la cacerola y llevar a ebullición, reducir a 1½ taza (375 ml).

En una sartén derretir la mantequilla y freír las verduras hasta que estén blandas. Espolvorear con la harina y cocer a fuego lento por 2 minutos. Agregar el caldo y la crema; cocer a fuego lento hasta que la salsa espese. Agregar el pollo y continuar cociendo a fuego lento por 5 minutos.

Poner el risotto alrededor del borde de una fuente, poner con un cucharón el pollo en el centro y servir.

PARA 4 PORCIONES

Pollo Finocchio

LASAÑA CON PATO

2 lbs	900 g	carne de pato, sin huesos
1	1	cebolla española grande
1	1	pimiento dulce rojo
1	1	pimiento dulce verde
3	3	tallos de apio
1	1	diente de ajo machacado
¼ taza	60 ml	aceite de oliva
3 tazas	450 g	tomates machacados
½ cdta	3 ml	de cada uno: sal, albahaca, mejorana
¼ cdta	1,2 g	de cada uno: pimienta, paprika
1 cdta	5 ml	salsa inglesa
1½ lb	625 g	fideos mafalda (fideos de 1" de ancho)
¾ lb	345 g	queso mozzarella rallado

Cortar la carne de pato en cubos de ½" (1,5 cm). Picar las verduras en cubos medianos.

Calentar el aceite en una cacerola. Agregar el pato y las verduras y freír hasta que el pato esté totalmente cocido. Agregar el tomate, los condimentos y la salsa inglesa; bajar el fuego y cocer a fuego lento por 1½ a 2 horas, hasta que la salsa esté bien espesa. Quitar la grasa que flote a la superficie de la salsa.

Cocer los fideos en una cacerola con abundante agua salada hasta que esten al dente, colar y enfriar.

Alternar capas de fideos y salsa en una bandeja de hornear grande engrasada. Cubrir con queso. Hornear en un horno precalentado a 350°F (180°C), por 15 minutos o hasta que el queso se dore. Servir.

PARA 8 PORCIONES

BLANQUETTE DE POLLO

1½ lb	675 g	carne de pollo, sin huesos
3 tazas	750 ml	Caldo de Pollo (ver página 77)
1 cdta	5 g	sal
¼ cdta	1,2 g	hojas de tomillo
1	1	hoja de laurel
20	20	cebollitas perla
4	4	zanahorias en tiras finas
2 cdas	28 g	mantequilla
2 cdas	14 g	harina
2 cdas	30 ml	jugo de limón
2	2	yemas de huevo
pizca	pizca	pimiento de Cayena
1 cda	15 ml	perejil picado

En una cacerola grande, poner el pollo, el caldo, la sal, el tomillo y el laurel; tapar y cocer a fuego lento por 45 minutos. Agregar las cebollas y las zanahorias y continuar cociendo a fuego lento por 10 minutos más.

Sacar 2 tazas (500 ml) de líquido. Derretir la mantequilla en una cacerola pequeña, agregar la harina y cocer por 2 minutos sobre fuego bajo (no dorar). Lentamente agregar las 2 tazas (500 ml) de líquido, revolviendo hasta espesar.

Batir el jugo de limón en las yemas de huevo. Mezclar en la salsa. Recalentar pero sin hervir la salsa ya que esto haría grumos los huevos. Mezclar la salsa con el pollo. Incorporar el pimiento de Cayena. Poner en un tazón de servir.

Espolvorear con perejil y servir con fideos o arroz.

PARA 6 PORCIONES

Enroscados de Pollo Florentine

PAVO AHUMADO EN SALSA DE CEREZAS

1½ lb	675 g	pechuga de pavo ahumado
1½ lb	675 g	cerezas ácidas frescas sin semillas
¼ taza	56 g	azúcar granulada
¼ taza	60 ml	jerez dulce o jugo de manzanas
¼ cdta	1,2 g	canela en polvo
⅛ cdta	pizca	pimienta de Jamaica
1 cdta	2,5 g	maicena

Colocar el pavo en una asadera, cubrir y hornear por una hora en un horno precalentado a 350°F (180°C). Sacarlo del horno, cortarlo y conservarlo caliente.

Mientras el pavo se está horneando mezclar el resto de los ingredientes, excepto la maicena, en un procesador de alimentos, procesar hasta formar un puré.

Pasarlo a una cacerola y cocer a fuego lento por 1 hora. Mezclar la maicena con 2 cdas (30 ml) de agua fría. Agregar a la salsa y cocer a fuego lento hasta que la salsa se espese

Poner el pavo en un plato de servir, poner la salsa sobre el pavo y servir.

PARA 6 PORCIONES

ENROSCADOS DE POLLO FLORENTINE

6 – 4 oz	6 – 120 g	pechugas de pollo
10 oz	280 g	hojas de espinaca
6 oz	170 g	queso havarti
6 oz	170 g	salmón ahumado
2 cdas	30 ml	mantequilla derretida
2 tazas	500 ml	Velouté de Pollo (ver página 105)

Macerar fino las pechugas de pollo con un mazo para carne.

Picar finamente la espinaca.

Colocar 1½ oz (45 g) de espinaca, 1 oz (30 g) de queso, y 1 oz (30 g) de salmón en cada pechuga. Enrollar el pollo y atravesar con palillos de dientes.

Untar con mantequilla derretida, colocar en una bandeja de asar. Poner por 20 minutos en un horno precalentado a 350°F (180°C).

Colocar en una fuente de servir con el velouté esparcido sobre el pollo. Servir.

PARA 6 PORCIONES

FRITURAS DE POLLO GRAND'MERE

1 taza	112 g	harina
1½ cdta	6 g	sal
¼ cdta	1 ml	de cada uno: mejorana y paprika
1 cdta	5 g	polvo de hornear
2	2	huevos separados
⅓ taza	80 ml	leche fría
2 cdas	30 ml	jerez
1 taza	150 g	pollo cocido picado
1 taza	180 g	arvejas cocidas
3 tazas	750 ml	aceite de girasol

Cernir la harina junto con la sal, las hierbas y el polvo de hornear.

Batir las yemas de huevo hasta que estén cremosas y luego agregar la leche y el jerez. Lentamente batir la harina en el líquido. Batir las claras hasta que estén duras y agregar al batido. Agregar el pollo y las arvejas.

Calentar el aceite a 375°F (190°C). Dejar caer en el aceite pequeñas porciones de batido del tamaño de una cucharada y cocer hasta que estén doradas. Conservar calientes mientras el resto se cuece. Servir bien caliente; buena con Salsa Mornay (ver página 111).

PARA 4 PORCIONES

POLLO FRITO VOLTEADO

8 oz	225 g	pollo deshuesado, sin piel
2 cdas	30 ml	aceite de girasol
1	1	cebolla pequeña en cubitos
½ taza	75 g	pimientos dulces verdes, en cubitos
½ taza	75 g	pimientos dulces rojos, en cubitos
20	20	champiñones de botón
2 cdas	30 ml	salsa de ostras*
2 cdas	30 ml	salsa de soya
1 cdta	2,5 g	maicena
1 cda	15 ml	jerez o agua

Picar el pollo en trozos pequeños.

Calentar el aceite en una sartén grande o wok chino. Freír el pollo por 3 minutos. Agregar las verduras y freír hasta que estén blandas. Agregar la salsa de ostras y la salsa de soya. Cocer a fuego lento por 2 minutos.

Mezclar la maicena con el jerez y agregar revolviendo al pollo. Cocer a fuego lento hasta que espese. Servir sobre arroz o fideos .

PARA 2 PORCIONES

*Se encuentra en la sección oriental de los supermercados

POLLO SOFRITO BURGUIÑON

3 – 2¼ lbs	3 – 1 kg	pollos
¼ taza	60 ml	mantequilla clarificada (ver el Glosario)
1 cda	9 g	chalotes
1 cda	7 g	harina
1	1	ramito de hierbas*
¼ lb	115 g	tocino cocido picado
20	20	cebollitas perla
20	20	champiñones de botón
¾ taza	180 ml	vino tinto

Cortar el pollo en cuartos.

Calentar la mantequilla en una cacerola grande, freír el pollo hasta que se dore; sacar y conservar el pollo. Agregar revolviendo los chalotes y la harina; bajar el fuego y cocinar por cuatro minutos.

Agregar el resto de los ingredientes junto con el pollo. Bajar el fuego y cocer a fuego lento por 40-45 minutos o hasta que el pollo esté cocido completamente. Tirar el ramito de hierbas y servir con arroz o fideos.

PARA 6 PORCIONES

*El ramito de hierbas para este plato es: Una hoja de laurel, 8 ramitas de perejil, 2 ramitas de tomillo, 6 granos de pimienta y 1 puerro pequeño cortado; todo amarrado dentro de una muselina.

Frituras de Pollo Grand'Mere

POLLO TIA JUANA

1 – 4½ lbs	1 – 2 kg	pollo, cortado en 8 pedazos
¼ taza	28 g	harina
2 cdtas	10 g	sal
¼ cdta	1,2 g	de cada uno: pimienta negra, pimienta blanca, clavos de olor
2 cdtas	10 g	de cada uno: chile en polvo, paprika
⅓ taza	80 ml	aceite de oliva
1	1	cebolla grande picada
2	2	dientes de ajo machacados
1	1	pimiento dulce verde, en rodajas
1	1	pimiento dulce rojo, en rodajas
1½ taza	225 g	champiñones en rodajas
3 tazas	450 g	tomates pelados, sin semillas, picados
½ taza	125 ml	jerez
⅓ taza	47 g	aceitunas verdes rellenas

Lavar y secar el pollo.

Combinar la harina con los condimentos. Restregar el pollo en la harina.

Calentar el aceite en una cacerola grande, dorar el pollo en el aceite. Pasar el pollo a una bandeja de hornear grande.

Freír la cebolla, el ajo, los pimientos y los champiñones en una sartén hasta que se ablanden. Agregar revolviendo los tomates y el jerez, y cocer a fuego lento for 5 minutos. Poner sobre el pollo y hornear tapado en un horno precalentado a 350°F (180°C), por 45-50 minutos. Quitar la tapa y agregar revolviendo las aceitunas y continuar horneando por 15 minutos más.

Servir con arroz.

PARA 4 PORCIONES

FILETES DE PAVO CREOLE

1½ lb	675 g	pechuga de pavo
½ taza	56 g	harina sazonada
2	2	cebolla española en cubitos
2	2	pimiento dulce verde, en rodajas
1	1	pimiento dulce rojo, en rodajas
3 cdas	45 ml	aceite de girasol
½ cdta	3 ml	de cada uno: albahaca, orégano, tomillo, paprika, ajo en polvo, cebolla en polvo, chile en polvo
¼ cdta	1,2 g	de cada uno: pimienta negra, pimienta blanca, pimiento de Cayena
1 cdta	5 g	sal
1 cda	15 ml	salsa inglesa
3 tazas	450 g	tomates machacados
½ taza	64 g	cebollas verdes picadas
2 cdas	30 ml	perejil picado

Cortar el pavo en tiras de ¾" (2 cm) de ancho; espolvorear con harina.

En una cacerola grande freír el pavo, las cebollas y los pimientos en aceite, hasta que el pavo esté cocido completamente. Agregar los condimentos, la salsa inglesa y los tomates; bajar el fuego y cocer a fuego lento por 1¼ hora.

Agregar las cebollas verdes y el perejil y cocer a fuego lento for 5 minutos más. Servir sobre fideos o arroz.

PARA 6 PORCIONES

Pollo Tía Juana

Filetes de Pavo Creole

POLLO MERCADER DE VINOS

1 – 2¼ lbs	1 – 1 kg	pollo, cortado en 8 pedazos
2 cdas	30 ml	aceite de oliva
½ cdta	3 ml	de cada uno: sal, pimienta, paprika, chile en polvo, albahaca, tomillo, orégano
2 cdas	28 g	mantequilla
½ taza	112 g	jamón, en cubos
½ taza	75 g	champiñones, en cubos
½ taza	64 g	cebollines
1½ taza	375 ml	Demi-Glace (ver página 123)
½ taza	125 ml	jerez
¼ taza	60 ml	crema entera – opcional

Poner el pollo en una bandeja de asar baja, untarlo con aceite y espolvorearlo con los condimentos. Hornear en un horno precalentado a 350°F (180°C), por 45 minutos.

En una sartén derretir la mantequilla. Freír el jamón, los champiñones y los cebollines. Agregar el Demi-Glace y el jerez; bajar el fuego y cocer a fuego lento hasta reducir a la mitad el volumen de la salsa.

Agregar la crema y cocer a fuego lento por 2 minutos más, si se desea usar.

Poner la salsa sobre el pollo y continuar horneando por 10 minutos más. Servir con arroz o fideos..

PARA 4 PORCIONES

Pechugas de Pollo Picantes

PECHUGAS DE POLLO PICANTES

2 cdas	28 g	mantequilla
¼ cdta	1,2 g	de cada uno: pimiento de Cayena, pimienta negra, pimienta blanca
6 – 6 oz	6 – 170 g	pechugas de pollo sin huesos, sin piel
½ taza	125 ml	salsa de chile
½ taza	125 ml	salsa de tomate catsup
¼ cdta	1 ml	de cada uno: sal, albahaca, paprika, chile en polvo, tomillo, orégano
2 cdas	30 ml	salsa inglesa
2 cdas	30 ml	mostaza de Dijon
½ taza	125 ml	agua

Hacer una pasta suave con la mantequilla y la pimienta. Poner las pechugas de pollo en una bandeja de hornear y esparcir la mantequilla sobre ellas. Poner bajo el asador del horno precalentado y asar por 3 minutos; voltear las pechugas y asar por 3 minutos más.

Mientras el pollo se asa, combinar el resto de los ingredientes en un tazón pequeño. Poner sobre el pollo y hornear por 20-25 minutos a 350°F (180°C).

Servir con arroz blanco.

PARA 6 PORCIONES

POLLO CREOLE GRATINADO

3 tazas	750 ml	Caldo de Pollo (ver página 77)
1½ lb	675 g	pollo dehuesado, cortado en trozos
2 tazas	112 g	fideos fettucini, cocidos y escurridos
1½ taza	375 ml	Salsa Creole (ver página 121)
½ taza	56 g	queso cheddar medio fuerte, rallado
½ taza	56 g	queso cheddar fuerte, rallado
½ taza	56 g	queso havarti rallado

Precalentar el horno a 400°F (200°C).

Llevar a ebullición el caldo. Agregar el pollo y cocer a fuego lento por 30 minutos. Colar y conservar el pollo.

Poner los fideos en una bandeja de hornear engrasada. Colocar el pollo sobre los fideos y bañar con la salsa. Combinar los quesos y poner sobre la bandeja. Hornear por 15-20 minutos o hasta que el queso esté derretido y dorado, servir inmediatamente.

PARA 4 PORCIONES

Pollo con Pistacho

POLLO CON ALBARICOQUE

1 taza	250 ml	agua hirviendo
10 oz	280 g	albaricoques secos
⅔ taza	160 ml	aceite de girasol
⅓ taza	80 ml	jugo de limón
¼ cdta	1 ml	de cada uno: ajo en polvo, albahaca, cebolla en polvo, hojas de tomillo, hojas de orégano, sal, pimienta blanca
⅓ taza	42 g	cebolla picada
¼ taza	37 g	pimiento dulce rojo, picado
2 cdas	28 g	mantequilla
1	1	cebolla española en rodajas
1 taza	250 ml	Caldo de Pollo (ver página 77)
4½ lbs	2 kg	pedazos de pollo

Poner el agua hirviendo sobre los albaricoques y remojar por 10 minutos. Colar y poner en un procesador de alimentos con el aceite, el jugo de limón y los condimentos. Procesar por 1 minuto. Poner en un tazón de mezclar y agregar revolviendo la cebolla y la pimienta.

Calentar la mantequilla en una sartén y freír la cebolla. Agregar el caldo, llevar a ebullición y reducir el caldo a ⅓ taza (80 ml). Agregar la mezcla de albaricoques.

Poner los pedazos de pollo en una bandeja de hornear grande. Poner la salsa, tapar y hornear en un horno precalentado a 350°F (180°C) por 45 minutos. Destapar y continuar horneando por 15 minutos más. Servir con arroz pilaf.

PARA 8 PORCIONES

POLLO A LA PROVENZAL

3 cdas	45 ml	aceite de oliva
1	1	diente de ajo machacado
1½ lb	675 g	tiras de pollo deshuesado
3 oz	80 g	champiñones de botón
20	20	cebollitas perla
¾ lb	345 g	calabacín en tiras finas
2 tazas	300 g	tomates machacados
3 cdas	45 ml	jugo de limón
¼ cdta	1 ml	de cada uno: hojas de tomillo, albahaca, paprika, sal
½ cdta	2,5 g	pimienta negra triturada

Calentar el aceite en una cacerola, agregar el ajo, el pollo, los champiñones y las cebollas; freír hasta que el pollo esté completamente cocido. Agregar el calabacín y continuar cociendo por 5 minutos. Agregar los tomates, el jugo de limón y los condimentos; bajar el fuego y cocer a fuego lento por 30 minutos.

Servir con arroz.

PARA 6 PORCIONES

POLLO CON PISTACHO

6 – 4 oz	6 – 120 g	pechugas de pollo, sin huesos
2 oz	60 g	manteca
1 lb	450 g	carne de pollo molida
3 cdas	45 g	cebolla rallada
3 cdas	30 g	zanahorias picadas
3 cdas	30 g	apios picados
¼ cdta	1 ml	de cada uno: albahaca hojas de tomillo, mejorana, sal, pimienta
1 taza	150 g	nueces de pistacho, sin cáscaras
1	1	huevo
2 cdas	30 ml	mantequilla derretida

Macerar fino las pechugas de pollo con un mazo para carnes .

Mezclar la manteca, la carne molida, los condimentos, las nueces y el huevo en un tazón grande. Repartir la mezcla en cantidades iguales sobre las pechugas de pollo. Enrollar las pechugas de pollo para envolver el relleno. Mantener juntas con palillos o amarradas.

Untar con la mantequilla derretida y colocar en una bandeja. Hornear por 35-40 minutos en un horno precalentado a 350°F (180°C). Servir con Salsa de Champiñones Silvestres al Jerez (ver página 105).

PARA 6 PORCIONES

PECHUGAS DE POLLO RELLENAS CON FRUTAS

¼ taza	25 g	grosellas
¼ taza	35 g	dátiles picados
¼ taza	35 g	manzanas secas picadas
½ taza	56 g	miga de pan seca
6 – 6 oz	6 – 170 g	pechugas de pollo sin huesos, sin piel y maceradas fino
¼ taza	28 g	harina sazonada
2 cdas	30 ml	aceite de oliva
½ taza	125 ml	jugo de naranjas
¼ taza	60 ml	agua

Mezclar las grosellas, los dátiles, las manzanas y la miga de pan. Poner cantidades iguales de relleno sobre las pechugas de pollo. Enrollar las pechugas de pollo para envolver el relleno. Mantener juntas con palillos, refrigerar por 1 hora.

Espolvorear las pechugas con la harina. Calentar el aceite en una sartén grande y dorar las pechugas por todos lados. Pasar a una bandeja de hornear.

Poner el jugo de naranjas y el agua sobre el pollo y hornear en un horno precalentado a 350°F (180°C), por 30-35 minutos.

Servir con Arroz Pilaf con Naranjas y Marañones (ver página 724).

PARA 6 PORCIONES

POLLO ASADO AILLOLI

1 – 5 lbs	1 – 2 kg	pollo
1	1	diente de ajo
¼ cdta	1,2 g	sal
½	0,5	limón
¾ taza	180 ml	Salsa Ailloli (ver página 102)

Pinchar el pollo.

Frotar el pollo entero con el diente de ajo. Salpicarlo con sal y jugo de limón. Colocar el pollo en una bandeja de asar y poner en un horno precalentado a 325°F (160°C), por 1¾ to 2½ horas o hasta que esté completamente cocido.

Sacar el pollo y cortarlo. Ponerlo en un plato para servir con salsa ailloli, aparte.

PARA 6 PORCIONES

Pollo Asado Ailloli

POLLO ASADO CON ROMERO

2 tazas	500 ml	Caldo de Pollo (ver página 77)
⅓ taza	80 ml	jugo de limón
3 cdas	45 ml	miel líquida
5 lbs	2,2 kg	pollo
8	8	ramitas frescas de romero
		sal y pimienta
1	1	cabeza de ajo
2 cdas	28 g	mantequilla
2 cdas	14 g	harina
¼ taza	60 ml	vino blanco

Poner 1 taza (250 ml) de caldo de pollo, el jugo de limón y la miel en una cacerola. Llevar a ebullición. Bajar el fuego y cocer a fuego lento hasta que el líquido se reduzca a la mitad.

Con un cuchillo pequeño, hacer un corte entre la piel y la pechuga a ambos lados del pollo. Insertar una ramita de romero en cada lado. Con el ajo frotar completamente el pollo, luego sazonar abundantemente con sal y pimienta. Colocar el resto del romero, junto con el ajo, en la cavidad.

Poner en una asadera, asar por 2¾ a 3½ horas, untando a menudo durante la última hora de cocción.

Sacar el pollo de la asadera, colar el jugo producido con un colador fino.

Calentar la mantequilla en una sartén y agregar la harina; bajar el fuego y cocer hasta que el roux* se dore. Agregar el vino, el jugo del asado y el resto del caldo de pollo. Bajar el fuego y cocer a fuego lento hasta que la salsa se espese.

Cortar el pollo y servir con el jugo de la carne.

PARA 6 PORCIONES

*Roux es cualquier grasa a la cual se le ha agregado harina y cocido por 2 o más minutos.

Codornices Catalanas

CODORNICES CATALANAS

3 – 12 oz	3 – 340 g	codornices
1 cda	15 ml	aceite de girasol
3 cdas	42 g	mantequilla
1	1	cebolla española picada fino
3 oz	80 g	champiñones cortados
2 cdas	14 g	harina
1½ taza	225 g	tomates, pelados, sin semillas, picados
1 oz	30 g	chocolate semi-dulce rallado
1½ taza	375 ml	Salsa Española (ver página 111)

Cortar las codornices por la mitad. Untarlas con aceite. Poner en una lata de hornear. Poner por 45 minutos en un horno precalentado a 350°F (180°C).

Mientras las codornices se hornean, calentar la mantequilla en una cacerola, agregar la cebolla y los champiñones, freír hasta que el líquido se evapore. Espolvorear con harina y cocer por 2 minutos más. Agregar los tomates, el chocolate y la Salsa Española. Bajar el fuego y cocer a fuego lento for 30 minutos. Sacar las codornices del horno, ponerlas en una bandeja de servir, cubrirlas con salsa y servir.

PARA 6 PORCIONES

POLLO DIANNE

⅓ taza	75 g	mantequilla
4 – 6 oz	4 – 170 g	pechugas de pollo, sin huesos, sin piel
4 oz	115 g	champiñones en rodajas
2	2	cebollas verdes picadas
¼ taza	60 ml	brandy
1½ taza	375 ml	Salsa Demi-Glace (ver página 123)
¼ taza	60 ml	jerez
¼ taza	60 ml	crema

En una sartén grande, calentar la mantequilla. Freír el pollo en la mantequilla, 6 minutos por lado. Quitar y conservar caliente.

Agregar los champiñones a la sartén y freír hasta que se ablanden. Agregar las cebollas verdes y cuidadosamente flamear con el brandy. Agregar revolviendo el Demi-Glace, el jerez y la crema; reducir el líquido a ¾ de taza (175 ml).

Poner el pollo en platos de servir, poner la salsa sobre el pollo y servir.

PARA 4 PORCIONES

Pollo Asado con Romero

POLLO TERCIOPELO

1½ lb	675 g	pechuga de pollo, sin huesos
3 oz	80 g	champiñones
3 cdas	45 ml	aceite de girasol
3 cdas	21 g	harina
1½ taza	375 ml	Caldo de Pollo (ver página 77)
⅔ taza	160 ml	crema entera
¼ cdta	1,2 g	sal
¼ cdta	1,2 g	pimienta blanca
8 oz	225 g	queso cheddar rallado

Cortar en tiras la pechuga de pollo.

Freír con los champiñones en aceite, en una sartén grande. Espolvorear con harina, bajar el fuego y continuar cociendo por dos minutos. Poner el caldo de pollo y la crema. Agregar los condimentos y continuar cociendo a fuego lento por 35 minutos.

Agregar revolviendo el queso y cocer a fuego lento por 5 minutos más. Servir sobre arroz o fideos.

PARA 6 PORCIONES

POLLO PICANTE CON COCO

1½ lb	675 g	pollo en trozos
1 cdta	5 g	de cada uno: sal, paprika, pimienta
6 cdas	84 g	mantequilla
1	1	cebolla española picada
1	1	diente de ajo picado
¾ taza	112 g	almendras blanqueadas, ralladas
1 cdta	5 g	chiles rojos machacados
½ cdta	3 ml	hojas de tomillo
1	1	hoja de laurel
¼ taza	60 ml	jugo de limón
¼ taza	60 ml	miel
2 tazas	500 ml	leche de coco
1 taza	250 ml	coco fresco rallado

Espolvorear los pedazos de pollo con sal, paprika y pimienta.

Calentar la mantequilla en una sartén y freír la cebolla con el pollo hasta que se doren. Agregar el resto de los ingredientes. Tapar, bajar el fuego y cocer a fuego lento for 45 minutos.

Servir con arroz pilaf..

PARA 6 PORCIONES

HAMBURGUESAS DE POLLO A LAS BRASAS

4 – 3 oz	4 – 90 g	pechugas de pollos sin huesos, sin piel
4 cda	60 ml	aceite de oliva
1 cda	15 ml	jerez
1	1	diente de ajo picado
½ cdta	3 ml	de cada uno: sal, pimienta negra triturada, hojas de tomillo, hojas de orégano, hojas de albahaca, paprika
¼ cdta	1 ml	salsa inglesa
12	12	lonjas de tocino
4	4	panecillos
1	1	tomate grande, en rodajas gruesas
4	4	hojas de lechuga
4 cdas	60 ml	salsa ranchera

Lavar y secar las pechugas de pollo. Poner en una bandeja.

En un tazón mezclar juntos el aceite, el jerez, el ajo, los condimentos y la salsa inglesa. Poner sobre el pollo y marinar por 3 horas; tapar y refrigerar.

Asar a las brasas las pechugas de pollo, 4 minutos por lado, untando frecuentemente con una brochita la salsa de marinar.

Freír el tocino hasta que se dore y poner en una toalla de papel para que absorba el exceso de grasa.

Cortar el pan en mitades, poner una rodaja de tomate y hojas de lechuga en una mitad. En la otra mitad colocar 1 cda (15 ml) de salsa. Poner encima una pechuga de pollo y 3 lonjas de tocino. Servir inmediatamente.

PARA 4 PORCIONES

Hamburguesas de Pollo a las Brasas

POLLO EN MIEL A LA BARBACOA

3 cdas	42 g	mantequilla
3 cdas	45 ml	aceite
1	1	cebolla mediana picada
1	1	diente de ajo picado
⅔ taza	160 ml	salsa de tomate catsup
⅔ taza	160 ml	miel líquida
¼ taza	60 ml	vinagre de sidra
1 cda	15 ml	salsa inglesa
½ cdta	3 ml	de cada uno: hojas de tomillo , hojas de orégano, hojas de albahaca, paprika, pimienta, chile en polvo, sal
½ cdta	3 ml	saborizador de humo
4 – 6 oz	4 – 170 g	pechugas de pollo sin huesos, sin piel

Calentar la mantequilla con 2 cdas (30 ml) de aceite en una cacerola. Agregar la cebolla y el ajo, freír hasta que se ablanden.

Agregar la catsup, la miel, el vinagre, la salsa inglesa, los condimentos y el saborizador de humo. Calentar a fuego lento hasta que la salsa esté espesa y brillante. Dejar enfriar.

Untar al pollo el aceite restante. Asar sobre carbones a mediana temperatura, 8 minutos por lado, untando frecuentemente con la salsa. Untar una vez más antes de servir.

PARA 4 PORCIONES

Pollo en Miel a la Barbacoa

POLLO A LA PROVENZAL II

1 – 4½ lb	1 – 2 kg	pollo, cortado en 8 pedazos
⅓ taza	38 g	harina
¼ taza	60 ml	aceite de oliva
3	3	dientes de ajo picados
20	20	cebollitas perla
20	20	champiñones de botón
2	2	zanahorias, en tiras finas
2 tazas	300 g	tomates pelados, picados, sin semillas
1 taza	250 ml	Caldo de Pollo doble (ver página 77)
1 taza	250 ml	vino tinto
½ cdta	3 ml	de cada uno: sal, pimienta, albahaca perifollo, mejorana

Lavar y secar el pollo.

Espolvorear al pollo con la harina. Calentar el aceite en una cacerola grande, dorar el pollo y sacarlo.

Agregar el ajo, las cebollas, los champiñones y la zanahoria; freír hasta que se ablanden; espolvorear con el resto de la harina y cocer a fuego lento por 2 minutos.

Regresar el pollo a la cacerola y agregar el resto de los ingredientes; revolver para mezclar bien. Tapar el pollo y cocer a fuego lento por 1½ hora.

Servir con arroz o pasta.

PARA 4 PORCIONES

Pollo con Romero y Naranjas

Pollo St. Jacques a la Indiana

POLLO ST. JACQUES A LA INDIANA

1 taza	250 ml	vino blanco
1 lb	450 g	pollo deshuesado, picado grueso
¼ taza	56 g	mantequilla
1	1	cebolla pequeña picada
1	1	pimiento dulce verde, picado
1	1	apio en cuadritos
3 cdas	21 g	harina
1 taza	250 ml	crema entera
⅓ taza	90 ml	jerez
½ cdta	2,5 g	sal
2 cdtas	10 g	curry en polvo
1 taza	150 g	tomates pelados, sin semillas, picados

Calentar el vino en una cacerola pequeña, agregar el pollo y cocer a fuego lento por 20 minutos. Colar y conservar el pollo y el caldo.

En una segunda cacerola calentar la mantequilla, freír la cebolla, los pimientos verdes y el apio hasta que se ablanden. Agregar la harina y cocer por 2 minutos a fuego lento. Agregar revolviendo la crema, el jerez y los condimentos, cocer a fuego lento hasta que espese.

Agregar los tomates y el pollo, cocer a fuego lento for 5 minutos. Si la salsa está muy espesa, diluir un poco con el caldo.

Poner en platos y servir con Aloo Madarasi (ver página 710).

PARA 4 PORCIONES

POLLO CON ROMERO Y NARANJAS

2	2	naranjas
1 cda	14 g	mantequilla
4 – 6 oz	4 – 170 g	pechugas de pollo, sin huesos y sin piel
2 cdtas	10 ml	romero
1 ración	1	Arroz con Naranja y Marañones (ver página 724)

Pelar y rebanar una naranja, extraer el jugo de la otra.

En una sartén grande calentar la mantequilla y el pollo; freír hasta que el pollo esté completamente cocido. Espolvorear con el romero y agregar el jugo y las rebanadas de naranja. Bajar el fuego y cocer a fuego lento por 2 minutos.

Poner con una cuchara el arroz en los platos de servir, cubrir con pollo y salsa, servir inmediatamente.

PARA 4 PORCIONES

POLLO CAMPESTRE

4 – 6 oz	4 – 170 g	pechugas de pollo, sin huesos y sin piel
½ taza	125 ml	yogur
2 cdtas	5 g	harina
1 cda	15g	curry en polvo
2 cdas	14 g	miga de pan fina
2 cdas	30 ml	agua

Poner el pollo en una bandeja de hornear pequeña.

En un tazón pequeño mezclar el yogur, la harina y el curry en polvo. Poner sobre el pollo. Espolvorear con la miga de pan y poner el agua a los lados.

Poner en un horno precalentado a 350°F (180) y hornear por 40 minutos, o hasta que el pollo esté blando.

Sacar del horno y servir con arroz pilaf.

PARA 4 PORCIONES

POLLO ASADO A LA HAWAIANA

1 – 4½ lbs	1– 2 kg	pollo para asar
2	2	dientes de ajo picados
¼ cdta	1,2 g	pimienta
½ cdta	2,5 g	sal
¼ taza	60 ml	salsa de soya
3 cdas	45 ml	miel líquida
¼ taza	60 ml	salsa de tomate catsup

Poner el pollo en una bandeja, frotarlo con la mitad del ajo; sazonarlo con la sal y la pimienta. Poner en un horno precalentado a 350°F (180°C), por 2½ horas, o hasta que esté completamente cocido. Combinar el resto de los ingredientes en un tazón pequeño de mezclar y untar al pollo por lo menos 6 veces mientras se asa. Untar una última vez antes de cortar y servir.

PARA 6 PORCIONES

PAVO SOFRITO PROVENZAL

6 – 6 oz	6 – 170 g	pechugas de pavo, deshuesadas
4 cdas	56 g	mantequilla
3	3	dientes de ajo picados
1	1	pimiento dulce verde, picado
1	1	cebolla picada
3 tazas	450 g	tomates pelados, sin semillas, picados
¼ taza	60 ml	jerez
1 cdta	5 g	paprika
½ cdta	2,5 g	sal
¼ cdta	1,2 g	pimienta

En una sartén, freír el pavo en la mantequilla, 4-6 minutos por lado (dependiendo del grosor de las pechugas). Sacarlas de la sartén y guardarlas calientes.

Agregar el ajo, el pimiento verde y la cebolla a la sartén, freír hasta que se ablanden. Agregar los tomates y llevar a ebullición, bajar el fuego y cocer a fuego lento for 10 minutos. Agregar el jerez y los condimentos, continuar cociendo a fuego lento hasta que el líquido se evapore.

Colocar las pechugas en una fuente, poner la salsa encima y servir con pilaf de limón.

PARA 6 PORCIONES

POLLO CON SALSA DE GRANOS DE PIMIENTAS ROSADA Y VERDE

2 cdas	28 g	mantequilla
2 cdas	14 g	harina
½ taza	125 ml	Caldo de Pollo (ver página 77)
½ taza	125 ml	crema ligera
3 cdas	45 ml	brandy
1 cda	15 g	granos de pimienta rosada
1 cda	15 g	granos de pimienta verde
1 cda	9 g	cebollines picados
1 cda	15 ml	perejil picado
4 – 6 oz	4 – 170 g	pechugas de pollo, sin huesos y sin piel
2 cdas	30 ml	mantequilla derretida
½ cdta	2,5 g	sal
¼ cdta	1,2 g	pimienta blanca

Calentar la mantequilla en una cacerola y agregar la harina. Bajar el fuego y cocinar por 2 minutos.

Agregar revolviendo el caldo, la crema y el brandy, cocer a fuego lento hasta que la salsa espese. Incorporar los granos de pimienta, la cebolla y el perejil.

Con una brochita untar al pollo la mantequilla derretida. Sazonar con la sal y la pimienta. Hornear en un horno precalentado a 375°F (190°C), por 15-20 minutos.

Sacar del horno y poner en una fuente de servir. Cubrir con la salsa y servir.

PARA 4 PORCIONES

Pollo con Salsa de Granos de Pimientas Rosada y Verde

Crepas de Pavo Ahumado con Queso Cheddar

POLLO A LAS BRASAS

⅔ taza	160 ml	aceite de oliva
⅓ taza	80 ml	jugo de limón
⅓ taza	80 ml	jerez
2 cdas	30 ml	romero machacado
2 cdas	30 ml	hojas de albahaca
1 cda	15 ml	hojas de tomillo
½ cdta	2,5 g	de cada uno: azúcar granulada, pimienta, sal
4 – 6 oz	4 – 170 g	pechugas de pollo, sin huesos y sin piel

Combinar en un tazón todos los ingredientes, menos el pollo.

Colocar el pollo en una asadera baja y ponerle la salsa encima. Tapar y refrigerar por 6 horas.

Asar el pollo en una parrilla sobre carbones a mediana temperatura, 6 minutos por lado.

PARA 4 PORCIONES

CREPAS DE PAVO AHUMADO CON QUESO CHEDDAR

CREPAS:

3	3	huevos
⅔ taza	74 g	harina
¼ cdta	1,2 g	sal
1 taza	250 ml	leche
1 cda	15 ml	aceite de girasol

Batir los huevos, agregarles la harina, la sal y la leche; mezclar bien con el aceite. Calentar una sartén de 8" (20 cm) y rociar con un pulverizador para que no se pegue. Poner 3-4 cdas (45 ml-60 ml) del batido, freír en calor mediano hasta que estén doradas. Sacarlas y enfriarlas.

RELLENO:

1½ lb	675 g	pechugas de pavo ahumado
2 cdas	28 g	mantequilla
1 taza	150 g	champiñones en rodajas
2 cdas	28 g	harina
1 taza	250 ml	Caldo de Pollo (ver página 77)
1 taza	112 g	queso cheddar medio, rallado

Freír en mantequilla el pavo y los champiñones, en una sartén grande. Espolvorear con harina y cocer por 2 minutos. Agregar el caldo de pollo y bajar el fuego, cocer a fuego lento por 5 minutos. Incorporar el queso y revolverlo por 3 minutos.

Poner cantidades iguales de relleno en cada crepa, enrollar y servir.

PARA 6 PORCIONES

Pollo a las Brasas Teriyaki

POLLO FRITO SUREÑO

4½ lbs	2 kg	pollo, en trozos
4	4	huevos
¾ taza	180 ml	leche
1½ taza	168 g	harina
3 tazas	340 g	miga de pan
1 cda	15 g	paprika
1 cdta	5 ml	de cada uno: orégano, tomillo, salvia, ajo en polvo, cebolla en polvo, pimienta negra, mejorana, chile en polvo
4 tazas	1 L	aceite de girasol

Lavar y secar el pollo.

En un tazón combinar los huevos y la leche. Poner la harina en un segundo tazón y la miga de pan en un tercero. Mezclar los condimentos con la miga de pan.

Espolvorear al pollo con la harina, sumergirlo en los huevos y untarlo con la miga de pan.

Calentar el aceite a 325°F (160°C). Freír el pollo en pequeñas cantidades hasta que se dore, asegurándose que el pollo esté completamente cocido. El tiempo de cocción depende del tamaño de los trozos de pollo.

Conservar caliente hasta que todo el pollo esté cocido.

PARA 6 PORCIONES

Pollo Frito Sureño

POLLO A LAS BRASAS TERIYAKI

⅓ taza	56 g	azúcar morena
1 cdta	5 g	jengibre molido
1 taza	250 ml	Caldo de Carne (ver página 85)
⅓ taza	80 ml	salsa de soya
2 cdas	14 g	maicena
¼ taza	60 ml	jerez
1 cda	15 ml	aceite
4 – 6 oz	4 – 175 g	pechugas de pollo, sin huesos y sin piel

En una cacerola, disolver el azúcar y el jengibre con el caldo y la salsa de soya; llevar a ebullición.

Mezclar la maicena con el jerez y agregar a la salsa. Bajar el fuego y cocer a fuego lento hasta que la salsa espese. Dejar enfriar.

Con una brochita untar a las pechugas el aceite. Asar a temperatura mediana, 8 minutos por lado. Untar frecuentemente con la salsa mientras se asan. Untar una última vez y servir.

PARA 4 PORCIONES

PAVO AHUMADO CON SALSA DE CREMA ACIDA Y QUESO

1½ lb	675 g	pechugas de pavo ahumadas
2 cdas	28 g	mantequilla
2 cdas	14 g	harina
1½ taza	375 ml	Caldo de Pollo (ver página 77)
¾ taza	180 ml	crema ácida
¼ cdta	1,2 g	de cada uno: sal, pimienta
½ cdta	2,5 g	paprika
6 oz	170 g	queso Gruyere rallado
2 cdas	30 ml	perejil picado

Poner el pavo en una asadera; hornear en un horno precalentado a 350°F (180°C), por 1 hora. Sacar, cortar y conservar caliente. Derretir la mantequilla en una cacerola, agregar la harina y cocer por 2 minutos a fuego lento. Poner el caldo y cocer a fuego lento for 5 minutos. Incorporar la crema ácida, los condimentos y el queso, continuar cociendo a fuego lento por 5 minutos más.

Poner el pavo en una fuente de servir, poner la salsa sobre el pavo, espolvorear con el perejil y servir.

PARA 6 PORCIONES

POLLO RELLENO EN CACEROLA DE BARRO

1 – 3 lb	1 – 1 kg	pollo
¼ lb	115 g	hígados de pollo
2	2	chalotes
2 cdas	30 ml	perejil picado
¼ taza	56 g	mantequilla
2 tazas	225 g	miga de pan
¼ taza	60 ml	leche
¼ cdta	1 ml	de cada uno: hojas de tomillo, albahaca, orégano, sal, pimienta

Lavar el pollo. Quitarle las membranas a los hígados y cortarlos en cubitos. Cortar los chalotes en cubitos finos y mezclar con el perejil.

Calentar 1 cda (14 g) de mantequilla en una sartén; freír los hígados y los chalotes por 10 minutos; dejar enfriar a temperatura ambiente.

En un tazón combinar la miga de pan, la leche, los condimentos y los hígados. Rellenar el pollo. Calentar la mantequilla restante en una cacerola de barro, poner el pollo y dorarlo por todos lados. Poner la tapa en la cacerola hornear en un horno precalentado a 350°F (180°C), por 1½ hora. Cortar el pollo y servirlo en la cacerola de barro.

PARA 6 PORCIONES

GALLINAS DE GUINEA ASADAS CON SALSA HOLANDESA DE ARANDANOS

2 – 1½ lb	2 – 675 g	gallinas de Guinea
6	6	tiras de tocino
¼ cdta	1 ml	de cada uno: romero, tomillo, sal, pimienta
2 tazas	200 g	arándanos
2	2	yemas de huevo
½ taza	112 g	mantequilla caliente

Cortar las gallinas de Guinea por la mitad y ponerlas en una bandeja. Cubrirlas con una capa de tocino, y espolvorearlas con los condimentos. Ponerlas en un horno precalentado a 350°F (180°C), por 45 minutos. Sacarlas del horno y quitarles los huesos mientras están calientes.

Mientras las aves se hornean; en un procesador de alimentos hacer puré de los arándanos, colar para eliminar la pulpa y las semillas. Poner el jugo en una cacerola y calentar hasta hervir reduciendo a 2 cdas (30 ml) de líquido espeso. Dejar enfriar

Poner las yemas de huevo en una cacerola doble, incorporar el almíbar de las arándanos; lentamente poner la mantequilla caliente para hacer una salsa espesa. Servir las aves de Guinea sobre una fuente de servir grande, con la salsa aparte.

PARA 4 PORCIONES

POLLO ATLANTA

6 – 6 oz	6 – 175 g	pechugas de pollo, sin huesos
6 oz	175 g	carne de camarón
6 oz	175 g	queso suizo
6 oz	175 g	duraznos, en rodajas
2	2	huevos
¼ taza	60 ml	leche
½ taza	56 g	harina
2 tazas	225 g	miga de pan sazonada
½ taza	125 ml	aceite de girasol
1 taza	250 ml	salsa de brandy de albaricoque

Macerar fino las pechugas de pollo. Poner 1 oz (28 g) de camarones, 1 oz (28 g) de queso y 1 oz (28 g) de duraznos en el pollo. Doblar las pechugas para mantener adentro el relleno. Poner en una lata para hornear y congelar por ½ hora.

Mezclar los huevos con la leche. Espolvorear al pollo con la harina, sumergir en la leche. Untarle miga de pan.

Calentar el aceite en una sartén grande. Dorar el pollo por todos lados. Pasar a una lata de hornear.

Hornear en un horno precalentado a 350°F (180°C), por 5 minutos. Servir con salsa.

PARA 6 PORCIONES

MUSELINA DE POLLO COCIDO

4 tazas	1 L	agua
2 tazas	500 ml	vino blanco
1	1	cebolla picada
1	1	zanahoria grande picada
1	1	tallo de apio picado
1	1	ramito de hierbas*
6 – 6 oz	6 – 170 g	pechugas de pollo, sin huesos y sin piel
3	3	yemas de huevo
1 cda	15 ml	agua
1 cda	15 ml	jugo de limón
⅔ taza	180 ml	mantequilla derretida
½ taza	125 ml	crema de batir
¼ cdta	1,2 g	de cada uno: sal y pimienta
pizca	pizca	pimiento de Cayena

En una cacerola grande, llevar a ebullición el agua, el vino, la cebolla, la zanahoria, el apio y el ramito de hierbas. Reducir el líquido a la mitad de su volumen. Bajar el fuego. Poner el pollo en el líquido y cocer a fuego lento for 12 minutos.

Mientras el pollo se cuece, mezclar el huevo con 15 ml (1 cda) de agua y el jugo de limón. Poner en una cacerola doble. Cocinar, revolviendo constantemente hasta que los huevos se espesen, sin sobrecocerse. Quitar del fuego e incorporar la mantequilla hasta que la salsa esté suave y espesa. Batir la crema y agregar a la salsa; añadir los condimentos.

Poner el pollo cocido en platos de servir. Cubrir con la salsa y servir.

PARA 6 PORCIONES

*El ramito de hierbas para este plato es: Una hoja de laurel, 8 ramitas de perejil, dos ramitas de tomillo, 6 granos de pimienta y 1 puerro pequeño; todos amarrados juntos en una muselina.

POLLO A LAS BRASAS CACCIATORE

1 ración	1	Masa de Pasta Básica (ver página 426)
3 cdas	45 ml	aceite de oliva
2	2	dientes de ajo picado
1	1	pimiento dulce verde, picado
1	1	cebollas picadas
2	2	tallos de apio picados
4 oz	115 g	champiñones en rodajas
1 cdta	5 ml	de cada uno: sal, hojas de albahaca
½ cdta	3 ml	de cada uno: pimienta, hojas de tomillo, hojas de orégano, paprika
½ cdta	3 ml	salsa inglesa
3 lbs	1,5 kg	tomates, pelados, sin semillas y picados
6 – 6 oz	6 – 170 g	pechugas de pollo, sin huesos

Preparar la pasta siguiendo las instrucciones; cortar como fideos fettucini, cubrir con una toalla húmeda y conservar.

En una cacerola grande, calentar 2 cdas (30 ml) de aceite. Agregar el ajo, la pimienta, la cebolla, el apio y los champiñones; freír hasta que se ablanden.

Agregar los condimentos, la salsa inglesa y los tomates. Bajar el fuego y cocer a fuego lento for 3 horas o hasta que se forme una salsa espesa.

Untar las pechugas de pollo con el aceite restante. Asar a las brasas, 7 minutos por lado.

Cocer la pasta en una cacerola grande con agua salada. Colar, poner en platos; cubrir con salsa y poner una pechuga de pollo encima. Servir inmediatamente.

PARA 6 PORCIONES

Pollo a las Brasas Cacciatore

CERDO Y CORDERO

El cerdo es una carne blanca que actualmente se está considerando bajo una luz culinaria completamente nueva. El cerdo ha demostrado ser una alternativa versátil para la carne de res, el pollo, la ternera y aun los mariscos.

Sin quedarse atrás, el cordero también está demostrando su valor en todos los apectos gastronómicos. Se le encuentra en todo tipo de cocina, desde las nuevas tendencias de comida de fonda y en comida tailandesa, hasta en la cocina clásica francesa.

Estas dos carnes están capturando un grupo selecto y creciente de los que saben de que estas carnes son *Simplemente Deliciosas*, desde el primer bocado. Sin ninguna desventaja con respecto a sus contrapartes culinarias, el cerdo y el cordero permiten que las personas creativas demuestren sus habilidades y a la vez, mantengan sus costos en un mínimo. Lo ordinario se convierte en extraordinario cuando se realiza algo tan simple como cambiar el plato principal a cerdo o cordero.

Lo que es absolutamente fabuloso acerca de estas dos carnes es que usando una receta para res, ternera o pollo y con un poco de imaginación, uno puede crear un plato completamente nuevo. Usted puede crear algunas nuevas aventuras propias, como los Pavitos de Cerdo o las Chuletas de Cordero Cherburgo.

El cerdo y el cordero se prestan para darle originalidad a una cena formal, y para hacer un evento memorable, de una cena corriente. Cuando todo tiene que estar perfecto, deslumbre a sus invitados con un filete de cerdo cubierto con cangrejo y un aderezo de salsa holandesa de frambuesa y pimienta. O cuando la fiesta esté llegando a su momento máximo, déle un gran impulso con las abundantes y suculentas Costillas con Durazno a la Barbacoa.

Una comida con cerdo y cordero preparada con maestría significa de que a usted le interesa que sus invitados coman lo mejor, y esto se notará. Aunque en teoría es una carne roja, el cerdo es actualmente considerado una carne blanca, debido a que es tan nutritiva y adaptable como cualquier otra carne. Así que cuando sus invitados vengan a cenar y pregunten: ¿Qué vamos a comer? Dígales que "Chuletas de Cerdo Charcutiere" y verá las felicitaciones que va a recibir debido a que su comida será absolutamente y *Simplemente Deliciosa*.

Cerdo Satay

CERDO BORRACHO

3 cdas	45 ml	aceite
1 - 5 lb	1 - 1,75 kg	lomo de centro de cerdo, sin huesos, atado
3	3	dientes de ajo picados
¼ taza	60 ml	perejil picado
4 tazas	1 L	vino tinto
½ cdta	2,5 g	sal
1 cdta	5 g	granos de pimienta
2 cdas	28 g	mantequilla
2 cdas	14 g	harina

Calentar el aceite en una olla de hierro. Sofreír la carne en el aceite para dorar ambos lados.

Agregar el ajo, el perejil, el vino, la sal y los granos de pimienta. Bajar el fuego y cocer a fuego lento, tapado, por 3 horas. Sacar la carne y reducir el caldo a ⅓ de su volumen. Colar.

Calentar la mantequilla en una cacerola pequeña. Agregar la harina y cocinar por 2 minutos, poner el caldo y cocer a fuego lento hasta que se espese.

Cortar el cerdo y servir con la salsa aparte.

PARA 8 PORCIONES

BUDIN DE JAMON

BUDIN:

1 lb	450 g	jamón molido
1 lb	450 g	cerdo recién molido
1 taza	112 g	miga sazonada de pan
¼ taza	32 g	cebolla picada
1	1	zanahoria picada
1	1	tallo de apio picado
½ taza	125 ml	leche

SALSA:

½ taza	84 g	azúcar morena
1 cda	15 ml	mostaza de Dijon
2 cdas	30 ml	vinagre
1 cda	15 ml	agua

Combinar todos los ingredientes del budín.

Ponerlo en un molde redondo engrasado; hornear por 45 minutos a 350°F (180°C). Escurrir el exceso de grasa.

Mezclar los ingredientes de la salsa. Poner sobre la carne. Continuar horneando por 30 minutos. Colocar en un platón.

Servir con arroz pilaf.

PARA 6 PORCIONES

CHULETAS DE CORDERO A LA GRAN DUQUE

4 – 6 oz	4 – 170 g	chuletas de cordero
2 cdas	30 ml	aceite de oliva
3 tazas	750 ml	Caldo de Pollo (ver página 77)
3 cdas	42 g	mantequilla
3 cdas	21 g	harina
½ taza	125 ml	crema espesa
¼ taza	60 ml	Mantequilla de Langostinos (ver página 112)
1 taza	150	colas de langostino cocidas
1 taza	150 g	puntas de espárrago hervidas
⅓ taza	38 g	queso parmesano, recién rallado
4	4	rodajas grandes de trufa

Lavar y secar a golpecitos las chuletas.

Calentar el aceite en una sartén y dorar las chuletas.

Agregar el caldo de pollo, cocer a fuego bajo las chuletas por 15 minutos; quitarlas del fuego y conservarlas calientes.

Colar el caldo, regresarlo al fuego y llevarlo a ebullición, reducir el líquido a 1½ tazas (375 ml).

Calentar la mantequilla en una cacerola y agregar la harina; cocinar a fuego bajo por 2 minutos. Agregar el caldo reducido y la crema, cocer a fuego lento hasta que se espese. Incorporar la mantequilla de langostinos, las colas de langostino y las puntas de espárrago; cocer a fuego lento por 3 minutos y añadir el queso.

Colocar las chuletas en platos de servir, ponerles la salsa y coronar con una rodaja de trufa. Servir inmediatamente.

PARA 4 PORCIONES

Budín de Jamón

Cerdo Borracho

Filetes de Cerdo con Cangrejo y Salsa Holandesa de Frambuesa y Pimienta

FILETES DE CERDO CON CANGREJO Y SALSA HOLANDESA DE FRAMBUESA Y PIMIENTA

2 tazas	200 g	frambuesas
6	6	lascas de tocineta
6 – 4 oz	6 – 120 g	filetes de cerdo
6 oz	170 g	carne de cangrejo
2	2	yemas de huevo
½ taza	125 ml	mantequilla derretida caliente
1 cdta	5 g	granos de pimienta rosada

Escoger y lavar las frambuesas. Hacerlas puré en un procesador de alimentos; luego colar para eliminar la pulpa y las semillas. Poner el puré en una cacerola y llevarlo a ebullición; bajar el fuego y cocer a fuego lento hasta que solo queden 4 cdas. (60 ml) del líquido.

Envolver los filetes con la tocineta. Asarlas bien en un asador de carbón o en el horno. Ponerles encima el cangrejo.

Poner las yemas de huevo en un procesador de alimentos. Con el aparato en marcha, agregar lentamente la mantequilla. Añadir el líquido de la frambuesa con un chorrito lento y regular. Incorporar los granos de pimienta.

Poner un poco de salsa en cada filete, colocar los filetes en una lata de hornear. Ponerlas en el asador del horno precalentado y glacear.

Servir inmediatamente.

PARA 6 PORCIONES

FILETES DE CERDO CON ROMERO Y NARANJA

2	2	naranjas
1 cda	14 g	mantequilla
4 – 6 oz	4 – 170 g	filetes de cerdo, sin hueso
2 cdtas	10 ml	romero
1 ración	1	Arroz con Naranja y Marañones (ver página 724)

Pelar y cortar una naranja en rodajas; exprimir el jugo de la otra.

En una sartén grande, calentar la mantequilla y agregar los filetes de cerdo; freírlos hasta que se cocinen bien por dentro. Espolvorear con romero y añadir el jugo y las rodajas de naranja. Bajar el fuego y cocer a fuego lento por 2 minutos.

Poner cucharadas de arroz en los platos, cubrir con los filetes de cerdo y salsa; servir inmediatamente.

PARA 4 PORCIONES

CHULETAS DE CORDERO ASADO CON HIERBAS

⅔ taza	160 ml	aceite de oliva
⅓ taza	80 ml	jugo de limón
⅓ taza	80 ml	jerez
2 cdas	30 ml	romero machacado
2 cdas	30 ml	hojas de albahaca
1 cda	15 ml	hojas de tomillo
½ cdta	2,5 g	de cada uno: azúcar granulada, pimienta, sal
8 – 3 oz	8 – 90 g	chuletas de cordero, de 1" (2,5 cm) de grueso

Combinar en un tazón todos los ingredientes, menos las chuletas.

Colocar las chuletas en una olla poco honda y ponerles la salsa encima. Tapar y refrigerar por 6 horas.

Asar a la parrilla las chuletas en carbones a fuego medio, 5 minutos por cada lado.

PARA 4 PORCIONES

Filetes de Cerdo con Romero y Naranja

Coronas de Cordero con Salsa de Frambuesa, Kiwi y Pimienta

CORONAS DE CORDERO CON SALSA DE FRAMBUESA, KIWI Y PIMIENTA VERDE

2	2	coronas de cordero*
2 cdas	30 ml	mantequilla derretida
1 cdta	5 g	sal
½ cdta	2,5 g	pimienta negra
1 taza	100 g	frambuesas
½ taza	125 ml	crema espesa
¼ taza	50 g	azúcar en polvo
1 cda	15 g	granos de pimienta verde
2	2	kiwis

Colocar las coronas de cordero en una bandeja de hornear poco honda; untarlas con mantequilla y sazonarlas con sal y pimienta. Ponerlas en un horno precalentado a 350°F (180°C), por 35-40 minutos.

Mientras el cordero se asa, hacer puré las frambuesas y colar con presión en un colador fino, para eliminar las semillas.

Calentar las frambuesas y el azúcar en una cacerola pequeña. Reducir a ⅓ del volumen. Agregar la crema y los granos de pimienta; cocer a fuego lento por 5 minutos.

Pelar y cortar en cubitos los kiwis; incorporarlos en la salsa.

Sacar el cordero del horno y colocarlo en platos de servir; ponerle la salsa. Servir de inmediato.

PARA 4 PORCIONES

* Una corona son dos costillares unidos, formando un círculo. Colocar una bola grande de papel de aluminio en el centro mientras se cocinan, para que la corona mantenga su forma.

Filetes de Cerdo Asado Marinados con Nogal

CORDERO TRATTORIA

1½ lb	675 g	cordero magro, sin huesos
5 cdas	70 g	mantequilla
1	1	diente de ajo picado
3 cdas	21 g	harina
1 cda	15 ml	perejil fresco picado
¼ taza	60 ml	vino tinto
1 taza	150 g	tomates pelados, sin semillas, picados
½ taza	125 ml	Caldo de Pollo (ver página 77)
½ cdta	2,5 g	de cada uno: sal, pimienta, paprika
1 cdta	5 ml	orégano
2 cdtas	10 ml	alcaparras
2 cdtas	10 ml	ralladura de limón

Picar grueso el cordero. Calentar la mantequilla en una cacerola grande. Agregar el cordero y el ajo; cocinar hasta que la carne se dore bien. Espolvorear con harina y continuar cocinando por 3 minutos a fuego bajo.

Añadir los ingredientes restantes; cocer a fuego lento por 30 minutos.

Servir con arroz.

PARA 6 PORCIONES

FILETES DE CERDO ASADO MARINADOS CON NOGAL

6 – 6 oz	6 – 170 g	filetes de cerdo, sin huesos
2 cdtas	10 ml	mostaza de Dijon
1 cda	15 ml	jugo de limón
¼ cdta	1,2 g	sal
¼ cdta	1,2 g	pimienta negra triturada
2 cdtas	10 ml	aceite de nogal
¼ taza	60 ml	aceite de oliva

Colocar los filetes en una bandeja de hornear poco honda.

En un tazón pequeño, combinar los demás ingredientes, poner sobre los filetes; marinar tapado y refrigerar por 8 horas.

Asar los filetes a fuego medio en un asador de carbón, por 10-15 minutos, untando frecuentemente la salsa de marinar con una brochita. Servir inmediatamente, con una última untada de salsa.

PARA 4 PORCIONES

CHULETAS DE CORDERO CON MARAÑONES

6 – 6 oz	6 – 170 g	chuletas de cordero
½ taza	90 g	nueces de marañón molidas
¼ taza	28 g	queso parmesano, recién rallado
1 taza	112 g	miga fina de pan, seca
¼ taza	60 ml	mantequilla derretida

Lavar y secar a golpecitos las chuletas.

Combinar las nueces, el queso y las migas de pan, en un tazón pequeño.

Poner las chuletas en la mantequilla derretida y luego untarlas con la mezcla de las migas de pan. Colocarlas en una bandeja de hornear pequeña. Ponerlas en un horno precalentado a 350°F (180°C), por 45-50 minutos, o hasta que se doren bien. Servir inmediatamente con Salsa de Albaricoque y Frambuesa (ver página 108).

PARA 6 PORCIONES

DELICIAS DE CORDERO

1 taza	112 g	harina
1 cdta	5 g	sal
¼ cdta	1 ml	de cada uno: mejorana y paprika
1 cdta	5 g	polvo de hornear
2	2	huevos separados
⅓ taza	90 ml	leche fría
2 cdas	30 ml	jerez
1 taza	150 g	cordero cocido, en cubitos
1 taza	90 g	arvejas cocidas
3 tazas	750 ml	aceite de girasol

Cernir la harina junto con la sal, las hierbas y el polvo de hornear.

Batir las yemas de huevo hasta que estén cremosas; luego batirlas en la leche y el jerez.

Batir lentamente la harina en el líquido. Batir las claras de huevo hasta que se endurezcan; mezclarlas con el batido. Poner el cordero y las arvejas.

Calentar el aceite a 375°F (190°C). Poner el batido en cucharadas en el aceite y cocinarlo hasta que se dore bien. Conservar caliente mientras el resto se cocina. Servir muy caliente. Es bueno con Salsa Mornay (ver página 111).

PARA 4 PORCIONES

LASAÑA DE SALCHICHA ITALIANA

1 lb	450 g	salchicha italiana, picada grueso
1	1	diente de ajo picado
2 cdtas	10 ml	de cada uno: orégano, tomillo, albahaca
½ cdta	2,5 g	de cada uno: sal, pimienta
4 tazas	600 g	tomates pelados, sin semillas, picados
1¼ taza	310 ml	pasta de tomate
1 ración	1	Masa Básica de Pasta (ver página 426), cortada en fideos anchos
3 tazas	680 g	queso cottage de crema
2	2	huevos batidos
½ taza	56 g	queso parmesano, recién rallado
1 lb	450 g	queso mozzarella rallado

Dorar lentamente la salchicha en una olla de hierro. Escurrir el exceso de grasa. Agregar el ajo, las hierbas, los tomates y la pasta de tomate. Cocer a fuego lento por 1 hora.

Forrar con una capa de fideos el fondo de una bandeja de hornear untada con mantequilla. Mezclar el queso cottage, los huevos y el queso parmesano.

Poner una capa de salsa de carne sobre los fideos, luego poner una capa de fideos, cubriendo con la mezcla de los quesos.

Alternar capas de salsa, mezcla de quesos y mozzarella. Terminar con una capa final de salsa cubierta con queso mozzarella. Poner en un horno precalentado a 375°F (190°C), por 40 minutos.

Esperar 15 minutos después de sacar del horno y servir.

PARA 12 PORCIONES

Lasaña de Salchicha Italiana

Cerdo y Pollo Frito Volteado

CERDO Y POLLO FRITO VOLTEADO

8 oz	225 g	cerdo, sin huesos
8 oz	225 g	pollo, sin huesos, sin piel
2 cdas	30 ml	aceite de girasol
1	1	cebolla pequeña picada
½ taza	75 g	pimiento dulce rojo, picado
20	20	champiñones de botón
½ taza	60 ml	salsa de ostras
2 cdas	30 ml	salsa de soya
1 cdta	2,5 g	maicena
1 cda	15 ml	jerez o agua

Picar el cerdo y el pollo en trozos pequeños.

Calentar el aceite en una sartén china (wok) o una sartén grande. Freír las carnes por 3 minutos. Agregar las verduras y freír hasta que se ablanden.

Agregar la salsa de ostras y la salsa de soya. Cocer a fuego lento por 2 minutos.

Mezclar la maicena con el jerez; incorporar en las carnes. Cocer a fuego lento hasta que se espese. Servir sobre arroz o fideos.

PARA 2 PORCIONES

ENROLLADOS DE CERDO

3	3	lascas de tocineta
1	1	zanahoria picada fino
1	1	tallo de apio, picado fino
1	1	cebolla pequeña, picada fino
1 taza	112 g	queso havarti rallado
4 – 6 oz	4 – 170 g	chuletas de cerdo, sin hueso, bien maceradas
2 cdas	30 ml	mantequilla derretida
2 tazas	500 ml	Salsa Mornay caliente (ver página 111)

En una sartén grande, freír la tocineta; agregar la zanahoria, el apio y la cebolla y sofreír hasta que se ablanden; escurrir el exceso de grasa; poner en un tazón pequeño y dejar enfriar a temperatura ambiente.

Combinar el sofrito con el queso y ponerlo en las chuletas. Enrollar las chuletas para contener el relleno. Colocarlas en una bandeja de hornear pequeña, untarlas con mantequilla y ponerlas en un horno precalentado a 350°F (180°C), por 25-30 minutos.

Pasar las chuletas a platos de servir, ponerles Salsa Mornay y servir.

PARA 4 PORCIONES

CHULETAS DE CERDO VERDE

6 – 4 oz	6 – 120 g	chuletas de cerdo
1	1	huevo
¼ taza	60 ml	leche
½ taza	56 g	harina
1 taza	112 g	miga sazonada de pan
3 cdas	45 ml	aceite
3 cdas	42 g	mantequilla
1	1	diente de ajo picado
2 cdas	30 ml	harina
2 tazas	500 ml	Caldo de Pollo (ver página 77)
1 taza	180 g	arvejas
¼ cdta	1,2 g	de cada uno: sal y pimienta

Macerar fino las chuletas con un mazo para carne.

Mezclar los huevos con la leche. Espolvorear a las chuletas con harina, sumergirlas en el batido de huevo y untarlas con la miga de pan.

Calentar el aceite en una sartén y freír las chuletas hasta que se doren en ambos lados. Conservarlas calientes.

Calentar la mantequilla con el ajo, espolvorear con harina y cocinar con fuego bajo, por 2 minutos. Agregar el caldo, las arvejas y los condimentos; cocer a fuego lento hasta que se espese la salsa. Poner en un procesador de alimentos y mezclar hasta que la salsa esté homogénea y fina.

Colocar las chuletas en sus platos y cubrirlas con salsa. Servir.

PARA 6 PORCIONES

CERDO Y CORDERO

291

CERDO ASIATICO

1½ taza	272 g	arroz de grano corto
¼ taza	25 g	grosellas
8 – 4 oz	8 – 115 g	filetes de cerdo sin hueso
2 cdas	30 ml	aceite de girasol
1	1	cebolla picada
1 taza	150 g	manzanas peladas, picadas fino
2	2	dientes de ajo picados
2 cdas	30 g	curry en polvo
1 taza	250 ml	Caldo de Pollo (ver página 77)
½ taza	125 ml	salsa chutney
1 taza	250 ml	crema de batir
3 cdas	45 ml	cilantro fresco picado

Poner el arroz en una bandeja de hornear grande; agregar las grosellas. Poner el cerdo en capas sobre el arroz.

En una sartén, calentar el aceite y sofreír la cebolla, las manzanas y el ajo hasta que se ablanden. Mezclar el curry en polvo; bajar el fuego y cocinar por 3 minutos más.

Mezclar el chutney y la crema de batir en el caldo de pollo; hervir por 2 minutos. Poner encima el cerdo, tapar y hornear en un horno precalentado a 350°F (180°C), por 1¼ hora.

Quitar la tapa y espolvorear con cilantro, servir inmediatamente.

PARA 8 PORCIONES

SOLOMILLO DE CERDO CHINO

1½ lb	675 g	solomillo de cerdo
⅓ taza	80 ml	aceite de girasol
1 cdta	5 g	jengibre pelado, picado
2	2	dientes de ajo picados
¼ taza	60 ml	salsa de soya liviana
⅓ taza	80 ml	miel líquida
2 cdas	30 ml	jerez
4 gotas	4	colorante rojo de comida (opcional)

Quitar el exceso de grasa y cortar el cerdo en rodajas.

Mezclar 2 cdas. (30 ml) de aceite con los demás ingredientes. Poner sobre el cerdo, marinar por 4-6 horas.

Calentar el resto del aceite en una sartén china (wok). Escurrir el cerdo, pero conservar la salsa de marinar. Freír muy bien el cerdo. Escurrir el exceso de aceite. Agregar la salsa de marinar y continuar friendo hasta que todo el líquido se evapore.

Servir con arroz.

PARA 6 PORCIONES

CORDERO ESTILO CASERO

8 – 3 oz	8 – 90 g	chuletas de cordero
½ taza	125 ml	yogur
2 cdtas	5 g	harina
1 cda	15 g	curry en polvo
2 cdas	14 g	miga fina de pan
2 cdas	30 ml	agua

Poner el cordero en una bandeja de hornear.

En un tazón pequeño, mezclar el yogur, la harina y el curry en polvo. Poner sobre el cordero. Espolvorear con la miga de pan; poner el agua a los lados de la bandeja .

Colocar en un horno precalentado a 350°F (180°C), y hornear por 40 minutos, o hasta que se ablande el cordero.

Sacar del horno y servir con arroz pilaf.

PARA 4 PORCIONES

Cordero Estilo Casero

Solomillo de Cerdo Chino

Chuletas de Cerdo Yucatán

CHULETAS DE CERDO YUCATAN

4½ lbs	2 kg	chuletas grandes de cerdo
¼ taza	28 g	harina
2 cdtas	10 g	sal
¼ cdta	1 ml	de cada uno: pimienta negra, pimienta blanca, clavos de olor
2 cdtas	10 g	de cada uno: chile en polvo, paprika
⅓ taza	90 ml	aceite de oliva
1	1	cebolla grande en rodajas
2	2	dientes de ajo picados
1	1	pimiento dulce verde, en rodajas
1	1	pimiento dulce rojo, en rodajas
1½ taza	225 g	champiñones en rodajas
3 tazas	450 g	tomates pelados, sin semillas, picados
½ taza	125 ml	jerez
⅓ taza	47 g	aceitunas verdes rellenas

Lavar y secar las chuletas a golpecitos.

Combinar la harina con los condimentos. Untarle a las chuletas esta harina.

Calentar el aceite en una cacerola grande, o una olla de hierro; dorar las chuletas en el aceite. Pasar las chuletas a una bandeja de hornear grande.

Sofreír la cebolla, el ajo, los pimientos y los champiñones en la cacerola, hasta que se ablanden. Incorporar los tomates y el jerez, cocer a fuego lento por 5 minutos. Poner sobre las chuletas y hornear tapado en un horno precalentado a 350°F (180°C), por 45-50 minutos.

Quitar la tapa y poner las aceitunas; continuar horneando por 15 minutos más.

Servir con arroz.

PARA 4 PORCIONES

CHULETAS DE CORDERO DE GLORIA BLAIS

6 – 3 oz	6 – 90 g	chuletas de cordero
7 cdas	98 g	mantequilla
¾ lb	340 g	pavo molido
1 cdta	3 g	cebollines picados
1 cda	9 g	cebolla picada
1 cdta	5 ml	de cada uno: perifollo, perejil, estragón
3 cdas	28 g	champiñones picados
2¼ tazas	338 g	miga fina de pan
3 cdas	45 ml	jerez
2	2	huevos
¼ taza	60 ml	leche
¼ taza	28 g	harina
4 tazas	1 L	aceite de girasol

Macerar fino las chuletas de cordero.

En un procesador de alimentos mezclar 3 cdas. (42 g) de mantequilla con el pavo, los cebollines, las cebollas, los condimentos, los champiñones, ¾ de taza (84 g) de la miga de pan y el jerez.

Calentar el resto de la mantequilla en una sartén y sofreír la mezcla por 5 minutos, con fuego moderado. Dejar enfriar a temperatura ambiente, poner la mezcla en las chuletas y enrollarlas.

Mezclar los huevos con la leche. Espolvorear a los rollitos con la harina, luego ponerlos en el batido de huevo y untarlos con el resto de las migas de pan.

Calentar el aceite a 375°F (190°C), y freír los rollitos hasta que se doren. Servir con Salsa de Vino Madeira (ver página 112).

PARA 6 PORCIONES

Chuletas de Cordero Gloria Blais

Costillas Chinas Agridulces

Chuletas de Cordero con Relleno de Frutas

CHULETAS DE CORDERO CON RELLENO DE FRUTAS

¼ taza	25 g	grosellas
¼ taza	35 g	dátiles picados
¼ taza	35 g	manzanas secas picadas
½ taza	56 g	miga seca de pan
6 – 3 oz	6 – 90 g	chuletas de cordero, bien maceradas
¼ taza	28 g	harina sazonada
2 cdas	30 ml	aceite de oliva
½ taza	125 ml	jugo de naranja
¼ taza	60 ml	agua

Combinar las grosellas, los dátiles, las manzanas y la miga de pan. Poner cantidades iguales como relleno en las chuletas. Doblar y enrollar las chuletas, para contener el relleno. Atravesar los rollitos con palillos de dientes, refrigerar por 1 hora.

Espolvorear a las chuletas con la harina. Calentar el aceite en una sartén grande y dorar las chuletas a ambos lados. Pasarlas a una bandeja de hornear.

Poner el jugo de naranja y el agua sobre las chuletas y hornearlas en un horno precalentado a 350°F (180°C), por 30-35 minutos.

Servir con Arroz Pilaf de Naranja y Marañones (ver página 724).

PARA 6 PORCIONES

COSTILLAS CHINAS AGRIDULCES

4 lbs	1,75 kg	costillas
⅓ taza	80 ml	salsa de soya
1 taza	168 g	azúcar morena
¾ taza	180 ml	vinagre
½ taza	125 ml	jerez
2 cdas	30 ml	salsa de ostras
1	1	pimiento dulce verde, en rodajas finas
1 cda	15 g	jengibre caramelizado, picado
¾ taza	168 g	trozos de piña
2 cdtas	5 g	maicena
2 cdas	30 ml	agua

Cortar las costillas en piezas de 2" (5 cm). Colocarlas en una lata de hornear. Ponerlas en un horno precalentado a 325°F (160°C), por 1½ hora, o hasta que se doren.

Mezclar la salsa de soya, el azúcar, el vinagre, el jerez, la salsa de ostras y los pimientos verdes, en una cacerola. Llevar a ebullición. Agregar el jengibre y los trozos de piña.

Mezclar la maicena con el agua, poner en la salsa. Quitar del fuego en cuanto la salsa se espese. Ponerla sobre las costillas y servir.

PARA 4 PORCIONES

CHULETAS DE CERDO CHARCUTIERE

6 – 6 oz	6 – 170 g	chuletas de hombro de cerdo
2 cdas	30 ml	aceite de girasol
1	1	cebolla española picada
2 cdas	28 g	mantequilla
2 cdas	14 g	harina
1 taza	250 ml	vino blanco
1 taza	250 ml	Caldo de Pollo (ver página77) o Caldo de Ternera (ver página 85)
2 cdas	20 g	pepinillos picados
1 cdta	5 ml	mostaza de Dijon

Con una brochita, untarle a las chuletas el aceite. Sazonar con un poco de sal y pimienta si se desea. Asar en el horno hasta que estén bien cocidas por dentro.

Freír la cebolla en mantequilla en una cacerola, hasta que se dore. Espolvorear con harina y continuar cocinando por 2 minutos a fuego bajo. Agregar el vino, el caldo, los pepinillos y la mostaza; cocer a fuego lento por 15 minutos.

Colocar las chuletas en un platón para servir, ponerles la salsa y servir.

PARA 6 PORCIONES

PAVITOS DE CERDO CREOLE

8	8	chuletas dobles de cerdo de ¾"
2¾ tazas	138 g	cubos de pan
5 cdas	70 g	mantequilla
1	1	cebolla pequeña picada
½ cdta	3 ml	salsa inglesa
½ cdta	2,5 g	sal
½ cdta	2,5 g	pimienta
4 cdas	60 ml	aceite
2 tazas	500 ml	Salsa Creole (ver página 121)

Hacer un corte profundo en cada chuleta.

Hacer un relleno con la mezcla del pan, la mantequilla, la cebolla, la salsa inglesa, sal y pimienta. Rellenar las chuletas.

Calentar el aceite en una sartén grande. Dorar las chuletas en el aceite, escurrir el exceso de aceite. Poner la salsa sobre las chuletas. Tapar y bajar el fuego; cocer a fuego lento por 1 hora.

Servir con arroz.

PARA 6 PORCIONES

ACEITUNAS DE CORDERO

1½ lb	675 g	cordero cortado en rodajas finas
3 oz	80 g	anchoas
2 cdas	30 ml	alcaparras
¼ taza	37 g	chile picante rojo
1 taza	112 g	harina
⅔ taza	74 g	maicena
1 cdta	5 g	polvo de hornear
1	1	huevo
2 cdas	30 ml	aceite de oliva
1 cda	15 ml	jugo de limón
1½ taza	375 ml	agua con hielo
3 tazas	750 ml	aceite de girasol

Macerar muy fino el cordero.

En un procesador de alimentos, hacer puré con las anchoas, las alcaparras y el chile picante; poner un poco del puré en el centro de cada rodaja de cordero. Enrollar las rodajas, dándoles la forma de una aceituna. Refrigerar por 1 hora.

Cernir juntos la harina, la maicena y el polvo de hornear.

Mezclar el huevo, el aceite de oliva, el jugo de limón y el agua. Mezclar con la harina para formar un batido ralo.

Calentar el aceite de girasol a 375°F (190°C). Poner el cordero en el batido y freír en el aceite hasta que se dore bien. Servir muy caliente.

PARA 6 PORCIONES

CHULETAS DE CORDERO CON CREMA DE LIMA Y CILANTRO

1	1	huevo
¼ taza	60 ml	leche
6 – 4 oz	6 – 120 g	chuletas de paleta de cordero, sin huesos
½ taza	56 g	harina
1 taza	112 g	miga sazonada de pan
6 cdas	90 ml	aceite de oliva
3 cdas	42 g	mantequilla
2 cdas	14 g	harina
½ taza	125 ml	Caldo de Pollo (ver página 77)
½ taza	125 ml	crema liviana
¼ taza	60 ml	jugo de lima
2 cdas	30 ml	cilantro picado

Mezclar los huevos con la leche, espolvorear a las chuletas con la harina, ponerlas en el batido de huevo y luego untarlas con la miga de pan.

Calentar el aceite en una sartén grande, freír las chuletas por 3 minutos a cada lado, o hasta que se doren bien. Conservarlas calientes en el horno.

Calentar la mantequilla en una cacerola; agregar la harina y cocinar a fuego bajo, por 2 minutos. Agregar el caldo de pollo y la crema; cocer a fuego lento hasta obtener una salsa liviana. Incorporar el jugo de limón y el cilantro, continuar cociendo a fuego lento por 5 minutos.

Colocar las chuletas en platos para servir y ponerles la salsa.

PARA 6 PORCIONES

Chuletas de Cordero con Crema de Lima y Cilantro

Cordero Sofrito a la Provenzal

CERDO Y CORDERO CON UNA DIFERENCIA

6 oz	170 g	cerdo magro molido
4 oz	120 g	cordero magro molido
2 oz	60 g	tocineta picada
3 cdas	27 g	cebollas verdes picadas
¼ cdta	1 g	ajo picado
1 cda	15 ml	perejil fresco picado
2 cdas	30 ml	jerez
¼ cdta	1 ml	de cada uno: paprika, orégano, tomillo, albahaca
½ cdta	2,5 g	sal
1	1	huevo extra grande, batido
2 – 1 lb	2 – 450 g	pechugas de pollo enteras, sin hueso, con piel
2 cdas	30 ml	aceite de oliva

En un procesador de alimentos (el tazón y las aspas previamente enfriados), procesar el cerdo, el cordero, la tocineta, las cebollas verdes, el ajo, el perejil, el jerez, los condimentos y el huevo. Formar una mezcla de paté, fina y homogénea.

Con un cuchillo afilado, quitarle al pollo toda la grasa. Con cuidado, separar la piel del pollo, teniendo cuidado de no arrancar la piel de los bordes de la pieza. Rellenar con la mezcla anterior, bajo la piel. Sujetar la piel con pinchos para mantenerla intacta.

Con una brochita, untar al pollo con aceite; poner en un horno precalentado a 375°F (190°C), por 25 minutos. Quitar los pinchos, cortar el pollo y servir.

PARA 6 PORCIONES

CHULETAS DE CERDO PICANTES

2 cdas	28 g	mantequilla
¼ cdta	1,2 g	de cada uno: pimiento de Cayena, pimienta negra, pimienta blanca
6 – 6 oz	6 – 170 g	chuletas de cerdo, sin hueso
½ taza	125 ml	salsa de chile picante
½ taza	125 ml	salsa de tomate catsup
¼ cdta	1 ml	de cada uno: sal, albahaca, paprika, chile en polvo, tomillo, orégano
2 cdas	30 ml	salsa inglesa
2 cdas	30 ml	mostaza de Dijon
½ taza	125 ml	agua

Hacer una pasta homogénea y fina con la mantequilla y los pimientos.

Colocar las chuletas en una bandeja de hornear y ponerles encima la pasta de mantequilla. Ponerlas en el asador del horno por 3 minutos; darles vuelta y asarlas por 3 minutos más.

Mientras las chuletas se asan, combinar los ingredientes restantes en un tazón pequeño. Poner sobre las chuletas y hornear por 20-25 minutos.

Servir con arroz pilaf.

PARA 6 PORCIONES

CORDERO SOFRITO A LA PROVENZAL

12 – 3oz	12 – 90 g	chuletas de cordero, con o sin hueso
4 cdas	56 g	mantequilla
3	3	dientes de ajo picados
1	1	pimiento dulce verde, en rodajas
1	1	cebolla en rodajas
3 tazas	600 g	tomates pelados, sin semillas, picados
¼ taza	60 ml	jerez
1 cdta	5 g	paprika
½ cdta	2,5 g	sal
¼ cdta	1,2 g	pimienta

En una sartén, freír las chuletas en la mantequilla, 4-6 minutos por cada lado (dependiendo del grosor). Quitarlas del fuego y conservarlas caliente.

Poner en la sartén el ajo, el pimiento y las cebollas; sofreír hasta que se ablanden. Agregar los tomates y llevar a ebullición; bajar el fuego y cocer a fuego lento por 10 minutos. Añadir el jerez y los condimentos; continuar cociendo a fuego lento hasta que se evapore el líquido.

Colocar las chuletas en un platón de servir, ponerles la salsa y servir con arroz pilaf de limón.

PARA 6 PORCIONES

COSTILLAS CON DURAZNO A LA BARBACOA

2 tazas	450 g	duraznos pelados, en cubitos
¼ taza	60 ml	vinagre
½ taza	125 ml	jugo de durazno
¼ taza	42 g	azúcar morena
1 cdta	5 ml	salsa inglesa
1 cdta	5 g	sal
½ cdta	3 ml	orégano
4 gotas	4 gotas	salsa tabasco
4 lbs	1,75 kg	costillas miniatura

Poner todos los ingredientes, menos las costillas, en un procesador de alimentos. Hacerlos puré, luego pasar a una cacerola. Cocer a fuego lento para obtener una salsa muy espesa. Sancochar las costillas en agua hirviendo con sal, hasta que se ablanden.

Pasarlas a un asador de carbón y asarlas con carbones a fuego medio. Con una brochita, untarlas con mucha salsa. Servirlas con una última untada de salsa.

PARA 4 PORCIONES

NUEVAS BROCHETAS DE CERDO Y CORDERO

2 tazas	200 g	moras
1½ taza	336 g	azúcar granulada
½ taza	125 ml	brandy de moras
1 lb	450 g	cerdo magro en cubos
1 lb	450 g	cordero magro en cubos
1 cda	15 ml	aceite

Hacer puré con las moras en un procesador de alimentos. Colar para eliminar las semillas.

Mezclar la pulpa de las moras, el azúcar y el brandy en una cacerola. Llevar a ebullición; bajar el fuego y cocer a fuego lento hasta que la salsa se espese.

Poner el cerdo y el cordero en pinchos de bambú, previamente remojados. Con una brochita, untar el aceite a la carne. Asar a la parrilla, 5 minutos por cada lado, untando frecuentemente con la salsa. Untar por una última vez antes de servir.

PARA 4 PORCIONES

CHULETAS DE CORDERO CHERBURGO

6 – 4 oz	6 – 120 g	chuletas de cordero
1	1	huevo
¼ taza	60 ml	leche
½ taza	56 g	harina
1 taza	112 g	miga sazonada de pan
3 cdas	45 ml	aceite de girasol
6 cdas	84 g	mantequilla
3 cdas	21 g	harina
1 taza	250 ml	Caldo de Pollo (ver página 77)
1 taza	250 ml	crema liviana
1½ taza	225 g	colas de langostino cocidas
¼ cdta	1,2 g	sal
pizca	pizca	de cada uno: pimienta blanca, paprika

Macerar fino las chuletas con un mazo para carne.

Mezclar el huevo con la leche. Espolvorear a las chuletas en la harina, ponerlas en el batido de huevo, luego untarlas con la miga de pan. Calentar el aceite en una sartén grande y freír las chuletas hasta que se doren bien. Conservarlas calientes.

Calentar la mitad de la mantequilla en una cacerola, agregar la harina y cocinar por 2 minutos a fuego bajo. Añadir el caldo de pollo y la crema; cocer a fuego lento por 15 minutos, o hasta que la salsa se espese.

En un procesador de alimentos, hacer puré con el resto de la mantequilla y la mitad de las colas de langostino. Quitar la salsa del fuego y mezclarla con el puré. Agregar el resto del langostino y los condimentos.

Colocar las chuletas en platones de servir, ponerles salsa y servir.

PARA 6 PORCIONES

Costillas con Durazno a la Barbacoa

Nuevas Brochetas de Cerdo y Cordero

Guiso de Cerdo con Salsa de Tres Pimientas

GUISO DE CERDO CON SALSA DE TRES PIMIENTAS

5 lbs	2 kg	cerdo, en cubos grandes
⅓ taza	37 g	harina
½ cdta	3 ml	de cada uno: cebolla en polvo, paprika, hojas de tomillo y de orégano, pimienta negra, perifollo
2 cdtas	10 g	de cada uno: sal, chile en polvo
¼ taza	60 ml	aceite de girasol
3 oz	90 g	champiñones, rodajas
2 cdtas	10 g	granos de pimienta verde
2 cdtas	10 g	granos de pimienta rosada
1 cdta	5 g	granos de pimienta negra
2 tazas	500 ml	Demi-Glace (ver página 123)
⅓ taza	80 ml	crema de batir
¼ taza	60 ml	vino Marsala
1 cda	14 g	mantequilla

Lavar el cerdo y secarlo a golpecitos.

Combinar la harina con los condimentos. Espolvorear al cerdo con la harina.

Calentar el aceite en una sartén grande. Freír el cerdo hasta que se dore bien. Quitarlo del fuego y conservarlo.

Freír los champiñones hasta que se ablanden. Regresar el cerdo a la sartén. Agregar los granos de pimienta y la salsa Demi-Glace. Bajar el fuego. Tapar y cocer a fuego lento por 1 hora. Pasar el cerdo a un platón de servir.

Subir el fuego y reducir la salsa a la mitad de su volumen. Incorporar la crema y el vino. Batir la mantequilla en la salsa. Poner la salsa en el cerdo y servir.

PARA 6 PORCIONES

CHULETAS DE CORDERO CON PIMIENTA

6 – 6 oz	6 – 180 g	chuletas de cordero
¼ taza	60 g	granos de pimienta negra, triturados
¼ taza	56 g	mantequilla
2 cdas	30 ml	brandy
1 taza	250 ml	Demi-Glace (ver página 123)
2 cdas	30 ml	jerez
¼ taza	60 ml	crema espesa

Frotar con los granos de pimienta triturados las chuletas de cordero.

Calentar la mantequilla en una sartén grande y sofreír las chuletas al punto deseado de cocción. Quitarlas del fuego y conservarlas calientes.

Poner el brandy y encenderlo; agregar la salsa Demi-Glace y el jerez. Cocer a fuego lento por 1 minuto. Agregar la crema y mezclarla bien.

Poner la salsa a las chuletas y servir.

PARA 6 PORCIONES

GUISO GOURMET DE CERDO

¼ taza	56 g	mantequilla
1½ lb	675 g	cerdo magro sin hueso, en cubitos
½ lb	225 g	champiñones, en rodajas
¼ taza	32 g	cebolla, picada fino
3 cdas	21 g	harina
1½ taza	375 ml	Caldo de Pollo (ver página 77)
½ taza	125 ml	crema liviana
¼ taza	60 ml	jerez
⅓ taza	50 g	almendras tostadas, en rodajas
2 tazas	226 g	arroz de grano largo, cocido
		ramitas de perejil

En una cacerola grande, o una olla de hierro calentar la mantequilla, poner el cerdo y dorarlo. Quitar el cerdo y conservarlo.

Agregar los champiñones y las cebollas; sofreír hasta que se ablanden. Espolvorear con harina y cocinar por 2 minutos a fuego bajo. Agregar el caldo, la crema y el jerez; cocer a fuego lento por 3 minutos.

Volver a poner el cerdo y continuar cociendo a fuego lento por 45 minutos más.

Revolver las almendras en el arroz; con una cuchara, poner el arroz alrededor del borde de un platón de servir. Poner el cerdo en el centro del platón y servir adornado con perejil.

PARA 4 PORCIONES

CHULETAS DE CERDO HORNEADAS CON QUESO PARMESANO

¾ taza	84 g	miga fina de pan, seca
¼ taza	60 ml	perejil seco, en hojuelas
⅓ taza	38 g	queso parmesano, recién rallado
¼ taza	56 g	mantequilla
1	1	diente de ajo picado
4 – 6 oz	4 – 170 g	chuletas de cerdo, sin hueso
½ cdta	2,5 g	sal
¼ cdta	1,2 g	pimienta

En un tazón pequeño, combinar la miga de pan, el perejil y el queso.

Derretir la mantequilla en una sartén y agregar el ajo; cocinar por 1 minuto a fuego bajo.

Poner las chuletas en la mantequilla, luego untarlas con las migas de pan; colocarlas en una bandeja de hornear pequeña. Sazonarlas con sal y pimienta; con una brochita, untarles el resto de la mantequilla. Poner en un horno precalentado a 350°F (180°C), por 45 minutos.

PARA 4 PORCIONES

FILETE DE CERDO CUMBERLAND

6	6	lascas de tocineta
6 – 6 oz	6 – 170 g	filetes magros de cerdo
3	3	chalotes
¼ taza	60 ml	agua
1	1	naranja
1	1	limón
pizca	pizca	de cada uno: jengibre molido, pimiento de Cayena
⅓ taza	80 ml	jalea de grosella roja
¼ taza	60 ml	vino de Oporto

Envolver los filetes de cerdo con las lascas de tocineta y sujetar con palillos de dientes. Asarlos en un asador de carbón a fuego medio, o en el horno, hasta que estén bien cocidos.

Picar los chalotes y colocarlos en el agua, en una cacerola.

Rallar la naranja y el limón, poner la ralladura en los chalotes, sancochar por 3 minutos, escurrir.

Agregar el jugo de la naranja y ½ limón, los condimentos, la jalea y el vino. Llevar a ebullición y reducir el líquido a la mitad.

Poner sobre los filetes y servir.

PARA 6 PORCIONES

Guiso Gourmet de Cerdo

Chuletas de Cordero con Mermelada de Tomate y Queso

CORDERO CACCIATORE A LA PARRILLA

1 ración	1	Masa de Pasta Básica (ver página 426)
3 cdas	45 ml	aceite de oliva
2	2	dientes de ajo picados
1	1	pimientos dulces verdes, picados
1	1	cebolla picada
2	2	tallos de apio picados
4 oz	115 g	champiñones, en rodajas
1 cdta	5 ml	de cada uno: sal, hojas de albahaca
½ cdta	3 ml	de cada uno: pimienta, hojas de tomillo, hojas de orégano, paprika
½ cdta	3 ml	salsa inglesa
3 lbs	1,5 kg	tomates pelados, sin semillas, picados
6 – 6 oz	6 – 170 g	chuletas de cordero, sin hueso

Procesar la pasta de acuerdo a las instrucciones; cortarla como fideos de fettuccini, cubrir con una toalla húmeda y reservar.

En una cacerola grande, calentar 2 cdas. (30 ml) de aceite. Agregar el ajo, la pimienta, la cebolla, el apio y los champiñones; sofreír hasta que se ablanden.

Agregar los condimentos, la salsa inglesa y los tomates; bajar el fuego y cocer a fuego lento por 3 horas, o hasta que se forme una salsa espesa.

Con una brochita, untar a las chuletas con el resto del aceite. Asar a la parrilla, 5 minutos por cada lado.

Hervir la pasta en agua con sal, en una cacerola grande. Escurrir, colocar en platos, poner salsa y cubrir con una chuleta de cordero. Servir inmediatamente.

PARA 6 PORCIONES

CHULETAS DE CORDERO CON MERMELADA DE TOMATE Y QUESO

1 taza	150 g	tomates machacados
1 taza	224 g	azúcar granulada
¼ taza	60 ml	jerez
6 – 4 oz	6 – 120 g	chuletas de cordero
1	1	huevo
¼ taza	60 ml	leche
½ taza	56 g	harina
1 taza	112 g	miga sazonada de pan
3 cdas	45 ml	aceite de girasol
2 tazas	224 g	queso havarti rallado

Mezclar los tomates, el azúcar y el jerez en una cacerola. Calentar con poco fuego, revolviendo constantemente; reducir el líquido hasta que la mezcla de tomate esté muy espesa, de consistencia de mermelada.

Macerar fino las chuletas con un mazo para carne. Mezclar el huevo con la leche. Espolvorear a las chuletas con la harina, ponerlas en el batido de huevo, untarlas con la miga de pan.

Calentar el aceite en una sartén grande. Freír las chuletas hasta que se doren de ambos lados.

Poner las chuletas en una lata de hornear, ponerles encima mermelada de tomate, espolvorearlas con queso; poner en un horno a 450°F (230°C), hasta que el queso se derrita y se dore.

Servir inmediatamente.

PARA 6 RACIONES

PASTEL DE CERDO Y CORDERO

½ ración	0,5	Pasta Sencilla (ver página 616)
1 taza	150 g	cerdo cocido, picado fino
1 taza	150 g	cordero cocido, picado fino
2 tazas	500 ml	Salsa Béchamel (ver página 112)
½ cdta	2,5 g	de cada uno: sal, pimienta, nuez moscada
1 cda	15 ml	perejil
3	3	huevos, separados
¼ taza	32 g	cebollas picadas

Extender la masa de pastel y ponerla en un molde hondo de 9" (23 cm).

En un tazón, mezclar el cerdo, el cordero y la salsa de crema. Agregar los condimentos y la cebolla.

Batir las yemas de huevo y ponerlas en la mezcla. Batir las claras hasta que estén de consistencia firme y verterlas en la mezcla.

Poner la mezcla en el molde y hornear por 25-30 minutos en un horno precalentado a 400°F (200°C), hasta que esté bien dorada. Servir inmediatamente.

PARA 6 PORCIONES

Pastel de Cerdo y Cordero

FRICASSEE DE CORDERO

4½ lbs	2 kg	cordero, cortado en cubos grandes
2	2	cebollas picadas
2	2	zanahorias picadas
2	2	tallos de apio picados
1	1	ramito de hierbas*
4 tazas	1 L	Caldo de Pollo frío (ver página 77)
1 cdta	5 g	sal de apio
½ cdta	2,5 g	pimienta blanca
3 cdas	42 g	mantequilla
3 cdas	21 g	harina

Lavar el cordero y secarlo a golpecitos.

Colocar el cordero en una cacerola grande, o una olla de hierro junto con las cebollas, las zanahorias, el apio y el ramito de hierbas. Cubrir con el caldo y llevar a ebullición; bajar el fuego y cocer a fuego lento por 1½ hora.

Sacar el cordero y conservarlo caliente. Colar el caldo y tirar los vegetales y el ramito. Regresar el caldo a la cacerola, agregar la sal y la pimienta; llevar a ebullición, reducir el líquido a 2 tazas (500 ml).

En una cacerola pequeña, calentar la mantequilla, agregar la harina y cocinar a fuego bajo por 2 minutos. Agregar el caldo reducido y cocer a fuego lento hasta obtener una salsa espesa. Poner la salsa al cordero y servir con arroz o fideos.

PARA 8 PORCIONES

* El ramito de hierbas para este plato es: Una hoja de laurel, 8 ramitas de perejil, 2 ramitas de tomillo, 6 granos de pimienta y 1 puerro pequeño picado; todo atado junto en una tela de muselina.

Chuletas de Cerdo con Limonada

CHULETAS DE CERDO CON LIMONADA

¾ taza	180 ml	concentrado de limonada
¼ taza	60 ml	salsa de tomate catsup
3 cdas	30 g	azúcar morena
3 cdas	45 ml	vinagre blanco
¼ cdta	1,2 g	jengibre molido
1 cdta	5 ml	salsa de soya
¼ cdta	1 ml	de cada uno: paprika, chile en polvo, ajo en polvo, tomillo, albahaca, orégano, sal y pimienta
2¼ lbs	1 kg	chuletas de cerdo
½ taza	56 g	harina
¼ taza	60 ml	aceite de girasol

En un tazón, combinar el concentrado, la salsa de tomate, el azúcar, el vinagre, el jengibre, la soya y los condimentos. Espolvorear a las chuletas en la harina. Calentar el aceite en una cacerola grande, o una olla de hierro; dorar las chuletas. Escurrir el exceso de aceite. Poner la salsa sobre las chuletas, cocinar tapado, a fuego bajo por 35-40 minutos.

Servir con Papas Ahumadas con Nogal (ver página 70).

PARA 4 PORCIONES

CERDO GRATINADO CREOLE

3 cdas	45 ml	aceite de oliva
1½ lb	675 g	cerdo magro sin hueso, picado grueso
3 tazas	750 ml	Caldo de Pollo (ver página 77)
2 tazas	112 g	fideos de fettuccini, cocidos y escurridos
1½ taza	375 ml	Salsa Creole (ver página 121)
½ taza	56 g	queso cheddar medio, rallado
½ taza	56 g	queso cheddar fuerte, rallado
½ taza	56 g	queso havarti rallado

Precalentar el horno a 400°F (200°C).

Calentar el aceite en una cacerola grande; dorar el cerdo. Agregar el caldo y llevar a ebullición; cocer a fuego lento por 30 minutos. Escurrir y conservar el cerdo.

Colocar los fideos en una bandeja de hornear engrasada. Poner el cerdo sobre los fideos y cubrirlo con salsa.

Combinar los quesos y espolvorear. Hornear por 25-30 minutos o hasta que el queso se derrita y se dore bien; servir inmediatamente.

PARA 4 PORCIONES

Fricassee de Cordero

SOFRITO DE CERDO Y CORDERO

1½ lb	675 g	cerdo magro
1½ lb	675 g	cordero magro
¼ taza	56 g	mantequilla clarificada*
1 cda	9 g	chalotes
1 cda	7 g	harina
1	1	ramito de hierbas**
¼ lb	115 g	tocineta cocida picada
20	20	cebollitas de perla
20	20	champiñones de botón
¾ taza	180 ml	vino tinto

Cortar el cerdo y el cordero en cubos grandes.

Calentar la mantequilla en una cacerola grande, o una olla de hierro; freír las carnes hasta que se doren bien, quitarlas del fuego y conservarlas. Incorporar los chalotes y la harina; bajar el fuego y cocinar por 4 minutos.

Agregar los demás ingredientes y las carnes. Bajar el fuego y cocer a fuego lento por 1¼ hora o hasta que las carnes estén bien cocidas. Tirar el ramito de hierbas y servir con arroz o con fideos.

PARA 6 PORCIONES

* Mantequilla clarificada es mantequilla que ha sido derretida, se le ha sacado lo sólido y se ha dejado sólo la grasa dorada.

**El ramito de hierbas para este plato es: Una hoja de laurel, 8 ramitas de perejil, 2 ramitas de tomillo, 6 granos de pimienta y 1 puerro pequeño picado; todo atado junto en una muselina.

FILETE DE CERDO CON MIEL A LA BARBACOA

3 cdas	42 g	mantequilla
3 cdas	45 ml	aceite
1	1	cebolla mediana picada
1	1	diente de ajo picado
⅔ taza	160 ml	salsa de tomate catsup
⅔ taza	160 ml	miel líquida
¼ taza	60 ml	vinagre de sidra
1 cda	15 ml	salsa inglesa
½ cdta	3 ml	de cada uno: hojas de tomillo, hojas de orégano, hojas de albahaca, paprika, pimienta, chile en polvo, sal
½ cdta	3 ml	humificador líquido
4 – 6 oz	4 – 170 g	filetes de cerdo

Calentar la mantequilla con 2 cdas. (30 ml) de aceite en una cacerola. Agregar la cebolla y el ajo y sofreír hasta que se ablanden.

Añadir la salsa de tomate catsup, la miel, el vinagre, la salsa inglesa, los condimentos y el saborizador de humo. Cocinar a fuego lento hasta que la salsa esté espesa y brillante. Dejar enfriar.

Con una brochita, untar a los filetes con el resto del aceite. Asar a la parrilla con carbones a fuego medio, 6 minutos por cada lado, untando frecuentemente con salsa. Untar una última vez antes de servir.

PARA 4 PORCIONES

Sofrito de Cerdo y Cordero

CHULETAS DE CERDO CON ARROZ CON MANZANA Y SALSA DE NARANJA Y MANTEQUILLA

6 – 4 oz	6 – 120 g	chuletas de cerdo
½ ración	0,5	Arroz con Manzana, Dátiles y Nueces (ver página 710)
1	1	huevo
¼ taza	60 ml	leche
½ taza	56 g	harina
1 taza	112 g	miga fina sazonada de pan
¼ taza	60 ml	aceite de girasol
2 cdas	18 g	chalotes picados
⅓ taza	80 ml	jugo de naranja
3 cdas	45 ml	jerez seco
4 cdas	56 g	mantequilla dulce
2 cdas	30 ml	cáscara de naranja en tiras finas

Chuletas de Cerdo con Arroz con Manzana y Salsa de Naranja y Mantequilla

Macerar muy fino las chuletas con un mazo para carne. Poner 4 cdas. de arroz en cada una, doblarles los bordes y enrollarlas.

Mezclar los huevos con la leche. Espolvorear a las chuletas con la harina. Ponerlas en la mezcla de huevo, cubrirlas con miga de pan. Calentar el aceite en una sartén grande, dorar las chuletas en el aceite.

Pasarlas a una lata de hornear. Poner en un horno precalentado a 350°F (180°C), por 25 minutos.

Mientras las chuletas se hornean, calentar juntos los chalotes, el jugo de naranja y el jerez. Reducir el líquido a 3 cdas.(45 ml). A fuego muy bajo, incorporar la mantequilla, poco a poco. Agregar la cáscara de naranja.

Pasar las chuletas a un platón de servir, ponerles salsa de mantequilla y servir.

PARA 6 PORCIONES

FILETES DE CERDO DIANNE

4	4	lascas de tocineta
4 – 6 oz	4 – 170 g	filetes de cerdo
⅓ taza	75 g	mantequilla
4 oz	115 g	champiñones, en rodajas
2	2	cebollas verdes picadas
¼ taza	60 ml	brandy
1½ taza	375 ml	Salsa Demi-Glace (ver página 123)
¼ taza	60 ml	jerez
¼ taza	60 ml	crema

Envolver los filetes con lascas de tocineta.

Calentar la mantequilla en una sartén grande. Freír los filetes en la mantequilla, 6 minutos por cada lado. Sacarlos y conservarlos calientes.

Agregar los champiñones a la sartén y sofreírlos hasta que se ablanden. Añadir las cebollas verdes; encender el brandy con cuidado. Incorporar la salsa, el jerez y la crema. Reducir el líquido a ¾ de taza (175 ml).

Colocar los filetes en platos de servir, ponerles la salsa y servir.

PARA 4 PORCIONES

FILETES DE CERDO CON MANTEQUILLA DE HIERBAS

1	1	diente de ajo picado
½	0,5	limón
½	0,5	lima
2 cdtas	10 ml	de cada uno: perejil, albahaca, mejorana, tomillo
¼ lb	115 g	mantequilla dulce
6	6	lascas de tocineta ahumada con arce
6 – 6 oz	6 – 170 g	filetes magros de cerdo

En un procesador de alimentos combinar el ajo, los jugos de limón y lima, las hierbas y la mantequilla hasta tener una mezcla homogénea y fina. Darle a la mantequilla forma de clavija. Envolverla en papel parafinado, ponerla en el congelador por 1 hora.

Envolver los filetes con las lascas de tocineta. Asarlos en un asador de carbón a fuego medio, o en el horno, hasta que estén bien cocidos.

Colocar los filetes en los platos y cubrirlos con una rodaja de mantequilla de hierbas.

PARA 6 PORCIONES

Cordero Teriyaki a la Parrilla

GUISO DE CERDO II

4½ lbs	2 kg	cerdo sin hueso
⅓ taza	37 g	harina
¼ taza	60 ml	aceite de oliva
3	3	dientes de ajo picados
20	20	cebollitas de perla
20	20	champiñones de botón
2	2	zanahorias en tiras finas
2 tazas	300 g	tomates pelados, sin semillas, picados
1 taza	250 ml	Caldo de Pollo doble (ver página 77)
½ cdta	3 ml	de cada uno: sal, pimienta, albahaca, perifollo, mejorana

Picar el cerdo en cubos muy grandes.

Espolvorear al cerdo con la harina. Calentarlo en una sartén grande, o una olla de hierro; dorar el cerdo y sacarlo. Agregar el ajo, las cebollas, los champiñones y las zanahorias; sofreír hasta que se ablanden; espolvorear a con el resto de la harina y cocinar por 2 minutos a fuego bajo.

Regresar el cerdo a la sartén y agregar el resto de los ingredientes; batir para incorporarlos bien. Tapar y cocer a fuego lento por 1½ hora.

Servir con arroz o pasta.

PARA 8 PORCIONES

CORDERO TERIYAKI A LA PARILLA

⅓ taza	56 g	azúcar morena
1 cdta	5 g	jengibre molido
1 taza	250 ml	Caldo de Carne (ver página 85)
⅓ taza	80 ml	salsa de soya
2 cdas	14 g	maicena
¼ taza	60 ml	jerez
1 cda	15 ml	aceite
8 – 3 oz	8 – 90 g	chuletas de cordero, sin hueso

En una cacerola, disolver el azúcar y el jengibre en el caldo y la salsa de soya; llevar a ebullición. Mezclar la maicena con el jerez y agregar a la salsa. Bajar el fuego y cocinar a fuego lento hasta que la salsa se espese. Dejar enfriar.

Con una brochita, untar a las chuletas con el aceite. Asar a la parrilla en carbones a fuego medio, 5 minutos por cada lado. Untar frecuentemente la salsa cuando se estén asando las chuletas. Untar una última vez antes de servir.

PARA 4 PORCIONES

ENROLLADOS DE CORDERO CON SALSA CLEMENTINA

6 – 4 oz	6 – 120 g	chuletas de cordero
18	18	tallos de espárrago hervidos
18	18	camarones grandes, pelados y desvenados
2 cdas	30 ml	aceite de oliva
1½ taza	375 ml	jugo de clementina o mandarina fresca
1 taza	250 ml	Caldo de Pollo (ver página 77)
½ taza	125 ml	crema espesa
2 cdas	28 g	mantequilla
¼ cdta	1,2 g	pimienta recién molida
1 taza	150 g	gajos de naranja

Macerar muy fino el cordero con un mazo para carne. Poner 3 espárragos y 3 camarones en cada pieza. Doblar y enrollar las piezas. Sujetar con palillos de dientes. Colocarlas en una lata de hornear.

Con una brochita, untarles el aceite. Poner en un horno precalentado a 350°F (180°C), por 25-30 minutes.

Mientras el cordero se hornea, combinar el jugo de clementina con el caldo de pollo, en una cacerola. Calentar y reducir el líquido a la mitad. Agregar la crema y reducir otra vez a la mitad. Quitar del fuego. Incorporar la mantequilla. Añadir la pimienta y los gajos de naranja.

Colocar los enrollados en un platón de servir, ponerles salsa y servir.

PARA 6 PORCIONES

Enrollados de Cordero con Salsa Clementina

Cerdo Asado Hawaiano

CERDO ASADO HAWAIANO

1 – 4½ lbs	1 – 2 kg	lomo de cerdo, sin hueso
2	2	diente de ajo picado
¼ cdta	1,2 g	pimienta
½ cdta	2,5 g	sal
¼ taza	60 ml	salsa de soya
3 cdas	45 ml	miel líquida
¼ taza	60 ml	salsa de tomate catsup

Poner el lomo en un asador, frotarlo con la mitad del ajo y sazonarlo con sal y pimienta. Asar el lomo en un horno precalentado a 350°F (180°C), por 2½ horas o hasta que esté bien cocido.

Combinar los ingredientes restantes en un tazón pequeño; con una brochita, untar al lomo por lo menos 6 veces mientras se está asando. Untar una última vez antes de cortar la carne y servir.

PARA 6 PORCIONES

LOMO DE CERDO AHUMADO CON SALSA DE CIRUELA

1 – 2 lbs	1 – 900 g	lomo de centro de cerdo, ahumado
1 taza	250 ml	jugo de naranja
¼ taza	60 ml	brandy de ciruela húngaro
1 taza	250 ml	mermelada de ciruela
¼ cdta	1,2 g	jengibre molido
1 cdta	2,5 g	maicena
2 cdas	30 ml	agua fría

Cortar el lomo en seis piezas iguales. Ponerlas en una bandeja de hornear.

En una cacerola, combinar el jugo de naranja, el brandy, la mermelada y el jengibre. Llevar a ebullición. Mezclar la maicena con el agua, poner en la salsa. Cuando la salsa vuelva a hervir quitarla del fuego.

Ponerle la salsa al cerdo; tapar y poner en un horno precalentado a 350°F (180°C), por 30 minutos. Sacar del horno y servir.

PARA 6 PORCIONES

CERDO SATAY

2 lbs	900 g	cerdo magro sin hueso, picado grueso
4 cdas	60 ml	aceite de maní
1½ cda	9 g	nueces de Brasil molidas
½ cdta	2,5 g	jengibre molido
1½ cda	8 ml	cilantro molido
¼ cdta	1,2 g	de cada uno: pimiento de Cayena, ajo en polvo
½ cdta	2,5 g	de cada uno: pimienta, cebolla en polvo
2 cdtas	10 ml	melaza
4 cdtas	20 ml	jugo de lima
4 cdtas	20 ml	jugo de limón
3 cdas	45 ml	agua caliente

Poner la carne en pinchos de bambú, colocarla en una cacerola grande, poco honda.

En un tazón, mezclar los demás ingredientes. Ponerle al cerdo esta salsa; marinar, tapado, en el refrigerador por 3½ - 4 horas.

Asar la carne con fuego alto por 10-12 minutos, o hasta que la carne esté bien asada, untando frecuentemente la salsa con una brochita.

Servir con Arroz Bombay (ver página 709).

PARA 6 PORCIONES

Lomo de Cerdo Ahumado con Salsa de Ciruela

PIERNA DE CORDERO ASADA

1 5-7 lbs	1 2-3 kg	pierna de cordero– sin la caña
1	1	diente de ajo
½ cdta	3 ml	de cada uno: cebolla en polvo, paprika, sal, pimienta, tomillo, mejorana, albahaca, mostaza en polvo
2 cdas	30 ml	aceite de oliva

Precalentar el horno a 350°F (180°C).

Hacer un pequeño corte en la carne cerca del hueso e insertar un diente de ajo. Mezclar los condimentos. Con una brochita, untar al cordero con el aceite, espolvorearlo con los condimentos. Asar por 2½ - 3 horas.

Cortar el cordero y servir.

PARA 8 PORCIONES

FILETES DE CERDO SOFRITOS CON SALSA CLEMENTINA

6 – 6 oz	6 – 170 g	filetes de cerdo
3 cdas	45 ml	aceite
		sal y pimienta al gusto
¼ taza	60 ml	concentrado de jugo de mandarina o de naranja
½ taza	125 ml	Caldo de Pollo (ver página 77)
¼ taza	60 ml	crema de batir
1 cdta	5 g	mantequilla
1 cdta	5 ml	jugo de lima

Calentar el aceite en una sartén grande. Sofreír los filetes por 6-8 minutos. Sazonarlos con sal y pimienta, y conservarlos calientes.

En una cacerola, calentar el jugo de mandarina junto con el caldo de pollo; llevar a ebullición y bajar el fuego. Agregar la crema y cocer a fuego lento hasta que la salsa pueda revestir una cuchara. Quitar del fuego. Incorporar la mantequilla y el jugo de lima.

Colocar los filetes en un platón, cubrirlos con salsa y servir.

PARA 6 PORCIONES

CORDERO CON CHAMPIÑONES CHINOS

1½ lb	675 g	cordero sin hueso
8	8	champiñones negros chinos secos o champiñones de ostra frescos
1½ cdta	3,8 g	maicena
4 cdtas	20 ml	salsa de soya liviana
1	1	clara de huevo
¼ taza	60 ml	aceite de girasol
1	1	diente de ajo picado
2 cdtas	10 g	azúcar granulada
3 cdas	45 ml	salsa de ostras
2 cdas	30 ml	vino de arroz

Cortar el cordero en rodajas finas.

Poner los champiñones secos en remojo en agua tibia por 1 hora. Mezclar la maicena con la salsa de soya y la clara de huevo. Poner sobre el cordero y marinar por 1 hora.

Escurrir los champiñones y cortarlos en tiras finas.

Calentar el aceite en una sartén china (wok). Freír el ajo, revolviéndolo. Agregar el cordero y los champiñones; freír por 2 minutos. Añadir el azúcar, la salsa de ostras y el vino. Freír hasta que la mayor parte del líquido se evapore. Servir con arroz cocido al vapor.

PARA 6 PORCIONES

Pierna de Cordero Asada

Cordero con Champiñones Chinos

Ensalada de Cordero con Champiñones Silvestres

CORDERO
SRI LANKA

1 taza	250 ml	vino blanco
1 lb	450 g	cordero picado grueso
¼ taza	56 g	mantequilla
1	1	cebolla pequeña, picada
1	1	pimiento dulce verde, picado
1	1	tallo de apio picado
3 cdas	21 g	harina
1 taza	250 ml	crema espesa
⅓ taza	80 ml	jerez
½ cdta	2,5 g	sal
2 cdtas	10 g	curry en polvo
1 taza	150 g	tomates pelados, sin semillas, picados

Calentar el vino en una cacerola pequeña; poner el cordero y cocer a fuego lento por 20 minutos. Escurrir y conservar el cordero y el caldo.

En otra cacerola, calentar la mantequilla, sofreír la cebolla, el pimiento dulce y el apio, agregar la harina; bajar el fuego y cocinar por 2 minutos. Añadir la crema, el jerez y los condimentos; cocer a fuego lento hasta espesar.

Agregar los tomates y el cordero; cocer a fuego lento por 5 minutos. Si la salsa está demasiado espesa, diluirla un poco con el caldo.

Colocar en platones y servir con Aloo Madarasi (ver página 710).

PARA 4 PORCIONES

ENSALADA DE CORDERO CON CHAMPIÑONES SILVESTRES

1½ lb	675 g	cordero cocido, cortado en tiras finas
⅔ lb	300 g	champiñones silvestres
2 cdas	30 ml	hojas de albahaca picadas
1 cda	15 ml	perejil
¼ taza	32 g	cebolla verde picada
½ cdta	2,5 g	sal
1 cdta	5 g	pimienta negra triturada
⅓ taza	80 ml	jugo de limón
1 taza	250 ml	aceite de oliva
1	1	cabeza pequeña de lechuga Bibb de Boston
1	1	cabeza pequeña de lechuga radicchio
1	1	yema de huevo
		flores comestibles para adornar

En un tazón, mezclar el cordero con los champiñones.

En una licuadora combinar la albahaca, el perejil, la cebolla verde, la sal, la pimienta y el jugo de limón. Mezclar bien.

Poner al cordero y los champiñones la mitad del aderezo; marinar en el refrigerador por 1 hora.

Lavar las lechugas. Picarlas grueso. Colocarlas en platos. Ponerles encima el cordero marinado.

Poner la yema de huevo en una licuadora. Con el aparato en marcha, poner lentamente el resto del aderezo. Cuando se forme una mayonesa fina, ponerla sobre la ensalada y servir. Adornar con las flores.

NOTA: Como champiñones silvestres, usar chanterelas, morillas, shiitakes o enokitakes. Si no es posible conseguirlos, usar champiñones cultivados.

PARA 6 PORCIONES

Cordero Sri Lanka

CARNE DE CAZA

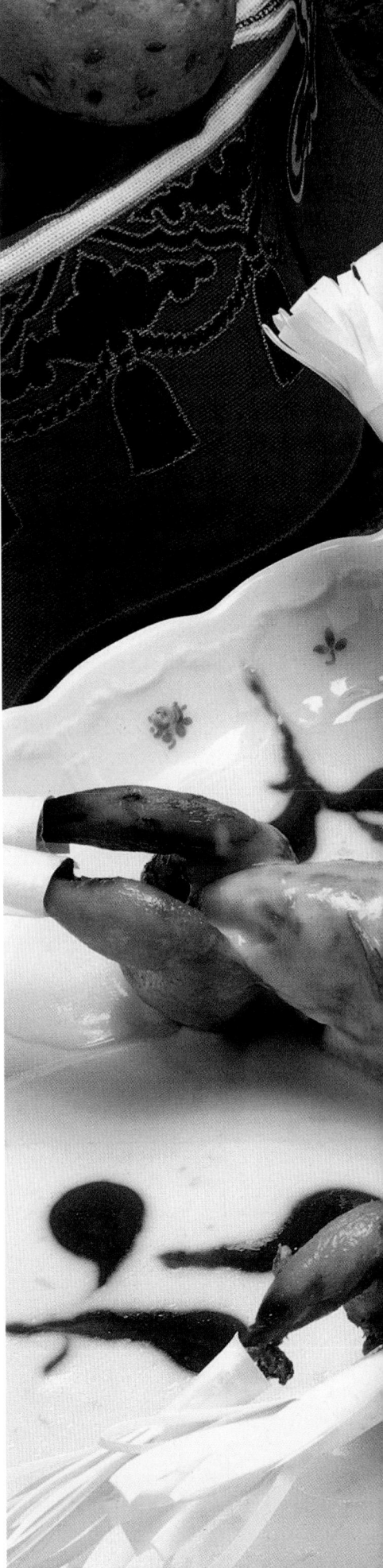

Los que cazan para proveer comida mantienen la vida. Los que cazan por deporte están equivocados. Participar en la matanza de animales indefensos por el hecho de cazar sin intención de consumo sirve nada más a un enfermizo sentido de aventura. Aquellos que cazan con el fin de obtener provisiones deben ser capaces de preparar los animales que matan. La forma más apropiada de honrar a los que han dado su vida para mantener otra, es el preparar gustosamente y en forma apta el animal cazado.

Preparar buenas comidas es nuestra meta en este *Libro de Cocina Simplemente Deliciosa 2*. Preparar la carne de caza con destreza y sencillez realza esta meta. Como nunca he cazado, tuve que comprar las carnes necesarias para las recetas en este capítulo. Hoy los animales son criados comercialmente en la mayoría de los países, haciendo las carnes tan accesibles como la res o el pollo. Si lo pide a su carnicero lo más probable es que él pueda obtener lo que usted requiere.

Cocinar los animales de caza trae las aventuras del exterior a la casa y deleita al invitado con las delicias de las comidas especiales, con el mejor de los gustos naturales. Tradicionalmente, las carnes de caza eran servidas en las comidas formales de las haciendas cerca de los bosques donde los animales eran atrapados. Nosotros hemos elegido enfocar nuestra selección a comidas informales. Ya sea su elección Alce Stroganoff o Faisán en Salsa de Vino Rojo, sus invitados gozarán de delicias que no habían conocido previamente con este estilo de comida.

A medida que nuevas variedades de carne de caza se hacen accesibles, el cocinero creativo es capaz de aumentar su elección de menús, asombrando a los invitados con el sabor distintivo de estas carnes. No solamente son exquisitas al paladar, en general son una elección nutritiva más sólida que una comida tradicional. El búfalo o el buey almizclero, por ejemplo, contienen menos grasa, calorías y colesterol que la res o el cerdo. Las carnes de venado, alce o caribú proveen sabores únicos que se pueden obtener solamente de ellos.

Para la preparación de un evento poco común con un aire verdaderamente distintivo, la selección debe ser carne de caza. Sus invitados estarán de acuerdo que su elección del menú fue *Simplemente Deliciosa*.

Codorniz Frita con Salsa Clementine

GALLINAS DE GUINEA MARENGO

2	2	gallinas de Guinea, cortadas en cuartos
⅓ taza	80 ml	aceite de girasol
4	4	zanahorias peladas, en rodajas
2	2	tallos de apio, en cuadraditos
1	1	cebolla pequeña picada
6	6	lascas de tocino
⅓ taza	38 g	harina
4 tazas	600 g	tomates pelados, picados, sin semillas
¼ taza	60 ml	jerez
½ cdta	2,5 g	sal
¼ cdta	1,2 g	pimienta
1	1	ramito de hierbas (ver el Glosario)
¼ lb	115 g	champiñones en rodajas
2 cdas	30 ml	perejil picado
3 tazas	340 g	arroz al vapor

Precalentar el horno a 350°F (180°C).

Freír las gallinas en el aceite por 5 minutos. Sacar y poner en una cacerola.

Picar el tocino en cuadraditos y freír en un una sartén, agregar la harina, bajar el fuego y cocer por 4 minutos. Agregar las verduras y continuar cociendo hasta que estén blandas. Agregar los tomates, el jerez y los condimentos, cocinar por 10 minutos a fuego bajo.

Verter la salsa y el ramito de hierbas sobre las gallinas, poner encima los champiñones, tapar y hornear por 1 hora.

Espolvorear con el perejil y servir con arrroz caliente.

PARA 4 PORCIONES

FAISAN PARMESANO CON ALMENDRAS

¼ taza	28 g	harina
⅛ cdta	pizca	de cada uno: pimienta, paprika, tomillo, albahaca
1	1	huevo
¼ taza	60 ml	leche
¼ taza	25 g	almendras molidas
¼ taza	60 ml	queso parmesano duro, recién rallado
½ taza	125 ml	miga de pan fi na
6 – 4 oz	6 – 120 g	pechugas de faisán, sin huesos
3 cdas	45 ml	mantequilla derretida

Mezclar la harina y los condimentos. Mezclar el huevo con la leche. Combinar las almendras, el queso y la miga de pan. Espolvorear las pechugas de faisán con harina, untar en el batido de huevo y luego en la miga de pan.

Calentar la mantequilla en una sartén grande y freír el faisán, 4-5 minutos por lado o hasta que estédorado. Excelente cuando se sirve con una Salsa de Champiñones Silvestres al Jerez (ver página 105).

PARA 6 PORCIONES

PASTEL DE BUFALO

1 lb	450 g	carne de búfalo molida
⅓ lb	150 g	grasa de res
5	5	manzanas grandes, peladas y picadas
7 lbs	3 kg	pasas
2 tazas	500 ml	sidra de manzanas
1 taza	250 ml	melaza
4 cdas	60 ml	cáscara de limón, en tiras finas
4 cdas	60 ml	cáscara de naranjas, en tiras finas
1 cdta	5 g	canela molida – o más al gusto

Cocer el búfalo en la grasa. Enfriar y sacar toda la manteca.

Mezclar los ingredientes restantes con la carne en una cacerola. Cocer lentamente por 2 horas. Enfriar y usar en pasteles o tarteletas.

HACE 3 PASTELES DE 9"

Faisán Parmesano con Almendras

ALCE STROGANOFF

2¼ lbs	1 kg	carne de alce, cortada en cubos de ¾"
¼ taza	60 ml	aceite
3 cdas	42 g	mantequilla
2	2	tallos de apio, en rodajas
1	1	cebolla en rodajas
1	1	pimiento dulce verde, en rodajas
½ lb	225 g	champiñones
⅓ taza	37 g	harina
1¼ taza	310 ml	Caldo de Carne (ver página 85)
¾ taza	180 ml	jerez
2 cdas	30 ml	salsa Worcestershire
2 cdas	30 ml	mostaza de Dijon
¼ taza	60 ml	pasta de tomate
1	1	hoja de laurel
2 cdtas	10 g	paprika
½ cdta	3 ml	tomillo
¼ cdta	1,2 g	pimienta
1 taza	250 ml	crema ácida

Calentar juntos el aceite y la mantequilla. Dorar la carne de arce y freír las verduras. Agregar la harina y revolver, cocinando por 2 minutos. Agregar el caldo de carne, el jerez, la salsa Worcestershire, la mostaza, la pasta de tomates y los condimentos.

Tapar y cocer a fuego lento por 1¼ hora. Agregar la crema ácida. Servir sobre fideos de huevo.

PARA 8 PORCIONES

Alce Stroganoff

COSTILLAS PICANTES DE BUFALO

2¼ lbs	1 kg	costillas cortas de búfalo
4 cdas	60 ml	aceite de girasol
2 cdas	28 g	mantequilla
1	1	cebolla picada fino
2 cdas	30 ml	jugo de limón
1 cda	10 g	azúcar morena
½ taza	125 ml	salsa de tomate catsup
1 cda	15 ml	salsa Worcestershire
1 cdta	5 ml	mostaza de Dijon
¼ cdta	1,2 g	de cada uno: pimienta blanca, pimienta negra, sal, paprika
½ cdta	3 ml	de cada uno: albahaca, tomillo, mejorana
⅛ cdta	pizca	pimiento de Cayena

Dorar las costillas en el aceite. Sacar el exceso de aceite. En una olla calentar la mantequilla, freír la cebolla y agregar los ingredientes restantes. Poner sobre las costillas. Tapar y cocer a fuego lento por dos horas o hasta que las costillas se ablanden.

Servir con arroz.

PARA 4 PORCIONES

FILETE DE VENADO A LA PIMIENTA

2 lbs	900 g	filete de lomo de venado
3 cdas	45 ml	aceite de girasol
1 cdta	5 g	jengibre pelado, picado
2	2	pimientos dulces verdes, en tiras finas
1 taza	150 g	champiñones en rodajas
¼ taza	60 ml	salsa de soya
1 cda	15 g	azúcar
2 cdas	30 ml	jerez
1 cdta	2,5 g	maicena

Cortar la carne en lonjas delgadas.

Calentar el aceite en una sartén china (wok). Agregar el jengibre y freírlo por un minuto. Dorar la carne y luego agregar los pimientos y los champiñones. Freír por 5 minutos. Agregar la soya y el azúcar. Mezclar el jerez con la maicena y agregar a la carne. Freír por 1 minuto.

Servir con arroz.

PARA 6 PORCIONES

CHILI DE BUFALO

3 cdas	45 ml	aceite de girasol
2¼ lbs	1 kg	carne de búfalo molida
3	3	cebollas grandes, picadas en cuadraditos
1	1	pimiento dulce verde, picado en cuadraditos
3	3	pimientos jalapeños, en cuadraditos
8 tazas	1,2 kg	tomates pelados, sin semillas y picados
2 cdas	30 g	chile en polvo
2	2	dientes de ajo picados
1 cda	15 g	azúcar granulada
2 cdtas	10 g	sal
8 tazas	2 L	frijoles de lata
2 tazas	500 ml	jugo de tomates

Calentar el aceite en una cacerola. Dorar la carne. Agregar las cebollas y los pimientos, freír hasta que se ablanden. Agregar los ingredientes restantes, tapar y cocer a fuego lento 4 horas, revolviendo ocasionalmente.

Servir con pan de ajo y queso.

PARA 8 PORCIONES

ALBONDIGAS DE RENO

2 lbs	900 g	carne de reno molida
3	3	huevos batidos
3 cdas	21 g	queso parmesano, recién rallado
2 cdas	14 g	miga de pan
1 cdta	5 ml	albahaca
1	1	dientes de ajo picado
½ cdta	2,5 g	sal
½ cdta	2,5 g	pimienta

Mezclar completamente todos los ingredientes. Formar albóndigas del tamaño de pelotas de golf.

Poner por 15 minutos en un horno precalentado a 350°F (180°C). Servir con Salsa de Tomate (ver página 106) o salsa de champiñones, sobre fideos o arroz.

PARA 6 PORCIONES

NOTA: Si no se consigue reno en su área, use carne de venado, caribú, uapití o alce.

CARIBU BORGOÑA

3 lbs	1.5 kg	carne de caribú magra, en rodajas delgadas
¼ taza	60 ml	aceite de oliva
1	1	diente de ajo machacado
3 tazas	750 ml	vino tinto – burgundy
20	20	cebollitas perla
20	20	champiñones de botón
1 cdta	5 g	sal
⅛ cdta	pizca	pimienta
2	2	hojas de laurel
2	2	clavos de olor
1 cdta	5 ml	mejorana
½ cdta	3 ml	romero
2 cdas	28 g	mantequilla
2 cdas	14 g	harina

Dorar la carne con el ajo en una cacerola grande. Eliminar el exceso de grasa. Agregar el vino, las cebollas, los champiñones y los condimentos, cocer tapado, a fuego lento por 2½ horas.

Calentar la mantequilla en una cacerola pequeña, agregar la harina y cocer por 4 minutos a fuego bajo, o hasta que la harina esté ligeramente dorada. Revolver en la salsa. Continuar cociendo a fuego lento por 15 minutos.

Servir sobre fideos de huevo.

PARA 6 PORCIONES

Caribú Borgoña

Chili de Búfalo

Búfalo Enpanizado

VENADO ENROLLADO

4 – 6 oz	4 – 170 g	filetes de carne de venado, sin hueso
¼ cdta	1,2 g	de cada uno: sal, pimienta, paprika, ajo en polvo
1 lb	450 g	carne de venado molida
8	8	rodajas de tocino
8	8	pepinos encurtidos
4 cdas	60 ml	aceite de girasol
2 tazas	500 ml	Caldo de Carne (ver página 85)
2 cdas	28 g	mantequilla
1 taza	150 g	champiñones en rodajas
2 cdas	14 g	harina

Macerar fino los filetes de venado con un mazo para carne.

Mezclar los condimentos con la carne molida, poner la mezcla sobre los filetes. Poner 2 rodajas de tocino y 2 pepinos sobre cada filete. Enrollarlasy amarrarlas con hilo para contener el relleno.

Calentar el aceite en una cacerola grande. Dorar la carne por todos lados, eliminar el exceso de grasa. Poner encima el caldo de carne; tapar y cocer a fuego lento por 3 horas.

Sacar los enrollados, quitar los hilos. Conservar calientes. Calentar la mantequilla en un cacerola, freír los champiñones y espolvorear con harina. Bajar el fuego y cocer por 2 minutos. Agregar el caldo y cocer a fuego lento hasta que se convierta en una salsa.

Poner los enrollados en una fuente de servir, ponerles salsa encima y servir.

PARA 4 PORCIONES

FAISAN CACCIATORE

4	4	pechugas de faisán, sin huesos
½ taza	56 g	harina
¼ taza	60 ml	aceite de oliva
1	1	diente de ajo
½ cdta	3 ml	de cada uno: sal, tomillo, orégano, albahaca
¼ cdta	1,2 g	de pimienta y paprika
1	1	pimiento dulce verde, en tiras finas
1	1	cebolla española, en rodajas
3 tazas	450 g	tomates
1 taza	250 ml	champiñones en rodajas

Espolvorear las pechugas de faisán con harina. Calentar el aceite en una cacerola grande y dorar las pechugas; agregar el ajo, los condimentos y las verduras. Cocer tapado a fuego lento por 1¾ horas.

Destapar la cacerola y continuar cociendo a fuego lento por 30 minutos más.

Servir con arroz o fideos.

PARA 4 PORCIONES

BÚFALO ENPANIZADO

6 – 4 oz	6 – 120 g	filete de carne de búfalo
1	1	huevo
¼ taza	60 ml	leche
½ taza	56 g	harina
1 taza	112 g	miga de pan sazonada
¼ taza	60 ml	aceite de girasol
1	1	limón cortado en cascos

Macerar muy fino los filetes de búfalo.

Mezclar el huevo con la leche. Espolvorear la carne con la harina, sumergirla en el huevo, pasarla sobre la miga de pan.

Calentar el aceite en una sartén. Freír la carne hasta que esté dorada por los dos lados. Servir con un casco de limón.

PARA 6 PORCIONES

Venado Enrollado

CARNE DE CAZA

PECHUGAS DE FAISAN CON BRANDY DE MORAS A LA PARRILLA

2 tazas	200 g	moras
1½ taza	336 g	azúcar granulada
½ taza	125 ml	brandy de moras
1 cda	15 ml	aceite de girasol
4 – 6 oz	4 – 175 g	pechugas de faisán, sin huesos

En un procesador de alimentos hacer un puré con las moras. Pasarlas por un colador para sacar las semillas.

Mezclar la pulpa de las moras, el azúcar y el brandy en una olla. Calentar hasta hervir. Bajar el fuego y cocer a fuego lento hasta que la salsa se espese.

Untar al faisán con el aceite, asar en la parrilla, 6 minutos por lado, untando frecuentemente con la salsa. Untar una vez más antes de servir.

PARA 4 PORCIONES

FILETE DE BUFALO A LA PIMIENTA

6 – 8 oz	6 – 225 g	filetes de búfalo
¼ taza	60 g	mezcla de tres pimientas
¼ taza	56 g	mantequilla
2 cdas	30 ml	brandy
1 taza	250 ml	Demi-Glace (ver página 123)
2 cdas	30 ml	jerez
¼ taza	60 ml	crema de batir

Quitar la grasa de los filetes. Untar la pimienta a los filetes.

Calentar la mantequilla en una sartén y freír la carne hasta que esté cocida a su gusto. Sacar la carne y mantenerla caliente.

Poner el brandy en la olla y encenderlo con cuidado. Agregar el Demi Glace, el jerez y la crema. Mezclar bien, poner la salsa sobre los filetes y servir.

PARA 6 PORCIONES

PAVO SILVESTRE FRITO A LA PROVENZAL

6 – 6 oz	6 – 175 g	rodajas de pechuga de pavo silvestre, sin huesos
4 cdas	56 g	mantequilla
3	3	dientes de ajo picados
1	1	pimiento dulce verde, cortado en rodajas
1	1	cebolla cortada en rodajas
3 tazas	750 ml	tomates pelados, picados y sin semillas
¼ taza	60 ml	jerez
1 cdta	5 g	paprika
½ cdta	2,5 g	sal
¼ cdta	1,2 g	pimienta

En una cacerola, freír el pavo en la mantequilla, 4-6 minutos por lado, dependiendo del grosor de las pechugas. Sacarlas y conservarlas calientes.

Agregar el ajo, los pimientos verdes y las cebollas a la cacerola y freír hasta que se ablanden. Agregar los tomates y hervir. Bajar el fuego y cocer a fuego lento por 10 minutos. Agregar el jerez y los condimentos, continuar cociendo a fuego lento hasta que el líquido se evapore.

Colocar las pechugas de pavo en una fuente, ponerles la salsa y servir con arroz pilaf.

PARA 6 PORCIONES

Filete de Búfalo a la Pimienta

Pavo Silvestre Frito a la Provenzal

PASTEL FRANCO CANADIENSE

2	2	rodajas de tocino – en cuadraditos
1½ lb	675 g	carne magra, molida de venado o cerdo, o mitad de cada una
½ taza	64 g	cebolla picada
½ taza	75 g	apio picado
1	1	diente de ajo picado
2 cdas	14 g	harina
1 taza	250 ml	Caldo de Carne (ver página 85)
1 cdta	5 g	sal
½ cdta	3 ml	perifollo
¼ cdta	1 ml	macia
1	1	hoja de laurel machacada
1 ración	1	Masa Sencilla (ver página 616)
1	1	huevo batido

Calentar el tocino en una cacerola grande. Agregar la carne, la cebolla, el apio y el ajo; cocer hasta que la carne se dore. Espolvorear con harina y cocer por 2 minutos a fuego bajo. Agregar el caldo de carne y los condimentos. Revolver, tapar y cocer por 30 minutos. Enfriar a temperatura ambiente.

Estirar la mitad de la masa y ponerla en un molde de pastel de 9" (23 cm). Rellenarla con la mezcla de carne. Estirar la masa restante, humedecer el borde del pastel con el huevo batido. Ponerla encima. Doblar los bordes hacia abajo para sellar y plegar la cubierta. Cortar agujeros pequeños en la cubierta para dejar escapar el vapor. Untar con huevo.

Poner en un horno precalentado a 375°F (190°C), por 40 minutos.

Servir caliente o frío.

PARA 6 PORCIONES

Hamburguesas de Venado

HAMBURGUESAS DE VENADO

1½ lb	675 g	carne de venado magra, molida
1	1	huevo
¼ taza	60 ml	leche
½ taza	56 g	miga de pan sazonada
1 cdta	5 ml	salsa Worcestershire
1 cdta	5 ml	mostaza de Dijon
1 cda	15 ml	salsa de soya
1 cdta	5 g	sal
½ cdta	3 ml	de cada uno: albahaca mejorana, pimienta, paprika
6	6	panecillos kaiser

Mezclar juntos todos los ingredientes, hacerlos tortas. Asar en las brasas, con calor mediano, a la cocción de su gusto. Servir en panecillos kaiser. Aderezar a la manera de las hamburguesas.

PARA 6 PORCIONES

NOTA: Se puede usar carne de cualquier venado salvaje, alce, caribú, uapití, etc.

PAVO SILVESTRE FRITO

8 oz	225 g	carne de pavo salvaje, sin huesos
2 cdas	30 ml	aceite de girasol
1	1	cebolla picada
½ taza	75 g	pimiento dulce verde, picado
½ taza	75 g	pimiento dulce rojo, picado
20	20	champiñones de botón
¼ taza	60 ml	salsa de ostras*
2 cdas	30 ml	salsa de soya
1 cdta	2,5 g	maicena
1 cda	15 ml	jerez o agua

Cortar el pavo en cubos grandes.

Calentar el aceite en una sartén grande. Freír el pavo por 3 minutos. Agregar las verduras y freírlas hasta que se ablanden.

Agregar la salsa de ostra y la de soya. Cocer a fuego lento por 2 minutos.

Mezclar la maicena con el jerez y poner en el pavo, cocer a fuego lento hasta que espese. Servir sobre arroz o fideos.

PARA 2 PORCIONES

* La salsa de ostras es un producto comercial que se encuentra en la sección oriental de los supermercados.

ESTOFADO DE CARNE DE ALCE

2¼ lbs	1 kg	carne de alce, cortada en cubos de ¾"
1 taza	112 g	harina
3 cdas	45 ml	aceite
20	20	cebollas perla
1 taza	150 g	zanahorias picadas gruesas
1 taza	150 g	nabos picados gruesos
1 taza	150 g	apio picado grueso
2 tazas	500 ml	Caldo de Carne (ver página 85)
1 taza	250 ml	vino rojo
2 tazas	500 ml	tomates pelados sin semillas y picados
¼ cdta	1 ml	de cada uno: sal, pimienta, albahaca, tomillo, paprika
1 cdta	5 ml	salsa Worcestershire
4 tazas	520 g	papas picadas gruesas

Espolvorear a la carne de alce con harina. Calentar el aceite en una cacerola. Agregar la carne y dorarla. Agregar el resto de los ingredientes, menos las papas. Bajar el fuego, tapar y cocer a fuego lento por 1½ a 2 horas. Agregar las papas y continuar cociendo a fuego lento por 30 minutos más.

Servir con una ensalada verde.

PARA 8 PORCIONES

GALLINAS DE GUINEA A LAS BRASAS

⅔ taza	160 ml	aceite de oliva
⅓ taza	80 ml	jugo de limón
⅓ taza	80 ml	jerez
2 cdas	30 ml	romero triturado
2 cdas	30 ml	hojas de albahaca
1 cda	15 ml	hojas de tomillo
½ cdta	2,5 g	de cada uno: azúcar, pimienta, sal
4 – 6 oz	4 – 175 g	pechugas de gallina de Guinea

Combinar todos los ingredientes, menos las pechugas, en un tazón de mezclar.

Colocar las gallinas de guinea en un molde de hornear bajo y ponerles la salsa encima. Tapar y refrigerar por 6 horas.

Asar las gallinas sobre carbón a calor mediano por 6 minutos por lado, untando frecuentemente con la salsa de marinar. Untar una última vez antes de servir.

PARA 4 PORCIONES

ALCE A LA PARRILLA CHEF K

1 taza	168 g	azúcar morena
½ taza	125 ml	salsa de chile
½ taza	125 ml	aceite de girasol
¼ taza	60 ml	vinagre
¼ taza	60 ml	jugo de limón
1 cdta	5 ml	mostaza de Dijon
1 cdta	5 ml	jugo de cebolla
¼ cdta	1 ml	salsa de pimientos picantes
1 cdta	5 ml	salsa Worcestershire
¼ cdta	1,2 g	de cada uno: polvo de ajo, paprika, chile en polvo
½ cdta	2,5 g	sal y pimienta
4½ lbs	2 kg	filete de alce, ½" de grueso

Poner todos los ingredientes, menos los filetes de alce, en una licuadora y mezclar bien.

En una bandeja de hornear grande poner la carne y la salsa en capas; marinar tapado y refrigerar por 24 horas.

Asar sobre una parrilla al carbón con calor mediano por 20 minutos (10 por lado) o a la cocción deseada. Untar varias veces con la salsa de marinar mientras se asa, servir inmediatamente.

PARA 8 PORCIONES

Estofado de Carne de Alce

329

Filete de Venado Asado

PECHUGAS DE FAISAN CUMBERLAND

6 – 6 oz	6 – 170 g	pechugas de faisán, sin huesos
3 cdas	45 ml	mantequilla derretida
		sal y pimienta al gusto

Salsa:		
¾ taza	180 ml	conserva de grosellas rojas
¾ taza	180 ml	jugo de naranjas
¼ taza	60 ml	jugo de limón
¼ cdta	1,2 g	jengibre molido
2 cdas	14 g	maicena
2 cdas	30 ml	agua

Untar las pechugas de faisán con la mantequilla. Sazonar con sal y pimienta. Asar sobre carbones a calor mediano, 6-7 minutos por lado.

Mientras el faisán se asa, calentar las grosellas en una sartén. Agregar los jugos de naranja y limón con el jengibre. Hervir. Mezclar la maicena con el agua, agregar a la salsa. Cocer a fuego lento hasta que la salsa se espese.

Untar la salsa sobre el faisán mientras se asa y una vez más antes de servir.

Este es un plato muy agradable para el almuerzo cuando se sirve con una Ensalada de Naranja y Almendras (ver página 133).

PARA 6 PORCIONES

FILETE DE VENADO ASADO

1 taza	250 ml	aceite de girasol
¼ taza	60 ml	vinagre con ajo
2 cdas	30 ml	jugo de limón
2 cdas	18 g	cebollas picadas
1	1	diente de ajo picado
1 cdta	5 ml	de cada uno: sal mejorana, albahaca, tomillo
½ cdta	2,5 g	pimienta negra triturada
6 – 8 oz	6 – 225 g	filetes de venado

Mezclar todos los ingredientes, menos los filetes. Poner los filetes en una bandeja grande de hornear. Poner la salsa de marinar sobre los filetes, marinarlos por 4-6 horas, tapados y refrigerados.

Asar los filetes en una parrilla sobre carbones a calor mediano o a la llama, hasta que estén cocidos a su gusto.

PARA 6 PORCIONES

HOGAZA DE BÚFALO

4 lbs	1.75 kg	carne de búfalo molida
1	1	cebolla picada
½	½	pimiento dulce verde picado
3	3	tallo de apio picado
3	3	huevos batidos
1 taza	250 ml	avena cocida
½ taza	56 g	miga de galletas de soda
½ taza	125 ml	salsa de tomate catsup
1 cda	15 ml	salsa Worcestershire

Mezclar juntos todos los ingredientes, y darles la forma de una hogaza. Hornear en un molde bajo en un horno precalentado a 350°F (180°C), por 1¼ hora.

Servir con Salsa de Champiñones Silvestres con Jerez (ver página 105).

PARA 8 PORCIONES

Hogaza de Búfalo

GOULASH (GUISO) DE VENADO

2 cdas	28 g	mantequilla
½ taza	64 g	cebolla cortada en cuadraditos finos
3	3	diente de ajo picado
3 cdas	45 g	paprika
2¼ lbs	1 kg	carne de venado, picada
4 tazas	1 L	Caldo de Carne (ver página 85)
1 cdta	5 g	semillas de alcaravea
½ cdta	2,5 g	pimienta negra
2 tazas	300 g	tomates pelados picados y sin semillas
8 oz	225 g	champiñones de botón
½ cdta	3 ml	orégano
1 cda	7 g	maicena

Calentar la mantequilla en una cacerola grande. Agregar la cebolla, el ajo y la paprika, freír hasta que la cebolla esté blanda. Dorar la carne en la cacerola, luego agregar el caldo, la alcaravea y la pimienta. Cocer tapado a fuego lento por 1½ hora.

Agregar los tomates, los champiñones y el orégano, continuar cociendo a fuego lento por 40 minutos. Mezclar la maicena con un poco de agua. Agregar al guiso y cocer a fuego lento hasta que se espese.

Servir sobre fideos o arroz.

PARA 8 PORCIONES

BARBACOA DE FILETES DE BUEY ALMIZCLERO CON MANTEQUILLA DE AJO Y CILANTRO

6 – 8 oz	6 – 225 g	lomo de buey almizclero
1 cda	15 g	chile en polvo
½ cdta	3 ml	de cada uno: hojas de orégano, hojas de tomillo hojas de albahaca, cebolla en polvo, ajo en polvo sal, pimienta blanca, pimienta negra
¼ cdta	1,2 g	pimiento de Cayena
½ taza	112 g	mantequilla
4	4	dientes de ajo picados
½ taza	125 ml	cilantro picado fino
1 cdta	5 ml	mostaza de Dijon
1 cdta	5 ml	cáscara de limón rallada
2 cdas	30 ml	aceite de oliva

Cortar los filetes y ponerlos en una asadera baja.

Combinar los condimentos y espolvorearlos sobre los filetes, tapar y refrigerar por 1 hora.

Combinar la mantequilla con el ajo, el cilantro, la mostaza y el limón. Esparcir sobre una hoja de papel encerado y enrollar en la forma de un cigarro. Poner en el congelador por una hora.

Untar los filetes con el aceite. Asar sobre carbones a temperatura mediana hasta que estén cocidos a su gusto (el buey es mejor cocido término medio).

Cortar la mantequilla en rodajas gruesas. Poner un rodaja sobre cada filete. Servir inmediatamente.

PARA 6 PORCIONES

Goulash (Guiso) de Venado

Faisán al Vino

CODORNIZ FRITA CON SALSA CLEMENTINA

12	12	codornices
		sal y pimienta al gusto
3 cdas	45 ml	aceite de girasol
⅓ taza	80 ml	jugo concentrado de clementina, mandarina o de otro cítrico
½ taza	125 ml	Caldo de Pollo (ver página 77)
¼ taza	60 ml	crema de batir
1 cdta	5 g	mantequilla
1 cdta	5 ml	jugo de lima

Partir la codorniz por la mitad a lo largo del espinazo. Sazonar ligeramente con sal y pimienta.

Calentar el aceite en una cacerola grande. Freír las codornices por 6 minutos por lado, conservarlas calientes.

Calentar el jugo de clementina en una cacerola junto con el caldo de pollo; Llevar a ebullición. Bajar el fuego. Agregar la crema y cocer a fuego lento hasta que la salsa se reduzca lo suficiente como para adherirse a una cuchara. Quitar del fuego. Incorporar la mantequilla y el jugo de lima.

Poner las codornices en un plato de servir, cubrirlas con la salsa y servir.

PARA 6 PORCIONES

FAISAN AL VINO

4 lbs	8 kg	faisán - cortado en pedazos
4 cdas	28 g	harina
¼ taza	56 g	mantequilla
¼ taza	60 ml	brandy
½ taza	125 ml	vino tinto
1 cdta	5 ml	tomillo
1 cdta	5 g	paprika
2 cdtas	10 g	sal
1½ taza	375 ml	Caldo de Pollo (ver página 77)
4	4	rodajas de tocino
20	20	cebollitas perla
20	20	champiñones de botón

Espolvorear el faisán con la harina. En una sartén grande dorar el faisán en la mantequilla a calor bajo. Inclinar la sartén con cuidado, mezclar el brandy y encenderlo. Agregar el vino tinto, los condimentos y el caldo de pollo. Tapar y cocer a fuego lento hasta que el faisán se ablande, más o menos a los 40 minutos.

En una cacerola, dorar el tocino y freír las cebollas y los champiñones. Escurrir el aceite. Agregar el faisán y cocer a fuego lento por 5 minutos más. Tapar y cocer a fuego lento hasta que el faisán se ablande, en unos 40 minutos.

Servir con arroz al vapor o fideos.

PARA 8 PORCIONES

FAISAN CORDON BLEU

6 – 6 oz	6 – 175 g	pechugas de faisán, sin huesos
6 oz	175 g	jamón Selva Negra
6 oz	175 g	queso suizo
2	2	huevos
¼ taza	60 ml	leche
½ taza	56 g	harina
2 tazas	225 g	miga de pan sazonada
½ taza	125 ml	aceite de girasol
1 taza	250 ml	Salsa Mornay (ver página 111)

Macerar fino las pechugas.

Poner 1 oz (28 g) de jamón y 1 oz (28 g) de queso en el faisán. Doblar las pechugas para envolver el jamón y el queso. Poner en una bandeja de hornear y congelar por ½ hora.

Mezclar los huevos con la leche. Espolvorear al faisán con la harina, sumergirlo en la leche. Pasarlo por la miga de pan.

Calentar el aceite en una sartén grande. Dorar el faisán por todos lados. Pasarlo a una bandeja de asar.

Hornear en un horno precalentado a 350°F (180°C), por 10 minutos. Poner en platos para servir y cubrir con salsa; servir inmediatamente con arroz pilaf.

PARA 6 PORCIONES

$\mathcal{G}$OURMET FÁCIL

Le he llamado a este capítulo Gourmet Fácil porque en estas páginas se encuentran algunos de los platos más exquisitos con los que usted ocasionará las delicias de sus invitados. Mi intención es darles una selección variada para comidas excepcionales, no importa la hora del día en que usted va a atender a sus invitados.

En su cena de especialidades gastronómicas, impresione a sus invitados más exigentes con platillos como el Pollo Dermott o las Codornices en Salsa de Vino. Para el almuerzo usted puede ganarse incluso a sus críticos con platillos como la Mariscada de Luisiana o los Camarones con Mayonesa Picante a la Barbacoa. En la cena del domingo a sus invitados les encantará la Carne Asada con Coca Cola o la Lasaña de Pavo Ahumado y Gorgonzola. Si a usted lo encargaron de llevar los bocadillos para después de la fiesta, las Pepitas de Pollo con Manzana o las Vieiras a la Barbacoa serán las delicias de todos. Cocine algo oriental y sirva una variedad de sushi como los Rollos de California o el Salmón a la Parrilla Temaki, o puede ofrecerles una delicia tailandesa como el Pollo y Camarones a la Parrilla Satay.

Ser un gourmet o gastronómo no significa ser un perfeccionista inflexible; significa tener el arte de cocinar lo que es adecuado en el momento adecuado para las personas adecuadas. La sección Gourmet Fácil le permite a usted servir una comida excepcional, siempre adecuada en todo momento.

Tal vez es pasta lo que sus invitados están deseosos de comer. Sírvales un Fettuccini Vongolé o un plato de Espagueti Ragú a la Bolonesa. Cualquiera que sea la receta gourmet que usted va a elegir, tenga por seguridad de que será fácil y *Simplemente Deliciosa*.

Hamburguesa Satay

SALMON A LA KING

¼ taza	56 g	mantequilla
½ taza	75 g	pimiento dulce verde, picado
½ taza	75 g	pimiento dulce rojo, picado
4 oz	115 g	champiñones en rodajas
½ taza	56 g	harina
½ cdta	2,5 g	sal
¼ cdta	1,2 g	pimienta blanca
1 taza	250 ml	Caldo de Pollo (ver página 77)
1 taza	250 ml	leche
3 tazas	450 g	salmón cocido
1	1	yema de huevo
3 tazas	340 g	arroz al vapor

En una cacerola grande, calentar la mantequilla. Sofreír los pimientos y los champiñones. Espolvorear con harina y cocinar por 2 minutos.

Agregar la sal, la pimienta, el caldo y la leche; bajar el fuego y cocer a fuego lento hasta que se espese la salsa. Agregar el salmón y continuar cociendo a fuego lento por 5 minutos más.

Quitar el salmón del fuego y batirle la yema de huevo. Servir sobre arroz.

PARA 4 PORCIONES

LOMITOS NUEVA YORK A LA BARBACOA

½ taza	125 ml	vinagre de vino tinto
1 cda	15 ml	salsa inglesa
1 cdta	5 ml	de cada uno: hojas de albahaca, hojas de tomillo, hojas de orégano
½ taza	125 ml	salsa de tomate catsup
2	2	dientes de ajo picados
½ cdta	3 ml	saborizador líquido de humo
1 cda	15 g	azúcar granulada
6 – 8 oz	6 – 225 g	filetes de lomo de tira de New York

En una cacerola, combinar todos los ingredientes, menos los filetes.

Cortarle toda la grasa a los filetes. Cortar el pequeño filamento de la orilla, para evitar que los filetes se enrollen al cocinarlos. Ponerles la salsa de marinar y refrigerarlos tapados, por 6 horas.

Asar los filetes en carbones a fuego medio, al punto deseado de cocción. Con una brochita, untar frecuentemente con la salsa de marinar.

PARA 6 PORCIONES

SOFRITO A LA BARBACOA

½ lb	225 g	solomillo de cerdo, en trocitos
½ lb	225 g	camarón grande, pelado y desvenado
½ lb	225 g	vieiras grandes
2 cdas	28 g	mantequilla
2 cdas	30 ml	aceite de girasol
1 taza	250 ml	Salsa de Barbacoa (receta siguiente)

En una sartén grande, freír la carne y los mariscos en la mantequilla y el aceite. Ponerle la salsa a la carne y cocer a fuego lento por 10 minutos. Servir sobre arroz o fideos.

PARA 6 PORCIONES

Salsa:		
2	2	dientes de ajo
1	1	cebolla española picada
2 cdas	28 g	mantequilla
2 cdas	30 ml	aceite
1 taza	168 g	azúcar morena
2 cdtas	10 ml	salsa inglesa
½ cdta	3 ml	de cada uno: hojas de tomillo, hojas de orégano, perifollo, comino, paprika, pimienta negra, pimienta blanca
1 cda	15 g	chile en polvo
1 cdta	5 g	sal
2 tazas	500 ml	salsa de tomate catsup
2 cdtas	10 ml	jugo de limón

En una cacerola, sofreír el ajo y la cebolla en la mantequilla y el aceite. Combinar los demás ingredientes y agregarlos a la sartén. Bajar el fuego y cocer a fuego lento por 15-20 minutos, revolviendo ocasionalmente.

PRODUCE 3 TAZAS
(750 mL)

Salmón a la King

Sofrito a la Barbacoa

Enrollados de Lasaña

ENROLLADOS DE LASAÑA

Salsa:

3 cdas	45 ml	aceite de oliva
1	1	diente de ajo picado
1	1	cebolla mediana, picada fino
2	2	tallos de apio, picados fino
4 oz	115 g	champiñones, en rodajas
1 cdta	5 ml	de cada uno: sal, hojas de albahaca
½ cdta	3 ml	de cada uno: hojas de tomillo, hojas de orégano, paprika, pimienta
¼ cdta	1,2 g	pimiento de Cayena
3 lb	1,3 kg	tomates pelados, sin semillas, picados

Pasta:

1 ración	1	Pasta Verde (ver página 436)
1½ taza	170 g	queso ricotta
1½ taza	170 g	queso cheddar rallado
3 cdas	27 g	cebollines picados
1 cdta	5 ml	hojas de albahaca
½ cdta	2,5 g	de cada uno: sal, pimienta negra triturada
2	2	huevos

Pollo a la Parrilla con Brandy de Moras

Salsa:

Calentar el aceite en una cacerola grande. Agregar el ajo, la cebolla, el apio y los champiñones; sofreír hasta que se ablanden.

Añadir los condimentos y los tomates. Cocer a fuego lento por 3 horas o cuando se logre el punto deseado de espesor.

Pasta:

Procesar la pasta como se indica; cortarla en fideos de lasaña.

En un tazón, mezclar los quesos con los condimentos y los huevos.

Con una cuchara, poner la mezcla en los fideos y enrollarlos.

Colocarlos en una bandeja de hornear, cubrirlos con salsa; tapar y poner en un horno precalentado a 375°F (190°C), por 30 minutos. Quitar la tapa y continuar horneando por 15 minutos más. Servir.

PARA 6 PORCIONES

POLLO A LA PARRILLA CON BRANDY DE MORAS

2 tazas	200 g	moras
1½ taza	336 g	azúcar granulada
½ taza	125 ml	brandy de moras
1 cda	15 ml	aceite
4 – 6 oz	4 – 175 g	pechugas de pollo, sin hueso

Hacer puré las moras en un procesador de alimentos. Pasar por un colador para eliminar las semillas.

Mezclar la pulpa de las moras, el azúcar y el brandy en una cacerola. Llevar a ebullición, bajar el fuego y cocer a fuego lento hasta que la salsa se espese.

Con una brochita, untar al pollo con el aceite. Asar el pollo a la parrilla, 8 minutos por cada lado. Untar frecuentemente con la salsa. Untar por una última vez antes de servir.

PARA 4 PORCIONES

SUSHI

Esta es una selección de 4 diferentes clases de la famosa comida japonesa.

ARROZ SUSHI

1 taza	250 ml	agua
¾ taza	135 g	arroz de grano corto
1½ cda	25 ml	vinagre
1½ cda	25 ml	jugo de limón
2 cdas	30 g	azúcar
½ cdta	2,5 g	sal

Llevar el agua a ebullición y poner el arroz. Bajar el fuego. Tapar y cocinar hasta que el arroz absorba el líquido.

En una cacerola pequeña, combinar el vinagre, el jugo de limón, el azúcar y la sal. Llevar a ebullición; bajar el fuego y cocer a fuego lento hasta que se disuelva el azúcar.

Poner en el arroz. Dejar reposando hasta que el líquido sea absorbido por el arroz. Dejar enfriar.

ROLLO SUSHI DE CALIFORNIA

1	1	hoja de nori, cortada por la mitad
1 taza	250 ml	Arroz Sushi (ver la receta en esta página)
1 cdta	5 ml	mostaza de Dijon
1	1	pepino pequeño, picado fino
1	1	aguacate, en rodajas finas
1 taza	150 g	carne de cangrejo cocida

Extender la hoja de nori, ponerle una capa fina de arroz

Voltearla y ponerle mostaza.

Ponerle capas de pepino, aguacate y carne de cangrejo. Enrollarla.

Envolverla con un pedazo de papel plástico. Enrollar apretado, quitar la envoltura y cortar 8 rodajas. Servir.

PARA 4 PORCIONES

CAMARONES EBI

1 lb	454 g	camarones grandes
4 tazas	1 L	agua
1 taza	250 ml	vino blanco
1	1	limón
1	1	cebolla pequeña
1	1	tallo de apio
1 cdta	5 g	sal
½ cdta	2,5 g	granos de pimienta
1½ taza	135 g	Arroz Sushi (ver la receta en esta página)

Poner los camarones en pinchos de bambú; los pinchos deben ir a lo largo de la parte inferior de los camarones.

En una cacerola grande, llevar a ebullición el agua, el vino, el limón, la cebolla, el apio y los condimentos.

Poner los pinchos de camarones en el líquido hirviendo. Sacar los pinchos en cuanto empiecen a flotar. Ponerlos en agua fría con hielo. Cuando se enfríen, sacar los camarones de los pinchos y pelarlos; dejarles la punta de la cola.

Cortar cada camarón en forma de mariposa. Esto se hace cortando en el medio a partir de la parte inferior. No cortar hasta llegar al otro lado.

Poner una pequeña cantidad de arroz en el corte y envolver el camarón alrededor de éste.

Servir inmediatamente.

PARA 4 PORCIONES

Rollo Sushi California, Camarones Ebi & Sushi de Salmón a la Parrilla Temaki

SUSHI DE SALMON AHUMADO CON QUESO DE CREMA

1	1	pieza de nori de 7" x 8" (18 x 20 cm)
1½ taza	135 g	Arroz Sushi (receta en la página anterior)
2 oz	60 g	salmón ahumado
4 oz	115 g	queso de crema
1	1	cebollín, en tiras finas

Poner una pieza de nori en un toalla de té ligeramente húmeda. Poner encima arroz. Apretar firmemente.

Poner una buena porción de salmón a lo largo de un borde corto. Al lado, poner una tira de queso de crema y cebolla.

Enrollar a lo ancho. Con un cuchilo muy afilado, cortar rodajas de 1" (2,5 cm). Servir.

PRODUCE 8 RODAJAS

Camarones con Mayonesa de Chile Picante a la Barbacoa

SUSHI DE SALMON A LA PARRILLA TEMAKI

8 oz	225 g	filete de salmón
1	1	hoja de nori
1 taza	90 g	Arroz Sushi (receta en la página anterior)
1	1	zanahoria pelada, en tiras finas
1	1	pepino pequeño, en tiras finas
1 oz	28 g	brotes de alfalfa

Asar el salmón en el horno, o a la parrilla, con la parte de la piel hacia abajo. Cuando esté asado, cortarlo en tiras finas.

Cortar la hoja de nori en 8 piezas. Poner pequeñas cantidades de los demás ingredientes en el nori y envolverlos en forma cónica. Servir.

PARA 4 PORCIONES

CAMARONES CON MAYONESA DE CHILE PICANTE A LA BARBACOA

Camarones:		
2 lb	900 g	camarones grandes
1 cda	15 g	chile en polvo
½ cdta	3 ml	de cada uno: hojas de albahaca, hojas de orégano, hojas de tomillo, cebolla en polvo, ajo en polvo, pimiento de Cayena, pimienta negra
1 cdta	5 g	sal

Mayonesa:		
2	2	yemas de huevo
1 taza	250 ml	aceite de girasol
1 cda	15 ml	jugo de limón
¼ cdta	1,2 g	sal
1 cda	15 g	chile en polvo
3 gotas	3 gotas	salsa tabasco

Camarones:

Pelar y desvenar los camarones. Ponerlos en pinchos de bambú.

Mezclar los condimentos.

Espolvorear a los camarones con los condimentos y asar a la parrilla, 4 minutos por cada lado. Servir con mayonesa.

Mayonesa:

Poner las yemas de huevo en una licuadora. Con el aparato en marcha muy lenta, agregar el aceite hasta que se forme una salsa espesa. Añadir el jugo de limón, la sal, el chile en polvo y la salsa tabasco. Apagar la licuadora, poner la salsa en un tazón pequeño, servir con los camarones.

PARA 6 PORCIONES

Pollo Dermott

MARISCADA DE LUISIANA

3 cdas	42 g	mantequilla
1	1	pimiento dulce rojo, en rodajas
1	1	pimiento dulce verde, en rodajas
1	1	cebolla pequeña, en rodajas
1	1	diente de ajo picado
1 cda	15 ml	perejil fresco picado
2 tazas	30 g	tomates pelados, sin semillas, picados
4 tazas	1 L	Caldo de Pescado (ver página 76)
2 tazas	500 ml	vino blanco
¼ lb	115 g	camarón pelado y desvenado
½ lb	225 g	pargo en rodajas
¼ lb	115 g	colas de langostino
¼ lb	115 g	almejas, en su concha
¼ lb	115 g	pinzas de cangrejo
1	1	ramito de hierbas (ver el Glosario)

Mariscada de Luisiana

En una olla de hierro, o en una cacerola grande calentar la mantequilla. Agregar las verduras, sofreírlas hasta que se ablanden. Añadir el perejil, los tomates, el caldo y el vino. Llevar a ebullición; bajar el fuego y cocer a fuego lento por 10 minutos.

Agregar el pescado pargo, los mariscos y el ramito de hierbas. Tapar y cocer a fuego lento por 15 minutos.

Tirar el ramito de hierbas y servir el guiso.

PARA 6 PORCIONES

POLLO DERMOTT

6 – 6 oz	6 – 175 g	pechugas de pollo, sin hueso
½ taza	112 g	carne de cangrejo
4 oz	115 g	queso de crema, de salmón ahumado
1	1	huevo
¼ taza	60 ml	leche
⅓ taza	37 g	harina
1½ taza	168 g	miga sazonada de pan
½ taza	125 ml	aceite de girasol
½ taza	125 ml	conserva de grosella roja
¼ taza	60 ml	vino Marsala
2 cdtas	10 ml	jugo de limón
12 oz	345 g	frambuesas
1 cda	7 g	maicena
2 cdas	30 ml	agua
½ cdta	2,5 g	pimienta negra triturada

Poner las pechugas entre dos hojas de papel parafinado y macerarlas fino.

Poner sobre el pollo 2 cdas. de carne de cangrejo y de queso. Enrollar y poner en el congelador por 30 minutos.

Combinar el huevo con la leche. Espolvorear al pollo en la harina, sumergirlo en la leche y cubrirlo con la miga de pan.

Calentar el aceite en una sartén y freír el pollo hasta que se dore bien. Colocar en una lata de hornear y poner en un horno precalentado a 375°F (190°C), por 35 minutos.

Mientras el pollo se hornea, poner la conserva de grosella roja en una cacerola pequeña. Agregar el vino y el jugo de limón; cocer a fuego lento.

Hacer puré las frambuesas en un procesador de alimentos, luego pasarlas por un colador para eliminar las semillas. Agregar a la salsa y llevar a ebullición.

Mezclar la maicena con el agua, agregar a la salsa y cocer hasta que la salsa se espese. Incorporar la pimienta.

Sacar el pollo del horno, colocarlo en platos de servir. Cubrirlo con salsa y servir.

PARA 6 PORCIONES

DEDITOS DE POLLO

1 lb	450 g	pechugas de pollo, sin hueso
2 tazas	224 g	miga fina de pan
2 cdtas	10 ml	hojas de orégano, secas
2 cdtas	10 ml	hojas de albahaca, secas
1 cdta	5 g	sal
1 cda	15 g	chile en polvo
1 cdta	3 ml	de cada uno: paprika, pimienta, cebolla en polvo, ajo en polvo
2	2	huevos
¼ taza	60 ml	leche
½ taza	56 g	harina
4 tazas	1 L	aceite de girasol
1 taza	250 ml	salsa de ciruela, de tipo comercial

Cortar las pechugas en tiras de 1" (2,5 cm).

Mezclar la miga de pan con los condimentos.

Batir los huevos en la leche. Poner la harina en un tazón pequeño.

Precalentar el aceite a 375°F (190°C).

Espolvorear las tiras de pollo con la harina. Sumergirlas en la mezcla de huevo. Untarlas con la miga de pan.

Freír la tiras de pollo en el aceite, por 10 minutos. Ponerlas en una toalla de papel para absorber el exceso de aceite. Pasarlas a los platos de servir. Servir con salsa de ciruela, aparte.

PARA 4 PORCIONES

Camarón Negro con Lingüini de Ajo y Queso Parmesano

CAMARON NEGRO CON LINGÜINI DE AJO Y QUESO PARMESANO

Para cocinar afuera en su barbacoa de gas. Produce mucho humo.

1 ración	1	Pasta de Pimienta Negra Triturada (ver página 432)
1 lb	454 g	camarón grande, pelado y desvenado
1 cda	15 g	de cada uno: sal, chile en polvo
1 cdta	5 ml	de cada uno: hojas de tomillo, hojas de orégano, albahaca, pimienta negra, paprika, perifollo
½ cdta	2,5 g	de cada uno: pimienta blanca, pimiento de Cayena
¼ taza	60 ml	aceite de girasol
⅓ taza	75 g	mantequilla
3	3	dientes de ajo picados
3 cdas	45 ml	jugo de limón
½ taza	56 g	queso parmesano rallado
2 cdas	30 ml	perejil fresco picado

Preparar la pasta de acuerdo a las instrucciones; luego cortarla en lingüinis.

Enjuagar el camarón en agua corriente; escurrirlo. Mezclar los condimentos.

Espolvorear al camarón con los condimentos. Calentar el aceite; debe estar muy caliente, justo antes del punto de humear. Freír el camarón en el aceite por 3 minutos. Pasarlo a un platón y conservarlo.

Cocer la pasta en una cacerola grande con agua hirviendo. Mientras la pasta se cocina, calentar la mantequilla en una sartén. Agregar el ajo y el jugo de limón; cocinar por 3 minutos. Escurrir la pasta, ponerle mantequilla encima, espolvorearla con queso y removerla para que se impregne bien.

Colocar en platos de servir, poner encima el camarón y espolvorearlo con perejil. Servir.

PARA 4 PORCIONES

Deditos de Pollo

Costillas con Whiskey Jack Daniel's

HAMBURGESA SATAY

1 lb	454 g	carne magra molida
¼ taza	28 g	miga sazonada de pan
1	1	huevo
¼ taza	60 ml	aceite de maní
1½ cda	9 g	nueces de Brasil molidas
½ cdta	2,5 g	jengibre molido
½ cdta	3 ml	cilantro molido
2 cdtas	10 ml	melaza
½ cdta	3 ml	de cada uno: pimienta negra, paprika, pimiento de Cayena, sal, hojas de tomillo, hojas de orégano, hojuelas de chile picante rojo
4 cdtas	20 ml	jugo de lima
3 cdas	45 ml	agua caliente

En un tazón, mezclar la carne con la miga de pan y el huevo. Formar bolas pequeñas y atravesarlas con pinchos de bambú. Ponerlas en una lata de hornear.

Mezclar el resto de los ingredientes en un tazón. Poner la mezcla sobre las bolas de carne. Refrigerar por 3½ horas.

Asar a la parrilla las bolas en pinchos, a calor moderado alto, por 10-12 minutos, o hasta que la carne esté bien cocida por dentro.

Servir inmediatamente.

PARA 4 PORCIONES

COSTILLAS CON WHISKEY JACK DANIEL'S

Salsa:		
3 cdas	42 g	mantequilla
3 cdas	45 ml	aceite
1	1	cebolla picada
1	1	diente de ajo picado
⅔ taza	160 ml	salsa de tomate catsup
⅔ taza	160 ml	Whiskey Jack Daniel's Sour Mash
½ taza	125 ml	vinagre de sidra
½ taza	125 ml	jugo de durazno
½ taza	125 ml	jarabe de durazno
⅓ taza	80 ml	melaza liviana
1 cda	15 ml	salsa inglesa
½ cdta	3 ml	de cada uno: hojas de tomillo, hojas de albahaca, perifollo, hojas de orégano, ajo en polvo, pimienta negra triturada, pimienta blanca, paprika, sal
½ cdta	3 ml	saborizador líquido de humo

Costillas:		
10 lbs	4.4 kg	costillas miniatura de cerdo o en corte danés
½ cdta	3 ml	de cada uno: hojas de tomillo, hojas de orégano, albahaca, tomillo real, salvia
1 cdta	5 g	de cada uno: pimienta, paprika, chile en polvo, sal

Salsa:
En una cacerola, calentar la mantequilla y el aceite; agregar la cebolla y el ajo. Sofreír hasta que se ablanden. Incorporar los demás ingredientes y llevar a ebullición. Bajar el fuego y cocer a fuego lento hasta que la salsa esté muy espesa. Dejar enfriar.

Costillas:
Cortar las costillas en piezas con 5 huesos. Combinar los condimentos y espolvorear a las costillas. Poner en un horno precalentado a 350°F (180°C), por ½ hora. Asar a la parrilla en carbones a fuego medio. Con una brochita, untar frecuentemente con salsa por 10 minutos. Untar una última vez antes de servir.

PARA 8 PORCIONES

Hamburguesa Satay

POLLO MARENGO

1	1	pollo para freír, cortado en 8 piezas
⅓ taza	80 ml	aceite de girasol
4	4	zanahorias peladas, en rodajas
2	2	tallos de apio picados
1	1	cebolla picada pequeña
6	6	lonjas de tocineta
⅓ taza	37 g	harina
4 tazas	600 g	tomates pelados, sin semillas, picados
¼ taza	60 ml	jerez
½ cdta	2,5 g	sal
¼ cdta	1,2 g	pimienta
1	1	ramito de hierbas*
¼ lb	115 g	champiñones en rodajas
2 cdas	30 ml	perejil picado
3 tazas	340 g	arroz al vapor

Precalentar el horno a 350°F (180°C).

Sofreír el pollo en el aceite por 5 minutos. Quitarlo del fuego y ponerlo en una bandeja de hornear.

Picar la tocineta y sofreírla en una cacerola, agregar la harina; bajar el fuego y cocinar por 4 minutos. Añadir las verduras y continuar cocinando hasta que las verduras se ablanden. Agregar los tomates, el jerez y los condimentos, cocinar por 10 minutos con fuego bajo. Poner al pollo la salsa y el ramito de hierbas, ponerle encima los champiñones. Tapar y hornear por 1 hora.

Espolvorear con el perejil y servir con arroz caliente.

PARA 4 PORCIONES

* El ramito de hierbas para el pollo es: Hojas de tomillo, hojas de orégano, albahaca, una hoja de laurel, una ramita de romero, mejorana y 6 granos de pimienta; todo atado junto en una muselina.

CARNE ASADA CON COCA COLA DE PAUL NORTHCOTT

5 lbs	2 kg	bistec redondo
1 cda	15 g	de cada uno: sal, chile en polvo
1 cdta	5 ml	de cada uno: hojas de tomillo, hojas de albahaca, hojas de orégano, paprika, pimienta negra, perifollo, mostaza en polvo
1 cda	15 ml	salsa inglesa
2 tazas	500 ml	Coca Cola – no usar la de dieta

Poner la carne en una bandeja de asar grande. Mezclar los condimentos. Echarle la salsa inglesa a la carne y espolvorearla con los condimentos. Echar la Coca Cola a un lado de la carne.

Poner en un horno precalentado a 375°F (190°C), por 30 minutos; bajar la temperatura a 300°F (150°C) y continuar horneando por 3 horas.

Sacar la carne del horno, cortarla en rodajas y servir.

PARA 8 PORCIONES

Pollo Marengo

Carne Asada con Coca Cola de Paul Northcott

FETTUCCINI VONGOLÉ

1 ración	1	Pasta Verde (ver página 436)
3 cdas	42 g	mantequilla
3 cdas	21 g	harina
1¼ taza	310 ml	jugo de almejas o Caldo de Pollo (ver página 77)
1¼ taza	310 ml	leche 50% crema
1½ taza	375 g	almejas picadas
½ cdta	2,5 g	sal
½ cdta	2,5 g	pimienta blanca
⅔ taza	74 g	queso romano, recién rallado

Procesar la pasta como se indica; luego cortarla en fettuccinis.

En una cacerola, calentar la mantequilla y agregar la harina. Bajar el fuego y cocinar por 2 minutos.

Agregar el jugo de almejas y la crema, cocer a fuego lento hasta obtener una salsa espesa. Añadir las almejas y los condimentos; continuar cociendo a fuego lento por 10 minutos.

Cocinar los fideos en una cacerola grande con agua salada. Escurrirlos y colocarlos en platos de servir.

Agregar a la salsa la mitad del queso; ponerle la salsa a los fideos. Espolvorear con el queso restante y servir inmediatamente.

PARA 6 PORCIONES

FAJITAS DE CARNE Y POLLO

12 oz	340 g	lomo de res
12 oz	340 g	pollo sin hueso
3	3	dientes de ajo picados
2	2	cebollas españolas en rodajas
2	2	chiles serranos picados
¼ taza	60 ml	cilantro picado
⅓ taza	80 ml	jugo de lima
⅓ taza	80 ml	jugo de limón
3 cdas	42 g	mantequilla
1	1	pimiento dulce verde, en rodajas
1	1	pimiento dulce rojo, en rodajas
1	1	pimiento dulce amarillo, en rodajas
3 oz	85 g	champiñones en rodajas
1 cda	15 g	de cada uno: sal, chile en polvo
2 cdtas	10 ml	de cada uno: paprika, cebolla en polvo, ajo en polvo, hojas de albahaca
1 cdta	5 ml	de cada uno: mostaza en polvo, comino, pimienta negra, pimienta blanca, hojas de tomillo
12	12	tortillas grandes
½ taza	125 ml	crema ácida
1 taza	250 ml	Salsa Mexicana (ver página 115)

Cortar la carne de res y la de pollo en rodajas finas. Poner cada una en tazones diferentes. Cubrir ambas con la mitad de las rodajas de cebolla, de los chiles, del cilantro y del jugo de limón y de lima. Marinar por 4 horas.

Asar las carnes en carbones a fuego medio por 2-3 minutos.

En una sartén grande, derretir la mantequilla y sofreír el resto de la cebolla, los pimientos y los champiñones.

Mezclar los condimentos; sazonar las dos carnes y las verduras mientras se estén cocinando.

Poner las carnes y las verduras en platos de servir muy calientes; servir con tortillas, crema ácida y salsa, para que los invitados puedan hacer sus propias fajitas. También es bueno con Salsa Guacamole (ver página 115).

PARA 6 PORCIONES

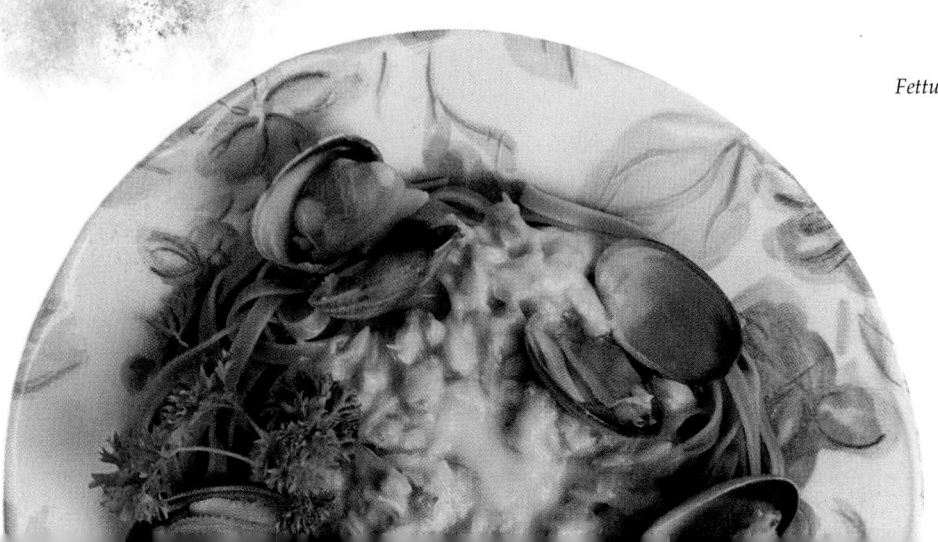

Fettuccini Vongolé

Fajitas de Carne y Pollo

GOURMET FACIL

POLLO Y CAMARONES SATAY A LA PARRILLA

12 oz	340 g	camarones grandes, pelados y desvenados
12 oz	340 g	pollo sin hueso, en cubos
3 cdas	42 g	mantequilla
¼ taza	60 ml	aceite de oliva
4	4	cebollas verdes picadas
2	2	dientes de ajo picados
1 cda	15 ml	perejil picado
1 taza	250 ml	vino blanco
2 cdas	30 ml	jugo de limón
2 cdas	30 ml	jugo de lima

Salsa:

¼ taza	56 g	mantequilla
1	1	cebolla española, picada fino
1 cdta	5 ml	de cada uno: hojas de tomillo, albahaca, sal, romero machacado
¼ cdta	1,2 g	pimiento de Cayena
2 tazas	500 ml	Caldo de Pollo (ver página 77)
1 cda	15 ml	jugo de limón
1 cda	15 ml	jugo de lima
2 tazas	500 g	mantequilla de maní con trocitos—no usar sustitutos
3 cdas	30 g	azúcar morena

Poner los camarones y el pollo en pinchos de bambú previamente puestos en remojo. Colocarlos en un recipiente grande, poco hondo.

En una cacerola, calentar la mantequilla y el aceite; sofreír las cebollas verdes y el ajo hasta que se ablanden. Ponerlos en un tazón, combinarlos con el perejil, el vino blanco y los jugos. Echarle la mezcla a los pinchos con el camarón y el pollo. Marinar por 4 horas.

Salsa:
En una cacerola pequeña, calentar la mantequilla y sofreír la cebolla hasta que se ablande. Agregar los demás ingredientes y cocer a fuego lento por 20 minutos, revolviendo constantemente.

Asar a la parrilla los pinchos con el camarón y el pollo, 3 minutos por cada lado, en carbones a fuego medio. Con una brochita, untar la salsa y servir. Servir el resto de la salsa aparte.

PARA 6 PORCIONES

PASTEL DEL PASTOR

3 cdas	45 ml	aceite de girasol
1 lb	450 g	carne magra molida
1	1	cebolla picada
2	2	tallos de apio picados
2	2	zanahorias peladas, picadas
3 oz	85 g	champiñones en rodajas
1	1	diente de ajo picado
¼ taza	28 g	harina
1½ taza	375 ml	Caldo de Carne (ver página 85)
2 cdas	30 ml	pasta de tomate
1 cdta	5 ml	salsa inglesa
½ cdta	3 ml	de cada uno: hojas de tomillo, perifollo, sal, paprika, pimienta
2 tazas	500 ml	crema de maíz
4 tazas	1 L	puré de papas caliente
2 tazas	224 g	queso cheddar fuerte rallado

En una sartén grande, calentar el aceite. Freír la carne molida. Agregar las verduras y sofreírlas hasta que se ablanden.

Espolvorear con la harina y continuar cocinando por 2 minutos. Agregar el caldo, la pasta de tomate, la salsa inglesa y los condimentos. Cocer a fuego lento hasta que se espese.

Poner en una bandeja de hornear grande. Cubrir la mezcla con la crema de maíz. Poner el puré de papas sobre el maíz. Espolvorear con queso.

Poner en un horno precalentado a 400°F (200°C), por 15 minutos, o hasta que el queso esté bien dorado.

PARA 6 PORCIONES

Pastel del Pastor

Pollo y Camarones Satay a la Parrilla

Lasaña de Pavo Ahumado y Queso Gorgonzola

LASAÑA DE PAVO AHUMADO Y QUESO GORGONZOLA

1 ración	1	Masa Básica de Pasta (ver página 462)
3 cdas	42 g	mantequilla
3 cdas	45 ml	aceite de oliva
1	1	cebolla española
3	3	tallos de apio picados
1	1	pimiento dulce rojo, picado
1	1	pimiento dulce verde, picado
3 oz	85 g	champiñones en rodajas
¼ lb	115 g	salchicha italiana picante
3 tazas	600 g	tomates pelados, sin semillas, picados
½ cdta	3 ml	de cada uno: hojas de tomillo, hojas de albahaca, cebolla en polvo, ajo en polvo, paprika, pimienta negra
1 cdta	5 g	de cada uno: sal, chile en polvo
2 cdtas	10 ml	salsa inglesa
½ lb	225 g	pavo ahumado, en cubitos
1 taza	227 g	queso ricotta
¾ taza	84 g	queso gorgonzola, desmenuzado
2	2	huevos
2 tazas	224 g	queso mozzarella rallado
¾ taza	84 g	queso cheddar rallado
⅓ taza	38 g	queso parmesano rallado

Vieiras a la Barbacoa

Procesar la masa de la pasta de acuerdo a las instrucciones. Cortarla en fideos de lasaña.

En una olla de hierro, o una cacerola grande, calentar la mantequilla y el aceite. Agregar las verduras y la salchicha. Sofreír hasta que las verduras se ablanden. Añadir los tomates, los condimentos y la salsa inglesa. Bajar el fuego y cocer a fuego lento por 35 minutos. Agregar el pavo y continuar cociendo a fuego lento por 25 minutos.

Combinar los quesos ricotta y gorgonzola, y los huevos.

En una bandeja de hornear grande, engrasada, alternar capas de pasta, de salsa y de mezcla de queso. Debe terminarse con una capa de salsa encima.

Espolvorear con los quesos restantes. Poner en un horno precalentado a 375°F (190°C), por 45 minutos. Sacar del horno y servir.

PARA 8 PORCIONES

VIEIRAS A LA BARBACOA

24	24	vieiras grandes
12	12	lonjas de tocineta, ahumadas al nogal
½ taza	64 g	cebolla, picada fino
3 cdas	45 ml	aceite de canola
1 taza	250 ml	salsa de tomate
⅓ taza	80 ml	agua
3 cdas	45 ml	jugo de limón
2 cdtas		salsa inglesa
½ cdta		salsa tabasco
1 cdta	5 ml	hojas de albahaca
½ cdta	3 ml	uno: chile en polvo, paprika, tomillo, pimienta, sal

Lavar y secar las vieiras.

Cortar las tocinetas por la mitad. Enrollar cada vieira con una pieza de tocineta. Poner 6 vieiras en cada pincho de bambú. Asar en el horno o a la parrilla, por 10 minutos, volteando frecuentemente.

Sofreír las cebollas en el aceite, en una cacerola pequeña. Agregar los demás ingredientes. Llevar a ebullición; bajar el fuego y cocer a fuego lento por 15 minutos. Con una brochita, untar a las vieiras con la salsa. Servir inmediatamente.

PARA 4 PORCIONES

GOURMET FACIL

355

CODORNICES EN SALSA DE VINO

4 – 12 oz	4 – 345 g	codornices cortadas en mitades
24	24	cebollitas de perla
4	4	zanahorias en tiras finas
¼ taza	56 g	mantequilla
1 taza	250 ml	vino rojo
½ taza	125 ml	jerez
¼ taza	60 ml	brandy
½ taza	125 ml	Caldo de Pollo (ver página 77)
24	24	champiñones de botón
½ cdta	2,5 g	sal
¼ cdta	1,2 g	pimienta
¼ lb	115 g	tocineta picada
3 cdas	21 g	harina

En una cacerola grande, o una olla de hierro, calentar la mantequilla. Sofreír las codornices hasta que se doren bien; quitarlas del fuego y conservarlas. Agregar las verduras a la mantequilla y sofreírlas. Espolvorear con la harina; bajar el fuego y cocinar por 4 minutos, o hasta que estén bien doradas.

Regresar las codornices a la cacerola, ponerles los líquidos encima. Agregar los champiñones y los condimentos. Cocer a fuego lento por 20 m...

En una sartén, freír el ... ...lvorear con la harina y cocinar p... ...nutos; incorporar en la cacerola con las codornices.

Colocar las codornices en una bandeja de hornear grande; tapar y poner en un horno precalentado por 1 hora. Servir con arroz, media codorniz por persona.

PARA 8 PERSONAS

PEPITAS DE POLLO CON MANZANA

2 lbs	900 g	pollo, sin hueso
½ cdta	3 ml	de cada uno: hojas de orégano, hojas de tomillo, albahaca, ajo en polvo, cebolla en polvo, paprika
2 cdtas	10 g	de cada uno: sal, chile en polvo
2 tazas	224 g	harina
1½ taza	375 ml	leche
4 tazas	1 L	aceite de girasol
1 lb	454 g	manzanas peladas, sin corazón, en trocitos
3 cdas	42 g	mantequilla
1 cda	15 ml	jugo de limón
1 cda	15 ml	jugo de lima
¼ taza	56 g	azúcar granulada

Picar el pollo en cubitos de igual tamaño. Combinar los condimentos con la harina.

Sumergir el pollo en la leche y después en la harina. Calentar el aceite a 375°F (190°C). Poner el pollo en el aceite y freírlo por 2-3 minutos. Conservarlo caliente.

Poner las manzanas en una cacerola grande. Agregar la mantequilla, los jugos y el azúcar. Tapar y cocinar con fuego bajo hasta que las manzanas se ablanden. Hacerlas puré en un procesador de alimentos.

Servir el pollo con la salsa de manzana aparte.

PARA 8 PORCIONES

Pepitas de Pollo con Manzanas

ESPAGUETIS A LA BOLONESA

3 cdas	45 ml	aceite de oliva
10 oz	280 g	carne extra magra molida
4 oz	115 g	cerdo molido
4 oz	115 g	ternera molida
4 oz	115 g	tocino picado
1	1	cebolla española grande, picada fino
2	2	zanahorias grandes, picadas fino
2	2	tallos de apio, picados fino
1	1	diente de ajo picado
½ taza	125 ml	perejil fresco picado
¼ taza	60 ml	pasta de tomate
1 taza	250 ml	Caldo de Carne (ver página 85)
1½ taza	375 ml	vino blanco
1 cdta	5 g	sal
½ cdta	3 ml	de cada uno: orégano, tomillo, albahaca, pimienta negra
1	1	hoja de laurel
1 cdta	5 ml	salsa inglesa
4 tazas	1 L	agua con sal
½ ración	0,5	Masa Básica de Pasta (ver página 426), en espaguetis
⅓ taza	38 g	queso parmesano rallado

Calentar el aceite en una sartén grande. Freír muy bien las carnes, escurrir el exceso de aceite. Agregar las verduras y continuar friendo hasta que las verduras se ablanden. Añadir el perejil, el tomate, el caldo, el vino, los condimentos y la salsa inglesa. Bajar el fuego y cocer a fuego lento por 30 minutos. Tirar la hoja de laurel.

Mientras la salsa se cocina, hervir el agua en una olla grande. Cocer los espaguetis hasta que estén cocidos pero firmes; esto equivale a 9 minutos si se usa pasta seca; la mitad del tiempo, si se usa pasta fresca. Escurrirlos y colocarlos en platos de servir. Con una cuchara, ponerles salsa, espolvorear con queso y servir inmediatamente.

PARA 4 PORCIONES

Codornices en Salsa de Vino

PLATOS CON HUEVO

Huevos—para desayuno, almuerzo y cena. Los huevos han alcanzado su legítima posición culinaria y han logrado su lugar en la cumbre de las comidas deleitables. Quienes han decidido que los huevos aparezcan solamente para el desayuno o quizás durante la preparación de pasteles, han pensado de los huevos en una manera muy limitada. Nuevas delicias culinarias creadas por cocineros imaginativos están haciendo que el humilde huevo sea el más excepcional artículo alimenticio.

Los huevos se están ofreciendo a los invitados en formas más y más sofisticadas, mostrando así las posibilidades clásicas y nuevas de un alimento mantenido en el olvido. Los huevos se han elevado a tales alturas que ni siquiera los más perfectos soufflés se pudieran imaginar.

En este su *Libro de Cocina Simplemente Deliciosa 2*, le hemos dado a usted nuevas maneras de mostrar a sus invitados lo que usted puede preparar con huevos. Ellos exclamarán elogios mientras prueban platos como Huevos Cocidos a la Borgoña u Omelette a la Jardinera.

Los huevos no son complicados de preparar; el ofrecer a sus invitados una experiencia única toma muy pocos minutos. Así que a usarlos, y haga su próxima comida con huevos *Simplemente Deliciosa*.

Huevos Bellay

HUEVOS NERÓN

1 lb	450 g	carne de pollo cocida picada
¼ taza	32 gr	cebolla verde picada
2 cdas	28 gr	mantequilla
½ taza	56 gr	harina
½ taza	125 ml	crema entera
¼ taza	60 ml	jerez
1 cda	10 gr	perejil picado
1 cdta	10gr	perifollo picado
7	7	huevos
¼ taza	60 ml	leche
1½ taza	168 gr	miga de pan sazonada
½ taza	125 ml	aceite de girasol
2 tazas	500 ml	Salsa de Tomate Picante II (ver página 117)

Huevos Nerón

Mezclar en un tazón el pollo con la cebolla verde.

Calentar la mantequilla en una cacerola. Agregar 2 cucharadas (14 gr) de harina. Cocer por 2 minutos a fuego bajo. Agregar la crema, el jerez, el perejil y el perifollo. Cocer hasta obtener una salsa espesa. Poner sobre el pollo y mezclar bien. Enfriar.

Una vez enfriada, formar croquetas redondas y planas. Mezclar un huevo con la leche. Espolvorear las croquetas con el resto de la harina, sumergirlas en el batido de huevo y luego en la miga de pan sazonada.

Calentar el aceite en una sartén y freír las croquetas hasta que estén doradas por ambos lados.

Mientras las croquetas se fríen, cocer el resto de los huevos. Poner un poco de salsa en un plato de servir, poner una croqueta en la salsa. Poner un huevo encima y servir.

PARA 6 PORCIONES

HUEVOS DUBARRY

1 taza	100 gr	coliflor picada
1½ taza	375 ml	Salsa Mornay caliente (ver página 111)
8	8	huevos
8-3"	8- 7,5 cm	cortezas de pastel, horneadas ciego
1 taza	227 gr	queso cheddar mediano

Cocer al vapor la coliflor hasta que se ablande.

Revolviendo, agregar la coliflor a la Salsa Mornay.

Cocer los huevos. Poner un huevo en cada corteza de pastel y cubrir con la salsa. Espolvorear con el queso. Poner en una lata de hornear. Asar en un horno precalentado hasta que el queso se derrita. Servir muy caliente.

PARA 4 PORCIONES

HUEVOS AL ESTILO BALTICO

8	8	huevos
8 – 3"	8 – 7,5 cm	cortezas de pastel horneadas ciego
2 cdas	20 gr	caviar rojo
2 cdas	20 gr	caviar negro
1½ taza	375 ml	Salsa Mornay caliente (ver página 111)
1 taza	227 gr	queso cheddar fuerte

Cocer los huevos, ponerlos en un corteza de pastel, ponerles un poco de caviar encima. Poner la corteza en una lata de hornear.

Cubrir los huevos con Salsa Mornay y espolvorear con queso cheddar. Poner en el horno precalentado. Asar hasta que al queso se derrita. Servir bien calientes.

PARA 4 PORCIONES

Huevos Dubarry

HUEVOS AL ESTILO CHEF K

8 - 3"	8 - 7,5 cm	cortezas de pastel, horneadas ciego
1 taza	250 gr	colas de langostino o carne de camarón, cocidas
1 taza	227 gr	queso cheddar medio, rallado
8	8	huevos
1½ taza	375 ml	salsa de queso picante
2 cdas	20 gr	caviar rojo
2 cdas	20 gr	caviar negro

Poner las colas de los langostinos en los cortezas de pastel. Espolvorear con el queso y hornear en un horno precalentado a 400°F (200°C), por 4-5 minutos.

Mientras las cortezas se hornean, cocer los huevos. Poner 1 huevo en cada corteza de pastel. Cubrir con la salsa de queso, poner encima un poco de caviar y servir inmediatamente.

PARA 4 PORCIONES

OMELETTE DEL GRANJERO

2	2	huevos
2 cdas	30 ml	crema liviana
1 cda	15 gr	acedera picada
1 cda	15 ml	aceite de girasol
4	4	lascas de tocino en cuadritos
⅓ taza	75 gr	papas cocidas, frías, en rodajas
¼ taza	75 gr	queso cheddar mediano, rallado

Batir los huevos con la crema y la acedera picada.

Calentar el aceite en una sartén, agregar el tocino y freír hasta que se dore. Sacar el tocino y conservar la grasa. Freír las papas hasta que se doren. Poner la mezcla de huevo. Espolvorear con el tocino. Cocer por un lado hasta que el omelette esté duro, voltearlo y terminarlo de cocer.

Espolvorear con el queso y asar por 1 minuto en un horno precalentado. Servir.

PARA 1 PORCION

HUEVOS BOMBAY

ARROZ:

2 cdas	28 gr	mantequilla
1	1	cebolla pequeña, picada fino
¼ taza	37 gr	pimiento dulce rojo, picado fino
¼ taza	37 gr	pimiento dulce verde, picado fino
½ taza	75 gr	champiñones en rodajas
¼ taza	37 gr	apio picado fino
1 cdta	5 gr	curry en polvo
1 taza	180 gr	arroz de grano corto
3½ tazas	875 ml	Caldo de Pollo (ver página 77) o Caldo de Verduras (ver página 92)

Calentar la mantequilla en una cacerola grande. Agregar las verduras y el curry en polvo. Freír hasta que se ablanden. Agregar el arroz y el caldo, tapar y cocer a fuego lento hasta que el arroz esté completamente cocido.

HUEVOS :

1 cdta	5 gr	curry en polvo
2 tazas	500 ml	Salsa Mornay caliente (ver página 111)
8	8	huevos

Batir el curry en polvo en la Salsa Mornay. Cocer los huevos. Poner el arroz en una bandeja formando una cama para los huevos; poner los huevos encima, cubrir con la salsa y servir inmediatamente.

PARA 4 PORCIONES

Omelette del Granjero

HUEVOS AL PASTOR

6 - 3"	6 - 7,5 cm	cortezas de pastel, horneadas ciego
2 tazas	500 gr	carne de camarón cocida
6	6	huevos
1 taza	250 ml	Salsa Holandesa (ver página 114)
1 taza	227 gr	queso Havarti rallado

Dividir la carne de camarón y ponerla en las cortezas de pastel.

Cocer los huevos y ponerlos encima del camarón. Cubrir con la salsa y espolvorear con el queso. Poner en una lata de hornear. Asar hasta que se doren en la parrilla de un horno precalentado. Servir calientes.

PARA 6 PORCIONES

OMELETTE DE HIERBAS FINAS Y QUESO

3	3	huevos
3 cdas	45 ml	crema ligera
¼ cdta	1 ml	de cada uno: cebollines, perifollo, albahaca, perejil
⅛ cdta	pizca	sal y pimienta
1 cdta	14 gr	mantequilla
¼ taza	57 gr	queso cheddar mediano, rallado

Batir los huevos con la crema y los condimentos.

Calentar la mantequilla en una sartén y freír hasta que los huevos estén duros. Voltear. Espolvorear con el queso. Poner bajo la parrilla de un horno precalentado y hornear hasta que el queso se derrita. Doblar por la mitad. Poner las omelettes en un plato de servir y servir bien calientes.

PARA 1 PORCION

HUEVOS AL ESTILO DEL CARNICERO

1½ lb	675 g	filete de res
1 cdta	5 ml	de cada uno: sal, azúcar, albahaca, orégano, tomillo, chile en polvo
½ cdta	2,5 gr	de cada uno: cebolla en polvo, ajo en polvo paprika, semillas de cilantro
¼ cdta	1,2 gr	de cada uno: pimienta blanca, pimienta negra, pimiento de Cayena
3 cdas	45 ml	aceite de oliva extra virgen
½ taza	75 gr	champiñones en rodajas
1 cda	14 gr	mantequilla
½ taza	64 gr	cebollas verdes picadas
1 taza	250 ml	Demi-Glace (ver página 123)
¼ taza	60 ml	jerez
⅓ taza	80 ml	crema entera
12	12	huevos

Quitar la grasa y cortar el filete en rodajas muy finas.

Mezclar las hierbas y las especias, espolvorearlas en el filete de res. Calentar el aceite bien caliente en una sartén grande. Freír la carne rápidamente. Sacarla y conservarla caliente.

Agregar los champiñones a la sartén junto con la mantequilla. Freír hasta que se ablanden. Agregar las cebollas verdes, el Demi Glace, el jerez y la crema. Bajar el fuego y cocer a fuego lento por 5 minutos.

Mientras al salsa se cuece a fuego lento, cocer los huevos. Poner el filete en los platos de servir. Poner un huevo encima. Cubrir con salsa. Servir muy caliente.

PARA 6 PORCIONES

Omelette de Hierbas Finas y Queso

Huevos al Estilo del Carnicero

Huevos Cocidos a la Holandesa

HUEVOS REVUELTOS ARCHIDUQUESA

PAPAS:

2 tazas	500 gr	puré de papas
3 cdas	45 ml	crema ligera
¼ cdta	1,2 g	paprika
¼ taza	28 gr	queso parmesano, recién rallado

Batir las papas con la crema, la paprika y el queso, luego poner la mezcla de papas alrededor de un plato para hornear.

HUEVOS:

3 cdas	42 gr	mantequilla
1 taza	150 gr	jamón picado
1 taza	150 gr	champiñones en rodajas
9	9	huevos
½ taza	125 ml	crema
¼ cdta	pizca	paprika
½ cdta	2,5 gr	sal
⅛ cdta	pizca	pimienta

Calentar la mantequilla en una sartén. Agregar el jamón y los champiñones; freír por 3 minutos. Batir los huevos con la crema y los condimentos. Poner en la sartén y freír los huevos revolviéndolos. Poner los huevos al centro de las papas .

SALSA:

½ cdta	2,5 gr	paprika
2 tazas	500 ml	Salsa Mornay caliente (ver página 111)
2 tazas	300 gr	puntas de espárragos cocidos

Batir la paprika en la Salsa Mornay. Poner sobre los huevos. Colocar encima las puntas de espárragos. Hornear en un horno precalentado a 500°F (250°C), por 3-4 minutos.

PARA 4 PORCIONES

Huevos Cocidos a la Borgoña

HUEVOS COCIDOS A LA HOLANDESA

8	8	rodajas de pan
3 cdas	42 gr	mantequilla
6 oz	170 g	salmón ahumado
8	8	huevos
1½ taza	375 ml	Salsa Holandesa (ver página 114)
1 taza	250 gr	camarones cocidos
1	1	cebolla roja pequeña, en rodajas
1 cda	10 gr	alcaparras

Cortar la corteza del pan. Cortar el pan en círculos. Calentar la mantequilla en una sartén y freír el pan hasta que se dore por ambos lados.

Poner 1 oz (30 g) de salmón en rodajas muy finas en cada tostada. Cocer los huevos y ponerlos encima del salmón.

Cubrir con Salsa Holandesa. Adornar con camarones, rodajas de cebolla y alcaparras. Servir inmediatamente.

PARA 4 PORCIONES

HUEVOS COCIDOS A LA BORGOÑA

4	4	rodajas de pan
4 cdas	56 gr	mantequilla
8	8	huevos
2 tazas	500 ml	vino blanco dulce
4 cdtas	10 gr	harina
1 taza	250 ml	salsa Demi-Glace caliente (ver página 123)

Cortar la corteza del pan. Calentar 2 cdas (28 gr) de mantequilla en una sartén y freír el pan hasta que se dore por ambos lados.

Poner el vino en una cacerola hasta que hierva. Cocer los huevos en el vino. Poner 2 huevos en cada tostada y conservar calientes. Colar el vino.

Calentar la mantequilla restante y agregar la harina. Cocer por 2 minutos a fuego bajo. Agregar 1 taza (250 ml) de vino; cocer a fuego lento por 2 minutos. Agregar batiendo la salsa Demi-Glace; cocer a fuego lento hasta que la salsa se espese.

Poner la salsa sobre los huevos y servir muy caliente.

PARA 4 PORCIONES

PLATOS CON HUEVO

HUEVOS BELLAY

8	8	huevos
2 tazas	500 ml	Salsa Mornay caliente (ver página 111)
2 cdas	28 gr	mantequilla
1 taza	227 gr	queso cheddar fuerte, rallado
1 taza	225 gr	carne de langosta, picada fino
1 taza	150 gr	champiñones picados
¼ taza	28 gr	queso parmesano, recién rallado

Cocer los huevos hasta que estén duros.

Mezclar la Salsa Mornay con el queso cheddar.

Freír la langosta y los champiñones en la mantequilla.

Cortar los huevos por la mitad a lo largo. Quitarles las yemas. Mezclar las yemas con ½ taza (125 ml) de salsa de queso, la langosta y los champiñones. Rellenar la cavidad de los huevos.

Ponerlos en platos para horno y cubrirlos con el resto de la salsa de queso. Espolvorear con queso parmesano. Asar por 1 minuto en un horno precalentado. Servir muy calientes.

PARA 4 PORCIONES

HUEVOS REVUELTOS A LA ITALIANA

ARROZ:

3 cdas	42 gr	mantequilla
2 oz	60 g	prosciutto cortado en tiritas
2 oz	60 g	jamón cortado en tiritas
½ taza	75 gr	champiñones en rodajas
½	0,5	pimiento dulce rojo, picado
½	0,5	pimiento dulce verde, picado
1	1	cebolla pequeña, picada fino
1	1	tallo de apio, picado fino
1¼ taza	280 gr	arroz de grano largo
1 taza	250 ml	vino blanco
4 tazas	1 L	Caldo de Pollo (ver página 77)
1 taza	250 ml	Salsa de Tomate II (ver página 117)
½ taza	56 gr	queso romano, recién rallado

Calentar la mantequilla en una cacerola. Agregar el prosciutto y el jamón junto con las verduras. Freír hasta que las verduras se ablanden. Agregar el arroz, el vino y el Caldo de Pollo. Tapar y cocer a fuego lento hasta que el arroz haya absorbido el líquido .

Quitar del fuego, agregar revolviendo la salsa de tomate y el queso. Poner en forma de anillo en una fuente para hornear.

HUEVOS:

9	9	huevos
½ taza	125 ml	crema ligera
3 cdas	42 gr	mantequilla
1 taza	227gr	mozzarella rallado
1 taza	227 gr	cheddar fuerte rallado

Batir los huevos con la crema. Calentar la mantequilla en una sartén y cocer bien los huevos. Poner los huevos en el medio del anillo. Espolvorear con los quesos. Asar en un horno precalentado hasta que el queso se derrita. Servir muy caliente.

PARA 4 PORCIONES

Huevos Bellay

OMELETTE A LA JARDINERA

1 cda	9,5 gr	zanahoria pelada, cortada en tiritas
1 cda	9,5 gr	pimiento dulce rojo, cortada en tiritas
1 cda	9,5 gr	apio cortado en tiritas
1 cda	9 gr	champiñones en rodajas
2 cdtas	18 gr	cebolla verde picada
2 cdas	28 gr	mantequilla
2 cdtas	5 gr	harina
½ taza	125 ml	crema ligera
¼ cdta	1 ml	hojas de albahaca
¼ cdta	1,2 gr	sal
⅛ cdta	pizca	pimienta
2 cdas	18 gr	queso parmesano, recién rallado
2	2	huevos

Freír las verduras en 1 cda (14 gr) de mantequilla. Espolvorear con la harina y cocer por 2 minutos a fuego bajo. Poner toda la crema, menos 2 cdas (30 ml). Agregar los condimentos y el queso; cocer a fuego lento hasta que se forme una salsa espesa.

Mezclar con los huevos el resto de la crema.

Calentar el resto de la mantequila en en una sartén. Freír los huevos hasta que estén bien cocidos. Voltear y cubrir con la mitad de la salsa. Doblar el omelette en la mitad. Pasar a un plato de servir. Cubrir con el resto de la salsa y servir.

PARA 1 PORCION

Huevos Mercedes

HUEVOS MERCEDES

6	6	panecillos ovalados
1 taza	150 gr	tomates picados, pelados, sin semillas
2 cdas	18 gr	cebollines picados
1 cda	15 ml	aceite de girasol
8	8	huevos
⅓ taza	80 ml	crema ligera
3 cdas	42 gr	mantequilla
¼ cdta	1,2 gr	sal
⅛ cdta	pizca	pimienta
1½ taza	375 ml	Salsa de Tomates II caliente (ver página 117)
1 taza	227 gr	queso cheddar mediano, rallado

Cortar los extremos de los panecillos y vaciar la miga.

Mezclar los tomates con los cebollines.

Calentar el aceite en una sartén y cocer los tomates hasta que casi todo el líquido se haya evaporado. Repartir los tomates entre los panecillos.

Batir los huevos junto con la crema. Calentar la mantequilla en una sartén y cocer bien los huevos. Rellenar los panecillos con el huevo. Sazonar con sal y pimienta. Poner encima la Salsa de Tomate y el queso; poner en una lata de hornear. Asar en un horno precalentado hasta que el queso se derrita. Servir muy caliente.

PARA 6 PORCIONES

HUEVOS ALMIRANTE

3 cdas	42 gr	mantequilla
3 oz	85 gr	champiñones
4 cdtas	10 gr	harina
1 taza	250 ml	crema ligera
¼ taza	60 ml	jerez
2	2	cebollas verdes picadas
½ lb	225 gr	carne de langosta cocida, picada
8	8	huevos
4	4	panecillos ingleses
1 cda	10 gr	cilantro picado

Calentar la mantequilla en una cacerola pequeña. Freír los champiñones hasta que estén bien cocidos. Espolvorear con la harina y cocer por 2 minutos a fuego bajo. Incorporar la crema y el jerez; cocer a fuego lento hasta que la salsa se espese.

Agregar las cebollas verdes y la carne de langosta y continuar cociendo a fuego lento por 5 minutos más.

Mientras la salsa se cuece, cocer los huevos y tostar los panecillos. Poner los panecillos en un plato de servir. Poner un huevo cocido sobre la mitad de cada panecillo y cubrir con la salsa.

Espolvorear con cilantro y servir.

PARA 4 PORCIONES

HUEVOS JASON GRAHAM

5	5	huevos
2 cdas	28 gr	mantequilla
½ taza	56 gr	harina
½ taza	125 ml	crema ligera
½ taza	125 gr	camarones cocidos
½ cdta	5 gr	perifollo
¼ cdta	1,2 gr	sal
⅛ cdta	pizca	pimienta
¼ taza	60 ml	leche
1½ taza	168 gr	miga de pan sazonada
2 tazas	500 ml	aceite de girasol

Cocer cuatro huevos. Dejarlos enfriar y cortarlos en mitades a lo largo.

Calentar la mantequilla en una cacerola, agregar 2 cdas (14 g) de harina y cocer por 2 minutos a fuego bajo. Agregar la crema, los camarones y los condimentos; cocer a fuego lento hasta que se forme una salsa bien espesa. Enfriar a temperatura ambiente.

Mezclar las yemas de huevo con la salsa. Llenar la cavidad del huevo con la salsa de camarones.

Mezclar el otro huevo con la leche. Untar los huevos en la harina restante, y luego en el batido de huevo. Pasarlo por la miga de pan sazonada.

Calentar el aceite a 375°F (190°C). Freír por 3-4 minutos o hasta que se doren. Servir muy calientes.

PARA 4 PORCIONES

Huevos Jason Graham

Huevos Almirante

ESPECIALIDADES DEL CHEF K

En el último restaurante que dirigí, una vez al mes teníamos una cena gourmet de cinco platos; esta cena se vendía totalmente con tres meses de anticipación. La explicación de este éxito eran las delicias gastronómicas, creativas y exquisitas, que no se podían encontrar en ningún otro restaurante, solamente allí. El precio no se tomaba en consideración, se le daba prioridad al deleite.

En este capítulo usted y sus invitados pueden disfrutar algunas de las recetas más deliciosas y creativas. Estos platos fueron creados para rendir homenaje a algunas personas altamente respetadas o como un homenaje al mismo plato. De todas formas, el honor es el principal ingrediente de cada receta.

Muchas de estas recetas incluyen el uso de frutas frescas que llevan alegría al corazón, encanto al paladar y deleite a los ojos; en otras palabras, satisfacen todos los aspectos de lo que es el verdadero buen gusto.

Es cierto, aquí también presentamos mariscos, cordero, carne de res y cerdo, pero los descubrimientos son más profundos. Cuando ofrezca a sus invitados platos tan exquisitos como el Pollo Kenneth y Gloria o los Camarones Tigre Peri-Peri, éstos van a causar tal revolución en el paladar de sus amigos que ellos no querrán irse de su casa.

Las recetas de este capítulo no son para la cocina de todos los días; pero son las recetas que más van a gustar a sus invitados. Cuando la ocasión es verdaderamente especial, estas son las recetas para el deleite.

Olvídese de ir a cenar afuera; quédese en casa y disfrute de una delicia gastronómica que no se puede comparar con ninguna otra.

JOURNEDOS ĔPIMĔLĔIA

8 – 4 oz	8 – 115 g	filetes de solomillo
½ cdta	3 ml	de cada uno: hojas de orégano, hojas de tomillo, pimiento de Cayena, pimienta negra, cebolla en polvo, ajo en polvo
1 cdta	5 g	de cada uno: paprika, sal, chile en polvo
5 cdas	70 g	mantequilla
½ taza	75 g	champiñones picados
½ taza	64 g	cebollas verdes
1 taza	250 g	tomates secos al sol, rehidratados
1½ taza	375 ml	Demi-Glace (ver página 123)
½ taza	125 ml	jerez
¼ taza	60 ml	crema espesa
2 tazas	300 g	colas de langostino cocidas
8	8	rodajas de pan tostado

Cortar la piel azul y la grasa de los filetes. Combinar los condimentos y frotarlos en los filetes.

Calentar 3 cdas. (42 g) de mantequilla en una sartén grande y sofreír los filetes al punto deseado de cocimiento, conservarlos calientes.

Mientras los filetes se cocinan, derretir la mantequilla en una cacerola; sofreír los champiñones, las cebollas verdes y los tomates.

Agregar la salsa Demi-Glace y el jerez. Bajar el fuego y cocer a fuego lento hasta reducir la mitad del volumen de la salsa. Añadir la crema y las colas de langostino; cocer a fuego lento por 5 minutos más.

Colocar los filetes sobre las rodajas de pan, cubrirlos con salsa y servir.

PARA 4 PORCIONES

TOURNEDOS SHERWOOD

8 – 4 oz	8 – 115 g	filetes de solomillo
½ cdta	3 ml	de cada uno: hojas de orégano, hojas de tomillo, hojas de albahaca, pimiento de Cayena, pimienta negra, cebolla en polvo, ajo en polvo, sal
5 cdas	70 g	mantequilla
1 taza	250 g	corazones de alcachofa hervidos, picados
½ taza	64 g	cebollas verdes
1 taza	250 g	tomates secados al sol, rehidratados
1½ taza	375 ml	Demi-Glace (ver página 123)
½ taza	125 ml	jerez
¼ taza	60 ml	crema espesa
2 tazas	150 g	pimientos dulces rojos hervidos, en tiras finas
8	8	rodajas de pan tostado

Cortar la piel azul y la grasa de los filetes. Combinar los condimentos y frotarlos en los filetes.

Calentar 3 cdas. (42 g) de mantequilla en una sartén grande y sofreír los filetes al punto deseado de cocimiento; conservarlos calientes.

Mientras los filetes se cocinan, derretir la mantequilla en una cacerola; sofreír las alcachofas, las cebollas verdes y los tomates.

Agregar la salsa Demi-Glace y el jerez. Bajar el fuego y cocer a fuego lento hasta reducir la mitad del volumen de la salsa. Añadir la crema y el pimiento dulce; cocer a fuego lento por 5 minutos más.

Colocar los filetes sobre las rodajas de pan, cubrirlos con salsa y servir.

PARA 4 PORCIONES

ESCALOPE DE TERNERA CON SALMON AHUMADO

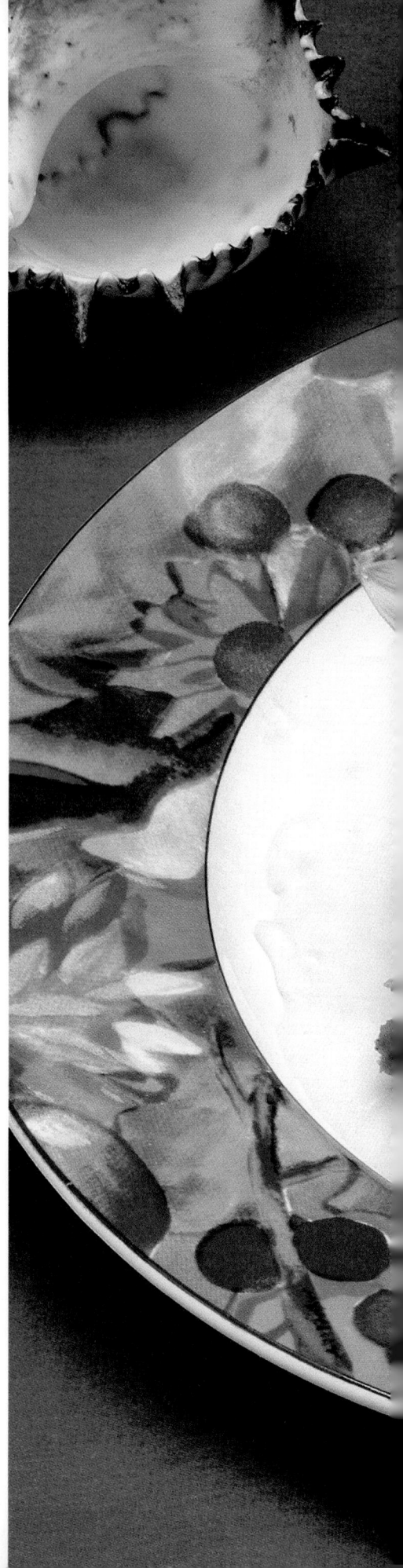

6 – 3 oz	6 – 90 g	chuletas de ternera
12 oz	340 g	salmón ahumado
6 oz	170 g	queso Camembert
1	1	huevo
¼ taza	60 ml	leche
⅓ taza	37 g	harina sazonada
1½ taza	168 g	miga seca de pan
1½ taza	375 ml	aceite de girasol
1½ taza	375 ml	Salsa Mornay (ver página 111)

Precalentar el horno a 350°F (180°C).

Macerar muy fino las chuletas. Ponerles encima el salmón y el queso, doblarlas y enrollarlas para contener el relleno. Ponerlas a enfriar en el refrigerador por 1 hora.

Mezclar el huevo con la leche. Espolvorear a las chuletas con harina, ponerlas en la mezcla del huevo y untarlas con la miga de pan.

Calentar el aceite a 375°F (190°C); freír las chuletas hasta que se doren. Colocarlas en una lata de hornear y ponerlas en el horno por 15-20 minutos.

Colocar las chuletas en platos de servir, ponerles la Salsa Mornay. Servir.

PARA 6 PORCIONES

378

$\mathcal{F}$ILETES DE PARGO A LA PARRILLA DE M J

1	1	de cada uno: pimiento dulce rojo, verde y amarillo
6 – 6 oz	6 – 170 g	filetes de pargo
1	1	diente de ajo picado
2 cdtas	10 g	jengibre picado fino
¼ taza	60 ml	jerez
¼ taza	60 ml	salsa de soya
1 cda	15 ml	salsa inglesa
½ cdta	3 ml	cinco especias chinas
2 cdas	20 g	azúcar morena
1 cdta	2,5 g	maicena
1 cda	15 ml	agua fría
2 cdas	30 ml	aceite de girasol
2 cdas	28 g	mantequilla
4 oz	115 g	champiñones de ostra
8 oz	225 g	camarones grandes, pelados y desvenados

Colocar los pimientos en una lata de hornear y asarlos en un horno precalentado a 400°F (200°C), hasta que la piel se les ampolle. Sacarlos del horno, ponerlos en una bolsa de papel y dejarlos con su vapor por 20 minutos.

Sacar los pimientos de la bolsa y pelarlos. Cortarlos en cuartos, sacar las semillas y cortar los cuartos en tiras finas.

Poner los filetes de pargo en una cacerola poco honda. Mezclar el ajo, el jengibre, el jerez, la soya, la salsa inglesa y las cinco especias. Poner sobre el pescado y marinar por 30 minutos.

Sacar el pescado y poner la salsa de marinar en una cacerola pequeña con azúcar morena, llevar a ebullición. Mezclar la maicena con el agua y cocer a fuego lento hasta espesar.

Con una brochita untar a los filetes con aceite y asar a la parrilla en carbones a fuego medio por 10 minutos, untando frecuentemente con la salsa.

Mientras el pescado se asa, calentar el aceite y la mantequilla en una sartén grande; sofreír los champiñones y los camarones hasta que los camarones estén en su punto. Agregar los pimientos dulces y continuar cociendo a fuego lento por 3 minutos.

Untar a los filetes una última vez y colocarlos en platos de servir. Ponerles encima el sofrito y servir inmediatamente.

PARA 6 PORCIONES

SOLOMILLO DE CERDO ASKENCHUCK

½ ración	0,5	Pasta de Hojaldre (ver página 689)
4 – 4 oz	4 – 115 g	solomillo de cerdo
2 cdas	28 g	mantequilla
1 taza	150 g	champiñones en rodajas finas
1 taza	150 g	colas de langostino cocidas
6 oz	170 g	queso Camembert
1¼ taza	125 g	cerezas Bing, frescas o de lata, sin semillas
¼ taza	60 ml	brandy de cereza
3 cdas	45 ml	líquido de cereza o jugo de manzana
1 cda	15 ml	jugo de limón
2 cdas	30 g	azúcar granulada

Extender la pasta y formar un cuadrado de ¼" (6 mm) de grosor. Cortarlo en 4 piezas iguales.

Cortar la piel azul y la grasa del solomillo.

Calentar la mitad de la mantequilla en una sartén y sofreír el cerdo. Agregar el resto de la mantequilla y los champiñones; sofreír hasta que todo el líquido se evapore.

Poner en capas el cerdo, los champiñones, las colas de langostino y el queso en la pasta de hojaldre. Enrollar y doblar para contener el relleno. Apretar los bordes para sellar el relleno. Poner en un horno precalentado a 375°F (190°C), por 35-40 minutos o hasta que se dore.

Mientras el cerdo se hornea, calentar las cerezas en el brandy a fuego bajo hasta que se ablanden.

Agregar el jugo de cerezas, el jugo de limón y el azúcar. Cocer a fuego lento hasta que espese.

Colocar el cerdo en platos de servir y cubrirlo con salsa.

PARA 4 PORCIONES

NUEVAS AGUJETAS DE AVE

6 – 6 oz	6 – 170 g	pechugas de pollo
1 taza	150 g	colas de langostino cocidas
6 oz	170 g	queso Camembert
½ cdta	3 ml	de cada uno: hojas de orégano, hojas de tomillo, hojas de albahaca, pimiento de Cayena, pimienta negra, cebolla en polvo, ajo en polvo, sal, paprika
2 tazas	224 g	miga seca de pan, fina
½ taza	125 ml	leche
1	1	huevo
¾ taza	84 g	harina
3 cdas	45 ml	aceite de oliva
1 taza	150 g	albaricoques secos
1 taza	250 ml	agua
2 cdas	30 g	azúcar granulada
1 cdta	2,5 g	maicena
1 cda	15 ml	jugo de limón
¼ taza	60 ml	jugo de manzana
¾ taza	180 ml	crema de batir
1 taza	150 g	higos frescos picados
1 cda	15 ml	estragón fresco picado

Macerar fino las pechugas de pollo, ponerles encima las colas de langostino y 1 oz (30 ml) de queso. Doblarlas y enrollarlas para contener el relleno. Refrigerar por 1 hora.

Mezclar los condimentos con la miga de pan. Combinar la leche y el huevo. Espolvorear al pollo con la harina, ponerlo en la mezcla de la leche y untarlo con la miga de pan.

Colocarlo en una lata de hornear y con una brochita untarle el aceite. Poner en un horno precalentado a 350°F (180°C), por 25-30 minutos.

En una cacerola con agua, hervir los albaricoques por 5 minutos. Pasar los albaricoques a un procesador de alimentos y hacerlos puré. Conservar el agua. Poner el azúcar en el agua. Mezclar la maicena con el jugo de limón, agregar al agua y cocer a fuego lento hasta que espese. Poner encima los albaricoques y licuar.

Volverlos a poner en la cacerola e incorporar el jugo de manzana; calentar sin hervir. Agregar la crema, los higos y el estragón; cocer a fuego lento por 10 minutos.

Poner las piezas en platos de servir, cubrirlas con salsa y servir.

PARA 6 PORCIONES

$\mathcal{P}$OLLO LEDGISTER

6 – 6 oz	6 – 170 g	pechugas con piel, sin huesos
½ taza	75 g	gajos de naranja
6 oz	170 g	queso Brie sin corteza
5 cdas	70 g	mantequilla
1 taza	150 g	champiñones en rodajas finas
3 cdas	21 g	harina
½ taza	125 ml	jugo de naranja
½ taza	125 ml	Caldo de Pollo (ver página 77)
½ taza	125 ml	crema de batir
4 cdas	60 ml	Mermelada de Jalapeño (ver página 701)
¼ taza	60 ml	miel líquida

Macerar fino las pechugas de pollo. Poner las pechugas en una superficie plana con la piel hacia abajo. Poner en capas los gajos de naranja y el queso. Doblar y enrollar las pechugas para contener el relleno.

Derretir 2 cdas. (28 g) de mantequilla y con una brochita untarla al pollo. Poner en un horno precalentado a 350°F (180°C), por 20 minutos, o hasta que esté bien cocido.

Mientras el pollo se hornea, calentar el resto de la mantequilla en una cacerola. Agregar los champiñones y sofreírlos hasta que se ablanden. Incorporar la harina y cocinar con fuego bajo por 2 minutos.

Agregar el jugo de naranja y el caldo de pollo; cocer a fuego lento por 10 minutos. Incorporar la crema, la mermelada y la miel. Continuar cociendo a fuego lento por 10 minutos más.

Sacar el pollo del horno, colocarlo en platos de servir y cubrirlo con salsa.

PARA 6 PORCIONES

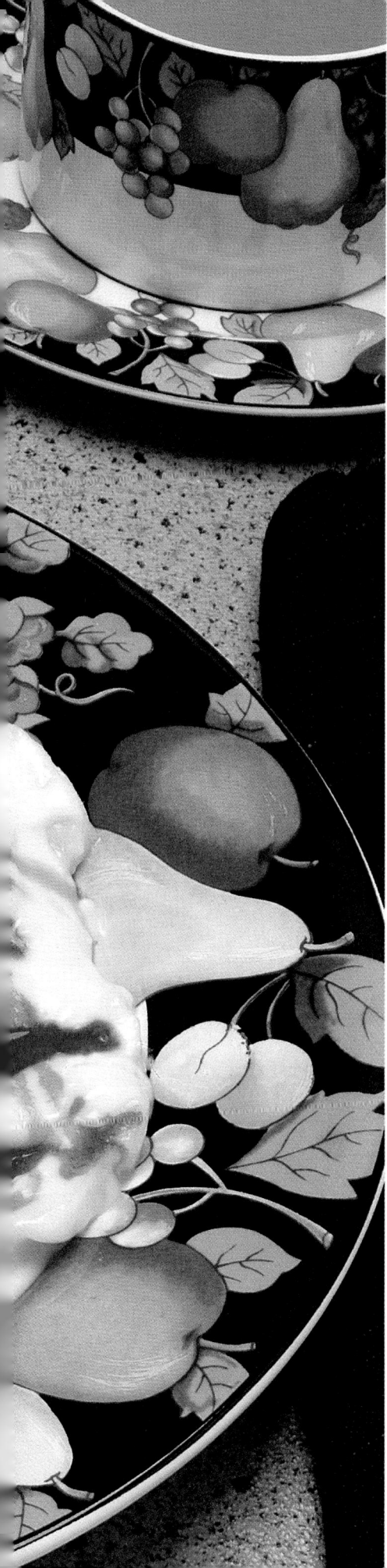

SOLOMILLO DE CERDO PECHÂH

1 lb	450 g	solomillo de cerdo
¼ taza	60 ml	mermelada de frambuesa
3 cdas	45 g	pimienta negra triturada
6 cdas	84 g	mantequilla
4	4	manzanas para cocinar, peladas y en rodajas
3 cdas	21 g	harina
4 cdas	60 g	azúcar granulada
¾ taza	180 ml	jugo de manzana
¾ taza	180 ml	crema de batir

Cortar la piel azul y la grasa del solomillo. Untar al solomillo con la mermelada, luego ponerle la pimienta negra triturada. Colocarlo en una lata de hornear forrada con papel parafinado untado con mantequilla. Derretir 2 cdas. (24 g) de mantequilla y con una brochita untarla al solomillo. Poner en un horno precalentado a 350°F (180°C), por 20 minutos.

Mientras el solomillo se hornea, calentar el resto de la mantequilla en una cacerola. Agregar las manzanas y sofreírlas hasta que se ablanden. Espolvorear con harina y cocinar por 2 minutos con fuego bajo. Agregar el azúcar y el jugo de manzana; cocer a fuego lento hasta que espese. Incorporar la crema y cocer por 5 minutos más.

Sacar el solomillo del horno y cortarlo. Poner la salsa en platos de servir, colocar encima rodajas de la carne y servir.

PARA 4 PORCIONES

FILETES DE SOLOMILLO DE RES EN SALSA DE ARUGULA CON PIMIENTOS DULCES ASADOS

1	1	de cada uno: pimiento dulce rojo, verde y amarillo
6 – 6 oz	6 – 170 g	filetes de solomillo
½ cdta	3 ml	de cada uno: hojas de orégano, hojas de tomillo, hojas de albahaca, pimiento de Cayena, pimienta negra, cebolla en polvo, ajo en polvo
1 cdta	5 g	de cada uno: paprika, sal, chile en polvo
3 cdas	42 g	mantequilla
1½ taza	225 g	champiñones en rodajas finas
1	1	diente de ajo picado fino
1½ taza	375 ml	Demi-Glace (ver página 123)
¾ taza	180 ml	crema de batir
3 cdas	45 ml	pasta de tomate
2	2	manojos de arugula picada
½ cdta	3 g	pimienta negra triturada

Colocar los pimientos dulces en una lata de hornear y asarlos en un horno precalentado a 400°F (200°C), hasta que la piel se les ampolle. Sacarlos del horno, ponerlos en una bolsa de papel y dejarlos con el vapor por 20 minutos.

Sacarlos de la bolsa y pelarlos. Cortarlos en cuartos, sacar la semillas y cortar los cuartos en tiras finas.

Cortar la grasa del solomillo. Combinar los condimentos y frotarlos en la carne. Asar el solomillo al punto deseado de cocción.

Mientras los filetes se hornean, calentar la mantequilla en una cacerola y sofreír los champiñones con el ajo. Agregar la salsa Demi-Glace; bajar el fuego y cocer a fuego lento por 15 minutos. Incorporar la crema y la pasta de tomate; cocer a fuego lento por 5 minutos. Añadir el arugula, la pimienta y los pimientos dulces; continuar cociendo a fuego lento por 10 minutos.

Poner los filetes en platos y cubrirlos con salsa. Servir.

PARA 6 PORCIONES

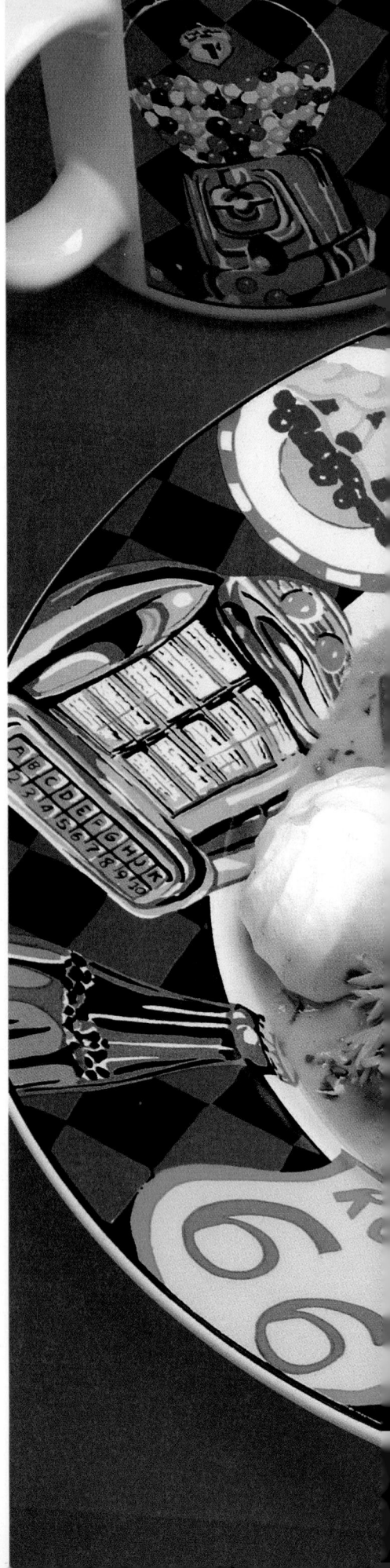

CAMARONES TIGRE PERI-PERI

1 taza	150 g	manzanas peladas, en rodajas
3 cdas	21 g	harina
2 cdtas	10 g	curry en polvo
½ taza	125 ml	jugo de manzana
½ taza	125 ml	Caldo de Pollo (ver página 77)
½ taza	125 ml	crema espesa
3 cdas	45 ml	Mermelada de Jalapeño (ver página 701)
16	16	camarones tigre
5 cdas	70 g	mantequilla
½ cdta	2,5 g	paprika

Calentar 3 cdas. (42 g) de mantequilla en una cacerola y sofreír las manzanas hasta que se ablanden. Espolvorear con la harina y el curry; continuar cociendo con fuego bajo por 2 minutos.

Agregar el jugo de manzana y el caldo de pollo; cocer a fuego lento por 10 minutos. Añadir la crema y la mermelada, y cocer a fuego lento por 10 minutos más.

Mientras la salsa se cuece; pelar, desvenar y cortar en forma de mariposa los camarones. Derretir 2 cdas. (24 g) de mantequilla; con una brochita untarla a los camarones, espolvorearlos con paprika y colocarlos en una lata de hornear. Poner los camarones en un horno precalentado a 350°F (180°C), por 10 minutos, o hasta que estén bien cocidos.

Colocarlos en platos de servir con salsa; poner a flotar los camarones sobre la salsa. Servir inmediatamente.

PARA 4 PORCIONES

CHULETAS NICK KALENUIK

6 – 4 oz	6 – 115 g	chuletas de ternera
6 oz	170 g	queso Brie sin corteza
6 oz	170 g	carne de langosta
18	18	uvas verdes sin semilla
1	1	huevo
¼ taza	60 ml	leche
¼ taza	28 g	harina
1½ taza	168 g	miga sazonada de pan
2 tazas	500 ml	aceite de girasol
12	12	albaricoques pelados, sin semilla
½ taza	125 ml	agua
1 cda	14 g	mantequilla
¼ taza	37 g	pimiento dulce rojo, picado fino
1	1	diente de ajo picado fino
¼ taza	42 g	azúcar morena
1 cdta	5 ml	mostaza de Dijon
1 cdta	5 g	paprika

Macerar muy fino las chuletas; ponerles encima 1 oz (30 gr) de queso, 1 oz (30 gr) de carne de langosta y 3 uvas. Doblar y enrollar la carne para contener el relleno. Colocarla en una lata de hornear y refrigerarla por 1 hora.

Mezclar los huevos con la leche.

Espolvorear a los rollos con la harina. Sumergirlos en la leche y untarlos con las migas de pan. Calentar el aceite y dorar los rollos por todos lados.

Poner en un horno precalentado a 350°F (180°C), por 20 minutos.

Mientras la ternera se hornea, cortar los albaricoques por la mitad y ponerlos en una cacerola y cocer a fuego lento hasta que se ablanden. Pasarlos a un procesador de alimentos y hacerlos puré.

Calentar la mantequilla en una cacerola y sofreír el pimiento dulce rojo y el ajo. Incorporar el puré, el azúcar morena, la mostaza y la paprika; cocer a fuego lento por 5 minutos.

Con una cuchara poner la salsa en los platos de servir y poner encima la ternera. Servir inmediatamente.

PARA 6 PORCIONES

$\mathcal{V}$IEIRAS A LA PROVENZAL

½ cdta	3 ml	de cada uno: hojas de orégano, hojas de tomillo, hojas de albahaca, pimiento de Cayena, pimienta negra, cebolla en polvo, ajo en polvo
1 cdta	5 g	de cada uno: paprika, sal, chile en polvo
3 cdas	42 g	mantequilla
3	3	dientes de ajo, picados fino
1	1	cebolla grande, picada fino
1	1	pimiento dulce rojo, picado fino
1	1	pimiento dulce verde, picado fino
6	6	tomates grandes pelados, sin semillas, picados
1 taza	250 ml	Demi-Glace (ver página 123)
½ taza	125 ml	crema de batir
1½ taza	168 g	harina
¾ taza	180 ml	leche
1½ lb	675 g	vieiras de mar grandes
¼ taza	60 ml	aceite de oliva

Combinar los condimentos en un tazón.

Calentar la mantequilla en una cacerola. Agregar el ajo, la cebolla y los pimientos dulces; sofreírlos hasta que se ablanden. Añadir los tomates y continuar cociendo por 20 minutos con fuego bajo. Incorporar la mitad de la mezcla de los condimentos y la salsa Demi-Glace; continuar cociendo a fuego lento por 20 minutos. Agregar la crema y cocer por 5 minutos más.

Combinar los ingredientes restantes con la harina. Poner las vieiras en la leche y espolvorearlas con la harina. Calentar el aceite en una sartén grande y freír las vieiras hasta que se doren. Colocarlas en platos de servir, ponerles la salsa y servir.

PARA 6 PORCIONES

CHULETAS DE TERNERA CON QUESO AZUL Y CHOCOLATE BLANCO

6-8 oz	6-225 g	chuletas de ternera
½ cdta	3 ml	de cada uno: sal, pimienta, paprika, orégano, tomillo, albahaca, perifollo
1½ taza	168 g	miga seca de pan
2	2	huevos
⅓ taza	90 ml	leche
½ taza	56 g	harina
3 cdas	45 ml	aceite de oliva
4 cdas	56 g	mantequilla
½ taza	75 g	champiñones en rodajas
1	1	cebolla pequeña, picada fino
¾ taza	180 ml	Caldo de Pollo (ver página 77)
¾ taza	180 ml	crema liviana
2 oz	60 g	chocolate blanco rallado
3 oz	90 g	queso azul desmenuzado
¼ taza	37 g	de cada uno: pimiento dulce rojo, verde y amarillo, en tiras finas

Lavar y secar las chuletas de ternera.

Mezclar los condimentos con harina. Batir el huevo en la leche. Espolvorear a las chuletas con ¼ taza (56 g) de la harina. Ponerlas en el huevo y untarlas con la miga de pan. Colocar las chuletas en una lata de hornear y untarles el aceite con una brochita. Poner en un horno precalentado a 350°F (180°C), por 25 minutos.

Mientras las chuletas se hornean, preparar la salsa calentando la mantequilla en una cacerola. Agregar los champiñones y la cebolla; sofreírlos hasta que se ablanden. Añadir los ingredientes restantes y cocinar con fuego bajo por 2 minutos. Incorporar el caldo y la crema; cocer a fuego lento por 15 minutos. Incorporar el chocolate y el queso; continuar cociendo a fuego lento por 15 minutos más.

Hervir los pimientos dulces.

Colocar las chuletas en platos, ponerles salsa y servirlas con las tiras de los pimientos encima.

PARA 6 PORCIONES

POLLO KENNETH Y GLORIA

1 lb	450 g	fresas lavadas, sin cáliz
½ lb	225 g	frambuesas lavadas, sin cáliz
½ lb	225 g	moras lavadas, sin cáliz
1 taza	225 g	azúcar
2 cdtas	10 ml	jugo de limón
1 cdta	5 ml	cáscara de limón rallada
6-6 oz	6-170 g	pechugas de pollo, sin piel, sin huesos
2	2	mangos pelados, picados
6 oz	170 g	queso Camembert
2 cdas	28 g	mantequilla derretida

Poner las frutillas en un procesador de alimentos. Hacerlas puré. Pasar el puré por un colador fino y ponerlo en una cacerola. Incorporar el azúcar hasta que se disuelva. Agregar el jugo y la ralladura de limón. Llevar a ebullición, bajar el fuego y cocer a fuego lento hasta que la salsa se reduzca a 1 1/2 taza (375 ml).

Macerar muy fino las pechugas; ponerles encima el mango y 1 oz (30 g) de queso. Doblar y enrollar las pechugas para contener el relleno; mantenerlas sujetas con palillos de dientes.

Con una brochita, untar la mantequilla derretida, cubrir con papel parafinado. Poner en un horno precalentado a 350°F (180°C), por 20 minutos; quitar los palillos de dientes.

Colocar el pollo en platos; cubrirlo con salsa y servir.

PARA 6 PORCIONES

CAMARONES RELLENOS DEL CHEF K

12	12	camarones tigre
4 cdas	56 g	mantequilla
1¾ taza	196 g	harina
1½ taza	375 ml	leche
2½ tazas	375 g	carne de cangrejo cocida
½ cdta	3 ml	de cada uno: hojas de orégano, hojas de tomillo, hojas de albahaca, pimiento de Cayena, pimienta negra, cebolla en polvo, ajo en polvo, sal, paprika
2	2	huevos
2 tazas	224 g	migas secas de pan, finas
3 cdas	45 ml	aceite de oliva

SALSA:

3 cdas	42 g	mantequilla
3 cdas	21 g	harina
½ taza	125 ml	Caldo de Pollo (ver página 77)
½ taza	125 ml	crema espesa
½ taza	125 ml	champán
1 taza	250 g	tomates secados al sol, rehidratados
1	1	manojo de arugula picada

Pelar y desvenar los camarones. Hacerles un corte de ¾" en el centro, macerarlos con un mazo para carnes. Colocarlos en una lata de hornear.

Calentar la mantequilla en una cacerola; agregar la harina, bajar el fuego y cocinar por 2 minutos. Agregar 1 taza (250 ml) de leche. Cocinar, revolviendo hasta que se forme una salsa muy espesa. Dejarla enfriar a temperatura ambiente. Incorporar la carne de cangrejo. Poner 2 cdas. (30 ml) de relleno en cada camarón. Refrigerar por 2 horas.

Mezclar los condimentos con el resto de la harina. Batir los huevos en el resto de la leche. Espolvorear a los camarones con la harina sazonada, ponerlos en la leche y untarlos con la miga de pan.

Con una brochita, untar el aceite. Poner en un horno precalentado a 350°F (180°C), por 15 minutos. Poner los camarones en los platos y servirlos con la salsa.

SALSA:

Derretir la mantequilla en una cacerola. Agregar la harina y batir hasta formar una pasta, cocinar con fuego bajo.

Agregar el caldo de pollo, la crema y el champán. Cocer a fuego lento por 10 minutos, a medio calor. Incorporar los tomates y la arugula; cocer a fuego lento por 5 minutos más.

PARA 4 PORCIONES

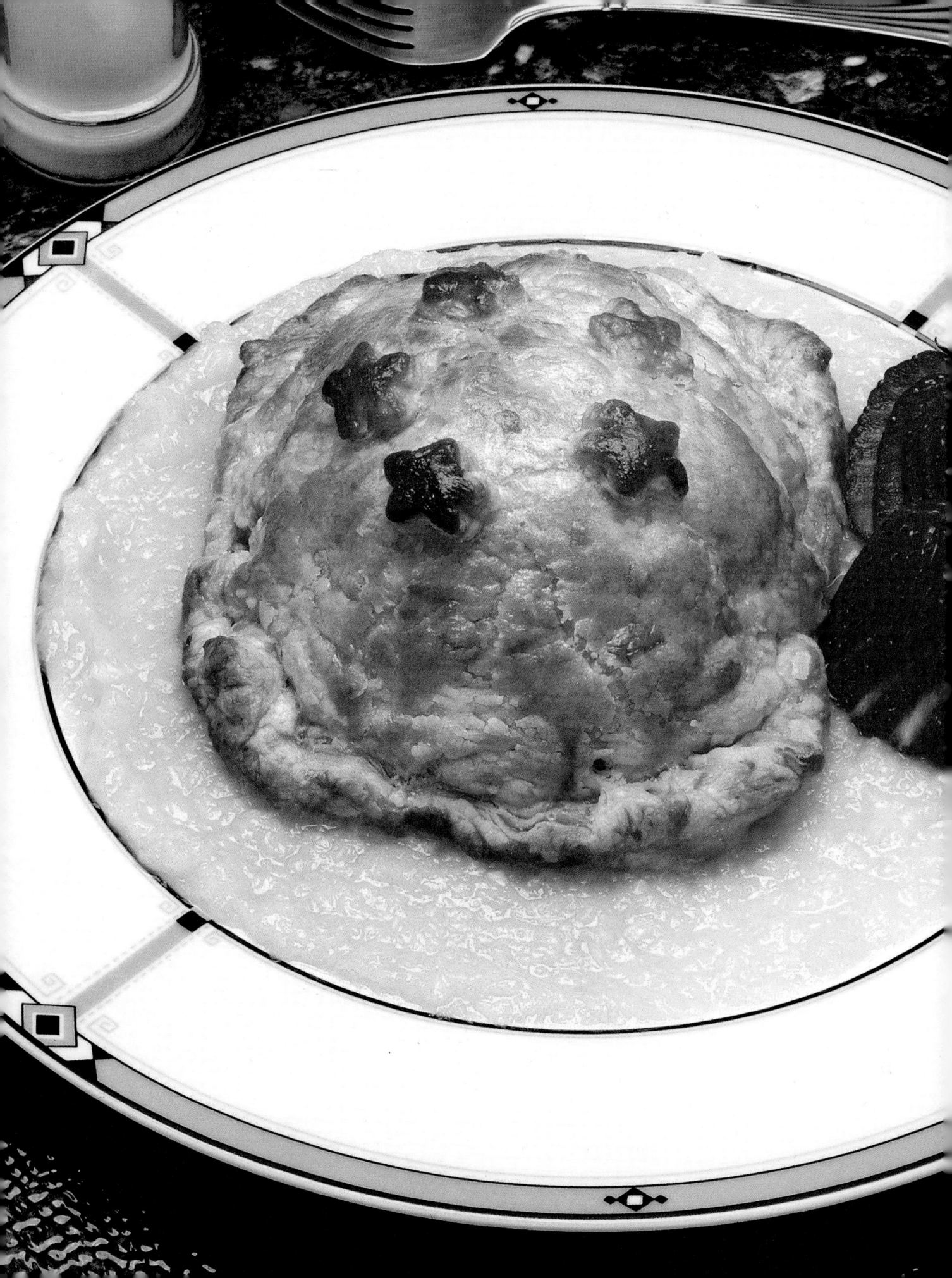

SORPRESA DE CORDERO DE FIJI

2-14 oz	2-420 g	costillares de cordero
½ ración	0,5	Pasta de Hojaldre (ver página 689)
3 cdas	42 g	mantequilla
1½ taza	338 g	mango, en trocitos
6 oz	170 g	queso mascarpone
⅓ taza	47 g	pasas sin semillas
⅓ taza	90 g	nueces de marañón
1 taza	225 g	piña machacada; escurrirla y conservar el jugo
1 taza	250 ml	puré de mango
¼ taza	60 g	azúcar granulada
1½ cda	10 g	maicena

Pedirle al carnicero que le saque todas las costillas a los costillares y que les corte toda la grasa. Precalentar el horno a 375°F (190°C).

Extender la pasta en una superficie ligeramente harinada, a un grosor de ¼" (6 mm). Cortarla en dos cuadrados.

Calentar la mantequilla en una sartén grande y sofreír el cordero. Ponerlo en los cuadrados de pasta. Cubrir con los trocitos de mango, el queso, las pasas y los marañones. Doblar y enrollar la pasta para contener totalmente la carne y el relleno. Poner en el horno por 25-30 minutos.

Mientras el cordero se hornea, hacer un puré con la piña y los mangos en un procesador de alimentos; colar sobre una cacerola pequeña. Incorporar el azúcar.

Mezclar la maicena en ¼ taza (60 ml) del jugo de piña que se conservó. Agregarlo a la fruta. Cocinar con fuego bajo hasta que la salsa se espese.

Sacar el cordero del horno, cortarlo y ponerlo en platos de servir. Cubrir con la salsa o servirla aparte.

PARA 4 PORCIONES

$\mathcal{P}$OLLO DE DIJON

6 – 6 oz	6 – 170 g	pechugas de pollo, sin piel y sin huesos
3 cdas	42 g	mantequilla
¾ taza	180 ml	mayonesa
3 cdas	45 ml	mostaza de Dijon
¼ taza	57 g	queso parmesano
¼ taza	28 g	miga seca sazonada de pan

Lavar y secar el pollo.

Calentar la mantequilla y sofreír el pollo hasta que esté bien cocido; el tiempo de cocción depende del grosor de las pechugas. Colocar el pollo en una lata de hornear y precalentar el horno a 400°F (200°C).

Combinar la mayonesa, la mostaza y el queso; untar una capa gruesa a las pechugas. Espolvorear con la miga de pan y hornear por 10 minutos o hasta que se dore bien. Servir.

PARA 6 PORCIONES

FILETES DE TERNERA CON DOS SALSAS

SALSA 1:

2 cdas	28 g	mantequilla
¾ taza	180 ml	hinojo picado
2 cdas	14 g	harina
½ taza	125 ml	crema liviana
½ taza	125 ml	Caldo de Pollo (ver página 77)
¼ cdta	1,2 g	sal
¼ cdta	1,2 g	pimienta blanca
pizca	pizca	nuez moscada

SALSA 2:

3 cdas	45 ml	aceite de oliva
3 cdas	21 g	harina
⅔ taza	160 ml	Caldo de Pollo (ver página 77)
⅔ taza	160 ml	crema liviana
⅓ taza	80 ml	salsa de tomate catsup
2 cdtas	10 ml	salsa inglesa
1 cdta	5 ml	paprika
3 gotas	3 gotas	salsa picante
1 cda	15 ml	jugo de limón
3 cdas	45 ml	arugula picada

FILETES:

6 – 6 oz	6 – 170 g	filetes de ternera
½ cdta	3 ml	de cada uno: hojas de orégano, hojas de tomillo, hojas de albahaca, pimiento de Cayena, pimienta negra, cebolla en polvo, ajo en polvo, sal, paprika
4 cdas	56 g	mantequilla
4 oz	115 g	champiñones de chanterelas, shiitake, de ostras y de otros

SALSA 1:
Derretir la mantequilla en una cacerola, sofreír el hinojo. Agregar la harina y hacer una pasta. Cocinar con fuego bajo por 2 minutos. Añadir la crema y el caldo. Remover. Cocer a fuego lento hasta que espese. Agregar los condimentos y cocer a fuego lento por 2 minutos más.

SALSA 2:
Calentar el aceite en una cacerola, agregar la harina y cocinar con fuego bajo por 2 minutos. Incorporar el caldo y la crema; cocer a fuego lento hasta que se espese. Incorporar los ingredientes restantes. Continuar cociendo por 2 minutos más. Quitar del fuego. Usar como se desee.

FILETES:
Frotar a los filetes con la mezcla de los condimentos. Calentar la mitad de la mantequilla en una sartén y sofreír los filetes al punto deseado de cocción; quitarlos del fuego y conservarlos calientes. En otra sartén, calentar el resto de la mantequilla y sofreír los champiñones. Con una cuchara poner una salsa diferente en cada mitad del plato. Poner encima los filetes y rodearlos con los champiñones.

PARA 6 PORCIONES

CAMARONES ENAMORADOS

16	16	camarones tigre
5 cdas	70 g	mantequilla
½ cdta	2,5 g	paprika
½ taza	75 g	champiñones en rodajas finas
3 cdas	21 g	harina
½ taza	125 ml	Caldo de Pollo (ver página 77)
½ taza	125 ml	crema espesa
½ taza	125 ml	champán
¼ taza	60 ml	Pernod
¾ taza	112 g	camarones miniatura cocidos

Pelar, desvenar y cortar en mariposa los camarones tigres. Derretir 2 cdas. (30 ml) de mantequilla, con una brochita untarla a los camarones; espolvorearlos con paprika y colocarlos en una lata de hornear. Poner los camarones en un horno precalentado a 350°F (180°C), por 10 minutos o hasta que estén bien cocidos.

Derretir el resto de la mantequilla en una cacerola. Sofreír los champiñones. Agregar la harina y hacer una pasta, cocinando con fuego bajo por 2 minutos.

Agregar el caldo de pollo, la crema, el champán y el Pernod. Incorporar juntos todos los ingredientes. Cocer con fuego medio por 10 minutos.

Colocar los camarones tigre en platos de servir, ponerles salsa y cubrirlos con los camarones miniatura. Servir.

PARA 4 PORCIONES

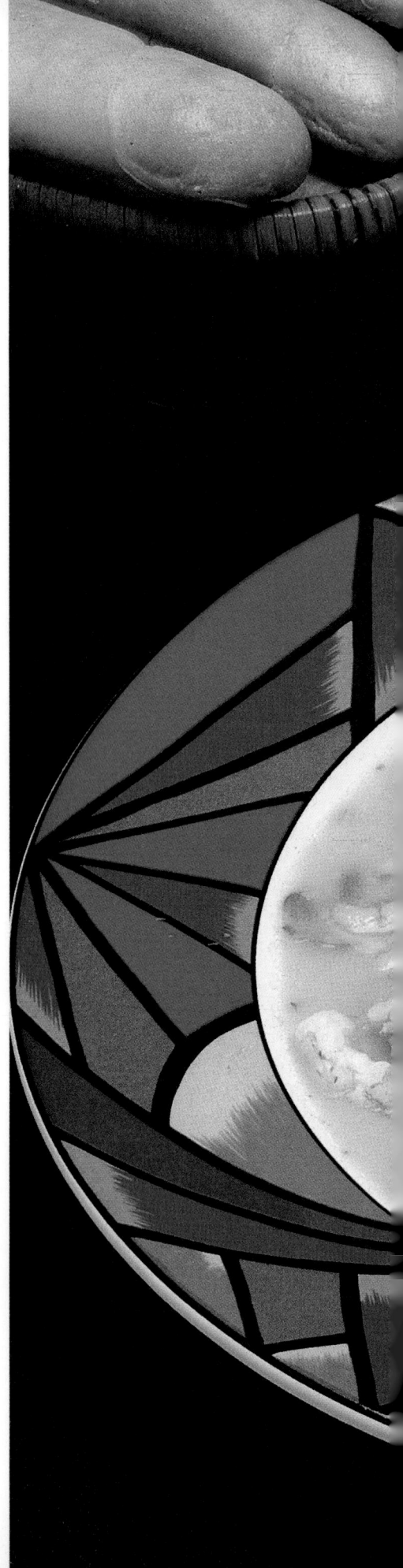

410

$\mathcal{L}$ANGOSTINO A LA PROVENZAL

5 cdas	70 g	mantequilla
3	3	dientes de ajo picados fino
1	1	cebolla picada fino
1	1	pimiento dulce rojo, picado fino
1	1	pimiento dulce verde, picado fino
6	6	tomates grandes pelados, sin semillas, picados
1 taza	250 ml	Demi-Glace (ver página 123)
½ taza	125 ml	crema de batir
1½ lb	675 g	colas de langostino
½ cdta	2,5 g	paprika

Calentar 3 cdas. (32 g) de mantequilla en una cacerola. Agregar el ajo, la cebolla y los pimientos; sofreírlos hasta que se ablanden. Añadir los tomates y continuar cociendo con fuego bajo por 20 minutos. Incorporar la salsa Demi-Glace; continuar cociendo por 20 minutos. Agregar la crema y cocer a fuego lento por 5 minutos más.

Mientras la salsa se está cociendo, cortar el langostino en la parte trasera, sacar la carne del caparazón y ponerla en mariposa en la parte de arriba del caparazón. Derretir el resto de la mantequilla y con una brochita untarla al langostino. Espolvorear con paprika y poner en un horno precalentado a 350°F (180°C), por 15 minutos.

Poner el langostino en la salsa y cocer a fuego lento por 5 minutos. Servir con arroz.

PARA 4 PORCIONES

$\mathcal{P}$OLLO SCHOLAZŌ

6-6 oz	6-170 g	pechugas de pollo, sin piel, sin huesos
6 cdas	84 g	mantequilla
¼ taza	60 ml	conserva de grosella roja
6	6	duraznos grandes pelados, sin semilla
¼ taza	42 g	azúcar morena
¾ taza	190 ml	jugo de manzana
1	1	rajita de canela
3	3	clavos de olor
3 cdas	21 g	harina
¾ taza	190 ml	crema de batir
1 lb	450 g	frambuesas frescas
2 cdas	30 ml	jugo de limón
3 cdas	45 g	azúcar granulada
3 oz	80 g	chocolate semi-dulce rallado

Lavar y secar las pechugas. Colocarlas en una lata de hornear. Derretir 2 cdas. (30 ml) de mantequilla, untarla con una brochita al pollo. Ponerlo en un horno precalentado a 350°F (180°C), por 30 minutos. Untar al pollo con la conserva de grosella roja y continuar horneando por 15 minutos más.

Mientras el pollo se hornea, cortar en rodajas los duraznos y ponerlos en una cacerola. Agregar el azúcar morena, el jugo de manzana, la rajita de canela y los clavos de olor. Cocer a fuego lento por 20 minutos. Tirar la canela y los clavos.

Calentar 3 cdas. (32 g) de mantequilla en una cacerola. Agregar la harina y cocinar con fuego bajo por 2 minutos. Incorporar la crema y cocer a fuego lento por 5 minutos. Incorporar los duraznos.

Hacer puré las frambuesas en un procesador de alimentos. Colar con presión, para eliminar las semillas, sobre una cacerola pequeña.

Agregar el jugo de limón y el azúcar; llevar a ebullición. Bajar el fuego y cocer a fuego lento hasta reducir el líquido a 1 taza (250 ml). Incorporar el chocolate. Quitar del fuego y mezclar el resto de la mantequilla.

Sacar el pollo del horno.

Verter la salsa de durazno en platos, poner encima el pollo y cubrir con la salsa de chocolate.

PARA 6 PORCIONES

PATÉ DE CAMARONES CON SALSA MORNAY DE LANGOSTA

2	2	papas medianas peladas, picadas
1 lb	450 g	carne de camarón
1¾ taza	440 ml	crema liviana
½ cdta	3 ml	albahaca fresca, picada
½ cdta	2,5 g	sal
¼ cdta	1,2 g	pimienta blanca
1	1	diente de ajo, picado fino
½ taza	112 g	mantequilla
3	3	huevos
3 cdtas	21 g	harina
¾ taza	190 ml	Caldo de Pollo (ver página 77)
¾ taza	112 g	carne de langosta cocida, picada
½ taza	56 g	queso parmesano, recién rallado

Poner las papas en una cacerola y cubrirlas con agua. Llevar a ebullición y cocer por 15 minutos. Agregar la carne de camarón y continuar cociendo hasta que las papas se ablanden. Escurrir y poner en un procesador de alimentos. Añadir ½ taza (125 ml) de la crema, la albahaca, la sal, la pimienta y el ajo. Licuar hasta que la mezcla esté fina y homogénea. Derretir la mitad de la mantequilla y agregarla; poner los huevos y procesar hasta que todo esté bien licuado.

Con una cuchara, poner la mezcla en moldes untados con un poco de mantequilla; colocarlos en una cacerola con agua hasta la mitad; poner en un horno precalentado a 350°F (180°C), por 30 minutos.

Mientras el paté se hornea, calentar el resto de la mantequilla en una cacerola. Agregar la harina y cocinar con fuego bajo por 2 minutos.

Incorporar el caldo de pollo y el resto de la crema. Bajar el fuego y cocer a fuego lento hasta que espese. Incorporar la carne de langosta y el queso; cocer por 2 minutos más.

Sacar el paté del horno. Sacarlo del molde y ponerlo en platos de servir. Cubrirlo con la salsa y servir.

PARA 4 PORCIONES

ROUGHY NARANJA ANDERSON

½ lb	225 g	frambuesas
½ taza	112 g	mantequilla
2	2	yemas de huevo
6-6 oz	6-170 g	filetes de roughy naranja
2 tazas	500 ml	Caldo de la Corte (ver página 117)
24	24	puntas de espárragos hervidas
12 oz	340 g	carne de cangrejo cocida

Hacer puré las frambuesas en un procesador de alimentos; colar y tirar la pulpa y las semillas. En una cacerola, cocer el jugo a fuego lento y reducir su volumen a 2 cdas. (30 ml). Dejar enfriar.

Mezclar el jugo con las yemas de huevo. Derretir la mantequilla y conservarla caliente. Poner las yemas de huevo en una cacerola doble, a fuego bajo; cocinar, batiendo constantemente hasta que espese. Quitar del fuego e incorporar la mantequilla caliente, batiendo hasta obtener una salsa cremosa. No recalentar.

Cocer a fuego lento el pescado en el caldo. Colocarlo en una lata de hornear; ponerle encima los espárragos y la carne de cangrejo. Cubrir con Salsa Holandesa de Frambuesa (ver página 108) y poner en un horno precalentado a 500°F (260°C), hasta que la salsa se dore bien. Servir inmediatamente.

PARA 6 PORCIONES

POLLO TAGMA

½ lb	225 g	ruibarbo
2	2	peras peladas, en rodajas
2	2	manzanas de cocina grandes, peladas, en rodajas
1 cdta	5 ml	cáscara de naranja rallada
¼ taza	60 g	azúcar granulada
⅓ taza	90 ml	Calvados
6-6 oz	6-170 g	pechugas de pollo, sin piel, sin huesos
1½ taza	375 ml	yogur
4 cdas	60 ml	albahaca fresca picada
3 cdas	21 g	miga seca de pan, fina
3 cdas	21 g	queso parmesano, recién rallado
¼ taza	60 ml	vino blanco

Lavar, limpiar y picar el ruibarbo. Ponerlo en una cacerola junto con las peras, las manzanas, la ralladura de naranja, el azúcar y el Calvados. Tapar y cocer a fuego lento por 10 minutos; destapar y continuar cociendo a fuego lento hasta que la compota esté muy blanda.

Poner el pollo en una bandeja de hornear untada con un poco de aceite.

Combinar ¾ taza (190 ml) de yogur con 2 cdas. (30 ml) de albahaca, la miga de pan y el queso. Untar al pollo. Poner en un horno precalentado a 350°F (180°C), por 40 minutos.

Colocar el pollo en los platos; ponerle 2 cdas (30 ml) de la compota. Cubrir con el yogur restante y espolvorear con la albahaca picada. Servir.

PARA 6 PORCIONES

CONEJO FORESTIERE

4 cdas	60 ml	aceite de girasol
1½ lb	675 g	conejo, cortado en cuartos
8	8	lascas de tocineta
20	20	champiñones de botón
20	20	cebollitas de perla
3	3	tallos de apio, picados
3	3	zanahorias, picadas
4 cdas	28 g	harina
1 taza	150 g	tomates pelados, sin semillas, picados
2 tazas	500 ml	vino tinto
1 taza	250 ml	Caldo de Carne (ver página 85)
2 cdtas	10 ml	salsa inglesa
1 cda	15 ml	salsa de soya
½ cdta	3 ml	mostaza de Dijon
¼ cdta	1,2 g	sal
¼ cdta	1,2 g	pimienta negra triturada
2 cdas	28 g	mantequilla
8 oz	225 g	champiñones chanterelas

Calentar el aceite en una sartén grande. Poner el conejo y dorarlo. Picar la tocineta y agregarla al conejo, junto con las verduras; sofreír por 3 minutos. Espolvorear con la harina y cocinar por 3 minutos. Agregar los demás ingredientes, menos la mantequilla y los champiñones.

Tapar y cocer a fuego lento por 1 ½ hora. Calentar la mantequilla en una sartén y sofreír los champiñones. Colocar el conejo sobre arroz o fideos, y ponerle encima los champiñones.

PARA 6 PORCIONES

PASTAS

Toda nación en el mundo tiene algún tipo de receta especial con "pasta"; pero el origen exacto de las pastas es desconocido. Las pastas han dejado su marca en la cocina desde tiempos tan distantes como la dinastía Ming en China. Se piensa que Marco Polo introdujo los "fideos" en Italia a su regreso de lejanos países en Asia durante su expedición a China en el siglo XIII.

Las pastas eran conocidas en Italia desde antes de aquel tiempo. Cuando el Príncipe Theodric de la tribu teutónica del area del Vistual invadió Italia en el año 405 DC aproximadamente, trajo consigo un tipo de fideo. Hay evidencias de que la pasta existía aún antes. La Roma Imperial tenía un fideo muy similar al fideo taglialle (un fideo de 1" de ancho, también llamado mafalda), conocido como laganum. Lo que sabemos es que al regreso de Marco Polo, el fideo empezó a ser un artículo corriente de consumo de la población de Italia. Desde Italia los fideos de pasta (tagliarini) se esparcieron por Europa, viniendo a ser los "nouilles" de Francia, los "fideos" de España, los "nudein" de Alemania y los "noodle" en Inglaterra.

Hoy, la pasta ha guiado al mundo en nuevas búsquedas culinarias y no estará nunca satisfecha si es limitada a salsas o cremas basadas en tomate. Aquí en el *Libro de Cocina Simplemente Deliciosa 2*, hemos seleccionado una serie única y creativa de platos de pasta que ni siquiera Marco Polo pudo haber soñado posible. Platos como Ñoquis de Calabacín Dulce o Cappelletti de Ternera con Pollo Ahumado, Tomates Secados al Sol y Champiñones en Salsa Mornay hubieran fascinado al explorador de la misma manera en que lo harán con sus invitados.

En este capítulo, y en la publicación entera, hemos presentado aperitivos, sopas, ensaladas, platos de fondo e incluso postres de pasta. Se puede crear una comida de gourmet de cinco platos basada solamente en pasta con estas exquisitas recetas.

Tal vez nunca se ha imaginado usted platos como Manicottis de Camarones con Langosta y Frutas. Usted encontrará la receta de esta obra de arte en este capítulo. O quizás usted prefiera ofrecer a sus invitados Fettuccinis de Chocolate y Curry con Manzanas y Camarones. Mejor aún, usted puede usar cualquiera de nuestras 15 diferentes masas y crear sus propios platos especiales de pasta. Una cosa se mantendrá constante: el resultado siempre será *Simplemente Delicioso*.

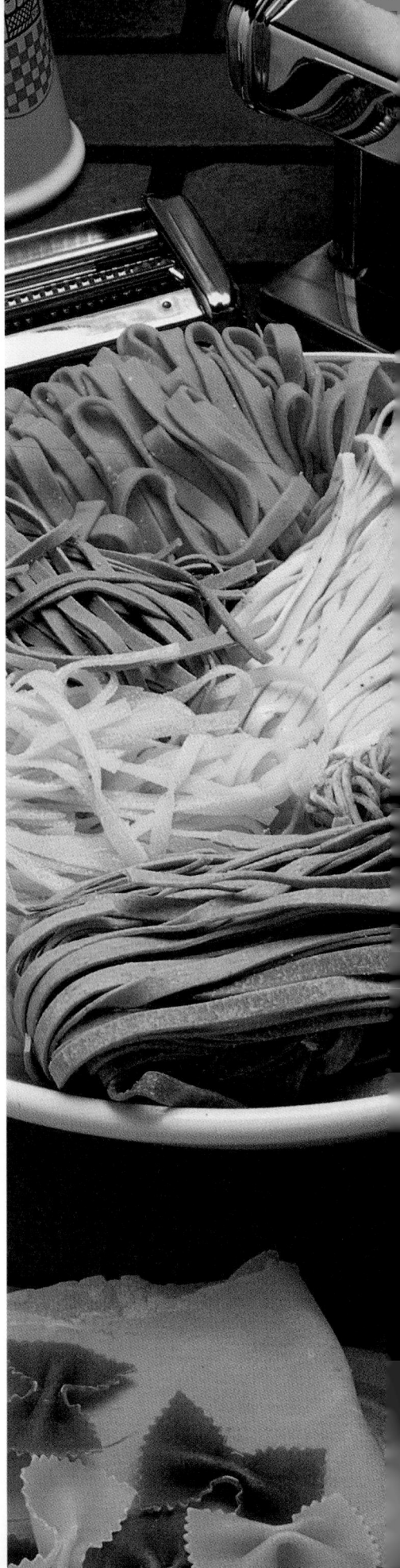

FETTUCCINI CON SALMON AHUMADO

½ lb	250 g	fettuccini
3 cdas	15 g	mantequilla sin sal
2 cdas	14 g	harina
1½ taza	375 ml	crema ligera
¼ taza	60 ml	jerez
4 oz	120 g	salmón ahumado, cortado en tiras de ¼"
1 cda	15 g	eneldo fresco picado
1 cdta	10 g	albahaca
½ cdta	2,5 g	pimienta negra triturada

Cocer los fideos al dente en una olla con agua salada hirviendo .

En una cacerola pequeña calentar la mantequilla. Agregar la harina y cocer por 2 minutos a fuego bajo. Agregar la crema y cocer a fuego lento hasta que esté medianamente espesa. Agregar batiendo el jerez y continuar cociendo a fuego lento por 5 minutos más.

Poner los fideos en un tazón de servir grande. Poner la salsa sobre los fideos. Mezclar con el salmón y las hierbas. Servir inmediatamente.

PARA 6 PORCIONES

FIDEOS SINGAPUR

½ lb	225 g	filete de cerdo
3 cdas	45 ml	salsa de soya liviana
2 cdas	30 ml	jerez
1 cda	15 ml	miel
½ cdta	2,5 g	ajo en polvo
4 gotas	4 gotas	colorante rojo de comida
1 ración	1	Pasta de Huevo (ver página 433)
3 cdas	45 ml	aceite de maní
½ lb	225 g	camarones
½ taza	120 g	cebolla picada fino
½ taza	75 g	apio picado fino
½ taza	75 g	pimiento dulce verde, picado
2 cdtas	10 g	curry en polvo

Cortar el cerdo en cuadrados de ½" (1,5 cm), ponerlos en un tazón de mezclar pequeño.

Mezclar la salsa de soya, el jerez, la miel , el ajo en polvo y el colorante de alimentos. Poner sobre el cerdo y marinar por 3 horas.

Cocer los fideos en una olla. Colarlos y conservarlos. Calentar el aceite en una sartén china (wok) o una sartén grande. Rápidamente cocer bien el cerdo y los camarones. Agregar las verduras y freír por 1½ o 2 minutos.

Agregar los fideos, combinarlos revolviendo. Espolvorear con el curry y freír por 1 minuto. Servir.

PARA 6 PORCIONES

MASA BASICA DE PASTA

4 tazas	450 g	harina de sémola
½ cdta	2,5 g	sal
4	4	huevos
1 cda	15 ml	aceite
⅓ taza	80 ml	agua muy fría

Cernir juntas la harina y la sal. Poner en un tazón de mezclar. Agregar los huevos lentamente uno a la vez. Lentamente agregar el aceite y el agua hasta que se forme una masa suave y blanda.

Amasar por 15 minutos y dejar reposar por 15 minutos más. Estirar la masa, espolvorearla ligeramente con la harina, doblar en tres y estirar nuevamente. Repetir de 6 a 8 veces.

Pasar la masa por la máquina para pasta, ajustando los rodillos gradualmente hasta que se alcance el grosor deseado. El resultado debe ser una masa suave, lista para ser usada como se requiera.

Cortar con la máquina para pasta o a mano al tamaño deseado. Si se corta a mano simplemente estirar la masa y cortarla en tiras delgadas para fideos (fettuccini) o en tiras más anchas para lasaña, canelones, raviolis, etc.

Preparar de acuerdo a las direcciones de nuestras recetas.

NOTA: Usar solo la harina suficiente, para evitar que la masa se pegue mientras se estira.

PARA 6 PORCIONES

Fettuccini con Salmón Ahumado

Fideos Singapur

Lasaña de 5 Quesos

LASAÑA DE 5 QUESOS

1 ración	1	Pasta Verde (ver página 436)
2	2	huevos batidos
8 oz	225 g	queso de crema
8 oz	225 g	queso cheddar rallado
8 oz	225 g	queso Havarti rallado
8 oz	225 g	queso ricotta
1½ taza	170 g	queso parmesano rallado
2 cdas	28 g	mantequilla
2 cdas	14 g	harina
1 taza	250 ml	leche
1 taza	250 ml	Caldo de Pollo (ver página 77)
3 tazas	750 ml	Salsa de Tomate gruesa (ver página 117)

Preparar la pasta siguiendo las instrucciones. Estirar fino la masa. Cortarla en hojas de 4½″ x 11″ (11,25 x 27,5 cm).

Mezclar el huevo con los quesos, reservar ½ taza (125 ml) del queso parmesano; refrigerar.

Calentar la mantequilla en una cacerola. Agregar la harina y cocer por 2 minutos. Agregar la leche y el caldo de pollo. Cocer a fuego lento hasta que se forme una salsa delgada.

En un molde grande enmantequillado poner una capa delgada de Salsa de Tomate. Cubrir con una capa de fideos. Poner una capa de salsa blanca sobre los fideos y cubrir nuevamente con una capa de Salsa de Tomate. Poner sobrr esta capa una capa de queso, cubrir con otra capa de salsa. Repetir hasta terminar. Asegurarse de que la última capa sea de Salsa de Tomate. Espolvorear con el resto del queso parmesano.

Tapar con papel de aluminio y hornear en un horno precalentado a 400°F (200°C), por 25 minutos. Sacar el aluminio y continuar horneando por 8 minutos más. Servir.

PARA 8-10 PORCIONES

PASTA DE ALFORFON

1 taza	225 g	harina de alforfón
½ taza	112 g	harina de sémola
1	1	huevo extra grande, batido
¼ taza	60 ml	leche helada
		agua helada, sólo si se necesita

Mezclar las harinas en un tazón. Agregar los huevos y la leche. Amasar hasta formar una pelota suave (agregar pequeñas cantidades del agua si es necesario), y preparar de la misma manera que la Masa Básica de Pasta (ver página 426).

NOTA: Una vez cocida se sirve usualmente mezclada con otros tipos de pastas cocidas.

PARA 6 PORCIONES

FIDEOS PENNE CON CURRY DE POLLO

3 cdas	42	mantequilla sin sal
1	1	pimiento dulce verde, picado
1	1	cebolla picada
1	1	diente de ajo picado
4 oz	120 g	champiñones, en rodajas finas
3 cdas	21 g	harina
1 cda	15 g	curry en polvo
2 tazas	300 g	tomates pelados, picados, sin semillas
1 taza	250 ml	Caldo de Pollo (ver página 77)
1 taza	250 ml	crema ácida
1 lb	450 g	pollo cocido, picado
12 oz	340 g	fideos penne
½ taza	75 g	almendras tostadas, en rodajas

Calentar la mantequilla en una cacerola. Freír el pimiento, la cebolla, el ajo y los champiñones hasta que se ablanden. Agregar revolviendo la harina y el curry en polvo. Seguir cociendo por 2 minutos a fuego bajo. Agregar los tomates y cocer a fuego lento for 5 minutos. Agregar el caldo de pollo y la crema ácida, cocer a fuego lento hasta que espese.

Agregar revolviendo el pollo cocido. Cocer a fuego lento for 5 minutos más.

Mientras la salsa se está cociendo a fuego lento, cocer el penne en 12 tazas (3 L) de agua hirviendo con sal. Escurrir y poner en un tazón de servir.

Poner la salsa sobre los fideos, espolvorear con almendras. Servir.

PARA 6 PORCIONES

ESPAGUETIS CON PUNTAS DE FILETE EN SALSA MARINARA

1 ración	1	Masa Básica de Pasta (ver página 426)
3 cdas	45 ml	aceite de oliva
1 lb	450 g	filete de res, cortado en cuadrados de ½"
1	1	cebolla en rodajas
4 oz	120 g	champiñones de botón
½ cdta	2,5 g	sal
½ cdta	2,5 g	pimienta triturada
3 tazas	750 ml	Salsa Marinara (ver página 111)

Preparar la pasta siguiendo las instrucciones. Cortarla en espaguetis.

En una sartén grande calentar el aceite. Dorar la carne. Agregar las cebollas y los champiñones y freír hasta que se ablanden; sazonar con sal y pimienta.

Poner la Salsa Marinara sobre la carne y reducir el fuego. Cocer a fuego lento por 8-10 minutos.

Cocer la pasta al dente en una olla grande con agua salada hirviendo; escurrirla y ponerla en platos de servir. Con un cucharón poner sobre los fideos porciones abundantes de salsa y servir.

PARA 6 PORCIONES

PASTA DE CILANTRO

2	2	huevos batidos
1 cdta	5 ml	aceite de girasol
½ taza	125 ml	hojas de cilantro picadas
2 tazas	225 g	harina de sémola
		agua helada, sólo si se necesita

Mezclar juntos los huevos, el aceite y el cilantro. Agregar la harina y amasar lentamente hasta formar una pelota suave (agregar pequeñas cantidades del agua si es necesario), y preparar de la misma manera que la Masa Básica de Pasta (ver página 426).

PARA 6 PORCIONES

PASTA DE COCOA

2 tazas	225 g	harina de sémola
2 cdas	14 g	cocoa en polvo
¼ taza	60 ml	azúcar granulada
1 cdta	5 ml	extracto de vanilla
3	3	huevos batidos
		agua helada, sólo si se necesita

Cernir juntos la harina, la cocoa y el azúcar. Mezclar la vainilla con los huevos. Agregar lentamente la harina a los huevos. Amasar hasta formar una pelota suave (agregar pequeñas cantidades del agua si es necesario), y preparar de la misma manera que la Masa Básica de Pasta (ver página 426).

PARA 6 PORCIONES

Fideos Penne con Curry de Pollo

Chang Yo Mein

PASTA DE HIERBAS

1 cda	5 g	salvia, romero, orégano, tomillo, perifollo, mejorana o albahaca; elegir uno o una combinación hasta completar 1 cda.
3	3	huevos
2¾ tazas	300 g	harina de sémola
1 cda	15 ml	aceite de oliva
		agua helada, sólo si se necesita

Mezclar las especias y los condimentos. Batir los huevos con el aceite. Agregar la harina lentamente, y amasar hasta formar una pelota suave (agregar pequeñas cantidades del agua si es necesario), y preparar de la misma manera que la Masa Básica de Pasta (ver página 426).

PARA 6 PORCIONES

Ñoquis de Tomate

PASTA DE HARINA DE MAIZ

1½ taza	168 g	harina de maíz, molida fino
1½ taza	168 g	harina de sémola
4	4	huevos
1 cda	15 ml	aceite de girasol
		agua helada, sólo si se necesita

Mezclar juntas las 2 harinas. Batir el aceite con los huevos. Poner en un tazón. Agregar la harina lentamente. Amasar hasta formar una pelota suave (agregar pequeñas cantidades del agua si es necesario), y preparar de la misma manera que la Masa Básica de Pasta (ver página 426).

PARA 6 PORCIONES

CHANG YO MEIN

1 ración	1	Pasta de Huevo (ver página 433)
3 cdas	45 ml	aceite de maní
3 cdas	28,5 g	apio picado
¼ taza	32 g	cebolla picada
¼ taza	37 g	pimiento verde picado
1 lb	450 g	camarones pelados, desvenados
2 cdas	30 ml	salsa de soya liviana
2 cdas	30 ml	jerez

En una sartén china (wok) o una sartén grande calentar el aceite. Freír las verduras y los camarones rápidamente. Agregar la salsa de soya y el jerez. Cocer a fuego lento por 1 minuto.

Cocer los fideos siguiendo las instrucciones, mientras se fríen los otros ingredientes .

Pasar los fideos calientes a platos de servir. Poner los ingredientes fritos sobre los fideos. Servir inmediatamente.

PARA 6 PORCIONES

ÑOQUIS DE TOMATE

1 taza	250 ml	Salsa de Tomate (ver página 106)
1 lb	450 g	papas
¼ cdta	1,2 g	nuez moscada molida
1 cdta	10 g	hojas de albahaca picadas
2 tazas	224 g	harina integral

Cocer despacio en una cacerola la Salsa de Tomate, reducir su volumen a ½ taza (125 ml).

Cocer las papas al vapor hasta que se ablanden. Hacer con ellas un puré, agregar la salsa de tomate, la nuez moscada y la albahaca. Lentamente agregar la harina hasta que se forme una masa firme y suave. La masa debe guardar su forma sobre una cuchara, poner sobre una superficie espolvorada con harina y apretarla con un tenedor.

Cocer los ñoquis en una olla con agua hirviendo por 3 minutos después de que hayan flotado a la superficie. Servir con una salsa de tomate liviana, salsa cremosa o con mantequilla derretida, y espolvorear con queso parmesano.

PARA 6 PORCIONES

CALAMARES Y CAMARONES CON LINGÜINI DE PIMIENTA TRITURADA

1 ración	1	Pasta de Pimienta Negra Triturada (receta en esta página)
¼ taza	80 ml	aceite de oliva
1 cda	15 ml	jugo de limón
¼ cda	1,2 g	ajo en polvo
¼ cdta	1,2 g	cebolla en polvo
1 cdta	5 g	hojas de orégano
½ cdta	2,5 g	pimienta negra triturada
½ cdta	2,5 g	sal
½ lb	225 g	tubos de calamares, limpios y en rodajas
½ lb	225 g	camarones pelados y desvenados
1	1	diente de ajo
1 taza	150 g	pimiento dulce rojo
1 cda	30 g	hojas de albahaca
3 cdas	45 g	perejil
3 oz	80 gr	queso romano, recién rallado
2 cdas	14 g	piñones

Preparar la pasta siguiendo las instrucciones. Cortarla en forma de lingüinis.

Mezclar la mitad del aceite con el jugo de limón y los condimentos. Colocar los calamares y los camarones en un tazón grande de mezclar, ponerles encima la marinada de aceite y limón, marinar por 1 hora.

En un procesador de alimentos o licuadora hacer un puré con el ajo, el pimiento y el resto del aceite. Agregar la albahaca, el perejil, el queso y los piñones. Hacerlos puré.

Sacar los mariscos y asarlos sobre carbones a calor mediano, 3 minutos por lado.

Mientras los mariscos se asan, hervir el lingüini al dente en una olla con agua salada. Escurrir el lingüini y ponerle salsa pesto; poner en platos de servir. Poner encima los mariscos y servir.

PARA 6 PORCIONES

PASTA DE PIMIENTA DE LIMON

1 cdta	5 g	pimienta negra fresca, triturada
2 cdas	30 g	cáscara de limón rallada
3	3	huevos batidos
2 tazas	225 g	harina
		agua helada, sólo si se necesita

Mezclar juntos la pimienta, el limón y los huevos. Poner en un tazón. Agregar la harina lentamente, y amasar hasta formar una pelota suave (agregar pequeñas cantidades del agua si es necesario), y preparar de la misma manera que la Masa Básica de Pasta (ver página 426).

PARA 4 PORCIONES

PASTA DE PIMIENTA NEGRA TRITURADA

1 cda	15 g	pimienta negra fresca triturada
3	3	huevos batidos
2 tazas	225 g	harina de sémola
		agua helada, sólo si se necesita

En un tazón, mezclar la pimienta con los huevos. Agregar lentamente la harina, y amasar hasta formar una pelota suave (agregar pequeñas cantidades del agua si es necesario), y preparar de la misma manera que la Masa Básica de Pasta (ver página 426).

PARA 4 PORCIONES

Calamares y Camarones con Lingüini de Pimienta Triturada

Agnolotti con Prosciutto y Salchicha

PASTA DE HUEVO

3	3	huevos
2 tazas	225 g	harina de sémola

Batir bien los huevos. Lentamente agregar la harina. Amasar por 10 minutos. Tapar y dejar reposar por 15 minutos, amasar una segunda vez. Sobre una tabla de amasar espolvorear un poco de harina, estirar la masa hasta que esté muy delgada Espolvorear con harina. Doblar y estirar nuevamente. Repetir varias veces; el resultado será una hoja de masa suave. Estirar la masa y cortarla en tiras muy delgadas.

En una olla hervir 8 tazas (2 L) de agua, cocer los fideos por 2-3 minutos. Servir al gusto.

PARA 6 PORCIONES

AGNOLOTTI CON PROSCIUTTO Y SALCHICHA

1 ración	1	Masa Básica de Pasta (ver página 426)
6 oz	170 g	prosciutto picado fino
6 oz	170 g	salchicha italiana medio picante
4 cdas	56 g	mantequilla sin sal
3	3	huevos
½ taza	56 g	miga de pan
¼ taza	28 g	queso romano, recién rallado
1 cda	15 ml	aceite de oliva
1	1	cebolla pequeña picada
2 tazas	300 g	tomate pelado, sin semillas, picado
1	1	diente de ajo picado
2 cdtas	20 g	hojas de albahaca frescas, picadas
1 cda	15 g	perejil fresco picado
12 tazas	4 L	Caldo de Pollo (ver página 77)

Amasar la pasta hasta formar hojas delgadas. Cortar 36 círculos de 3" (7,5 cm); cubrirlos con un paño húmedo para evitar que se sequen.

Mezclar las carnes con 3 cdas. (42 g) de mantequilla, los huevos, la miga de pan y el queso romano. Mezclar bien. Enfriar por 1 hora. Poner 1 cucharada del relleno en cada círculo de pasta, humedecer los bordes y sellarlos presionando.

Calentar el aceite y el resto de la mantequilla en una cacerola. Cocer la cebolla con el ajo hasta que se ablanden. Agregar los tomates y las hierbas. Bajar el fuego, cocer a fuego lento por 15 minutos.

Calentar el Caldo de Pollo en una olla grande. Poner los agnolottis en el caldo. Después de que floten a la superficie, cocerlos por 3 minutos más. Poner en una fuente de servir. Ponerles la salsa encima y servir.

PARA 6 PORCIONES

PASTA DE BANANA

1 taza	300 g	banana molida
⅓ taza	75 g	azúcar granulada
1 cdta	5 ml	extracto de vainilla
1	1	huevo
2 tazas	225 g	harina de sémola

Mezclar las bananas, el azúcar, la vainilla y los huevos. Agregar la harina y amasar hasta formar una pelota suave (agregar pequeñas cantidades del agua si es necesario), y preparar de la misma manera que la Masa Básica de Pasta (ver página 426).

PARA 6 PORCIONES

Raviolis con Crema de Tomates Frescos

RAVIOLIS CON CREMA DE TOMATES FRESCOS

1 ración	1	Masa de Pasta de Tomate (ver página 440)
1 cda	15 ml	aceite de oliva
¾ lb	345 g	carne de pierna de res, desmenuzada
2 oz	60 g	prosciutto picado
1	1	huevo
½ cdta	3 ml	de cada uno: albahaca y orégano
½ taza	56 g	queso romano recién rallado
2 cdas	28 g	mantequilla
2 cdas	14 g	harina
1 taza	250 ml	leche 50% crema
2 tazas	300 g	puré de tomate fresco

Preparar la pasta de acuerdo a las instrucciones. Estirarla hasta obtener una hoja delgada. Cubrir con un paño húmedo hasta que se necesite.

Calentar el aceite en una sartén y dorar la carne. Colar y dejar enfriar la carne en un tazón grande. Agregar a la carne fría el prosciutto, el huevo los condimentos y el queso.

Poner el relleno en porciones de una cucharada sobre una hoja de masa; humedecer los bordes de la masa alrededor del relleno con un poco de agua. Poner encima una segunda hoja de masa. Cortar en medio del relleno con un cortador de masa de borde ondulado.

En una cacerola calentar la mantequilla, agregar la harina y cocer a fuego bajo por 2 minutos. Agregar la crema y cocer a fuego lento hasta que se forme una salsa espesa. Batiendo agregar el puré de tomate, cocer a fuego lento por 20 minutos.

Cocer los raviolis en una olla grande con agua hirviendo por 2 minutos, o hasta que floten. Escurrirlos y ponerlos en platos de servir; poner la salsa sobre los raviolis y servir.

PARA 6 PORCIONES

ÑOQUIS DE ESPINACAS

10 oz	280 g	espinaca fresca, lavada
2 lbs	900 g	papas
1	1	huevo batido
1½ taza	168 g	harina

Cocer la espinaca al vapor. Dejarla enfriar. Cortarla o picarla fino.

Pelar las papas y cocerlas en una olla grande hasta que se ablanden. Tirar toda el agua y hacer un puré; agregar las espinacas..

Poner en un tazón. Agregar el huevo y 1 taza (112 g) de harina. Amasar agregando más harina si se necesita. Los ñoquis deben estar firmes pero blandos.

Sacar porciones de 1 cdta. (5 ml) de la mezcla con una cuchara. Moldear con cuidado con las manos (asegurarse de que las manos estén enharinadas). Poner sobre una superficie ligeramente enharinada y aplastar con un tenedor.

Cocer los ñoquis en una olla grande con agua hirviendo. Están listos cuando flotan.

Servir con una salsa cremosa, pesto o una salsa de tomate liviana.

PARA 6 PORCIONES

VERMICELLI DE CANGREJO

3 cdas	42 g	mantequilla
2 cdas	14 g	harina
½ taza	125 ml	crema ligera
1 taza	150 g	tomates machacados
½ cdta	2,5 g	pimienta negra fresca triturada
8 oz	225 g	carne de cangrejo
½ taza	56 g	queso parmesano, recién rallado
2 cdtas	20 g	albahaca
1 ración	1	Masa Básica de Pasta (ver página 426), cortarla en vermicellis

Calentar la mantequilla en una cacerola, agregar la harina y cocer por 2 minutos a calor bajo. Incorporar la crema; cocer a fuego lento hasta tener una salsa espesa.

Incorporar los tomates y la pimienta; cocer a fuego lento por 4 minutos. Combinar con la carne de cangrejo, el queso y la albahaca.

Cocer los fideos al dente en una olla con agua hirviendo, escurrirlos y ponerlos en un tazón de servir. Servir inmediatamente.

PARA 6 PORCIONES

Vermicelli de Cangrejo

Pollo Lo Mein

PASTA DE CAFE

⅓ taza	80 ml	agua caliente
3 cdas	18 g	café instantáneo
1	1	huevo
2 tazas	225 g	harina

Disolver el café en el agua, dejarlo enfriar. Batir el huevo, mezclarlo con el café. Agregar la harina y amasar hasta formar una pelota suave (agregar agua si es necesario), y preparar de la misma manera que la Masa Básica de Pasta (ver página 426). Servir con Salsa de Café y Chocolate (ver página 112).

PARA 4 PORCIONES

PASTA VERDE

1¼ lb	625 g	espinaca fresca
3 tazas	395 g	harina de sémola
4	4	huevos batidos
		agua helada

Lavar y enjuagar bien la espinaca, picarla finamente. Mezclar la harina y la espinaca. Lentamente agregar la mezcla a los huevos. Amasar hasta formar una pelota suave (agregar pequeñas cantidades del agua si es necesario), y preparar de la misma manera que la Masa Básica de Pasta (ver página 426).

PARA 6 PORCIONES

POLLO LO MEIN

1 ración	1	Pasta de Huevo (ver página 433)
3 cdas	45 ml	aceite de maní
½ lb	225 g	pollo crudo picado
½ taza	75 g	champiñones en rodajas
1 taza	150 g	repollo picado fino
½ taza	125 ml	Caldo de Pollo (ver página 77)
2 cdas	30 ml	salsa de soya
1 cdta	5 g	maicena
2 cdas	30 g	chile rojo

En una olla grande hervir 8 tazas (2 L) de agua. Agregar los fideos y cocerlos a fuego lento por 3 minutos. Escurrirlos. Pasarlos a un plato de servir.

En una sartén grande calentar el aceite y freír el pollo hasta que esté bien cocido. Agregar los champiñones y el repollo. Agregar el Caldo de Pollo y cocer a fuego lento por 5 minutos.

Mezclar la maicena con la salsa de soya. Agregar al pollo y cocer a fuego lento hasta que espese.

Poner el pollo sobre los fideos, decorar con los pimientos y servir inmediatamente.

PARA 6 PORCIONES

PASTA DE AZAFRAN

¼ oz	7 g	azafrán
¼ taza	60 ml	agua
2	2	huevos
2½ tazas	280 g	harina de sémola
		agua helada, sólo si se necesita

Hervir el azafrán en el agua. Dejarlo enfriar. Batir juntos los huevos y el agua de azafrán. Poner la harina en un tazón. Lentamente agregar el líquido. Amasar hasta hacer una pelota suave (agregar agua helada si se necesita). Preparar de la misma manera que la Masa Básica de Pasta (ver página 426).

PARA 4 PORCIONES

WONG DOBLE DE CARNE

1 ración	1	Pasta de Huevo (ver página 433)
4 cdas	60 ml	aceite de maní
1 lb	450 g	lomo de res picado
4 oz	120 g	champiñones en rodajas finos
1 taza	150 g	cebollas en rodajas
3 cdas	45 ml	salsa de soya
1 cda	15 ml	miel
2 cdas	30 ml	jerez
1 cdta	5 ml	maicena

Cocer los fideos en una olla. Escurrirlos y conservarlos.

En una sartén china (wok) o sartén grande calentar 2 cdas. (30 ml) de aceite muy caliente, freír la carne rápido. Agregar los champiñones y la cebolla; freír por 1 minuto. Agregar el resto del aceite y continuar friendo por 1 minuto más.

Agregar los fideos, freír hasta que se doren. Ponerlos en un plato de servir. Guardarlos calientes.

Mezclar la salsa de soya, la miel, el jerez y la maicena, calentar en una cacerola hasta que espese. Poner sobre los fideos. Servir.

PARA 6 PORCIONES

Wong Doble de Carne

Orecchiette en Salsa de Pimiento Dulce Rojo Asado

ORECCHIETTE EN SALSA DE PIMIENTO DULCE ROJO ASADO

1 ración	1	Pasta de Harina de Maíz (ver página 431)
1½ lb	625 g	pimientos dulces rojos
2 cdas	30 ml	aceite de oliva
1	1	cebolla picada
1	1	diente de ajo picado
½ cdta	3 ml	de cada uno: sal, albahaca y tomillo
1 cdta	5 g	pimienta negra triturada
2 cdas	30 ml	jugo de limón
¼ taza	60 ml	jerez
¼ taza	60 ml	leche 50% crema

Para hacer orecchiette (orejitas) dividir la pasta en dos. Amasar en forma de una cuerda larga, cortar en rodajitas de ⅛" (3 mm). Espolvorear cada una con harina. Poner cada rodajita en la palma de la mano, presionar el centro con un dedo. Repetir hasta completar.

Envolver los pimientos rojos en papel de aluminio. Hornear en un horno precalentado a 400°F (200°C), por 15 minutos. Sacar los pimientos del aluminio y pelarlos. Sacar el centro y las semillas de los pimientos; picarlos fino.

Calentar el aceite en una cacerola y freír la cebolla con el ajo hasta que se ablanden. Agregar los condimentos, el jugo de limón y los pimientos. Cocer tapado a fuego lento por 45 minutos.

Quitar del fuego y hacer un puré en un procesador de alimentos, regresar a la cacerola. Agregar el jerez y la crema.

Mientras la salsa se cuece, cocer la pasta en 12 tazas de agua con sal hirviendo, aproximadamente por 9 minutos; escurrir y pasar a una tazón de servir. Poner salsa encima y servir.

PARA 6 PORCIONES

Fettuccini de Chocolate y Curry con Manzana y Camarones

FETUCCINI DE CHOCOLATE Y CURRY CON MANZANA Y CAMARONES

2 tazas	300 g	manzanas peladas y picadas
1 ración	1	Masa Básica de Pasta, cortada en fettuccinis (ver página 426)
4 cdas	56 g	mantequilla sin sal
3 cdas	21 g	harina
1 cdta	5 g	curry en polvo
½ taza	125 ml	leche 50% crema
1 taza	250 ml	Caldo de Pollo (ver página 77)
4 oz	120 g	chocolate blanco rallado
½ lb	225 g	camarones pequeños cocidos

Remojar las manzanas en un poco de jugo de limón, para evitar que se pongan de color café.

Calentar la mantequilla en una cacerola, agregar la harina y el curry en polvo. Cocer por 2 minutos, no dorarlos. Agregar la crema, el caldo de pollo y las manzanas. Cocer a fuego lento hasta que se espese. Agregar el chocolate. Cocer a fuego lento por 2 minutos más.

Quitar del fuego, agregar los camarones.

Mientras la salsa se cuece; cocer los fideos al dente en una olla con agua hirviendo. Escurrirlos y ponerlos en un tazón de servir, bañarlos con la salsa. Servir inmediatamente.

PARA 6 PORCIONES

PASTA DE TRIGO INTEGRAL

4	4	huevos batidos
1½ taza	168 g	harina integral
1½ taza	168 g	harina de sémola
2 cdas	30 ml	aceite de oliva
		agua helada, sólo si se necesita

Batir los huevos en un tazón. Cernir juntas las harinas. Agregar lentamente la harina a los huevos hasta que se mezclen; hacer una masa suave. Agregar el aceite hasta que se absorba, (agregar agua helada si se necesita). Preparar de la misma manera que la Masa Básica de Pasta (ver página 426).

PARA 6 PORCIONES

MASA DE PASTA DE TOMATE

2	2	huevos
¼ taza	60 ml	pasta de tomate
1 cda	15 ml	aceite de oliva
2 tazas	225 g	harina de sémola
		agua helada, sólo si se necesita

Mezclar en un tazón los huevos, la pasta de tomate y el aceite. Amasar hasta obtener una pelota suave, (agregar agua helada si se necesita); preparar de la misma manera que la Masa Básica de Pasta (ver página 426).

PARA 4 PORCIONES

FIDEOS CON CARNE Y BROCULI

1 ración	1	Pasta de Huevo (ver página 433)
2 tazas	200 g	flores de bróculi
1 cda	15 ml	aceite de maní
1 lb	450 g	carne de costado de res, en rodajas finas
3 cdas	45 ml	salsa de ostras

Cocer los fideos en una olla con agua hirviendo. Escurrirlos y ponerlos en un plato de servir, conservarlos calientes.

Cocer el bróculi por 2 minutos en agua hirviendo.

Calentar el aceite en una sartén china (wok) o una sartén grande. Freír rápidamente la carne en el aceite. Agregar el bróculi. Freír por 1 minuto. Agregar la salsa de ostras. Freír por 1 minuto más.

Poner la carne sobre los fideos y servir inmediatamente.

PARA 6 PORCIONES

FARFALLE DE WESTFALIA

1 lb	450 g	farfalle (pasta en forma de corbata de lazo)
1 lb	450 g	jamón en cuadritos
4 cdas	56 g	mantequilla sin sal
2 cdas	14 g	harina
1 taza	250 ml	Caldo de Pollo (ver página 77)
½ taza	125 ml	crema ligera
½ cdta	2,5 g	pimienta negra
¼ taza	28 g	queso parmesano, recién rallado
¼ taza	28 g	miga de pan fina

En una olla cocer los fideos al dente. Escurrirlos y ponerlos en una bandeja de hornear engrasada de 2 litros. Conservarlos calientes.

Calentar la mitad de la mantequilla en una cacerola pequeña. Agregar la harina y cocer por 2 minutos a fuego bajo. Agregar el caldo de pollo, cocer a fuego lento por 3 minutos. Agregar la crema y la pimienta. Cocer a fuego lento hasta que espese. Poner sobre los fideos. Espolvorear con queso y miga de pan. Poner encima pedacitos de mantequilla. Hornear los fideos en un horno precalentado a 500°F (260°C), por 7-10 minutos o hasta que se doren. Servir inmediatamente.

PARA 6 PORCIONES

Farfalle de Westfalia

MANICOTTI DE CAMARONES LANGOSTA Y FRUTAS

½ ración	0,5	Masa Básica de Pasta (ver página 426), cortar para 12 tubos de manicotti
½ taza	114 g	queso cottage
½ taza	114 g	cheddar blanco rallado
½ taza	114 g	queso ricotta
½ taza	114 g	queso de crema, de salmón ahumado
½ taza	56 g	queso parmesano, recién rallado
½ cdta	3 ml	hojas de albahaca
½ cdta	2,5 g	pimienta negra triturada
½ lb	225 g	langosta cocida picada
½ lb	225 g	camarones cocidos, pelados y desvenados
1 taza	225 g	piña picada
1 taza	225 g	mango picado
3 cdas	42 g	mantequilla sin sal
2 cdas	14 g	harina
1 taza	250 ml	Caldo de Pollo (ver página 77)
1 taza	250 ml	leche 50% crema

Empezar mezclando los quesos, la albahaca y la pimienta. Agregarle a los quesos los mariscos y las frutas.

Cocer los tubos de manicotti en 12 tazas de agua hirviendo con sal. Escurrirlos y enjuagarlos en agua fría.

Rellenar los manicottis poniéndoles en el centro cantidades iguales del relleno de queso. Enrollar la pasta. Poner el costado sellado hacia abajo en una bandeja ligeramente engrasada.

Calentar la mantequilla en una cacerola. Agregar la harina y cocinar por 2 minutos a fuego bajo. Agregar el caldo de pollo y la crema, cocer a fuego lento hasta que espese. Poner la salsa sobre los manicottis. Hornear en un horno precalentado a 400°F (200°C), por 30 minutos. Servir inmediatamente.

PARA 6 PORCIONES

Empanada de Langosta con Salsa de Camarón

EMPANADA DE LANGOSTA CON SALSA DE CAMARÓN

1 ración	1	cualquier pasta
1 cda	15 ml	aceite de girasol
1	1	cebolla picada fino
5 oz	140 g	espinaca picada
¼ cdta	1,2 g	pimienta negra
1½ taza	225 g	langosta cocida, en cuadraditos
1 taza	227 g	queso ricotta
2 cdas	28 g	mantequilla
2 cdas	14 g	harina
1 taza	250 ml	Caldo de Pescado (ver página 76)
1 taza	250 ml	crema ligera
1 taza	150 g	camarones cocidos
½ cdta	2,5 g	sal
½ cdta	2,5 g	paprika
¼ cdta	1,2 g	pimienta blanca

Preparar la pasta siguiendo las instrucciones. Estirar fino la masa. Cortar 36 círculos de 4" (10 cm). Cubrirlos con un paño húmedo hasta que los necesite.

Calentar el aceite en una sartén, agregar la cebolla y freírla hasta que se ablande. Agregar la espinaca y continuar friendo por 2 minutos

Pasarla a un tazón y dejarla enfriar completamente. Poner la pimienta negra, la langosta y el queso ricotta.

Poner 1¼ cda. (20 ml) del relleno en cada círculo de masa. Humedecer los bordes con agua, doblar por la mitad y sellar presionando. Repetir en cada círculo hasta terminar.

Calentar en una olla grande 12 tazas (3 L) de agua con sal hasta que hierva. Cocer las empanaditas hasta que floten, cerca de 3 minutos.

Para hacer la salsa calentar la mantequilla en una cacerola. Agregar la harina y cocer por 2 minutos a fuego bajo. Agregar batiendo el caldo y la crema. Cocer a fuego lento hasta que espese, agregar los camarones y los condimentos.

Poner las empanaditas en platos de servir, cubrirlas con salsa y servir.

PARA 6 PORCIONES

441

Vermicellis Primavera de Pimienta de Limón

VERMICELLIS PRIMAVERA DE PIMIENTA DE LIMÓN

1 ración	1	Pasta de Pimienta de Limón (ver página 432)
3 cdas	42 g	mantequilla sin sal
3 cdas	21 g	harina
2 tazas	500 ml	leche
½ taza	56 g	queso parmesano
2 cdtas	10 g	pimienta negra triturada
2 cdas	30 ml	aceite de girasol
⅓ taza	35 g	florecillas de bróculi
⅓ taza	35 g	florecillas de coliflor
1	1	zanahoria en tiritas
3 oz	80 g	champiñones de botón
3 oz	80 g	habas
½ taza	75 g	calabacines verdes, en tiritas
½ taza	75 g	calabacines amarillos, en tiritas

Preparar la pasta siguiendo las instrucciones. Cortarla como vermicellis.

Calentar la mantequilla en una cacerola, agregar la harina y cocer por 2 minutos a fuego bajo. Agregar la leche y cocer a fuego lento hasta que la salsa se espese. Agregar revolviendo el queso y la pimienta. Cocer a fuego lento por 5 minutos.

Calentar el aceite en una sartén china (wok) o una sartén grande. Agregar las verduras y freírlas hasta que se ablanden. Mezclarlas con la salsa. Conservarlas calientes.

En una olla con agua hirviendo cocer los fideos al dente. Escurrirlos y pasarlos a un plato de servir, ponerles salsa encima y servir.

PARA 6 PORCIONES

CAPPELLETTI DE TERNERA CON POLLO AHUMADO, TOMATES SECADOS AL SOL Y CHAMPIÑONES EN SALSA MORNAY

1 ración	1	Masa Básica de Pasta (ver página 426)
2 cdas	30 ml	aceite de oliva
¾ lb	345 g	ternera molida
2 oz	60 g	prosciutto picado fino
½ taza	56 g	queso parmesano, recién rallado
¼ cdta	1,2 g	romero
¼ cdta	1,2 g	pimienta negra
1	1	huevo
1 cda	14 g	mantequilla sin sal
3 oz	80 g	champiñones en rodajas
½ lb	225 g	carne de pollo ahumada, cocida, picada
6	6	tomates secados al sol, picados grueso
3 tazas	750 ml	Salsa Mornay (ver página 111)

Preparar la masa y estirarla. Cortarla en cuadrados de 3" (7,5 cm) con un cortador de masa ondulado. Cubrirla con un paño húmedo hasta que se necesite.

Calentar el aceite en una sartén. Freír la carne de ternera hasta que esté completamente cocida. Sacar el exceso de aceite, poner la carne en un tazón grande y dejarla enfriar. Mezclar con la carne de ternera el prosciutto, el queso, el romero, la pimienta y el huevo.

Poner una cucharadita del relleno en medio de cada cuadrado. Con un poco de agua untar los bordes. Doblar en triángulo alrededor del relleno, presionar para sellar. Dejar un borde de masa alrededor del relleno. Enrollar la pasta alrededor del dedo índice. Sellar los dos lados con el pulgar. Ondular la pasta sobrepuesta hacia afuera. El resultado debe ser un pequeño sombrero de pasta (cappelletti).

Cocer los cappellettis en una olla grande de agua hirviendo con sal. Están listos cuando floten. Poner en una fuente de servir, cubrirlos con salsa y servir.

PARA HACER LA SALSA:

Calentar la mantequilla en una cacerola. Freír los champiñones en la mantequilla. Agregar el pollo, el tomate y la salsa Mornay, bajar el fuego. Cocer a fuego lento for 10 minutos.

PARA 6 PORCIONES

Cappelletti de Ternera con Pollo Ahumado, Tomates Secados al Sol y Champiñones en Salsa Mornay.

ÑOQUIS DE CALABACÍN DULCE Y RICOTTA

1 lb	450 g	calabacín dulce
½ lb	225 g	queso ricotta
2	2	huevos batidos
¼ cdta	1,2 g	nuez moscada molida
½ cdta	2,5 g	canela molida
2 tazas	225 g	harina
2 cdas	28 g	mantequilla
4 oz	120 g	jamón en tiritas
2 tazas	300 g	rábanos en tiritas

Cortar el calabacín por la mitad. Cubrirlo con papel de aluminio y hornearlo en un horno precalentado a 400°F (200°C), por 35-40 minutos, hasta que la pulpa se ablande. Sacarlo del horno. Enfriarlo y sacarle la pulpa.

Mezclar el calabacín con el queso en un procesador de alimentos hasta hacer un puré fino. Agregar los huevos y las especias. Agregar 1 taza (112 g) de harina y amasar. Lentamente agregar la harina restante, amasar hasta que la mezcla se convierta en una masa blanda pero firme, lo suficiente para que mantenga la forma.

Formar ñoquis poniendo cucharaditas de masa en una superficie ligeramente enharinada; hacer pelotitas y aplanarlas con un tenedor.

En una olla grande con agua salada hirviendo cocer los ñoquis. Cuando los ñoquis floten a la superficie cocerlos por 3 minutos más. Ponerlos en un plato de servir caliente.

Calentar la mantequilla en una sartén. Freír el jamón y los rábanos por 1 minuto, poner sobre los ñoquis, revolver y servir.

PARA 6 PORCIONES

RAVIOLIS DE POLLO CREOLE

1 ración	1	Pasta de Pimienta Negra Triturada (ver página 432)
1 lb	450 g	pollo crudo molido
⅓ lb	125 g	salchicha italiana, picante o sazonada
½ taza	56 g	miga de pan
1 cda	15 ml	aceite de oliva
1 taza	150 g	cebollas picadas fino
½ taza	75 g	pimientos dulces verdes, picados fino
1	1	ajo picado fino
2	2	huevos
¼ cdta	1,2 g	orégano
⅛ cdta	pizca	pimiento de Cayena
2 tazas	500 ml	Salsa Creole caliente (ver página 121)

Preparar la pasta siguiendo las instrucciones. Estirar finola masa. Cubrirla con un paño húmedo hasta que se necesite.

Calentar el aceite en una sartén, freír la cebolla, el pimiento y el ajo hasta que se ablanden y la humedad se evapore. Dejar enfriar.

Mezclar el pollo, la salchicha, la miga de pan, las verduras, los huevos y los condimentos.

En cada trocito de masa poner 1 cda. (15 ml) de relleno, en cantidades iguales. Humedecer ligeramente la pasta alrededor del relleno. Poner un segundo trocito de masa cubriendo el primero. Usar un cortador de masa ondulado para cortar las orillas.

Cocer los raviolis, unos pocos a la vez, en una olla de agua salada hirviendo. Después de que todos floten, cocerlos por 3-4 minutos más. Pasarlos a una fuente de servir. Poner la Salsa Creole sobre los raviolis y servir.

PARA 6 PORCIONES

Ñoquis de Calabacín Dulce y Ricotta

Raviolis de Pollo Creole

445

Conchas Jumbo con Cangrejos Mornay

CONCHAS JUMBO CON CANGREJO MORNAY

12	12	conchas de pasta jumbo
3 cdas	42 g	mantequilla sin sal
1	1	cebolla picada fino
½ taza	75 g	champiñones en rodajas
1 lb	450 g	cangrejos cocidos
½ taza	115 g	queso ricotta
1	1	huevo
½ cdta	2,5 g	pimienta negra triturada
2 cdas	14 g	harina
½ taza	125 ml	leche 50% crema
1 taza	250 ml	Caldo de Pollo (ver página 77)
⅓ taza	38 g	queso parmesano, recién rallado

Cocer las conchas en 16 tazas (4 L) de agua salada hirviendo, por 12-14 minutos. Lavarlas en agua fría.

Derretir 1 cda. (1a g) de mantequilla en una sartén grande. Freír la cebolla y los champiñones hasta que se ablanden y todo la humedad se haya evaporado. Dejar enfriar.

Mezclar los cangrejos, el queso ricotta, la cebolla frita, el huevo y la pimienta. Rellenar cada concha con la mezcla presionando el relleno. Poner las conchas en una bandeja de hornear ligeramente engrasada. Calentar la mantequilla restante en una cacerola, agregar la harina y cocer por 2 minutos a fuego bajo. Agregar el Caldo de Pollo y la crema y cocer a fuego lento hasta que se espese. Agregar el queso parmesano y cocer a fuego lento por 2 minutos más.

Poner la salsa sobre las conchas; hornear en un horno precalentado a 350°F (180°C), por 20 minutos. Servir.

PARA 6 PORCIONES

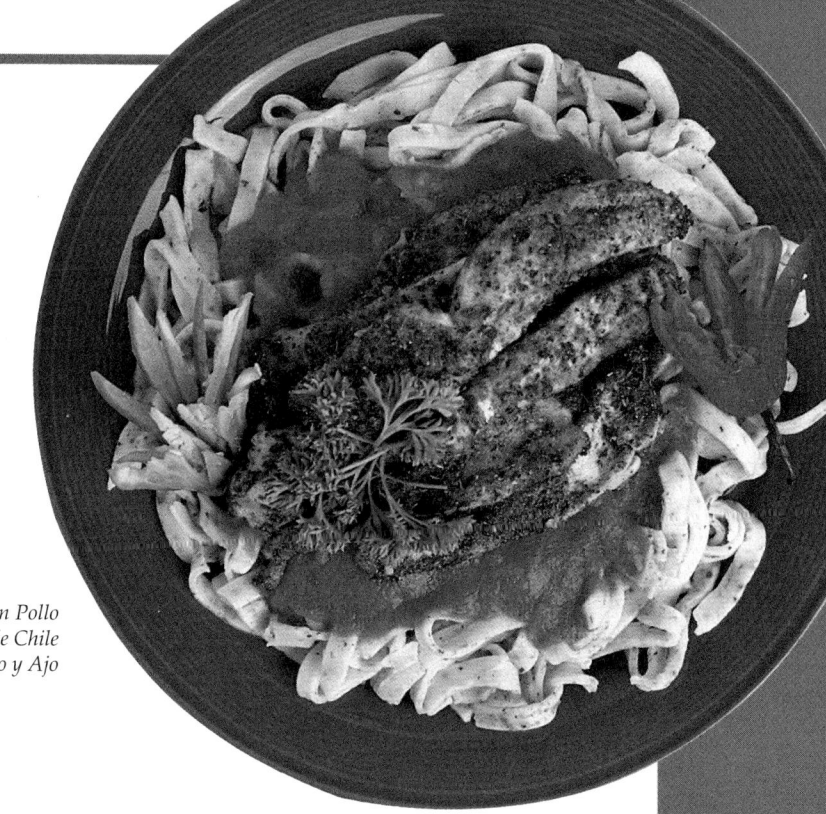

Pasta de Cilantro con Pollo Negro en Salsa de Chile Ancho y Ajo

PASTA DE CILANTRO CON POLLO NEGRO EN SALSA DE CHILE ANCHO Y AJO

1 ración	1	Pasta de Cilantro (ver página 429)
1 lb	450 g	pechugas de pollo sin huesos, en tiras
½ cdta	3 ml	de cada uno: orégano, albahaca, tomillo, cebolla en polvo
1 cdta	5 g	ajo en polvo
¼ cdta	1,2 g	de cada uno: pimiento de Cayena pimienta negra, pimienta blanca
1 cdta	5 g	chile en polvo
1 cdta	5 g	sal
4 cdas	60 ml	aceite de oliva
3	3	chiles ancho picados
3	3	ajos picados
2 tazas	500 ml	puré de tomate

Preparar la pasta en la forma indicada. Cortarla en la forma que se desee.

Mezclar juntos todos los condimentos. Apartar 1 cda. (15 ml) de la mezcla.

Espolvorear el pollo con los condimentos. En una sartén, calentar 3 cdas. (45 ml) de aceite. Freír el pollo, unas cuantas tiras a la vez, 2 minutos por lado. Conservar caliente.

Calentar el aceite restante en una cacerola. Freír el chile y el ajo, agregar el puré de tomate y el resto de los condimentos. Cocer a fuego lento por 20 minutos.

Cocer la pasta al dente en una olla grande con agua hirviendo. Escurrir la pasta y revolverle la salsa. Poner encima las tiras de pollo y servir.

PARA 6 PORCIONES

ÑOQUIS CON CARNE PICADA EN SALSA DE PIMIENTA VERDE

1 ración	1	ñoquis (elegir cualquiera de nuestras selecciones)
3 cdas	45 ml	aceite de oliva
1	1	cebolla picada fino
4 oz	120 g	champiñones en rodajas
1½ lb	675 g	lomo molido
2 cdas	28 g	mantequilla
3 cdas	21 g	harina
2 tazas	500 ml	Caldo de Carne (ver página 85)
¼ taza	60 ml	jerez
2 cdtas	10 g	granos de pimienta verde

Preparar y cocer los ñoquis de la forma indicada.

Calentar el aceite en una sartén. Agregar las cebollas y los champiñones y freír hasta que se ablanden. Agregar la carne y cocerla hasta que se dore.

Agregar revolviendo la mantequilla y cocer por 1 minuto. Agregar la harina y mezclar bien, continuar cociendo por 2 minutos. Agregar revolviendo el caldo de carne, el jerez y los granos de pimienta verde. Cocer a fuego lento hasta que la salsa se espese.

Poner sobre los ñoquis y servir inmediatamente.

PARA 6 PORCIONES

Ñoquis con Carne Picada en Salsa de Pimienta Verde

FIDEOS SHANGHAI

1 lb	450 g	fideos anchos
3 cdas	45 m	aceite de maní
2 cdtas	10 g	jengibre picado
1	1	ajo picado
1 lb	450 g	cerdo desmenuzado
½ lb	225 g	camarones
4 oz	120 g	champiñones en rodajas
3 cdas	45 ml	salsa hoisin
½ cdta	2,5 g	pimiento de Cayena
2 cdas	30 ml	salsa de soya
1 cda	15 ml	jerez
2 cdtas	14 g	maicena

Cocer los fideos en una olla con agua hirviendo; escurrirlos y conservarlos.

Calentar el aceite en una sartén china (wok). Freír rápidamente el jengibre y el ajo; agregar el cerdo, los camarones y los champiñones, cocer bien. Agregar los fideos y freírlos 1 minuto por lado.

Mezclar la salsa hoisin, el pimiento de Cayena, la soya, el jerez y la maicena. Poner sobre los fideos. Freír por 1-2 minutos más, servir inmediatamente.

PARA 6 PORCIONES

LINGÜINIS CON ACEITE DE OLIVA, AJO Y HIERBAS FRESCAS

1 ración	1	Pasta Verde (ver página 436)
3	3	ajos picados fino
4 cdas	60 ml	aceite de oliva
1 cda	10 g	hojas de tomillo fresco, picadas
2 cdas	60 g	hojas de cilantro, picadas
1 cda	30 g	hojas de albahaca fresca, picadas

Preparar la pasta de la forma indicada. Cortarla en forma de lingüinis. Cocerla en una olla grande con agua hirviendo con sal. Escurrirla.

En un procesador de alimentos o una licuadora, hacer un puré con el ajo, el tomillo y el cilantro. Agregar el aceite, y mezclar por otros 10 segundos. Mezclar los fideos calientes con el pesto. Servir.

PARA 6 PORCIONES

Lingüinis con Aceite de Oliva, Ajo y Hierbas Frescas

PIZZA

Tome un pedazo de pan de molde, póngale encima un poco de salsa y algunos otros ingredientes y vea como todo el mundo se entusiasma. Esa es la historia y la reputación de la pizza.

En Francia la llaman pissaladière, en el Oriente Medio es pita, en México es una tortilla cubierta con cosas deliciosas. En realidad, una pizza no es nada más que un sandwich horneado de una sola capa. Pero, ¡qué sandwich!

La pizza es el invento culinario de Nápoles, Italia (la cuna de esa otra popular comida, el espagueti), y fue llamada al principio Pizza Napoletana Verace (la Verdadera Pizza Napolitana). Originalmente consistía de una base de pan de molde cubierto con tomate, ajo, aceite de oliva y orégano. El plato se horneaba en un horno caliente y se vendía en la calle. Un tiempo después le pusieron queso y con esto vino una verdadera revolución. Pronto, cualesquiera que fueran los ingredientes que estaban al alcance, uno los ponía en la pizza y ya se estaba en camino hacia el éxito culinario.

La pizza ha alimentado a los pobres (como es la gente que vive en las calles de Italia), y también deleitado a los ricos (como en el caso de Spago, el restaurante de las estrellas del Chef Wolfang Puck). Una cosa es cierta, con pizza incluso una comida informal será siempre disfrutada, excitante y barata. La pizza se ha convertido en la comida que unifica para siempre a los amigos. Como la comida más popular del mundo, en cada país se disfruta de camaradería e íntima compañía alrededor de la comida que ha tenido más influencia en todas partes.

Las pizzas pueden venir disfrazadas como calzone o panzarotti (una clase de pastel volteado) o un pastel de corteza doble con todo el relleno adentro. No importa que nombre se le dé, sus invitados van a decir que está *Simplemente Deliciosa*.

En las páginas de este capítulo usted encontrará una selección de pizzas que tal vez no se encuentren en ningún restaurante en el mundo. Cada una es una creación original deliciosa; esto es exactamente lo que sus invitados van a experimentar cuando la prueben por primera vez, delicia total, acompañada por la solicitud de ¡más pizza, por favor!.

Pruebe los deleites del Calzone de las Cuatro Estaciones. O despierte la curiosidad de sus invitados con nuestra Pizza de Luisiana. Usted puede incluso ofrecer pizzas de postre. O puede crear su propia pizza. Todas las recetas básicas para las pizzas creativas se encuentran en estas páginas. El resultado de su fiesta será invitados satisfechos y contentos, que le pedirán las recetas. Después de todo, en realidad son *Simplemente Deliciosas*.

Pizza de Cuatro Quesos (Quattro Fromaggi)

MASA BASICA DE PIZZA

1 cdta	5 g	azúcar granulada
1 taza	250 ml	agua tibia
1 cda	15 ml	levadura seca activa (un sobre)
2 cdas	30 ml	mantequilla derretida, enfriada
3½ tazas	392 g	harina
⅛ cdta	pizca	sal
2	2	huevos batidos

En un tazón grande, disolver el azúcar en el agua tibia. Espolvorear con la levadura y dejar reposar por 10 minutos o hasta que forme espumas. Incorporar la mantequilla.

En la mezcla con la levadura, incorporar la mitad de la harina, una pizca de sal y los huevos. Incorporar gradualmente una parte del resto de la harina, la suficiente para hacer una bola ligeramente pegajosa. Amasar en una superficie ligeramente harinada hasta que la masa esté lisa y elástica, aproximadamente a los 5 minutos.

Poner la masa en un tazón engrasado y dejar reposar por 15 minutos. Amasarla a golpes y partirla por la mitad. Estirar cada mitad y formar un círculo de 11" (28 cm); dejar que suba otra vez, por 15 minutos. Poner en un molde de pizza de 14" (35 cm), engrasado.

Empezando por el centro y con las puntas de los dedos, extender la masa hasta cubrir la mitad del molde. Dejar reposar por 10 minutos. Extender una vez más hasta cubrir completamente el molde.

La masa ya está lista para la salsa y los rellenos.

NOTA: Para convertir la masa básica en masa dulce, agregar los ingredientes siguientes después de la primera harina. Proceder como se indicó.

¼ taza	60 g	azúcar granulada
1 cda	15 ml	vainilla
1 cda	15 ml	cáscara de limón
1 cdta	5 g	canela

PRODUCE dos de 14" (35 cm)

PIZZA DE ARANDANOS

12 oz	340 g	queso de crema
4	4	huevos
¼ taza	60 ml	crema espesa
2 tazas	450 g	azúcar granulada
2 cdtas	10 ml	corteza de limón
8 tazas	800 g	arándanos, frescos
½ ración	0,5	Masa Dulce (ver la Masa Básica de Pizza, receta anterior)
2 cdas	30 ml	jugo de limón
½ taza	125 ml	jugo de manzana
6 cdas	42 g	maicena

Precalentar el horno a 350°F (180°C).

Ablandar el queso de crema, luego batirlo hasta que quede muy liviano. Batir uno por uno los huevos en el queso. Agregar la crema, 1/2 taza (112 g) de azúcar y la corteza de limón; mezclar con 4 tazas (400 g) de los arándanos y 2 cdas. (14 g) de maicena.

*Poner la masa en el molde de acuerdo a las instrucciones.

Poner la mezcla en la masa. Hornear por 45 minutos. Refrigerar por 4-6 horas antes de servir.

En una cacerola, agregar el resto de los arándanos, el azúcar y el jugo de limón. Mezclar la maicena con el jugo de manzana; agregar la salsa de arándanos. Cocer a fuego bajo hasta que la mezcla se espese. Dejar enfriar, poner sobre los pedazos de pizza al momento de servir.

* Para bordes acanalados usar moldes de flan.

PRODUCE dos de 8" (20 cm) o una de 14" (35 cm)

Pizza de Arándanos

Pizza Francesa (Pissaladière)

PIZZA FRANCESA (PISSALADIÈRE)

MASA:

2 cdas	30 ml	levadura seca activa
¼ taza	60 ml	agua tibia
2¼ tazas	252 g	harina sin blanquear
1 cdta	5 g	sal
⅓ taza	80 ml	aceite de oliva
2	2	huevos

En un tazón grande, disolver la levadura en agua tibia; dejarla reposar por 10 minutos. Agregar 1 taza (112 g) de harina, la sal y el aceite. Batir hasta obtener una mezcla homogénea y fina. Añadir ½ taza (56 g) de harina y los huevos, mezclar muy bien.

Poner en una superficie enharinada. Amasar y gradualmente agregar el resto de la harina; formar una bola lisa.

Poner en un tazón engrasado, tapar y dejar que suba por 1½ horas. Amasarla a golpes y dividirla en 2 partes. Extenderla formando círculos y colocarla en los moldes. La masa ya está lista para cubrirla con los rellenos.

RELLENO:

6	6	cebollas españolas grandes
½ taza	125 ml	aceite de oliva
½ cdta	3 ml	de cada uno: albahaca, orégano, hinojo
20	20	filetes de anchoas
1 taza	140 g	rodajas de aceitunas negras
½ lb	225 g	queso Gruyere rallado
½ taza	56 g	queso Parmesano rallado
½ taza	56 g	queso Romano rallado

Mientras la masa sube por 1½ hora, picar las cebollas y calentar el aceite en una sartén grande; sofreír ligeramente las cebollas, taparlas hasta que se ablanden. Subir el fuego, destapar y continuar cocinando las cebollas hasta que se doren (se caramelicen). Escurrirlas bien.

Espolvorear a la masa con las especias, luego poner las cebollas sobre la masa. Agregar las anchoas y las aceitunas, poner el queso arriba.

Poner en un horno precalentado a 400°F (200°C), por 15 minutos, o hasta que se dore bien. Servir inmediatamente.

PRODUCE cuatro de 8''' (20 cm) o dos de 10" (25 cm)

CORTEZA DE HIERBAS

2 cdas	30 ml	levadura seca activa (2 sobres)
1½ taza	375 ml	agua tibia
4 tazas	448 g	harina (aproximadamente)
1 cdta	5 g	sal
½ cdta	3 ml	de cada uno: albahaca, tomillo, orégano, ajo en polvo, cebolla en polvo, perifollo, pimienta negra triturada
¼ taza	60 ml	aceite de oliva

En un tazón grande, disolver la levadura en agua tibia, dejarla reposar por 10 minutos o hasta que espumee.

Incorporar 2 tazas (224 g) de harina junto con la sal y los condimentos. Batir hasta tener una mezcla fina y homogénea. Incorporar el aceite. Agregar 1 taza (112 g) de harina, revolver y formar una bola. Poner la harina suficiente para tener una masa fina. La masa no debe quedar pegajosa.

Amasar por 5 minutos, y dejar reposar por 15 minutos. Dividir la masa en dos. Extenderla y formar círculos de 11" (28 cm). Dejarla reposar por 15 minutos más. Poner la masa en moldes de pizza de 14" (35 cm), extenderla con la punta de los dedos a partir del centro hacia los bordes, hasta cubrir totalmente el molde.

La masa ya está lista para la salsa y los rellenos.

PRODUCE cuatro de 8" (20 cm) o dos de 14" (35 cm)

CALZONE DE LAS CUATRO ESTACIONES

1 ración	1	Corteza Gourmet (ver página 455)
1 taza	250 ml	Salsa de Pizza (ver receta en esta página)
3 oz	80 g	champiñones sofritos, en rodajas
6 oz	150 g	jamón en tiras finas
12 oz	340 g	corazones de alcachofa en tiras finas, escurridos
½ taza	70 g	aceitunas negras en rodajas
1 taza	227 g	queso ricotta
1 taza	112 g	mozzarella rallado
⅓ taza	38 g	provolone rallado
1	1	huevo, batido

Extender la pasta y hacer cuatro círculos. Poner dos de los círculos en dos moldes de pizza de 8″ (20 cm). Precalentar el horno a 450°F (230°C).

Poner salsa en cada uno de los círculos que esté en molde. Cubrir la salsa con los champiñones, el jamón, las alcachofas y las aceitunas. Mezclar todos los quesos y ponerlos a las pizzas.

Poner los círculos restantes sobre las pizzas y apretar los bordes para sellar bien. Con una brochita untar con huevo. Pinchar con un tenedor para permitir que el vapor escape .

Hornear por 15-20 minutos o hasta que estén bien doradas.

PARA 4 PORCIONES

IDEA: Sofreír los champiñones en el líquido de las alcachofas.

Calzone de las Cuatro Estaciones

SALSA DE PIZZA

3 cdas	45 ml	aceite vegetal o de oliva
2	2	dientes de ajo picados
1	1	cebolla picada fino
1	1	tallo de apio, picado fino
½	0,5	pimiento dulce verde, picado fino
3 lbs	1,3 kg	tomates pelados, sin semillas, picados
1 cdta	5 ml	hojas de orégano
1 cdta	5 ml	hojas de tomillo
1 cdta	5 ml	hojas de albahaca
1 cdta	5 g	sal
½ cdta	2,5 g	pimienta triturada
1 cda	15 ml	salsa inglesa
⅔ taza	160 ml	pasta de tomate

En una olla grande, calentar el aceite y sofreír las verduras hasta que se ablanden. Agregar los tomates, los condimentos, la salsa inglesa y la pasta de tomate. Bajar el fuego y cocer a fuego lento por 2 horas, o hasta que la salsa esté muy espesa, revolver ocasionalmente. Dejar enfriar.

Usarla como se desee.

PRODUCE 2 tazas (500 ml)

PIZZA DE CUATRO QUESOS (QUATTRO FROMAGGI)

½ ración	0,5	Masa Básica de Pizza (ver página 452) o Corteza de Trigo Integral (ver página 456) o Corteza de Ajo y Parmesano (ver página 460) o Corteza de Hierbas (ver página 453)
2 tazas	500 ml	Salsa de Pizza (ver receta en esta página)
1½ taza	170 g	mozzarella rallado
1½ taza	170 g	queso ladrillo rallado
1 taza	112 g	queso parmesano rallado
1 taza	112 g	queso provolone rallado

Precalentar el horno a 450°F (230°C). Poner la masa en los moldes de acuerdo a las instrucciones. Con una cuchara poner la salsa sobre la masa hasta llegar a ½″ (1,5 cm) del borde del molde. Espolvorear uniformemente con los quesos.

Hornear por 15 minutos o hasta que la corteza se dore. Sacarla del molde, partirla y servir.

PRODUCE dos de 8″ (20 cm)
o una de 14″ (35 cm)

PIZZA DE OSTRAS Y CAMARONES CON PERNOD

4 cdas	56 g	mantequilla
2 tazas	450 g	ostras sin concha– conservar el líquido
2 tazas	450 g	camarones grandes, pelados y desvenados
¼ taza	60 ml	Pernod
3 cdas	21 g	harina
½ taza	125 ml	Caldo de Pollo (ver página 77)
1 taza	250 ml	crema espesa
½ cdta	2,5 g	sal
¼ cdta	1,2 g	pimienta blanca
¼ taza	60 ml	jerez
1½ taza	168 g	provolone rallado
½ ración	0,5	Masa Básica de Pizza (ver página 452) o Pasta Gourmet (receta siguiente)

Calentar la mantequilla en una cacerola, sofreír rapidamente las ostras y los camarones, cocinarlos bien; flamear cuidadosamente con el Pernod. Sacar las ostras y los camarones y conservarlos.

Incorporar la harina y cocinar con fuego bajo, por 2 minutos. Agregar el caldo, la crema, la sal, la pimienta y el jerez. Bajar el fuego y cocinar a fuego lento hasta que espese. Incorporar los mariscos.

Poner la masa en los moldes de acuerdo a las instrucciones. Con una cuchara, poner la mezcla sobre la masa, espolvorear con el queso.

Poner en un horno precalentado a 450°F (230°C), por 15 minutos, o hasta que la pasta esté bien dorada. Sacar del molde. Partir y servir.

PRODUCE dos de 8" (20 cm)

CORTEZA GOURMET

2 cdas	30 g	azúcar granulada
¼ taza	60 ml	agua tibia
2 cdas	30 ml	levadura seca activa
2 tazas	500 ml	leche
1 cdta	5 g	sal
3 cdas	42 g	mantequilla
6½ tazas	730 g	harina
1	1	huevo, batido
¼ taza	60 ml	crema espesa

Mezclar 2 cdtas. (5 g) de azúcar en el agua tibia. Disolver la levadura en el agua y dejarla ablandar por 10 minutos.

En una cacerola, combinar la leche, el resto del azúcar, la sal y la mantequilla. Sofreír, dejar enfriar y luego pasar a un tazón.

Incorporar la mezcla de la levadura y 3 tazas (336 g) de la harina. Batir por 2 minutos. Tapar. Dejar que suba por 1 hora, luego batir en la masa el resto de la harina, el huevo y la crema.

Amasar en una mezcladora por 8 minutos, tapar y dejar que suba.

Dividir la masa en dos o cuatro partes iguales, poner en moldes bien engrasados (si es necesario de acuerdo a la receta que se sigue), dejarla reposar por 15 minutos.

Con la punta de los dedos o con un rodillo, extender uniformemente la masa en los moldes, a partir del centro hasta cubrir todo el molde.

Usar de acuerdo a las instrucciones de su receta.

PRODUCE cuatro de 8" (20 cm) o dos de 14" (35 cm)

CAMARONES PANZAROTTI

½ ración	0,5	Pasta Gourmet (receta anterior)
2 tazas	500 ml	Salsa de Pizza (ver página 454)
½ taza	75 g	cebolla, picadas fino
½ taza	75 g	pimientos dulces verdes, picados fino
½ taza	75 g	champiñones en rodajas
2 tazas	300 g	camarones pelados, desvenados, cocidos*
2 tazas	224 g	queso mozzarella rallado
1	1	huevo, batido

Extender la masa acuerdo a las instrucciones, pero sin ponerla en moldes. Formar cuatro círculos y poner salsa en la mitad de cada uno de los círculos.

Poner sobre la salsa las cebollas, los pimientos, los champiñones, los camarones y el queso. Doblar por la mitad, apretar los bordes para sellarlos. Colocar en una lata de hornear engrasada; con una brochita untar con el huevo.

Poner en un horno precalentado a 450°F (230°C), por 15 minutos o hasta que se doren bien. Servir.

* Sustituir con cualquier otra carne que se desee u omitir o poner más o diferentes verduras.

PARA 4 PORCIONES

Camarones Panzarotti

CORTEZA DE TRIGO INTEGRAL

1 cda	15 ml	levadura seca activa
¾ taza	180 ml	agua tibia
1 taza	112 g	harina de pastel de trigo integral
1½ taza	168 g	harina sin blanquear
1	1	huevo
½ cdta	2,5 g	sal
3 cdas	45 ml	aceite de oliva

En un tazón grande, disolver la levadura en el agua; dejarla reposar por 10 minutos o hasta que forme espuma. Agregar y batir la harina de trigo, ¼ taza (56 g) de la harina sin blanquear, el huevo, la sal y el aceite. Hacer una pasta fina.

Amasar gradualmente el resto de la harina; continuar amasando hasta formar una bola lisa.

Dejar reposar la masa por 15 minutos, dividirla en dos. Extenderla y formar círculos en una superficie ligeramente enharinada.

Ponerla en moldes de pizza, dejarla reposar por 15 minutos más. Con la punta de los dedos extender la masa desde el centro hacia los bordes, hasta que el molde esté totalmente cubierto por la masa.

La masa ya está lista para la salsa y los rellenos.

PRODUCE cuatro de 8″ (20 cm) o dos de 14″ (35 cm)

PIZZA DE POLLO DE CALIFORNIA

⅓ taza	80 ml	aceite de oliva
¾ lb	345 g	carne de pollo sin hueso, picada
1 cdta	5 ml	orégano
½ cdta	3 ml	de cada uno: albahaca, tomillo, pimienta, sal
1 ración	1	Pasta de Trigo Integral (receta anterior)
5 oz	150 g	tomates secados al sol, rehidratados, en tiras finas
2 tazas	300 g	camarones pelados, desvenados, cocidos
1	1	aguacate pelado picado
1	1	chile jalapeño, sin semillas, picado fino
1 taza	250 ml	conserva de grosella roja
3 tazas	336 g	queso Monterey Jack rallado

En una sartén, calentar la mitad del aceite. Dorar y freír bien el pollo, sazonarlo con las especias y la sal. Escurrir el exceso de aceite.

Precalentar el horno a 450°F (230°C).

Poner la masa en los moldes de acuerdo a las instrucciones. Con una brochita, untar con el resto del aceite. Con una cuchara, poner el pollo sobre la masa. Repartir en el pollo los tomates, los camarones, el aguacate y el chile jalapeño. Poner encima la conserva de grosella roja y espolvorear con el queso.

Hornear por 15-20 minutos o hasta que la corteza esté bien dorada. Sacar del molde, cortar y servir.

PRODUCE dos de 8″ (20 cm) o una de 14″ (35 cm)

Delicia de Doble Corteza

DELICIA DE DOBLE CORTEZA

3 cdas	45 ml	aceite de oliva
1 lb	450 g	carne magra molida
¼ lb	115 g	tocineta picada
½ lb	225 g	carne de salchicha
1	1	cebolla picada fino
1	1	pimiento dulce verde picado fino
2	2	tallos de apio, picados fino
3 oz	80 g	champiñones en rodajas
1	1	diente de ajo picado
½ cdta	2,5 g	sal
¼ cdta	1 ml	de cada uno: albahaca, orégano, tomillo, pimienta negra
1 taza	250 ml	Salsa de Pizza (ver página 454)
2 tazas	500 ml	queso mozzarella rallado
½ taza	56 g	queso parmesano, recién rallado
½ ración	0,5	Corteza Gourmet (ver página 455)
1	1	huevo

En una cacerola grande, o una olla de hierro calentar el aceite y freír la carne, la tocineta y la carne de salchicha. Escurrir el exceso de grasa. Agregar las verduras y sofreírlas hasta que se ablanden. Añadir los condimentos y la salsa de pizza. Bajar el fuego y cocer a fuego lento por 30 minutos. Dejar enfriar a temperatura ambiente.

Extender la masa y cortarla en dos. Poner la mitad en un molde de resorte de 9″ (23 cm); llenar el molde con la mezcla de las carnes y verduras, espolvorear con el queso. Cubrir con el resto de la masa. Sellar los bordes. Cortar el exceso de masa y usarlo para decorar. Batir el huevo y untarlo a la masa con una brochita. Poner en un horno precalentado a 450°F (230°C), por 25-30 minutos o hasta que se dore bien. Sacar del molde, cortar y servir.

PARA 8 PORCIONES

Pizza de Pollo de California

Pizza Tejana

PIZZA TEJANA

SALSA:

½ ración	0,5	Corteza de Hierbas (ver página 453)
2 lbs	900 g	tomatillos de cáscara
⅓ taza	80 ml	agua
5	5	dientes de ajo picados
½ cdta	2,5 g	semillas de comino
½ cdta	2,5 g	sal
1 cdta	5 g	pimienta negra triturada
½ cdta	3 ml	salsa picante de Luisiana (salsa de chile)
1 cdta	5 ml	salsa inglesa
1	1	cebolla, picada fino
1 manojo	1	cilantro picado

Pelar, lavar y sacarles el corazón a los tomatillos. Cortarlos en cuartos. Ponerlos en una cacerola con el agua, el ajo, los condimentos, la salsa picante y la salsa inglesa. Cocer a fuego medio por 30 minutos. Agregar la cebolla y el cilantro y continuar cociendo por 60 minutos más, o hasta que la salsa esté muy espesa.

RELLENO:

2	2	pimientos dulces rojos
2	2	pimientos de Anaheim picados
½ lb	225 g	carne ahumada picada
1 taza	200 g	champiñones shiitake sofritos, picados
3 tazas	336 g	queso Monterey Jack rallado

Colocar los pimientos en una lata de hornear y ponerlos en un horno precalentado a 400°F (200°C), hasta que se les ase la piel. Poner en una bolsa de papel y cerrarla bien, dejarlos por 20 minutos. La piel se debe quitar con facilidad, luego cortarlos en tiras finas.

Poner la masa en moldes de acuerdo a las instrucciones.

Poner salsa en la masa cubriendo hasta llegar a ½" (1,5 cm) de los bordes del molde. Cubrir la salsa con la carne picada, los pimientos dulces, los pimientos picantes, los champiñones y el queso.

Poner en un horno precalentado a 450°F (230°C), por 15 minutos hasta que la corteza se dore y el queso forme burbujas.

Sacar del molde, cortar y servir.

PRODUCE dos de 8" (20 cm) o una de 14" (35 cm)

PASTEL PONE

3 cdas	45 ml	aceite de oliva
1¾ lb	795 g	cerdo magro molido
1	1	cebolla española, picada fino
2 cdtas	10 g	chile en polvo
1½ cdta	7,5 g	sal
2 tazas	300 g	tomates pelados, sin semillas, picados
2 tazas	360 g	frijoles pintos, en remojo por 8 horas
1 taza	250 ml	Salsa de Pizza (ver página 454)
½ taza	65 g	pasas sin semilla
1½ taza	168 g	cheddar rallado
1½ taza	168 g	Monterey Jack rallado
½ ración	0,5	Corteza de Ajo y Parmesano (ver página 460)

Calentar el aceite en una sartén grande, dorar el cerdo y la cebolla. Freírlos bien y luego escurrir el exceso de grasa. Agregar los demás ingredientes, menos el queso. Bajar el fuego y cocer a fuego lento hasta que la mezcla esté muy espesa.

Precalentar el horno a 450°F (230°C).

Poner la masa en los moldes de acuerdo a las instrucciones. Cubrir con la mezcla. Espolvorear con los quesos. Hornear por 15 minutos o hasta que la corteza se dore.

Sacar del molde, cortar y servir.

PRODUCE dos pasteles de 14" (35 cm)

Pastel Pone

PIZZA DE ALMENDRAS, PASAS Y NUECES

4 tazas	400 g	almendras molidas fino
4 tazas	448 g	azúcar glacé
2	2	claras de huevo
½ taza	125 ml	licor Amaretto
½ ración	0,5	Masa Dulce (ver la Masa Básica de Pizza en la página 452)
1 taza	250 ml	conserva de frambuesa
1 taza	140 g	pasas sin semilla
1 taza	150 g	almendras doradas, en mitades

Mezclar las almendras molidas, el azúcar, las claras de huevo y el Amaretto. Precalentar el horno a 350°F (180°C). Poner la masa en los moldes de acuerdo a las instrucciones. Cubrirla con la conserva de frambuesa. Con una cuchara poner el relleno sobre la masa. Poner encima las pasas y las mitades de almendras.

Cubrir con papel de aluminio los bordes del molde; poner en el centro del horno por 35-40 minutos o hasta que estén bien doradas. Refrigerar antes de servir.

PRODUCE dos pizzas de 8″ (20 cm) o una de 14″ (35 cm)

CORTEZA DE AJO Y PARMESANO

2 cdas	30 ml	levadura seca activa
1 taza	250 ml	agua tibia
3½ tazas	400 g	harina sin blanquear (aproximadamente)
4	4	dientes de ajo picados
½ taza	56 g	queso parmesano, recién rallado
2	2	huevos rallados
¼ taza	60 ml	aceite de oliva

En un tazón grande, disolver la levadura en el agua tibia. Dejar reposar por 10 minutos o hasta que forme espumas. Incorporar 2 tazas (224 g) de harina, el ajo, el queso parmesano, los huevos y el aceite. Hacer una mezcla fina y homogénea.

Batir y amasar gradualmente el resto de la harina o la suficiente para hacer una bola lisa. Ponerla en un tazón engrasado, tapar y dejar reposar por 15 minutos. Destapar, dividir la masa en dos y formar círculos en una superficie ligeramente harinada. Ponerla en los moldes. Dejar reposar por 15 minutos. Con la punta de los dedos extender la masa del centro hacia afuera, hasta cubrir todo el molde.

La masa ya está lista para la salsa y los rellenos.

PRODUCE cuatro cortezas de 8″ (20 cm) o dos de 14″ (35 cm)

Pizza de Almendras, Pasas y Nueces

PIZZA DE LUISIANA

3 cdas	45 ml	aceite de oliva
½ lb	225 g	pollo sin huesos, picado
¼ lb	115 g	salchicha andouille ahumada, picada
2	2	dientes de ajo picados
1	1	cebolla mediana, picada fino
2	2	pimientos dulces verdes, picados fino
1 taza	150 g	champiñones, picados fino
4	4	tomates grandes pelados, sin semilla, picados
½ cdta	3 ml	sal
¼ cdta	1,2 g	pimienta negra triturada
¼ cdta	1 ml	salsa picante de Luisiana
½ cdta	3 ml	de cada uno: albahaca, tomillo, orégano, paprika, chile en polvo, ajo en polvo, cebolla en polvo
¼ taza	32 g	cebollas verdes picadas
2 cdas	30 ml	perejil picado
2½ tazas	280 g	mozzarella rallado
2 tazas	300 g	colas de langostino o camarones cocidos
½ taza	56 g	queso parmesano, recién rallado
½ ración	0,5	Corteza de Ajo y Parmesano (receta anterior)

Calentar el aceite en una cacerola grande, o una olla de hierro. Dorar el pollo y cocerlo bien. Agregar la salchicha, el ajo y las verduras, freírlos hasta que se ablanden. Añadir los tomates, los condimentos y la salsa picante. Bajar el fuego y cocer a fuego lento hasta que la salsa esté muy espesa. Incorporar las cebollas verdes y el perejil. Poner la masa en los moldes de acuerdo a las instrucciones. Verter la mezcla sobre la masa hasta llegar a ½″ (1,5 cm) de los bordes. Poner encima las colas de langostino, cubrir con el queso. Poner en un horno precalentado a 450°F (230°C), por 15 minutos o hasta que la corteza esté bien dorada. Sacar del horno, cortar y servir.

PRODUCE dos de 8″ (20 cm) o una de 14″ (35 cm)

Pizza de Luisiana

CREPAS

¿Qué es pequeño, delgado y, oh, tan, pero tan delicioso? Las crepas, el panqueque delgado francés que ya no tiene la etiqueta de ser solamente un postre. La crepa bajo cualquier otro nombre sigue siendo una crepa y ciertamente se le conoce por otros. Su nombre judío es blintz, el nombre húngaro es palacinken. Usted la reconocerá en ruso como blini o cualquiera de sus numerosos nombres en diferentes países. Son deliciosas en cualquier parte del mundo.

Las crepas son perfectas para cualquier comida. Se ajustan a cualquier presupuesto y por lo tanto no son un elemento del menú que pueda ser ignorado. Se puede planear una comida de cinco platos alrededor de las crepas. Por ejemplo:

Aperitivo	*Enrollados de Paté de Hígado de Pollo*
Sopa	*Consomé Celestino*
Ensalada	*Tronquitos de Camarón, Fruta y Queso*
Plato Fuerte	*Crepas de Fajitas o Crepas de Vieiras St. Jacques*
Postre	*Crepas Selva Negra*

He seleccionado para usted una variedad de crepas de postre. Usted puede elegir entre comidas apetitosas como Crepas de Conejo a la Provenzal, hasta selecciones de gourmet como las Crepas Florentinas de Manzana con Salmón Ahumado. También hay crepas innovadoras como nuestra Crepa de Carne y Champiñones y las tradicionales Crepas Suzettes.

Las crepas son rápidas, simples, y, sobre todo, flexibles. Los cocineros creativos saben que cuando hay sobrantes, la mejor manera de ocuparlos es en una crepa, creando así una idea completamente nueva en la aventura culinaria. Ya sea el evento formal o casual puede tener la certeza total que con un aperitivo de crepas usted estará sirviendo exactamente lo que todos esperan, algo *Simplemente Delicioso*.

Crepas de Fresa Romanoff

TRONQUITOS DE CAMARON, FRUTA Y QUESO

8 oz	225 g	queso havarti
8 oz	225 g	queso de crema
8 oz	225 g	camarón cocido picado
¼ taza	60 ml	jerez
½ taza	75 g	albaricoques blandos secos picados
½ taza	75 g	anillos de manzana blandos, secos, picados fino
12	12	Crepas (ver Mezcla de Crepas, página 469)

Juntar los quesos y hacerlos crema, luego mezclarla con los camarones, el jerez, los albaricoques y las manzanas.

Poner la mezcla sobre las crepas, enrollarlas. Cortar en pedazos de 1" (2,5 cm), servir.

PARA 6 PORCIONES

CREPAS ASIATICAS

1½ lb	675 g	cordero magro sin huesos
¼ taza	56 g	mantequilla
⅓ taza	50 g	cebolla picada
⅓ taza	80 ml	Caldo de Pollo (ver página 77)
½ cdta	2,5 g	cúrcuma
1½ cdta	7,5 g	cilantro molido
½ cdta	2,5 g	de cada uno: comino molido, jengibre molido, paprika
1 cda	5 g	sal
½ taza	125 ml	yogur
1½ taza	225 g	tomates pelados, sin semillas, picados
12	12	Crepas (ver Mezcla de Crepas, página 469)

Quitar la grasa del cordero y cortarlo en tiras de 2" (5 cm).

Calentar la mantequilla en una sartén grande y dorar el cordero. Agregar la cebolla y freírla por 3 minutos. Agregar el caldo, los condimentos, el yogur y los tomates. Bajar el fuego y cocer a fuego lento por 1½ hora o hasta que se espese.

Dividir y poner encima de las crepas, enrollarlas y servir inmediatamente.

PARA 6 PORCIONES

CREPAS SORPRESA DE MARISCOS

2 cdas	28 g	mantequilla
¼ taza	28 g	harina
2 tazas	500 ml	leche
2 tazas	300 g	carne de cangrejo cocida
2 tazas	300 g	camarones pequeños cocidos
16	16	Crepas (ver Mezcla de Crepas, página 469)
½ cdta	3 ml	de cada uno: hojas de tomillo, albahaca, orégano, pimienta
1 cdta	5 g	paprika
1 cdta	5 g	sal
3 tazas	336 g	miga de pan fina
2	2	huevos
4 tazas	1 L	aceite de girasol

Calentar la mantequilla en una sartén, agregar la harina; bajar el fuego y cocer por 2 minutos. Agregar 1 taza (250 ml) de leche y cocer lentamente a fuego bajo hasta que se espese. Dejar enfriar.

Agregar los cangrejos y los camarones y mezclar. Dividir en cantidades iguales entre las crepas. Enrollarlas y refrigerar por 2 horas.

Mezclar los condimentos con la miga de pan. Batir los huevos con el resto de la leche. Untar las crepas en la leche y pasarlas por la miga de pan.

Calentar el aceite a 375°F (190°C). Freír las crepas dos a la vez. Conservar calientes mientras se fríe el resto de las crepas. Servir calientes. Muy buenas con Salsa Veronique (ver página114).

PARA 8 PORCIONES

Crepas Asiáticas

Crepas Sorpresa de Mariscos

Crepas Selva Negra

CREPAS DE MARISCOS

2 cdas	30 ml	aceite de oliva
1	1	pimiento dulce verde, picado fino
1	1	cebolla pequeña, picada fino
1	1	ajo pequeño picado
1 taza	250 ml	Salsa de Tomate (ver página 106)
2 cdtas	10 g	albahaca fresca picada
½ cdta	2,5 g	sal
¼ cdta	1,2 g	pimienta
1 taza	150 g	ramillete pequeño de bróculi
½ lb	225 g	camarones grandes, pelados y desvenados
½ lb	225 g	vieiras
½ taza	125 ml	crema ácida
12	12	Crepas (ver Mezcla de Crepas, página 469)

En una sartén grande calentar el aceite, agregar el pimiento, la cebolla y el ajo; freír hasta que se ablanden. Agregar la Salsa de Tomate y los condimentos; cocer a fuego lento por 10 minutos.

Agregar el bróculi y los mariscos, tapar y cocer a fuego lento por 10 minutos. Agregar la crema ácida y continuar cociendo destapado a fuego lento por 5 minutos más.

Con un cucharón poner la mezcla sobre las crepas y enrollarlas, servir inmediatamente con ensalada.

PARA 6 PORCIONES

Crepas a la Naranja

CREPAS A LA NARANJA

3	3	naranjas
1 taza	150 g	conserva de albaricoques
¼ taza	60 ml	licor de Curaçao
12	12	Crepas de Postre (ver Mezcla de Crepas, página 469)
¼ taza	50 g	azúcar glacé

Pelar y separar los gajos de naranja, quitarles la piel y las semillas. Calentar la conserva de albaricoques y agregar los pedazos de naranja con el licor.

Poner sobre las crepas y enrollarlas. Espolvorear con el azúcar y servir.

PARA 6 PORCIONES

CREPAS SELVA NEGRA

4 tazas	1 L	helado de vainilla
2 tazas	500 ml	relleno de cereza para pastel
12	12	Crepas de Postre (ver Mezcla de Crepas, página 469)
2 tazas	500 ml	salsa de chocolate
1 taza	250 ml	crema batida

Poner en capas el helado y el relleno de cerezas sobre las crepas y enrollarlas. Cubrir con la salsa de chocolate y una porción de crema batida. Servir.

PARA 6 PORCIONES

Crepas de Cerezas Jubilee

CREPAS DE CEREZAS JUBILEE

1½ taza	375 ml	crema de batir
½ cdta	2,5 g	extracto de vainilla
¼ taza	28 g	azúcar glacé
12	12	Crepas de Postre (ver Mezcla de Crepas, página 469)
5 cdas	75 g	azúcar granulada
4 cdas	56 g	mantequilla
2 – 10 oz	2 – 280 ml	cerezas enlatadas
¼ taza	60 ml	brandy de cerezas
1½ cdta	6,4 g	maicena

Batir la crema hasta que se espese, agregar la vainilla y luego el azúcar; poner a cucharadas entre las crepas. Enrollarlas las crepas y refrigerarlas.

En una cacerola acaramelar el azúcar, luego agregar la mantequilla. Escurrir las cerezas conservando el líquido, agregar las cerezas a la cacerola.

Flamear las cerezas con el brandy. Mezclar la maicena con el líquido de las cerezas y agregar a la mezcla. Cocer a fuego lento hasta que espese.

Poner las crepas en un plato de servir y ponerles encima cerezas calientes. Servir inmediatamente.

PARA 6 PORCIONES

CREPAS DE CREMA DE PASTELERIA

2 tazas	500 ml	leche 50% crema
1 cdta	15 g	extracto de vainilla
5	5	yemas de huevo
½ taza	112 g	azúcar granulada
4 cdas	28 g	harina
1 cda	14 g	mantequilla
16	16	Crepas de Postre (ver Mezcla de Crepas, página 469)
2 tazas	500 ml	Salsa de Brandy de Naranja (ver página 107)

En una cacerola doble calentar la crema y la vainilla. Batir las yemas de huevo con el azúcar, agregar lentamente a la crema caliente.

Hacer una crema con la harina y la mantequilla, incorporarla a la crema caliente; pasarla por un colador. Batirla hasta que esté fria y luego refrigerarla.

Poner la crema sobre las crepas y enrollarlas. Poner en un plato de servir y poner sobre ellas la salsa de naranjas. Servir.

PARA 6 PORCIONES

CREPAS DEJAZET

1½ taza	168 g	azúcar glacé
1 cda	12,5 g	polvo de cocoa
⅓ taza	75 g	mantequilla
1 cda	6 g	café frío, extra fuerte
12	12	Crepas de Postre (ver Mezcla de Crepas, página 469)
4	4	claras de huevo
1 taza	225 g	azúcar granulada
1 taza	250 ml	Salsa de Brandy de Naranja (ver página 107)

Cernir tres veces el azúcar glacé con la cocoa. Hacer una crema con la mantequilla y el café, agregar la cocoa y el azúcar; batir hasta que la mezcla esté liviana. Poner sobre las crepas y colocarlas una sobre la otra.

Batir las claras de huevo hasta que estén duras. Gradualmente agregar el azúcar, batir hasta formar un merengue duro. Poner el merengue encima de las crepas, dorar rápidamente bajo el asador de un horno.

Cortar y servir con la salsa de naranjas.

PARA 6 PORCIONES

ROLLOS DE CREMA DE CHOCOLATE

2 tazas	450 g	queso ricotta
1 cdta	5 g	extracto de vainilla
¼ taza	28 g	azúcar glacé
¼ taza	56 g	fruta cristalizada
⅓ taza	37 g	trocitos de chocolate
12	12	Crepas de Postre (ver receta Mezcla de Crepas en esta página)
1 taza	250 ml	Salsa de Kiwi y Papaya (ver página 106)

En un procesador de alimentos hacer una crema con el queso, agregar la vainilla y el azúcar, batir. Sacar de la máquina y agregar batiendo la fruta y los trocitos de chocolate.

Con una cuchara poner la mezcla de queso entre las crepas y enrollarlas. Ponerlas en un plato y cubrirlas con salsa. Servir inmediatamente.

PARA 6 PORCIONES

PALACINKEN HUNGARO

1 taza	400 g	azúcar glacé
2 cdas	30 g	canela molida
1 ración	1	Mezcla de Crepas (ver esta página)
1 taza	250 ml	albaricoques en conserva caliente

Cernir el azúcar con la canela.

Preparar las crepas de acuerdo a las instrucciones. Mientras las crepas están calientes, untarles con una brochita la conserva de albaricoques, luego enrollarlas en forma de cigarro. Rodarlas por el azúcar y la canela. Servir.

PARA 6 PORCIONES

MEZCLA DE CREPAS

1 taza	112 g	harina
¼ cdta	1,2 g	sal
2 cdas	30 ml	aceite de girasol
1 taza	250 ml	leche
¼ taza	60 ml	agua mineral
1	1	huevo
½ cdta	3 ml	extracto de vainilla (sólo para postres)

Cernir juntas la harina y la sal, agregar el aceite, la leche y el agua. Batir los huevos y agregarlos al líquido. Incorporar la vainilla, solamente si se están preparando crepas de postre. Agregar los ingredientes secos, batir hasta que tener una mezcla suave y homogénea. Para cocer las crepas poner más o menos 3 cdas. (45 ml) de la mezcla en una sartén caliente, ligeramente enmantequillada. Cocer más o menos por 1½ minuto. Voltear y cocer un minuto a fuego mediano. Quitar del fuego y usar como se desee.

PRODUCE 16

Rollos de Crema de Chocolate

CREPAS DE FAJITAS

1½ lb	675 g	lomo de res
3	3	ajos en rodajas
2	2	cebollas españolas en rodajas
2	2	chiles serranos picados
¼ taza	60 ml	cilantro picado
⅓ taza	80 ml	jugo de lima
¼ taza	60 ml	jugo de limón
3 cdas	42 g	mantequilla
2 cdas	30 ml	aceite de girasol
1	1	pimiento dulce verde, en rodajas
1	1	pimiento dulce rojo, en rodajas
1	1	pimiento dulce amarillo, en rodajas
3 oz	80 g	champiñones en rodajas
1 cdta	5 g	sal
1 cdta	5 ml	salsa Worcestershire
1 cda	5 g	chile en polvo
12	12	Crepas (ver Mezcla de Crepas, página 469)
½ taza	125 ml	crema ácida
1 taza	150 g	Guacamole (ver página 115)
1 taza	250 ml	Salsa Mexicana (ver página 115)

Cortar el lomo en tiras bien delgadas. En una cacerola colocar en capas las tiras de lomo, el ajo, 1 cebolla, los chiles y el cilantro. Poner encima los jugos. Tapar y refrigerar por 3-4 horas, escurrir totalmente el jugo.

En una sartén grande, calentar la mantequilla y el aceite. Freír la cebolla restante junto con los pimientos y los champiñones. Sazonar las verduras con un poco de sal y la salsa Worcestershire. Pasarlas a un plato muy caliente y conservarlas calientes.

Asar el lomo a la parrilla por 3-4 minutos, sazonando con el polvo de chile y el resto de la sal. Pasar a un segundo plato caliente.

Servir el lomo, las verduras, las crepas, la crema ácida, el guacamole y la salsa por separado, dejando que sus invitados las preparen como deseen.

* NOTA: Si elige usar camarones o langostas, no marinarlos. Con pollos, sin embargo, puede seguir la misma receta.

PARA 6 PORCIONES

ENROLLADOS DE PATE DE HIGADO DE POLLO

1 lb	450 g	hígados de pollo
¾ taza	180 ml	Caldo de Pollo (ver página 77)
½ taza	125 ml	vino blanco
¼ taza	60 g	cebolla picada fino
1 cda	15 ml	cilantro picado
¼ cdta	1,2 g	jengibre molido
1 cda	15 ml	salsa de soya ligera
½ cdta	3 ml	salsa Worcestershire
¼ cdta	1 ml	de cada uno: paprika, orégano, tomillo, pimienta blanca, albahaca
½ cdta	2,5 g	sal
½ taza	112 g	mantequilla blanda
1 cda	15 ml	brandy
8	8	Crepas (ver Mezcla de Crepas, página 469)

Desmenuzar los hígados de pollo y quitarles la grasa. Cocerlos en el caldo junto con el vino, la cebolla, el cilantro, el jengibre, la salsa de soya y la salsa Worcestershire. Dejar enfriar completamente en el líquido. Escurrir y conservar el líquido.

Poner los hígados en una procesadora de alimentos y procesar con 2 cdas (30 ml) del líquido. Agregar los condimentos, la mantequilla y el brandy; mezclar hasta que esté liviano y suave. Poner en un tazón enfriado y refrigerar hasta antes de servir.

Para servir, poner la mezcla sobre las crepas y enrollarlas. Cortar en pedazos de 1" (2,5 cm) de largo. Ponerlas en una bandeja y servir.

PARA 4 PORCIONES

Enrollados de Paté de Hígado de Pollo

Crepas de Fajitas

Copas de Mousse de Brandy de Naranja

Crepas Holandesas de Pollo a la Parrilla

CREPAS HOLANDESAS DE POLLO A LA PARRILLA

1 lb	450 g	pechuga de pollo, sin huesos
¼ taza	60 ml	aceite de girasol
1	1	ajo picado
2 cdas	30 ml	jugo de limón
2 cdas	30 ml	vino blanco
1 cdta	5 g	sal
½ cdta	2,5 g	pimienta blanca
1 cdta	5 ml	albahaca picada
8	8	Crepas (ver Mezcla de Crepas, página 469)
¾ taza	180 ml	Salsa Holandesa (ver página 114)

Precalentar el horno a 400°F (200°C).

Lavar y secar las pechugas de pollo, cortarlas en tiras de ½" (1 cm), ponerlas en una bandeja baja.

En un tazón poner el aceite, el ajo, el limón, el vino, la sal, la pimienta y la albahaca. Agregar el pollo, tapar y marinar por 1 hora. Escurrir.

Asar el pollo a la parrilla por 3-4 minutos. Ponerlo sobre las crepas y enrollarlas.

Poner las crepas en un molde engrasado, cubrirlas con la salsa holandesa y hornear por 7-10 minutos o hasta que se doren.

PARA 4 PORCIONES

COPAS DE MOUSSE DE BRANDY DE NARANJA

6	6	Crepas de Postre (ver Mezcla de Crepas, página 469)
2 cdas	30 ml	mantequilla derretida
3 oz	90 g	gelatina de sabor de naranja
½ taza	125 ml	brandy de naranja
1 taza	250 ml	jugo de naranja hirviendo
1 taza	250 ml	crema de batir
½ taza	75 g	gajos de naranja

Poner las crepas en moldes de panecillos; untarles la mantequilla derretida con una brochita. Hornearlas en un horno precalentado a 350°F (180°C) por 10 minutos. Sacarlas del horno y dejarlas enfriar.

Ablandar la gelatina en el brandy de naranja, agregar el jugo de naranja y revolver hasta que la gelatina se disuelva. Dejarla enfriar y dejar que esté casi lista pero sin cuajarse.

Batir la crema y agregarla a la gelatina; poner la gelatina en las crepas y dejar que se cuaje.

Poner las crepas en platos de servir y adornar con gajos de naranja.

PARA 6 PORCIONES

CREPAS DE CONVENTO

1 taza	250 ml	agua
½ taza	112 g	azúcar granulada
6	6	peras peladas, picadas y sin semillas
12	12	Crepas de Postre (ver Mezcla de Crepas, página 469)
1½ taza	375 ml	salsa de chocolate
1 taza	250 ml	almendras tostadas, en rodajas

En una cacerola mezclar el agua con el azúcar, hervir. Bajar a fuego lento, cocer las peras hasta que se ablanden. Colar y dejar enfriar las peras.

Poner las peras en las crepas y enrollarlas. Cubrirlas con la salsa y espolvorearlas con las almendras, servir.

PARA 6 PORCIONES

473

CREPAS DE VIEIRAS ST. JACQUES

1 taza	250 ml	vino blanco
1 lb	450 g	vieiras grandes
¼ taza	56 g	mantequilla
1	1	cebolla pequeña picada
3 oz	80 g	champiñones en rodajas
3 cdas	21 g	harina
1 taza	250 ml	crema entera
⅓ taza	80 ml	jerez
½ cdta	2,5 g	sal
½ cdta	2,5 g	pimienta blanca
½ cdta	2,5 g	paprika
1½ taza	225 g	camarones pequeños cocidos
12	12	Crepas (ver Mezcla de Crepas, página 469)
½ taza	56 g	queso suizo rallado
½ taza	56 g	queso cheddar medio, rallado
¼ taza	56 g	queso parmesano, recién rallado

Calentar el vino en una cacerola; agregar las vieiras; cocer a fuego lento por 6 minutos, sacar la vieiras del líquido, conservar el jugo.

Calentar la mantequilla en una cacerola, freír las verduras hasta que se ablanden. Agregar la harina y cocer por 2 minutos. Agregar la crema, el jerez y los condimentos; cocer a fuego lento hasta que espese. Escurrir las vieiras y agregarlas a la salsa junto con los camarones, revolver bien. Precalentar el horno a 400°F (200°C).

Dividir la mezcla entre las crepas y enrollarlas. Poner sobre una bandeja de hornear engrasada. Espolvorear con el queso. Hornear por 10 minutos y servir inmediatamente.

PARA 6 PORCIONES

CREPAS DE CARNE BURGUNDY

3 cdas	45 ml	aceite de oliva
20	20	cebollitas perla
1½ lb	675 ml	carne de pierna de res, en cubos pequeños
3 cdas	21 g	harina
2 tazas	500 ml	vino tinto
1 taza	250 ml	Caldo de Carne (ver página 85)
3 cdas	42 ml	pasta de tomate
½ cdta	3 ml	tomillo
1	1	hoja de laurel
1 cdta	5 ml	perejil picado
½ cdta	2,5 g	pimienta negra triturada
¼ lb	115 g	champiñones de botón
12	12	Crepas (ver Mezcla de Crepas, página 469)

En una cacerola grande calentar el aceite, freír las cebollas y después sacarlas. Agregar la carne y dorarla.

Espolvorear la harina sobre la carne y cocer por 2 minutos. Agregar el vino, el caldo, la pasta de tomate, el tomillo, la hoja de laurel, el perejil y la pimienta, bajar el fuego y cocer a fuego lento por 1½ hora.

Agregar las cebollas y los champiñones, continuar cociendo a fuego lento por 30 minutos.

Poner la carne sobre las crepas y enrollarlas, servir con arroz pilaf.

PARA 6 PORCIONES

Crepas de Vieiras St. Jacques

CREPAS DE CHILI CON CARNE

1 lb	450 g	carne magra de res, molida
5 cdas	70 g	mantequilla
2 tazas	300 g	cebolla picada fino
2	2	ajos picados
2	2	tallos de apio, picados fino
1	1	pimiento dulce verde, picado fino
1 taza	75 g	champiñones en rodajas
3½ tazas	525 g	tomates machacados
3 cdas	42 g	pasta de tomate
1½ taza	270 g	frijoles rojos (remojados por 8 horas o enlatados)
½ cdta	3 ml	de cada uno: tomillo, orégano, perifollo, pimienta, sal, comino, cebolla en polvo
2 cdtas	10 g	de cada uno: paprika, chile en polvo
5 gotas	5	salsa tabasco
1 cdta	5 ml	salsa Worcestershire
12	12	Crepas (ver Mezcla de Crepas, página 469)
1½ taza	170 g	queso cheddar rallado

Dorar la carne en una sartén, quitarle el exceso de grasa.

En una olla grande, calentar la mantequilla y freír las cebollas, el ajo, el apio, los pimientos verdes y los champiñones. Agregar revolviendo la carne dorada, los tomates, la pasta de tomate y los frijoles; cocer a fuego lento por una hora. Agregar los condimentos, la salsa tabasco y la salsa Worcestershire. Bajar el fuego y cocer a fuego lento por una hora .

Poner sobre las crepas; colocar las crepas en una bandeja de hornear engrasada, espolvorear con el queso y hornear en un horno precalentado a 400°F (200°C), por 15 minutos, servir.

PARA 6 PORCIONES

Crepas de Chili con Carne

CREPAS SOUFFLÉ DEL CHEF K

2 tazas	500 ml	Sorbete de Papaya (ver página 658)
2 tazas	500 ml	Sorbete de Limón (ver página 547)
2 tazas	500 ml	Sorbete de Chocolate y Naranja (ver página 571)
12	12	Crepas de Postre (ver Mezcla de Crepas, página469)
8	8	claras de huevo
1½ taza	336 g	azúcar granulada
2 tazas	500 ml	salsa de cerezas

Poner una porción de cada sorbete a cuatro crepas. Alternando poner una crepa sobre la otra en forma de pirámide. Poner en el congelador.

Batir las claras de huevos hasta que estén firmes, agregar gradualmente el azúcar. Cubrir las crepas con el merengue. Dorar rápidamente el merengue en un horno muy caliente .

Cortar las crepas y servirlas cubiertas con salsa de cerezas.

PARA 6 PORCIONES

CREPAS DURORA

3 tazas	750 ml	helado de fresa
12	12	Crepas de Postre (ver Mezcla de Crepas, página 469)
2 tazas	500 ml	Sabayon (ver página 106)
¼ taza	60 ml	licor de Curaçao

Poner el helado sobre las crepas y enrollarlas.

Mezclar la salsa Sabayon con el licor. Poner sobre las crepas y servir.

PARA 6 PORCIONES

Crepas Cheri Rose

CREPAS ITALIANAS

6 oz	170 g	prosciutto molido fino
6 oz	170 g	carne de salchicha italiana medio picante, cocida y picada
4 cdas	56 g	mantequilla sin sal
3	3	huevos
½ taza	56 g	miga de pan
¼ taza	28 g	queso romano, recién rallado
12	12	Crepas (ver Mezcla de Crepas, página 469)
1 taza	227 g	queso ricotta
1 cda	15 ml	aceite de oliva
1	1	cebolla pequeña picada
2 tazas	300 g	tomates pelados, picados, sin semillas
1	1	ajo picado
2 cdtas	20 g	hojas de albahaca fresca, picadas
1 cda	15 ml	perejil fresco picado
½ taza	56 g	queso provolone rallado

Mezclar la carne con 3 cucharadas (42 g) de mantequilla, los huevos, la miga de pan y el queso romano. Dejar enfriar por 1 hora.

Poner el relleno en cantidades iguales en cada crepa; dividir la ricotta sobre las crepas y enrollarlas juntas. Ponerlas en una bandeja de hornear engrasada.

En una cacerola calentar el aceite y el resto de la mantequilla. Freír la cebolla con el ajo hasta que se ablanden. Agregar los tomates y las hierbas. Bajar el fuego y cocer a fuego lento por 15 minutos. Poner la salsa sobre las crepas. Espolvorear con el provolone y hornear en un horno precalentado a 350°F (180°C), por 35 minutos.

PARA 6 PORCIONES

CREPAS CHERI ROSE

2 tazas	500 ml	crema de batir
¾ taza	84 g	azúcar glacé
1 cdta	5 ml	extracto de rosa
½ cdta	2,5 g	colorante rojo de alimentos
12	12	Crepas de Postre (ver Mezcla de Crepas, página 469)
3 tazas	300 g	fresas en rodajas, lavadas y sin cáliz
¼ taza	56 g	azúcar granulada
⅛ cdta	pizca	canela molida

Batir la crema y revolverla con el azúcar, el extracto de rosa y el colorante. Poner sobre las crepas y enrollarlas.

Colocar las crepas en platos de servir y ponerles encima las fresas. Mezclar el azúcar con la canela y espolvorear sobre las crepas. Servir.

PARA 6 PORCIONES

CREPAS DE BANANA FOSTER

3	3	bananas
12	12	Crepas de Postre (ver Mezcla de Crepas, página 469)
5 cdas	70 g	mantequilla
5 cdas	50 g	azúcar morena
½ cdta	2,5 g	canela molida
3 cdas	45 ml	licor de banana
5 cdas	75 ml	ron oscuro
¼ taza	38 g	nueces

Pelar y cortar las bananas en cuartos. Enrollar una crepa alrededor de cada cuarto de banana.

Calentar la mantequilla con el azúcar morena en una sartén, agregar la canela y cocer hasta que el azúcar se disuelva. Agregar el licor y el ron, flamear cuidadosamente.

Agregar las nueces. Poner las crepas en la salsa y calentar por 2 minutos. Colocar las crepas en platos y ponerles la salsa encima. Servir inmediatamente.

PARA 6 PORCIONES

Crepas Italianas

Crepas Suzette Clásicas

CREPAS SUZETTE CLASICAS

5 cdas	75 g	azúcar granulada
5 cdas	60 g	mantequilla
1 cda	15 ml	ralladura de cáscara de limón y de naranja
½ taza	125 ml	licor Grand Marnier
1 taza	250 ml	jugo fresco de naranja
3 cdas	45 ml	jugo de limón
18	18	Crepas de Postre (ver Mezcla de Crepas, página 469)
6 bolas	6	helado de vainilla

Caramelizar el azúcar en una cacerola o sartén, evitar que se queme. Agregar la mantequilla y la ralladura de frutas, revolver hasta derretir. Con mucho cuidado flamear con la mitad del licor.

Agregar los jugos de naranja y limón; cocer a fuego lento hasta que quede la mitad del volumen; doblar las crepas y formar triángulos; cocer a fuego lento en la salsa por 1 minuto.

Poner 3 crepas en cada plato, poner cantidades iguales de salsa sobre las crepas. Poner encima una bola de helado.

Poner el resto del licor en una cacerola pequeña, flamear y ponerlo sobre las crepas. Servir inmediatamente.

PARA 6 PORCIONES

CREPAS CON NUECES Y MIEL

4 tazas	1 L	helado de vainilla
12	12	Crepas de Postre (ver Mezcla de Crepas, página 469)
1 taza	100 g	trocitos de nueces
1½ taza	375 ml	jarabe de arce caliente

Poner el helado en las crepas y enrollarlas. Espolvorear con las nueces y poner encima el jarabe de arce. Servir.

PARA 6 PORCIONES

CREPAS DE LASAÑA

1 lb	450 g	salchicha italiana
3 cdas	45 ml	aceite de oliva
1	1	cebolla picada fino
1	1	pimiento dulce verde, picado fino
1	1	tallo de apio, picado fino
1 taza	150 g	champiñones, picados fino
2	2	ajos picados
2 tazas	500 ml	Salsa de Tomate (ver página 106)
2 cdtas	10 ml	albahaca
2 tazas	450 g	queso ricotta
1	1	huevo
¼ taza	60 ml	perejil picado
¼ taza	28 g	queso parmesano, recién rallado
16	16	Crepas (ver Mezcla de Crepas, página 469)
½ taza	56 g	queso provolone rallado
1¼ taza	140 g	queso mozzarella rallado

Cortar la salchicha en cuadraditos. Calentar el aceite en una sartén grande y dorar la salchicha; agregar la cebolla, los pimientos, el apio, los champiñones y el ajo, freír hasta que se ablanden. Sacar el exceso de grasa.

Agregar la salsa de tomate y la albahaca. Bajar el fuego y cocer a fuego lento por 30 minutos.

Mientras la salsa se cuece, combinar la ricotta, el huevo, el perejil y el queso parmesano.

Poner una capa delgada de salsa en el fondo de un molde redondo. Poner una capa de crepas, tapar con una capa de la mezcla de quesos, poner otra capa de crepas y otra capa de salsa. Repetir este procedimiento alternando crepas, salsa y quesos, terminando con una capa de crepas .

Espolvorear el provolone y mozzarella sobre las crepas y hornear en un horno precalentado a 400°F (200°C), por 30 minutos. Servir con ensalada César.

PARA 6 PORCIONES

CREPAS DE CONEJO A LA PROVENZAL

1 lb	450 g	carne de conejo, sin huesos
1 cda	14 g	mantequilla
1 cda	15 ml	aceite de girasol
¼ lb	115 g	tocino picado
1	1	ajo picado
1	1	cebolla española picada
1	1	pimiento dulce verde, picado
3 oz	80 g	champiñones en rodajas
3 cdas	21 g	harina
½ cdta	3 ml	albahaca fresca picada
½ cdta	3 ml	hojas de tomillo
½ cdta	3 ml	mejorana
1 cda	15 ml	perejil picado
1 taza	150 g	tomates pelados, picados y sin semillas
1½ taza	375 ml	Caldo de Pollo (ver página 77)
2 cdtas	10 g	mostaza de Dijon
12	12	Crepas (ver Mezcla de Crepas, página 469)

Cortar el conejo en pedazos pequeños. En una sartén grande calentar la mantequilla y el aceite, poner el conejo y dorarlo.

Freír el tocino en una segunda sartén, sacar el exceso de grasa y ponerlo en el conejo junto con las verduras; freír hasta que se ablanden. Espolvorear con harina y continuar cociendo por 2 minutos. Agregar los condimentos, los tomates, el caldo y la mostaza.

Bajar el fuego y cocer a fuego lento por 35-40 minutos o hasta que el conejo esté blando y la salsa espesa. Poner la carne y las verduras en las crepas, enrollarlas y servir.

PARA 6 PORCIONES

Crepas de Lasaña

CREPAS FLORENTINAS DE MANZANA CON SALMON AHUMADO

10 oz	280 g	espinaca fresca
6 cdas	84 g	mantequilla
3 cdas	21 g	harina
1½ taza	375 ml	crema ligera
1 cda	15 g	albahaca fresca picada
1½ taza	225 g	manzanas peladas, sin semillas, picadas
2	2	yemas de huevos
8 oz	225 g	salmón ahumado, en rodajas finas
12	12	Crepas (ver Mezcla de Crepas, página 469)
1½ taza	170 g	queso havarti rallado

Lavar y secar la espinaca, quitarle los tallos. Calentar la mitad de la mantequilla en una cacerola y freír la espinaca hasta que esté ajada y blanda. Ponerla aparte y dejarla enfriar.

Calentar el resto de la mantequilla en una segunda cacerola, agregar la harina y cocer por 2 minutos a fuego bajo. Agregar la crema, la albahaca y las manzanas; cocer a fuego lento hasta que la salsa esté ligeramente espesa; quitar del fuego e incorporar las yemas de huevo. Agregar el salmón.

Precalentar el horno a 400°F (200°C). Dividir la mezcla en cantidades iguales sobre las crepas y enrollarlas. Ponerlas en una bandeja de hornear engrasada, espolvorear con el queso y hornear por 10 minutos. Servir.

PARA 6 PORCIONES

CREPAS DE FRESA ROMANOFF

2 tazas	500 ml	crema de batir
¾ taza	84 g	azúcar glacé
¼ taza	60 ml	licor Grand Marnier
3 tazas	300 g	fresas lavadas, en rodajas
12	12	Crepas de Postre (ver Mezcla de Crepas, página 469)
24	24	fresas bañadas en chocolate

Batir la crema, agregar el azúcar, el licor y las fresas. Rellenar y enrollar las crepas. Ponerlas en un plato de servir, decorar con las fresas bañadas en chocolate. Servir.

PARA 6 PORCIONES

ROLLOS DE AVELLANA

2 tazas	500 ml	crema de batir
¾ taza	84 g	azúcar glacé
½ cdta	3 ml	extracto de avellanas o almendras
12	12	Crepas de Postre (ver Mezcla de Crepas, página 469)
½ taza	125 ml	conserva de albaricoques, caliente
2 tazas	300 g	avellanas, picadas grueso

Batir la crema hasta espesarla, ponerle el azúcar y el extracto. Poner sobre las crepas y enrollarlas.

Untar las crepas con albaricoques y luego pasarlas por las avellanas. Servir.

PARA 6 PORCIONES

Crepas Florentinas de Manzana con Salmón Ahumado

Rollos de Avellana

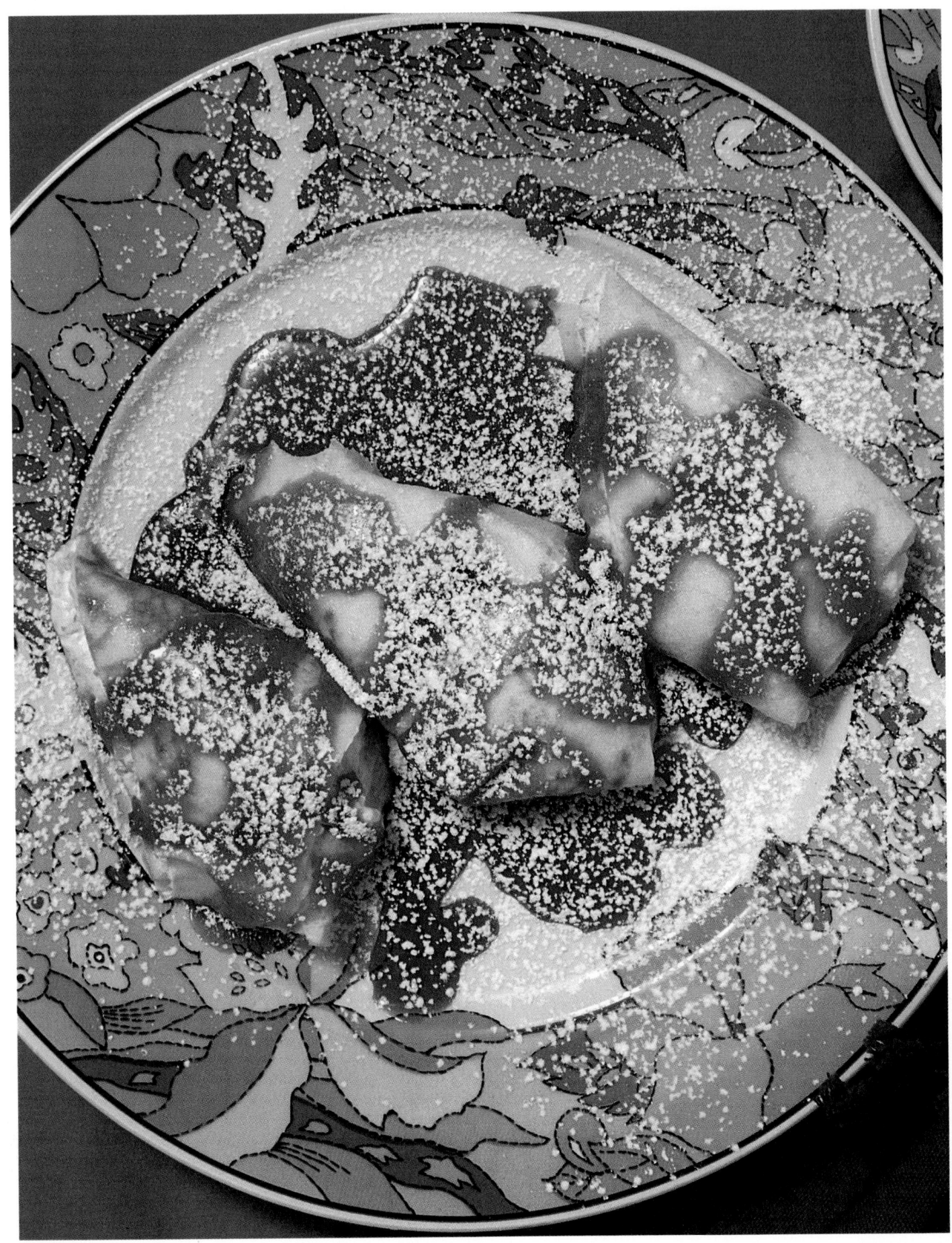

Crepas Imperio

CREPAS DE CARNE CON JENGIBRE

1½ lb	675 g	lomo estilo New York
2 cdas	28 g	mantequilla
1½ cdta	7,5 g	jengibre fresco picado
2 cdas	14 g	almendras peladas
1 cdta	5 g	chile en polvo
1 cdta	5 g	ajo picado
3 cdas	15 g	cebolla picada
3 cdas	21 g	harina
1½ taza	375 ml	Caldo de Carne (ver página 85)
3 cdas	45 ml	jerez
3 cdas	30 g	ciruelas en conserva
12	12	Crepas (ver Mezcla de Crepas, página 469)
		ramitas de cilantro para adornar

Cortar la carne en tiras de 2"(5 cm). Calentar la mantequilla en una sartén grande, dorar la carne en la mantequilla. Agregar el jengibre, las almendras, el chile en polvo, el ajo y la cebolla. Continuar friendo por 2 minutos.

Agregar la harina, cocer por 2 minutos. Agregar el caldo de carne, el jerez y la conserva; bajar el fuego y cocer a fuego lento hasta que la salsa se espese.

Poner la mezcla en las crepas, enrollarlas; servir inmediatamente y adornar con las ramitas de cilantro.

PARA 6 PORCIONES

Crepas de Manzana

CREPAS DE MANZANA

4	4	manzanas grandes
3 cdas	42 g	mantequilla
3 cdas	45 g	azúcar granulada
½ cdta	2,5 g	canela
12	12	Crepas (ver mezcla de Crepas, página 469)
2 tazas	500 ml	crema batida

Pelar, quitarles el centro y cortar en rodajas las manzanas.

En una sartén grande calentar la mantequilla, agregar las manzanas, el azúcar y la canela; cocer por 8 minutos a calor mediano.

Poner las manzanas sobre las crepas, enrollarlas y poner en platos de servir. Ponerles crema batida encima y servir.

PARA 6 PORCIONES

CREPAS IMPERIO

1½ taza	375 ml	crema de batir
1 cdta	5 g	extracto de vainilla
1 taza	112 g	galletas de almendra trituradas
1 taza	225 g	piña machacada, bien escurrida
½ taza	66 g	azúcar glacé
12	12	Crepas de Postre (ver Mezcla de Crepas, página 469)
½ taza	125 ml	conserva de grosella, caliente

Batir la crema con la vainilla; agregar las galletas, la piña y el azúcar. Poner sobre las crepas y enrollarlas.

Usando una brochita untar las crepas con las grosellas en conserva. Servir.

PARA 6 PORCIONES

BANANAS CON PIÑA ROYAL

3 cdas	30 g	azúcar morena
2 cdas	14 g	maicena
1½ taza	340 g	piña machacada, con jugo
5 cdas	70 g	mantequilla
¼ cdta	1 ml	de cada uno: cáscara de limón y naranja rallada
6	6	bananas maduras firmes
12	12	Crepas de Postre (ver Mezcla de Crepas, página 469)
3 tazas	750 ml	Helado de Fresa y Banana (ver página 641)

En una cacerola pequeña mezclar el azúcar con la maicena. Agregar la piña y 1 cda (14 g) de mantequilla. Hervir y luego bajar el fuego; cocer a fuego lento hasta que espese. Quitar del fuego e incorporar las cáscaras ralladas.

Cortar las bananas por la mitad, enrollar una crepa alrededor de cada mitad. Calentar el resto de la mantequilla en una sartén y freír lentamente las crepas para calentar las bananas. Colocarlas en platos de servir, ponerles encima el helado, bañarlas con la salsa y servir inmediatamente.

PARA 6 PORCIONES

Crepas de Carne y Champiñones

CREPAS DE MANZANA Y MORAS

1½ taza	225 g	manzanas peladas, sin semillas, picadas
2 cdas	28 g	mantequilla
¼ taza	56 g	azúcar granulada
2 tazas	200 g	moras lavadas, sin cáliz
¼ taza	60 ml	jugo de manzana
1 cdta	2,5 g	maicena
12	12	Crepas de Postre (ver Mezcla de Crepas, página 469)
2 tazas	500 ml	crema batida

Freír las manzanas en una sartén con mantequilla, espolvorear con azúcar y cocer por 3 minutos. Agregar las moras y continuar cociendo por 5 minutos.

Mezclar el jugo de manzana con la maicena. Poner el jugo sobre las frutas, hervir, bajar el fuego, cocer a fuego lento hasta que espese. Poner sobre las crepas y colocar una crepa sobre la otra. Poner la salsa que sobre encima de las crepas. Servirlas con un poco de crema batida.

PARA 6 PORCIONES

CREPAS DE CARNE Y CHAMPIÑONES

3 cdas	45 ml	aceite de girasol
1 lb	450 g	lomo estilo New York, cortado en tiras de ¼"
3 oz	80 g	champiñones en rodajas
1 taza	250 ml	Salsa Española (ver página 111)
12	12	Crepas (ver Mezcla de Crepas, página 469)

Calentar el aceite en una sartén grande. Freír rápidamente el lomo y los champiñones. Agregar la Salsa Española, bajar el fuego y cocer a fuego lento por 5-8 minutos.

Poner la mezcla en cantidades iguales sobre cada crepa, enrollarlas y servir de inmediato.

PARA 6 PORCIONES

Bananas con Piña Royal

CREPAS DE LANGOSTA Y CHEDDAR

3 cdas	42 g	mantequilla
1 lb	450 g	carne de langosta
1 taza	250 ml	Salsa Mornay (ver página 111)
1 taza	112 g	queso cheddar suave, rallado
8	8	Crepas (ver Mezcla de Crepas, página 469)

Precalentar el horno a 350°F (180°C).

Calentar la mantequilla en una sartén grande, agregar la langosta, freír bien. Agregar la Salsa Mornay y la mitad del queso; bajar el fuego y cocer a fuego lento por 3 minutos.

Poner la mezcla en las crepas. Enrollarlas y ponerlas en una bandeja de hornear engrasada. Espolvorear con el resto del queso. Hornear por 15 minutos, servir inmediatamente.

PARA 4 PORCIONES

CREPAS STUFATU

4 cdas	60 ml	aceite de oliva
1	1	cebolla grande picada
3	3	ajos picados
12 oz	340 g	carne de pierna de res, cortada en cuadritos
12 oz	340 g	cuadritos de cerdo magro
¼ taza	224 g	tocino en cuadritos
2 tazas	300 g	tomates pelados, sin semillas, picados
½ taza	125 ml	vino blanco
1 cdta	5 g	sal
½ cdta	2,5 g	pimienta negra triturada
2 tazas	500 ml	Caldo de Carne (ver página 85)
12	12	Crepas (ver Mezcla de Crepas, página 469)
¾ taza	84 g	queso gruyere rallado

Calentar el aceite en una sartén grande, freír la cebolla y el ajo hasta que se ablanden. Agregar la carne de res, el cerdo y el tocino. Sacar el exceso de grasa.

Agregar los tomates, el vino, los condimentos y el caldo; bajar el fuego muy bajo, cocer a fuego lento por 2 horas.

Poner las carnes en las crepas y enrollarlas. Colocarlas en una bandeja de hornear engrasada, espolvorear con el queso y hornear en un horno precalentado a 350°F (180°C), por 15 minutos. Servir.

PARA 6 PORCIONES

Crepas de Langosta y Cheddar

CREPAS AGRIDULCES DE POLLO

1½ lb	675 g	pollo sin huesos, en cuadrados de ½"
3 cdas	45 ml	aceite de girasol
2 cdas	14 g	harina
¾ taza	180 ml	jugo de piña
3 cdas	28 g	pimiento dulce verde, picado
½ cdta	3 ml	mostaza picante
2 cdas	30 ml	vinagre de vino y ajo
¼ cdta	1,2 g	ajo en polvo
2 cdas	30 ml	salsa de soya oscura
1 cda	15 ml	melaza
½ taza	125 ml	salsa de chile picante
12	12	Crepas (ver mezcla de Crepas, página 469)

Calentar el aceite en una sartén y dorar el pollo. Agregar la harina y cocer por 2 minutos. Agregar el resto de los ingredientes, menos las crepas. Revolver, bajar el fuego y cocer a fuego lento por 15 minutos.

Poner la salsa sobre las crepas. Enrollarlas y servir.

PARA 6 PORCIONES

Crepas de Soufflé de Almejas

CREPAS DE SOUFFLÉ DE ALMEJAS

3 cdas	42 g	mantequilla
3 cdas	21 g	harina
1¼ taza	310 ml	Caldo de Pollo (ver página 77)
1¼ taza	310 ml	leche 50% crema
½ taza	56 g	queso parmesano rallado
3	3	lascas de tocino
1	1	cebolla pequeña en rodajas
1	1	tallo de apio, picado fino
1 taza	225 g	almejas frescas, picadas
16	16	Crepas (ver Mezcla de Crepas, página 469)
1½ taza	340 g	queso cheddar rallado

Calentar la mantequilla en una cacerola. Agregar la harina y cocer por 2 minutos a fuego bajo.

Agregar el caldo de pollo y la crema. Bajar el fuego y cocer a fuego lento hasta que espese. Agregar el queso y cocer a fuego lento por 2 minutos más.

Picar el tocino y freírlo en una sartén, agregar la cebolla y el apio, freírlos hasta que se ablanden. Agregar las almejas y cocer por 3 minutos, escurrir el exceso de grasa y ponerla en la salsa.

Poner las crepas una sobre la otra en una bandeja de hornear, alternando con la salsa. Espolvorear con el queso y hornear en un horno precalentado a 350°F (180°C), por 35 minutos. Servir inmediatamente.

PARA 6 PORCIONES

NALESNIKI

2 tazas	450 g	queso cottage
1 taza	227 g	queso ricotta
4	4	huevos
¼ cdta	1 ml	de cada uno: sal, pimienta, perifollo mejorana, tomillo
12	12	Crepas (ver Mezcla de Crepas, página 469)
3 tazas	336 g	miga de pan
1 cda	15 g	paprika
1 cdta	5 ml	de cada uno: orégano, tomillo, salvia, ajo en polvo, cebolla en polvo, pimienta negra, mejorana, chile en polvo
¾ taza	190 ml	leche
2 tazas	500 ml	aceite de girasol
1½ taza	375 g	tocino cocido, picado
1 taza	250 ml	crema ácida

Mezclar los quesos con 3 huevos y los condimentos de la primera lista. Cortar las crepas por la mitad. Poner la mezcla de quesos sobre las crepas y enrollarlas.

Mezclar la miga de pan con el resto de los ingredientes. Batir el huevo restante con la leche. Sumergir las crepas en la leche y luego en la miga de pan.

Calentar el aceite a 375°F (190°C), freír las crepas en cantidades pequeñas. Conservarlas calientes mientras se cocina el resto. Ponerlas en un plato de servir, y servirlas con tocino desmenuzado y crema ácida, aparte.

PARA 6 PORCIONES

CREPAS MERCADER DE VINOS

2 cdas	28 g	mantequilla
⅓ taza	50 g	jamón, picado fino
⅓ taza	50 g	champiñones, picados finos
⅓ taza	80 g	cebollas verdes, picadas fino
1 taza	250 ml	Demi-Glace (ver página 123)
½ taza	125 ml	vino tinto
4 cdas	60 ml	aceite de girasol
1 lb	450 g	punta de filete de res
1	1	cebolla española picada
8	8	Crepas (ver Mezcla de Crepas, página 469)
3 cdas	45 ml	perejil picado

Calentar la mantequilla en una cacerola. Agregar el jamón, los champiñones y la cebolla verde; freírlos hasta que se ablanden. Agregar el Demi-Glace y el vino, bajar el fuego y cocer a fuego lento hasta que la salsa produzca 1½ taza (375 ml).

Calentar el aceite en una sartén y freír la carne con la cebolla al punto deseado de cocción. Poner sobre la crepas y enrollarlas.

Colocar las crepas en un plato de servir, cubrirlas con la salsa. Decorar con el perejil y servir.

PARA 4 PORCIONES

Nalesniki

Crepas Mercader de Vinos

Crepas Picantes de Cerdo y Miel

CREPAS DE DURAZNO MELBA

1 taza	250 ml	crema de batir
¼ taza	28 g	azúcar glacé
12	12	Crepas de Postre (ver Mezcla de Crepas, página 469)
2 tazas	500 ml	frambuesas en conserva, calientes
⅓ taza	75 g	duraznos picados
1½ taza	375 ml	Salsa de Albaricoques y Frambuesa (ver página 108)

Batir la crema y agregar el azúcar. Ponerles a las crepas la conserva de frambuesa; ponerles capas de duraznos y crema batida. Enrollar las crepas, ponerlas en platos de servir. Cubrirlas con la Salsa de Albaricoques y Frambuesas. Servir.

PARA 6 PORCIONES

CREPAS PICANTES DE CERDO Y MIEL

1½ lb	675 g	cerdo magro
½ taza	56 g	harina
2 cdas	30 ml	aceite de girasol
1	1	cebolla grande en rodajas
2	2	ajo picado
3	3	tomates pelados, picados, sin semillas
1	1	chile jalapeño, sin semillas, picado
½ cdta	2,5 g	sal
¼ cdta	1 ml	de cada uno: pimienta, perifollo, tomillo, orégano, comino, paprika
2 cdtas	10 ml	salsa inglesa
¼ cdta	1 ml	salsa tabasco
2 tazas	500 ml	Caldo de Pollo (ver página 77)
12	12	Crepas (ver Mezcla de Crepas, página 469)
1½ taza	170 g	queso cheddar rallado

Cortar el cerdo en tiras de 1" (2,5 cm), espolvorearlo con la harina.

En una olla grande calentar el aceite, dorar la carne en cantidades pequeñas, quitarla del fuego y conservarla. Freír las cebollas y el ajo hasta que se ablanden. Agregar los tomates, el jalapeño, los condimentos, la salsa inglesa, la salsa tabasco y el caldo, llevar a ebullición.

Agregar el cerdo; bajar el fuego y cocer a fuego lento por 45 minutos.

Poner el relleno sobre las crepas y enrollarlas; colocarlas en una bandeja de hornear engrasada. Espolvorear con queso y hornear en un horno precalentado a 350°F (180°C), por 15 minutos. Servir con arroz pilaf.

PARA 6 PORCIONES

Crepas de Durazno Melba

POSTRES

Hacer un impacto extraordinario con cada comida es siempre la meta de muchos buenos cocineros, pero lo que hace que la comida sea memorable generalmente se deja para el final. El último platillo que sus invitados saborean es el que dura más en sus memorias; por esta razón termine su cena con un postre memorable.

Encontrar esos postres ya no es imposible. Sólo mire en las páginas siguientes y la búsqueda habrá terminado. Prepararlos es tan fácil como ha sido encontrarlos. Solamente siga los procedimientos paso a paso y usted va a lograr un final para su comida que será simplemente delicioso. Desde tortas a pasteles de quesos, desde dulces a pastas de postre (sí, pastas de postre), los postres para recordar están ahora a su alcance.

Los postres del *Libro de Cocina Simplemente Deliciosa 2* tienen los sabores que convencerán a sus invitados de que usted realmente sabe lo que hace. Los postres excelentes no son imposibles de hacer; pueden ser tan sencillos como nuestra bebida de chocolate de Campos de Fresa (ver página 769) o tan elaborados como nuestro Pastel de Queso de Banana de tres capas. En las páginas de este capítulo hay un postre para cada ocasión.

Nunca piense que usted no los podrá preparar; los hemos hecho todos fáciles de hacer. Nuestros pasteles le recordarán a los que hacía su mamá; nuestras tortas le recordarán aquel romántico cafetín donde sólo ustedes dos van. Los niños van a adorar las galletas. También presentamos postres ligeros, para dieta. Nuestros postres de frutas son totalmente frescos. Aquí ofrecemos más de 275 postres, así que lo más probable es que su favorito esté en estas páginas. Si no es así, esperamos que encuentre un nuevo favorito en este capítulo.

Los amantes del chocolate no se van a desilusionar, nuestros postres de chocolate son de los mejores. Ya sea la suculenta Torta Suiza de Chocolate o el absolutamente delicioso Pastel de Queso de Chocolate Blanco y Grand Marnier, sus deseos de comer chocolate se verán satisfechos con nuestros postres.

Desde el Helado de Arándanos hasta las Peras Flameantes, el final de su cena no podrá ser superado por nadie. Su arma secreta será siempre *Simplemente Deliciosa*.

Pastel de Pasas

PASTEL DE QUESO DE CREMA DE MENTA Y KAHLÚA

CORTEZA:

3½ tazas	392 g	miga de galleta de chocolate
¼ taza	60 ml	mantequilla derretida

RELLENO:

15 oz	420 g	queso de crema
1½ taza	336 g	azúcar granulada
2½ tazas	625 ml	crema espesa
4	4	huevos
¼ taza	60 ml	licor Kahlúa
¼ taza	60 ml	café fuerte
¼ taza	60 ml	licor Crema de Menta

CORTEZA:

Combinar la miga de galleta con la mantequilla. Poner la mezcla apretándola fuerte en el fondo y los lados de un molde de resorte de 10" (25 cm), enmantequillado. Refrigerar.

RELLENO:

Batir el queso y el azúcar hasta tener una mezcla liviana. Incorporar la crema. Agregar los huevos uno por uno batiéndolos bien al ponerlos. Dividir la mezcla en dos. Incorporar el Kahlúa y el café en una parte; la Crema de Menta en la otra. Poner la mezcla del Kahlúa en una corteza ya preparada. Poner en un horno precalentado a 325°F (160°C), por 45 minutos. Revolver la mezcla de la Crema de Menta con la mezcla del Kahlúa. Continuar horneando por 75 minutos más. Apagar el horno y dejar la puerta ligeramente abierta. Después de 30 minutos sacar el pastel del horno y dejarlo enfriar; refrigerarlo por 12 horas o por toda la noche. Servirlo con una salsa de chocolate.

PASTEL DE ALMUERZO DEL MONITO

½ taza	112 g	mantequilla
¾ taza	168 g	azúcar granulada
2	2	huevos
¾ taza	225 g	bananas machacadas
¼ taza	60 ml	licor Irish Cream
1 cdta	5 g	bicarbonato de soda
2 tazas	226 g	harina
1 cdta	5 g	polvo de hornear
⅛ cdta	pizca	sal

Batir la crema y el azúcar hasta tener una mezcla muy ligera y esponjosa. Agregar los huevos uno por uno, batiéndolos bien al ponerlos.

Batir la banana en la mezcla. Incorporar el Irish Cream. Cernir juntos el bicarbonato de soda, el polvo de hornear, la harina y la sal; poner en el pastel.

Poner la mezcla en un molde de resorte, enmantequillado y enharinado, de 9" (23 cm). Hornear en un horno precalentado a 350°F (180°C), por 40 minutos. Dejar enfriar el pastel por 10 minutos, pasarlo a un estante de enfriamiento; sacar el pastel del molde y dejar que se enfríe completamente. Ponerle encima Escarcha de Banana y Kahlúa (receta siguiente).

Pastel de Almuerzo del Monito con Escarcha de Banana y Kahlúa

ESCARCHA DE BANANA Y KAHLUA

½ taza	112 g	mantequilla
1¼ taza	140 g	azúcar glacé
2	2	huevos
1 taza	224 g	azúcar granulada
¼ taza	56 g	harina
¼ cdta	1,2 g	sal
3 cdas	45 ml	licor de banana
3 cdas	45 ml	licor Kahlúa
3 oz	90 g	chocolate semi-dulce, derretido

En un tazón, batir la mantequilla y el azúcar glacé.

En una cacerola doble, batir los huevos, el azúcar, la harina, la sal, los licores y el chocolate. Cocinar por 10 minutos; luego dejar enfriar. Incorporar en la mezcla de la mantequilla. Escarchar los pasteles.

PIZZA DE FRUTAS

CORTEZA:

1 taza	112 g	miga de pastel blanco
1 taza	250 ml	galletitas almendradas, machacadas
¼ cdta	1,2 g	canela
¼ taza	56 g	mantequilla derretida

Combinar los ingredientes, ponerlos en un molde de pastel enmantequillado, de 9". Hornear por 5 minutos en un horno precalentado a 350°F (180°C).

RELLENO:

1 cda	14 g	gelatina sin sabor
¼ taza	60 ml	jugo de naranja
6 oz	120 g	queso de crema
1 taza	250 ml	crema de batir
½ taza	56 g	azúcar glacé
½ cdta	3 ml	extracto de vainilla
1 cdta	5 ml	corteza de naranja, rallada

Ablandar la gelatina en el jugo de naranja. Calentar el jugo en una cacerola pequeña hasta que se disuelva la gelatina. Ablandar el queso, agregar el jugo de naranja. Batir la crema, mezclar el azúcar, el extracto de vainilla y la corteza de naranja. Mezclar con el queso ablandado. Poner en la corteza del pastel y refrigerar por 3 horas.

DECORADO:

1 taza	100 g	fresas lavadas, sin cáliz, en rodajas
1 taza	225 g	duraznos, en rodajas
1 taza	225 g	kiwis pelados, en rodajas o bananas en rodajas
1 taza	100 g	uvas sin semilla, en mitades
½ taza	125 ml	gelatina de manzana

Poner la fruta en capas sobre el relleno refrigerado. Calentar la gelatina y con una brochita ponérsela encima a la fruta. Refrigerar por 1 hora antes de servir.

PARA 6 PORCIONES

PASTEL DE QUESO DE HIELERA CON ESCARCHA DE ARANDANOS

1½ cda	25 ml	mantequilla suave
2 tazas	200 g	arándanos frescos, divididos
½ taza	112 g	azúcar granulada, dividida
1	1	sobre de gelatina sin sabor
⅔ taza	160 ml	crema de batir, dividida
1	1	huevo
3	3	paquete de (125 g) de queso de crema, a temperatura ambiente
¼ taza	28 g	azúcar glacé

Enmantequillar bien un molde de pastel de 9" (23 cm). Poner con cuidado cerca de 1½ taza (150 g) de arándanos en la mantequilla para cubrir el fondo del molde. Espolvorear con 2,5 cdas. (37 g) de azúcar granulada.

Ablandar la gelatina en una cacerola mediana con un poco más de ⅓ taza (80 ml) de crema. Incorporar el huevo y el ⅓ de taza (75 g) restante del azúcar granulada. Poner a fuego medio; batir constantemente hasta que la mezcla se espese ligeramente y llegue a ebullición.

Batir el queso de crema hasta que se ablande bien. Poner poco a poco la mezcla de la gelatina, batiéndola hasta que se mezcle bien. Batir el ⅓ de taza (80 ml) restante de la crema de batir hasta que esté firme; ponerla en la mezcla de queso de crema. Poner la mezcla en la corteza de arándanos y refrigerar por 3-4 horas. Al tiempo de servir, poner encima los arándanos restantes y el azúcar glacé cernida.

Pizza de Frutas

Pastel de Mocha Italiano

PASTEL DE MOCHA ITALIANO

6	6	huevos, separados
1 taza	225 g	azúcar granulada
2 cdas	30 ml	jugo de limón
1 cdta	5 ml	corteza de limón rallada
1 cdta	2 g	café instantáneo
2 cdas	30 ml	agua caliente
½ taza	56 g	harina de pastel
2 cdtas	10 g	polvo de hornear
¼ cdta	1,2 g	sal
16	16	granos de café, cubiertos con chocolate

Batir las yemas de huevo, mezclar con el azúcar, el jugo de limón y la corteza rallada. Disolver el café en el agua caliente, luego agregarlo a las yemas de huevo.

Cernir juntos la harina, el polvo de hornear y la sal. Poner en la mezcla de huevo. Batir las claras de huevo hasta formar picos suaves. Poner en la mezcla. No mezclar demasiado. Poner en 2 moldes redondos de pastel, de 9″ (23 cm). Los moldes deben estar cubiertos con papel parafinado, engrasado y enharinado. Poner en un horno precalentado a 350°F (180°C), por 20 minutos. Pasar a una parrilla de enfriamiento, dejar enfriar por 10 minutos antes de sacar de los moldes, enfriar completamente. Escarchar y rellenar con Relleno de Crema de Mocha (ver página 506). Decorar con los granos de café cubiertos con chocolate.

SUAVECITOS DE CHOCOLATE

3 oz	80 g	chocolate semi-dulce
1 taza	225 g	mantequilla
2 tazas	450 g	azúcar granulada
2	2	huevos
⅛ cdta	pizca	sal
3¾ tazas	420 g	harina
2 cdas	30 g	cocoa en polvo
1 cda	15 g	polvo de hornear
¾ taza	180 ml	leche
1 cdta	5 ml	extracto de vainilla

Derretir el chocolate en una cacerola doble. Ablandar la mantequilla y luego batirla con el azúcar y los huevos

Cernir juntos la sal, la harina, la cocoa y el polvo de hornear. Poner en la mezcla de crema alternando con la leche. Agregar la vainilla y refrigerar por 4 horas. Enrollar en forma de cigarro y luego cortar en rueditas.

Poner por 10-12 minutos en un horno precalentado a 400°F (200°C). Sacar del horno y dejar enfriar.

HACE 2 DOCENAS

FLAN DE ARANDANOS

FLAN:

2½ tazas	280 g	harina de pastel
½ taza	112 g	azúcar granulada
½ taza	112 g	mantequilla ablandada
3	3	yemas de huevo
1 cdta	5 ml	corteza de limón rallada
¼ cdta	1,2 g	sal

Poner la harina en un tazón. Con un mezclador manual, incorporar el azúcar y la mantequilla; agregar las yemas de huevo, el limón y la sal. Combinar bien los ingredientes, sin mezclar demasiado. Dejar reposar la masa por 30 minutos, luego extenderla a un espesor de ⅛″ (3 mm). Ponerla en un molde de flan engrasado de 10″ (25 cm). Hornear tapado a 350°F (180°C), por 15 minutos.

RELLENO:

1¾ taza	400 g	azúcar granulada
¼ taza	28 g	maicena
2	2	huevos
1 cda	14 g	mantequilla
1½ taza	375 ml	leche
1 cdta	5 ml	extracto de vainilla
3 tazas	300 g	arándanos frescos
¼ taza	60 ml	jalea de manzana

En una cacerola doble, mezclar 1 taza (225 g) de azúcar, la maicena y los huevos; agregar la mantequilla, la leche y la vainilla; cocinar hasta que esté bien espeso. Poner en la corteza del pastel. Combinar el resto del azúcar con los arándanos. Poner sobre el relleno de crema; regresar al horno y continuar horneando por 25 minutos.

Sacar del horno y dejar enfriar. Calentar la jalea de manzana; con una brochita untarla a los arándanos y refrigerar.

PARA 8-10 PORCIONES

Flan de Arándanos

CHOCOLATE CONGELADO ZABAGLIONE

6	6	yemas de huevo
½ taza	112 g	azúcar granulada
2 oz	60 g	chocolate semi-dulce
⅓ taza	80 ml	crema de jerez
¼ taza	60 ml	crema espesa

En una cacerola doble, con fuego bajo, batir las yemas de huevos con el azúcar hasta que estén espumosas.

Derretir el chocolate en otra cacerola doble. Agregar el jerez y la crema. Poner poco a poco la mezcla de chocolate en la mezcla de huevo. Batir continuamente hasta que la mezcla se espese, dejar enfriar y luego refrigerar. Poner en una máquina de hacer helados y congelar de acuerdo a las instrucciones del fabricante.

PARA 4 PORCIONES

PASTEL DE CALABAZA GOURMET

½ ración	0,5	Corteza Gourmet (ver página 541)
1¾ taza	430 ml	calabaza, enlatada
½ taza	100 g	azúcar morena, de paquete
¼ taza	60 ml	miel
½ cdta	2,5 g	jengibre molido
1 cdta	5 g	canela
¼ cdta	1,2 g	clavos de olor molidos
2	2	huevos, batidos
1 taza	250 ml	leche evaporada
½ taza	125 ml	agua

Extender la masa y ponerla en un molde de pastel de 9" (23 cm). Acanalar los bordes.

Poner la calabaza en una cacerola y cocerla por 10 minutos. Mezclarle el azúcar, la miel y las especias. Quitar del fuego. Batirle los huevos, la leche y el agua. Mezclar hasta que esté bien fino. Poner en la corteza del pastel. Poner en un horno precalentado a 450°F (230°C), por 45 minutos, o hasta cuando al insertar un cuchillo la hoja salga limpia.

PARA 6 PORCIONES

PASTEL DE QUESO DE FRESAS

CORTEZA:

2 tazas	225 g	miga de pastel blanco
⅓ taza	37 g	miga fina de pan
¼ taza	60 ml	mantequilla derretida

Combinar todos los ingredientes. Poner apretando en el fondo y parte de arriba de un molde de resorte enmantequillado de 9".

RELLENO:

2 tazas	500 ml	puré de fresas frescas
1½ lb	750 g	queso de crema
1½ taza	336 g	azúcar granulada
3	3	huevos
2 cdtas	10 ml	vainilla blanca

Hacer una mezcla cremosa con las fresas, el queso y el azúcar. Agregar los huevos uno por uno, batiéndolos al ponerlos. Mezclar la vainilla a la mezcla; poner la mezcla en la corteza del pastel. Hornear por 75 minutos en un horno precalentado a 350°F (160°C).

Apagar el horno, abrir la puerta y dejar adentro el pastel por 30 minutos. Pasar a un estante de enfriamiento y enfriar a temperatura ambiente.

DECORADO:

2 tazas	200 g	fresas frescas, en mitades
½ taza	125 ml	conserva de albaricoque

Colocar las fresas alrededor del pastel enfriado. Calentar la conserva de albaricoque en una cacerola pequeña y con una brochita untarla a las fresas. Refrigerar el pastel por 6-8 horas antes de servir.

Pastel de Calabaza Gourmet

Pastel de Queso de Fresas

Torta B-52 con Escarcha B-52

TORTA B-52

2 cdas	30 g	cocoa en polvo
2 tazas	225 g	harina de pastel
1 cdta	5 g	polvo de hornear
¼ cdta	1,2 g	sal
½ taza	112 g	mantequilla
1½ taza	336 g	azúcar granulada
2	2	huevos batidos
3 oz	80 g	chocolate semi-dulce derretido
⅓ taza	80 ml	leche
⅛ taza	30 ml	brandy de naranja
⅛ taza	30 ml	licor Irish Cream
⅛ taza	30 ml	licor de café

Cernir por tres veces la cocoa, la harina, el polvo de hornear y la sal.

Ablandar la mantequilla con el azúcar hasta obtener una mezcla muy ligera. Agregar los huevos uno por uno, batiéndolos al ponerlos. Mezclar el chocolate y la leche con los licores.

Incorporar la harina y el líquido en la mezcla cremosa, un tercio cada vez. Poner en 2 moldes, engrasados y enharinados, de 8" (20 cm). Hornear en un horno precalentado a 350°F (180°C), por 35-40 minutos.

Dejar enfriar por 10 minutos, luego poner en un estante de enfriamiento. Escarchar y rellenar con Escarcha B-52 (receta siguiente).

ESCARCHA B-52

3 oz	85 g	chocolate semi-dulce
1 oz	30 ml	licor Irish Cream
1 oz	30 ml	brandy de naranja
1 oz	30 ml	licor de café
1 cdta	5 ml	mantequilla derretida
2	2	yemas de huevo
2 tazas	225 g	azúcar glacé

En una cacerola doble, derretir el chocolate junto con los licores y la mantequilla. Batirle a la mezcla las yemas de huevo y seguir batiendo mientras se cocina, hasta que la salsa se espese. Quitar del fuego inmediatamente. Poner en una mezcladora y batirle el azúcar. Usar de acuerdo a las instrucciones.

PASTA DE CAPPUCCINO

½ ración	0,5	Pasta de Café (ver página 436)
½ ración	0,5	Pasta de Cocoa (ver página 429)
¼ taza	56 g	azúcar granulada
1 taza	250 ml	leche 50% crema
1 cdta	5 ml	extracto de vainilla
6 oz	170 g	chocolate semi-dulce

Procesar la pasta de acuerdo a las instrucciones; cortarla en capellinis.

Disolver el azúcar en la crema y agregar la vainilla.

Calentar la crema en una cacerola doble. Agregar el chocolate a la crema.

Cocinar la pasta en una olla grande con agua hirviendo. Escurrir y poner en platos de servir. Poner salsa encima y servir.

PARA 6 PORCIONES

Pastel de Comida de Angeles

PASTEL DE MANZANA CON AZUCAR DE ARCE

1 ración	1	Corteza de Pastel de Trigo Integral (receta siguiente)
8	8	manzanas grandes para tarta
1 taza	225 g	azúcar de arce
1 cda	7 g	harina
¼ cdta	1,2 g	de cada uno: clavos de olor, nuez moscada
1 cdta	5 g	canela molida
2 cdas	28 g	mantequilla
1	1	huevo batido

Extender la mitad de la masa y ponerla en un molde de 9"(23 cm). Pelar y quitarle el corazón a las manzanas. Mezclar el azúcar, la harina y las especias. Poner la mitad en el pastel. Rellenarlo con manzanas y espolvorear con el resto del azúcar. Poner trocitos de mantequilla en varios puntos del pastel. Extender el resto de la masa, ponerla sobre el pastel. Doblar los bordes hacia abajo, dando forma acanalada a los lados. Cortar en la corteza de encima para dejar escapar el vapor. Con una brochita, untar con huevo. Poner en un horno precalentado a 425°F (215°C), por 45 minutos, o hasta que se dore bien. Dejar enfriar antes de servir.

PARA 6 PORCIONES

PASTEL DE COMIDA DE ANGELES

10	10	claras de huevo
1 cdta	5 ml	crema tártara
1 taza	225 g	azúcar de vainilla*
1 taza	112 g	harina
¼ cdta	2,5 g	sal
1 cdta	5 ml	extracto de vainilla

Batir las claras de huevo hasta que estén muy esponjosas. Agregar la crema tártara, luego poner poco a poco el azúcar. Cernir por 4 veces la harina y la sal. Poner la harina en las claras de huevo. Agregar la vainilla. Poner en un molde de pastel de comida de angeles (no engrasarlo). Hornear en un horno precalentado a 375°F (190°C), por 35-40 minutos. Voltear el molde sobre un tubo o vaso, dejar que caiga por su propio peso. Cuando el pastel se enfríe cubrirlo con Dulce de Angelitos (página 572), Chocolate Doble (página 561) o con el dulce de su preferencia.

* Para hacer azúcar de vainilla poner 2 tazas de azúcar granulada y 3 vainitas de vainilla en un recipiente. Dejarlo tapado, bien sellado, por 2 semanas.

PASTA DE CAFE FRANGELICO

1 ración	1	Pasta de Café (ver página 436)
¼ taza	56 g	azúcar granulada
1 taza	250 ml	leche 50% crema
2 cdtas	4 g	café instantáneo
2 oz	50 ml	licor Frangelico
2 oz	60 g	chocolate semi-dulce
¼ taza	38 g	avellanas picadas

Procesar la pasta de acuerdo a las instrucciones; cortarla en capellinis.

En una cacerola doble, disolver el azúcar en la crema. Agregar el café y el licor. Derretir el chocolate en la misma olla.

Cocinar la pasta en una olla grande con agua hirviendo, luego escurrirla.

Poner salsa sobre la pasta, espolvorearla con las nueces y servir.

PARA 6 PORCIONES

CORTEZA DE PASTEL DE TRIGO INTEGRAL

1 taza	112 g	harina de trigo integral
1 taza	112 g	harina
1 cdta	5 g	sal
¾ taza	168 g	manteca vegetal
⅓ taza	80 ml	agua con hielo

Cernir con sal las dos harinas juntas, dos veces. Mezclar la manteca vegetal con las harinas. Mezclar el agua con las harinas, poca agua cada vez, hasta sólo humedecerla. Dividir en dos, tapar y refrigerar. Usar como se desee.

Pastel de Manzana con Azúcar de Arce

PASTEL DE MERENGUE DE LIMÓN O LIMA

½ ración	0,5	Pasta Sencilla (ver página 616)
2¼ tazas	510 g	azúcar granulada
⅓ taza	37 g	maicena
1¾ taza	410 ml	agua hirviendo
3	3	huevos, separados
⅓ taza	80 ml	jugo y pulpa de limón o de lima
1 cdta	5 ml	corteza rallada de limón o lima
1 cda	14 g	mantequilla
2 gotas	2	colorante verde de alimentos, para pastel de lima

Extender la masa y ponerla en un molde de 9" (23 cm). Acanalar los bordes y hornearla ciega. (ver Glosario para hornear en ciego). Dejarla enfriar.

Mezclar 1¼ taza (336 g) de azúcar con la maicena. Agregar el agua, revolviéndola para no formar grumos. Cocinar a fuego medio hasta que la mezcla se espese. Quitarla del fuego y poco a poco mezclarle las yemas de huevo. Cocinar por 2 minutos más. Agregar el jugo, la pulpa y la mantequila; poner el colorante.

Dejar enfriar totalmente. Poner en la corteza del pastel. Batir las claras hasta que se endurezcan. Agregar el resto del azúcar, 2 cdas. (30 g) cada vez. Poner en espiral sobre el pastel. Hornear por 10-12 minutos en un horno precalentado a 450°F (230°C), o hasta que el merengue se dore.

PARA 6 PORCIONES

PASTEL DE COMIDA DEL DIABLO

2 cdas	30 g	cocoa en polvo
2 tazas	225 g	harina de pastel
1 cdta	5 g	bicarbonato de soda
¼ cdta	2,5 g	sal
½ taza	112 g	mantequilla
1½ taza	336 g	azúcar granulada
2	2	huevos
4 oz	120 g	chocolate semi-dulce, derretido
1 taza	250 ml	leche descremada

Cernir por 3 veces, la cocoa, la harina, el bicarbonato y la sal. Hacer una mezcla cremosa liviana con la mantequilla y el azúcar. Agregar los huevos uno por uno. Poner el chocolate. Incorporar la harina y la leche descremada, un tercio cada vez. Poner en 2 moldes de pastel redondos, engrasados, de 8" (20 cm). Hornear en un horno precalentado a 350°F (180°C), por 35-40 minutos. Dejar enfriar por 10 minutos, luego poner en una parrilla* de enfriamiento. Enfriar y cubrir con Relleno de Crema de Mocha (receta siguiente).

RELLENO DE CREMA DE MOCHA

½ taza	112 g	azúcar granulada
¼ taza	60 ml	café negro, muy fuerte
¼ taza	60 ml	licor de café
3	3	yemas de huevo
½ taza + 2 cdas	150 g	mantequilla sin sal

Calentar el azúcar, el café y el licor en una cacerola pequeña; hacer un jarabe espeso. Batir las yemas de huevo, luego ponerles el jarabe, batiéndolo lentamente.

Ablandar la mantequilla hasta que esté liviana y esponjosa. Ponerla en la mezcla de huevo y café. Usar como se desee.

NOTA: Para hacer el Relleno de Irish Cream, sustituir el licor de café con licor Irish Cream.

Pastel de Merengue de Limón o Lima

Pastel de Comida del Diablo con Relleno de Crema de Mocha

Cuadritos de Torta de Mantequilla

PASTEL DE QUESO DE PIÑA COLADA

CORTEZA:

1 taza	75 g	coco en hojuelas
1 taza	100 g	avellanas tostadas, molidas
⅓ taza	75 g	azúcar granulada
¼ taza	60 ml	mantequilla derretida

Combinar los ingredientes. Ponerlos en el fondo de un molde de resorte de 9″ (23 cm). Refrigerar por 10 minutos. Poner por 7 minutos en un horno precalentado a 350°F (180°C).

RELLENO:

1½ lb	675 ml	queso de crema
1 taza	225 g	azúcar granulada
¼ taza	60 ml	néctar de crema de coco*
1 taza	250 ml	crema espesa
1½ taza	340 g	piña machacada, bien escurrida
3	3	huevos
¼ taza	60 ml	ron de coco (opcional)
2 cdtas	10 ml	extracto de ron
1 taza	90 g	coco tostado, desmenuzado

Hacer una crema suave y homogénea con el queso y el azúcar. Mezclarle la crema de coco, la crema y la piña. Batir los huevos uno por uno. Incorporar el saborizador de ron. Poner en la corteza del pastel. Hornear en un horno precalentado a 350°F (160°C), por 90 minutos. Apagar el horno, mantener la puerta abierta y dejar reposar el pastel por 30 minutos. Espolvorear con el coco. Pasar a una parrilla de enfriamiento, enfriar a temperatura ambiente. Refrigerar por 8 horas, o por toda la noche antes de servir.

TORTA DE CHOCOLATE BLANCO Y MIEL

1¼ taza	140 g	harina
2 cdtas	10 g	polvo de hornear
½ cdta	2,5 g	sal
1 taza	225 g	azúcar granulada
3	3	huevos, separados
½ taza	125 ml	leche
¾ taza	180 ml	aceite
2 oz	60 g	chocolate blanco, derretido, enfriado
1½ cdta	8 ml	vainilla blanca
¾ taza	180 ml	miel
¼ taza	60 ml	Crema de Cacao blanca

Cernir dos veces la harina, el polvo de hornear y la sal. Hacer una crema liviana con el azúcar y los huevos. Agregar alternando la harina, la leche y el aceite, en tercios. Poner el chocolate y la vainilla. Poner la mezcla en un molde de resorte, enmantequillado y enharinado, de 9″ (23 cm). Hornear por 30 minutos en un horno precalentado a 350°F (180°C). Pasar a una parrilla de enfriamiento. Poner el pastel en un platón grande. Mezclar la miel con el licor; poner en el pastel y dejar que lo absorba por 24 horas. Servir con crema batida sin endulzar.

CUADRITOS DE TORTA DE MANTEQUILLA

½ taza	112 g	mantequilla
1 taza	225 g	harina
1¾ taza	295 g	azúcar morena
2	2	huevos batidos
½ taza	56 g	harina de avena
¼ cdta	1,2 g	sal
½ cdta	2,5 g	polvo de hornear
1 cdta	5 ml	extracto de vainilla
½ taza	75 g	pacanas en trocitos
½ taza	70 g	pasas

Mezclar la mantequilla en la harina junto con 2 cdas. (30 g) de azúcar. Poner apretando en un molde de pastel, enmantequillado, de 9″ (23 cm). Hornear en un horno precalentado a 350°F (180°C), por 15 minutos.

Batir los huevos con el resto del azúcar. Mezclarles bien la harina de avena, la sal y el polvo de hornear. Incorporar la vainilla, las nueces y las pasas. Poner en la corteza de pastel, regresar al horno y hornear por 20 minutos más. Dejar enfriar antes de partir en cuadritos.

PRODUCE 20 CUADRITOS

Torta de Chocolate Blanco y Miel

PASTEL DE MANDARINA Y NOGAL

½ taza	112 g	mantequilla
1 taza	225 g	azúcar granulada
2	2	yemas de huevo
1½ taza	168 g	harina de pastel
2¼ cdtas	13 g	polvo de hornear
¼ taza	60 g	cocoa en polvo
2 cdas	10 ml	agua caliente
½ taza	125 ml	leche
1 cdta	5 ml	vainilla
½ taza	75 g	nueces de nogal, en trozos
1 taza	150 g	gajos de mandarina

Ablandar la mantequilla, agregar el azúcar y 1 huevo cada vez. Batir hasta tener una mezcla muy ligera. Cernir juntos la harina y el polvo de hornear. Mezclar la cocoa, el agua caliente, la leche y la vainilla.

Incorporar en la mezcla ⅓ de la harina y ⅓ de la leche, alternando y repitiendo hasta completar. Poner las nueces y las mandarinas. Poner en 2 moldes, engrasados y enharinados, de 9" (23 cm). Hornear en un horno precalentado a 350°F (180°C), por 25-30 minutos o hasta que al insertar un palillo de dientes éste salga limpio. Dejar enfriar por 10 minutos antes de poner en una parrilla de enfriamiento. Enfriar completamente antes de ponerles la Escarcha de Crema de Piña (receta siguiente).

ESCARCHA DE CREMA DE PIÑA

1 taza	250 ml	crema de batir
¼ taza	28 g	azúcar glacé
2½ tazas	560 g	piña machacada, con jugo
3 oz	90 g	pudín instantáneo de piña o vainilla

Batir la crema hasta que forme picos suaves. Batirle a la crema el azúcar glacé. Batir la piña con el pudín hasta que esté bien mezclado. Incorporar la crema batida. Escarchar el pastel.

MOUSSE DE CHOCOLATE

6 oz	120 g	chocolate semi-dulce, rallado
6	6	huevos grandes, separados, a temperatura ambiente
¼ cdta	1,2 g	sal

Derretir el chocolate en una cacerola doble. Dejarlo enfriar un poco. Batir las yemas de huevo hasta que estén suaves y espesas. Incorporar gradualmente al chocolate derretido. Batir las claras de huevo con la sal hasta que se endurezcan. Ponerlas poco a poco en la mezcla. Con una cuchara, poner el mousse en platos de servir, cubrir con papel plástico y refrigerar por 6 horas.

PARA 6 PORCIONES

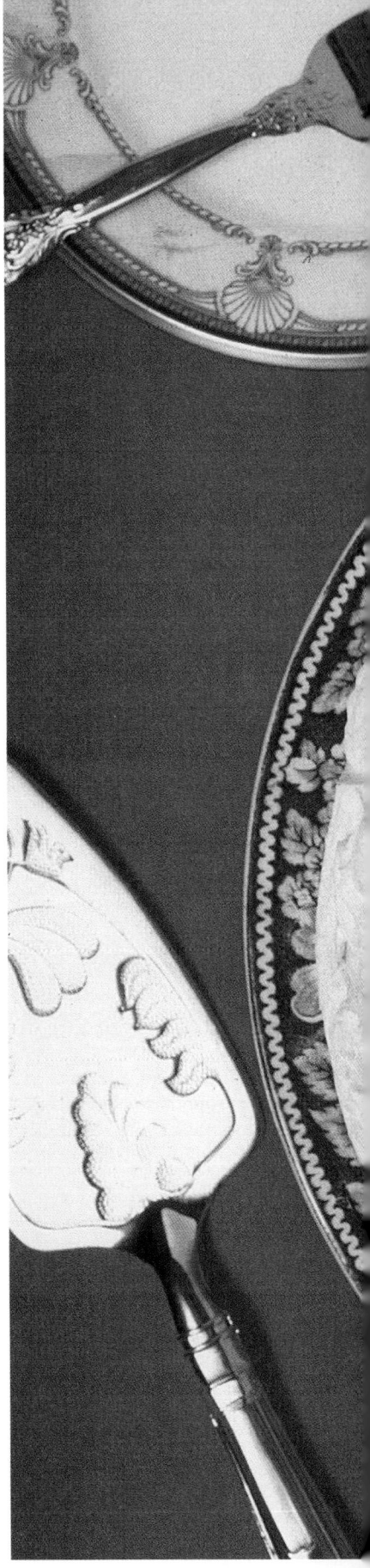

Pastel de Mandarina y Nogal con Escarcha de Crema de Piña

Pastel de Queso B-52

PASTEL DE QUESO B - 52

CORTEZA:

3 tazas	336 g	migas de galleta de chocolate
3 cdas	45 g	azúcar granulada
¼ taza	60 ml	mantequilla derretida

Combinar todos los ingredientes. Poner apretando en el fondo y los lados de un molde de resorte enmantequillado, de 9" (23 cm).

RELLENO:

1¾ lb	675 g	queso de crema
1 taza	225 g	azúcar granulada
6	6	huevos
3 oz	85 g	chocolate semi-dulce, derretido
¼ taza	60 ml	licor Kahlúa
¼ taza	60 ml	licor Grand Marnier
2 cdtas	10 ml	corteza de naranja rallada
¼ taza	60 ml	licor Irish Cream

Hacer una mezcla suave con el queso y el azúcar; batirle a la mezcla los huevos, uno por uno; dividir la mezcla en 3 partes. En una parte mezclar el chocolate y el Kahlúa. En otra parte mezclar el Grand Marnier y la corteza de naranja. En la tercera parte mezclar el Irish Cream.

Poner la mezcla de chocolate en la corteza del pastel. Hornear por 30 minutos en un horno precalentado a 325°F (160°C). Poner encima la mezcla con el Irish Cream y continuar horneando por 20 minutos más. Cubrir con la mezcla del Grand Marnier y hornear por 45 minutos más. Apagar el horno, mantener la puerta abierta y dejar reposar el pastel por 30 minutos. Pasarlo a una parrilla de enfriamiento y enfriar a temperatura ambiente. Refrigerar por 8 horas o por toda la noche. Servir con Salsa de Brandy de Naranja (ver página 107).

Ermitaños de Azúcar y Especias

GALLETAS DE AVENA CON PASAS Y NUECES

1 cdta	5 g	polvo de hornear
1 cdta	5 g	bicarbonato de soda
1 cdta	5 g	sal
1 taza	225 g	manteca vegetal
1 taza	200 g	azúcar morena, de paquete
1 taza	225 g	azúcar granulada
2	2	huevos
1 cdta	5 ml	vainilla
2½ tazas	280 g	avena de cocimiento rápido
½ taza	70 g	pasas
½ taza	75 g	trocitos de nueces de nogal

Precalentar el horno a 350°F (180°C). Cernir juntos el polvo de hornear, el bicarbonato y la sal. Mezclar el aceite y las azúcares hasta tener una mezcla liviana y esponjosa. Agregar los huevos uno por uno, batiéndolos bien. Mezclar la vainilla. Agregar los ingredientes secos a la mezcla cremosa. Incorporar la avena, las pasas y las nueces. Formar bolitas y poner en una lata de hornear enmantequillada a 2" (5 cm) de distancia entre cada bolita. Hornear por 10-12 minutos.

HACE 3 DOCENAS

ERMITAÑOS DE AZUCAR Y ESPECIAS

¾ taza	168 g	mantequilla
1 taza	168 g	azúcar morena
2	2	huevos
¾ cdta	4 g	bicarbonato de soda
1 cda	15 ml	agua caliente
2½ tazas	280 g	harina
½ cdta	2,5 g	sal
1 cdta	5 g	canela
¼ cdta	2,5 g	nuez moscada
¼ cdta	2,5 g	clavos de olor
1 taza	140 g	pasas

Hacer una mezcla suave con la mantequilla y el azúcar. Batirle a la mezcla los huevos, el bicarbonato y el agua. Incorporar los demás ingredientes. Poner cucharadas de la masa, a 2" (5 cm) entre cucharada, en una lata de galletas enmantequillada. Poner en un horno precalentado a 350°F (180°C), por 10-12 minutos.

HACE 3⅓ DOCENAS

CUADRITOS DE DULCE

2 oz	60 g	chocolate semi-dulce
⅓ taza	75 g	mantequilla
1 taza	225 g	azúcar granulada
3	3	huevos
¾ taza	84 g	harina
1 cdta	5 g	polvo de hornear
1 cdta	5 ml	vainilla
1 taza	150	trocitos de nueces de nogal
1 ración	1	Escarcha de Chocolate Doble (ver página 561)

En una cacerola doble, derretir el chocolate y la mantequilla; quitar del fuego y batirle a la mezcla el azúcar y los huevos. Cernir la harina con el polvo de hornear y poner en la mezcla. Agregar la vainilla y las nueces. Poner la mezcla en un molde cuadrado enmantequillado de 8" (20 cm). Poner en un horno precalentado a 350°F (180°C), por 12-15 minutos. Dejar que se enfríe un poco. Escarchar y cortar en cuadritos.

HACE 2 DOCENAS

CUADRITOS DE TORTUGA

¼ taza	60 ml	mantequilla derretida
1 taza	112 g	miga de galleta de chocolate
1 taza	90 g	coco desmenuzado
10 oz	300 g	trocitos de chocolate semi-dulce
6 oz	180 g	caramelos
2 tazas	500 ml	leche condensada, azucarada
1 taza	150 g	trocitos de pacanas

Mezclar la mantequilla con la miga de chocolate; poner apretando en un molde enmantequillado de 13" x 9" (32,5 x 23 cm). Espolvorear con el coco; luego con la mitad de los trocitos de chocolate y los caramelos. Poner la leche encima y luego espolvorear con las nueces. Poner en un horno precalentado a 350°F (180°C), por 30 minutos. Dejar enfriar. Derretir el resto del chocolate en una cacerola doble y ponerlo sobre los cuadritos. Cortar en barras cuando se enfríe.

HACE 24 CUADRITOS

PASTEL DE DURAZNO Y MANZANA

PASTEL:

½ ración	0,5	Pasta Sencilla (ver página 616)
4	4	manzanas ácidas grandes de cocina, peladas, sin corazón, en rodajas
2 tazas	450 g	duraznos frescos, en rodajas
¼ taza	28 g	harina
½ taza	112 g	azúcar granulada
½ cdta	2,5 g	canela

RELLENO:

½ taza	56 g	harina
½ cdta	2,5 g	canela
⅓ taza	56 g	azúcar morena ligera
⅓ taza	75 g	mantequilla

PASTEL:
Extender la masa de pastel y cubrir un molde de 10" (25 cm). Acanalar los bordes.

Mezclar las manzanas y los duraznos. Mezclar la harina, el azúcar y la canela. Impregnar las frutas. Poner en la corteza del pastel.

RELLENO:
Mezclar la harina, la canela y el azúcar. Poner la mantequilla y formar grumos. Poner sobre el pastel. Hornear en un horno precalentado a 425°F (215°C), por 20 minutos; bajar la temperatura a 325°F (160°C); continuar horneando por 30 minutos. Sacar del horno y dejar enfriar antes de servir.

PARA 6 PORCIONES

Pastel de Durazno y Manzana

Cuadritos de Tortuga

Torta Príncipe Regente

TORTA PRINCIPE REGENTE

PASTEL:

1¾ taza	400 g	azúcar granulada
⅓ taza	80 ml	agua caliente
3 tazas	336 g	harina de pastel
1 cda	15 g	polvo de hornear
¼ cdta	2,5 g	sal
¾ taza	168 g	mantequilla
3	3	huevos
1 cdta	5 ml	vainilla
⅔ taza	160 ml	leche

Poner ½ taza (112 g) de azúcar en una cacerola pesada; cocerla a fuego medio, revolviendo bastante, hasta que se dore. Quitar del fuego y agregar el agua para que se enfríe. Cenir juntos la harina, el polvo de hornear y la sal. Hacer una mezcla muy suave con la mantequilla y el resto del azúcar.

Batir en la mezcla los huevos, uno por uno. Mezclar el jarabe enfriado con la vainilla y la leche. Incorporar la harina y el líquido en la mezcla cremosa, en tercios. Cortar 8 círculos de 8" (20 cm) de papel parafinado, y ponerlos en latas de hornear. Repartir la mezcla en porciones de ¾ taza (180 ml) cada una; ponerlas sobre los círculos de papel hasta llegar a 1½" (4 cm) de los bordes. Hornear por 7-8 minutos en un horno precalentado a 350°F (180°C). Quitar el papel parafinado. Poner el relleno después de enfriar.

RELLENO PARA LA TORTA PRINCIPE REGENTE

1 taza	225 g	azúcar granulada
¼ taza	28 g	maicena
2	2	huevos
1½ taza	375 ml	leche
1 cdta	5 ml	vainilla
3 oz	85 g	chocolate semi-dulce

En una cacerola doble, o sencilla, mezclar el azúcar con la maicena y los huevos. Batir en la mezcla la leche y la vainilla. Calentar a temperatura media. Incorporar el chocolate; cocer hasta que la salsa esté muy espesa. Dejar enfriar y poner sobre los pasteles.

ESCARCHA:

10 oz	300 g	chocolate semi-dulce
1½ cdta	8 ml	aceite

Derretir el chocolate en una cacerola doble, mezclar el aceite. Poner la mezcla caliente sobre el pastel. Refrigerar por 1 hora antes de servir.

Pastel de Queso de Manzana Holandés

PASTEL DE QUESO DE MANZANA HOLANDÉS

CORTEZA:

3½ tazas	392 g	migas de galletas de harina integral
1 cda	15 g	canela
¼ taza	60 ml	mantequilla derretida

Combinar todos los ingredientes. Poner apretando en el fondo y los lados de un molde de resorte enmantequillado de 10" (25 cm). Refrigerar. Precalentar el horno a 320°F (160°C).

RELLENO:

2 tazas	300 g	manzanas, peladas, sin corazón, en trocitos
1 taza	150 g	trocitos de nueces de nogal
½ taza	70 g	pasas
1 lb	450 g	queso de crema
¾ taza	168 g	azúcar granulada
4	4	huevos
1 cdta	5 g	vainilla

Mezclar las manzanas con las nueces y las pasas. Ponerlas en la corteza. Hacer una mezcla liviana y esponjosa con la crema y el queso. Batir los huevos en la mezcla, uno por uno, mezclando bien. Incorporar la vainilla. Poner sobre las manzanas. Hornear por 45 minutos.

DECORADO:

½ taza	112 g	harina
1 cdta	5 g	canela
⅓ taza	56 g	azúcar morena liviana
⅓ taza	75 g	mantequilla

Cernir juntos la harina, la canela y el azúcar. Ablandar la mantequilla y luego mezclarla con la harina. Poner sobre el pastel. Hornear por 45 minutos más. Abrir la puerta, apagar el horno y dejar adentro el pastel por 30 minutos. Pasar a una parrilla de enfriamiento. Cuando se enfríe, poner a refrigerar por 6-8 horas.

MANZANAS A LA DIABLO

1¼ taza	140 g	azúcar granulada
1¼ taza	310 ml	agua
1	1	vaina de vainilla
6	6	manzanas grandes, peladas, sin corazón
1½ taza	375 ml	crema espesa
½ taza	125 ml	crema ácida
½ taza	56 g	azúcar glacé
⅓ taza	80 ml	licor Calvados

Hervir el azúcar y la vainilla en el agua; bajar el fuego y revolver hasta que se disuelva el azúcar. Hervir las manzanas hasta que se ablanden. Batir la crema para que se espese sin ponerse muy dura; mezclarle a la crema espesa la crema ácida y el azúcar glacé. Poner las manzanas en platos; cubrirlas con crema. Calentar el Calvados y encenderlo; servir inmediatamente.

PARA 6 PORCIONES

BUDIN DE MANZANAS Y ESPECIAS

2 tazas	500 ml	jugo de manzana
1½ taza	336 g	azúcar granulada
1 taza	250 ml	aceite
1 cda	15 g	canela
¾ cdta	4 g	clavos de olor
1 cdta	5 g	nuez moscada
1 taza	140 g	pasas
1½ taza	225 g	manzanas peladas, sin corazón, desmenuzadas
4 tazas	450 g	harina de pastel
2 cdtas	10 g	polvo de hornear
1 taza	150 g	trocitos de pacanas

Cocer a fuego medio el jugo de manzana, el azúcar, el aceite, las especias, las pasas y las manzanas, por 5 minutos. Quitar del fuego y dejar enfriar a temperatura ambiente. Incorporar la harina, el polvo de hornear y las nueces. Mezclar muy bien. Poner en un molde de budín, engrasado y enharinado, de 10" x 4" (25 x 10 cm). Hornear por 1½ horas en un horno precalentado a 350°F (180°C). Dejar enfriar por 15 minutos antes de poner en una parrilla de enfriamiento.

Budín de Manzanas y Especias

Gotas de Pacanas

PASTEL DE QUESO DE DURAZNO

CORTEZA:

2 tazas	225 g	miga de pastel blanco
1 taza	112 g	miga finas de pan
¼ taza	60 ml	mantequilla derretida

Combinar bien todos los ingredientes. Poner apretando en el fondo y los lados de un molde de resorte enmantequillado, de 9" (23 cm). Refrigerar por 5 minutos. Hornear por 7 minutos en un horno precalentado a 350°F (180°C). Refrigerar.

RELLENO:

1½ taza	675 g	queso de crema
1 taza	225 g	azúcar granulada
3	3	huevos
¼ taza	60 ml	crema espesa
2 tazas	500 ml	puré de duraznos frescos
1 cda	15 ml	jugo de limón
2 cdtas	10 ml	vainilla

Hacer una crema suave con el queso y el azúcar. Batir en la mezcla los huevos, uno por uno. Incorporar la crema, el durazno, el limón y la vainilla. Poner en la corteza. Hornear en un horno precalentado a 350°F (180°C), por 70 minutos. Apagar el horno, mantener la puerta abierta y dejar adentro el pastel por 30 minutos. Pasarlo a una parrilla de enfriamiento y dejarlo enfriar a temperatura ambiente.

DECORADO:

2 tazas	450 g	duraznos frescos, en rodajas
2 cdas	30 ml	jugo de limón
¼ taza	60 ml	conserva de albaricoque

Remojar los duraznos en el jugo de limón por 10 minutos. Luego escurrir todo el líquido y colocar los duraznos sobre el pastel. Calentar la conserva de albaricoque y con una brochita untarla a los duraznos. Refrigerar el pastel por 6-8 horas antes de servir.

COPA DE FRUTAS DE TIMOTHY

CORTEZA:

3 tazas	336 g	miga de galleta de harina integral
½ cdta	2,5 g	canela molida
3 cdas	45 g	azúcar granulada
¼ taza	60 ml	mantequilla derretida

Combinar bien todos los ingredientes. Poner apretando en el fondo y los lados de un molde de pastel enmantequillado de 9" (23 cm). Hornear por 5 minutos en un horno precalentado a 350°F (180°C). Dejar enfriar y despues refrigerar.

RELLENO:

2 tazas	500 ml	relleno de pastel de cereza
½ ración	0,5	Sorbete de Kiwi y Mango (ver página 580)
1 ración	1	Helado de Fresa y Banana (ver página 641)

Poner el relleno de pastel de cereza en el fondo de la corteza, luego alternar capas de sorbete y helado. Poner en el congelador por 4 horas antes de servir.

PARA 8-10 PORCIONES

GOTAS DE PACANAS

¼ taza	56 g	mantequilla
½ taza	112 g	azúcar granulada
2	2	huevos, separados
2 cdtas	10 g	polvo de hornear
¼ cdta	2,5 g	sal
1 taza	112 g	harina
1 taza	150 g	trocitos de pacanas
¼ taza	60 ml	leche
1 cdta	5 ml	vainilla

Hacer una crema con la mantequilla y el azúcar; batirle a la crema las yemas de huevo. Batir las claras de huevo hasta que se endurezcan. Cernir juntos el polvo de hornear, la sal y la harina, luego mezclar la harina cernida con la crema y las claras de huevo. Incorporar las nueces, la leche y la vainilla. Poner cucharaditas de la mezcla en una lata de hornear enmantequillada. Hornear por 10-12 minutos en un horno precalentado a 350°F (180°C).

HACE 2½ DOCENAS

Copa de Frutas de Timothy

PASTEL DE QUESO DE BANANA

CORTEZA:

1 taza	75 g	coco, en hojuelas
1 taza	100 g	avellanas tostadas, molidas
⅓ taza	75 g	azúcar granulada
¼ taza	60 ml	mantequilla derretida

Combinar bien todos los ingredientes. Poner en un molde de resorte enmantequillado de 9″ (23 cm). Refrigerar por 5 minutos, luego hornear por 7 minutos en un horno precalentado a 350°F (180°C). Dejar enfriar.

RELLENO:

1½ lb	675 g	queso de crema
1 taza	225 g	azúcar granulada
3	3	huevos
1 cdta	5 ml	vainilla
½ taza	150 g	banana, machacada
½ taza	125 ml	puré de fresas
2 oz	60 g	chocolate semi-dulce, derretido
1 cda	15 g	cocoa en polvo

Hacer una crema con el queso y el azúcar. Batir uno por uno los huevos en la mezcla. Incorporar la vainilla. Dividir la mezcla en 3 partes. Mezclar la banana en una parte. Mezclar la fresa en otra parte, y mezclar el chocolate y la cocoa en la tercera parte.

Poner la mezcla del chocolate en la corteza; hornear por 25 minutos. Poner con cuidado la mezcla de la banana sobre la de chocolate y hornear por 25 minutos más. Ponerles encima la mezcla de la fresa y hornear por 30 minutos. Apagar el horno, mantener la puerta abierta y dejar adentro el pastel por 30 minutos más. Pasar a una parrilla de enfriamiento, dejar enfriar a temperatura ambiente. Refrigerar por 8 horas o por toda la noche. Servir con salsa de chocolate.

PASTEL DE RON

8	8	huevos, separados
3 tazas	675 g	azúcar granulada
2 tazas	450 g	mantequilla
2 cdtas	10 ml	vainilla
3 tazas	336 g	harina de pastel
⅓ taza	80 ml	ron

Batir las claras de huevo hasta formar picos suaves. Mezclar con 1 taza (225 g) de azúcar y formar gradualmente un merengue denso. Hacer una crema con la mantequilla y el resto del azúcar. Agregar una por una las yemas y batirlas al ponerlas. Agregar la vainilla. Mezclar la harina, alternando con el ron, poner un tercio por vez de cada uno. Agregar el merengue. Poner en un molde de budín de 4" x 10" (10 x 25 cm). Hornear en un horno precalentado a 350°F (180°C), por 1½ horas. Dejar enfriar por 15 minutos, luego poner en una parrilla de enfriamiento. Escarchar y decorar como se desee.

PASTEL DE BAYAS SILVESTRES

1½ ración	1,5	Pasta Sencilla (ver página 616)
4¼ lbs	2 kg	bayas congeladas o 1½ lb (454 g) de c/u: arándanos, fresas comunes y fresas americanas, frescas
¾ taza	168 g	azúcar granulada
4 cdas	56 g	tapioca granulada, de cocimiento rápido
2 cdas	30 ml	jugo de limón
1	1	huevo

Extender la masa y ponerla en un molde de pastel de 9″ (23 cm). Lavar y separar las bayas. Mezclar todos los demás ingredientes., menos el huevo, y combinar con la mezcla de las bayas. Poner en la corteza del pastel. Batir el huevo y humedecer el borde del pastel. Poner la corteza de arriba y acanalar los bordes. Untar la parte de arriba con el resto del huevo. Hacer agujeritos para dejar escapar el vapor. Hornear en un horno precalentado a 350°F (180°C), por 45 minutos. Dejar enfriar y refrigerar.

Pastel de Ron

Pastel de Queso de Banana

Encaje de Calabaza

ENCAJE DE CALABAZA

1 cda	14 g	gelatina sin sabor
2 cdas	30 ml	jarabe de arce
1½ taza	225 g	calabaza
¾ taza	126 g	azúcar morena
½ cdta	2,5 g	sal
1 cdta	5 g	canela molida
¼ cdta	1,2 g	clavos de olor
¼ cdta	1,2 g	nuez moscada
⅓ taza	80 ml	leche
3	3	huevos, separados
⅓ taza	75 g	azúcar granulada
½ taza	125 ml	crema de batir

Ablandar la gelatina en el jarabe de arce. En una cacerola, combinar la calabaza, el azúcar morena, la sal, los condimentos y la leche. Llevar a ebullición con fuego bajo. Batir en la mezcla las yemas de huevo y cocer por 2 minutos más. Incorporar el jarabe de arce. Refrigerar hasta que la mezcla esté casi firme. Batir las claras de huevo hasta que se endurezcan; agregarles gradualmente el azúcar. Mezclar con la calabaza. Batir la crema e incorporarla en la calabaza. Poner en vasos de servir y refrigerar hasta que esté firme. Servir muy frío.

NOTA: Este relleno también puede usarse para el pastel de calabaza. Preparar ½ ración de pasta sencilla (ver pagina 616) y poner en un molde de pastel de 9" (23 cm). Preparar el encaje de calabaza sin incluir en el relleno la gelatina y la crema de batir. Poner el relleno en un molde de pastel y hornear en un horno precalentado a 350°F (180°C), por 45 minutos. Cuando se enfríe, ponerle encima la crema batida y servir.

PARA 8 PORCIONES

Pastel de Queso de Lima

PASTEL DE QUESO DE LIMA

CORTEZA:

2 tazas	225 g	miga de galletas de harina integral
¼ taza	56 g	azúcar granulada
⅓ taza	80 ml	mantequilla derretida

Combinar los ingredientes y ponerlos en un molde de resorte enharinado de 9" (23 cm). Hornear por 5 minutos en un horno precalentado a 350°F (180°C). Dejar enfriar.

RELLENO:

1½ lb	675 ml	queso de crema
¾ taza	168 g	azúcar granulada
3	3	huevos
⅓ taza	80 ml	jugo de lima
1 cdta	5 ml	vainilla blanca
1 cda	15 ml	corteza de lima rallada
1 cdta	5 ml	extracto de limón

Hacer una crema con el queso y el azúcar. Batir los huevos en la mezcla, uno por uno. Incorporar los demás ingredientes. Poner en la corteza y hornear por 35-40 minutos a 350°F (180°C).

DECORADO:

2 tazas	500 ml	crema ácida
¼ taza	56 g	azúcar granulada
1 cdta	5 ml	vainilla

Combinar los ingredientes. Poner sobre el pastel y continuar horneando por 10 minutos. Pasar a una parrilla de enfriamiento, dejar enfriar por 1 hora y poner el glacé.

GLACE:

½ taza	112 g	azúcar granulada
1½ cda	11 g	maicena
¼ cdta	1,2 g	sal
½ taza	125 ml	agua
½ taza	125 ml	jugo de lima
2 cdtas	10 ml	corteza de lima rallada
1	1	yema de huevo
5 gotas	5	colorante verde de alimentos
1 cda	14 g	mantequilla

En una cacerola, mezclar el azúcar, la maicena y la sal. Poner a fuego medio y combinar todos los demás ingredientes, menos la mantequilla. Cocer hasta que espese. Batir la mantequilla en la mezcla, dejarla que entibie, ponerla sobre el pastel. Refrigerar por 6-8 horas antes de servir.

ESPONJA DE LIMON

6	6	huevos, separados
3 tazas	675 g	azúcar granulada
2 cdtas	10 ml	corteza de limón rallada
2 cdas	30 ml	jugo de limón
¾ taza	180 ml	agua
3 tazas	336 g	harina de pastel
1 cda	15 g	polvo de hornear
½ cdta	2,5 g	sal

Batir las claras de huevo hasta que se endurezcan. Batir las yemas hasta que estén muy cremosas. Agregar el azúcar, la corteza de limón, el jugo de limón, el agua y la harina previamente cernida, con el polvo de hornear y la sal. Incorporar las yemas de huevo. Poner por 30-35 minutos en un horno precalentado a 350°F (180°C), en dos moldes engrasados y enharinados de 8" (20 cm). Dejar enfriar por 10 minutos y luego pasar a una parrilla de enfriamiento. Enfriar y poner Relleno de Limón y cubrir con Escarcha de Limón (recetas siguientes).

ESCARCHA DE LIMON

2	2	yemas de huevo
1¼ taza	140 g	azúcar glacé
3 cdas	45 ml	jugo de limón
1 cda	15 ml	corteza de limón rallada

Batir las yemas de huevo hasta que estén muy finas. Agregar gradualmente el azúcar. Agregar el jugo y la corteza, batiéndolos hasta que se incorporen bien. Usar como se desee.

RELLENO DE LIMON

2 cdtas	5 g	gelatina
1 cda	15 ml	agua fría
1½ cda	25 ml	agua caliente
2	2	claras de huevo
¼ taza	56 g	azúcar granulada
2 cdas	30 ml	jugo de limón
1 cda	15 ml	corteza de limón rallada

Ablandar la gelatina en el agua fría, luego mezclarla con el agua caliente.

Batir las claras de huevo hasta formar picos suaves, luego agregar lentamente el azúcar. Incorporar lentamente el agua con la gelatina, y el jugo y la corteza de limón. Usar para relleno de pasteles.

BESOS DE COCO

1⅓ taza	340 ml	leche condensada azucarada
1 cdta	5 ml	vainilla
3 tazas	270 g	coco desmenuzado
¼ cdta	1,2 g	sal

Mezclar la leche con la vainilla. Incorporar el coco y la sal. Poner cucharaditas de la mezcla en una lata de hornear engrasada. Poner en un horno precalentado a 350°F (180°C), por 10 minutos.

HACE 2½ DOCENAS

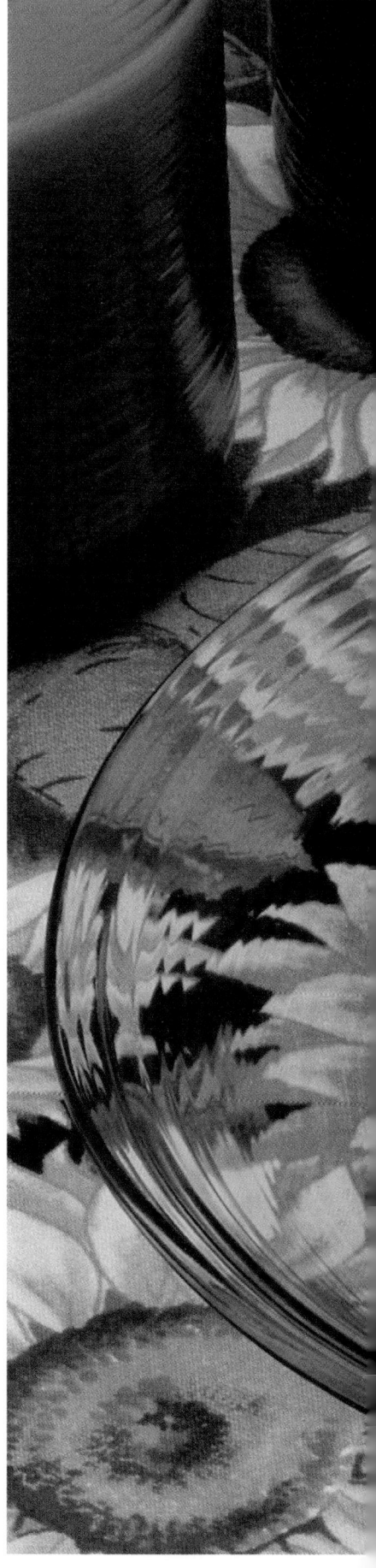

Esponja de Limón

Dulce de Chocolate con Nueces de Pamela

DULCE DE CHOCOLATE CON NUECES DE PAMELA

2 oz	60 g	chocolate de repostería*
2 tazas	450 g	azúcar granulada
1 taza	250 ml	crema liviana
1 cdta	5 ml	jarabe de maíz, blanco
¼ cdta	1,2 g	sal
2 cdas	28 g	mantequilla
1 cdta	5 ml	vainilla
1 cdta	5 ml	corteza de naranja rallada
½ taza	75 g	nueces de nogal

En una cacerola, combinar el chocolate, el azúcar, la crema, el jarabe, la sal y la mantequilla, a fuego medio. Cocinar revolviendo ocasionalmente, a 234°F (111°C); medir la temperatura con un termómetro de dulces. Incorporar la vainilla y la corteza de naranja. Enfriar en una cacerola con agua fría hasta llegar a 125°F (50°C). Batir hasta que el dulce esté cremoso. Incorporar las nueces. Poner en un molde cuadrado enmantequillado de 8" x 8" (20 x 20 cm). Marcar cuadritos y dejar enfriar.

PRODUCE 1½ LBS

TORTA DE MANTEQUILLA Y PACANAS

1½ taza	168 g	harina de pastel
2 cdtas	10 g	polvo de hornear
¼ cdta	1,2 g	sal
⅓ taza	75 g	mantequilla
¾ taza	168 g	azúcar granulada
2	2	huevos
½ taza	125 ml	leche
1 cdta	5 ml	vainilla
½ taza	75 g	trocitos de pacanas

Cernir juntos la harina, el polvo de hornear y la sal, dos veces. Hacer una crema muy liviana y esponjosa con la mantequilla y el azúcar. Incorporar los huevos, uno por uno, batiéndolos bien al ponerlos. Incorporar en la mezcla la harina y la mantequilla, en tercios. Incorporar la vainilla y las nueces.

Poner en un molde de resorte, enmantequillado y enharinado, de 8" (20 cm). Hornear en un horno precalentado a 350°F (180°C), por 45 minutos, o cuando al insertar un palillo de dientes éste salga limpio. Pasar el pastel a una parrilla de enfriamiento, enfriar por 10 minutos, sacarlo del molde, y dejar que enfríe totalmente. Cubrir con Escarcha de Pacanas (receta siguiente).

ESCARCHA DE PACANAS

PACANAS:

2 tazas	450 g	azúcar granulada
¾ taza	190 ml	leche
1 taza	250 ml	miel
2 tazas	300 g	trocitos de carne de pacanas

En una cacerola pesada llevar a ebullición el azúcar, la leche y la miel. Hervir hasta formar una bola suave, a 238°F (113°C), medidos con un termómetro de dulces. Quitar del fuego, dejar entibiar y batir hasta que la mezcla esté muy cremosa. Incorporar las nueces. Poner en papel parafinado enmantequillado. Dejar que se enfríe y endurezca; luego machacar e incorporar en la escarcha.

ESCARCHA:

1 taza	168 g	azúcar morena
½ taza	125 ml	agua hirviendo
2	2	claras de huevo
1 cdta	5 ml	vainilla

En una cacerola pesada cocinar el azúcar y el agua a 244°F (116°C), medidos con un termómetro de dulces, o hasta que se forme una bola suave. Quitar del fuego y dejar enfriar. Batir las claras de huevo hasta que se endurezcan. Batir en la mezcla el jarabe, en un chorrito lento y fino. Agregar la vainilla e incorporar las pacanas. Poner sobre una Torta de Mantequilla y Pacanas.

Torta de Mantequilla y Pacanas con Escarcha de Pacanas

Pastel de Sueño de Chocolate

TARRINA DE FRUTAS FRESCAS

2 cdas	28 g	gelatina sin sabor
⅓ taza	80 ml	agua fría
¾ taza	180 ml	puré de albaricoque
¾ taza	84 g	azúcar glacé
1½ taza	375 ml	crema de batir
1 cdta	5 ml	aceite
1½ taza	150 g	frambuesas o moras, lavadas, sin cáliz
1 taza	100 g	arándanos, lavados
1½ taza	340 g	durazno fresco, en rodajas
1½ taza	150 g	fresas, en mitades

Ablandar la gelatina en el agua. Mezclarla con el puré de albaricoque. Llevar a ebullición en una cacerola, quitar del fuego inmediatamente, mezclar el azúcar. Poner ¾ taza (180 ml) de crema. Dejar enfriar; luego refrigerar hasta que esté muy espeso, sin endurecerse. Batir el resto de la crema y ponerla en la mezcla. Forrar con papel plástico muy ajustado, un molde de budín de 7 tazas (1,75 L). Con una brochita untar con aceite. Poner una mezcla de frutas en el fondo y poner el resto en la mezcla. Poner en el molde y refrigerar por 8 horas. Voltear el molde sobre un platón y quitar con cuidado el papel plástico. Servir con Salsa de Frambuesa con Chocolate (ver página 115).

PASTEL DE SUEÑO DE CHOCOLATE

1	1	corteza de pastel de galleta de chocolate
4 oz	120 g	chocolate semi-dulce
2 cdas	28 g	mantequilla
⅓ taza	37 g	harina
1 taza	225 g	azúcar granulada
¼ cdta	1,2 g	sal
2½ tazas	625 ml	leche hervida
3	3	yemas de huevo
1 cdta	5 ml	vainilla
1 taza	250 ml	crema de batir
¼ taza	28 g	chocolate de leche, rebanadas muy finas

En una cacerola doble derretir el chocolate y la mantequilla. Mezclar con la harina, el azúcar y la sal; formar una pasta fina. Agregar la leche y revolver constantemente hasta que la salsa se espese. Batir en la salsa las yemas de huevo y continuar cociendo por 2 minutos. Quitar del fuego y agregar la vainilla. Poner en la corteza de pastel y refrigerar. Batir la crema y ponerla a chorritos sobre el pastel. Cubrir con chocolate de leche. Servir.

PARA 6 PORCIONES

ENIGMAS DE CHOCOLATE

⅔ taza	160 ml	leche condensada, azucarada
2 tazas	180 g	coco, molido medio
1 cdta	5 ml	vainilla
⅛ cdta	pizca	sal
½ taza	75 g	trocitos de nueces de nogal
2 tazas	280 g	dátiles picados
¼ taza	25 g	cerezas marrasquinas
2 oz	60 g	chocolate semi-dulce derretido
1½ taza	168 g	azúcar glacé
¼ taza	56 g	mantequilla
½ cdta	3 ml	extracto de naranja
1 cda	15 ml	leche
2 oz	60 g	chocolate blanco derretido

Combinar la leche condensada, el coco, la vainilla, la sal, las nueces, los dátiles. las cerezas y el chocolate semi-dulce. Poner en un molde cuadrado enmantequillado, de 9" x 9" (22,5 x 23 cm). Hornear por 30 minutos en un horno precalentado 350°F (180°C). Sacar del horno y dejar enfriar.

Mezclar el azúcar glacé con la mantequilla, el extracto de naranja y la leche. Poner en el pastel. Cubrir con el chocolate blanco, dejar enfriar, cortar en cuadritos.

PRODUCE 36 CUADRITOS

Tarrina de Frutas Frescas

Enrollado de Limón con Relleno de Limón

ENROLLADO DE LIMON

5	5	huevos separados
¾ taza	168 g	azúcar granulada
¼ cdta	1,2 g	sal
½ taza	56 g	harina de pastel
3 cdas	45 ml	mantequilla derretida
1 cdta	5 ml	vainilla
1 ración	1	Relleno de Limón (ver página 526)

Batir las claras de huevo hasta que se formen puntas suaves.

Mezclar las yemas de huevo con el azúcar en una cacerola doble. Calentar aproximadamente a 140°F (60°C); quitar del fuego y batir hasta que la mezcla forme puntas suaves. Combinar la sal con la harina e incorporar en la mezcla. Agregar la mantequilla y la vainilla, 1 cda. (15 gr) a la vez. Agregar las claras de huevo. Vaciar en un molde de 15 x 10 (37,5 x 25 cm), forrado con papel encerado. Hornear en un horno precalentado a 350°F (180°C), por 18 minutos.

Sacar del horno y poner en un papel encerado espolvoreado con azúcar glacé. Quitar el papel encerado del pastel; rápidamente poner el relleno de limón sobre el pastel. Cortar parejo los bordes. Enrollar el pastel. Envolver con el papel encerado hasta que se enfríe. Sacar el papel cuando se enfríe el pastel y espolvorear con azúcar glacé; servir.

Pastel de Malvaviscos y Chocolate con Escarcha de Malvaviscos

PASTEL DE MALVAVISCOS Y CHOCOLATE

¾ taza	168 g	mantequilla
2 tazas	450 g	azúcar granulada
2 tazas	224 g	harina de pastel
4 cdtas	20 g	polvo de hornear
8	8	claras de huevo
½ taza	125 ml	leche
4 oz	120 g	chocolate semi-dulce derretido
1 cdta	5 ml	extracto de vainilla

Hacer una crema liviana con la mantequilla y el azúcar. Cernir la harina con el polvo de hornear. Batir las claras de huevo en la crema de mantequilla. Agregar el azúcar, la leche y el chocolate, incorporando en tercios. Batiendo agregar la vainilla. Vaciar en 2 moldes de pastel, enmantequillados y enharinados, de 9" (22,5 cm). Hornear en un horno precalentado a 350°F (180°C), por 20-25 minutos. Enfriar por 10 minutos; pasar a una parrilla de enfriamiento. Cubrir con Escarcha de Malvaviscos (receta siguiente).

ESCARCHA DE MALVAVISCOS

1 taza	112 g	malvaviscos
1 taza	225 g	azúcar granulada
⅓ taza	80 ml	agua
2	2	claras de huevo
2 cdtas	10 ml	jugo de limón
1 cdta	5 ml	vainilla

Derretir los malvaviscos en una cacerola doble. Hervir el azúcar con el agua hasta que esté a punto de miel. Batir las claras hasta que estén firmes. Lentamente poner la miel en las claras, luego batir rápidamente. Agregar el limón y la vainilla. Batiendo agregar los malvaviscos. Poner la escarcha sobre el pastel.

ISLAS DE FRAMBUESA CON CHOCOLATE

4	4	claras de huevo
1 taza	225 g	azúcar granulada
¼ taza	25 g	frambuesas
2 oz	60 g	chocolate semi-dulce derretido
2 tazas	500 ml	Salsa de Brandy de Naranja (ver página 107)

Batir las claras de huevo hasta que estén firmes; gradualmente agregar batiendo el azúcar. Agregar las frambuesas y el chocolate, poner cucharadas de la mezcla en agua hirviendo lentamente y cocer por 2-3 minutos. Poner las frambuesas a flotar en un plato de servir con Salsa de Brandy de Naranja.

PARA 6 PORCIONES

DURAZNO DE BAVARIA

1 cda	14 g	gelatina sin sabor
¼ taza	60 ml	agua fría
1 taza	225 g	duraznos picados fino
¼ taza	60 ml	jarabe de durazno
1 cda	15 ml	jugo de limón
¼ taza	56 g	azúcar granulada
¾ taza	180 ml	crema de batir

Ablandar la gelatina en el agua. Poner en una cacerola pequeña junto con los duraznos, el jarabe, el jugo de limón y el azúcar. Llevar a ebullición; quitar del fuego. Enfriar y poner a refrigerar para espesar pero no dejar que se endurezca. Batir la crema y añadir a los duraznos. Poner en un molde o tazón de mezclar. Helar hasta que se endurezca. Sacar del molde y servir.

PARA 4 PORCIONES

PASTEL DE ZANAHORIA

4	4	huevos
1 taza	225 g	azúcar granulada
1 taza	250 ml	aceite vegetal
2 tazas	224 g	harina
1½ cdta	7,5 g	polvo de hornear
1 cdta	5 g	sal
2 cdtas	10 g	canela
2 tazas	300 g	zanahorias ralladas
1½ taza	225 g	manzanas peladas, sin semillas, ralladas
1 taza	140 g	pasas
1 taza	150 g	almendras en rodajas

En un tazón grande batir los huevos hasta que estén livianos y espumosos. Agregar el azúcar, batiendo hasta que la mezcla esté liviana. Agregar el aceite lentamente.

Cernir juntos la harina, el polvo de hornear, la sal y la canela. Agregar lentamente a la mezcla de huevos. Agregar revolviendo las zanahorias, las manzanas, las pasas y las nueces.

Poner en un molde de resorte de 9" (22,5 cm) y hornear en un horno precalentado a 350°F (180°C), por 1½ a 2 horas, o hasta que un palillo de dientes salga seco después de ser insertado en el pastel.

Enfriar en el molde por 10-15 minutos antes de sacar, sacarlo de molde y enfriar completamente. Cubrir con la Escarcha de Queso de Crema (receta siguiente).

ESCARCHA DE QUESO DE CREMA

9 oz	255 g	queso de crema, ablandado
¾ taza	180 ml	mantequilla ablandada
1½ cdta	7 ml	extracto de vainilla
4 tazas	448 g	azúcar glacé cernida

Batir el queso de crema, la mantequilla y la vainilla hasta que estén suaves y espumosos. Lentamente agregar el azúcar hasta obtener la consistencia necesaria para untarla.

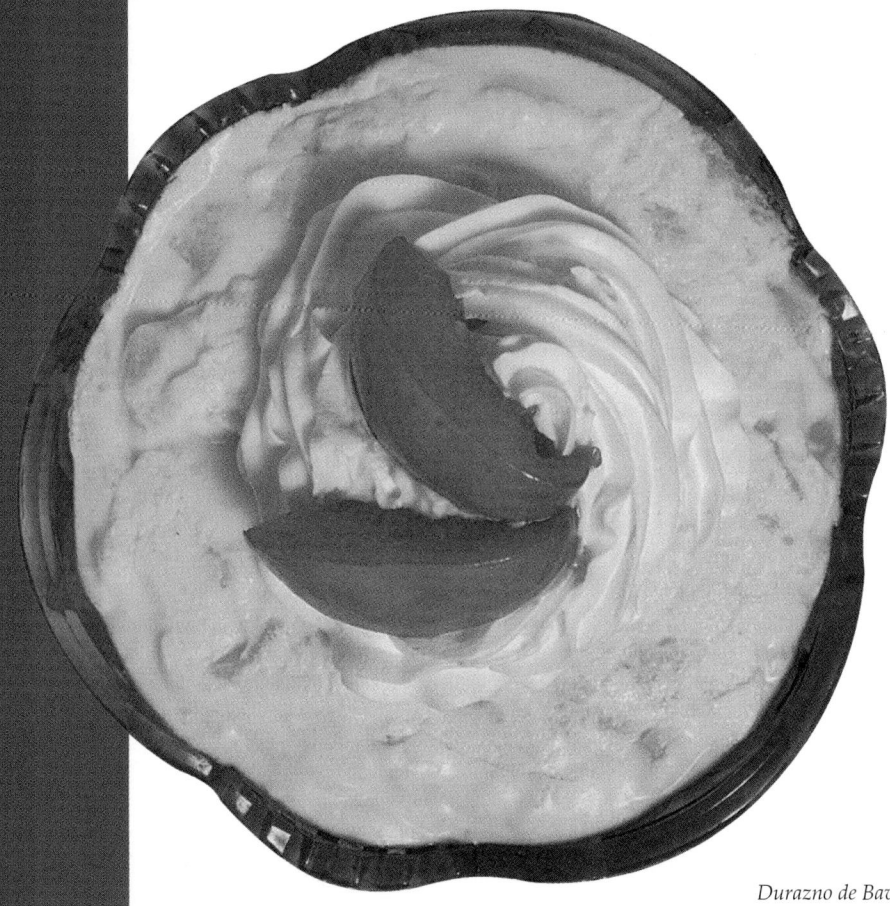

Durazno de Bavaria

Pastel de Zanahoria con Escarcha de Queso Crema

Torta Vandermint con Escarcha de Café Vandermint

TORTA VANDERMINT

¾ taza	168 g	mantequilla
1¾ taza	295 g	azúcar morena
3	3	huevos bien batidos
½ taza	125 ml	agua hirviendo
¼ taza	60 ml	licor Vandermint
3 oz	90 g	chocolate semi-amargo
2¼ tazas	252 g	harina de pastel
1½ cdta	7,5 g	bicarbonato de soda
¾ cdta	1,2 g	polvo de hornear
¾ cdta	1,2 g	sal
¾ taza	180 ml	leche descremada

Hacer una crema muy liviana y esponjosa con la mantequilla y el azúcar. Agregar los huevos batiendo bien. En una cacerola poner el agua y el licor sobre el chocolate. Calentar a calor mediano hasta hacer un jarabe espeso; dejar enfriar. Agregar a la mezcla de huevos. Cernir juntos la harina, la soda, el polvo de hornear y la sal por tres veces. Incorporar la harina y la leche descremada en la mezcla, en tercios. Poner la mezcla en 2 moldes de pastel engrasados de 9" (23 cm). Hornear en un horno precalentado a 350°F (180°C), por 25-30 minutos. Enfriar 10 minutos, pasar a una parrilla de enfriamiento. Cubrir con Escarcha de Café Vandermint (receta siguiente).

ESCARCHA DE CAFE VANDERMINT

⅓ taza	80 ml	crema ligera
1 taza	225 g	azúcar granulada
3 oz	90 g	chocolate semi- dulce
1 cda	15 ml	licor Vandermint
½ cdta	3 ml	café instantáneo
1 cda	15 ml	agua caliente
2 cdas	28 g	mantequilla

En una cacerola doble cocer la crema, el licor y el café que ha sido disuelto en agua caliente. Agregar la mantequilla y cocer por 6 minutos. Batir hasta que la mezcla tenga la consistencia necesaria para untar.

CUADRADITOS DE DULCE DE MANTEQUILLA DE MANI

½ taza	112 g	mantequilla
¾ taza	168 g	mantequilla de maní suave
1½ taza	337 g	trocitos de chocolate semi-dulce
1 cdta	15 g	vainilla
2 tazas	225 g	malvaviscos miniatura

Mezclar juntos la mantequilla, la mantequilla de maní, el chocolate y la vainilla en una cacerola de doble fondo, revolver hasta que se derritan; quitar del fuego, poner los malvaviscos. Poner a un molde de 8" x 8" (20 x 20 cm) y refrigerar. Cortar en cuadrados.

HACE 20

PASTEL DE MANZANA HOLANDES

CORTEZA:

½ ración	0,5	Pasta Sencilla (ver página 616)
8	8	manzanas para cocer sin semillas, peladas, en rodajas
3 cdas	42 g	mantequilla derretida
¾ taza	168 g	azúcar granulada
½ cdta	2,5 g	canela

DECORADO:

½ taza	56 g	harina
½ cdta	2,5 g	canela
⅓ taza	56 g	azúcar morena ligera
⅓ taza	75 g	mantequilla

CORTEZA:

Estirar la masa y ponerla en un molde de 9" (23 cm). Plegar los bordes.

Mezclar las manzanas con el azúcar, la mantequilla y la canela. Poner en la masa.

DECORADO:

Cernir juntos la harina, la canela y el azúcar. Hacer crema la mantequilla y agregarla a la mezcla. Poner sobre el pastel.

Hornear el pastel en un horno precalentado a 425°F (215°C), por 20 minutos, luego reducir el calor a 325°F (160°C); continuar horneando por 30 minutos. Sacar y enfriar o helar antes de servir.

PARA 6 PORCIONES

Pan de Datiles y Nueces

PASTEL DE MANZANAS A LA ANTIGUA

6	6	manzanas grandes
⅔ taza	160 ml	azúcar granulada
¼ cdta	1,2 g	sal
2 cdas	14 g	harina
1 ración	1	Pasta Sencilla (ver página 616)
1 cdta	14 g	mantequilla
2 cdas	30 ml	leche

Pelar y cortar las manzanas. Cernir juntos el azúcar, la sal y la harina.

Cubrir un molde redondo de 9" (23 cm) con la Pasta Sencilla. Espolvorear con la mitad de la mezcla seca y con el resto las manzanas. Llenar el molde con manzanas, salpicar con mantequilla. Cubrir con la tapa de masa redonda, sellar los bordes. Hacer cortes pequeños para permitir que escape el vapor. Untar con leche .

Hornear en un horno precalentado a 425°F (215°C), por 10 minutos. Reducir la temperatura a 350°F (180°C) y continuar horneando por 30 minutos más hasta que el pastel esté dorado. Dejar enfriar antes de servir.

PAN DE DATILES Y NUECES

1 taza	225 g	mantequilla
2 tazas	336 g	azúcar morena
4	4	huevos batidos
3 tazas	336 g	harina de pastel
1 cda	15 g	polvo de hornear
¼ cdta	1,2 g	sal
1 cdta	15 g	canela molida
½ cdta	2,5 g	clavos de olor molidos
½ cdta	2,5 g	nuez moscada molida
1 taza	250 ml	agua
2 tazas	280 g	dátiles picados
2 tazas	280 g	pasas
1 taza	100 g	nueces

Hacer una crema con la mantequilla y el azúcar, incorporar los huevos. Cernir juntos los ingredientes secos tres veces. Agregar a la mezcla cremosa en tercios junto con el agua.

Agregar los dátiles, las pasas y las nueces. Poner en un molde de pan de 5½" x 10" (13,75 x 25 cm), forrado con papel encerado. Hornear en un horno precalentado a 300°F (150°C), por 2 horas o hasta que al insertar un palillo de dientes salga limpio.

Enfriar 15 minutos en una parrilla de enfriamiento, voltearlo y dejar enfriar completamente.

Pastel de Manzana Holandés y Pastel de Manzanas a la Antigua

Pastel de Crema de Bananas de Dianna

Pastel de Nueces de Jack Daniels

PASTEL DE CREMA DE BANANAS DE DIANNA

½ ración	0,5	Pasta Sencilla (ver página 616)
5 cdas	35 g	harina
½ taza	112 g	azúcar granulada
2 tazas	500 ml	leche hervida
2	2	yemas de huevo
½ cdta	3 ml	extracto de banana o vainilla (blanca)
3	3	bananas maduras en rodajas
2 cdas	30 ml	jugo de limón
1 taza	250 ml	crema de batir
¼ taza	28 g	azúcar glacé

Estirar la masa y ponerla en un molde de 9" (23 cm). Hornear una corteza de pastel vacía. (Ver Glosario por hornear ciego). Dejarla enfriar.

Mezclar en una cacerola la harina, el azúcar y la leche; cocer a fuego bajo hasta que la mezcla se espese. Pasar a una cacerola doble. Agregar batiendo las yemas de huevo y el extracto. Cocer por 2 minutos. Dejar enfriar hasta que esté tibio. Mientras la mezcla se enfria cortar las bananas en rodajas y remojarlas en el jugo de limón.Una vez que la mezcla esté tibia, agregar los bananas, y luego poner en los moldes. Dejar dejar enfriar. Batir la crema hasta que esté firme. Agregar el azúcar y poner con la manga sobre el pastel. Servir.

PARA 6 PORCIONES

PASTEL DE NUECES DE JACK DANIELS

½ ración	0,5	Pasta Gourmet (receta a continuación)
3	3	huevos
½ taza	112 g	azúcar granulada
1 taza	250 ml	miel de maíz
3 cdas	45 ml	Jack Daniels
1½ taza	225 g	trocitos de nueces

Estirar la masa y ponerla en un molde de pastel de 9" (23 cm). Ondular los bordes.

Batir los huevos, el azúcar, y el Jack Daniels. Espolvorear el pastel con las nueces, y poner la mezcla de huevo. Hornear en un horno precalentado a 325°F (160°C), por 45 minutos. Dejar enfriar y refrigerar antes de servir.

6 PORCIONES

PASTA GOURMET

4 tazas	450 g	harina cernida
1cdta	5 g	sal
2 cdtas	10 g	polvo de hornear
½ taza	112 g	manteca vegetal
¼ taza	60 ml	agua caliente
½ taza	112 g	mantequilla
1 cdta	5 ml	jugo de limón
1	1	yema de huevo batida

Cernir juntos la harina, la sal y el polvo de hornear. Agregar la manteca en trocitos. Combinar el agua caliente con la mantequilla y el jugo de limón, entonces agregar batiendo la yema de huevo. Mezclar con los ingredientes secos. Dejar enfriar. Usar cuando la necesite.

TERRINA DE CAMINO DE PIEDRAS DE CHOCOLATE

8 oz	225 g	chocolate semi- dulce rallado
¾ taza	168 g	mantequilla
½ taza	100 g	azúcar glacé
3	3	huevos separados, a temperatura ambiente
½ cdta	3 ml	vainilla
⅛ cdta	pizca	sal
⅓ taza	33 g	nueces en pedazos
1 taza	112 g	malvaviscos en miniatura
⅓ taza	80 ml	chocolate semi dulce en trocitos

Derretir el chocolate rallado en una cacerola doble y dejarlo enfriar.

Batir la mantequilla y el azúcar hasta que esté liviana. Agregar las yemas de huevo una a la vez, batir hasta que estén cremosas. Agregar batiendo lentamente el chocolate derretido y la vainilla.

Batir las claras de huevos con la sal hasta que estén firmes. Agregar a la mezcla. Agregar las nueces, los malvaviscos y los trocitos de chocolate. Poner en un molde para pan engrasado de 4 tazas (1 L). Tapar con papel plástico de envolver. Refrigerar toda la noche.

Sacar del molde, cortar y servir con salsa de chocolate.

PARA 6 PORCIONES

GALLETAS DE CHOCOLATE TRIPLE JEANNIE

1 taza	225 g	mantequilla
1 taza	225 g	azúcar granulada
2	2	huevos
2 cdtas	10 g	sabor de vainilla
2 tazas	224 g	harina
1 taza	250 ml	cocoa
1 cdta	5 g	bicarbonato de soda
½ cdta	2,5 g	sal
½ taza	112 g	trocitos de chocolate blanco
1 taza	150 g	pacanas picadas

Hacer una crema con la mantequilla y el azúcar. Lentamente agregar los huevos uno a la vez, batiéndolos bien. Poner la vainilla. En otro tazón, combinar la harina, la cocoa, la sal, el bicarbonato de soda, los pedazos de chocolate blanco y las pacanas. Agregar hasta que todo esté bien mezclado.

Poner cucharadas de mezcla sobre una lata de hornear engrasada. Las galletas doblarán su tamaño una vez horneadas. Hornear en un horno precalentado a 350°F (180°C), por 12 15 minutos. Sacar del horno, quitarlas de la lata inmediatamente y dejar enfriar.

PRODUCE 24 GALLETAS

FRESAS VICTORIA

¼ taza	56 g	mantequilla
¼ taza	56 g	azúcar granulada
3 tazas	300 g	fresas frescas, lavadas y partidas en mitades
⅓ taza	80 ml	licor de Curacao
½ taza	125 ml	jugo de naranja
2 tazas	500 ml	helado de chocolate
1½ taza	375 ml	Sabayon (ver página 106)

Calentar el azúcar con la mantequilla y caramelizar. Poner las fresas en el caramelo caliente. Agregar el licor y flamear. Agregar el jugo de naranja y cocer a fuego lento por 3 minutos. Poner el helado en vasos de champán grandes. Poner las fresas sobre el helado, poner encima la salsa Sabayon. Servir de inmediato

PARA 4 PORCIONES

Terrina de Camino de Piedras de Chocolate

Galletas de Chocolate Triple Jeannie

PASTEL DE GRAND MARNIER

¾ taza	168 g	mantequilla
1½ taza	335 g	azúcar granulada
8	8	huevos
2¼ tazas	252 g	harina
4 cdtas	20g	polvo de hornear
1 taza	250 ml	leche
½ taza	125 ml	licor Grand Marnier
¼ cdta	1,2 g	sal
1 cdta	5 ml	extracto de naranja

Hacer una crema liviana con la mantequilla y el azúcar. Agregar batiendo los huevos, uno a la vez, mezclándolos bien. Mezclar la leche con el Grand Marnier y el extracto.

Cernir la harina con la sal y el polvo de hornear.

Agregar la harina y los líquidos a los huevos en tercios, mezclando bien. Poner en 2 moldes de pastel de 9" (23 cm), engrasados y enharinados. Hornear en un horno precalentado a 350°F (180°C), por 20-25 minutos.

Dejar enfriar por 10 minutos, poner los pasteles en una parrilla de enfriamiento; dejar enfriar; sacarlos de los moldes y dejar enfriar completamente. Escarchar con la Escarcha de Brandy de Naranja, (receta a continuación).

ESCARCHA DE BRANDY DE NARANJA

½ taza	112 g	mantequilla
1¼ taza	140 g	azúcar glacé
2	2	huevos
¼ taza	28 g	harina
1 taza	225 g	azúcar granulada
½ cdta	2,5	sal
1½ taza	375 ml	leche cocida
¼ taza	60 ml	Brandy de Naranja Grand Marnier
4 oz	120 g	chocolate semi - amargo derretido
1 cdta	5 g	vainilla

Hacer una crema con la mantequilla y el azúcar glacé. Batir los huevos y agregarles la harina, el azúcar granulada, la sal, la leche, el Brandy de Naranja y el chocolate. Pasar a una cacerola doble y cocer por 10 minutos. Dejar enfriar y agregar batiendo la vainilla. Agregar a la crema de mantequilla. Usar para rellenar y escarchar pasteles.

PASTEL DE QUESO DE VAINILLA FRANCESA Y MENTA

CORTEZA:

3½ tazas	392 g	miga de galletas de harina integral
1 cda	15 g	canela
¼ taza	60 ml	mantequilla derretida

RELLENO:

2 ½ lbs	1 kg	queso de crema
2 tazas	450 g	azúcar granulada
1½ taza	375 ml	crema entera
2 cdas	30 ml	jugo de limón
1 cda	15 g	vainilla
4	4	huevos a temperatura ambiente
2 cdas	30 ml	extracto de menta blanca
1½ taza	375 ml	crema ácida

CORTEZA:
Combinar los ingredientes del pastel. Ponerlos apretando al fondo y a los lados de un molde de resorte de 10" (25 cm), enmantequillado. Dejar enfriar. Precalentar el horno a 325 F (160°C).

RELLENO:
Batir el queso de crema con el azúcar hasta que estén suaves. Agregar la crema, el jugo de limón, la vainilla y el extracto de menta; batirlos hasta que estén bien mezclados. Agregar los huevos uno a la vez, batiéndolos bien cada vez que se agreguen. Agregar la crema ácida.

Poner la mezcla en la corteza ya preparada; hornear hasta que el centro esté firme, más o menos por 90 minutos. Apagar el horno y abrir la puerta un poco. Dejar el pastel adentro.

Después de 30 minutos pasarlo a una parrilla de enfriamiento y dejarlo enfriar; dejar en el refrigerador por la noche. Servir con fruta fresca o salsa de chocolate.

Pastel de Queso de Vainilla Francesa y Menta

Pastel de Grand Marnier

HELADO DE ARCE Y NUECES DE DIANNA

3 tazas	750 ml	leche 50% crema
2 cdas	14 g	harina
3 cdas	45 ml	jarabe de arce
3	3	yemas huevo
1 taza	250 ml	azúcar de arce
1½ taza	8 ml	extracto de arce
½ taza	75 g	nueces picadas

Cocer la crema en una cacerola doble. Agregar la harina al jarabe de arce y añadir a la crema. Batir las yemas de huevo con el azúcar y agregar lentamente a la crema. Cocer revolviendo constantemente hasta que la mezcla esté espesa. Quitar del fuego, dejar enfriar, refrigerar y congelar siguiendo las instrucciones de la máquina para hacer helados. Cuando la mezcla esté semi-congelada agregar el extracto y las nueces, continuar congelando.

PRODUCE 5 TAZAS (1,25 L)

HELADO DE VAINILLA FRANCESA O DE CANELA

4 tazas	1 L	crema mediana
1	1	grano de vainilla*
5	5	yemas de huevo
¾ taza	180 ml	azúcar granulada

Cocer la crema con el grano de vainilla en una cacerola doble. Batir las yemas de huevo con el azúcar; lentamente agregar batiendo a la crema y cocer revolviendo constantemente hasta que espese. (No sobre cocer o los huevos se cuajarán.) Sacar el grano de vainilla. Quitar del fuego, dejar enfriar y congelar en la máquina para hacer helados siguiendo las instrucciones.

*Para helado de canela cambiar el granito de vainilla por una rajita de canela.

PRODUCE 5 TAZAS (1,25 L)

SORBETE DE LIMON

½ taza	125 ml	jugo de limón
½ taza	112 g	azúcar granulada
2 tazas	500 ml	leche

Mezclar el jugo de limón y el azúcar en una cacerola. Poner a fuego mediano y hervir por 2 minutos. Dejar enfriar y congelar. Agregar la leche. Poner en una máquina para hacer helados y congelar de acuerdo a las instrucciones del fabricante.

PRODUCE 3 TAZAS (750 ml)

BOMBA NAPOLITANA

½ ración	0,5	Sorbete de Naranja con Chocolate (ver página 571)
½ ración	0,5	Helado de Fresas y Banana (ver página 641)
½ ración	0,5	Sorbete de Limón (receta anterior)
½ taza	112 g	piña machacada

Invertir un molde para bomba de 2 litros en un tazón con hielo. Cubrir la parte de arriba y los lados con el Sorbete de Naranja con Chocolate, seguido por una capa de Helado de Fresas yBanana. Terminar con el Sorbete de Limón. Poner la tapa en el molde o cubrir con papel encerado. Poner en el congelador por 4-6 horas. Para sacar del molde, rápidamente pasarlo por agua caliente. Ponerlo en un plato de servir.

PARA 8 PORCIONES

Torta de Bavaria de Manzanas

TORTA DE BAVARIA DE MANZANAS

CORTEZA:

½ taza	112 g	mantequilla blanda
⅓ taza	75 g	azúcar granulada
¼ taza	1,2 g	vainilla
1 taza	112 g	harina
¼ taza	60 ml	mermelada de fresas

RELLENO:

2	2	pqtes de 250 g de queso de crema a temperatura ambiente
½ taza	112 g	azúcar granulada
1 cdta	15 g	vainilla
2	2	huevos

DECORADO:

⅔ taza	160 ml	azúcar granulada
1 cdta	5 g	canela
4 tazas	600 g	manzana en rodajas
1 taza	150 g	almendras en rodajas

CORTEZA:

Hacer una crema con la mantequilla, el azúcar y la vainilla; agregar la harina y mezclar bien. Poner apretando en el fondo de un molde de resorte de 10" (25 cm). Poner la mermelada sobre la corteza.

RELLENO:

Batir el queso de crema, el azúcar y la vainilla hasta que estén suaves. Agregar los huevos uno a la vez, batiéndolos bien. Ponerlos parejo sobre la mermelada.

DECORADO:

Combinar el azúcar con la canela; agregar las rodajas de manzana; con una cuchara poner en capas el queso de crema sobre las manzanas. Espolvorear con las almendras y hornear en un horno precalentado a 350°F (180°C), por 75 minutos, o hasta que esté dorado. Dejar enfriar por 8 horas.

PASTEL DE QUESO DE CALABAZA Y ARCE

CORTEZA:

1½ taza	168 g	miga de galleta de jengibre
⅓ taza	75 g	mantequilla derretida

RELLENO:

2	2	pqtes de 250 g de queso de crema a temperatura ambiente
1 taza	168 g	azúcar de arce
½ taza	125 ml	jarabe de arce
1¼ cdta	16 g	canela
¾ taza	180 ml	crema de batir
1 cdta	15 g	vainilla
4	4	huevos
2 tazas	500 g	puré de calabaza
¾ taza	180 ml	crema ácida

CORTEZA:

Mezclar la miga de galletas con la mantequilla. Poner apretando en el fondo de un molde de resorte engrasado de 9" (23 cm); conservarla.

RELLENO:

Batir el queso de crema, el azúcar y la canela hasta formar una mezcla suave. Lentamente poner el jarabe de arce, la crema de batir y la vainilla. Agregar los huevos uno a la vez y batir bien después de cada uno. Agregar revolviendo el puré de calabaza y la crema ácida. Poner la mezcla en el molde ya preparado y hornear a 325°F (160°C), por 75 minutos. Apagar el horno y abrir un poco la puerta, dejando el pastel adentro. Después de 30 minutos pasar a una parrilla de enfriamiento; dejar enfriar por lo menos 4 horas. Decorar a su gusto.

Pastel de Queso de Calabaza y Arce

Pastel de Café Calypso

HELADO DE DULCE DE MALVAVISCOS

2 oz	60 g	trocitos de chocolate semi -dulce
2 tazas	225 g	malvaviscos en miniatura
2½ tazas	625 ml	leche 50% crema
3	3	yemas de huevo
¾ taza	168 g	azúcar granulada
2 cdtas	10 ml	vainilla

En una cacerola doble derretir el chocolate, los malvaviscos y cocer la crema. Batir las yemas de huevo con el azúcar y lentamente agregar a la crema con la vainilla. Cocer hasta que espese, dejar enfriar y luego congelar de acuerdo a las instrucciones de la máquina de hacer helados. Cubrir con su fruta favorita.

PRODUCE 6 TAZAS (1½ L)

RODAJAS DE COCO

½ taza	112 g	mantequilla
1 taza + 2 cdas	126 g	harina
¼ taza	28 g	azúcar glacé
1½ taza	300 g	azúcar morena
¼ cdta	1,2 g	sal
1 taza	65 g	coco rallado
2	2	huevos batidos
¼ cdta	1,2 g	polvo de hornear
1 cdta	5 ml	extracto de coco
1 taza	150 g	pacanas partidas

Mezclar la mantequilla con 1 taza de harina y el azúcar glacé. Poner la mezcla apretando en el fondo de un molde de 13" x 9" (32 x 23 cm). Hornear por 20 minutos en un horno precalentado a 350°F (180°C). Mezclar bien el resto de los ingredientes. Ponerlos sobre la masa. Hornear por 20 minutos más. Cortar en cuadritos.

PRODUCE 32 CUADRITOS

PASTEL DE CAFE CALYPSO

½ taza	112 g	mantequilla
1¼ taza	140 g	azúcar glacé
2	2	huevos
1 taza	225 g	azúcar granulada
¼ taza	28 g	harina
¼ cdta	1,2 g	sal
1 taza	250 ml	leche cocida
¼ taza	60 ml	licor de Kahlúa
¼ taza	60 ml	ron oscuro
¼ taza	60 ml	café fuerte
2 oz	60 g	chocolate semi-dulce
1	1	corteza de pastel o de harina integral
1½ taza	375 ml	crema batida dulce
1 taza	225 g	chocolate en rodajas finas

Hacer una crema con la mantequilla; agregar el azúcar glacé. Batir los huevos; agregar el azúcar granulada, la harina, la sal, la leche, el Kahlúa, el ron, el café y el chocolate. Cocer en una cacerola doble por 10 minutos; dejar enfriar y agregar a la crema de mantequilla. Poner en la corteza. Refrigerar por 2 horas. Servir cubierto con la crema dulce y los trocitos de chocolate.

Helado de Dulce de Malvaviscos

Torta de Chocolate con Crema de Pacanas

TORTA SELVA NEGRA DEL CHEF K (SCHWARZWALDER KIRSCHENTORTE)

PASTEL:

2 cdas	14 g	cocoa en polvo
2 tazas	224 g	harina de pastel
1 cdta	5 g	polvo de hornear
¼ cdta	1,2 g	sal
4 oz	120 g	chocolate semi-dulce
½ taza	112 g	mantequilla
1½ taza	337 g	azúcar granulada
2	2	huevos
1 taza	250 ml	leche

Cernir tres veces la cocoa, la harina, el polvo de hornear y la sal.

Derretir el chocolate en una cacerola doble.

Hacer una crema liviana con la mantequilla y el azúcar. Agregar los huevos uno a la vez, batiéndolos bien después de agregar cada uno.

Torta Selva Negra del Chef K (Schwarzwalder Kirschentorte)

Agregar revolviendo el chocolate. Agregar la harina y la leche, en tercios. Poner la mezcla en 2 moldes redondos de 8" (20 cm), enmantequillados y enharinados. Hornear en un horno precalentado a 350°F (180°C), por 35 - 40 minutos. Dejar enfriar por 10 minutos; colocarlos en una parrilla de enfriamiento, sacarlos y dejar enfriar completamente. Escarchar.

RELLENO Y ESCARCHA:

2 tazas	500 ml	cerezas negras sin semilla, de lata
½ taza	125 ml	jugo de las cerezas
2 cdas	14 g	maicena
¼ taza	60 ml	Kirsch or brandy de cerezas
2 tazas	500 ml	crema de batir
½ taza	100 g	azúcar glacé
1 taza	225 g	ralladura de chocolate

Calentar las cerezas en una cacerola. Mezclar el jugo de cerezas con la maicena; agregar a las cerezas y hervir hasta que espese. Dejar enfriar hasta que esté tibio.

Rociar los pasteles con kirsch.

Poner las cerezas en el primer pastel y cubrir con el segundo. Batir la crema; agregar el azúcar, esparcirla o untarla con una espátula de decorar sobre el pastel. Adornar con el chocolate rallado.

TORTA DE CHOCOLATE CON CREMA DE PACANAS

1 ración	1	pacanas (ver Escaracha de Pacanas, página 529)
2 tazas	500 ml	leche 50% crema
1cdta	5 ml	extracto de vainilla
5	5	yemas huevo
½ taza	112 g	azúcar granulada
¼ taza	56 g	harina
4 oz	115 g	chocolate, semi-dulce derretido
16	16	Crepas (ver Mezcla de Crepas, página 469)

Triturar las pacanas. En una cacerola doble calentar la crema con la vainilla. Batir los huevos con el azúcar y la harina. Lentamente poner sobre la crema, revolviendo constantemente. Incorporar el chocolate. Cocer la mezcla hasta que esté espesa.

Quitar la mezcla del fuego y colarla. Dejar enfriar. Una vez fría, agregar las pacanas.

Poner sobre las crepas; poner las crepas en capas, una sobre otra para formar una pirámide. Poner la mezcla restante sobre las crepas y dejar enfriar. Cortar y servir.

PARA 8 PORCIONES

PASTEL DE AZUCAR DE NARANJAS

1 taza	225 g	mantequilla
1 taza	225 g	azúcar granulada
1 taza	250 ml	jugo de naranja
2	2	huevos
1 cdta	5 g	vainilla
2½ tazas	280 g	harina de pastel
1 cdta	5 g	bicarbonato de soda
1 cdta	5 g	polvo de hornear
2 cdtas	10 ml	cáscara de naranja rallada
½ taza	150 g	nueces
1 taza	150 g	gajos de naranjas

Hacer una crema liviana con la mantequilla y el azúcar. Agregar el jugo de naranja, los huevos y la vainilla. Cernir juntos la harina, el bicarbonato de soda y el polvo de hornear. Incorporar al líquido. Agregar la ralladura de cáscara de naranja, las nueces y los gajos de naranja. Poner en un molde redondo engrasado. Hornear en un horno precalentado a 350°F (180°C), por 50-60 minutos. Dejar enfriar por 10 minutos; sacar el pastel y ponerlo en una parrilla de enfriamiento. Escarchar con azúcar, como se explica a continuación.

1 taza	225 g	azúcar granulada
1 taza	250 ml	jugo de naranja

Combinar el jugo de naranja con el azúcar y poner sobre el pastel.

BOMBA DE FRAMBUESA Y DULCE DE MALVAVISCOS

1 ración	1	Helado de Dulce de Malvaviscos (ver página 550)
½ ración	0,5	Frambuesa de Bavaria (ver página 666)

Invertir un molde para bomba de 2 litros en un tazón con hielo. Llenar la parte de arriba y los lados con helado. Llenar el centro con Frambuesa de Bavaria. Poner el resto del helado sobre la parte de abajo. Poner la tapa en el molde, sellar o cubrir con papel encerado. Congelar por 4-6 horas. Pasar rápidamente por agua caliente para sacar del molde. Cortar y servir en la mesa.

PARA 8 PORCIONES

HELADO DE DURAZNO SUREÑO

3 tazas	750 ml	crema
2 cdas	14 g	harina
2 cdas	30 ml	leche
3	3	yemas huevo
1 taza	225 g	azúcar granulada
1 cdta	5 g	vainilla blanca
1½ taza	375 ml	duraznos pelados, sin semilla, en puré

Cocer la crema en una cacerola doble; mezclar la harina con la leche y agregar a la crema caliente. Batir los huevos con el azúcar. Lentamente agregar a la crema caliente, añadir la vainilla y cocer hasta que esté espesa. Dejar enfriar, refrigerar. Incorporar los duraznos y congelar de acuerdo a las instrucciones de la máquina para hacer helados.

PRODUCE 6 TAZAS (1,5 L)

Pastel de Azúcar de Naranjas

Pastel de Moras con Especias

PASTEL DE MORAS CON ESPECIAS

½ taza	112 g	mantequilla
2 tazas	336 g	azúcar morena
3	3	huevos separados
2 tazas	224 g	harina de pastel
¼ cdta	1,2 g	sal
1 cdta	5 g	polvo de hornear
2 cdtas	30 g	canela en polvo
½ cdta	3 ml	clavos de olor
¼ cdta	1,2 g	nuez moscada
1 taza	250 ml	leche descremada
1 taza	100 g	moras frescas, espolvoreadas con harina

Hacer una crema liviana y espumosa con la mantequilla y el azúcar . Agregar las yemas de huevo, una a la vez, batiendo bien después de agregar cada una. Batir las claras de huevo hasta que estén firmes. Conservar.

Cernir juntos dos veces todos los ingredientes secos. Agregar a la mezcla de crema, la harina y la leche descremada en tercios. Añadir las claras de huevo y las moras. Poner la mezcla en un molde cuadrado de 9" (23 cm), enmantequillado, cubierto con papel encerado y enharinado. Hornear en un horno precalentado a 350°F (180°C), por 60 minutos. Dejar enfriar por 10 minutos. Cortar el pastel y servir caliente con Salsa de Moras con Especias caliente (receta a continuación), o frío con Salsa de Moras con Especias fría.

SALSA DE MORAS CON ESPECIAS

2 lbs	900 g	moras
1 cda	15 g	maicena
1 cdta	5 g	canela
¼ cdta	1,2 g	clavos de olor
1cda	15 ml	jugo de naranjas
¼ taza	56 g	azúcar granulada

Lavar y limpiar las moras. Reservar 1 taza (100 g) de moras y hacer puré del resto en un procesador de alimentos. Mezclar la maicena con un poco del jugo de las moras. Calentar en una cacerola las moras, las especies, el jugo de naranja y el azúcar. Llevar a ebullición. Bajar el fuego. Incorporar la maicena y cocer a fuego lento hasta que la salsa se espese. Dejar enfriar a temperatura ambiente, agregar el resto de las moras. Servir sobre el Pastel de Moras con Especias

PANECILLO DE DERRETIRSE EN LA BOCA

1 taza	225 g	mantequilla
¾ taza	180 ml	azúcar glacé
2¼ tazas	252g	harina de pastel
½ taza	60 g	maicena

Hacer una crema liviana con la mantequilla y el azúcar.

Cernir juntos la harina y la maicena; agregar a la mezcla de crema. Estirar la masa y darle la forma deseada. Hornear en un horno precalentado a 225°F (105°C), por 35 minutos. Espolvorear con azúcar si se desea.

PARA 6 PORCIONES

Panecillo de Derretirse en la Boca

Huys

PASTEL DE QUESO DE REMOLINO DE DOS CHOCOLATES

CORTEZA:		
2 tazas	224 g	harina
½ taza	112 g	azúcar granulada
1cdta	5 g	vainilla
¾ taza	180 ml	mantequilla derretida
1	1	yema de huevo

Poner los ingredientes en un procesador de alimentos. Poner apretando en el fondo y los lados de un molde de resorte enmantequillado de 10" (25 cm). Hornear en un horno precalentado a 400°F (200°C), por 7 minutos. Sacar.

RELLENO:		
2 lbs	1 kg	queso de crema
1½ taza	337 g	azúcar granulada
3 cda	21 g	harina
1 cda	15 ml	corteza de naranja
½ cdta	3 ml	extracto de limón
5	5	huevos
½ taza	125 ml	crema de batir
3 cda	21 g	cocoa en polvo
4 oz	120 g	chocolate semi-dulce derretido
4 oz	120 g	chocolate blanco derretido

Hacer una crema con el queso y el azúcar. Mezclar la harina, la corteza de naranja, el extracto y los huevos, uno a la vez. Incorporar la crema. Dividir la mezcla en dos partes, ⅔ y ⅓. En la más grande agregar la cocoa en polvo y el chocolate semi-dulce. Poner el chocolate blanco en la mezcla más pequeña. Poner la mezcla más grande en la corteza y hornear en un horno precalentado a at 350°F (160°C), por 35 minutos. Arremolinar el resto de la mezcla y continuar horneando por 45 minutos; abrir la puerta. Apagar el horno. Dejar el pastel adentro por 30 minutos antes de pasar a una parrilla de enfriamiento. Refrigerar 8 horas o por toda la noche.

HUYS

2 tazas	225 g	malvaviscos en miniatura
2 tazas	350 g	trocitos de chocolate
½ taza	112 g	mantequilla de maní
2 cdas	28 g	mantequilla
2½ tazas	210 g	hojuelas de arroz
½ taza	125 ml	conserva de frambuesa
¾ taza	180 ml	azúcar glacé

En una cacerola doble derretir los malvaviscos, 1 taza (175 g) de chocolate y la mantequilla de maní. Incorporar las hojuelas de arroz. Poner apretando en un molde engrasado de 8" x 8" (20 x 20 cm).

Derretir el chocolate restante y la mantequilla e incorporarles la conserva de frambuesa. Incorporar el azúcar, poner sobre las hojuelas; refrigerar por 1 hora antes de cortar.

PRODUCE 20 CUADRADOS

GALLETAS BROWNIES DE DULCE

1 taza	225 g	mantequilla
4 oz	115 g	chocolate sin azúcar
4	4	huevos
pizca	pizca	sal
2 tazas	450 g	azúcar granulada
1 taza	112 g	harina
1 cdta	5 g	polvo de hornear
1 cdta	5 ml	extracto de vainilla
1 taza	150 g	pacanas picadas

Precalentar el horno a 325°F (170°C). Engrasar un molde cuadrado de 9" (23 cm).

Derretir la mantequilla y el chocolate en una cacerola pequeña sobre fuego bajo. Revolver para mezclar y poner a un lado para dejar enfriar.

Batir los huevos hasta que estén amarillos claros; agregar la sal, el azúcar, la harina, y el polvo de hornear. Batir bien. Agregar el chocolate enfriado, la vainilla y las pacanas. Mezclar bien.

Poner en los moldes ya preparados y hornear por 35-45 minutos, o cuando al insertar un cuchillo en el centro éste salga limpio. Dejar enfriar antes de cortar.

PRODUCE 36

Pastel de Queso de Remolino de Dos Chocolates

Sorbete de Piña

PASTEL DE CREMA ACIDA Y EXTRACTOS

1 taza	225 g	mantequilla
3 tazas	675 g	azúcar granulada
6	6	huevos
½ cdta	3 ml	extracto de ron
¼ cdta	1 ml	extracto de almendras
½ cdta	3 ml	extracto de limón
1 cdta	5 ml	extracto de vainilla
1 cdta	5 ml	extracto de mantequilla
3 tazas	336 g	harina de pastel
¼ cdta	1,2 g	polvo de hornear
1 cdta	5 g	sal
½ taza	125 ml	leche
1 taza	250 ml	crema ácida

Hacer una crema con la mantequilla y el azúcar. Agregar los huevos, uno a la vez, batiendo bien después de cada uno. Agregar los extractos.

Cernir la harina, el polvo de hornear y la sal. Poner a la mezcla alternando en tercios la leche y la crema ácida. Poner en un molde redondo bien engrasado; hornear en un horno precalentado 300°F (150°C), por 1 hora y 10 minutos.

Sacar del horno y dejar enfriar por 10 minutos antes de ponerlo en una parrilla de enfriamiento, Sacar el pastel del molde y dejarlo enfriar completamente. Escarchar con Escarcha Doble de Chocolate (receta siguiente).

ESCARCHA DOBLE DE CHOCOLATE

2 oz	60 g	chocolate semi-amargo
2 oz	60 g	chocolate de leche
½ taza	125 ml	crema entera
1 cdta	5 ml	mantequilla derretida
1	1	yema de huevo
2 tazas	225 g	azúcar glacé
½ cdta	3 ml	vainilla

En una cacerola doble derretir el chocolate. Mezclar el resto de los ingredientes hasta que estén suaves y homogéneos. Usar cuando se necesite.

SORBETE DE PIÑA

½ taza	112 g	azúcar granulada
¾ taza	180 ml	agua
¼ taza	60 ml	jugo de lima
2 tazas	450 g	piña fresca pelada, picada

En una cacerola calentar el azúcar y el agua. Revolver hasta que el azúcar se disuelva. Llevar a ebullición. Quitar del fuego; dejar enfriar y refrigerar. Poner las limas y las piñas en un procesador de alimentos y hacer un puré. Agregar raspando en el almíbar y mezclar. Dejar enfriar completamente y congelar en una máquina para hacer helados según las indicaciones del fabricante .

PRODUCE 3½ TAZAS (875 ml)

Pastel de Crema Acida y Extractos

TORTA DE CHOCOLATE BLANCO

CORTEZA:

1½ taza	225 g	almendras
2	2	claras de huevo
¼ taza + 2 cdas	84 g	mantequilla
1 taza	225 g	azúcar granulada
1½ cda	10 g	harina de pastel
2 cdas	30 g	azúcar de vainilla
1 cdta	5 g	canela
1 cdta	5 ml	cáscara de limón rallada
⅛ cdta	pizca	sal

Moler las almendras en un procesador de alimentos para formar una pasta. Batir las claras de huevo hasta que estén firmes y secas.

Hacer una crema con ¼ de taza (56 g) de la mantequilla, y el azúcar. Agregar la harina, la vainilla, la canela, la cáscara de limón y la sal. Agregar las claras de huevo, mezclar bien.

Mezclar las almendras, la harina, el azúcar, la canela, las claras de huevo y la sal.

Hacer pelotitas de 1" (2,5 cm), aplanarlas con la mano, ponerlas en una lata de hornear para galletas. Hornear por 25 minutos en un horno precalentado a 350°F (180°C). No dejar que se doren mucho. Dejarlas enfriar y triturarlas, mezclarlas con la mantequilla restante. Poner la mezcla triturada apretando en los lados y el fondo de un molde de resorte enmantequillado de 9" (23 cm). Dejar enfriar.

RELLENO:

6 oz	120 g	chocolate blanco rallado
¾ taza	168 g	mantequilla sin sal, sin colorante
¾ taza	168 g	azúcar granulada
1 cdta	5 ml	extracto de vainilla
¼ cdta	1,2 g	sal
6	6	huevos separados, a temperatura ambiente
		fruta fresca

Mezclar en una cacerola doble, a calor bajo, el chocolate, la mantequilla, el azúcar, la vainilla y la sal. Dejar enfriar.

Batir las yemas de huevo una a la vez.

Batir las claras de huevo hasta que estén firmes. Poner lentamente en la mezcla. Poner en la corteza y hornear por 40 minutos en un horno precalentado a 325°F (160°C). Dejar enfriar en una parrilla de enfriamiento por una hora antes de servir, o cubrir y dejar toda la noche, no refrigerar. El pastel se puede hundir un poco mientras se enfría.

Servir cubierto con fruta fresca.

Torta de Cocolate Blanco

BARRAS DE MENTA DE TRES CAPAS

¾ taza	168 g	mantequilla
¼ taza	56 g	azúcar granulada
1	1	huevo
¼ taza	28 g	cocoa en polvo
2 tazas	224 g	miga de galletas de harina integral
1 taza	65 g	coco rallado
½ taza	75 g	trocitos de nueces
3 cdas	45 ml	leche
2 cdas	14 g	polvo de budín instantáneo de vainilla
2 cdtas	10 ml	extracto de menta
2 tazas	400 ml	azúcar glacé cernida
4 oz	120 g	chocolate semi-dulce
1 cdta	5 ml	aceite

Barras de Menta de Tres Capas

En una cacerola doble mezclar ½ taza (112 g) de mantequilla, el azúcar, el huevo y el polvo de cocoa hasta formar una salsa espesa. Quitar del fuego; agregar revolviendo las galletas, el coco y las nueces, mezclar bien. Poner en un molde de torta de 9" x 9" (23 x 23 cm). Hacer una crema con la mantequilla restante, agregar la leche, el extracto de menta y el budín en polvo. Agregar el azúcar glacé. Poner sobre la corteza. Derretir el chocolate y agregar el aceite, poner sobre la torta. Dejar enfriar en el refrigerador por 1 hora. Cortar y servir.

PRODUCE 20 CUADRADOS

GALLETAS DE MERENGUE

4	4	claras de huevo
½ cdta	3 ml	crema de tártaro
¾ taza	168 g	azúcar granulada
¼ cdta	2 ml	sabor de almendras, opcional
		pelotitas de color

Precalentar el horno a 400°F (200°C).

Poner las claras de huevo y la crema de tártaro en un tazón. Batir hasta que se formen puntas suaves. Gradualmente agregar batiendo el azúcar hasta que el merengue esté firme y el azúcar completamente disuelta. Agregar el sabor (si se desea).

Llenar con merengue una manga de pastelería que tenga una punta en forma de estrella. En un molde para galletas engrasado, poner apretando un círculo de 2" (5 cm) de mezcla, terminar con un movimiento ondulante para obtener una punta atractiva.

Espolvorear ligeramente con las pelotitas de colores. Hornear en un horno precalentado por 7 u 8 minutos o hasta que estén ligeramente dorados.

Dejar enfriar a temperatura ambiente, lejos de corrientes de aire.

GALLETAS DE AZÚCAR

1 taza	225 g	mantequilla
1 taza	225 g	azúcar granulada
2	2	huevos separados
2 tazas	224 g	harina de pastel
2 cdtas	10 g	polvo de hornear
1 cdta	5 g	sal
1 cda	15 ml	leche
1 cdta	5 g	vainilla blanca

Hacer una crema ligera con la mantequilla. Incorporar el azúcar y las yemas de huevo. Batir las claras de huevo hasta que estén firmes. Cernir juntos la harina, el polvo de hornear y la sal. Poner en la mezcla de la crema con claras de huevos. Añadir la leche y la vainilla. Estirar la masa y cortar en la forma deseada con moldes para cortar. Espolvorear con azúcar y hornear a 350°F (180°C) en un horno precalentado. Servirlas como están o adornarlas coloridamente.

PRODUCE 2½ DOCENAS

PASTEL DE COCO TOSTADO Y CHOCOLATE

2 tazas	500 ml	harina de pastel
1 cdta	5 ml	polvo de hornear
½ cdta	2,5 g	sal
1¼ taza	140 g	azúcar granulada
½ taza	125 ml	mantequilla ablandada
½ taza	125 ml	crema ácida
¼ taza	60 ml	néctar de crema de coco
3	3	huevos
3 oz	85 g	chocolate semi-dulce derretido, enfriado

Cernir juntos dos veces la harina, el polvo de hornear y la sal. Hacer una crema liviana y espumosa con el azúcar y la mantequilla. Mezclar la crema ácida y el néctar de coco. Agregar la harina y la crema ácida alternadas, en tercios. Batir los huevos uno a la vez. Añadir el chocolate. Poner la mezcla en un molde redondo enmantequillado de 8 tazas (2 litros). Hornear por 50-60 minutos en un horno precalentado a 350°F (180°C). Dejar enfriar por 10 minutos, pasar a una parrilla de enfriamiento; escarchar con Escarcha de Coco Cocido (receta siguientc).

ESCARCHA DE COCO COCIDO

3 cdas	42 g	mantequilla
½ taza	56 g	azúcar glacé
4 cda	60 ml	leche condensada
1 taza	65 g	coco rallado
1½ cdta	8 ml	extracto de vainilla

Hacer una crema con la mantequilla y el azúcar. Agregar los ingredientes restantes. Poner sobre el pastel. Poner en el asador del horno hasta que esté dorado.

CREMA DE NARANJAS DE BAVARIA

1 cda	14 g	gelatina sin sabor
¼ taza	60 ml	agua fría
1 taza	250 ml	jugo de naranja
2 cdtas	10 ml	jugo de limón
½ taza	56 g	azúcar granulada
¾ taza	180 ml	crema de batir

Ablandar la gelarina en agua fría. Poner en una cacereola pequeña y calentar hasta que la gelatina se derrita. Agregar el jugo de naranja, el jugo de limón y el azúcar, Llevar a ebullición y quitar del fuego. Dejar enfriar y refrigerar hasta que esté espesa pero cuajada. Batir la crema y agregar a la naranja. Poner en un molde o en un tazón y enfriar hasta que esté cuajado. Sacar del molde y servir.

PARA 4 PORCIONES

Crema de Naranjas de Bavaria

Pastel de Coco Tostado y Chocolate

Copacabana

GALLETAS DE REFRIGERADOR

½ taza	56 g	mantequilla
2 tazas	450 g	azúcar morena
2	2	huevos
⅓ taza	50 g	trocitos de nueces
⅓ taza	47 g	dátiles picados
⅓ taza	47 g	pasas
1 cdta	5 ml	vainilla
1 cdta	5 ml	crema tártara
1 cdta	5 g	bicarbonato de soda
2½ tazas	280 g	harina de pastel
½ cdta	2,5 g	sal

Hacer una crema ligera con la mantequilla y el azúcar; agregar los huevos. Incorporar los ingredientes restantes; mezclar bien. Dar forma de rollos de 1½" (4 cm) de diámetro. Enrollar con papel encerado. Dejar enfriar en el refrigerador por 8 horas o por toda la noche. Cortar en rodajas de 1" (2,5 cm) y poner en una lata de hornear enmantequillada. Hornear en un horno precalentado a 400°F (200°C), por 10-12 minutos.

PRODUCE 5-6 DOCENAS

Galletas de Refrigerador

COPACABANA

6	6	bananas medianas
¼ taza	56 g	azúcar granulada
¼ taza	60 ml	brandy
½ cdta	3 ml	extracto de vainilla
4 tazas	1 L	Helado de Vainilla Francesa (ver página 547)
1½ taza	375 ml	Salsa de Chocolate (ver página 123)
½ taza	75 g	almendras tostadas en rodajas

Poner las bananas en una sartén grande; agregar el azúcar, el brandy y el extracto de vainilla; cocer la banana por 3-5 minutos. Sacar, dejar enfriar y refrigerar. Poner sobre camas de helado, cubrir con salsa de chocolate y espolvorear con nueces. Servir inmediatamente.

PARA 6 PORCIONES

MOUSSE DE AMARETTO

2 cdtas	9 g	gelatina sin sabor
¼ taza	60 ml	licor de Amaretto
4 cdas	56 g	mantequilla
5	5	huevos
1 taza	225 g	azúcar granulada
1½ taza	375 ml	crema de batir
½ taza	125 ml	almendras tostadas y en rodajas

Ablandar la gelatina en el licor. Derretir la mantequilla en una cacerola doble.

Batir los huevos con la harina y el licor. Agregar a la mantequilla derretida y cocer revolviendo constantemente hasta que se espese. Dejar enfriar y refrigerar hasta que esté muy espesa. Batir la crema y agregar a la mezcla. Poner en copas de vino y dejar enfriar. Espolvorear con las almendras tostadas antes de servir.

PARA 8 PORCIONES

Mousse de Chocolate y Mandarínas

MOUSSE DE CHOCOLATE Y MANDARINAS

3 tazas	336 g	malvaviscos miniatura
½ taza	125 ml	crema ligera
3 oz	80 g	chocolate semi-dulce
2 cdas	30 ml	concentrado de jugo de naranjas
1½ taza	375 ml	crema de batir
2	2	claras de huevo
1 taza	150 g	gajos de naranja mandarina

En una cacerola doble derretir los malvaviscos con la crema y el chocolate. Agregar el jugo de naranja; quitar del fuego y dejar enfriar.

Batir la crema y agregarla a la mezcla ya enfriada. Batir las claras de huevo hasta que estén firmes; agregarlas a la mezcla. Añadir los gajos de naranja. Poner en 6 platos de servir o platos de postre; refrigerar por 3 horas antes de servir.

PARA 6 PORCIONES

SORBETE DE NARANJA CON CHOCOLATE

2 oz	30 g	chocolate semi-dulce
2 cdas	30 g	cocoa en polvo
1 taza	225 g	azúcar granulada
2 tazas	500 ml	jugo de naranjas
4 tazas	1 L	leche

Mezclar la cocoa, el azúcar y el jugo de naranja. Hervir por 5 minutos. Agregar la leche y hervir por 7 minutos más. Dejar enfriar. Refrigerar en una máquina para hacer helados siguiendo las instrucciones del fabricante.

PRODUCE 6 TAZAS (1,5 L)

PASTEL DE QUESO DE LIMA DELICIOSO

1¼ taza	310 ml	migas de Zwieback tostado*
2 cdas	30 g	azúcar granulada
⅓ taza	75 g	mantequilla derretida
1 cda	14 g	gelatina sin sabor o 2 sobres
¼ taza	60 ml	agua fría
¼ taza	60 ml	jugo de lima
3	3	huevos grandes, separados
½ taza	112 g	azúcar granulada
1½ cdta	8 ml	cáscara de lima rallada
16 oz	450 g	queso Neufchâtel liviano, blando**
		colorante verde
2 tazas	500 ml	crema batida

Mezclar las migas, el azúcar y la mantequilla; poner apretando en el fondo de un molde de resorte de 9" (23 cm). Hornear en un horno precalentado a 325°F (170°C), por 10 minutos. Dejar enfriar.

Ablandar la gelatina en el agua, revolver sobre fuego lento hasta que se disuelva. Agregar el jugo y las yemas de huevo, ¼ taza (56 g) de azúcar y la cáscara de lima; cocer revolviendo constantemente, sobre calor mediano por 5 minutos. Dejar enfriar. Agregar la gelatina a la mezcla ya ablandada del queso neufchâtel, mezclar. Incorporar unas pocas gotas de colorante de alimentos verde, si se desea.

Batir las claras de huevo hasta que estén espumosas; agregar el azúcar restante, batiendo hasta que se formen puntas firmes. Poner las claras de huevo y la crema batida en la mezcla de queso neufchâtel, poner sobre la corteza. Dejar enfriar hasta que esté firme. Decorar con las cáscaras de lima, si desea.

PARA 10 PORCIONES

*El pan Zwieback se puede conseguir en panaderías francesas. Las rodajas del pan se hornean de nuevo y se muelen en migas.

** Pequeño queso francés en forma de pan; hecho de leche descremada. El queso es de un color amarillo oscuro y es mejor entre los meses de octubre y junio. Se puede conseguir en fiambrerías.

POSTRES

TORTA DORADA A LA ANTIGUA

¾ taza	168 g	mantequilla
1 taza	225 g	azúcar granulada
8	8	yemas huevo batidas
2½ tazas	280 g	harina de pastel
1 cda	15 g	polvo de hornear
¼ cdta	1,2 g	sal
¾ taza	180 ml	leche
¾ cdta	4 ml	vainilla

Hacer una crema liviana y espumosa con la mantequilla y el azúcar . Agregar las yemas huevo y continuar batiendo. Cernir juntos dos veces la harina, el polvo de hornear y la sal. Agregar a la mezcla de crema alternando con la leche, en tercios. Añadir la vainilla. Poner en 3 moldes redondos, enmantequillados y harinados. Hornear en un horno precalentado a 350°F (180°C), por 20 minutos. Dejar enfriar 10 minutos y pasar a parrilla de enfriamiento. Escarchar y rellenar con el Dulce de Malvaviscos (receta a continuación), o Escarcha Praline (ver página 529).

RELLENO DE DULCES DE MALVAVISCOS

2 tazas	450 g	azúcar granulada
2 tazas	500 ml	crema
4 oz	120 g	chocolate semi-dulce
¼ taza	56 g	mantequilla
1 cdta	5 ml	vainilla
1 taza	112 g	malvaviscos

Mezclar en una cacerola el azúcar, la crema, el chocolate, la mantequilla y la vainilla. Llevar a ebullición y cocer hasta que se forme una pelota blanda. Derretir los malvaviscos en una cacerola doble y añadir al dulce. Usar como se desee.

MANZANAS CHATELAINE

1¼ taza	310 ml	agua
1¼ taza	270 g	azúcar granulada
1	1	grano de vainilla
6	6	manzanas Granny Smith peladas, ahuecadas al medio
3 cdas	45 ml	mantequilla derretida
1 taza	100 g	cerezas en mitades
½ taza	75 g	miga de galletas de almendra
¼ taza	28 g	azúcar de vainilla
4	4	yemas de huevo
2 tazas	250 ml	leche hervida

En una cacerola hervir el agua, el azúcar y el grano de vainilla. Reduciro a 1¼ taza (310 ml). Poner las manzanas en una bandeja de hornear baja. Untar con una brochita las manzanas el almíbar y la mantequilla. Mezclar las cerezas con la miga de galletas y rellenar el hueco de la manzana. Poner las manzanas en un horno precalentado a 350°F (180°C), por 20 minutos o hasta que las manzanas estén blandas. Poner en una fuente de servir.

Batir la vainilla, el azúcar y las yemas de huevo hasta que estén ligeras y pálidas. Incorporar la leche tibia; cocer en una cacerola doble revolviendo hasta que espese. Quitar del fuego, poner sobre las manzanas y servir.

PARA 6 PORCIONES

Manzanas Chatelaine

Torta Dorada a la Antigua con Escarcha Praline

CUADRITOS DE JENNIFER

10 oz	300 ml	leche condensada
2 oz	60 g	chocolate sin azúcar
½ cdta	2,5 g	sal
2 tazas	130 g	coco rallado
½ taza	50 g	cerezas marrasquinas
½ taza	75 g	nueces picadas
1 cdta	5 ml	extracto de vainilla

En una cacerola doble derretir la leche y el chocolate. Agregar el resto de los ingredientes; poner en un molde cuadrado enmantequillado de 8" x 8" (20 x 20 cm). Hornear por 18 minutos en un horno precalentado a 350°F (180°C). Dejar enfriar y escarchar con la Escarcha de Jennifer (receta siguiente).

ESCARCHA DE JENNIFER

3 cdas	42 g	mantequilla
2 tazas	224 g	azúcar glacé
3 cdas	45 ml	leche
2 cdtas	10 ml	extracto de menta
1	1	cuadrado de chocolate semi-dulce
1 cdta	5 ml	aceite

Hacer una crema con la mantequilla; agregar la mitad del azúcar y alternar la otra mitad del azúcar con la leche. Batir hasta que no queden pelotitas, agregar el extracto. Poner sobre los pasteles. Derretir el chocolate y el aceite en una cacerola doble. Rociar sobre la escarcha, cortar en cuadrados y servir.

PRODUCE 24

DULCES DE PASAS Y NUECES

2 cdtas	10 g	polvo de hornear
2¼ tazas	252 g	harina de pastel
½ tazas	112 g	mantequilla
1 taza	225 g	azúcar granulada
2	2	huevos
1 cdta	5 ml	extracto de vainilla
⅓ taza	80 ml	leche
½ taza	70 g	pasas
½ taza	75 g	nueces
		azúcar para espolvorear

Cernir la harina con el polvo de hornear.

Hacer una crema esponjosa con la mantequilla. Incorporar el azúcar y los huevos. Añadir la harina, la vainilla y la leche. Agregar las pasas y las nueces.

Poner cucharadas de masa en una lata de hornear engrasada. Espolvorear con el azúcar y hornear en un horno precalentado a 350°F (180°C), por 10-12 minutos.

PRODUCE 1½ DOCENA

Cuadritos de Jennifer

575

Dominós

SOUFFLÉ DE FRESAS Y KIWI CONGELADO

2 tazas	200 g	frambuesas
¼ taza	56 g	azúcar granulada
2 cdas	28 g	gelatina sin sabor
2 cdas	30 ml	agua helada
¼ cdta	1,2 g	sal
6	6	claras de huevo
2 tazas	500 ml	crema de batir
1½ taza	225 g	kiwi pelado y picado

Hacer un puré con las frambuesas en un procesador de alimentos; colar y sacar las semillas. Poner en una cacerola y reducir la salsa a ¼ taza (60 ml). Agregar el azúcar y la gelatina, la cual ha sido ablandada en agua con sal. Dejar enfriar a temperatura ambiente. Batir las claras de huevo hasta que estén firmes y secas. Batir la crema y agregar a las claras de huevo. Agregar la salsa y los kiwis. Poner en un tazón para soufflé para 8 tazas (2 L) con cuello de hoja de metal de 6" (15 cm). Poner en el congelador por 6 horas o por toda la noche. Quitar el collar y servir.

PARA 6 PORCIONES

SOUFFLÉ DE CAFE CON MENTA

¼ taza	28 g	harina
1 taza	250 ml	leche
1 taza	225 g	azúcar granulada
3 cdas	15 g	mantequilla
1 cdta	2 g	cristales de café instantáneo
3 cdas	45 ml	licor Kahlúa
3 cdas	45 ml	licor Crema de Menta
4	4	huevos separados
2	2	claras de huevo

Enmantequillar un tazón de soufflé para 6 u 8 tazas (1,5–2 L). Espolvorear el fondo y los lados con azúcar. En una cacerola batir la harina en la leche. Llevar a ebullición. Incorporar el azúcar, la mantequilla, el café y los licores. Quitar del fuego, agregar las yemas de huevo, batiendo bien, una a la vez. Batir las claras de huevo hasta que estén firmes y agregar a la mezcla. Hornear en un horno precalentado a 400°F (200°C), por 40 minutos. Servir caliente con una salsa dulce de chocolate.

PARA 4 PORCIONES

DOMINÓS

½ taza	75 g	nueces picadas
½ taza	75 g	almendras en rodajas
½ taza	56 g	dátiles picados
½ taza	125 g	mazapán*
1 cdta	5 ml	cáscara de naranja rallada
¼ taza	60 ml	jugo de naranja
¼ cdta	1,2 g	sal
¼ taza	28 g	harina de pastel
2 oz	60 g	chocolate semi-dulce derretido
1 cdta	5 ml	mantequilla, derretida

En un procesador de alimentos mezclar las nueces, los dátiles, la pasta de almendra, la ralladura de cáscara de naranja, el jugo y la sal. Mezclar bien. Espesar con la harina solamente si es necesario.

Amoldar en cuadrados. Untar en la mezcla de chocolate con mantequilla.

*Se puede encontrar en la mayoría de las pastelerías o panaderías.

PRODUCE 2 DOCENAS

Soufflé de Fresas y Kiwi Congelado

Pastel de Queso con Chocolate Refrigerado

PASTEL DE QUESO CON CHOCOLATE REFRIGERADO

CORTEZA:

2 tazas	224 g	miga de galleta de chocolate
2 cdas	30 g	azúcar granulada
¼ taza	56 g	mantequilla derretida

Mezclar los ingredientes, poner apretando el fondo de un molde de resorte de 9"(23 cm). Dejar enfriar.

RELLENO:

1 cda	14 g	gelatina sin sabor
⅔ taza	160 ml	agua
1 lb	450 g	queso de crema ablandado
6 oz	170 g	trocitos de chocolate derretidos
1 taza	250 ml	leche condensada
1½ cda	8 ml	vainilla
¾ taza	180 ml	crema de batir, batida
1 taza	112 g	rulos de chocolate
1½ taza	375 ml	Salsa de Frambuesas (ver página 107)

Ablandar la gelatina en el agua, calentar hasta que se disuelva; quitar del fuego y dejar enfriar.

Hacer una crema con el queso, el chocolate, la leche, y la vainilla. Incorporar la gelatina; mezclar la crema batida. Poner a la corteza y refrigerar por 4 horas.

Decorar con los rulos de chocolate. Servir con la Salsa de Frambuesas.

PARA 8-10 PORCIONES

PASTEL DE QUESO CON AMARETTO DEL CHEF K

CORTEZA:

3½ tazas	350 g	miga de galletas de almendra italianas
¼ taza	56 g	mantequilla derretida

Mezclar los ingredientes. Poner apretando el fondo y los lados de un molde de resorte enmantequillado de 9" (23 cm). Dejar enfriar. Precalentar el horno a 325°F (160°C).

RELLENO:

3 tazas	675 g	queso de crema
¾ taza	168 g	azúcar granulada
4	4	huevos
2 cdas	10 ml	extracto de almendra
¼ taza	60 ml	licor Amaretto

Hacer una crema con la mantequilla y el azúcar. Batir los huevos uno a la vez. Agregar el extracto y el licor. Hornear en un horno precalentado por 90 minutos. Pasar a una parrilla de enfriamiento; enfriar a temperatura ambiente.

DECORADO:

1 taza	225 g	mantequilla aclarada
8 oz	250 g	chocolate semi-dulce
½ taza	125 ml	licor Amaretto
½ taza	75 g	almendras tostadas, picadas

Mezclar en una cacerola la mantequilla con el chocolate; calentar sin hervir. Quitar la cacerola del fuego y agregar el Amaretto. Poner la mezcla sobre el pastel de queso. Refrigerar por 2 horas. Espolvorear con las almendras y continuar refrigerando por 6-8 horas más.

SORBETE DE KIWI Y MANGO

¾ taza	168 g	azúcar granulada
¾ taza	180 ml	agua
1½ taza	170 g	kiwis pelados picados, en puré
1½ taza	170 g	puré de mango
¼ taza	60 ml	jugo de lima

En una cacerola mezclar el azúcar con el agua. Llevar a ebullición, quitar del fuego, dejar enfriar y refrigerar. Mezclar juntos el kiwi, el mango y el jugo de lima, refrigerar. Mezclar con el almíbar. Congelar en una máquina para hacer helados según las instrucciones del fabricante.

PRODUCE 4 TAZAS (1 L)

PASTEL DE QUESO CON CHOCOLATE

CORTEZA:

½ taza	112 g	mantequilla
½ taza	112 g	azúcar granulada
1½ taza	168 g	miga de galletas de harina integral
1 cda	15 g	cocoa en polvo

Mezclar la mantequilla con el azúcar. Agregar las miga de galletas y la cocoa en polvo. Poner apretando en un molde de resorte de 9" (23 cm). Hornear en un horno precalentado a 375°F (205°C), por 8 minutos. Sacar de horno y dejar enfriar.

RELLENO:

4 oz	112 g	chocolate semi-dulce
1 lb	450 g	queso de crema
2 tazas	500 ml	crema ácida
1 taza	250 ml	crema de batir
1 taza	225 g	azúcar granulada
1 cdta	5 ml	vainilla
3	3	huevos
3 tazas	750 ml	crema de batir, batida
		trocitos de chocolate

En una cacerola doble derretir el chocolate; dejar enfriar. Batir el queso de crema. Agregar el chocolate enfriado, la crema ácida y la crema de batir. Mezclar el azúcar, la vainilla y un huevo a la vez. Poner en la corteza. Hornear en el centro del horno precalentado a 375°F (205°C), por 50-60 minutos. Sacar y refrigerar por 6 horas. Poner y decorar con la crema batida. Cubrir con los trocitos de chocolate. Servir.

Pastel de Queso con Chocolate

Sorbete de Kiwi y Mango

Helado de Moras

GALLETAS DE HIGO

GALLETAS:

3 tazas	336 g	harina
2 cdtas	10 g	polvo de hornear
¼ cdta	1,2 g	sal
1 taza	225 g	azúcar granulada
⅓ taza	75 g	manteca
2	2	huevos
⅓ taza	80 ml	leche
½ cdta	3 ml	vainilla

Cernir juntos la harina, el polvo de hornear y la sal. Hacer una crema con la manteca y el azúcar. Batir los huevos, la leche y la vainilla, agregar a la harina y mezclar bien.

Estirar la masa en en una superficie espolvoreada ligeramente con harina hasta alcanzar un espesor de ¼" (6 mm). Cortar en tiras de 4" (10 cm) de ancho y rellenar con relleno de higo (receta siguiente). Doblar y cortar en círculos, hornear por 12-15 minutos en un horno precalentado a 325°F (160°C). Dejar enfriar antes de servir.

RELLENO DE HIGO:

1½ taza	336 g	azúcar granulada
¾ taza	180 ml	agua
6 tazas	675 g	higos pelados
2 tazas	225 g	datiles picados
1 cda	15 ml	jugo de limón
1cdta	5 ml	cáscara de limón rallado

En una cacerola mezclar el azúcar y el agua; agregar los higos, los dátiles y el limón. Llevar a ebullición. Bajar el fuego y cocer a fuego lento por 2½ horas o hasta que esté espeso. Dejar enfriar antes de usar.

*NOTA: Si se usa higos secos dejar remojando por ½ hora. Reducir el tiempo de cocción a 20 minutos y hacer un puré en un procesador de alimentos.

PPRDUCE 3 DOCENAS

Galletas de Higo

HELADOS DE MORAS

3 tazas	750 ml	leche 50% crema, ligera
2 cdas	14 g	harina
2 cdas	30 ml	agua
3	3	yemas de huevo
1 taza	225 g	azúcar granulada
1½ cda	8 ml	extracto de vainilla blanca
1½ tazas	150 g	moras frescas

En una cacerola doble, cocer la crema. Mezclar la harina con el agua y agregar a la crema. Batir las yemas de huevo con el azúcar; agregarlas lentamente a la crema con el extracto. Cocer, revolviendo constantemente hasta que la mezcla se espese; quitar del fuego y dejar enfriar. Seguir las instrucciones del fabricante de la máquina de halados. Antes que la crema se congele, agregar las moras (en los últimos 5 minutos de batido).

PRODUCE 6 TAZAS (1,5 L)

GALLETAS DE GRANOLA

½ taza	112 g	mantequilla
½ taza	125 ml	aceite
½ taza	112 g	azúcar granulada
½ taza	112 g	azúcar morena
1 cdta	5 ml	vainilla
½ cdta	3 g	crema de tártaro
½ cdta	2,5 g	bicarbonato de soda
1	1	huevo
1 taza	112 g	granola
½ taza	30 g	coco rallado
½ taza	112 g	avena
1¾ taza	200 g	harina de pastel
½ taza	75 g	pasas
¼ taza	38 g	nueces picadas

Hacer una crema liviana con la mantequilla y el aceite. Agregar el azúcar y la vainilla. Poner la crema de tártaro, la soda y el huevo. Mezclar con el resto de los ingredientes. Poner una porción del tamaño de una cucharadita en una lata de hornear enmantequillada. Hornear en un horno precalentado a 350°F (180°C), por 12-15 minutos.

PRODUCE 3 DOCENAS

PACANAS CREOLE

1 taza	168 g	azúcar morena
1 taza	225 g	azúcar granulada
½ taza	125 ml	crema liviana
2 cdas	28 g	mantequilla
1 taza	150 g	pacanas

Disolver las azúcares en la crema, en una cacerola. Calentar a 238°F (115°C), medidos en un termómetro de dulces. Quitar del fuego; batir en la mezcla la mantequilla y las nueces; continuar batiendo hasta que se espese. Poner en una lata de hornear cubierta con papel parafinado enmantequillado. Dejar espacio suficiente entre cada pieza para que se separen bien.

HACE 1½ LB (675 g)

PASTEL DE PONCHE DE NAVIDAD

1 cda	15 g	gelatina sin sabor
3 cdas	45 ml	agua fría
1 taza	250 ml	leche
3	3	huevos, separados
1½ taza	336 g	azúcar granulada
2 cdtas	10 ml	extracto de ron
¾ taza	180 ml	crema de batir
½ taza	112 g	fruta caramelizada, en trocitos
1	1	Corteza de Jengibre (ver página 603)
2 cdas	14 g	pacanas, en trocitos

Remojar la gelatina en el agua. En una cacerola doble mezclar la leche, las yemas de huevo, ½ taza (112 g) de azúcar y el extracto de ron. Quitar del fuego cuando la mezcla se empiece a espesar; incorporar la gelatina; refrigerar hasta que se espese, pero sin endurecerse. Batir la crema y ponerla en la mezcla. Batir las claras de huevo hasta que se endurezcan. Agregar el azúcar y continuar batiendo hasta formar picos suaves. Poner en la mezcla. Incorporar la fruta caramelizada. Poner en la corteza de pastel y refrigerar hasta que esté firme. Espolvorear con las nueces. Servir.

PARA 6 PORCIONES

PASTEL DE QUESO ITALIANO DE FRANK

16 oz	450 g	queso de crema
16 oz	450 g	crema ácida
16 oz	450 g	queso ricotta
4	4	huevos
4 oz	110 g	mantequilla derretida
3 cdas	21 g	harina
3 cdas	21 g	maicena
1½ taza	338 g	azúcar granulada
1 cda	15 ml	extracto de vainilla
1 cda	15 ml	jugo de limón

Cubrir con papel de aluminio el fondo y los lados de un molde de resorte de 12″ (30 cm). Enmantequillar el papel de aluminio.

Precalentar el horno a 325°F (170°C). En un tazón grande, poner los quesos y la crema, batirlos hasta tener una mezcla muy cremosa. Agregar los huevos, uno por uno, mezclándolos bien al ponerlos. Añadir la mantequilla derretida.

Mezclar todos los ingredientes secos. Agregarlos a la mezcla de los quesos junto con la vainilla y el jugo de limón. Mezclar bien. Hornear por 1½ hora, apagar el horno y dejar adentro el pastel por una hora más (dependiendo del horno). Esto se hace para que el pastel se ponga firme.

Refrigerar por toda la noche, espolvorear con azúcar glacé y servir.

Pacanas Creole

Pastel de Ponche de Navidad

Pastel Saltamontes

PASTEL SALTAMONTES

CORTEZA:

2 tazas	225 g	migas de galleta de chocolate
⅓ taza	75 g	mantequilla
¾ taza	75 g	avellanas molidas

Combinar los ingredientes. Poner la mezcla apretando en el fondo y los lados de un molde de pastel enmantequillado de 10" (25 cm). Hornear en un horno precalentado a 350°F (180°C), por 7 minutos. Dejar enfriar y luego refrigerar.

RELLENO:

2 cdas	30 ml	agua fría
1 cda	14 g	gelatina sin sabor
2	2	huevos, separados
½ taza	125 ml	leche
1½ taza	75 g	bombones de merengue (angelitos), en miniatura
2 cdtas	10 ml	extracto de menta
1 taza	250 ml	crema de batir
1 cdta	5 ml	colorante verde de alimentos
1 taza	112 g	rulos de chocolate

Ablandar la gelatina en el agua fría; pasarla a una cacerola doble. Agregar las yemas de huevo y la leche; cocerlas hasta que se espesen. Derretir los bombones en otra cacerola doble, ponerlos en la mezcla de huevo y quitar del fuego. Incorporar el extracto de menta. Dejar enfriar. Incorporar la crema con el colorante verde. Mezclarlos en la mezcla enfriada. Batir los huevos y ponerlos en la mezcla. Poner en la corteza. Refrigerar por 4-6 horas. Adornar con los rulos de chocolate antes de servir.

PASTEL DE QUESO DE CHOCOLATE BLANCO Y GRAND MARNIER DEL CHEF K

CORTEZA:

2 tazas	225 g	migas de galleta de chocolate
2 cdas	30 g	azúcar granulada
¼ taza	60 ml	mantequilla derretida

Combinar todos los ingredientes. Poner en el fondo y los lados de un molde de resorte enmantequillado de 9" (23 cm). Refrigerar. Precalentar el horno a 350°F (180°C).

RELLENO:

6 oz	180 g	chocolate blanco
1½ lb	750 ml	queso de crema
¾ taza	168 g	azúcar granulada
3	3	huevos
⅓ taza	80 ml	licor Grand Marnier

Derretir el chocolate en una cacerola doble. Hacer una crema con el queso y el azúcar. Batir los huevos, uno por uno. Mezclarlos en el chocolate y poner el licor. Poner en la corteza. Hornear por 45 minutos.

DECORADO:

2 tazas	500 ml	crema ácida
3 cdas	45 g	azúcar granulada
1 cdta	5 ml	vainilla

Mezclar los ingredientes hasta tener una mezcla fina y homogénea. Poner con una cuchara sobre el pastel y continuar horneando por 10 minutos. Pasar a una parrilla de enfriamiento, enfriar por 1 hora.

GLACE:

½ taza	112 g	azúcar granulada
1½ cda	11 g	maicena
¼ cdta	1,2 g	sal
½ taza	125 ml	agua
¼ taza	60 ml	licor Grand Marnier
⅓ taza	80 ml	jugo de naranja
1 cdta	5 ml	corteza de naranja rallada
1	1	yema de huevo batida
1 cda	14 g	mantequilla derretida

En una cacerola, mezclar el azúcar, la maicena y la sal. Poner a fuego medio; incorporar los demás ingredientes, menos la mantequilla. Dejar entibiar. Incorporar la mantequilla. Poner sobre el pastel y refrigerar por 6 horas.

Pastel de Queso de Chocolate Blanco y Grand Marnier del Chef K

CREMA DE CHOCOLATE Y GRAND MARNIER

6 oz	120 g	chocolate blanco rallado
¼ taza	60 ml	licor Crema de Grand Marnier
¼ taza	56 g	azúcar granulada
2 tazas	500 ml	crema espesa
½ cdta	3 ml	extracto de naranja
18	18	gajos de naranja con chocolate

En una cacerola doble, combinar el chocolate con el licor; derretirlo a fuego bajo. Batir en la mezcla el azúcar hasta que se disuelva, quitar del fuego, dejar enfriar y refrigerar. Batir hasta espesar la crema con el extracto de naranja. Mezclar con el chocolate. Poner en 6 platos de servir; cubrir con papel plástico y refrigerar por 8 horas o por toda la noche. Adornar con Gajos de Naranja Cubiertos con Chocolate (receta siguiente).

PARA 6 PORCIONES

GAJOS DE NARANJA CUBIERTOS CON CHOCOLATE

6 oz	120 g	chocolate semi-dulce
1 cda	15 ml	mantequilla derretida
40	40	gajos de naranja fresca

En una cacerola doble, derretir el chocolate con la mantequilla, a fuego bajo. Sumergir los gajos de naranja en el chocolate; pasarlos a papel parafinado. Refrigerarlos por 10 minutos y luego regresarlos a temperatura ambiente. Servir o usarlos como adorno.

PASTEL DE QUESO TROPICAL

CORTEZA:

1 taza	112 g	miga de galleta de harina integral
3 cdas	30 g	azúcar morena
¼ taza	60 ml	mantequilla derretida

RELLENO:

2	2	sobres de gelatina sin sabor
¼ taza	60 ml	ron de coco
1 lata	1	de 19 oz, de piña machacada, escurrida
⅓ taza	75 g	azúcar granulada
¼ cdta	1,2 g	sal
1	1	huevo
1	1	paquete de 250 g de queso de crema, a temperatura ambiente
¾ taza	180 ml	crema de batir

CORTEZA:

Combinar la miga, el azúcar y la mantequilla. Poner en el fondo de un molde de resorte engrasado de 9" (23 cm). Hornear en un horno precalentado a 400°F (200°C), por 5 minutos. Dejar enfriar.

RELLENO:

En un plato pequeño espolvorear la gelatina sobre el ron de coco, para ablandarla. Combinar la piña, el azúcar, la sal y el huevo en una cacerola. Incorporar la gelatina ablandada y calentar; remover hasta que se espese; poner aparte para enfriar a temperatura ambiente.

Batir el queso de crema y la crema de batir hasta que estén finas y bien mezcladas. Agregar la mezcla de piña y batir por unos 2 minutos, hasta que se mezcle bien. Poner en una corteza preparada y refrigerar hasta que esté firme, en unas 4 horas.

Crema de Chocolate y Grand Marnier con Gajos de Naranja Cubiertos con Chocolate

589

Pastel de Queso Napolitano

POSTRES

PASTEL DE QUESO DE CAFE Y NUECES DE NOGAL

CORTEZA:

3 tazas	336 g	miga de galleta de chocolate
2 cdas	30 g	azúcar granulada
¼ taza	60 ml	mantequilla derretida

Combinar bien todos los ingredientes. Poner apretando en el fondo y los lados de un molde de resorte de 9" (23 cm). Refrigerar por 5 minutos y poner por 7 minutos en un horno precalentado a 350°F (180°C).

RELLENO:

1½ lb	750 g	queso de crema
1 taza	225 g	azúcar granulada
4	4	huevos
½ taza	60 ml	café doble fuerte
3 oz	90 g	trocitos de dulces de mantequilla, derretidos
2 oz	60 g	chocolate semi-dulce, derretido
½ taza	75 g	trocitos de nueces de nogal

Hacer una crema con el queso y el azúcar; batir en la crema los huevos, uno por uno. Dividir la mezcla en dos partes. En una parte, mezclar los trocitos de dulce de mantequilla. En la segunda parte, mezclar el café, el chocolate y las nueces. Poner la mezcla de chocolate y nueces en la corteza. Hornear por 30 minutos en un horno precalentado a 350°F (180°C). Ponerle encima la mezcla de mantequilla y continuar horneando por 40 minutos más. Apagar el horno, abrir la puerta y dejar adentro el pastel por 30 minutos. Pasar a una parrilla de enfriamiento. Refrigerar por 8 horas o por toda la noche antes de servir.

Pastel de Queso de Café y Nueces de Nogal

PASTEL DE QUESO NAPOLITANO

CORTEZA:

3 tazas	336 g	miga de galleta de chocolate
2 cdas	30 g	azúcar granulada
¼ taza	60 ml	mantequilla derretida

Combinar los ingredientes. Poner apretado en un molde de resorte enmantequillado de 9" (23 cm). Hornear por 5 minutos en un horno precalentado a 350°F (180°C).

RELLENO:

1½ lb	750 ml	queso de crema
1 taza	225 g	azúcar granulada
3	3	huevos
1 cdta	5 ml	vainilla
2 oz	60 g	chocolate semi-dulce, derretido
1 cda	15 g	cocoa en polvo
1 taza	250 ml	puré de fresas

Hacer una crema muy liviana con el queso y el azúcar. Batir los huevos en la crema, uno por uno. Incorporar la vainilla. Dividir la mezcla en 3 partes iguales. En una parte mezclar el chocolate y la cocoa en polvo. En la segunda parte mezclar las fresas.

Poner la mezcla de chocolate en la corteza. Hornear por 20 minutos hasta que los lados estén firmes. Poner con cuidado la mezcla con fresas sobre el pastel y hornear por 20 minutos. Poner encima la mezcla restante y continuar horneando por 35 minutos. Apagar el horno, abrir la puerta y dejar adentro el pastel por 30 minutos. Pasar a una parrilla de enfriamiento, enfriar a temperatura ambiente. Refrigerar por 6-8 horas antes de servir. Poner el glacé como sigue:

GLACE:

½ taza	112 g	azúcar granulada
1½ cda	11 g	maicena
¼ cdta	1,2 g	sal
½ taza	125 ml	agua
½ taza	125 ml	jugo de lima
2 cdtas	10 ml	corteza de lima rallada
1	1	yema de huevo
5 gotas	5	colorante verde de alimentos
1 cda	14 g	mantequilla

En una cacerola, mezclar el azúcar, la maicena y la sal. Poner a cocer a fuego mediano y combinar todos los demás ingredientes, menos la mantequilla. Cocer hasta espesar. Batir en la mezcla la mantequilla, dejar que se entibie, poner sobre el pastel y servir.

591

Pastel Rayo de Sol de Brandy de Naranja

PASTEL DE PAN DE MANTEQUILLA A LA ANTIGUA

2 tazas	450 g	azúcar granulada
1 taza	225 g	mantequilla
4	4	huevos
2 cdtas	10 ml	vainilla
3 tazas	336 g	harina
½ cdta	2,5 g	polvo de hornear
½ cdta	2,5 g	bicarbonato de soda
½ cdta	2,5 g	sal
1 cda	15 ml	jugo de limón
1 taza	250 ml	leche

Hacer una crema fina y homogénea con la mantequilla y el azúcar. Agregar los huevos a la crema, uno por uno, batiéndolos; añadir la vainilla. Cernir la harina con el polvo de hornear, el bicarbonato y la sal. Mezclar el jugo de limón con la leche. Poner ⅓ de la harina y alternar con ⅓ del líquido, repitiendo hasta completar.

Poner en un molde engrasado de 4"x10" (10 x 25 cm). Hornear en un horno precalentado a 350°F (180°C), por 1 hora y 10 minutos. Dejar enfriar por 10 minutos antes de poner el pastel en una parrilla de enfriamiento.

PASTEL RAYO DE SOL DE BRANDY DE NARANJA

8	8	claras de huevo
½ cdta	3 ml	crema de tártaro
½ cdta	2,5 g	sal
1½ taza	336 g	azúcar granulada
5	5	yemas de huevo
1 taza	112 g	harina
2 cdas	30 ml	agua
½ cdta	3 ml	de cada uno: extracto de almendra, extracto de limón y extracto de vainilla blanca

Salsa de Brandy de Naranja:

2 cdas	30 ml	concentrado de naranja
2⅓ tazas	560 ml	mandarinas de lata
½ taza	112 g	azúcar granulada
4 cdas	60 ml	brandy de naranja

Poner en una cacerola el concentrado de naranja, el jugo escurrido de las mandarinas y el azúcar. Hervir hasta espesar. Quitar del fuego, mezclar el brandy de naranja y los gajos de mandarina. Servir tibia con el pastel.

NOTA: El brandy de naranja se puede sustituir con 2 cdas. (30 ml) de saborizador de brandy de naranja y 2 cdas. (30 ml) de agua.

Precalentar el horno a 350°F (180°C).

Mezclar las claras de huevos, la crema de tártaro y la sal. Batir hasta endurecer mucho. Batir aparte el azúcar y las yemas de huevo, hasta obtener una mezcla de color muy claro. Mientras se baten los huevos, agregar lentamente la harina alternada con el agua. Agregar los extractos. Incorporar las claras de huevo. Poner en un molde tubular sin engrasar. Hornear por 60 minutos, sacar del horno y voltear el pastel. Cuando enfríe, desmoldar y cubrir con Salsa de Brandy de Naranja (receta siguiente).

Pastel de Pan de Mantequilla a la Antigua

Torta Sacher Chef K

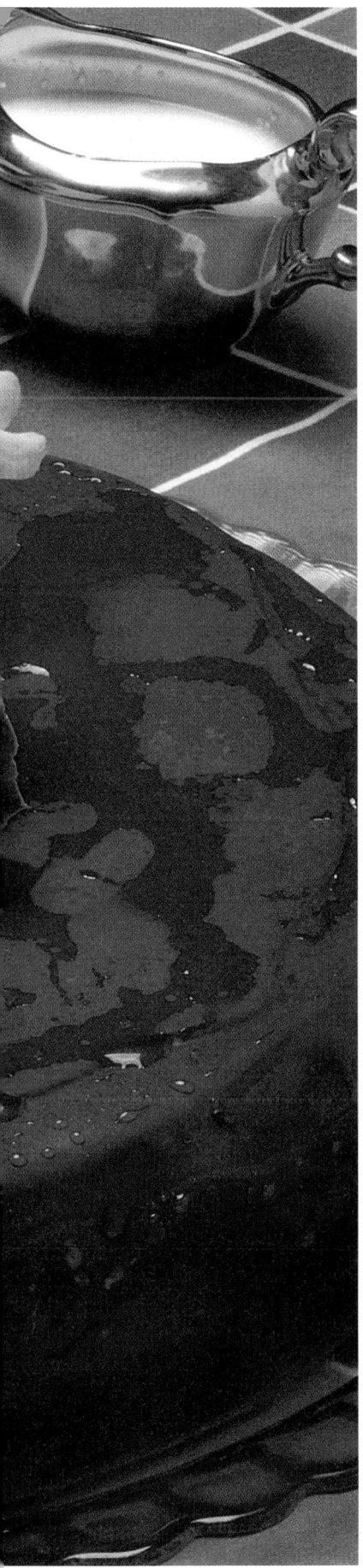

TORTA SACHER CHEF K

PASTEL:

3 oz	85 g	chocolate amargo dulce
2 oz	60 g	chocolate semi-dulce
2 tazas	450 g	harina de pastel
¼ cdta	1,2 g	sal
6	6	huevos, separados
½ taza	112 g	mantequilla
1½ taza	336 g	azúcar granulada

Derretir el chocolate en una cacerola doble. Cernir juntas la harina y la sal, dos veces. Batir las claras de huevo y formar picos suaves. Hacer una crema muy liviana con la mantequilla y el azúcar. Agregar los huevos, uno por uno, batiéndolos al ponerlos. Mezclar en la crema la harina y el chocolate, en 3 tercios. Mezclar las claras de huevo. Poner en un molde de resorte, enmantequillado y enharinado, de 9" (23 cm). Poner en un horno precalentado a 350°F (180°C), por 45 minutos, o hasta cuando al insertar un palillo de dientes éste salga limpio. Dejar enfriar por 10 minutos, luego pasar a una parrilla de enfriamiento.

ESCARCHA:

½ taza	125 ml	conserva de albaricoque
½ lb	340 g	pasta de almendra *
10 oz	300 g	chocolate semi-dulce
1½ cdta	8 ml	aceite
1 taza	250 ml	crema de batir

Calentar la conserva de albaricoque hasta que se arrale, ponerla en el pastel. Extender fino con el rodillo la pasta de almendra en una superficie ligeramente espolvoreada con la maicena. Cubrir todo el pastel y cortar las partes sobrantes de los lados.

Calentar el chocolate en una cacerola doble. Incorporar el aceite y poner el chocolate sobre el pastel. Refrigerar por 1 hora. Batir la crema y servir con el pastel, aparte.

*La pasta de almendra se puede comprar en tiendas de artículos para decorar pasteles o una pastelería.

SORBETE DE FRESAS

2 tazas	200 g	fresas
2 tazas	450 g	azúcar granulada
2 tazas	500 ml	leche

Lavar y quitar el cáliz a las fresas. Machacarlas y cocerlas a fuego bajo-medio con el azúcar. Llevar a ebullición, hervir por 10 minutos. Hacerlas puré en un procesador de alimentos; colar para eliminar las semillas y la pulpa. Regresarlas a la cacerola, mezclar la leche y hervir por 5 minutos. Dejar enfriar y luego refrigerar. Poner a congelar en un aparato para hacer helados, de acuerdo a las instrucciones del fabricante.

PRODUCE 6 TAZAS (1,5 L)

PASTEL DE QUESO DE MANTEQUILLA DE MANI

CORTEZA:

3 tazas	336 g	migas de galleta de chocolate
3 cdas	45 g	azúcar granulada
¼ taza	60 ml	mantequilla derretida

Combinar los ingredientes. Poner apretando en el fondo y los bordes de un molde de resorte enmantequillado de 9″ (23 cm). Refrigerar.

RELLENO:

1½ lb	750 g	queso de crema
1 taza	225 g	azúcar granulada
4	4	huevos
3 oz	85 g	chocolate semi-dulce, derretido
1 cda	15 g	cocoa en polvo
¾ taza	168 g	mantequilla de maní fina

Hacer una crema con el queso y el azúcar. Batir los huevos en la crema, uno por uno. Dividir la mezcla en dos partes. En una parte batir el chocolate y la cocoa. En la otra parte batir la mantequilla de maní. Poner el chocolate en la corteza y hornear por 30 minutos en un horno precalentado a 350°F (180°C). Ponerle encima la mezcla con la mantequilla de maní y continuar horneando por 40 minutos más. Apagar el horno, abrir la puerta y dejar adentro el pastel por 30 minutos. Pasar a una parrila de enfriamiento; enfriar a temperatura ambiente antes de ponerle la capa.

DECORADO:

¼ taza	60 ml	jarabe de maíz, blanco
3 cdas	45 ml	agua
2½ cdas	35 g	mantequilla
5 oz	150 g	trocitos de chocolate semi-dulce
½ taza	70 g	maní con sal
2 tazas	500 ml	crema de batir, batida

En una cacerola, combinar el jarabe de maíz, el agua y la mantequilla. Hervir rápidamente, revolviendo hasta que la mantequilla se derrita. Quitar del fuego. Agregar el chocolate y revolverlo hasta que se derrita. Dejar enfriar a temperatura ambiente.

Poner el chocolate sobre el pastel. Decorar con la crema batida. Espolvorear con el maní. Servir.

PASTEL DE ARANDANOS

1 ración	1	Pasta Sencilla (ver página 616)
3 tazas	300 g	arándanos
3 cdas	21 g	harina
¾ taza	168 g	azúcar granulada
2 cdas	30 ml	jugo de limón
1 cdta	5 ml	vainilla
1 cda	14 g	mantequilla
1	1	huevo

Extender la mitad de la masa y ponerla en un molde de 9″ (23 cm). Lavar y escoger los arándanos. Mezclar la harina con el azúcar y espolvorear con la mitad sobre la masa en el molde. Agregar las frutas y espolvorear el resto de la harina. Rociar con el jugo de limón y la vainilla. Cubrir con trocitos de mantequilla. Extender el resto de la masa y ponerla encima. Humedecer los bordes y doblarlos bajo la capa de abajo. Acanalar los bordes. Cortar en la parte de arriba para dejar salir el vapor; untar con el huevo. Poner en un horno precalentado a 450°F (230°C), por 15 minutos; bajar la temp. a 325°F (160°C) y hornear por 20 minutos más. Dejar enfriar totalmente antes de servir.

PARA 6 PORCIONES

Pastel de Arándanos

Pastel de Queso de Mantequilla de Maní

Torta Suiza de Chocolate con Escarcha de Chocolate de Leche

TORTA SUIZA DE CHOCOLATE

¾ taza	84 g	harina de pastel
½ cdta	2,5 g	polvo de hornear
¼ cdta	1,2 g	bicarbonato de soda
½ cdta	2,5 g	sal
4	4	huevos
¾ taza	166 g	azúcar granulada
3 oz	80 g	chocolate semi-dulce rallado
1 cdta	5 ml	extracto de vainilla
¼ taza	60 ml	agua fría

Cernir juntos la harina, el polvo de hornear, el bicarbonato y la sal, dos veces.

Batir los huevos y agregar el azúcar batiéndola hasta llegar a 3 veces el volumen. Mezclar con la harina.

Derretir el chocolate en una cacerola, con la vainilla y el agua; poner en la mezcla. Poner la mezcla en 3 moldes de pastel, enmantequillados y enharinados, de 9" (23 cm). Hornear por 18-20 minutos en un horno precalentado a 350°F (180°C).

Dejar enfriar por 10 minutos y pasar a una parrilla de enfriamiento; desmoldar los pasteles y enfriar totalmente. Rellenar y cubrir con Escarcha de Chocolate de Leche (receta siguiente).

ESCARCHA DE CHOCOLATE DE LECHE

4 oz	120 g	chocolate de leche
½ taza	112 g	mantequilla sin sal
3 tazas	336 g	azúcar glacé
⅓ taza	80 ml	leche
2	2	claras de huevo, a temperatura ambiente
½ cdta	3 ml	extracto de vainilla

En una cacerola doble, derretir el chocolate y la mantequilla, a fuego bajo. Quitar del fuego; batir en la mezcla los ingredientes restantes. Poner en un tazón con hielo y batir hasta que esté muy cremosa.

PASTEL DE BATATA

½ taza	112 g	azúcar granulada
¼ cdta	1,2 g	sal
1 cdta	5 g	canela
1 cdta	5 g	nuez moscada
½ cdta	2,5 g	jengibre molido
2 tazas	500 g	batatas, hervidas y machacadas fino
1 taza	250 ml	leche
2	2	huevos
½ ración	0,5	Pasta Sencilla (ver página 616)
2 tazas	500 ml	crema batida

Combinar los ingredientes secos. Mezclar con las batatas. Incorporar la leche y los huevos.

Extender la masa y ponerla en un molde de pastel de 9" (23 cm). Poner la mezcla de la batata.

Hornear en un horno precalentado a 450°F (230°C), por 10 minutos. Bajar la temperatura a 350°F (180°C), continuar horneando por 35 minutos más. Dejar enfriar, luego refrigerar.

Poner chorritos de crema batida y servir.

PARA 8 PORCIONES

Pastel de Batata

TORTITAS DE CHOCOLATE Y MENTA

2 tazas	500 ml	leche condensada, azucarada
2 cdtas	10 ml	extracto de menta
10 gotas	10	colorante verde de alimentos
32 oz	960 ml	azúcar glacé
4 oz	120 g	chocolate semi-dulce
1 oz	30 g	cera comestible para alimentos

Mezclar la leche, el extracto de menta y el colorante. Agregar el azúcar, sólo la suficiente para formar una bola grande firme, no pegajosa. Formar bolitas del mismo tamaño. Aplanarlas. Calentar el chocolate con la cera. Atravesar cada tortita con un palillo de dientes y sumergirlas en el chocolate. Ponerlas en una lata de hornear y dejar que el chocolate endurezca.

PRODUCE 64 TORTITAS

PASTEL DE MENTA

CORTEZA:

3 tazas	336 g	miga de galleta de chocolate
3 cdas	45 g	azúcar granulada
¼ taza	60 ml	mantequilla derretida

Combinar la miga, el azúcar y la mantequilla. Poner apretando en los lados y el fondo de un molde de resorte de 9" (23 cm). Hornear en un horno precalentado a 350°F (180°C), por 7 minutos. Dejar enfriar, luego refrigerar.

RELLENO:

6 oz	180 g	trocitos de chocolate de menta
¼ taza	60 ml	crema
½ ración	0,5	Helado de Café y Menta (ver página 669)
½ ración	0,5	Helado de Vainilla Francés (ver página 547)

En una cacerola doble, calentar juntos los trocitos de chocolate y la crema; cocer hasta espesar. Dejar enfriar, luego refrigerar.

Poner la mitad de la salsa en el fondo de la corteza. Poner cuatro capas de helado, alternando el de café con el de vainilla. Poner el resto de la salsa sobre la capa final. Poner en el congelador por cuatro horas antes de servir.

PARA 8-10 PORCIONES

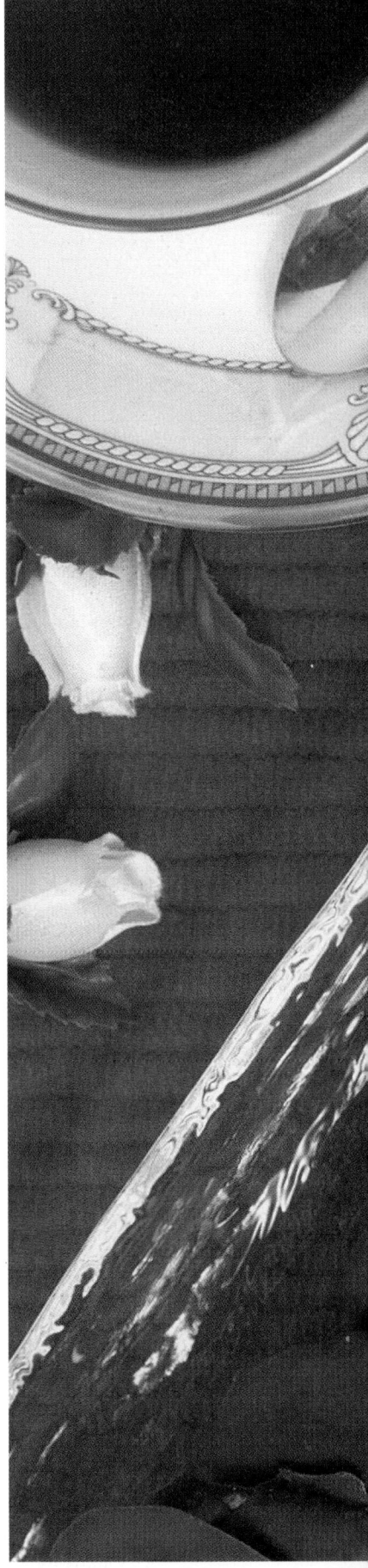

Tortitas de Chocolate y Menta

TORTA DE MOUSSE DE CHOCOLATE Y CALVADOS

CORTEZA:

2 tazas	225 g	miga de galleta de chocolate
¼ taza	60 ml	mantequilla derretida

Combinar los ingredientes. Poner apretando en un molde de resorte de 8″ (20 cm). Refrigerar.

RELLENO:

1 lb	450 g	chocolate semi-dulce, picado
6	6	huevos grandes
¼ taza	60 ml	licor Calvados o brandy de manzana
2 tazas	500 ml	crema de batir
¼ cdta	1,2 g	sal

Derretir el chocolate en un tazón grande, sobre agua hirviendo. Dejar enfriar. Batir en el chocolate 2 huevos y 4 yemas de huevo más. Agregar el Calvados y mezclarlo bien. Batir la crema hasta que esté firme. Batir cuatro claras de huevo con la sal; deben quedar firmes pero no secas. Poner la crema y las claras en la mezcla, alternándolas. Poner en la corteza. Congelar por 3-4 horas. Poner la capa encima.

CAPA:

1 taza	250 ml	crema de batir
3 cdas	21 g	azúcar glacé
1 cda	15 ml	licor Calvados
½ taza	56 g	rulos de chocolate

Batir la crema. Incorporar el azúcar y el licor. Poner en el pastel y congelar por 24 horas. Adornar con los rulos de chocolate.

PASTEL DE ENCAJE DE LIMON

1 cda	14 g	gelatina sin sabor
¼ taza	60 ml	agua fría
4	4	huevos separados
¾ taza	168 g	azúcar granulada
¼ cdta	1,2 g	sal
¼ taza	60 ml	jugo de limón
½ cdta	3 ml	corteza de limón rallada
1	1	Corteza de Galletas de Jengibre (receta siguiente)

Remojar la gelatina en el agua. En una cacerola doble, combinar las yemas de huevo, ½ taza (112 g) de azúcar, la sal, el jugo de limón y la corteza de limón; cocer hasta que espese. Dejar enfriar y refrigerar hasta que esté espeso pero no duro.

Batir las claras de huevo hasta que se endurezcan; añadir gradualmente el azúcar. Poner en la mezcla de limón. Poner en la corteza del pastel y dejar que se ponga firme. Cuando esté firme, cortar y servir.

PARA 6 PORCIONES

CORTEZA DE GALLETAS DE JENGIBRE

1¼ taza	140 g	galletas de jengibre, machacadas fino
¼ taza	56 g	mantequilla blanda

Mezclar bien las galletas con la mantequilla. Poner apretando en los lados y el fondo de un molde de pastel de 8″ (20 cm). Hornear por 10 minutos en un horno precalentado a 350°F (180°C). Usar como se desee.

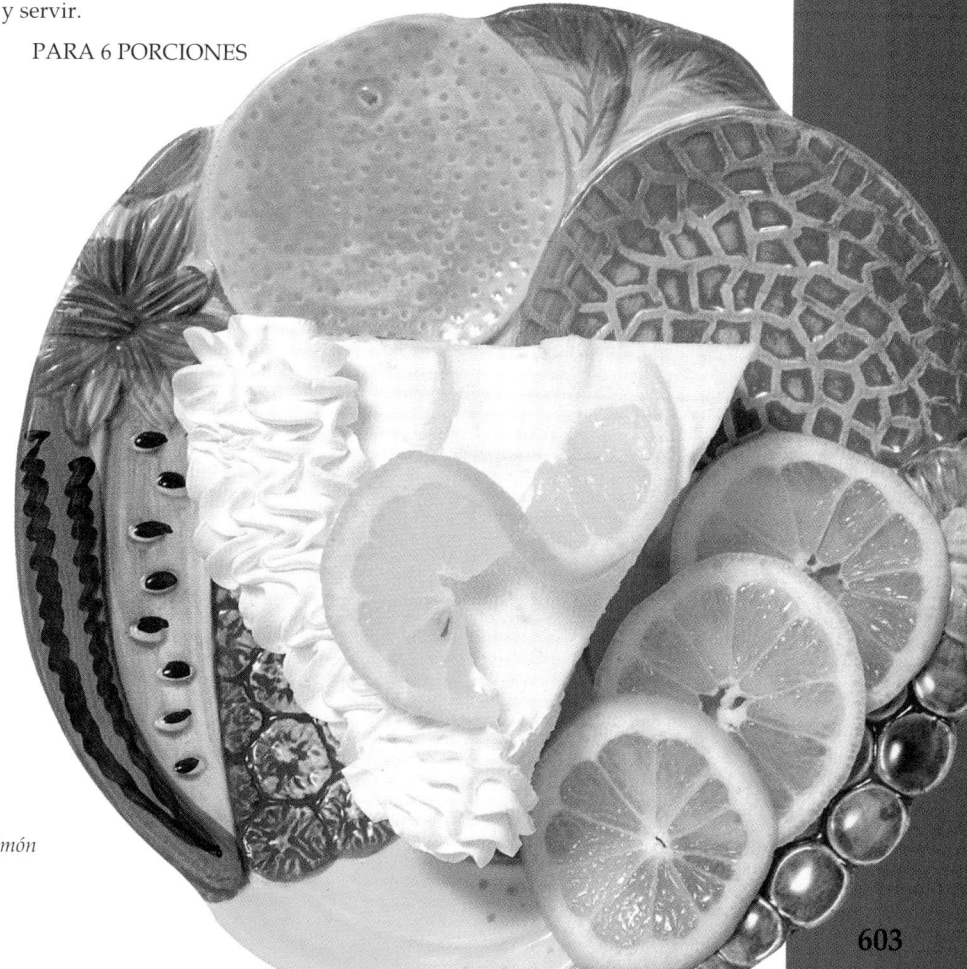

Pastel de Encaje de Limón

TORTA DE KAHLUA Y RON

½ taza	112 g	mantequilla
2 tazas	336 g	azúcar morena
3	3	huevos, separados
2 tazas	225 g	harina de pastel
¼ cdta	1,2 g	sal
2 cdtas	10 g	polvo de hornear
1 cdta	5 g	canela
½ cdta	2,5 g	clavos de olor
¼ cdta	1,2 g	nuez moscada
¼ taza	60 ml	licor Kahlúa
¼ taza	60 ml	ron oscuro
½ taza	125 ml	crema ácida

Hacer una crema muy ligera con la mantequilla y el azúcar. Agregar las yemas de huevo a la crema, batiéndolas al ponerlas. Batir las claras hasta que se endurezcan y conservarlas. Cernir juntos la harina, la sal, el polvo de hornear y las especias, dos veces. Mezclar el Kahlúa, el ron y la crema ácida. Incorporar la harina y el líquido en la mezcla cremosa, en tercios. Incorporar las claras de huevo. Poner la mezcla en un molde cuadrado enmantequillado de 9" (23 cm). Hornear en un horno precalentado a 350°F (180°C), por 50 minutos. Dejar enfriar por 10 minutos; pasar a una parrilla de enfriamiento. Cortar el pastel en 3 capas; cuando enfríe cubrirlo con Escarcha de Café Calypso (receta siguiente).

ESCARCHA DE CAFE CALYPSO

½ taza	112 g	mantequilla, a temperatura ambiente
3 tazas	336 g	azúcar glacé
1 taza	225 g	cocoa
2 cdas	30 ml	leche
¼ taza	60 ml	licor Kahlúa
¼ taza	60 ml	ron oscuro

Hacer una crema con la mantequilla, agregarle el azúcar glacé. Mezclar gradualmente en la crema, la cocoa con los ingredientes líquidos, alternando tercios de cada uno. Cuando todos los ingredientes estén bien incorporados, batir fuertemente por 3 minutos hasta que la mezcla esté liviana y cremosa. Usar como se indica; es excelente para poner como escarcha a la Torta de Kahlúa y Ron.

PERAS BRISTOL

1¼ taza	310 ml	agua
1¼ taza	140 g	azúcar granulada
1 cdta	5 ml	vainilla
6	6	peras peladas, sin corazón
3 tazas	750 ml	Helado de Vainilla Francés (ver página 547)
2 tazas	500 ml	Salsa de Frambuesa (ver página 107)
2 tazas	200 g	fresas muy pequeñas, lavadas, sin cáliz
1½ taza	375 ml	crema de batir, batida

En una cacerola, mezclar el agua, el azúcar y la vainilla; llevar a ebullición, luego cocer a fuego lento. Cocer las peras en el jarabe hirviendo hasta que se ablanden. Escurrir, dejar enfriar y refrigerar. Poner ½ taza (125 ml) de helado en copas de champán extra grandes. Poner encima una pera, cubrir con salsa, coronar con las fresas. Hacer una roseta de crema batida y servir.

PARA 6 PORCIONES

Torta de Kahlúa y Ron

Peras Bristol

Pastel del Minero de Plata

DULCES DE MANTEQUILLA CON CHOCOLATE

¾ taza	168 g	mantequilla
¾ taza	126 g	azúcar morena
⅓ taza	75 g	azúcar granulada
1	1	huevo
1	1	yema de huevo
1½ cdta	8 ml	vainilla
1½ taza	168 g	harina de pastel
¾ cdta	4 g	bicarbonato de soda
¾ cdta	4 g	sal
¾ taza	130 g	trocitos de dulce de mantequilla
¾ taza	130 g	trocitos de chocolate
¾ taza	112 g	trocitos de nueces de nogal

Hacer una crema clara y ligera con la mantequilla, el azúcar morena y el azúcar blanca. Batir en la crema el huevo, la yema de huevo y la vainilla. Cernir juntos la harina, el bicarbonato y la sal; poner en la mezcla cremosa. Incorporar los trocitos de chocolate y las nueces. Poner la mezcla en un molde enmantequillado de 9 x 9" (23 x 23 cm). Hornear en un horno precalentado a 350°F (180°C), por 40-45 minutos o hasta que esté bien dorado. Dejar enfriar y partir en cuadritos.

PRODUCE 36 CUADRITOS

BARRAS HONOLULU

1½ taza	336 g	azúcar granulada
4	4	huevos batidos
½ taza	125 ml	mantequilla derretida
1½ taza	168 g	harina de pastel
½ taza	45 g	coco, desmenuzado
¾ taza	112 g	trocitos de nueces de macadamia
½ cdta	2,5 g	bicarbonato de soda
½ cdta	2,5 g	sal
2 tazas	450 g	piña, machacada y escurrida

En un tazón, batir el azúcar con los huevos. Batir la mantequilla, luego incorporar los demás ingredientes. Poner en un molde engrasado de 13" x 9" (32 x 23 cm). Hornear en un horno precalentado a 350°F (180°C), por 30-35 minutos. Dejar enfriar antes de cortar en cuadritos.

HACE 2 DOCENAS

PASTEL DEL MINERO DE PLATA

¾ taza	168 g	mantequilla
2 tazas	450 g	azúcar granulada
2 tazas	225 g	harina de pastel
4 cdtas	20 g	polvo de hornear
¼ cdta	1,2 g	sal
8	8	claras de huevo
½ taza	125 ml	leche
1½ cdta	7 ml	extracto de almendra

Hacer una crema con la mantequilla y el azúcar. Batir los huevos en la crema, uno por uno, mezclándolos bien al ponerlos. Cernir juntos la harina, el polvo de hornear y la sal. Agregar la harina y la leche, en tercios; incorporarlas bien. Agregar el extracto de almendra. Poner en 2 moldes redondos, enmantequillados y enharinados, de 9" (23 cm). Hornear en un horno precalentado a 350°F (180°C), por 20-25 minutos. Dejar enfriar por 10 minutos; luego poner en una parrilla de enfriamiento. Rellenar y cubrir con la escarcha que se prefiera.

Dulces de Mantequilla con Chocolate

Cuadritos de Camino de Piedras de Larry Hohn

CUADRITOS DE CAMINO DE PIEDRAS DE LARRY HOHN

½ taza	112 g	manteca vegetal
2 oz	60 g	chocolate amargo dulce
1 taza	225 g	azúcar granulada
2	2	huevos batidos
½ taza	56 g	harina de pastel
¼ cdta	1,2 g	polvo de hornear
½ cdta	2,5 g	sal
1 cdta	5 ml	extracto de vainilla
½ taza	125 ml	trocitos de nueces
2 tazas	100 g	bombones de merengue (angelitos) en miniatura
3 oz	85 g	chocolate semi-dulce
1 cdta	5 ml	mantequilla derretida

En una cacerola doble, derretir el aceite vegetal y el chocolate amargo. Batir en la mezcla el azúcar y los huevos, luego quitar del fuego.

Cernir juntos la harina, el polvo de hornear y la sal; poner en la mezcla. Incorporar la vainilla y las nueces. Poner la mezcla en un molde cuadrado de 8" x 8" (20 x 20 cm). Hornear en un horno precalentado a 325°F (160°C), por 25-30 minutos.

Sacar del horno; poner encima los angelitos. Derretir el chocolate semi-dulce en una cacerola doble, batirle la mantequilla y poner sobre los angelitos. Partir en cuadritos antes de servir.

PRODUCE 20 CUADRITOS

RODAJA DE CHOCOLATE, NUEZ Y MENTA

1½ taza	168 g	harina
½ taza	84 g	azúcar morena
¾ taza	168 g	mantequilla
¾ taza	68 g	coco desmenuzado
¾ taza	112 g	trocitos de nueces de nogal
3 cdas	45 ml	leche 50% crema
1½ taza	168 g	azúcar glacé
¾ cdta	4 ml	saborizador de menta
½ cdta	3 ml	colorante verde de alimentos
3 oz	85 g	chocolate sin endulzar, rallado
2	2	yemas de huevo
¼ taza	56 g	azúcar granulada
3 cdas	45 ml	agua
1 cdta	2 g	cristales de café instantáneo

Mezclar la harina con el azúcar morena. Poner ¾ taza (168 g) de la mantequilla. Incorporar el coco y las nueces. Poner la mezcla en un molde sin engrasar de 9 x 9" (23 x 23 cm). Hornear por 30 minutos en un horno precalentado a 350°F (180°C). Sacar del horno y dejar que se enfríe totalmente.

Mezclar la crema, el azúcar glacé, el saborizador de menta y el colorante verde. Poner sobre el pastel.

Derretir el chocolate en una cacerola doble, con fuego muy bajo. Batir las yemas de huevo hasta que estén muy espumosas.

En una cacerola, hervir el azúcar, el agua y el café; hervir rápidamente por 1 minuto. Quitar del fuego. Batir lentamente, con un chorrito fino, el jarabe en las yemas de huevo. Batir por 5 minutos hasta hacer una crema. Incorporar el chocolate. Poner sobre el pastel y refrigerar hasta que esté firme. Partirlo en 36 cuadritos.

Rodaja de Chocolate, Nuez y Menta

Montañas Rocosas de Arándanos y Manzanas

MONTAÑAS ROCOSAS DE ARANDANOS Y MANZANAS

6	6	manzanas rojas grandes
3 cdas	45 ml	jugo de limón
1 taza	225 g	azúcar granulada
¼ taza	28 g	maicena
2	2	huevos
1 taza	250 ml	leche
¼ taza	60 ml	licor Calvados o jugo de naranja concentrado
¼ cdta	1,2 g	sal
2 pintas	200 g	arándanos frescos, lavados, sin cáliz
¼ taza	28 g	azúcar glacé

Cortar la parte de arriba de las manzanas; con una cuchara sacarles la pulpa y conservar 2 tazas (500 ml). Con una brochita poner jugo de limón en la parte de arriba y los lados de las manzanas. En una cacerola doble, combinar el azúcar, la maicena y los huevos. Agregar la leche y el Calvados, cocer revolviendo hasta que esté espeso. Incorporar a la mezcla la pulpa de las manzanas y la sal; rellenar las cavidades con la mezcla. Dejar enfriar y luego refrigerar. Poner encima de las manzanas montoncitos de arándanos y espolvorear con el azúcar glacé.

PARA 6 PORCIONES

PASTEL DE COCTEL DE FRUTAS

2 tazas	450 g	harina
1½ taza	336 g	azúcar granulada
2 tazas	500 ml	cóctel de frutas
2 cdtas	10 g	bicarbonato de soda
2	2	huevos batidos
pizca	pizca	sal
		Escarcha de Pastel de Cóctel de Frutas (receta siguiente)

Mezclar a mano todos los ingredientes en un molde de 9 x 13" (23 x 32 cm). Hornear en un horno precalentado a 350°F (180°C), por unos 40 minutos.

PARA 8 PORCIONES

ESCARCHA DE PASTEL DE COCTEL DE FRUTAS

1½ taza	336 g	azúcar granulada
6 oz	170 g	mantequilla
1 taza	250 ml	leche evaporada sin diluir
½ taza	75 g	pacanas
½ taza	45 g	coco desmenuzado

Cocer el azúcar, la mantequilla y la leche hasta que espese. Quitar del fuego; agregar las pacanas y el coco. Poner sobre el pastel caliente.

CHOCOLATE DE BAVARIA

1 cda	14 g	gelatina sin sabor
¼ taza	60 ml	agua fría
5	5	yemas de huevo
½ taza	112 g	azúcar granulada
1 taza	250 ml	leche 50% crema
1 cdta	5 ml	vainilla
6 oz	120 g	chocolate semi-dulce, rallado
2 tazas	500 ml	crema de batir
½ taza	75 g	almendras tostadas

Ablandar la gelatina en el agua fría. Batir, hasta que se vean de color claro, las yemas de huevo con el azúcar. Calentar la leche de crema y la vainilla en una cacerola, hasta hervir. Agregar la gelatina, luego lentamente añadir el huevo. Cocinar hasta espesar, quitar del fuego. Incorporar el chocolate, batirlo hasta que se derrita. Dejar enfriar, luego refrigerar hasta que esté espeso sin endurecerse. Batir la crema, ponerla en la mezcla de chocolate. Poner en un molde o tazón y refrigerar hasta que se endurezca. Sacar del molde y servir cubierto con almendras doradas.

PARA 6-8 PORCIONES

Chocolate de Bavaria

TORTA DE CHOCOLATE Y PERAS DEL CHEF K

PASTEL:

2 tazas	450 g	harina de pastel
¼ taza	56 g	azúcar granulada
1 taza	225 g	mantequilla
3	3	yemas de huevo

Combinar la harina y el azúcar, poner la mantequilla y hacer una masa gruesa. Batir en la masa las yemas de huevo. Poner en el fondo y a 1" (2,5 cm) de los lados de un molde de resorte enmantequillado de 10" (25 cm). Hornear en un horno precalentado a 350°F (180°C), por 20-25 minutos. Dejar enfriar.

RELLENO:

½ taza	125 ml	conserva de frambuesa
6 oz	180 g	chocolate semi-dulce, rallado
6 oz	180 g	queso de crema
3 cdas	45 ml	leche
3 tazas	336 g	azúcar glacé
¼ cdta	1,2 g	sal
1 cdta	5 ml	vainilla

Poner la conserva de frambuesa sobre el pastel. Derretir el chocolate en una cacerola doble. Hacer una crema con el queso y la leche; agregar gradualmente el azúcar, la sal y la vainilla. Batir el chocolate. Poner sobre la conserva de frambuesa. Refrigerar.

DECORADO:

1 taza	250 ml	agua
1 taza	225 g	azúcar granulada
1 cdta	5 ml	extracto de vainilla
5	5	peras peladas, sin corazón, en mitades
8 oz	225 g	chocolate semi-dulce, derretido
1 cda	15 ml	mantequilla derretida

En una cacerola, calentar el agua, el azúcar y la vainilla; llevar a ebullición y luego cocer a fuego lento. Hervir las peras hasta que se ablanden. Escurrir y dejar enfriar. Colocarlas sobre el relleno. Ponerles encima el chocolate mezclado con la mantequilla. Refrigerar por 1 hora antes de servir.

Torta de Chocolate y Peras del Chef K

Sueño de Crema de Limón

Barras de Salsa de Manzana

BARRAS DE SALSA DE MANZANA

⅓ taza	75 g	mantequilla
1 taza	200 g	azúcar morena, de paquete
1	1	huevo
½ taza	125 ml	salsa de manzana
2 cdtas	10 ml	jugo de manzana, concentrado
1¼ taza	140 g	harina de pastel
1 cdta	5 g	polvo de hornear
½ cdta	2,5 g	bicarbonato de soda
½ cdta	2,5 g	sal
½ taza	70 g	pasas sin semilla
½ taza	75 g	trocitos de nuez de nogal

En una cacerola, calentar la mantequilla y el azúcar; cocer hasta que el azúcar se disuelva. Batir en la mezcla el huevo, la salsa de manzana y el jugo. Cernir juntos la harina, el polvo de hornear y la sal. Incorporar en la mezcla. Batir en la mezcla las pasas y las nueces. Poner en un molde engrasado de 9 x 10" (23 x 25 cm). Hornear por 25 minutos en un horno precalentado a 350°F (180°C). Sacar del horno y cubrir con el glacé de manzana. Cortar las barras.

GLACE DE MANZANA:

1½ taza	168 g	azúcar glacé
2 cdas	30 ml	jugo de manzana, concentrado

Mezclar los ingredientes hasta tener una mezcla fina y homogénea; ponerla sobre las barras.

SUEÑO DE CREMA DE LIMON

1 taza	225 g	azúcar granulada
⅛ cdta	pizca	sal
1½ cda	11 g	maicena
½ taza	125 ml	agua fría
1¼ taza	310 ml	leche
3	3	huevos, separados
½ taza	125 ml	jugo de limón
1 cdta	5 ml	corteza de limón rallada

Mezclar el azúcar, la sal y la maicena. Poner en una cacerola doble y mezclarles el agua y la leche. Cocinar tapado por 15 minutos.

Batir en la mezcla las yemas de huevo, el jugo y la corteza de limón; cocer por 2 minutos más, revolviendo constantemente. Dejar enfriar a temperatura ambiente.

Batir las claras de huevo hasta que se endurezcan, ponerlas en la mezcla de limón. Poner en copas de vino y refrigerar por 3 horas antes de servir.

PARA 4 PORCIONES

CARAMELOS

2 tazas	225 g	azúcar granulada
¼ cdta	1,2 g	sal
2 tazas	500 ml	jarabe de maíz
½ taza	112 g	mantequilla
2 tazas	500 ml	leche evaporada, azucarada
1 cdta	5 ml	vainilla

En una cacerola pesada, a fuego medio, combinar el azúcar, la sal y el jarabe de maíz. Llevar a ebullición con temperatura de 245°F (118°C); revolver ocasionalmente. Agregar lentamente la mantequilla y la leche, no dejar que pare de hervir. Continuar cociendo, regresar a 245°F (118°C). Quitar del fuego e incorporar la vainilla. Poner en un molde cuadrado enmantequillado de 9" x 9" (23 x 23 cm). Dejar enfriar bien antes de cortar, luego envolver en papel parafinado.

PRODUCE 2 LBS (900 g)

PASTEL DE CEREZA CON QUESO 1

½ ración	0,5	Pasta Sencilla (receta siguiente)
2½ tazas	625 ml	relleno de pastel de cereza
½ cdta	3 ml	extracto de almendra
8 oz	225 g	queso de crema
1	1	huevo
½ taza	112 g	azúcar granulada
¼ taza	38 g	almendras doradas, en rodajas

Extender la masa y ponerla en un molde de pastel de 9" (23 cm). Hornear en ciego la corteza (ver el Glosario para hornear en ciego). Dejarla enfriar.

Mezclar el relleno de pastel de cereza con el extracto de almendra. Poner sobre la corteza del pastel.

Mezclar el queso de crema, el huevo y el azúcar. Poner sobre el relleno de cereza. Hornear por 30 minutos en un horno precalentado a 350°F (180°C). Cinco minutos antes de terminar de hornear espolvorear con las almendras. Dejar enfriar y luego refrigerar antes de servir.

PARA 6 PORCIONES

PASTA SENCILLA

1½ taza	168 g	harina de todo uso, cernida
¼ cdta	1,2 g	sal
½ taza	112 g	manteca vegetal
4-5 cdas	60-75 ml	agua

En un tazón, cernir juntas la harina y la sal. Mezclar la manteca vegetal con la harina usando un cortador de pasteles o un tenedor; mezclar hasta que la masa forme grumos del tamaño de una nuez de nogal. Agregar el agua y revolverla. Poner sólo la necesaria para que la masa adquiera consistencia. Dividir la masa en dos partes y refrigerarla tapada. Usarla como se indica.

PASTEL DE CEREZA CON QUESO 2

8 oz	225 g	queso de crema
1½ taza	375 ml	leche condensada dulce
⅓ taza	80 ml	jugo de limón
1 cdta	5 ml	vainilla
1	1	Corteza de Copos de Avena (ver página 627)
2½ tazas	625 ml	relleno de pastel de cereza

Batir el queso de crema hasta que esté muy liviano. Agregar lentamente la leche, batiéndola. Batir en la mezcla el limón y la vainilla. Poner en la corteza del pastel. Refrigerar por 4 horas. Poner las cerezas encima y servir.

PARA 6 PORCIONES

BARRAS DE CHOCOLATE CON ANGELITOS

2 oz	60 g	chocolate sin endulzar
½ taza	112 g	mantequilla
1 taza	225 g	azúcar granulada
2	2	huevos
½ taza	56 g	harina de pastel
1 cdta	5 ml	extracto de vainilla
1 taza	75 g	trocitos de pacanas
16	16	angelitos (bombones de merengue) grandes

Precalentar el horno a 350°F (180°C). Engrasar un molde de hornear de 11 ½ x 7" (29 x 18 cm). Derretir el chocolate y la mantequilla en la parte superior de una cacerola doble. Poner aparte. Hacer una crema liviana y esponjosa con el azúcar y los huevos. Agregar la harina. Batirla. Agregar el chocolate derretido y la mantequilla. Batirlos bien. Incorporar la vainilla y las pacanas. Poner en el molde preparado. Hornear por 18 minutos. Sacar del horno y cubrir con los angelitos. Regresar al horno y hornear hasta que los angelitos estén ligeramente dorados. Enfriar un poco y cortar en barras.

PRODUCE 16 BARRAS

Pastel de Cereza con Queso 1

Galletas Sureñas de Durazno y Pacanas

PASTEL DE DURAZNO

1¾ taza	400 g	azúcar granulada
2 cdas	14 g	maicena
½ cdta	2,5 g	canela molida
1 taza	250 ml	agua
2 cdas	28 g	mantequilla
5 tazas	1125 g	duraznos frescos, pelados, en rodajas
1 taza	112 g	harina de pastel
1 cdta	5 g	polvo de hornear
1 cdta	5 g	sal
1	1	huevo
¼ taza	56 g	manteca vegetal
½ taza	125 ml	crema liviana
½ cdta	3 ml	vainilla

Mezclar con el agua 1 taza (225 g) de azúcar, la maicena y la canela. Llevar a ebullición, removiendo constantemente. Batir en la mezcla la mantequilla e incorporar los duraznos. Poner en un molde poco hondo, enmantequillado, de 9" x 9" (23 x 23 cm). Cernir juntos la harina, el polvo de hornear y la sal. Incorporar el resto del azúcar. Poner el resto de los ingredientes, batiendo todo hasta tener una mezcla muy liviana y fina. Poner la mezcla sobre los duraznos. Hornear en un horno precalentado a 350°F (180°C), por 35 minutos, o hasta que esté bien dorado. Servir tibio, con crema.

PARA 6 PORCIONES

Pastel de Durazno

GALLETAS SUREÑAS DE DURAZNO Y PACANAS

2½ tazas	625 ml	pulpa de durazno
½ taza	112 g	azúcar granulada
2 tazas	225 g	harina
½ cdta	2,5 g	sal
2 cdtas	10 g	polvo de hornear
½ cdta	2,5 g	canela
1 taza	225 g	aceite vegetal
1 taza	225 g	azúcar granulada
1	1	huevo batido
1 taza	150 g	trocitos de pacanas

En una cacerola, calentar la pulpa de durazno y ½ taza (112 g) de azúcar. Cocer a fuego lento y reducir el volumen a ¾ taza (180 ml). Enfriar a temperatura ambiente. Cernir la harina, la sal, el polvo de hornear y la canela. Hacer una crema muy liviana con el aceite y el azúcar. Agregar el huevo y la salsa de durazno. Agregar la harina y las nueces, mezclar bien. Poner cucharaditas de masa en una lata de hornear engrasada. Hornear por 12-15 minutos en un horno precalentado a 400°F (200°C).

HACE 4 DOCENAS

FETTUCCINI DE BANANAS FOSTER

1 ración	1	Pasta de Bananas (ver página 433)
3 cdas	42 g	mantequilla sin sal
3 cdas	42 g	azúcar granulada
2	2	bananas en rodajas
¼ taza	60 ml	licor de banana
¼ taza	60 ml	ron oscuro
½ taza	125 ml	jugo de naranja

Procesar la pasta como se indica; cortarla en fettuccinis.

Calentar la mantequilla en una cacerola. Agregar el azúcar y cocer hasta que el azúcar se dore (se caramelice).

Agregar las bananas y cocinarlas por 1 minuto. Agregar los licores, y encenderlos con cuidado. Poner el jugo de naranja y cocer a fuego lento por 5 minutos.

Cocinar la pasta en una cacerola grande con agua hirviendo. Escurrir. Impregnar la pasta con la salsa. Servir.

PARA 6 PORCIONES

Torta de Albaricoques Chef K

TORTA DE ALBARICOQUES CHEF K

PASTEL:

1 taza	225 g	azúcar granulada
¼ taza	60 ml	agua
4 oz	120 g	chocolate semi-dulce, rallado
⅓ taza	75 g	mantequilla
8	8	huevos, separados
1¾ taza	133 g	avellanas molidas
2 cdas	14 g	miga fina de pan

En una cacerola, combinar el azúcar con el agua; hervir hasta que se disuelva el azúcar; quitar del fuego y revolverle el chocolate. Dejar enfriar. Hacer una crema liviana y de color claro con la mantequilla. Batir los huevos en la mezcla, uno por uno, asegurando que cada uno se incorpore bien antes de poner el siguiente. Batir lentamente la mitad del chocolate, luego alternar con las avellanas; terminar el chocolate y seguir con las avellanas y la miga de pan. Batir las claras de huevo hasta que se endurezcan; ponerlas gradualmente en la mezcla. Poner en un molde de resorte enmantequillado de 10" (25 cm). Hornear en un horno precalentado a 350°F (180°C), por 35-40 minutos; dejar enfriar por 15 minutos y pasar a una parrilla de enfriamiento; enfriar por 2-3 horas y partirlo por la mitad.

RELLENO:

1 taza	225 g	azúcar granulada
¼ taza	28 g	maicena
2	2	huevos
1 taza	250 ml	leche
½ taza	125 ml	conserva de albaricoque
¼ taza	60 ml	licor schnapps de durazno

En una cacerola doble, mezclar el azúcar, la maicena y los huevos. Incorporar la leche, los albaricoques y el schnapps; cocinar lentamente hasta que esté muy espeso. Dejar enfriar; ponerlo en medio o encima a los pasteles.

DECORADO:

20	20	albaricoques pelados, sin semilla
⅓ taza	80 ml	conserva de albaricoques, caliente

Cortar los albaricoques por la mitad; ponerlos sobre el pastel. Cubrirlos con la conserva de albaricoque. Refrigerar por 1 hora antes de servir.

PARA 12 PORCIONES

GALLETAS ROB BOY

½ taza	112 g	manteca vegetal
¾ taza	126 g	azúcar morena
½ cdta	2,5 g	sal
¼ cdta	1,2 g	canela
¼ cdta	1,2 g	clavos de olor molidos
⅛ taza	30 ml	leche descremada
1	1	huevo
1 taza	112 g	harina de pastel
¾ taza	63 g	copos de avena instantánea
½ taza	75 g	trocitos de nueces de nogal
½ taza	70 g	pasas
½ taza	70 g	dátiles, picados
½ cdta	2,5 g	bicarbonato de soda

Hacer una crema con la manteca vegetal, el azúcar morena, la sal y las especias. Batir en la mezcla la leche y el huevo. Incorporar los demás ingredientes.

Poner cucharaditas de masa en una lata de hornear engrasada. Hornear por 12-15 minutos en un horno precalentado a 375°F (190°C).

PRODUCE 3 DOCENAS

Galletas Rob Boy

Barras de Calabaza

BARRAS DE CALABAZA

2 tazas	300 g	calabaza
4	4	huevos batidos
1 taza	250 ml	aceite
2 tazas	225 g	harina
1 taza	168 g	azúcar morena
1 taza	225 g	azúcar granulada
¼ cdta	1,2 g	sal
1 cdta	5 g	polvo de hornear
1 cdta	5 g	bicarbonato de soda
1½ cdta	8 g	canela
½ cdta	2,5 g	clavos de olor
½ cdta	2,5 g	nuez moscada

Mezclar la calabaza, los huevos y el aceite en un tazón. Combinar todos los ingredientes secos, ponerlos en la calabaza. Pasarlos a un molde cuadrado grande, engrasado. Poner en un horno precalentado a 350°F (180°C), por 20-25 minutos. Sacar del horno y dejar enfriar a temperatura ambiente antes de cubrirlo con Escarcha de Queso de Crema.

ESCARCHA DE QUESO DE CREMA:

3 oz	85 g	queso de crema ablandado
⅓ taza	75 g	mantequilla
½ taza	56 g	azúcar glacé
½ cdta	3 ml	vainilla
1½ cdta	8 ml	crema liviana

Hacer una crema con el queso y la mantequilla. Batir en esta crema el azúcar, la vainilla y la crema liviana. Poner sobre Barras de Calabaza (receta anterior).

HACE 20 CUADRITOS

FETTUCCINI DE CAFE Y AMARETTO

1 ración	1	Pasta de Café (ver página 436)
¼ taza	56 g	azúcar granulada
¾ taza	180 ml	jugo de naranja
1 cda	15 ml	jugo de limón
1 cda	14 g	mantequilla sin sal
1 cda	7 g	harina
1 cda	15 ml	ralladura de naranja
½ taza	75 g	almendras doradas, en trocitos
¼ taza	60 ml	licor de Amaretto
¼ taza	28 g	rebanadas finas de chocolate

Procesar la pasta como se indica; cortarla en fettuccinis.

Disolver el azúcar en los jugos de naranja y limón. Calentar la mantequilla en una cacerola. Agregar la harina y cocinar por 2 minutos. No dorar. Agregar los jugos endulzados. Incorporar la ralladura de naranja, las almendras y el Amaretto; bajar el fuego y cocer a fuego lento hasta tener una salsa rala.

En una olla con agua hirviendo cocinar la pasta al dente (cocida pero firme). Impregnarla con salsa. Ponerle encima el chocolate y servir.

PARA 6 PORCIONES

Galletas de Arco Iris con Crema Acida y Especias

GALLETAS DE ARCO IRIS CON CREMA ACIDA Y ESPECIAS

½ taza	112 g	mantequilla
2 tazas	336 g	azúcar morena
2 cdtas	10g	canela
½ cdta	2,5 g	clavos de olor
½ cdta	2,5 g	nuez moscada
¼ cdta	1,2 g	sal
1 cdta	5 ml	vainilla
½ taza	125 ml	crema ácida
2	2	huevos
3½ tazas	395 g	harina
1 cdta	5 g	polvo de hornear
1 cdta	5 g	bicarbonato de soda
1 taza	175 g	trocitos de chocholate de arco iris

Hacer una crema con la mantequilla, el azúcar y las especias. Batir en la crema la sal, la vainilla, la crema ácida y los huevos. Cernir juntos la harina, el polvo de hornear y el bicarbonato. Mezclar en la crema; agregar los trocitos de chocolate de arco iris.

Poner cucharaditas de masa en una lata de hornear enmantequillada, hornear por 10-12 minutos en un horno precalentado a 350°F (180°C).

PRODUCE 5

DOCENAS TONTO DE LA GROSELLA

3 tazas	300 g	grosellas silvestres
¾ taza	168 g	azúcar granulada
1 cdta	5 ml	extracto de vainilla
1½ taza	375 ml	crema de batir

En una cacerola a fuego bajo, calentar las grosellas, el azúcar y la vainilla, hasta espesar. Hacer un puré en un procesador de alimentos y luego colar. Dejar enfriar y luego refrigerar. Batir la crema y ponérsela a las grosellas. Poner en copas de champán frías y servir.

PARA 6 PORCIONES

BARRAS DE CREMA DE MENTA Y KAHLUA

¼ taza	56 g	mantequilla
1 taza	200 g	azúcar morena, de paquete
1	1	huevo
¼ taza	60 ml	licor Kahlúa
¼ taza	60 ml	licor blanco de crema de menta
1½ taza	168 g	harina de pastel
½ cdta	2,5 g	polvo de hornear
½ cdta	2,5 g	bicarbonato de soda
1 taza	225 g	trocitos de chocolate semi-dulce
2 cdas	30 ml	licor verde de crema de menta
1 taza	112 g	azúcar glacé

Hacer una crema con la mantequilla, el azúcar y el huevo; batir bien. Batir los licores en la crema. Cernir juntos la harina, el polvo de hornear y el bicarbonato. Incorporarlos en la crema; poner y mezclar los trocitos de chocolate. Poner la mezcla en un molde enmantequillado de 9" x 9" (23 x 23 cm). Hornear en un horno precalentado a 350°F (180°C), por 20-25 minutos.

Mezclar la crema de menta verde y el azúcar glacé y poner sobre el pastel. Dejar enfriar y cortar en barras.

PRODUCE 20 BARRAS

Barras de Crema de Menta y Kahlúa

BARRAS DE ZANAHORIA, MANZANA Y ESPECIAS

½ taza	112 g	mantequilla
1 taza	225 g	azúcar granulada
2	2	huevos
1 taza	112 g	harina de pastel
1 cdta	5 g	polvo de hornear
½ cdta	2,5 g	bicarbonato de soda
½ cdta	2,5 g	sal
1 cda	15 g	cocoa en polvo
1 cdta	5 g	canela
½ cdta	2,5 g	nuez moscada rallada
¼ cdta	1,2 g	clavos de olor
1 taza	84 g	copos de avena
1 taza	150 g	manzanas peladas, sin corazón, ralladas
¾ taza	112 g	zanahorias peladas, ralladas
½ taza	75 g	trocitos de nueces de nogal

Hacer una crema muy liviana y esponjosa con la mantequilla y el azúcar. Batir los huevos en la crema, uno por uno. Cernir juntos la harina, el polvo de hornear, el bicarbonato, la sal, la cocoa en polvo y las especias. Incorporarlos en la crema, junto con la avena. Poner la zanahoria y las nueces en la mezcla de la manzana. Pasar la mezcla a un molde engrasado de 12" x 16" (30 x 40 cm). Hornear en un horno precalentado a 375°F (190°C), por 25 minutos, o cuando al insertar un palillo de dientes éste salga limpio. Cubrir con Escarcha de Queso de Crema (ver Barras de Calbaza, página 623), antes de cortarlo.

HACE 48 BARRAS

PERAS FLAMEANTES

4	4	peras Bartlett
¼ taza	56 g	mantequilla
¼ taza	56 g	azúcar granulada
3 cdas	18 g	grosellas
⅓ taza	80 ml	licor Calvados
1 cdta	5 g	canela
2 tazas	500 ml	Helado de Vainilla Francés (ver página 547)

Pelar, quitarles el corazón y cortar en cuartos las peras. Calentar la mantequilla en una sartén; sofreír las peras. Espolvorear con azúcar y continuar sofriendo hasta que se carmelicen las peras. Agregar las grosellas, el licor y la canela. Encender con cuidado. Servir sobre el helado, inmediatamente.

PARA 4 PORCIONES

CORTEZA DE COPOS DE AVENA

1 taza	84 g	copos de avena
⅓ taza	37 g	harina
⅓ taza	67 g	azúcar morena, de paquete
½ cdta	2,5 g	sal
⅓ taza	80 ml	manteca vegetal, derretida

Precalentar el horno a 375°F (190°C).

En un tazón, combinar los copos de avena, la harina, el azúcar y la sal. Agregar la manteca vegetal y mezclar hasta que se formen grumos. Poner apretado en el fondo y los lados de un molde de pastel de 9" (23 cm). Poner un molde de pastel de 8" (20 cm), lleno con frijoles o arvejas secas en el centro del molde de 9" (23 cm). Hornear por 15 minutos. Dejar reposar por 5 minutos. Quitar el molde pequeño. Dejar enfriar. Usar como se desee.

Barras de Zanahoria, Manzana y Especias

PASTEL DE QUESO DE CEREZAS REFRIGERADO

CORTEZA:

2 tazas	225 g	miga de galleta de chocolate y harina integral
2 cdas	28 g	azúcar granulada
1/3 taza	80 ml	mantequilla derretida

Combinar los ingredientes; poner apretado en un molde de resorte de 8" (20 cm) y refrigerar.

RELLENO:

1 cda	14 g	gelatina sin sabor
1/3 taza	80 ml	agua
1 lb	450 g	queso de crema
1 1/2 taza	375 ml	leche condensada
2 cdtas	10 ml	saborizador de vainilla blanca
1 taza	250 ml	crema de batir, batida
32 oz	900 g	relleno de pastel de cereza

Ablandar la gelatina en el agua, luego calentar hasta que la gelatina se disuelva. Quitar del fuego y dejar enfriar.

Hacer una crema con el queso, la leche y la vainilla. Incorporar en la gelatina. Mezclar la crema batida. Poner en la corteza de chocolate y refrigerar por 4 horas.

Poner encima el relleno de pastel de cereza y servir.

PARA 10 PORCIONES

Galletas de Avellana y Miel

GALLETAS DE AVELLANA Y MIEL

1/2 taza	112 g	mantequilla
1/4 taza	42 g	azúcar morena
1/2 taza	125 ml	miel
1	1	huevo
1 cdta	5 ml	vainilla
1 1/2 taza	168 g	harina de pastel
1 cdta	5 g	polvo de hornear
1/2 cdta	2,5 g	bicarbonato de soda
1/2 taza	75 g	trocitos de avellana

Hacer una crema con la mantequilla, el azúcar, la miel y el huevo. Incorporar la vainilla.

Cernir juntos la harina, el polvo de hornear y el bicarbonato; ponerlos en la mezcla junto con las nueces. Poner cucharaditas de masa en una lata de hornear enmantequillada. Hornear en un horno precalentado a 400°F (200°C), por 12-15 minutos.

PRODUCE 3 DOCENAS

PUDIN DE CARAMELO

1 taza	168 g	azúcar morena
2 tazas	500 ml	leche
1/4 taza	28 g	harina
2	2	huevos
1 taza	250 ml	crema de batir

Mezclar el azúcar con 1 1/2 taza (375 ml) de leche. Hervir en una cacerola doble hasta que se disuelva el azúcar. Mezclar la harina con el resto de la leche y las yemas de huevo batidas. Mezclar con la leche caliente y continuar cociendo hasta espesar. Batir las claras de huevo y ponerlas en la mezcla enfriada. Refrigerar hasta que el pudín esté firme. Batir la crema y servir con el pudín.

PARA 8 PORCIONES

Pastel de Queso de Cerezas Refrigerado

Pastel Oscuro de Frutas

PASTEL OSCURO DE FRUTAS

1 taza	225 g	manteca vegetal
1 taza	225 g	azúcar granulada
4	4	huevos
1 taza	250 ml	melaza
1 taza	250 ml	café fuerte o ron
3½ tazas	395 g	harina
1 cdta	5 g	de cada uno: sal, nuez moscada, bicarbonato de soda y canela
¼ cdta	1,2 g	clavos de olor
1 taza	250 ml	mermelada de fresas
8 oz	225 g	cerezas, glacé
8 oz	225 g	frutas mixtas
2 lbs	900 g	de cada uno: pasas, dátiles, grosellas
1 lb	450 g	pasta de almendra

Hacer una crema con la manteca vegetal y el azúcar; agregar los huevos batidos, la melaza y el café o ron. Mezclar bien. Agregar las especias a la harina y poner en la mezcla. Agregar por último la mermelada de fresas y las frutas. Dividir en dos moldes, engrasados y enharinados, de 5 libras. Hornear por 3 horas en un horno precalentado a 275-300°F (150-160°C). Extender con un rodillo la pasta de almendra y ponerla en el pastel. Refrigerar el pastel por la noche o usarlo como se desee.

NOTA: Si se usa ron en lugar de café, dejar la fruta en remojo por la noche, para mejor sabor.

BARRAS DE GRANOLA CON PIÑA

5	5	barras de granola
¼ taza	56 g	mantequilla
1½ taza	375 ml	crema de batir
¼ taza	28 g	azúcar glacé
½ cdta	3 ml	vainilla
2 tazas	450 g	piña machacada, escurrida
4	4	claras de huevo
1 taza	225 g	azúcar granulada

Machacar las barras de granola y mezclarlas con la mantequilla. Poner apretado en el fondo y los lados de un molde cuadrado enmantequillado de 9 x 9". Batir la crema, incorporarle el azúcar glacé, la vainilla y la piña. Poner en la corteza. Batir hasta endurecer las claras de huevo y agregarles lentamente el azúcar. Poner en la mezcla de la piña. Hornear por 7-10 minutos en un horno precalentado a 500°F (260°C). Servir.

PARA 6 PORCIONES

CORTEZA DE MERENGUE

4	4	claras de huevo
¼ cdta	1,2 g	sal
¼ cdta	2 ml	crema de tártaro
1 taza	225 g	azúcar granulada
1 cdta	5 ml	vainilla blanca

Precalentar el horno a 275°F (150°C). Engrasar un molde de pastel de 9" (23 cm).

Batir las claras de huevo con la sal, hasta que estén espumosas; al batir agregar la crema de tártaro hasta que las claras formen picos blancos suaves. Empezar a agregar el azúcar, 2 cdas. (30 g), cada vez. Batir hasta usar toda el azúcar y el merengue esté muy espeso. Agregar la vainilla. Poner la mezcla en chorritos en la corteza del pastel. Poner en el horno por 45 minutos. No dorar. Aflojar el merengue para sacarlo del molde, dejarlo enfriar. Rellenar como se desee.

PASTEL DE DURAZNO NIAGARA

½ ración	0,5	Pasta Sencilla (ver página 616)
2 lbs	900 g	duraznos pelados, sin semilla, en mitades
½ taza	112 g	azúcar granulada
3 cdas	21 g	maicena
¾ cdta	4 g	canela
¾ taza	180 ml	crema espesa
1 cdta	5 ml	vainilla

Extender la masa y ponerla en un molde de pastel de 9" (23 cm). Acanalar los bordes.

Colocar los duraznos en la corteza.

Mezclar el azúcar, la maicena, la canela, la crema y la vainilla; poner sobre los duraznos. Hornear en un horno precalentado a 400°F (200°C), por 40 minutos. Refrigerar antes de cortar y servir.

PARA 6 PORCIONES

PASTEL DE FRESAS FRESCAS

½ ración	0,5	Pasta Sencilla (ver página 616)
4 tazas	400 g	fresas lavadas, sin cáliz, en mitades
1 taza	225 g	azúcar granulada
1 cdta	5 ml	vainilla blanca
⅓ taza	37 g	maicena
1 cda	15 ml	jugo de limón
1 taza	250 ml	crema batida
¼ taza	28 g	azúcar glacé

Extender la pasta y ponerla en un molde de pastel de 9" (23 cm). Acanalar los bordes y hornearla en ciego. (Ver el Glosario para hornear en ciego). Dejar enfriar.

Poner las fresas en un tazón. Espolvorearlas con azúcar y refrigerarlas por 6 horas. Escurrir el líquido. Agregar el agua suficiente para hacer 1¾ tazas (440 ml) de líquido, añadir la vainilla.

Mezclar la maicena con el líquido y el jugo de limón. Cocinar a fuego directo hasta que la salsa se espese y se aclare. Pasarla a una cacerola doble y continuar cociendo por 15 minutos.

Poner sobre las fresas y dejar enfriar. Poner las fresas en la corteza del pastel. Batir la crema, agregarle el azúcar y ponerla a chorritos en el pastel. Adornar con fresas enteras. Servir.

PARA 6 PORCIONES

Pastel de Fresas Frescas

Pastel de Durazno Niágara

TRUFAS DE CARAMELO DE MARY

½ taza	125 ml	jarabe de maíz ligero
¼ taza	60 ml	agua
⅓ taza	75 g	mantequilla
12 oz	340 g	cuadrados de chocolate semi-dulce

Mezclar en una cacerola el jarabe de maíz, el agua y la mantequilla. Hervir rápidamente; incorporar el azúcar. Cocer por 3½ minutos, quitar del fuego.

Incorporar el chocolate, dejar enfriar ligeramente y poner la mezcla a cucharadas sobre un papel encerado enmantequillado; moldearlas en pelotitas redondas; dejar enfriar y helar las trufas por un par de horas hasta que estén duras.

VARIACION:

Una vez que la mezcla de dulce de chocolate se enfríe ligeramente, agregar 1 cucharada (15 ml) de ron y dejar enfriar. Moldear con la mezcla pelotitas del tamaño de una nuez, formar pastillitas de chocolate, enfriar y servir.

PUDIN DE ARROZ A LA ANTIGUA

⅓ taza	60 g	arroz de grano corto
4 tazas	1 L	leche
¼ cdta	1,2 g	sal
⅓ taza	75 g	azúcar granulada
2 cdas	28 g	mantequilla
½ taza	70 g	pasas
1 cdta	5 g	canela

Mezclar todos los ingredientes, menos la canela, en un molde de hornear cuadrado de 9" x 9" (23 x 23 cm). Hornear en un horno precalentado a 300°F (148°C), por 1½ - 2 horas. Revolver cada 15 minutos. Espolvorear con la canela y servir caliente.

PARA 6 PORCIONES

LAS TRUFAS MAS RICAS

12 oz	340 g	chocolate semi-dulce
¾ taza	168 g	mantequilla, sin sal, aclarada
¼ taza	60 ml	crema entera
½ taza	112 g	cocoa en polvo (para espolvorear)

En una olla de hierro calentar el chocolate con la mantequilla hasta que estén derretidos. No hervir. Dejar enfriar ligeramente. Poner la crema y mezclar con el chocolate. Refrigerar por varias horas (revolviendo ocasionalmente hasta que el chocolate esté lo suficiente duro, para darle forma con las manos ligeramente enmantequilladas). Darles la forma de pequeñas pelotitas. Rodarlas en la cocoa en polvo. Refrigerar. Servir directamente del refrigerador.

36 PEDAZOS

Trufas de Caramelo de Mary y Las Trufas más Ricas

Pudín de Arroz a la Antigua

Blancmange de Nueces con Jarabe de Arce

CUADRADITOS MARRASQUINOS

1 taza	112 g	harina de pastel
½ taza	112 g	mantequilla
2 cdas	14 g	azúcar glacé
1½ taza	300 g	azúcar morena
½ cdta	3 ml	vainilla
2	2	huevos
½ taza	50 g	cerezas marrasquinas picadas
½ taza	32 g	coco rallado
½ taza	75 g	pacanas partidas
½ cdta	2,5 g	polvo de hornear

Mezclar la mantequilla, la harina y el azúcar glacé. Poner en un molde de 9" x 9" (23 x 23 cm). Hornear por 10 minutos en un horno precalentado a 350 °F (180 °C).

Mezclar el azúcar, la vainilla y los huevos. Agregar las cerezas, el coco rallado, las nueces y el polvo de hornear. Poner en la corteza y hornear por 30 minutos a 350°F (180°C). Dejar enfriar antes de servir.

PRODUCE 20 CUADRADOS

MERENGUE DE CREMA Y DURAZNOS

2 tazas	450 g	duraznos de lata escurridos, picados
1	1	Corteza de Merengue (ver página 632)
3 oz	85 g	gelatina de durazno
½ taza	125 ml	jugo de naranja, caliente
8 oz	225 g	queso de crema
1¾ taza	440 ml	crema de batir
1 taza	200 g	hielo picado

Poner los duraznos en el interior de la corteza de merengue. Mezclar en un procesador de alimentos el queso de crema, la gelatina y el jugo de naranja. Con el procesador funcionando lentamente agregar la crema y el hielo. Mezclar hasta que esté espeso. Poner en las cortezas y refrigerar hasta que se cuaje. Servir.

PARA 6 PORCIONES

BLANCMANGE DE NUECES CON JARABE DE ARCE

1¾ taza	440 ml	leche
¼ taza	60 ml	jarabe de arce
¼ cdta	1,2 g	sal
¼ taza	60 ml	azúcar de arce
2 cdas	14 g	maicena
1	1	huevo batido
½ taza	125 ml	crema de batir
½ taza	65 g	nueces picadas

En una olla doble cocer 1½ taza (375 ml) de leche. Agregar el jarabe de arce. Mezclar la sal, el azúcar y la maicena con la leche restante. Incorporar en la leche con el jarabe y cocer revolviendo hasta que esté suave. Agregar batiendo los huevos y quitar del fuego. Dejar enfriar. Batir la crema y agregar la mitad, junto con las nueces. Poner en platos de servir y cubrir con el resto de la crema. Dejar enfriar hasta antes de servir.

PARA 4 PORCIONES

Cuadraditos Marrasquinos

FLAN DE FRAMBUESA Y MORAS

PASTEL:

2 tazas	225 g	harina
¼ taza	56 g	azúcar
1 taza	225 g	mantequilla
3	3	yemas de huevo

Mezclar la harina y el azúcar; agregar la mantequilla en pedazos hasta formar una masa gruesa. Agregar batiendo las yemas de huevo. Poner apretando el fondo y 1½" (4 cm) en los lados en un molde de resorte enmantequillado de 10" (23 cm). Hornear en un horno precalentado a 350°F (180°C), por 20-25 minutos. Dejar enfriar.

RELLENO:

1	1	huevo
3	3	yemas de huevo
½ taza	225 g	azúcar granulada
1 cda	7 g	harina
1 taza	250 ml	leche
¾ taza	65 g	almendras molidas
1 cda	14 g	mantequilla
2 cdtas	10 ml	extracto de naranja
1 cdta	5 ml	extracto de ron

Batir las yemas de huevo, el azúcar y la harina hasta que estén suaves. Hervir la leche con las almendras; quitar del fuego y dejar que se asienten por 10 minutos. Pasar por un colador y poner las almendras en la mezcla de huevo. Lentamente batir la leche caliente en la mezcla de huevos. Poner al fuego en una olla doble y batir hasta que se espese. Incorporar la mantequilla y los extractos. Poner en la corteza. Dejar enfriar y refrigerar.

DECORADO:

½ lb	225 g	frambuesas frescas lavadas y sin cáliz
½ lb	225 g	moras frescas lavadas y sin cáliz
⅓ taza	80 ml	jalea de manzana, caliente

Poner las frutas sobre el relleno. Untar la jalea de manzana con una brochita. Refrigerar por 2 horas antes de servir.

BLANCMANGE DE FRESA

1¾ taza	440 ml	leche
¼ taza	60 ml	jarabe de fresa
¼ cdta	1,2 g	sal
¼ taza	56 g	azúcar granulada
2 cdas	14 g	maicena
1	1	huevo batido
½ taza	125 ml	crema batida

En una olla doble cocer 1½ taza (375 ml) de leche. Incorporar el jarabe. Mezclar la sal, el azúcar, y la maicena con el resto de la leche. Agregar a la leche cocida, revolviendo hasta que esté espesa y suave. Quitar del fuego, y agregar los huevos. Dejar enfriar. Batir la crema y agregar la mitad a la mezcla; poner en platos de servir, cubrir con la crema restante. Dejar enfriar hasta servirlo.

PARA 4 PORCIONES

Blancmange de Fresa

Caramelo de Crema Clásico

CORTEZA DE HARINA INTEGRAL O DE CHOCOLATE

1¾ taza	200 g	miga de galletas de harina integral o de chocolate
¼ taza	25 g	almendras molidas
½ cdta	5 g	canela molida
¼ cdta	1,2 g	pimienta de jamaica molida
½ taza	125 ml	mantequilla derretida

Mezclar bien todos los ingredientes. Poner apretando el fondo y los lados de un molde de resorte de 9" (23 cm). Dejar enfriar y usar cuando lo necesite.

Helado de Fresa y Banana

PASTEL ALMENDRADO

1¼ taza	150 g	galletas de soda, trituradas fino
½ taza	70 g	dátiles picados fino
1 taza	225 g	azúcar granulada
1 taza	150 g	pacanas picadas
3	3	claras de huevo

Mezclar bien las galletas de soda, los dátiles, el azúcar y las pacanas.

Batir las claras de huevo hasta que estén firmes. Poner en la mezcla de galletas.

Poner en un molde de pastel engrasado de 9" (23 cm). Hornear en un horno precalentado a 350°F (180°C), por 30 minutos. Dejar enfriar y servir.

PARA 8 PORCIONES

HELADO DE FRESA Y BANANA

3 tazas	750 ml	leche 50% crema
1 taza	115 g	bananas molidas
3	3	yemas de huevo
¾ taza	168 g	azúcar granulada
1 cdta	5 ml	extracto de vainilla blanco
1 taza	112 g	puré de fresas

En una cacerola doble cocer la crema con la banana. Batir los huevos con el azúcar. Agregar lentamente a la crema caliente, continuar cociendo hasta que se espese. Añadir revolviendo la vainilla y las fresas. Dejar enfriar y refrigerar de acuerdo a las instrucciones de la máquina para hacer helados.

PRODUCE 6 TAZAS (1½ L)

CARAMELO DE CREMA CLASICO

3¾ tazas	940 ml	leche
1½ taza	336 g	azúcar de vanilla
5	5	huevos
4	4	yemas de huevos
1 cda	15 ml	vanilla

Cocer la leche y dejarla enfriar por 20 minutos. En una cacerola, derretir ¾ taza (168 g) de azúcar y cocer revolviendo constantemente hasta que esté de color café; tener cuidado de que no se queme. Poner en un molde tibio cubriendo el fondo y los lados. Batir los huevos y las yemas con el resto del azúcar. Lentamente incorporar la leche y la vainilla. Poner en el molde bañado en azúcar. Poner el molde en otra cacerola con agua caliente hasta la mitad. Hornear por 45 minutos a 325°F (160°C). Dejar enfriar y refrigerar. Para servir invertir el molde en una fuente de servir.

PARA 6 PORCIONES

Pastel de Cereza a la Antigua

PASTEL DE CHOCOLATE Y MENTA DE MARY GIFFORD

Se necesitan 2 bizcochos de chocolate de 9" (23 cm), cortados por la mitad horizontalmente (cuatro mitades).

RELLENO:

2 tazas	500 ml	leche
½ taza	60 g	maicena
1 taza	225 g	azúcar granulada
¼ cdta	2 ml	extracto de menta
		colorante verde de alimentos
1½ taza	325 g	mantequilla, a temperatura ambiente

En un tazón pequeño mezclar ½ taza (125 ml) de leche, la maicena y el azúcar. En una cacerola hervir el resto de la leche. Agregar la mezcla de maicena a la leche hirviendo, revolviendo constantemente hasta que esté suave y espesa.

Quitar del fuego, agregar el extracto y el colorante. Enfriar el pudín colocándolo sobre hielo, revolviendo constantemente.

Batir la mantequilla, lentamente agregar el pudín enfriado. Poner una mitad con el pedazo cortado hacia arriba en una fuente de servir. Poner ⅓ del relleno sobre la parte de arriba del bizcocho. Poner encima la otra mitad del pastel. Ponerle un tercio del relleno. Poner la tercera mitad arriba y cubrirla con el resto del relleno. Poner arriba la última mitad con el lado cortado hacia abajo.

ESCARCHA DE CHOCOLATE ESPECIAL:

1 taza	250 ml	jarabe de maíz liviano
½ taza	125 ml	agua
⅔ taza	75gr	mantequilla
2–12 oz pqtes	670 g	trocitos de chocolate semi-dulce

En una cacerola mezclar el jarabe de maíz, el agua y la mantequilla. Hervir rápidamente y continuar cociendo por 2½ minutos. Quitar del fuego y agregar los trocitos de chocolate. Cubrir mientras la escarcha se enfría a temperatura ambiente. Poner sobre el Pastel de Chocolate y Menta.

NOTA: Para cortar un pastel relleno con crema, sumergir un cuchillo afilado de pan en agua tibia antes de cortar.

PASTEL DE CEREZA A LA ANTIGUA

½ taza	112 g	azúcar granulada
2 cdas	14 g	maicena
½ taza	125 ml	jugo de cerezas
2 tazas	500 ml	cerezas ácidas enlatadas
1½ tazas	168 g	harina
2 cdtas	10 g	polvo de hornear
½ cdta	2,5 g	sal
⅓ taza	56 g	azúcar morena
½ taza	112 g	manteca vegetal
1	1	huevo batido
2 cdas	30 ml	leche
1 cda	14 g	mantequilla, derretida
2 cdtas	10 ml	extracto de vainilla

En una cacerola mezclar el azúcar, la maicena, el jugo y las cerezas. Cocer a fuego lento hasta que esté espeso. Poner en un molde enmantequillado de 9"x 9" (23 x 23 cm).

Mezclar la harina, el polvo de hornear y la sal. Poner 3 cdas. (45 g) de azúcar morena. Agregar la manteca en pedacitos. Mezclar los huevos con la leche, la mantequilla y la vainilla, agregar a la mezcla.

Estirar la masa y poner encima las cerezas. Espolvorear con el azúcar restante.

Hornear en un horno precalentado a 400°F (200°C), por 25-30 minutos o hasta que esté dorado.

PARA 6 PORCIONES

Pastel de Chocolate y Menta de Mary Gifford

Pastel de Queso con Decorado de Piña y Nueces

PASTEL DE QUESO CON DECORADO DE PIÑA Y NUECES

CORTEZA:

1 taza	65 g	coco rallado
1 taza	100 g	avellanas tostadas molidas
⅓ taza	75 g	azúcar granulada
¼ taza	60 ml	mantequilla derretida

RELLENO:

1½ lb	680 g	queso de crema
1 taza	225 g	azúcar granulada
½ taza	60 ml	néctar de crema de coco*
1 taza	250 ml	crema de batir
1½ taza	340 g	piña machacada, bien escurrida
3	3	huevos
2 cdtas	10 ml	extracto de ron

DECORADO:

1 taza	250 ml	jugo de piña
1 taza	168 g	azúcar morena
6 cdas	42 g	maicena
6 cdas	168 g	gelatina de piña
1 taza	250 ml	agua hirviendo
3 tazas	675 g	pedazos de piña
1 taza	150 g	trocitos de nueces
1½ taza	100 g	coco tostado, rallado

CORTEZA:

Mezclar todos los ingredientes. Poner apretando en un molde de resorte engrasado de 9″ (23 cm). Refrigerar por 10 minutos. Hornear en un horno precalentado a 350°F (180°C), por 7 minutos

RELLENO:

Hacer una crema suave con el queso y la mantequilla. Agregar la crema de coco, la crema y la piña. Incorporar los huevos uno a la vez. Agregar el extracto y mezclar bien. Poner en la corteza. Hornear a 350°F (180°C), por 90 minutos.

Pasar a una parrilla de enfriamiento. Dejar enfriar y luego refrigerar por 8 horas.

DECORADO:

En una cacerola mezclar el jugo, el azúcar, la maicena y la gelatina. Hervir. Incorporar el agua hirviendo; cocer a fuego lento hasta que espese.

Agregar los pedazos de piña y las nueces. Dejar enfriar. Poner sobre el pastel helado. Espolvorear con el coco tostado. Servir.

PARA 8 PORCIONES

PASTEL ACARAMELADO DE MANZANAS Y NUECES

½ ración	0,5	Pasta Sencilla (ver página 616)
3 tazas	450 g	manzanas en rodajas
20	20	caramelos
½ cdta	3 ml	vainilla
⅓ taza	37 g	harina
¼ cdta	1,2 g	canela
3 cdas	45 g	azúcar granulada
3 cdas	42 g	mantequilla
⅓ taza	50 g	pacanas picadas

Estirar la masa para poner en un molde de 9" (23 cm); plegar hacia afuera los bordes.

Poner trocitos de manzana en la masa. En una cacerola doble derretir los caramelos; agregar la vainilla. Poner sobre las manzanas.

Mezclar la harina, la canela y el azúcar con la mantequilla; añadir los pacanas y mezclar hasta que se empiece a desmoronar. Poner sobre las manzanas y hornear en un horno precalentado a 350°F (180°C), por 40 minutos. Dejar enfriar antes de servir.

PARA 6 PORCIONES

CROCANTES DE NUECES Y ARCE

1 taza	225 g	azúcar de arce
½ taza	125 ml	agua
1 cda	14 g	mantequilla
1 cdta	5 g	sal
1 cdta	5 ml	sabor de arce
½ taza	75 g	marañones
½ taza	75 g	maní
½ taza	75 g	avellanas

En una cacerola mezclar el azúcar, el agua, la mantequilla y la sal. Calentar sobre calor mediano a 300°F (149°C) medido en un termómetro de dulcería. Agregar los marañones y el maní. Poner en una bandeja de hornear con borde, engrasada. Dejar endurecer y partir al sacar. Agregar el sabor de arce después de cocer.

PRODUCE 1½ LB (675 g)

PASTEL DE PASAS

1 ración	1	Corteza de Pastel de Trigo Integral (ver página 504)
2 tazas	300 g	pasas sin semilla
2 tazas	500 ml	agua hirviendo
⅓ taza	80 ml	miel
⅓ taza	56 g	azúcar morena
2⅛ cdas	18 g	maicena
¼ cdta	1,2 g	sal
1 cda	15 g	cáscara de limón rallada
¼ taza	60 ml	jugo de naranjas
2 cdas	28 g	mantequilla

Estirar la mitad de la masa para poner en un molde de 9" (23 cm) para cortezas.

En una cacerola mezclar las pasas, el agua y la miel. Hervir por 5 minutos; mezclar el azúcar la maicena y la sal. Agregar a las pasas. Revolver y hervir nuevamente por 1 minuto. Incorporar la ralladura de limón y el jugo de naranja. Poner en la cáscara. Estirar el resto de la masa y cubrir la corteza. Recoger los bordes hacia abajo y sellar. Derretir la mantequilla y untar con una brochita sobre la corteza de encima. Hacer pequeños cortes para que escape el vapor. Hornear en un horno precalentado a 425°F (215°C), por 40 minutos. Dejar enfriar a temperatura ambiente antes de servir.

PARA 6 PORCIONES

Crocantes de Nueces y Arce

Pastel Acaramelado de Manzanas y Nueces

Galletas de Dátiles

SOUFFLÉ DE CHOCOLATE

2 oz	60 g	chocolate semi-dulce rallado
¼ taza	28 g	harina
1 taza	250 ml	leche
⅓ taza	75 g	azúcar granulada
3 cdas	42 g	mantequilla
1 cdta	5 ml	extracto de vainilla
4	4	huevos separados
2	2	claras de huevo

Enmantequillar y azucarar el fondo y los costados de un tazón de suflé para 6 a 8 tazas (1,5–2 L). En una cacerola hervir el chocolate, la harina y la leche. Incorporar el azúcar, la mantequilla y la vainilla y quitar del fuego. Incorporar las yemas una a la vez. Batir las claras de huevos hasta que estén firmes. Poner en un molde para suflés; hornear por 40-45 minutos en un horno precalentado a 400°F (200°C). Servir con Salsa de Frambuesas (ver la página 107).

PARA 4 PORCIONES

PASTEL DE PACANAS Y PASAS

½ ración	0,5	Pasta Sencilla (ver página 616)
3	3	huevos separados
3 cdas	42 g	mantequilla derretida
1 cdta	5 ml	vainilla
1 taza	168 g	azúcar morena
½ taza	70 g	pasas
½ taza	75 g	pacanas partidas

Estirar la masa y ponerla en un molde de cortezas de 9" (23 cm).

Mezlar las yemas de huevo, la mantequilla, la vainilla, el azúcar, las pasas y las pacanas. Calentar en una cacerola doble revolviendo constantemente hasta que espese. Quitar del fuego y dejar enfriar.

Batir las claras de huevos hasta que estén firmes. Ponerlas en la mezcla de huevo. Vaciar en la corteza. Hornear en un horno precalentado a 375°F (190°C), por 45 minutos. Dejar enfriar y servir.

PARAS 6 PORCIONES

GALLETAS DE DÁTILES

1½ taza	250 g	azúcar morena
1 taza	250 ml	crema ácida
2	2	huevos
1 cdta	5 g	bicarbonato de soda
⅛ cdta	pizca	sal
2 tazas	224 g	harina de pastel
1 cdta	5 g	canela
½ cdta	2,5 g	clavos de olor
¼ cdta	1,2 g	nuez moscada
½ lb	225 g	dátiles picados
¾ taza	112 g	nueces picadas

Batir juntos el azúcar, la crema ácida y los huevos.

Cernir juntos el bicarbonato de soda, la sal, la harina y las especias. Poner en la mezcla de crema; agregar los dátiles y las nueces. Poner cucharadas de mezcla en una lata de hornear enmantequillada. Hornear por 10-12 minutos en un horno precalentado a 350°F (180°C).

PRODUCE 3 DOCENAS

Pastel de Pacanas y Pasas

PASTEL DE BROWNIES

½ taza	112 g	mantequilla
½ taza	125 ml	aceite
1 taza	250 ml	agua
4 cdas	28 g	cocoa sin azúcar
2 tazas	225 g	harina
2 tazas	450 g	azúcar granulada
2	2	huevos
1 cdta	5 g	bicarbonato de soda
½ taza	125 ml	leche descremada
1 cdta	5 ml	extracto de vainilla

ESCARCHA:

½ taza	112 g	mantequilla
3 cdas	21 g	cocoa sin azúcar
⅓ taza	80 ml	leche descremada
4 tazas	450 g	azúcar glacé
1 taza	150 g	nueces picadas
1 cdta	5 ml	extracto de vainilla

Precalentar el horno a 350°F (180°C). Engrasar y enharinar una lata de hornear de 9" x 13" (23 x 33 cm) .

En una cacerola pequeña mezclar la mantequilla, el aceite, el agua y la cocoa. Hervir. Agregar esta mezcla a la harina y el azúcar y batir hasta que se ablanden.

Agregar los huevos, el polvo de hornear, la leche descremada y la vainilla. Mezclar bien. Poner en la lata ya preparada. Hornear por 20 minutos. Preparar la escarcha mientras las brownies se hornean. Poner en una cacerola a calor mediano todos los ingredientes de la escarcha. Cocer pero no hervir.

Escarchar inmediatamente después de haber sacado del horno. Cortar en cuadrados y dejar enfriar.

PRODUCE 24 BROWNIES

Torta de Merengue con Fresas

BLANCMANGE A LA ANTIGUA

2 tazas	500 ml	leche
¼ cdta	1,2 g	sal
¼ taza	56 g	azúcar granulada
1½ cda	10 g	maicena
1	1	huevo batido
1½ cdta	8 ml	vainilla
½ taza	125 ml	crema de batir

En una cacerola doble cocer 1¾ taza (430 ml) de leche. Mezclar el resto de la leche con la sal, el azúcar y la maicena; agregar a la leche caliente. Cocer hasta que esté suave, revolviendo constantemente. Quitar del fuego. Incorporar el huevo y la vainilla. Dejar enfriar. Batir la crema y agregar la mitad a la mezcla. Poner en platos de servir y cubrir con el resto de la crema. Refrigerar hasta servir.

PARA 4 PORCIONES

TORTA DE MERENGUE CON FRESAS

1	1	Pastel del Minero de Plata (ver página 607)
3 tazas	300 g	fresas
4	4	claras de huevo
¼ cdta	1,2 g	sal
¼ cdta	2 ml	crema de tártaro
1 taza	225 g	azúcar granulada
1 cdta	5 g	vainilla
½ taza	60 g	conserva de albaricoques

Cortar el pastel por la mitad. Elegir 12 fresas de las mejores y guardarlas. Hacer puré el resto de las fresas y poner sobre la mitad del pastel. Poner la segunda mitad del pastel encima.

Batir las claras de huevo hasta que estén firmes. Agregar la sal y la crema de tártaro. Gradualmente agregar el azúcar y la vainilla. Poner encima del pastel con una manga de pastelería. Poner las fresas. Hornear en un horno precalentado a 450°F (220°C), hasta que los merengues se doren. Sacar del horno. Calentar la conserva; untarla a las fresas y ponerlas en la parte de arriba del pastel.

Blancmange a la Antigua

Crema Cocida de Chocolate

Pastel de Crema con Coco

PASTEL DE CREMA CON COCO

¼ taza	56 g	azúcar granulada
¼ taza	28 g	harina
¼ cdta	1,2 g	sal
2 tazas	500 ml	crema ligera
1 cdta	5 ml	vainilla
3	3	yemas de huevo
1 taza	65 g	coco rallado
1	1	Corteza de Copos de Avena (ver página 627)
1 taza	250 ml	crema batida
¼ taza	28 g	azúcar glacé
¼ taza	20 g	coco tostado

En una cacerola doble, mezclar el azúcar, la sal y la crema; batir hasta que esté suave. Agregar la vainilla, las yemas de huevo y el coco. Cocer hasta que se espese. Poner en la corteza y dejar enfriar. Batir la crema; agregar el azúcar y poner sobre la corteza. Espolvorear con el coco tostado. Cortar y servir.

PARA 6 PORCIONES

CREMA COCIDA DE CHOCOLATE

5	5	yemas de huevo
4 cdas	60 g	azúcar granulada
1½ cdta	3,8 g	maicena
1¼ taza	310 ml	crema de batir
4 oz	120 g	chocolate semi-dulce rallado
¾ taza	84 g	azúcar glacé, cernida

En una cacerola mezclar la crema con los huevos, el azúcar y la maicena, a calor bajo. Lentamente incorporar la crema y el chocolate. Cocer por 10 minutos revolviendo constantemente. Poner en moldes, dejar enfriar. Refrigerar hasta que esté asentada. Sacar de los moldes y poner en platos de servir; espolvorear con azúcar glacé o poner en vasos altos alternando capas de crema batida con pudín de vainilla.

PARA 4 PORCIONES

GALLETAS DE ALMENDRAS

2¾ tazas	200 g	harina
1 taza	225 g	azúcar granulada
½ cdta	2,5 g	bicarbonato de soda
½ cdta	2,5 g	sal
1 taza	225 g	manteca vegetal
1	1	huevo, batido
2 cdas	30 ml	leche
1 cdta	5 ml	extracto de almendra
24	24	almendras peladas, en mitades

Mezclar juntos la harina, el azúcar, el bicarbonato de soda y la sal. Cortar en pedazos y agregar la manteca hasta que parezca harina de maíz. Mezclar los huevos, la leche y el extracto; agregar a la mezcla de harina. Mezclar bien. Hacer con la masa pelotas de 2,5 cm y ponerlas en una lata de hornear sin engrasar, separadas 5 cm entre sí. Poner ½ almendra encima de cada galleta y aplanar un poco la masa. Hornear en un horno precalentado a 325°F (170°C), por 16-18 minutos.

PRODUCE 48 GALLETAS

PASTEL DE ENCAJE DE NARANJA

2 tazas	224 g	harina
1½ taza	337 g	azúcar granulada
1 cda	2,5 g	polvo de hornear
1 cdta	5 g	sal
½ taza	125 ml	aceite vegetal
5	5	yemas de huevo sin batir
½ taza	125 ml	jugo de naranja
¼ taza	60 ml	agua
1 cdta	5 ml	vainilla
2 cdas	10 g	cáscara de naranja rallada fino
1 taza	250 ml	claras de huevo
½ cdta	3 ml	crema de tártaro

Precalentar el horno a 325°F (170°C). Usar un molde de tubo de 10" (25 cm) asegurarse que no tenga ninguna grasa.

En un tazón mezclar la harina, el azúcar, el polvo de hornear y la sal. Agregar el aceite, los huevos, el jugo de naranja, el agua, la vainilla y la ralladura de naranja. Batir hasta que esté suave y homogéneo. En otro tazón mezclar las claras de huevo hasta que estén espumosas. Espolvorear con la crema de tártaro. Continuar batiendo hasta que estén firmes. No batir en exceso. Gradualmente agregar la mezcla en las claras de huevo. Poner la mezcla en el molde de tubo. Pasar un cuchillo por la mezcla para eliminar burbujas de aire.

Poner en un horno por 1¼ hora. Invertir el pastel inmediatamente al sacar del horno. Dejar reposar hasta que se enfríe. Soltar con un cuchillo o espátula y cuidadosamente sacar del molde. Escarchar con Escarcha Cremosa de Naranja (receta siguiente).

ESCARCHA CREMOSA DE NARANJA

2 cdas	30 ml	mantequilla, ablandada
½ taza	66 g	azúcar glacé
pizca	pizca	sal
1	1	yema de huevo
2 cdtas	10 g	cáscara de naranja rallada fino
1 cda	15 ml	jugo de naranja
1½ taza	168 g	azúcar glacé

Hacer una crema con la mantequilla, el azúcar y la sal. Mezclar hasta que esté suave y homogénea. Incorporar la yema de huevo, la ralladura y el jugo de naranja. Lentamente agregar el azúcar. Batir hasta que esté cremoso.

ESCARCHA 1 PASTEL DE 9" (23 CM)

PASTEL DE PACANAS

½ ración	0,5	Pasta Sencilla (ver página 616)
1 taza	250 ml	jarabe de maíz ligero
½ taza	100 g	azúcar morena – de paquete
¼ cdta	1,2 g ml	sal
1 cdta	5 g	vainilla
1 cda	15 ml	jugo de limón
3	3	huevos batidos
1½ taza	225 g	pecanas enteras y partidas
2 tazas	500 ml	crema batida

Estirar la masa y doblar los bordes. Precalentar el horno a 425°F (215°C).

Mezclar el resto de los ingredientes, menos la crema batida. Ponerlos en la corteza de pastel. Hornear por 10 minutos. Bajar el calor y continuar horneando por 40 minutos o hasta que el relleno se asiente. Con una manga de decorar poner la crema. Dejar enfriar antes de servir.

PARA 6 PORCIONES

Pastel de Pacanas

Albaricoques en Camisa

Rollitos de Azúcar Bañados en Chocolate

ROLLITOS DE AZUCAR BAÑADOS EN CHOCOLATE

½ taza	225 g	mantequilla
1 taza	200 g	azúcar glacé
½ taza	125 ml	leche
1¾ tazas	200 g	harina
1 cdta	5 ml	vainilla
¼ cdta	1,2 g	sal
3 oz	85 g	chocolate semi-dulce
1 cda	15 ml	mantequilla derretida

Hacer una crema liviana y espumosa con la mantequilla. Agregar el azúcar y la leche. Incorporar la harina, la vainilla y la sal. Poner en capa fina sobre latas de hornear enmantequilladas. Hornear en un horno precalentado a 400°F (200°C), por 8-10 minutos. En una cacerola doble derretir el chocolate y agregar la mantequilla. Sacar las galletas, cortar en cuadrados y enrollar en forma de cigarro mientras la masa esté caliente. Untar cada punta en el chocolate derretido.

PRODUCE 2 DOCENAS

ALBARICOQUES EN CAMISA

12	12	albaricoques frescos, pelados, sin semilla, en mitades
1 taza	225 g	azúcar granulada
1 lb	450 g	Pasta de Hojaldre (ver página 689)
2	2	huevos
¼ taza	60 ml	leche
¼ taza	28 g	azúcar glacé

Espolvorear con azúcar los albaricoques. Estirar la masa a un grosor de ¼" (0,5 cm). Cortar en cuadrados y poner en cada cuadro una mitad de albaricoque. Tapar y sellar los bordes.

Mezclar los huevos con la leche, untar con una brochita cada empanadita y hornear por 15-20 minutos en un horno precalentado a 350°F (180°C). Aún calientes espolvorearlas con el azúcar glacé. Servir calientes o frías.

PRODUCE 24

PASTEL DE QUESO DE FRAMBUESA CON CHOCOLATE

1½ taza	168 g	miga de galletas con relleno de crema*
2 cdas	28 g	mantequilla, derretida
32 oz	900 g	queso de crema ablandado
1¼ taza	140 g	azúcar granulada
3	3	huevos
1 taza	250 ml	crema ácida
1 cdta	5 ml	extracto de vainilla
6 oz	170 g	trocitos de chocolate semi-dulce, derretidos
⅓ taza	60 ml	crema de batir
½ taza	50 g	frambuesas frescas
4	4	hojas de menta fresca

Mezclar la miga con la mantequilla; poner en el fondo de un molde de resorte de 9" (23 cm).

Mezclar a velocidad mediana ⅔ del queso de crema y el azúcar, mezclando bien. Agregar los huevos uno a la vez, batir bien después de agregar cada uno. Agregar la crema ácida y la vainilla; poner sobre la corteza. Mezclar bien el resto del queso de crema y el chocolate derretido. Poner cucharadas de la mezcla de queso de crema con chocolate sobre la mezcla de queso de crema sencillo, no revolver. Hornear en un horno precalentado a 325°F (170°C), por 1 hora y 25 minutos. Soltar el pastel del borde del molde; dejar enfriar antes de sacar el anillo del molde.

Revolviendo a calor bajo, derretir los trocitos de chocolate y la crema de batir hasta que esté suave y homogéneo. Poner sobre el pastel de queso. Dejar enfriar. Si lo desea, decorar con más crema batida, frambuesas y hojas de menta fresca.

*La miga de galletas se hace moliendo fino 18 galletas con relleno de crema.

PARA 10 PORCIONES

SORBETE DE PAPAYA FRESCA

¾ taza	168 g	azúcar granulada
¾ taza	180 ml	agua
3 cdas	45 ml	jugo de limón
3 cdas	45 ml	jugo de lima
2½ tazas	625 ml	puré de papaya

En una cacerola calentar el azúcar y el agua. Llevar a ebullición, revolviendo constantemente. Quitar del fuego; dejar enfriar a temperatura ambiente. Mezclar el jarabe, el jugo de limón y el jugo de lima; refrigerar. Agregar la papaya. Poner en una máquina para hacer helados y refrigerar de acuerdo a las instrucciones del fabricante.

PRODUCE 4 TAZAS (1 L)

CUADRITOS DE DÁTILES A LA ANTIGUA

¼ taza	225 g	mantequilla
1 taza	200 g	azúcar morena
1	1	huevo
3 oz	85 g	chocolate semi-dulce derretido
¾ taza	84 g	harina
½ taza	75 g	pacanas partidas
½ taza	75 g	trocitos de nueces
½ taza	75 g	almendras picadas
¼ cdta	1,2 g	sal

Hacer una crema ligera con la mantequilla. Incorporar el azúcar y los huevos. Agregar y mezclar el chocolate, la harina, las nueces y la sal. Poner en un molde enmantequillado de 8" (20 cm). Hornear en un horno precalentado a 350°F (180°C), por 20 minutos. Sacar del horno y cortar en el molde aún caliente.

PRODUCE 2 DOCENAS

PASTEL DE QUESO DE MOCHA CON TROCITOS DE CHOCOLATE

2¼ tazas	250 g	miga de galletas de harina integral
2 tazas	450 g	trocitos de chocolate semi-dulce
2⅓ tazas	518 g	mantequilla, derretida y enfriada
½ taza	125 ml	leche
4 cdtas	6 g	café instantáneo
1	1	sobre de gelatina sin sabor
16 oz	450 g	queso de crema, ablandado
14 oz	400 ml	leche condensada dulce
2 tazas	500 ml	crema de batir, batida

En un tazón grande mezclar la miga de galleta, 1 taza (225 g) de trocitos de chocolate y la mantequilla. Poner apretando el fondo de un molde de resorte de 9″ (23 cm), y 2½″(6,5 cm) de los bordes. Conservar.

En una cacerola pequeña, mezclar la leche y el café, espolvoreando la gelatina encima. Poner aparte por 1 minuto. Cocer sobre fuego bajo, revolviendo constantemente hasta que la gelatina y el café se disuelvan. Poner aparte.

En un tazón de mezclar grande, batir el queso de crema hasta que esté cremoso. Incorporar la leche condensada y la mezcla de gelatina. Agregar la crema batida y la taza de trocitos de chocolate restante. Poner en el molde ya preparado. Dejar enfriar hasta que esté firme, (más o menos 2 horas). Pasar un cuchillo alrededor del borde del pastel para separarlo del molde; quitar el anillo del molde. Servir.

PARA 10 PORCIONES

Cuadritos de Dátiles a la Antigua

Sorbete de Papaya Fresca

Galletas de Mantequilla de Maní

PASTEL DE QUESO SUPREMO DEL NOROESTE

1 taza	112 g	miga de galleta de harina integral
1 cda	15 g	azúcar granulada
1 cda	15 ml	mantequilla, derretida
32 oz	900 g	queso de crema ablandado
1 taza	225 g	azúcar granulada
1 cda	7 g	harina
4	4	huevos
1 taza	250 ml	crema ácida
1 cdta	5 ml	extracto de vainilla
21oz (1 lata)	605 g	relleno de cerezas

Mezclar la miga, el azúcar y la mantequilla; poner apretando el fondo de un molde de resorte de 9" (23 cm). Hornear en un horno precalentado a 325°F (170°C), por 10 minutos.

Mezclar a velocidad mediana hasta que estén bien mezclados el queso de crema, el azúcar y la harina. Agregar los huevos uno a la vez, mezclando bien cada uno. Agregar la crema ácida y la vainilla; poner sobre la corteza del pastel. Hornear en un horno precalentado a 450°F (220°C), por 10 minutos. Bajar la temperatura a 250°F (140°C), y continuar horneando por 1 hora. Soltar el pastel del borde del molde; dejar enfriar antes de sacar el anillo del molde. Refrigerar, poner el relleno antes de servir.

VARIACION: Sustituir 1½ taza (225 g) de nueces picadas fino y 2 cdas (30 g) de azúcar granulada por la miga de galletas de harina integral y el azúcar.

PARA 10 PORCIONES

Soufflé de Grand Marnier Glacé

GALLETAS DE MANTEQUILLA DE MANI

1 taza	225 g	azúcar granulada
1 taza	200 g	azúcar morena
1 taza	225 g	mantequilla de maní
1 taza	225 g	mantequilla
3	3	huevos
½ cdta	2,5 g	sal
2 cdtas	10 g	bicarbonato de soda
3 tazas	336 g	harina
56	56	besitos de chocolate

Hacer una crema con las azúcares, la mantequilla de maní y la mantequilla. Agregar los huevos. Cernir juntos la sal, el bicarbonato de soda y la harina; agregar a la mezcla. Mezclar. Hacer pelotitas de 1" (2,5 cm). Poner en una lata de horno engrasada y aplanar ligeramente con la palma de la mano. Poner un besito de chocolate en el centro de cada galleta. Hornear en un horno precalentado a 325°F (160°C), por 15-18 minutos.

PRODUCE 4½ DOCENAS

SOUFFLÉ DE GRAND MARNIER GLACÉ

3 cdas	45 g	azúcar granulada
2 cdas	28 g	gelatina sin sabor
¼ taza	60 ml	licor Grand Marnier cremoso
¼ cdta	1,2 g	sal
6	6	claras de huevo
2 tazas	500 ml	crema de batir

En una cacerola mezclar el azúcar, la gelatina, el licor y la sal. Cocer a fuego bajo, revolviendo hasta que el azúcar se disuelva. Dejar enfriar. Batir las claras de huevo hasta que estén firmes y secas. Batir la crema y agregarla a las claras de huevo. Poner en la mezcla de licor. Poner en un tazón de soufflé de 8 tazas (2 L) con un cuello metálico de 6" (15 cm). Refrigerar por 6 horas o por toda la noche. Sacar el cuello y servir.

PARA 6 PORCIONES

PASTEL DE MANTEQUILLA DE MANI Y TROCITOS DE CHOCOLATE

1 cda	14 g	gelatina sin sabor
1 taza	250 ml	agua fría
3	3	huevos
½ taza	125 ml	miel
½ cdta	2,5 g	sal
½ taza	112 g	mantequilla de maní suave
½ cdta	3 ml	vainilla
¼ taza	56 g	azúcar granulada
½ taza	90 g	trocitos de chocolate
1	1	Corteza de Galletas de Harina Integral (ver página 641)

Pastel de Mantequilla de Maní y Trocitos de Chocolate

Ablandar la gelatina en ¼ taza (60 ml) del agua. Mezclar en una cacerola doble ¼ taza (60 ml) de agua, las yemas de huevo, la miel y la sal. Agregar la gelatina. Batir con una batidora manual hasta que la mezcla esté espesa y espumosa.

En un tazón de mezclar batir la mantequilla de maní, ½ taza (125 ml) de agua y la vainilla hasta que la mezcla esté suave y homogénea. Agregar la mezcla de huevo y mezclar juntos. Refrigerar hasta que esté espeso pero sin cuajarse. Batir las claras de huevos hasta que estén firmes y agregar el azúcar gradualmente. Poner en la mezcla de maní. Incorporar los trocitos de chocolate y poner en la corteza. Refrigerar hasta que se cuaje. Cortar y servir.

PARA 6 PORCIONES

PASTELILLOS DE ALBARICOQUE Y ALMENDRAS

CORTEZA:

2½ tazas	280 g	harina
½ taza	112 g	mantequilla
½ taza	112 g	azúcar granulada
1	1	huevo
1 cdta	5 g	corteza de limón rallada

Mezclar la harina con la mantequilla; agregar el azúcar, el huevo y el limón; mezclar bien pero sin amasar demasiado. Dejar reposando la masa por 30 minutos; estirarla a un grosor de ⅛" (3 mm). Cortar círculos con un cortador de 2½" (5 cm). Hacer cortezas de pastelillo de 1½" (3,75 cm), con bordes ondulados. Hornear ciego por 15 minutos en un horno precalentado a 350°F (180°C). Dejar enfriar.

RELLENO:

1 taza	225 g	azúcar granulada
¼ taza	28 g	maicena
2	2	huevos
1½ taza	375 ml	leche
1 cda	14 g	mantequilla
¼ cdta	1,2 g	sal
1 cdta	5 ml	extracto de almendra

En una cacerola doble mezclar el azúcar, la maicena y los huevos. Agregar la mantequilla y la leche, cocer hasta que se espese. Incorporar la sal y el extracto. Llenar las cortezas de pastelillos y dejar enfriar.

DECORADO:

8	8	albaricoques frescos pelados, sin semilla, en mitades
½ taza	70 g	conserva de albaricoque
1 taza	150 g	almendras tostadas picadas

Cubrir cada pastelillo con la mitad de un albaricoque. Glacear con la conserva y espolvorear los bordes de cada pastelillo con las almendras.

PRODUCE 15 PASTELILLOS

Pastelillos de Albaricoque y Almendras

Ambrosia

AMBROSIA

2	2	bananas maduras picadas
1	1	manzana roja – sin semillas, sin pelar, picada
1	1	pera sin semillas, sin pelar, picada
2	2	naranjas en gajos
1 taza	100 g	piña fresca, en trozos
2 cda	30 ml	jugo de limón
1 taza	250 ml	Salsa Sabayon (ver Salsas)
1¼ taza	83 g	coco rallado

Mezclar la fruta con el jugo de limón. Refrigerar por 1 hora. Agregar la Salsa Sabayon y el coco antes de servir.

PARA 6 PORCIONES

PASTEL ALOCADO

1½ taza	168 g	harina
1 taza	225 g	azúcar granulada
3 cdas	21 g	cocoa
1 cdta	5 g	bicarbonato de soda
½ cdta	2,5 g	sal
1 cdta	5 ml	extracto de vainilla
1 cdta	5 ml	vinagre
5 cdas	75 ml	aceite vegetal
1 taza	250 ml	agua fría

Mezclar la harina, el azúcar, la cocoa, el bicarbonato de soda y la sal. Hacer tres pocitos en la mezcla de harina. En uno poner la vainilla; en otro el vinagre; y en el tercero el aceite. Poner agua caliente sobre los tres y revolver hasta que no queden pelotitas. No hay necesidad de batir. Poner en un molde de 8" x 8" (20 x 20 cm). Hornear en un horno precalentado a 350°F (180°C), hasta que al aplastarlo vuelva a subir, aproximadamente a los 30 minutos.

PARA 4 PORCIONES

PASTEL DE QUESO DE CAPPUCCINO

1½ taza	225 g	nueces picadas fino
2 cdas	30 g	azúcar granulada
3 cdas	42 g	mantequilla, derretida
32 oz	900 g	queso de crema, ablandado
1 taza	225 g	azúcar granulada
3 cda	21 g	harina
4	4	huevos
1 taza	250 ml	crema ácida
1 cda	6 g	café instantáneo
¼ cdta	1,2 g	canela
¼ taza	60 ml	agua hirviendo

Mezclar las nueces, el azúcar y la mantequilla. Poner apretando el fondo de un molde de resorte de 9"(23 cm). Hornear en un horno precalentado a 325°F (170°C), por 10 minutos. Aumentar la temperatura del horno a 450°F (220°C).

Mezclar bien, en una licuadora a velocidad media el queso de crema, el azúcar y la harina. Agregar los huevos, uno a la vez, mezclando bien después de cada uno. Agregar la crema ácida. Disolver en agua el café y la canela. Dejar enfriar; lentamente agregar a la mezcla de queso de crema y mezclar bien. Poner sobre la corteza. Hornear a 450°F (220°C), por 10 minutos. Reducir el calor del horno a 250°F (140°C); seguir horneando por 1 hora. Aflojar el pastel de los bordes del molde; dejar enfriar antes de sacar del molde. Refrigerar. Decorar con crema batida y con granos de café bañados con chocolate si lo desea.

PARA 10 PORCIONES

Frambuesas de Bavaria

PASTEL DE QUESO DE PONCHE CON HUEVO DE FIESTA

1 taza	112 g	miga de galleta de harina integral
¼ taza	56 g	azúcar granulada
¼ cdta	1,2 g	nuez moscada
¼ taza	56 g	mantequilla derretida
1	1	sobre de gelatina sin sabor
¼ taza	60 ml	agua fría
8 oz	225 g	queso de crema ablandado
¼ taza	56 g	azúcar granulada
1 taza	250 ml	ponche de huevo
1 taza	250 ml	crema para batir, batida

Mezclar la miga, el azúcar, la nuez moscada y la mantequilla. Poner apretando un molde de resorte de 9" (23 cm).

Ablandar la gelatina en el agua; revolver a fuego bajo hasta que se disuelva. Mezclar bien el queso de crema y el azúcar. Agregar la gelatina y el ponche de huevo; mezclar bien. Refrigerar hasta que esté ligeramente espeso; agregar la crema batida. Poner sobre la corteza del pastel; dejar enfriar hasta que esté firme.

VARIACION: Aumentar el azúcar a ⅓ taza (37 g). Sustituir la leche por ponche de huevo. Agregar 1 cdta. (5 ml) de vainilla y ¾ cdta. (4 ml) de extracto de ron. Continuar de acuerdo con las instrucciones.

PARA 10 PORCIONES

PASTELILLOS DE CEREZAS FRESCAS

15	15	pastelillos (ver Pastelillos de Albaricoques y Almendra, página 662)
½ taza	112 g	mantequilla
½ taza	112 g	azúcar granulada
1 taza	100 g	almendras molidas
1 cdta	7 g	harina
3	3	huevos
3 cdas	45 ml	brandy de cerezas
2 tazas	224 g	miga de pastel blanco
1⅛ lb	560 g	cerezas frescas sin semillas
½ taza	125 ml	jalea de grosellas rojas

Hacer una crema liviana y clara con la mantequilla y el azúcar. Agregar las almendras y la harina. Incorporar los huevos uno a la vez con 2 cdas (30 ml) de brandy de cerezas. Espolvorear los pastelillos con las miga de pastel blanco; rellenar con las cerezas y poner la mezcla de almendras sobre las cerezas. Hornear en un horno precalentado a 400°F (200°C), por 20 minutos. Tapar con papel de aluminio y hornear por 20 minutos más o hasta que se dore. Calentar la jalea con el resto del brandy y ponerla sobre los pastelillos.

PRODUCE 15

FRAMBUESAS DE BAVARIA

3 tazas	300 g	frambuesas
1 cda	14 g	gelatina sin sabor
¼ taza	60 ml	agua fría
⅓ taza	75 g	azúcar granulada
¼ cdta	1,2 g	sal
¾ taza	180 ml	crema de batir

En un procesador de alimentos hacer un puré con las frambuesas; colarlas para sacar las semillas. Poner el puré en una cacerola, cocer hasta reducir a 1 taza (250 ml). Ablandar la gelatina en el agua fría; agregarla a las frambuesas junto con el azúcar y la sal. Quitar del fuego después de que vuelva a hervir. Dejar enfriar y refrigerar hasta que esté espeso pero no asentado. Batir la crema y agregar a la mezcla. Poner en un molde o un tazón, refrigerar hasta que se asiente. Sacar del molde y servir.

PARA 4 PORCIONES

Pastelillos de Cerezas Frescas

Manzanas Helene

HELADOS DE CAFÉ CON MENTA

4 tazas	1 L	leche 50% crema
1½ cda	9 g	cristales de café instantáneo
1 taza	225 g	azúcar granulada
4	4	yemas de huevo
2 cdtas	10 ml	extracto de menta

En una cacerola doble cocer la crema con los cristales de café. Batir el azúcar junto con los huevos. Lentamente agregar a la crema. Cocer hasta que se espese, incorporar el extracto de menta y dejar enfriar; poner a refrigerar y congelar siguiendo las instrucciones de la máquina para hacer helados.

PRODUCE 5 TAZAS (1¼ L)

MANZANAS HELENE

1 taza	225 g	azúcar granulada
1 taza	250 ml	agua
1 cdta	5 ml	vainilla blanca
3	3	manzanas grandes peladas, sin semillas, en mitades
3 oz	85 g	chocolate semi-dulce, derretido
1 cda	15 ml	mantequilla derretida
4 tazas	1 L	Helado de Vainilla (ver página 547)
1 taza	250 ml	Salsa de Chocolate (ver página 123)

Hervir el azúcar, el agua y la vainilla hasta que el azúcar se disuelva; bajar el fuego y cocer las manzanas hasta que se ablanden. Sacarlas y escurrirlas. Mezclar el chocolate con la mantequilla; sumergir las manzanas en el chocolate para cubrirlas. Poner el helado en vasos de champán y poner la mitad de una manzana encima de cada vaso; servir con Salsa de Chocolate aparte.

PARA 6 PORCIONES

CUADRITOS ELIZABETH

1 taza	250 ml	agua hirviendo
1 taza	140 g	dátiles picados
¼ taza	56 g	mantequilla
½ cdta	2,5 g	sal
1 taza	225 g	azúcar granulada
1 cdta	5 g	bicarbonato de soda
1	1	huevo
1½ taza	168 g	harina
1 cdta	5 g	polvo de hornear
½ taza	75 g	nueces picadas
¾ taza	126 g	azúcar morena
1 cdta	5 ml	extracto de vainilla
6 cdas	84 g	mantequilla
4 cdas	60 ml	leche
1 taza	65 g	coco rallado

En una cacerola mezclar el agua y los dátiles; cocer sobre calor mediano hasta que los dátiles estén cocidos. Dejar enfriar. Mezclar la mantequilla, la sal, el azúcar, el bicarbonato de soda, el huevo, la harina, el polvo de hornear y las nueces. Poner parejo en un molde engrasado de 9" x 12" (23 x 30 cm). Poner la mezcla fría de dátiles sobre la primera capa y hornear en un horno precalentado a 350°F (180°C), por 30 minutos. Mientras los cuadrados se hornean, en una cacerola mezclar el azúcar, la vainilla, la mantequilla y la leche. Hervir por 5 minutos; quitar del fuego y incorporar el coco. Sacar los cuadrados del horno y poner la mezcla sobre la capa de los dátiles. Volver a hornear por 5 minutos o hasta que la mezcla esté burbujeando.

Helado de Café con Menta

Flan de Vainilla con Canela

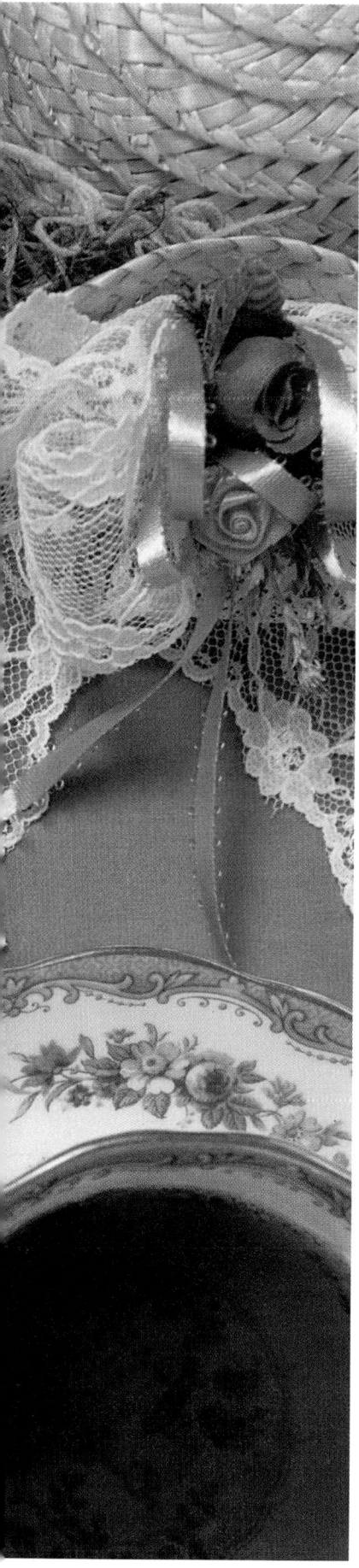

FLAN DE VAINILLA CON CANELA

4	4	huevos
2 tazas	450 g	azúcar granulada
1 taza	250 ml	crema ligera
2 cdas	30 ml	mantequilla derretida
¼ cdta	1,2 g	sal
2 cdtas	10 ml	vainilla
½ cdta	2,5 g	canela
4 cdas	28 g	harina

En un tazón batir los huevos. Agregar el resto de los ingredientes. Poner en un molde cuadrado de 9" x 9" (23 x 23 cm), y hornear por 45 minutos en un horno precalentado a 300°F (160°C).

PARA 6 PORCIONES

PASTEL DE FRESAS FRESCAS 2

4 tazas	400 g	fresas frescas
1 1/4 taza	280 g	azúcar granulada
1 cda	7 g	maicena
1 1/2 taza	375 ml	agua
3 cdas	45 ml	jugo de limón
3 oz (1 pq)	85 g	gelatina de fresas
1	1	corteza horneada de 9 pulgadas

Limpiar y quitarle el cáliz a las fresas. En una cacerola mediana, mezclar el azúcar y la maicena; poner el agua y el jugo de limón. Hervir; bajar el fuego; cocer revolviendo hasta que la mezcla esté ligeramente espesa y clara, a los 4 - 5 minutos. Agregar la gelatina y revolverla hasta que se disuelva. Dejar enfriar a temperatura ambiente. Agregar las fresas; poner en la corteza ya preparada. Dejar enfriar por 4 a 6 horas o hasta que se cuaje. Si lo desea, servir con crema batida.

PARA 6 PORCIONES

PANECILLO RAPIDO DE JENGIBRE

3	3	huevos
1 taza	225 g	azúcar granulada
1 taza	250 ml	melaza
1 cdta	5 g	de cada uno: clavos de olor, jengibre, canela, sal
1 taza	250 ml	aceite
2⅛ tazas	240 g	harina
2 cdtas	10 g	bicarbonato de soda
2 cdas	30 ml	agua tibia
1 taza	250 ml	agua caliente

Mezclar bien los huevos, el azúcar, la melaza, las especias, la sal y el aceite. Batir; agregar la harina cernida y continuar batiendo hasta que la mezcla esté espumosa. Disolver el bicarbonato de soda en el agua tibia; agregar a la mezcla e incorporar bien. Agregar el agua caliente y batir rápido. Poner en un molde engrasado de 9" x 13" (23 x 23 cm) y hornear en un horno precalentado a 350°F (180°C), por 40 minutos o hasta que un palillo salga seco luego de insertarlo en el centro del pastel. Servir caliente con crema batida.

VARIACIONES: Hornear el pan de jengibre en moldes de capas por 25 minutos. En cuanto se saque del horno, poner malvaviscos (angelitos) en rodajas sobre una capa. Poner la otra capa encima y volver a hornear por 3 minutos más. Servir caliente con crema batida.

Cuando las moras estén en temporada, agregar 1 taza (100 g) de moras untadas con 1 cda. (7 g) de harina.

Bombones de Chocolate y Pacanas

PANECILLOS CRUJIENTES DE MANZANA

1½ taza	168 g	harina
½ taza	112 g	azúcar granulada
2 cdtas	10 g	polvo de hornear
½ cdta	2,5 g	sal
1½ cdta	7,5 g	canela
¼ taza	56 g	manteca vegetal
1	1	huevos ligeramente batidos
½ taza	125 ml	leche
1 taza	150 g	manzanas para pastelillos*
		Decorado Crujiente de Nueces

Cernir juntos en un tazón la harina, el azúcar, el polvo de hornear, la sal y la canela.

Mezclar la manteca con un batidor hasta que se formen grumos finos. Mezclar los huevos y la leche. Agregar todo a los ingredientes secos, revolviendo sólo lo suficiente para humedecer. Agregar las manzanas. En moldes para pastelillos de 2½" (6,5 cm) forrados en papel, poner con una cuchara la mezcla hasta ⅔ de su capacidad. Espolvorear con Decorado Crujiente de Nueces.

Hornear en un horno precalentado a 375°F (190°C), por 25 minutos o hasta que se doren. Servir calientes con mantequilla, mermelada o jalea hecha en casa.

DECORADO CRUJIENTE DE NUECES: Mezclar juntos en un tazón pequeño ¼ taza (50 g) de azúcar morena de paquete, ¼ taza (38 g) de pacanas picadas y ½ cdta. (2,5 g) de canela molida.

*Las manzanas deben ser lavadas y sin semillas. Picar las manzanas sin pelar para la receta.

PARA 4 PORCIONES

ESPONJADO DE COCO Y PIÑA

1 cda	14 g	gelatina sin sabor
¼ taza	60 ml	agua fria
¾ taza	180 ml	jugo de piña
¼ taza	60 ml	néctar de crema de coco
¼ taza	56 g	azúcar granulada
¾ taza	180 ml	crema de batir

Remojar la gelatina en el agua. Poner en una cacerola pequeña y agregar el jugo de piña. Hervir; quitar del fuego y agregar la crema de coco y el azúcar. Dejar enfriar y refrigerar hasta que se espese, pero sin cuajarse. Batir la crema y agregarla a las piñas. Poner en un molde o un tazón y dejar enfriar hasta que se cuaje. Sacar del molde y servir.

PARA 4 PORCIONES

BOMBONES DE CHOCOLATE Y PACANAS

1 taza	168 g	azúcar morena
1 taza	225 g	azúcar granulada
1½ taza	250 g	trocitos de chocolate
½ taza	125 ml	crema ligera
2 cdas	28 g	mantequilla
1 taza	150 g	pacanas

En una cacerola disolver con la crema las azúcares y los trocitos de chocolate. Calentar a 238°F (115°C), midiendo con un termómetro de dulcería. Quitar del fuego, agregar la mantequilla y las nueces, continuar cociendo hasta que se espese. Poner en una lata de hornear cubierta con papel encerado, dejando espacio suficiente entre cada uno.

PRODUCE 2 LBS (900 g)

Esponjado de Coco y Piña

Soufflé de Frambuesas y Albaricoques

PANECILLOS DE MELAZA DE REFRIGERADOR

4 tazas	450 g	harina
2 cdtas	5 g	bicarbonato de soda
1 cdta	5 g	de cada uno: sal, canela, jengibre
¼ cdta	1,2 g	de cada uno: clavos de olor molidos, pimienta de Jamaica, nuez moscada
1⅓ taza	300 g	manteca vegetal
1 taza	225 g	azúcar granulada
4	4	huevos, ligeramente batidos
1 taza	250 ml	melaza
1 taza	225 g	mantequilla
1 taza	250 ml	leche ácida
1 taza	140 g	pasas

Cernir juntos la harina, el bicarbonato de soda, la sal, la canela, el jengibre, los clavos, la pimienta de Jamaica y la nuez moscada. Conservar.

En un tazón hacer una crema liviana y esponjosa con la manteca vegetal y el azúcar. Agregar los huevos y batirlos bien.

Agregar la melaza, la mantequilla y la leche ácida. Agregar los ingredientes secos todos a la vez, revolviendo sólo lo suficiente para que se humedezcan. Agregar las pasas. Poner con una cuchara hasta la mitad de moldes engrasados de panecillos de 3" (7,5 cm).

Hornear en un horno precalentado a 350°F (180°C), por 20 minutos, o hasta que se doren. Servir calientes con mantequilla y mermelada.

PRODUCE 12

SOUFFLÉ DE FRAMBUESAS Y ALBARICOQUES

½ taza	112 g	azúcar granulada
¼ taza	28 g	harina
1 taza	250 ml	leche
½ taza	60 g	puré de albaricoques
¼ taza	60 g	conserva de frambuesa
2 cdas	28 g	mantequilla
4	4	huevos
2	2	claras de huevo

Enmantequillar un molde de soufflé de 6 a 8 tazas (1,5–2 L). Espolvorear los bordes y el fondo con azúcar.

En una cacerola batir la harina en la leche y hervirla. Poner los albaricoques, las frambuesas y la mantequilla; hervir; quitar del fuego. Agregar las yemas de huevo una a la vez. Batir las claras de huevo hasta que estén firmes y agregarlas a la mezcla. Poner en el molde de soufflé y hornear por 40 minutos en un horno precalentado a 400°F (200°C). Servir con Salsa de Albaricoques y Brandy.

PARA 4 PORCIONES

FRESAS BAÑADAS EN CHOCOLATE Y PACANAS

25	25	fresas grandes, frescas
4 oz	120 g	chocolate semi-dulce, rallado
1 cda	14 g	mantequilla derretida
1½ taza	225 g	trocitos de pacanas

Lavar y secar las fresas. En una cacerola doble derretir el chocolate y agregar la mantequilla. Sumergir las fresas en el chocolate y las nueces. Poner en una hoja de papel encerado, dejar endurecer antes de pasar a una fuente. No refrigerar.

PAN DE PACANAS Y BANANAS

½ taza	112 g	manteca o mantequilla
¾ taza	126 g	azúcar morena
¼ taza	56 g	azúcar granulada
pizca	pizca	sal
1	1	huevo
1 taza	225 g	puré de bananas maduras
1¼ taza	140 g	harina
½ cdta	2,5 g	polvo de hornear
½ taza	112 g	mantequilla
1 taza	168 g	azúcar morena
¾ taza	112 g	pacanas, enteras

Hacer una crema liviana y espumosa con la mantequilla, las azúcares y la sal. Agregar el huevo y el puré de banana. Cernir juntos la harina y el polvo de hornear. Poner en la mezcla de bananas.

En una cacerola calentar la mantequilla y agregar el azúcar morena. Cocer hasta que la mezcla esté suave y homogénea. Engrasar y enharinar un molde para pan de 9" x 5" (23 x 12 cm); poner la salsa en la base. Poner pacanas sobre la salsa y luego poner encima la mezcla de bananas. Emparejar la superficie y colocar en un horno precalentado a 375°F (190°C), por 30-35 minutos.

El caramelo que se forma en la base del molde necesita tiempo para soltarse solo, por lo cual darle vuelta al molde sobre una parrilla de pastel, dejarlo por 30 segundos y sacar del molde. Las nueces estarán incrustadas en la base del pan y el caramelo caliente será absorbido por la base del pan.

NIEVE DE PIÑA

1 cda	14 g	gelatina sin sabor
¼ taza	60 ml	agua fría
1 taza	225 g	piñas machacadas, escurridas
½ taza	125 ml	jarabe de piña
½ taza	125 ml	jugo de piña
2 cdas	30 ml	jugo de limón
2	2	claras de huevo
¼ taza	56 g	azúcar granulada

Ablandar la gelatina en el agua fría. Poner en una cacerola con la piña machacada, el jarabe y los jugos; llevar a ebullición; quitar del fuego. Dejar enfriar y refrigerar hasta que esté casi cuajado. Batir las claras de huevo hasta que estén firmes, lentamente agregar el azúcar. Poner en la piña, vaciar en un molde o un tazón. Dejar enfriar hasta que se cuaje. Sacar del molde y servir.

PARA 4 PORCIONES

PAN DE BANANAS Y GOMITAS

1¾ taza	196 g	harina sin cernir
½ cdta	2,5 g	bicarbonato de soda
1½ cdta	7 g	polvo de hornear
¾ taza	168 g	azúcar granulada
5 oz	145 g	gomas, en trocitos
1	1	huevo batido
¼ taza	60 ml	aceite
1 taza	225 g	bananas molidas (aproximadamente 3)
½ taza	125 ml	leche
2 cdtas	10 g	ralladura de cáscara de naranja

En un tazón, medir y cernir los ingredientes secos, agregar los trocitos de gomitas. Mezclar los ingredientes restantes y incorporarlos a los ingredientes secos. Revolver hasta que se mezclen y poner en un molde engrasado de 9" x 5" (23 x 12 cm). Hornear en un horno precalentado a 350°F (180°C), por 50 minutos.

HACE 1 PAN

Nieve de Piña

Bombones de Dulce de Malvaviscos

Pastel de Cerezas y Manzana

MONTAÑAS ROCOSAS DE MANZANAS Y MORAS

6	6	manzanas rojas, grandes
3 cdas	45 ml	jugo de limón
1 taza	225 g	azúcar granulada
¼ taza	28 g	maicena
2	2	huevos
1 taza	250 ml	leche
¼ taza	60 ml	licor Calvados o jugo de manzana concentrado
⅛ cdta	pizca	sal
8 tazas	800 g	moras frescas, sin cáliz, lavadas
¼ taza	28 g	azúcar glacé

Cortar la parte de arriba de las manzanas, sacar la pulpa, conservar 2 tazas. Untar con una brochita la parte de arriba y adentro de las manzanas con el jugo de limón .

En una cacerola doble mezclar el azúcar, la maicena y los huevos. Agregar la leche y el licor, cocer revolviendo costantemete hasta que se espese. Agregar la pulpa de la manzana y la sal, rellenar con la mezcla las cavidades de las manzanas. Dejar enfriar y refrigerar.

Poner en un plato de servir, cubrir con moras y espolvorear con azúcar glacé.

PARA 6 PORCIONES

PASTEL DE CEREZA Y MANZANA

1	1	Pasta Sencilla (ver página 616)
2 tazas	450 g	manzanas picadas
2 tazas	200 g	cerezas rojas, ácidas
½ cdta	3 ml	extracto de almendras
⅓ taza	37 g	harina
¼ cdta	1,2 g	canela
¾ taza	168 g	azúcar granulada
3 cdas	42 g	mantequilla

Estirar la mitad de la masa para ponerla en un molde de corteza de 9" (23 cm).

Poner las manzanas y las cerezas sobre la masa.

Mezclar el extracto, la harina, la canela y el azúcar; agregar la mantequilla, mezclar hasta que la masa forme grumitos. Espolvorear sobre la fruta.

Humedecer los bordes de la masa con agua. Estirar el resto de la masa y cortar en tiras de ½" (1,5 cm) . Poner las tiras de masa entrecruzadas sobre el pastel, humedeciendo donde sea necesario para sellar. Plegar los bordes.

Hornear en un horno precalentado a 350°F (180°C), por 45 minutos, o hasta que la masa se dore y las cerezas se ablanden. Dejar enfriar antes de servir.

PARA 6 PORCIONES

BOMBONES DE DULCE DE MALVAVISCOS

2 tazas	450 g	azúcar granulada
2 tazas	500 ml	crema
8 oz	225 g	chocolate semi-dulce derretido
¼ taza	56 g	mantequilla
1 cdta	5 g	vainilla
1 taza	112 g	malvaviscos
2 oz	60 g	chocolate blanco derretido

En una cacerola mezclar el azúcar, la crema, 5 oz (120 g) de chocolate, la mantequilla y la vainilla. Llevar a ebullición y cocer hasta que se forme una pelota blanda (a los 238°F o 114°C). En una cacerola doble derretir los malvaviscos y agregarlos al dulce.

Poner la mezcla en una lata para galletas engrasada. Mientras la mezcla se enfría, formar pelotitas suaves, del tamaño de una nuez. Poner de nuevo las bolitas en la lata de hornear y dejar enfriar. Untarlas con el resto del chocolate y salpicar con chocolate blanco.

PRODUCE 24 DULCES

PANES

La mayoría de nosotros recuerda el pan que nuestra abuelita horneaba en su acogedora cocina. Panes fragrantes, dorados — crujientes, blandos y deliciosos. El pan hecho en casa no es tan común en estos días, y es una lástima, porque es una tarea muy placentera y sorprendentemente fácil.

El consumo de pan ha llegado a ser casi universal y es un componente indispensable en la dieta diaria de la mayoría de la gente. Hecho de trigo, arroz, maíz o centeno, el pan es el único alimento presente en la mesa desde el principio al final de la comida. El pan es el tradicional compañero para todos los platos, ayudando a la asimilación de otras comidas, haciendo la digestión más fácil y aliviando el hambre.

Hay solamente dos elementos esenciales para hacer pan con buenos resultados: Seleccionar sus ingredientes con cuidado y dominar con maestría nuestros procedimientos fáciles de seguir que le garantizarán un producto *Simplemente Delicioso*. El resultado será una cáscara crujiente, un atractivo color dorado y una miga suave — la marca de una preparación de pan exitosa.

En su *Libro de Cocina Simplemente Deliciosa 2*, nos hemos tomado el tiempo para proveer una guía para el arte de hacer pan usando harina para pan blanco y de centeno. Una vez que vea con que facilidad puede hacer sus propios panes, experimente con diferentes tipos de harina convirtiendo su pan blanco en pan de trigo partido o pan Vienés o Alemán, para mencionar unos pocos. Justo antes de sacar del molde ponga la parte superior en semillas de amapolas, ajonjolí o alcaravea. Cuando esté haciendo pan francés, déle una vuelta trenzando el pan y poniéndolo en una lata de hornear ligeramente cubierta con harina de maíz. Las variaciones son inmensas, el esfuerzo es mínimo, y el resultado, como siempre, serán los elogios de sus invitados pidiendo:"Páseme ese pan *Simplemente Delicioso*, por favor."

Bagels

Galletas de Grosellas para Té

PAN DE DATILES

½ taza	125 ml	melaza
2 tazas	500 ml	leche tibia
1¾ taza	440 ml	agua tibia
¼ taza	60 ml	mantequilla derretida
3 tazas	300 g	dátiles picados
3 cdas	21 g	levadura instantánea
½ cdta	2,5 g	sal
6 tazas	672 g	harina de centeno
6 tazas	672 g	harina de pan

Mezclar juntos la melaza, la leche, el agua, la mantequilla y los dátiles.

Mezclar la levadura y la sal.

Mezclar las harinas, guardar 2 tazas. Cernir la harina restante con la levadura. Agregar la mezcla líquida y formar una masa suave. Agregar a la masa en pequeñas cantidades la harina restante, hasta formar una masa elástica que no se pegue a los bordes del tazón (usar solamente la harina necesaria). Amasar por 5 minutos.

Poner el tazón con la masa sobre una cacerola con agua tibia, dejar que la masa se expanda al doble de su tamaño. Poner la masa en una superficie ligeramente enharinada, presionar hacia abajo, dividir la masa en tres parte, amasar por separado. Poner en 3 moldes de pan, dejar crecer al doble de su tamaño.

Hornear en un horno precalentado a 350°F (180°C), por 40 minutos, o hasta que la masa esté dorada y firme en el centro. Sacar del horno y dejar por 10 minutos en los moldes; sacar de los moldes y poner en una parrilla de enfriamiento. Enfriar a temperatura ambiente antes de servir.

PRODUCE 3 PANES

Pan de Dátiles

GALLETAS DE GROSELLAS PARA TE

2½ tazas	280 g	harina de pan
2 cdtas	10 g	polvo de hornear
½ cdta	2,5 g	sal
5 cdas	70 g	mantequilla
½ taza	125 ml	leche
1 cdta	5 g	ralladura de cáscara de naranja
1	1	yema de huevo batida
4 cdas	60 ml	conserva de grosellas

Cernir juntos, dos veces, la harina, el polvo de hornear y la sal. Agregar trocitos de mantequilla hasta formar una masa suave. Sacar ⅓ de la mezcla y agregar la leche en la mezcla restante; amasar hasta que formar una masa suave.

En la masa restante agregar y amasar la ralladura de cáscara de naranja, el huevo y las grosellas rojas. Amasar ligeramente las dos masas juntas. Estirar la masa en una superficie ligeramente enharinada a un grosor de ½" (1,5 cm). Cortar con un cortador de galletas enharinado. Hornear por 15-18 minutos a 400°F (200°C).

PRODUCE 16 GALLETAS

GALLETAS DE CHEDDAR A LA ANTIGUA

2 tazas	224 g	harina de pan
2 cdtas	10 g	polvo de hornear
⅛ cdta	pizca	sal
2 cdas	28 g	mantequilla
1 taza	112 g	queso cheddar rallado
¾ taza	190 ml	leche

Cernir juntos la harina, el polvo de hornear y la sal. Agregar trocitos de la mantequilla y el queso. Gradualmente agregar la leche hasta que se forme una masa suave.

Poner en una superficie ligeramente enharinada y amasar (por 30 segundos). Estirar la masa y hacer un cuadrado de ¼" (6 mm) de grosor. Cortar en galletas o en cuadraditos con un cortador de galletas.

Poner sobre una lata de hornear sin grasa en un horno precalentado a 400°F (200°C), por 15-18 minutos.

PRODUCE 12 GALLETAS

REMOLINOS DE PANECILLOS PEGAJOSOS

1 ración	1	Pasta Gourmet (ver página 541)
2 tazas	500 ml	azúcar morena
5 cdtas	25 g	canela
2 tazas	300 g	pacanas, picadas fino

En un molde engrasado para panecillos, de 12 tazas (3 L), dividir en cantidades iguales ½ taza (84 g) de azúcar morena y ½ taza (75 g) de pacanas. Precalentar el horno a 375°F (190°C).

Estirar la masa en una superficie ligeramente enharinada para formar un cuadrado de 9" (23 cm).

Poner sobre la masa estirada 1½ taza (340 g) de azúcar, la canela y 1½ taza (225 g) de pacanas. Sellar los bordes

Cortar en doce rodajas gruesas de ¾" (2 cm) y ponerlas con la parte cortada hacia abajo en las tacitas del molde para panecilllos. Hornear por 12 a 15 minutos. Sacar del molde inmediatamente.

PRODUCE 12 PANECILLOS

PANECILLOS AUSTRIA

3¾ tazas	420 g	harina de pan
1 cdta	5 g	sal
1 cda	15 g	levadura instantánea
1 cdta	15 g	azúcar granulada
1½ taza	375 ml	crema entera
1	1	huevo batido
2 cdas	15 ml	mantequilla derretida

Cernir juntos la harina, la sal, la levadura y el azúcar. Agregar la crema el huevo y amasar hasta tener una masa suave. Tapar y dejar que la masa se doble en tamaño.

Poner la masa en una superficie ligeramente enharinada, dividir la masa en 18 pedazos iguales. Enrollar hasta formar una pelota suave y poner en una lata de hornear ligeramente engrasada, dejar doblar su tamaño.

Enmantequillar los panecillos con la mantequilla derretida, hornear los panecillos en un horno precalentado a 425°F (220°C), por 15-17 minutos. Servir fríos o calientes.

PRODUCE 18 PANECILLOS

DONAS CRUJIENTES DE CHOCOLATE Y NUECES

1 cda	15 ml	cocoa en polvo
3 tazas	336 g	harina
1 taza	225 g	azúcar granulada
¾ taza	180 ml	leche
2	2	huevos
2 cdas	28 g	manteca vegetal
2 cdtas	10 g	polvo de hornear
1 cdta	5 g	bicarbonato de soda
1 cdta	5 g	sal
2 oz	60 g	chocolate semi-dulce
½ taza	75 g	trocitos de nueces

En un tazón, mezclar la cocoa en polvo, la mitad de la harina y el azúcar. Agregar batiéndolos el resto de los ingredientes. Lentamente incorporar el resto de la harina. Refrigerar por 1 hora, estirar la masa a un grosor de ¼" (6 mm). Cortarla en forma de rectángulos. Freírla en aceite a 375°F (190°C). Darle vuelta solamente una vez, ponerla en toallas de papel. Espolvorear con azúcar granulada.

PRODUCE 24

Remolinos de Panecillos Pegajosos

Galletas de Marañones
y Miel de Arce

FRITURAS DE MANZANA Y ESPECIAS

1¼ taza	140 g	harina
1½ cdta	10 g	polvo de hornear
3 cdas	45 g	azúcar
1 cdta	5 g	canela
2	2	huevos
¼ cdta	1,2 g	sal
1 cdta	5 g	vainilla
½ taza	125 ml	leche
1 taza	225 g	manzanas peladas, sin semillas, picadas

Cernir la harina, el polvo de hornear, el azúcar y la canela. Incorporar los huevos, la sal, la vainilla y la leche. Agregar la harina y las manzanas. Freír cucharadas de la mezcla en aceite a 375°F (190°C); freír hasta que ambos lados se doren. Sacar y escurrir en toallas de papel. Espolvorear con el azúcar de canela (receta siguiente), mientras estén calientes.

AZUCAR DE CANELA:

2 tazas	224 g	azúcar glacé
1 cda	15 g	canela molida

Mezclar.

PRODUCE 1 DOCENA

GALLETAS DE MARAÑONES Y MIEL DE ARCE

3 cdas	45 ml	mantequilla derretida
½ taza	125 ml	miel de arce
¼ cdta	1,2 g	canela molida
2 tazas	224 g	harina de pan
1 cda	15 g	polvo de hornear
½ cdta	2,5 g	sal
¼ taza	56 g	mantequilla
⅓ taza	90 ml	leche
½ taza	75 g	marañones picados

Mezclar juntos la mantequilla, la miel y la canela. Poner ½ cucharada (8 ml) en un molde para 8 panecillos.

Mezclar y cernir una vez la harina, el polvo de hornear y la sal. Agregar la mantequilla a la harina y formar una masa gruesa. Agregar la leche.

Poner la masa en una superficie ligeramente enharinada, amasar por 30 segundos. Poner en un molde cuadrado de 9" x 9" (23 x 23 cm). Poner el resto de la miel y espolvorear con las nueces. Enrollar y cortar en 8 pedazos iguales.

Poner los pedazos cortados de cada galleta en los moldes de panecillos. Hornear por 15 minutos en un horno precalentado a 400°F (200°C).

PRODUCE 8 GALLETAS

PANECILLOS DE LECHE DESCREMADA

2 cdas	30 g	azúcar granulada
2 cdas	20 g	azúcar morena
2 tazas	500 ml	leche descremada
1 cdta	5 g	sal
2 cdas	30 ml	levadura instantánea
5 tazas	560 g	harina de pan
½ cdta	2,5 g	bicarbonato de soda
½ taza	125 ml	mantequilla tibia derretida

Mezclar junto las azúcares y la leche descremada.

Cernir dos veces la sal, la levadura, la harina y el bicarbonato de soda. Agregar los líquidos en la harina hasta formar una masa suave. Con una brochita untar la mantequilla; tapar y dejar crecer a dos veces su tamaño.

Poner la masa en una superficie ligeramente enharinada y amasar hasta tener una capa delgada. Untar la mantequilla y doblar tres veces, cortar en tiras de 2" (5 cm). Doblar las tiras y ponerlas en una lata de hornear para galletas ligeramente enmantequillada. Dejar subir dos veces su tamaño.

Untar con mantequilla y hornear por 20-25 minutos en un horno precalentado a 375°F (190°C).

PRODUCE 3 DOCENAS

PANECILLOS PEGAJOSOS DE PACANAS Y PASAS

3 tazas	336 g	harina de pan
2 cdas	30 g	polvo de hornear
2 cdas	30 g	azúcar granulada
1	1	huevo batido
1 taza	250 ml	crema entera
1 cdta	5 g	sal
⅓ taza	75 g	mantequilla
1 taza	200 g	azúcar morena
1 cdta	5 g	canela molida
½ taza	75 g	pacanas picadas
½ taza	70 g	pasas sin semillas

Cernir juntos la harina, el polvo de hornear, el azúcar y la sal.

Batir el huevo en la crema.

Hacer una crema ligera con ¼ taza (56 g) de mantequilla; agregar la harina alternando con la crema, en tercios.

Estirar la masa en una superficie ligeramente enharinada. Poner el resto de la mantequilla sobre la masa.

Mezclar el azúcar morena, la canela, las pacanas y las pasas y poner la mezcla sobre la masa. Enrollar la masa bien apretada. Cortar 10 a 12 pedazos, ponerlos en una lata de hornear engrasada a una distancia entre cada una de ¼" (6 mm); hornear en un horno precalentado a 350°F (180°C), por 20-25 minutos. Servir calientes o fríos.

PRODUCE 10-12
PANECILLOS GRANDES

Galletas de Leche Descremada y Miel

GALLETAS DE LECHE DESCREMADA Y MIEL

2 tazas	224 g	harina de pan
2 cdtas	10 g	polvo de hornear
¼ cdta	1,2 g	bicarbonato de soda
½ cdta	2,5 g	sal
¼ taza	56 g	manteca
½ taza	125 ml	leche descremada
¼ taza	60 ml	miel líquida

Cernir juntos la harina, el polvo de hornear, el bicarbonato de soda y la sal. Agregar la manteca y hacer una masa gruesa.

Agregar la leche descremada y la miel; amasar hasta hacer una masa suave. Estirar la masa en un cuadrado de ½" (1,5 cm) de grosor. Cortar con un cortador de galletas enharinado. Hornear por 15-18 minutos en un horno precalentado a 400°F (200°C).

PRODUCE 12 GALLETAS

GALLETAS DE LA CABAÑA DEL CAMPO

1 taza	227 g	queso cottage colado
2 cdas	30 ml	leche 50% crema
1	1	huevo batido
2 cdas	28 g	mantequilla
⅛ cdta	pizca	albahaca
2 tazas	224 g	harina de pan
½ cdta	2,5 g	sal
4 cdtas	20 g	polvo de hornear

Hacer una crema con el queso, la crema, el huevo y la mantequilla.

Mezclar la albahaca, la harina, la sal y el polvo de hornear.

Poner la mezcla cremosa en la harina y amasar hasta tener una masa suave. Estirar la masa en una superficie ligeramente enharinada, estirar en un cuadrado de ½" (1,5 cm) de grosor. Cortar con un cortador de galletas enharinado. Poner en una lata de hornear sin engrasar. Hornear por 15-18 minutos en un horno precalentado a 400°F (200°C).

PRODUCE 12 GALLETAS

Panecillos Pegajosos de Pacanas y Pasas

PAN DE MASA ACIDA DE CALIFORNIA

1 taza	250 ml	Iniciador de Masa Acida (receta siguiente)
1½ taza	375 ml	agua tibia
2 cdas	30 g	azúcar granulada
6 tazas	672 g	harina
1 cda	15 g	sal
½ cdta	2,5 g	bicarbonato de soda

En un tazón grande de vidrio, de madera o de plástico mezclar el Iniciador de Masa Acida, el agua, el azúcar y 3 tazas de la harina. Cubrir bien con papel de plástico y dejar reposar por 8-12 horas o por toda la noche.

Mezclar la sal y el bicarbonato de soda con 1 taza (112 g) de harina, agregar a la masa. Agregar lo suficiente de la harina restante para formar una masa firme. Amasar por 10 minutos. Formar dos pelotas y ponerlas en una lata de hornear. Con un cuchillo afilado, hacer hendiduras de ¼" (6 mm) de profundo (si se desea). Tapar la masa y dejarla crecer por 2 horas más.

Rociar ligeramente con agua; hornear en un horno precalentado a 350°F (180°C), por 40-45 minutos.

PRODUCE 2 PANES

INICIADOR DE MASA ACIDA

2 tazas	224 g	harina
1 cda	15 ml	levadura seca
1 cda	15 g	azúcar granulada
2 tazas	500 ml	agua de papas

Mezclar todos los ingredientes en un tazón de vidrio. Cubrir y dejar reposar por 48 horas en un lugar tibio. Usar como se necesite o tapar y refrigerar. Para ocupar de nuevo agregar 1 taza (112 g) de harina y 1 taza (250 ml) de agua; dejar reposar en un lugar tibio por 48 horas, tapar y refrigerar.

Pan de Masa Acida de California

FRITURAS DE CREMA ACIDA, NARANJA Y MIEL

½ taza	125 ml	miel líquida
2	2	huevos
¼ cdta	2,5 g	sal
½ taza	125 ml	crema ácida
2 tazas	224 g	harina
2 cdtas	10 g	polvo de hornear
1 cda	15 ml	ralladura de naranja
1 cda	15 ml	jugo de limón
½ taza	125 ml	jugo de naranja

Mezclar la miel, los huevos, la sal y la crema ácida. Cernir juntos la harina y el polvo de hornear, agregar a la mezcla. Incorporar la ralladura de naranja, el jugo de limón y el jugo de naranja. Poner cucharadas de la mezcla y freír en aceite caliente a 375°F (190°C). Freír hasta que se doren por todos lados. Sacar y escurrir en toallas de papel. Untar con Glacé de Naranja (receta siguiente).

GLACE DE NARANJA

1 taza	225 g	azúcar granulada
½ taza	125 ml	jugo de naranja

En una cacerola mezclar los ingredientes; llevar a ebullición, bajar el fuego y cocer a fuego lento por 5 minutos. Untar sobre las frituras calientes.

PRODUCE 24

PASTEL DE AZUCAR PARA EL TE DE LA TARDE

¾ taza	190 ml	leche
½ taza	56 g	mantequilla
¾ taza	190 ml	jarabe de arce
3½ tazas	395 g	harina
1 cda	15 ml	levadura instantánea
½ cdta	2,5 g	sal
1	1	huevos
½ taza	125 ml	azúcar morena
⅓ taza	90 ml	azúcar de arce
½ cdta	2,5 g	canela molida
½ taza	75 g	nueces picadas

En una cacerola pequeña calentar la leche y la mantequilla junto con ¼ taza (60 ml) de jarabe de arce. Dejar enfriar a temperatura ambiente.

Cernir 3 tazas (336 g) de harina junto con la levadura y la sal.

Batir el huevo y agregar al líquido ya enfriado; agregar la harina batiéndola hasta tener una mezcla suave y homogénea. Agregar suficiente de la harina restante para formar una pelota de masa suave. Tapar la masa y dejarla crecer hasta que esté al doble de su tamaño.

Mientras la masa crece, mezclar el azúcar morena con el azúcar de arce. Hacer una crema con la mantequilla restante y agregar a las azúcares. Agregar el resto de la miel de arce, 2 cdas. (14 g) de harina, la canela y las nueces.

Dividir la mezcla en dos y estirar cada mitad en un cuadrado de 12" x 12" (30 x 30 cm). Poner sobre los cuadrados el relleno de arce, doblarlos en tercios. Enrollar apretadamente, cortar cada rollo en 10 pedazos, ponerlos en una lata de hornear engrasada. Dejar subir dos veces su tamaño. Hornear en un horno precalentado a 350°F (180°C), por 35-40 minutos. Servir calientes o fríos.

PRODUCE 20 PASTELES

PAN DE ARANDANOS Y MANZANA

2 tazas	224 g	harina
½ cdta	2,5 g	sal
1 cdta	5 g	polvo de hornear
½ cdta	2,5 g	canela molida
½ taza	112 g	mantequilla
1 taza	225 g	azúcar granulada
1	1	huevo batido
½ taza	125 ml	leche 50% crema
1 taza	225 g	manzanas peladas, sin semillas, picadas
½ taza	50 g	arándanos frescos o congelados, picados

Cernir juntos la harina, la sal, el polvo de hornear y la canela. Hacer una crema ligera y espumosa con la mantequilla y el azúcar. Agregar el huevo. Agregar la harina alternando con la crema, en tercios. Poner las manzanas y los arándanos. Poner la mezcla en un molde de pan engrasado de 9"; hornear por 75 minutos en un horno precalentado a 350°F (180°C), o hasta que después de haber insertado un palillo salga limpio. Sacar del horno y dejar enfriar por 10 minutos; sacar del molde y poner a enfriar a temperatura ambiente antes de servir.

PRODUCE 1 PAN

PASTA DE HOJALDRE

2 tazas	224 g	harina de pastel
½ taza	112 g	mantequilla
½ cdta	2,5 g	sal
½ taza	125 ml	agua fría

En un tazón poner la harina y agregar 2 cdas.(28 g) de mantequilla. Agregar la sal y suficiente agua para hacer una masa firme. Amasarla por 5 minutos.

Estirar la masa en una superficie enharinada a un grosor de ¼" (6 mm), en forma rectangular. Untar un tercio de la masa con el resto de la mantequilla; doblar en tercios y juntar (la parte sin mantequilla sobre la parte con mantequilla y el resto sobre las dos). Tapar con una toalla y refrigerar por 1 hora.

Estirar la masa a un grosor de ¼" (6 mm) y volver a doblar; cubrir y refrigerar por 1 hora. Repetir este procedimiento 4-8 veces dependiendo de como se necesite la masa.

Estirar la masa y usar para lo que se requiera; hornear a 425°F (215°C), por 5 minutos; reducir la temperatura a 375°F (190°C) y continuar horneando por 25-30 minutos.

Pan de Arándanos y Manzana

Panecillos de Arándanos Silvestres del Norte de Ontario

BAGELS

4-5 tazas	450 g	harina
1 cda	7 g	levadura instantánea
2 cdtas	10 g	sal
1½ taza	375 ml	agua caliente a 130°F (55°C)
2 cdas	30 ml	miel
1	1	clara de huevo
1 cda	15 ml	aguafría

Bagels

Cernir juntos 4 tazas (450 g) de harina, la levadura y la sal. Agregar el agua caliente y la miel; agregar suficiente de la harina restante para hacer una pelota de masa suave. Amasar por 5 minutos.

Cubrir y dejar reposar la masa por 15 minutos.

Dividir la masa en 12 porciones iguales, hacer pelotas y aplanarlas. Hacerles un agujero en en centro y estirar la masa haciendo que el agujero se agrande a 1½" (3,75 cm). Poner la masa en una superficie ligeramente espolvoreada con harina y dejarla crecer por 20 minutos.

En una olla grande, hervir suficiente agua para cubrir 2" (5 cm) del fondo. Cocer los bagels en el agua a calor bajo por 7 minutos; unos pocos a la vez. Sacarlos del agua, secarlos y ponerlos en una lata de hornear.

Mezclar la clara de huevo con el agua fría y untar a los bagels; espolvorearlos con semillas de amapola y hornearlos en un horno precalentado a 375°F (190°C), por 30 minutos, o hasta que estén dorados y cocidos completamente.

Son excelentes con queso de crema y salmón ahumado.

PRODUCE 12 BAGELS

PANECILLOS DE ARANDANOS SILVESTRES DEL NORTE DE ONTARIO

1 taza	225 g	azúcar granulada
½ taza	112 g	mantequilla
2	2	huevos
⅓ taza	90 ml	leche
½ cdta	3 ml	extracto de vainilla
2 tazas	224 g	harina
2 cdtas	10 g	polvo de hornear
½ cdta	2,5 g	sal
1 taza	100 g	arándanos frescos lavados, pelados

Mezclar el azúcar, la mantequilla, los huevos, la leche y la vainilla.

Cernir juntos la harina, el polvo de hornear y la sal. Agregar los líquidos a la harina para formar una masa suave. Agregar los arándanos..

Poner la mezcla a cucharadas en un molde engrasado de 12 panecillos; hornear en un horno precalentado a 375°F (190°C), por 20-25 minutos. Servir calientes o fríos.

PRODUCE 12 PANECILLOS

GALLETAS DE DATILES Y NUECES

2 tazas	224g	harina de pan
1 cda	15g	polvo de hornear
¼ cdta	5 g	sal
¼ taza	56 g	manteca vegetal
¾ taza	190 ml	leche
½ taza	70 g	dátiles picados
¼ taza	38 g	trocitos de nueces

Cernir juntos la harina, el polvo de hornear y la sal.

Mezclar la manteca con la harina para hacer un masa gruesa. Agregar la leche hasta que la masa se ablande. Amasar por 30 segundos y agregar los dátiles y las nueces.

En una superficie ligeramente enharinada estirar la masa a un grosor de ¼" (6 mm). Cortar las galletas con un cortador enharinado. Poner en una lata de hornear sin grasa.

Hornear por 15-18 minutos en un horno precalentado a 400°F (200°C).

PRODUCE 16 GALLETAS

DONAS DE BANANA

2½ tazas	280 g	harina
1½ cdta	7,5 g	polvo de hornear
½ cdta	2,5 g	bicarbonato de soda
1 cdta	5 g	sal
½ cdta	2,5 g	nuez moscada
3 cdas	42 g	manteca
½ taza	112 g	azúcar granulada
2	2	huevos
⅓ taza	75 g	bananas, molidas
¼ taza	60 ml	leche descremada
1 cdta	5 ml	extracto de vainilla

Cernir tres veces la harina, el polvo de hornear, el bicarbonato de soda, la sal y la nuez moscada. Hacer una crema con la manteca y el azúcar; agregar batiendo los huevos, las bananas, la leche descremada y la vainilla. Agregar la mezcla de harina y formar una masa suave; dividir la masa en dos. En una superficie ligeramente enharinada estirar la masa a un grosor de ¼" (6 mm). Cortar con un cortador de donas enharinado, de 2½" (6 cm). Freír en una sartén honda a 375°F (190°C), hasta que se doren. Ponerlas sobre una toalla de papel.

PRODUCE 20 DONAS

GALLETAS DE NARANJA Y PACANAS

2 tazas	224 g	harina de pan
1 cdta	5 g	sal
2 cdtas	10 g	polvo de hornear
2 cdtas	10 ml	ralladura de cáscara de naranja
3 cdas	28 g	trocitos de pacanas
6 oz	170 g	queso de crema
1 taza	225 g	mantequilla
½ taza	125 ml	jugo de naranja
18	18	pacanas en mitades

Cernir dos veces la harina, la sal y el polvo de hornear; agregar la ralladura de naranja y las pacanas.

Hacer una crema con el queso de crema y la mantequilla; agregar a la harina y amasar hasta tener una masa suave.

Agregar el jugo de naranja y amasar por 3 minutos.

Poner la masa en una superficie ligeramente enharinada. Estirar la masa en un cuadrado de ¼" (6 mm), de grosor; cortar con un cortador de galletas enharinado. Poner en una lata de hornear sin grasa y colocar una mitad de pacana en cada galleta.

Hornear en un horno precalentado a 400°F (200°C), por 15-20 minutos.

PRODUCE 12 GALLETAS

PAN DE SALVADO CON PERA, ZANAHORIA Y PACANAS

1 taza	225 g	peras peladas y picadas
¼ taza	37 g	zanahorias peladas y picadas
2	2	huevos grandes batidos
1 taza	112 g	salvado
1½ taza	168 g	harina de pan
½ taza	112 g	azúcar granulada
1 cdta	5 g	polvo de hornear
½ cdta	2,5 g	sal
½ cdta	2,5 g	bicarbonato de soda
¼ taza	56 g	mantequilla
½ taza	75 g	pacanas picadas

Mezclar las peras, las zanahorias, los huevos y el salvado; dejar reposar por 15 minutos.

Cernir dos veces la harina, el azúcar, el polvo de hornear, la sal y el bicarbonato de soda. Mezclar la mantequilla con la harina hasta hacer una masa gruesa. Agregar la mezcla de frutas y mezclar bien. Agregar las nueces; poner la mezcla en un molde de pan de 8½" x 4½" x 2½" (21 x 10 x 5 cm). Dejarla reposar por 25 minutos.

Hornear en un horno precalentado a 350°F (180°C), por 75 minutos, o hasta que después de haber insertado un palillo éste salga limpio. Dejar reposar por 10 minutos; poner en una parrilla de enfriamiento y enfriar completamente antes de servir.

PRODUCE 1 PAN

Galletas de Naranja y Pacanas

Pan de Salvado con Pera, Zanahoria y Pacanas

Frituras Creole

Pan de Brandy de Naranja

PAN DE BRANDY DE NARANJA

1 taza	250 ml	agua tibia
¼ taza	60 ml	brandy de naranja (opcional; reemplazar con una cantidad igual de jugo de naranja)
¾ taza	190 ml	jugo de naranja
2 cdtas	10 g	ralladura de cáscara de naranja
1 cdta	5 g	sal
2 cdas	30 g	azúcar granulada
1	1	yema de huevo batida
1 cda	7 g	levadura instantánea
4 tazas	448 g	harina
2 cdas	30 ml	mantequilla derretida

Mezclar el agua, el brandy, el jugo de naranja, la ralladura de naranja, la sal, el azúcar y el huevo.

Cernir dos veces la levadura con la harina.

Agregar a los líquidos y amasar hasta tener una masa suave. Tapar y poner el tazón de mezclar en otro tazón con agua tibia. Dejar crecer hasta que alcance dos veces su tamaño; darle vuelta, y dividir en 2 panes. Ponerlos en dos moldes engrasados de 9" (23 cm), y dejar doblar en tamaño.

Untar los panes con la mantequilla derretida y hornear en un horno precalentado a 350°F (180°C), por 40 minutos o hasta que estén dorados y firmes en el centro. Sacar del horno, enfriar por 10 minutos, voltear y poner en una parrilla de enfriamiento; dejar enfriar completamente antes de servir.

PRODUCE 2 PANES

FRITURAS CREOLE

1 taza	250 ml	leche cocida, caliente
2 cdas	28 g	mantequilla
1 cda	10 g	azúcar morena
1 cda	15 g	azúcar granulada
3 tazas	336 g	harina
1 cdta	5 g	nuez moscada
1 cda	15 g	levadura instantánea
1 cdta	5 g	sal
1	1	huevo
1 cdta	5 g	vainilla
1 taza	112 g	azúcar glacé

Mezclar la leche, la mantequilla y las azúcares. Revolver hasta que las azúcares se disuelvan. Dejar enfriar a temperatura ambiente. Cernir juntos la harina, la nuez moscada, la levadura instantánea y la sal. Mezclar la mitad de la mezcla de harina en la leche hasta que esté suave y homogénea. Agregar el huevo y la vainilla. Agregar el resto de la harina. Cubrir y poner en un lugar tibio. Dejar reposar hasta que se doble en tamaño. Presionar la masa y ponerla en una superficie ligeramente enharinada; cortarla en cuadritos y dejarla crecer por una segunda vez. Freír por ambos lados hasta que se doren, en aceite calentado a 375°F (190°C). Espolvorear con azúcar glacé, si lo desea.

PRODUCE 24 DONAS

PAN DE QUESO DE PAPAS SOBRANTES A LA ANTIGUA

¾ taza	190 ml	puré de papa frío
¼ taza	28 g	queso parmesano, recién rallado
1 taza	112 g	harina de pan
3 cdas	30 g	polvo de hornear
1 cdta	5 g	sal
2 cdas	28 g	mantequilla
½ taza	125 ml	leche fría

Mezclar el puré de papas con el queso.

Cernir juntos la harina, el polvo de hornear y la sal. Mezclar la mantequilla con la harina; incorporar el puré de papas y amasar hasta formar una masa gruesa, bien mezclada. Agregar la leche y hacer una masa suave.

Poner la masa en una superficie ligeramente enharinada y estirarla a un grosor de ½" (1,5 cm). Cortarla en cuadrados iguales. Poner en una lata de hornear sin grasa por 12-15 minutos, en un horno precalentado a 400°F (200°C).

PRODUCE 12 PANECILLOS

CONSERVAS

Nada captura más el sabor y la frescura, que las frutas que se cortan de los árboles o de las enredaderas. Durante los largos meses de invierno todas las personas ansían probar otra vez esos sabores. La mejor manera de hacerlo es conservando ese sabor especial cuando está en su punto máximo. Cosechar significa envasar y el gusto de escoger las mejores frutas y verduras que el mercado puede ofrecer.

La mejor manera de conseguir la frescura de lo recién cosechado, es cosechar las frutas uno mismo. Si eso no es posible, escoja personalmente las frutas en su mercado local, teniendo el cuidado de escoger sólo lo mejor. Las frutas manchadas o magulladas no se deben usar para las conservas. Las magulladuras causan distorsiones del sabor, las que aumentan en el proceso de envasado. Asegúrese también de que toda la fruta esté bien lavada, limpia y sin tallos y otras partes no comestibles antes de empezar el proceso de conservación.

Use su creatividad cuando haga sus conservas. Combine lo exótico con lo popular y dedíquese a crear combinaciones nuevas. Tenga esta regla en su mente: Si es fruta y yo la disfruto, puede ser conservada. La mezcla de papayas, mangos, kiwis, fruta estrella y otras frutas exóticas con fresas, frambuesas, manzanas o naranjas, en mermeladas, jaleas y compotas va a ser una agradable sorpresa para sus invitados. También serán un deleite para usted cuando tenga la experiencia de esas combinaciones de sabores únicos.

En este capítulo usted obtendrá esa información cuando pruebe algunas conservas como la Mermelada de Fresas y Papaya o la Mermelada de Kiwi y Albaricoque. No se limite a sólo poner estas conservas en una tostada; úselas en todas las áreas de la cocina. Una sopa fría hecha de Mermelada de Cerezas, con una patadita de Mermelada de Jalapeño como entremés, con toda seguridad llamarán la atención y sorprenderán a sus desprevenidos invitados, pero les encantarán.

Disfrute el verano, pero asegúrese de conservar un poquito de su sabor, para hacer que las otras estaciones del año sean también *Simplemente Deliciosas*.

MERMELADA DE FRAMBUESA

4½ lbs	2 kg	frambuesas
2¼ lbs	1 kg	azúcar

Lavar y escoger las frambuesas. Ponerlas en una cacerola; calentarlas un poco y machacarlas. Agregar el azúcar y llevar a ebullición. Hervir por 30 minutos. Poner en frascos esterilizados, sellarlos y ponerles una etiqueta con la fecha en que fueron envasados.

PRODUCE 8 frascos
de 8 oz (250 ml)

DURAZNOS EN CONSERVA

4½ lbs	2 kg	duraznos *
2 tazas	500 ml	agua
3 cdas	45 ml	jugo de limón
1½ lb	675 g	azúcar granulada

Pelar y sacarle la semilla a los duraznos. Poner el agua en una cacerola grande. Agregar el jugo de limón, el azúcar y los duraznos. LLevar a ebullición; bajar el fuego y cocer a fuego lento hasta que los duraznos se ablanden.

Ponerlos en frascos, echarles el jarabe por encima y sellar. Poner una etiqueta con la fecha en que fueron envasados.

PRODUCE 4-6 frascos
de 8 oz (250 ml)

*NOTA: También se puede hacer con albaricoques, peras, ciruelas o piña.

CEREZAS AL BRANDY

4½ lbs	2 kg	cerezas
2 tazas	500 ml	agua
3 lbs	1,3 kg	azúcar granulada
2 tazas	500 ml	brandy

Lavar y sacarle las semillas a las cerezas; poner las cerezas en una cacerola. Agregar el agua y el azúcar, revolviendo hasta que el azúcar se disuelva. Llevar a ebullición y hervir por 10 minutos. Quitar del fuego y dejar reposar por 8 horas.

Poner las cerezas en frascos esterilizados; llenar los frascos con cantidades iguales de jarabe y brandy. Sellar y poner etiquetas con la fecha en que fueron envasados.

No usarlos antes de un mínimo de 2 semanas.

PRODUCE 4-6 frascos
de 8 oz (250 ml)

CONSERVA DE MANZANA Y ALBARICOQUE

4 tazas	600 g	manzanas peladas, sin corazón, en trocitos
4 tazas	450 g	albaricoques pelados, sin semilla
4 tazas	900 g	azúcar
1 cda	15 ml	ralladura de naranja
1 taza	250 ml	agua

Combinar todos los ingredientes en una cacerola. Revolver hasta que el azúcar se disuelva. Llevar a ebullición, bajar el fuego y cocer a fuego lento hasta que esté muy espeso.

Poner en frascos esterilizados, tapar y poner etiquetas con la fecha en que fueron envasados.

PRODUCE 4 frascos
de 8 oz (250 ml)

Conserva de Manzana y Albaricoque

Cerezas al Brandy

Cóctel de Frutas

MERMELADA DE JALAPEÑO

¾ lb	340 g	naranjas
¼ taza	60 ml	jugo de limón
3 tazas	750 ml	agua
8	8	chiles jalapeños
6	6	semillas de cilantro
1½ lb	675 g	azúcar granulada

Lavar las naranjas y cortarlas en mitades. Exprimir todo el jugo de las naranjas y conservar el jugo, las semillas y la médula.

Poner el jugo en una cacerola grande; agregar el jugo de limón y el agua.

Cortar los jalapeños por la mitad. Tirar las semillas. Picarlos fino.

Poner las semillas de naranja, la médula y el cilantro en una muselina, y atarla. Poner en la cacerola con el jugo. Cortar la corteza de la naranja en tiras finas; ponerla en la cacerola; calentar y cocer a fuego lento hasta reducir el volumen del líquido a la mitad.

Agregar el azúcar y revolverla hasta que se disuelva. Llevar a ebullición, hervir por 12 minutos. Agregar los jalapeños; hervir por 3 minutos más.

Sacar la espuma que suba a la superficie y dejar reposar por 15 minutos. Poner en frascos limpios, esterilizados. Dejar que se entibien y sellarlos. Poner etiquetas con la fecha en que fueron envasados.

PRODUCE 4 tazas (1 L)

JALEA DE JALAPEÑO

1 lb	450 g	chiles jalapeños frescos
½ taza	125 ml	vinagre de vino
½ taza	125 ml	agua
2½ tazas	565 g	azúcar granulada

Lavar los jalapeños. Cortarles el tallo. Partirlos a lo largo por la mitad.

Ponerlos en una cacerola con el vinagre y el agua. Llevar a ebullición, bajar el fuego y cocer a fuego lento hasta que los chiles se ablanden. Ponerlos en un procesador de alimentos y hacerlos puré.

Ponerlos en una muselina doble o tela de malla; dejar que el jugo caiga en un tazón por 8 horas o por toda la noche.

Medir 3 tazas (750 ml) en una cacerola. Disolver el azúcar en el líquido. Llevar a ebullición y hervir por 5 minutos. Poner en frascos esterilizados y sellarlos. Asegurarse de etiquetarlos con la fecha en que fueron envasados.

PRODUCE 3 frascos de 4 oz (115 ml)

PRECAUCION: Algunos chiles son altos en aceites volátiles, los que originan el grado de picor. Maneje los chiles con guantes de hule y lávese bien las manos cuando termine de trabajar con ellos.

COCTEL DE FRUTAS

½ lb	225 g	cerezas sin semillas
½ lb	225 g	piña picada
1 lb	450 g	manzanas peladas, sin corazón, picadas
1 lb	450 g	peras peladas, sin corazón, picadas
½ lb	225 g	duraznos pelados, sin semilla, en rodajas
½ lb	225 g	gajos de mandarina
¼ taza	60 ml	jugo de limón
4 lbs	1,8 kg	azúcar granulada
2 tazas	500 ml	agua

Poner todas las frutas, menos las mandarinas, en una cacerola grande, o una olla de hierro. Agregar el jugo de limón, el azúcar y el agua. Llevar a ebullición, bajar el fuego y cocer a fuego lento por 10 minutos.

Agregar las mandarinas y continuar cociendo a fuego lento por 5 minutos más.

Poner las frutas en frascos limpios y esterilizados. Llenar con el jarabe, sellar y poner etiquetas con la fecha en que fueron envasados.

PRODUCE 8-10 frascos de 8 oz (250 ml)

Mermelada de Jalapeño

MERMELADA DE MORAS

4½ lbs	2 kg	moras
2¼ lbs	1 kg	azúcar

Lavar y escoger las moras. Ponerlas en un procesador de alimentos y hacerlas puré. Pasarlas por un colador. Poner el puré en una cacerola; mezclarle el azúcar. Llevar a ebullición; hervir por 30 minutos.

Poner en frascos esterilizados, sellar y poner etiquetas con la fecha en que fueron envasados.

PRODUCE 8 frascos de 8 oz (250 ml)

MERMELADA DE KIWI Y ALBARICOQUE

6 tazas	675 g	albaricoques pelados, sin semilla
5 tazas	560 g	kiwis pelados
2 cdas	30 ml	jugo de limón
5 tazas	1, 13 kg	azúcar granulada

Picar los albaricoques y los kiwis. Rociar con el jugo de limón. Poner en una cacerola. Revolver el azúcar en la cacerola. Llevar a ebullición. Sacar toda la espuma que suba a la superficie. Hervir por 25 minutos.

Poner en frascos esterilizados. Sellar y poner etiquetas con la fecha en que fueron envasados.

PRODUCE 4 frascos de 8 oz (250 ml)

Mermelada de Kiwi y Albaricoque

MERMELADA DE ARANDANOS CON ESPECIAS

4½ lbs	2 kg	arándanos
2¼ lbs	1 kg	azúcar granulada
1 cdta	5 g	canela molida
½ cdta	2,5 g	pimienta de Jamaica molida
¼ cdta	1,2 g	clavos de olor molidos

Lavar y escoger los arándanos. Ponerlos en una cacerola grande. Agregar el azúcar y las especias. Llevar a ebullición; hervir por 30 minutos.

Poner en frascos esterilizados, sellar y poner etiquetas con la fecha en que fueron envasados.

PRODUCE 8 frascos de 8 oz (250 ml)

JALEA DE GUAYABA DE EVELYN HOHN

2¼ lbs	1 kg	guayabas
15 oz	420 ml	agua
2 lbs	900 g	azúcar granulada

Cortar los tallos y los brotes de las guayabas. No pelarlas.

Poner las guayabas y el agua en una cacerola. Calentar y machacar las guayabas. Cocinar con fuego bajo hasta que la fruta se ablande.

Poner en una muselina o molde de jalea. Dejar que el jugo caiga en un tazón por 8 horas o por toda la noche.

Medir 6 tazas (1,5 L) del jugo y disolver el azúcar en el jugo. Poner en una cacerola y llevar a ebullición. Hervir por 6-8 minutos. Poner en frascos limpios y esterilizados. Sellar y poner etiquetas con la fecha en que fueron envasados.

PRODUCE 6 frascos de 8 oz (250 ml)

Mermelada de Arándanos con Especias

MERMELADA DE CEREZAS

12 tazas	1,2 kg	cerezas comerciales o silvestres
6 tazas	1,35 kg	azúcar granulada
3 cdas	45 ml	jugo de limón

Lavar y escoger las cerezas. Ponerlas en una cacerola, calentarlas y machacarlas. Pasarlas por un colador para eliminar las semillas. Regresar la pulpa a la cacerola. Agregar el azúcar y el jugo de limón. Llevar a ebullición; hervir por 30 minutos.

Poner en frascos, sellar y poner etiquetas con la fecha en que fueron envasados.

PRODUCE 4-6 frascos
de 8 oz (250 ml)

MERMELADA DE FRESA Y PAPAYA

8 tazas	1,2 kg	pulpa de papaya
1 cda	15 ml	jugo de limón
8 tazas	800 g	fresas lavadas, sin cáliz
1 cdta	5 ml	ralladura de limón
8 tazas	1,8 kg	azúcar granulada
1 taza	250 ml	jugo de manzana

Remojar la papaya en el jugo de limón. Ponerla en una cacerola grande con las fresas. Agregar la ralladura de limón, el azúcar y el jugo de manzana. Llevar a ebullición y hervir por 25 minutos.

Poner en frascos esterilizados, sellar y poner etiquetas con la fecha en que fueron envasados.

PRODUCE 8 frascos
de 8 oz (250 ml)

CONSERVA DE PERAS

2	2	limas
2¼ lbs	1 kg	peras
1 cdta	5 ml	cilantro molido
6	6	clavos de olor
4 tazas	900 g	azúcar granulada

Lavar las limas. Cortarlas en mitades y exprimir el jugo en una cacerola grande.

Pelar las peras, sacarles el corazón y cortarlas en cuartos. Ponerlas en una cacerola con sólo el agua suficiente para cubrirlas. Agregar el cilantro y los clavos de olor. Calentar y cocer a fuego lento; reducir el volumen del líquido a la mitad. Sacar las peras.

Agregar el azúcar. Revolverla hasta que se disuelva. Llevar a ebullición. Regresar las peras a la cacerola. Continuar cociendo hasta que el líquido hierva otra vez. Quitar del fuego.

Con una cuchara, poner las peras en frascos esterilizados. Cubrirlas con líquido. Sellar y poner etiquetas con la fecha en que fueron envasados.

PRODUCE 4 frascos
de 8 oz (250 ml)

Conserva de Peras

MERMELADA DE CUATRO CITRICOS

10 tazas	2,8 L	agua
1 cdta	5 ml	ácido cítrico
¾ lb	340 g	toronjas
½ lb	225 g	limones
1 lb	450 g	mandarinas
¼ lb	115 g	kumquats (naranjas chinas)
6 lbs	2,75 kg	azúcar granulada

Poner el agua y el ácido cítrico en una cacerola grande.

Lavar todas las frutas. Pelar la toronja y los limones. Sacarles la médula. Picar la pulpa y la cáscara. Poner en la cacerola. Picar los kumquats y ponerlos en la cacerola.

Cortar las naranjas en mitades; exprimirles el jugo en la cacerola. Cortar la cascara en tiras finas. Poner las semillas y la médula en una muselina y atarla. Poner en la cacerola.

Llevar a ebullición; bajar el fuego y cocer a fuego lento. Reducir el volumen del líquido a la mitad.

Sacar la muselina, enjuagarla en agua fría, abrirla y conservarla.

Continuar cociendo a fuego lento la fruta restante por 1½ hora, con fuego muy bajo.

Agregar el azúcar y la cáscara de naranja que se conservó y llevar a ebullición. Hervir por 20 minutos. Quitar toda la espuma que suba a la superficie. Dejar reposar por 20 minutos antes de poner en frascos. Poner en frascos, taparlos y poner etiquetas con la fecha en que fueron envasados.

PRODUCE 4 frascos
de 8 oz (250 ml)

Mermelada de Cuatro Cítricos

VERDURAS, ARROZ Y PLATOS SIN CARNE

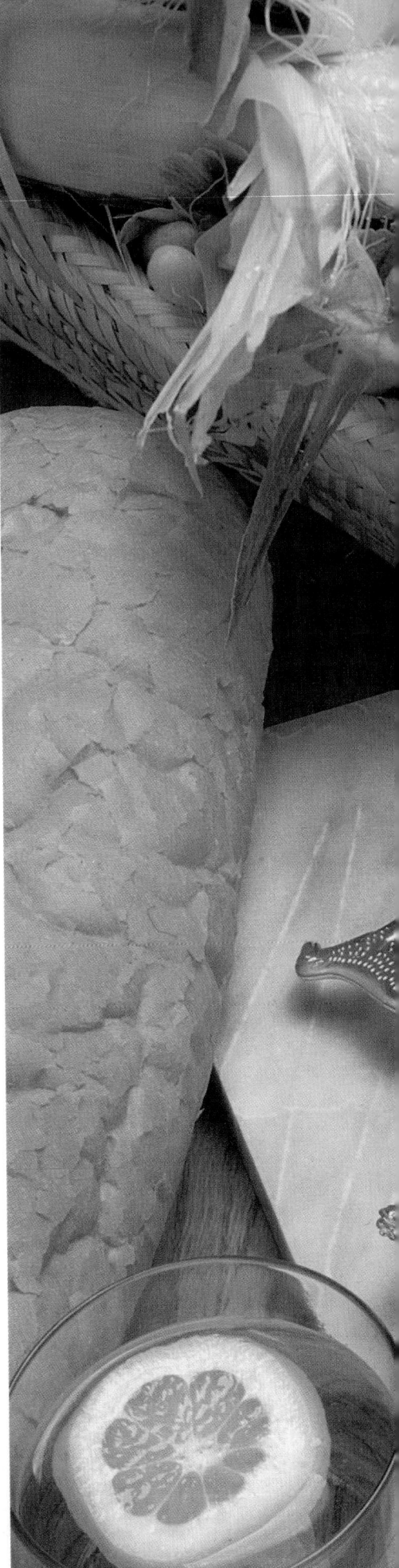

Tradicionalmente, una dieta balanceada significaba consumir regularmente de los cuatro grupos de alimentos: Productos lácteos; carne y huevos; cereales y granos ; y frutas y verduras. Sin embargo, puede que esto ya no sea más el caso. Una comida balanceada es aquélla que provee la apropiada cantidad de nutrientes al individuo. Hoy en día se cree que las verduras ricas en proteínas pueden proveer muchos de los requerimientos dietéticos humanos sin la necesidad de carnes.

Los cocineros progresistas de hoy saben que la carne no es lo más importante de un menú creativo. El mayor énfasis está, como debiera estar siempre, en el gusto y éste no requiere necesariamente de la carne. Para entender mejor este principio habrá que dirigirse a la introducción de este libro.

El objetivo de cocinar sin carne es a menudo uno de expresión y creatividad. La persona que prefiere la carne en cada comida no ha desarrollado aún el aprecio debido hacia un arte culinario que está extendiéndose por el mundo entero. El cocinar sin carne es la forma más antigua que la humanidad conoce para preparar alimentos. Por ejemplo, Adán en la Biblia era vegetariano. No fue hasta después del diluvio que Noé, y por consiguiente, la humanidad tuvo permiso para comer carne. El cocinar sin carne también tiene una historia rica en tradiciones y estilos. Los países orientales han cocinado con muy poca o nada de carne en sus platos por cerca de 5.000 años. Hemos aprendido de aquellas culturas que consumiendo menos grasas, calorías y carbohidratos a menudo significa menos problemas de salud. Además, el uso de especias y condimentos de otros continentes aumenta el atractivo y el interés de muchos platos.

La importancia de su frescura es imperativa en la correcta preparación de las verduras . Porque son accesibles en cualquier época del año, los verduras deben ser compradas a diario cuando sea posible. Los americanos pueden aprender de los europeos que compran la mayoría de los productos a diario. Invariablemente, las comidas tienen un gusto más fresco, tienen más vida y son más nutritivas.

Con su *Libro de Cocina Simplemente Deliciosa 2*, prepárese para las más creativas y expresivas comidas con verduras, arroz y platos sin carne que usted ha tenido la oportunidad de gozar. Pruebe platos tales como el Risotto A la Certosina o Espárragos con Crema de Mango y Pimienta Rosada. ¿Qué tal un Hinojo con Jengibre y Piña? Hay incluso un Estofado de Frijoles Tortuga para los más aventureros. Son todos complementos exquisitos para su repertorio gastronómico. En otras palabras, son *Simplemente Deliciosos*.

Brocheta Colorida de Verduras

Arroz Bombay

ARROZ CON CURRY

1 taza	227 g	arroz de grano largo
½ taza	90 g	arroz sin pulir
¼ taza	45 g	arroz silvestre
4 tazas	1 L	Caldo de Pollo (ver página 77)
1½ taza	225 g	pollo cocido, picado
½ taza	64 g	cebolla, picada fino
½ taza	75 g	apio, picado fino
½ taza	75 g	pimiento dulce rojo, picado fino
½ taza	75 g	pimiento dulce verde, picado fino
¼ taza	75 g	arvejas
2 cdas	28 g	mantequilla
2 cdas	30 ml	aceite de girasol
2 cdtas	10 g	curry en polvo
¼ taza	38 g	almendras tostadas en rodajas

En el caldo de pollo hervir los tres tipos de arroz, tapados.

Cocer a fuego bajo hasta que el arroz se ablande. Escurrir el exceso de agua.

Mientras el arroz se cuece lento, freír el pollo con las verduras en la mantequilla y el aceite. Espolvorear las verduras con el polvo de curry.

Agregar la mezcla al arroz. Agregar las almendras, poner en un tazón de servir y servir.

PARA 6 PORCIONES

HELECHOS CABEZA DE VIOLIN EN SALSA DE CREMA

1 lb	454 g	helechos cabeza de violín
2 cdas	14 g	mantequilla
2 cdas	14 g	harina
1 taza	250 ml	leche
¼ cdta	1,2 g	sal
¼ cdta	1,2 g	pimienta blanca
pizca	pizca	nuez moscada

Lavar los helechos y quitarles los pedazos secos. Cocerlos al vapor por 12-15 minutos; pasarlos a un plato de servir.

Mientras los helechos se cuecen al vapor, derretir la mantequilla en una cacerola. Agregar la harina y revolver constantemente hasta formar una pasta (roux). Cocer por 2 minutos a fuego bajo.

Agregar la leche y revolverla, cocer a fuego lento hasta que se espese. Agregar los condimentos y cocer a fuego lento por 2 minutos más. Poner la salsa sobre los helechos y servir inmediatamente.

PARA 4 PORCIONES

ARROZ BOMBAY

¼ taza	60 ml	aceite de girasol
2 tazas	450 g	carne de pollo, picada
1 taza	150 g	champiñones en rodajas
1	1	pimiento dulce verde, picado
1	1	cebolla pequeña, picada
2 tazas	360 g	arvejas
4 tazas	450 g	arroz de grano largo, cocido
1 cdta	5 g	curry en polvo
¼ cdta	1,2 g	sal

En una sartén china (wok) o en una sartén grande, calentar la mitad del aceite. Freír el pollo, los champiñones, los pimientos, las cebollas y las arvejas. Sacar y guardar calientes.

Calentar el resto del aceite. Agregar el arroz y los condimentos, freír por 3 minutos. Poner en una fuente de servir.

Poner el pollo y las verduras sobre el arroz. Servir.

PARA 6 PORCIONES

Helechos Cabeza de Violín en Salsa de Crema

Panqueques de Papas (Kartoffelpuffer)

ARROZ CON MANZANAS, DATILES Y NUECES

1½ taza	169 g	arroz de grano largo
4 tazas	1 L	jugo de manzana
¾ taza	100 g	dátiles picados, sin semillas
½ taza	75 g	almendras en rodajas, tostadas

Hervir el arroz en el jugo de manzana; tapar y cocer a fuego lento. Cocer hasta que todo el líquido sea absorbido.

Agregar los dátiles y las almendras. Servir inmediatamente.

PARA 4 PORCIONES

ALOO MADARASI

2 cdas	30 ml	aceite de oliva
1	1	cebolla española picada
1 cdta	5 g	mostaza inglesa seca
1 cda	15 g	curry en polvo
3 tazas	390 g	papas peladas, picadas fino
1 taza	250 ml	Caldo de Verduras (ver página 92)
1 cdta	5 g	ralladura de cáscara de limón
1 cdta	5 g	canela molida
2 cdas	28 g	mantequilla

Calentar el aceite en una cacerola; agregar las cebollas y freírlas hasta que se ablanden. Espolvorear con la moztaza y el curry en polvo; cocer por 2 minutos a calor bajo.

Agregar las papas, el caldo, el limón y la canela. Tapar y cocer a fuego lento por 15 minutos. Quitar la tapa y cocer por otros 15 minutos más.

Pasar a un plato de servir, poner encima trocitos de mantequilla y servir.

PARA 6 PORCIONES

PANQUEQUES DE PAPAS (KARTOFFELPUFFER)

2 cdas	14 g	harina
1 cdta	5 g	sal
¼ cdta	1,2 g	polvo de hornear
¼ cdta	1,2 g	granos de pimienta negra
6	6	papas medianas
2	2	huevos
1	1	ajo picado
1 cda	15 g	cebolla rallada
¼ taza	56 g	mantequilla
½ taza	125 g	tocino picado
1½ taza	375 ml	crema ácida

En un tazón, mezclar la harina, la sal, el polvo de hornear y la pimienta.

Pelar y rallar las papas, secar. Agregarlas a la mezcla seca, incorporar los huevos. Agregar el ajo y la cebolla.

Calentar la mantequilla en una sartén y freír pequeños panqueques hasta que estén dorados en ambos lados. Servir con tocino y crema ácida.

PARA 4 PORCIONES

BERENJENA FRITA CON SALSA DE CILANTRO

½ taza	125 ml	crema ácida
½ taza	125 ml	crema de batir
2 tazas	200 g	cilantro lavado y picado
2	2	dientes de ajo
1 cdta	5 g	sal
½ cdta	2,5 g	granos de pimienta negra
½ taza	56 g	harina
½ cdta	3 ml	de cada uno: tomillo, albahaca, mejorana, sal, paprika, chile en polvo, cebolla en polvo, ajo en polvo, pimienta blanca
2	2	berenjenas medianas
2 tazas	500 ml	aceite vegetal

En un procesador de alimentos mezclar la crema ácida, la crema de batir, el cilantro, el ajo, la sal y los granos de pimienta negra hasta tener una mezcla fina y homogénea.

En un tazón, mezclar la harina y los condimentos. Pelar la berenjena, cortarla en rodajas y pasarla s por la harina. .

En una sartén grande calentar el aceite y freír las berenjenas hasta que se doren. Poner en un plato de servir caliente. Servir con salsa aparte.

PARA 6 PORCIONES

Arroz con Manzanas, Dátiles y Nueces

PAPAS ESTILO CANCILLER

1½ lb	675 g	papas
2 cdas	28 g	mantequilla
2 cdas	14 g	harina
1 taza	250 ml	leche
¼ cdta	1,2 g	sal
¼ cdta	1,2 g	pimienta blanca
pizca	pizca	nuez moscada

Pelar las papas; con un pequeño cortador de melón, cortar pequeñas pelotitas (papas parisienses). Cocer en agua hirviendo con sal por 15 minutos.

Mientras las papas se cuecen, derretir la mantequilla en una cacerola. Agregar la harina y revolver hasta formar una pasta (roux); cocer por 2 minutos a fuego bajo.

Agregar la leche y revolverla; cocer a fuego lento hasta espesar. Agregar los condimentos y cocer a fuego lento por 2 minutos más.

Poner la salsa sobre las papas y poner en un tazón de servir.

PARA 4 PORCIONES

RAPINI RUBY

1 lb	454 g	florecillas de rapini*
2 cdas	14 g	mantequilla
2 cdas	14 g	harina
½ taza	125 ml	Caldo de Pollo (ver página 77)
¼ taza	60 ml	crema entera
¼ taza	60 ml	champán
2 cdtas	10 g	paprika dulce molida

Cocer al vapor los rapini por 15 minutos; pasarlos a un plato de servir.

Mintras el rapini se cuece al vapor, derretir la mantequilla en una cacerola. Agregar la harina y revolver hasta formar una pasta (roux), cocer a fuego bajo por 2 minutos.

Agregar el caldo de pollo, la crema, el champán y la paprika. Batir todos los ingredientes juntos. Cocer a fuego lento por 10 minutos.

Poner la salsa sobre el rapini y servir inmediatamente.

PARA 4 PORCIONES

*Rapini es un bróculi italiano.

HAMBURGUESAS DE POLLO, SIN CARNE

⅔ taza	160 ml	caldo de verduras, sabor de pollo
3 cdas	45 ml	salsa de tomate catsup
2 cdtas	10 ml	jugo de limón
1 cdta	5 ml	salsa inglesa
½ cdta	3 ml	de cada uno: paprika, romero, ajo en polvo, cebolla en polvo, tomillo, albahaca, ajedrea
½ cdta	2,5 g	sal
2 cdas	10 ml	salsa de soya liviana
1 lb	450 g	tofu firme redondo
½ taza	56 g	harina de trigo integral
¼ taza	60 ml	aceite de oliva
4	4	panecillos kaiser de harina integral
4	4	hojas de lechuga
4	4	tomates en rodajas
⅓ taza	80 ml	mayonesa

En un tazón poner el caldo, la salsa catsup, el jugo de limón, la salsa inglesa, ¼ cdta (1,2 g) de cada una de las hierbas y especias, la sal y la salsa de soya.

Cortar el tofu en 4 redondelas iguales. Marinar el tofu en la mezcla por 1 hora.

Escurrir, y envolver el tofu en un paño para secar.

Mezclar el resto de los condimentos con la harina. Untar el tofu en los condimentos.

En una sartén grande, calentar el aceite y freír el tofu hasta que se dore en ambos lados.

Cortar los panecillos kaiser en mitades.

Servir una rodaja de tofu en un panecillo kaiser con una hoja de lechuga, una rodaja de tomate y un poco de mayonesa.

PARA 4 PORCIONES

Hamburguesas de Pollo sin Carne

Zanahorias con Albaricoques

PAPAS NOSTIZ

1 lb	450 g	papas
2 cdas	28 g	mantequilla
4	4	huevos
¼ taza	60 ml	crema entera
1 taza	112 g	queso parmesano, recién rallado
1 taza	112 g	harina
½ cdta	3 ml	de cada uno: sal, chile en polvo, pimienta, paprika, tomillo
2 tazas	224 g	miga de pan fina
4 tazas	1 L	aceite de girasol

Pelar y cocer las papas. Pasar por un colador o un procesador de alimentos hasta tener una puré fino y homogéneo.

Agregar la mantequilla, 1 yema de huevo, la crema y el queso, mezclar hasta que esté suave y homogéneo.

Formar en cuadrados de cantidades iguales de 2" (5 cm). Dejar enfriar.

Mezclar la harina con los condimentos. Batir los huevos restantes.

Espolvorear las papas con la harina y untarlas en los huevos y pasarlas por la miga de pan.

Calentar el aceite y freír las papas hasta que se doren.

PARA 6 PORCIONES

ZANAHORIAS CON ALBARICOQUES

1 lb	454 g	zanahorias
1 taza	150 g	albaricoques secos
1 taza	250 ml	agua
2 cdas	30 g	azúcar granulada
1 cdta	2,5 g	maicena
1 cda	15 ml	jugo de limón
¼ taza	60 ml	jugo de manzana

Pelar las zanahorias y cortarlas en palitos. Cocer las zanahorias al vapor por 12-15 minutos; pasarlas a un plato de servir y conservarlas tibias.

Mientras las zanahorias se cuecen al vapor, en una cacerola pequeña con agua, hervir los albaricoques por 5 minutos. Poner los albaricoques en un procesador de alimentos y hacerlos puré, guardar el agua. Agregar el azúcar al agua. Mezclar la maicena con el jugo de limón, agregar al agua y cocer a fuego lento hasta que se espese. Poner sobre los albaricoques y mezclar.

Volver a la cacerola y agregar el jugo de manzana, calentar pero sin hervir. Poner la salsa sobre las zanahorias y servir inmediatamente.

PARA 4 PORCIONES

REMOLACHAS CON VERDURAS DE MOSTAZA

1 lb	454 g	remolachas
1 lb	454 g	verduras de mostaza, lavadas y cortadas
4 cda	56 g	mantequilla
1 cdta	5 ml	mostaza de Dijon
1 cdta	5 ml	azúcar granulada
1 cda	15 ml	jugo de limón

Cocer las remolachas en agua salada, hirviendo hasta que se ablanden. Escurrirlas, pelarlas con los dedos, conservarlas calientes.

En una sartén grande, calentar 3 cdas. (42 g) de mantequilla; agregar la verdura de mostaza y freír hasta que se ablande. Pasar a una fuente de servir y cubrir con las remolachas.

En una cacerola pequeña calentar el resto de la mantequilla; poner la mostaza, el azúcar y el jugo de limón. Cocer hasta que el azúcar se disuelva. Poner sobre las remolachas y servir inmediatamente.

PARA 6 PORCIONES

CALABACIN A LA SARTEN CON 4 QUESOS

3 cdas	45 ml	aceite de oliva
1	1	cebolla picada fino
1	1	ajo picado
1 cdta	5 ml	albahaca
3½ tazas	525 g	calabacín picado fino
⅓ taza	80 ml	Caldo de Verduras (ver página 92)
2 cdas	28 g	mantequilla
2 cdas	14 g	harina
1 taza	250 ml	leche
1	1	yema de huevo batida
2 cdas	30 ml	crema de batir
3 cdas	21 g	queso parmesano recién rallado
¼ taza	57 g	queso cheddar rallado
¼ taza	57 g	queso mozzarella rallado
¼ taza	57 g	queso provolone rallado

En una cacerola grande calentar el aceite. Agregar la cebolla, el ajo, la albahaca, los calabacines y freír por 3-5 minutos. Agregar cucharadas del caldo, una a la vez para evitar que las verduras se quemen.

derretir la mantequilla en una cacerola. Agregar la harina y cocer a fuego lento por 2 minutos.

Poner la leche y revolver constantemente hasta que la salsa se espese. Quitar del fuego.

Batir las yemas de huevo con un poco de salsa. Agregar al resto de la salsa y cocer por 2 minutos más, no hervir. Agregar la crema y los quesos. Poner sobre los calabacines y servir.

PARA 4-6 PORCIONES

Ejotes Californianos

PAPAS NORMANDY

1	1	cebolla española
1	1	puerro
1½ lb	675 g	papas
4 oz	120 g	mantequilla
3 cdas	21 g	harina
2 tazas	500 ml	leche caliente
2 cdtas	10 g	sal
½ cdta	2,5 g	pimienta blanca
½ taza	56 g	queso parmesano, recién rallado

Cortar en rodajas la cebolla. Lavar y picar el puerro. Pelar y cortar las papas en rodajas bien finas.

En una sartén grande calentar la mantequilla, freír la cebolla y el puerro hasta que se ablanden. Agregar la harina y continuar cociendo por 2 minutos más. Pasar a una bandeja de hornear engrasada de 8 tazas (2 L). Agregar la leche, la sal, y la pimienta. Espolvorear con el queso.

Hornear en un horno precalentado a 375°F (190°C), por 45 minutos o hasta que las papas se ablanden.

PARA 6 PORCIONES

EJOTES CALIFORNIANOS

1 lb	454 g	ejotes
3 cdas	45 ml	aceite de oliva
3 cdas	21 g	harina
⅔ taza	160 ml	Caldo de Pollo (ver página 77)
⅔ taza	160 ml	crema ligera
⅓ taza	80 ml	salsa de tomate catsup
2 cdtas	10 ml	salsa inglesa
1 cdta	5 g	paprika
3 gotas	3 gotas	salsa tabasco
1 cda	15 ml	jugo de limón

Lavar y cortar los ejotes. Cocerlos al vapor por 15-20 minutos; pasarlos a un plato de servir.

En una cacerola calentar el aceite; agregar la harina y cocer por 2 minutos sobre calor bajo.

Agregar el caldo y la crema; cocer a fuego lento hasta que se espese.

Agregar el resto de los ingredientes; continuar cociendo a fuego lento por 2 minutos más.

Poner la salsa sobre los ejotes y servir inmediatamente.

PARA 4 PORCIONES

Calabacín a la Sartén con 4 Quesos

Brocheta Colorida de Verduras

ROLLOS DE COLIRRABANO CON TRES ARROCES

⅓ taza	78 g	arroz sin pulir
⅓ taza	78 g	arroz blanco de grano largo
⅓ taza	78 g	arroz silvestre
3 tazas	750 ml	Caldo de Pollo (ver página 77)
1	1	cebolla española, picada fino
2	2	tallos de apio, picados fino
1	1	pimiento dulce verde, picado fino
8	8	lascas de tocino picado
20-25	20-25	hojas grandes de colirrábano
2 tazas	500 ml	Salsa de Tomates II (ver página 117)

Hervir los tres tipos de arroz en el caldo de pollo; tapar y cocer a fuego lento hasta que se ablanden.

Mientras el arroz se está cociendo, freír las cebollas, el apio, los pimientos y el tocino. Sacar el exceso de grasa. Agregar al arroz cocido.

Lavar y secar las hojas de colirrábano. Cocerlas al vapor por 1½-2 minutos.

Poner una cucharada de la mezcla de arroz en cada hoja. Doblar por la mitad. Doblar a los lados y enrollarlas. Poner en una bandeja de hornear ligeramente engrasada. Poner la Salsa de Tomates sobre los rollos.

Tapar y hornear en un horno precalentado a 350°F (180°C), por 45 minutos. Servir.

PARA 6 PORCIONES

BROCHETA COLORIDA DE VERDURAS

1	1	pimiento dulce verde
1	1	pimiento dulce amarillo
1	1	pimiento dulce rojo
2	2	cebollas rojas
2	2	calabacín pequeño, cortado en cuadritos de 1" (2,5 cm)
3 oz	80 g	champiñones de botón
1 lb	450 g	tofu firme, cortado en cuadritos de 1" (2,5 cm)
1½ taza	375 ml	salsa de vino de barbacoa

Cortar los pimientos y la cebolla en cuartos. Poner en pinchos el tofu alternando con el calabacín, los pimientos, la cebolla y los champiñones. Poner en una bandeja de hornear baja, cubrir con la salsa de barbacoa, marinar por 3 horas.

Asar las brochetas sobre una parrilla caliente, untar la salsa de marinar con una brochita. Asar haste que estén de un color marrón claro. Untar la salsa una última vez antes de servir con arroz pilaf.

PARA 4 PORCIONES

HELECHOS CABEZA DE VIOLIN A LA POMPADOUR

1 lb	454 g	helechos cabeza de violín
¼ lb	115 g	mantequilla
¼ cdta	1,2 g	sal
¼ cdta	1,2 g	pimienta
⅛ cdta	pizca	de cada uno: mace, pimiento de Cayena
1 cdta	2,5 g	harina
3	3	yemas de huevo
1 cda	15 ml	jerez

Lavar y cortar los helechos y cocerlos al vapor por 15 minutos.

En una cacerola doble, derretir la mantequilla y agregar los condimentos.

Incorporar la harina, las yemas de huevo y el jerez. Cocer hasta que la salsa se espese, revolviendo constantemente; quitar del fuego.

Poner los helechos en un plato de servir; ponerles la salsa encima y servir inmediatamente.

PARA 4 PORCIONES

Rollos de Colirrábano con Tres Arroces

Panqueques de Maíz

PANQUEQUES DE MAIZ

2 tazas	300 g	granos de maíz fresco
½ taza	125 ml	crema
3	3	huevos separados
½ cdta	2,5 g	sal
¼ cdta	1,2 g	nuez moscada

En un tazón, poner el maíz, la crema y las yemas de huevo.

Batir las claras de huevo hasta que estén firmes y agregarlas a la mezcla junto con los condimentos.

Cocer en una plancha bien engrasada o en una sartén, hasta que estén dorados en ambos lados. Servir con jarabe de arce o con Salsa Berry Berry (ver página 118).

PARA 4 PORCIONES

FRIJOLES REFRITOS CON QUESO

2 tazas	500 ml	Horneado de Frijoles Pintos frío (ver página 731)
2 cdas	10 g	mantequilla
2 cdtas	10 g	chile en polvo
1 cdta	5 g	paprika
1 cdta	5 ml	salsa inglesa
½ cdta	2,5 g	sal
1 cda	15 ml	aceite de girasol
1 taza	227 g	queso Monterey Jack rallado

Moler los frijoles. Agregar la mantequilla, los condimentos y la salsa inglesa.

Calentar el aceite en una sartén, freír los frijoles hasta que estén color marrón.

Espolvorear con el queso; quitar del fuego y servir una vez que el queso se derrita.

PARA 4 PORCIONES

PAPAS DAUPHINE

1⅛ lb	510 g	papas
½ taza	112 g	mantequilla
7	7	huevos
1¼ cdta	6 g	sal
½ cdta	2,5 g	pimienta blanca
¼ cdta	1,2 g	nuez moscada
1 taza	250 ml	agua
1 taza	112 g	harina
¼ taza	60 ml	mantequilla derretida

Pelar las papas y cocerlas en agua hirviendo hasta que se ablanden. Ponerlas en un procesador de alimentos y mezclar hasta que el puré esté suave y homogéneo.

Agregar la mantequilla, 1 huevo, 2 yemas de huevo, 1 cdta. (5 g) de sal, la pimienta y la nuez moscada. Mezclar hasta que esté bien suave y homogéneo.

[PARA PASTA CHOUX] Calentar el agua hasta hervirla. Agregar el resto de la mantequilla y la sal. Agregar la harina.

Cocer hasta tener la consistencia de un puré de papas.

Agregar el resto de los huevos uno a la vez, batiendo bien después de cada uno.

Dividir la mezcla en dos; poner una mitad en las papas (usar la segunda para Hojaldres de Arvejas, ver página 752). Dejar la mezcla enfriar completamente.

Dividir la masa de las papas en bolitas de igual tamaño, ponerlas en una lata de hornear y untarlas con la mantequilla derretida. Hornear en un horno precalentado a 350°F (180°C), por 15-20 minutos, o hasta que las papas se doren. Las papas pueden también ser untadas en harina y fritas. Servir bien calientes.

PARA 6 PORCIONES

Papas Dauphine

FRIJOLES Y TOMATES

10 oz	280 g	tomates secos al sol
1 lb	454 g	ejotes
2 cdas	28 g	mantequilla
2 cdas	14 g	harina
½ taza	125 ml	leche
½ taza	125 ml	Caldo de Pollo (ver página 77)
¼ cdta	1,2 g	sal
¼ cdta	1,2 g	pimienta blanca

Rehidratar los tomates dejándolos remojar en agua tibia por 20 minutos.

Lavar y cortar los ejotes, cocerlos al vapor por 20 minutos.

Mientras los ejotes se están cociendo, calentar la mantequilla en una cacerola pequeña, agregar la harina y cocer a fuego lento por 2 minutos. Agregar el resto de los ingredientes y cocer a fuego lento hasta hacer una salsa espesa.

Cortar los tomates y agregar a la salsa. Poner los ejotes en una fuente de servir, cubrir con la salsa y servir.

PARA 4 PORCIONES

REPOLLOS PULGARCITO CON PACANAS

1½ lb	625 g	coles de Bruselas
½ taza	112 g	mantequilla
2 tazas	335 g	azúcar morena
½ taza	125 ml	crema de batir
1 cda	15 ml	jugo de limón
¼ taza	38 g	pacanas partidas
1 cdta	5 ml	extracto de vainilla

Quitarles las hojas marchitas a las coles de Bruselas, cortar la punta de los tallos. Cocer al vapor por 20 minutos.

Mientras se cuecen las coles, en una olla doble derretir la mantequilla. Agregar el azúcar a la mantequilla. Agregar la crema y batir hasta que se mezcle bien. Poner el jugo de limón y cocer por 45 minutos sobre agua hervida a fuego bajo. Revolver ocasionalmente.

Quitar del fuego, agregar las nueces y la vainilla.

Pasar las coles a un plato de servir, poner la salsa encima y servir inmediatamente.

PARA 6 PORCIONES

ESCAROLAS CON KIWI Y PAPAYA

6	6	kiwis pelados, picados
2 tazas	450 g	pulpa de papaya
¼ taza	56 g	azúcar granulada
1½ cda	10 g	maicena
⅓ taza	80 ml	jugo de manzana
12	12	escarolas
⅓ taza	75 g	mantequilla
¼ taza	60 ml	agua
1 cda	15 ml	jugo de limón
½ cdta	2,5 g	sal
¼ cdta	2,5 g	pimienta blanca

En un procesador de alimentos hacer un puré con los kiwis y la papaya. Pasar por un colador y poner en una cacerola. Incorporar el azúcar. Mezclar la maicena con el jugo de manzana y agregar a la fruta. Cocer a fuego lento hasta que la salsa se espese. Agregar 2 cdas. (28 g) de mantequilla.

Quitarles las hojas marchitas a las escarolas; enjuagar con agua fría.

En una sartén grande calentar el resto de la mantequilla, el agua, el jugo de limón, la sal y la pimienta; agregar las escarolas y cocer a fuego lento por 15 minutos. Pasar a una fuente de servir, cubrir con la salsa y servir inmediatamente.

PARA 6 PORCIONES

Repollos Pulgarcito con Pacanas

Escarolas con Kiwi y Papaya

Potaje de Jacobo

POTAJE DE JACOBO

2 tazas	360 g	lentejas
6 tazas	1,5 L	Caldo de Pollo (ver página 77)
2	2	zanahorias
1	1	cebolla
1	1	colirrábano
1	1	tallos de apio
3 cdas	45 ml	aceite de oliva
¾ lb	345 g	cordero picado fino
1	1	diente de ajo
1 cdta	5 g	sal
½ cdta	2,5 g	pimienta negra
1 cda	7 g	harina
1	1	ramito de hierbas (ver el Glosario)

Lavar y enjuagar las lentejas. Ponerlas en una olla grande con suficiente caldo para cubrirlas. Llevar a ebullición; quitar del fuego y colar inmediatamente.

Cortar las verduras finamente.

En una cacerola grande calentar el aceite y dorar el cordero. Agregar las verduras y el ajo; continuar cociendo hasta ablandar. Agregar la sal, la pimienta y la harina.

Agregar las lentejas y suficiente caldo para cubrirlas. Agregar el ramito de hierbas. Tapar y cocer a fuego lento for 1¼-1½ hora, revolviendo ocasionalmente. Agregar más caldo o agua si se necesita para evitar que se pegue, o que se queme.

Sacar el ramito de hierbas, poner el potaje en tazones de servir. Servir.

PARA 4 PORCIONES

ESCAROLAS DE BRUSELAS A LA POLONESA

12	12	escarolas
½ taza	112 g	mantequilla
¼ taza	60 ml	agua
1 cda	15 ml	jugo de limón
½ cdta	2,5 g	sal
¼ cdta	1,2 g	pimienta blanca
3	3	huevos duros picados
2 cdas	30 ml	perejil fresco picado
⅓ taza	37 g	miga de pan sazonada

Quitarles las hojas marchitas a las escarolas; enjuagar en agua fría.

En una sartén grande calentar ¼ taza (56 g) de mantequilla, el agua, el jugo de limón, la sal y la pimienta; agregar las escarolas y cocer a fuego lento por 15 minutos. Poner en una cacerola, espolvorear con los huevos, el perejil y la miga de pan.

Derretir el resto de la mantequilla y poner sobre la miga de pan; hornear en un horno precalentado a 350°F (180°C), por 15-20 minutos, o hasta que se dore.

PARA 6 PORCIONES

ESPARRAGOS CON CREMA DE MANGO Y PIMIENTA ROSADA

2 lbs	900 g	espárragos
2 cdas	28 g	mantequilla
2 cdas	14 g	harina
1 taza	250 ml	crema ligera
1 taza	150 g	puré de pulpa de mango
1 cda	15 g	granos de pimienta rosada

Pelar los espárragos y eliminar la parte más dura del tallo. Poner en una olla y cocer al vapor por 8-10 minutos.

Mientras los espárragos se cuecen al vapor, calentar la mantequilla en una cacerola, agregar la harina, bajar el fuego y cocer por 2 minutos. Incorporar la crema y cocer a fuego lento hasta que espese.

Agregar el mango y continuar cociendo por 3 minutos. Agregar los granos de pimienta.

Poner los espárragos en un plato de servir, cubrir con la salsa y servir inmediatamente.

PARA 4 PORCIONES

BERENJENA RUMANA

2 cdas	30 ml	aceite de oliva
2	2	ajos picados
1	1	pimiento dulce verde, picado
1	1	cebolla picada
2	2	tallos de apio picados
4 oz	120 g	champiñones en rodajas
1 cdta	5 g	sal
½ cdta	2,5 g	pimienta
1 cdta	5 ml	hojas de albahaca
½ cdta	3 ml	hojas de orégano
½ cdta	3 ml	hojas de tomillo
½ cdta	5 g	paprika
¼ cdta	1,2 g	pimiento de Cayena
3 lbs	1,35 kg	tomates pelados, sin semillas, picados
6	6	berenjenas pequeñas
3 tazas	370 g	cebolla picada
2 cdas	28 g	mantequilla

En una cacerola calentar el aceite. Freír el ajo, los pimientos verdes, la cebolla, el apio y los champiñones hasta que se ablanden. Agregar los tomates y los condimentos. Cocer a fuego lento for 3 horas.

Cortar la punta de la raíz de la berenjena y poner en una cacerola. Agregar la mitad de las cebollas, cubrir con la salsa y hornear a 350°F (180°C), por 45 minutos.

Mientras la berenjena se hornea, calentar la mantequilla en una sartén y freír el resto de las cebollas a fuego bajo hasta que se doren. Hacer un pequeño corte en la berenjena y rellenar con la cebolla ya dorada; servirla cubierta con la salsa.

PARA 6 PORCIONES

EMPANADITAS DE PAPA (KARTOFFELSPATZEN)

2 cdas	28 g	mantequilla
2 cdas	14 g	harina
1 taza	250 ml	leche
¼ cdta	2,5 g	sal
¼ cdta	2,5 g	pimienta blanca
pizca	pizca	nuez moscada
4 tazas	520 g	papas cocidas, frías, picadas
½ taza	60 g	miga de pan
2	2	huevos
½ taza	125 g	tocino cocido, desmenuzado
1½ taza	375 ml	crema ácida

Derretir la mantequilla en una cacerola. Agregar la harina y revolver hasta formar una pasta (roux); cocer por 2 minutos a fuego bajo.

Agregar la leche y revolverla; cocer a fuego lento hasta espesar. Agregar los condimentos y cocer a fuego lento por 2 minutos más. Agregar las papas y la miga de pan. Incorporar los huevos.

Poner cucharadas de la mezcla en el agua salada hirviendo; cocer las empanaditas por 2 minutos más después de que floten. Servir con el tocino desmenuzado y la crema ácida.

PARA 6 PORCIONES

ALMENDRAS, MANZANAS Y EJOTES CON SALSA DE MOSTAZA

4 cdas	56 g	mantequilla
1 cda	7 g	harina
½ taza	125 ml	crema ligera
1 cda	15 ml	mostaza de Dijon
2	2	manzanas grandes Granny Smith
2 tazas	360 g	ejotes hervidos
⅓ taza	50 g	almendras tostadas, picadas

En una cacerola calentar 1 cda. (14 g) de mantequilla, espolvorear con la harina y cocer a fuego lento por 2 minutos. Agregar la crema, y la mostaza, batirlas; cocer a fuego lento hasta que se espese, guardar tibio.

Pelar las manzanas, sacarles las semillas y cortarlas en tiritas.

En una sartén grande calentar el resto de la mantequilla. Agregar las manzanas y los ejotes, freír por 3 minutos. Agregar las almendras y continuar friendo por 2 minutos más. Poner en un plato de servir; poner la salsa sobre las verduras y servir.

PARA 4 PORCIONES

Berenjena Rumana

ARROZ SIN PULIR CON FETA FLORENTINE

1½ taza	270 g	arroz sin pulir
3 tazas	750 ml	Caldo de Pollo (ver página 77)
1	1	cebolla española
10 oz	280 g	espinaca
3 cdas	42 g	mantequilla
1 taza	227 g	queso feta

Hervir el arroz con el Caldo de Pollo. Tapar y cocer a fuego lento hasta que el arroz se ablande.

Mientras el arroz se cuece, picar fino la cebolla. Lavar y picar la espinaca. Calentar la mantequilla en una sartén, agregar la cebolla y freír hasta que se ablande. Agregar la espinaca y freír rápidamente.

Cuando esté cocido el arroz sacar el exceso de líquido. Agregarlo a la mezcla de cebolla con el queso. Servir inmediatamente.

PARA 6 PORCIONES

ZANAHORIAS AL BRANDY DE CEREZA

1 lb	450 g	zanahorias
1¼ taza	310 ml	cerezas Bing frescas o en lata, sin semilla
¼ taza	60 ml	brandy de cereza
3 cdas	45 ml	líquido de cereza o jugo de manzana
1 cda	15 ml	jugo de limón
2 cdas	30 g	azúcar granulada

Pelar las zanahorias y cortarlas en rodajas. Cocer las zanahorias al vapor por 10-12 minutos. Pasarlas a un plato de servir y conservarlas calientes.

En una cacerola pequeña calentar a fuego bajo las cerezas en brandy de cereza, hasta que se ablanden. Pasar por un colador a una segunda cacerola.

Agregar el resto de los ingredientes; cocer a fuego lento hasta espesar. Poner la salsa sobre las zanahorias y servir inmediatamente.

PARA 4 PORCIONES

ARROZ CON NARANJA Y MARAÑONES

3 tazas	750 ml	jugo de naranja
1¼ taza	290 g	arroz de grano largo
1½ cda	21 g	mantequilla
2 cdas	30g	azúcar granulada
2 cdas	30 ml	ralladura de cáscara de naranja
½ taza	75 g	marañones sin sal, partidos

Hervir el jugo de naranja. Agregar el arroz y cocer a fuego lento hasta que el líquido haya sido absorbido.

Agregar la mantequilla, el azúcar, la ralladura de naranja y las nueces. Servir.

PARA 4 PORCIONES

ARROZ CON CINCO QUESOS

1 taza	227 g	arroz de grano largo
3 tazas	750 ml	leche
½ taza	115 g	de cada uno: quesos cheddar, mozzarella, havarti, rallados
¼ taza	28 g	de cada uno: quesos parmesano y romano, recién rallados
½ cdta	2,5 g	sal
1 cda	30 g	cebollines picados
1 cda	15 ml	perejil picado

Cocer a fuego lento el arroz en la leche hasta que el líquido se haya absorbido.

Agregar el resto de los ingredientes. Servir.

PARA 4 PORCIONES

Arroz sin Pulir con Feta Florentine

Arroz con Naranja y Marañones

Espárragos Smitane

Filetes sin Carne

ESPARRAGOS SMITANE

1 lb	454 g	puntas de espárragos
1 cda	14 g	mantequilla
2 cdas	30 g	cebolla rallada
½ taza	125 ml	vino blanco
1¼ taza	310 ml	crema ácida
⅓ taza	83 g	tocino cocido desmenuzado
¼ taza	57 g	queso parmesano, recién rallado

Pelar los espárragos y cortarles la punta de la raíz. Cocer los espárragos en agua hirviendo con sal por 15 minutos, dejar las puntas sobre el agua*. Escurrirlos y conservarlos calientes.

En una cacerola pequeña calentar la mantequilla y freír las cebollas (hasta que estén blandas y transparentes). Agregar el vino y cocer a fuego lento hasta que todo el líquido se evapore. Agregar la crema ácida y llevar a ebullición; bajar el fuego y cocer a fuego lento for 3 minutos. Pasar por un colador fino.

Poner los espárragos en un plato de servir; cubrir con salsa y poner encima tocino y queso antes de servir.

PARA 4 PORCIONES

*Para mantener las puntas de los espárragos sobre el agua, simplemente amarrarlas en un pequeño atado y pararlo mientras se cuecen.

REMOLACHAS EN SALSA DE ALBARICOQUE Y NARANJA

1 lb	450 g	remolachas pequeñas
3	3	naranjas
1 taza	250 ml	conserva de albaricoque
¼ taza	60 ml	licor de Curacao

Cocer las remolachas en agua hirviendo con sal hasta que se ablanden; escurrirlas y quitarles la piel con los dedos; conservarlas caliente.

Rallar y cortar las naranjas en gajos, sacarles el centro y las semillas.

En una cacerola pequeña calentar la conserva de albaricoques; incorporar los gajos de naranja y el licor; cocer a fuego lento for 3 minutos.

Poner las remolachas en un plato de servir; cubrirlas con salsa y decorar con la ralladura de naranja.

PARA 4 PORCIONES

FILETES SIN CARNE

⅓ taza	56 g	azúcar morena
1 cdta	5 g	jengibre molido
½ cdta	2,5 g	ajo en polvo
1 taza	250 ml	Caldo de Verduras (ver página 92)
⅓ taza	80 ml	salsa de soya de bajo sodio
1 cdta	5 g	mostaza en polvo
1 lb	450 g	tofu firme
1 cda	7 g	maicena
2 cdas	30 ml	jerez

En un tazón disolver el azúcar, el jengibre y el ajo, en el caldo de verduras y la salsa de soya. Agregar la mostaza.

Cortar el tofu en 8 pedazos. Ponerlo en la salsa de marinar; tapar y refrigerar por 1½ hora.

Escurrir la salsa de marinar en una cacerola. Llevar a ebullición. Mezclar la maicena con el jerez y agregar a la salsa. Cocer a fuego lento hasta que se espese.

Cocer el tofu por 3 minutos por lado, untándole varias veces la salsa de marinar con una brochita. Servir inmediatamente.

PARA 4 PORCIONES

BUDIN DE ZANAHORIA Y COLIFLOR

2 tazas	300 g	florecillas de coliflor cocidas
2 tazas	300 g	zanahorias cocidas, picadas
1½ taza	375 ml	crema de batir
1 taza	227 g	queso jarlsberg rallado
5	5	huevos batidos
3 cdas	42 g	mantequilla
1	1	cebolla pequeña, picada fino
1	1	manzana pelada, sin semillas, cortada en cuadritos
2 cdas	14 g	harina
1 cda	15 ml	curry en polvo
¼ taza	60 ml	leche de coco
⅔ taza	160 ml	Caldo de Pollo (ver página 77)
½ taza	125 ml	crema ligera
½ cdta	2,5 g	sal
¼ cdta	1,2 g	pimienta blanca

Precalentar el horno a 350°F (180°C).

En un procesador de alimentos hacer un puré con la coliflor y la zanahoria.

Pasar a un tazón y agregar la crema, el queso y los huevos. Mezclar bien. Poner la mezcla en un molde de pan engrasado, de 9" (22 cm).

Hornear por 40-45 minutos en un baño de agua caliente.

En una cacerola calentar la mantequilla; agregar la manzana y la cebolla y freírlas hasta que se ablanden. Agregar la harina y el curry en polvo y continuar cociendo por 2 minutos a fuego bajo. Incorporar la leche de coco, el caldo y la crema; continuar cociendo a fuego lento hasta que la salsa se espese. Agregar la sal y la pimienta.

Sacar el molde del horno, voltearlo en una bandeja de servir. Cubrir con la salsa y servir.

PARA 6 PORCIONES

Budín de Zanahoria y Coliflor

ZANAHORIAS CON PIÑA Y MANGO

1 lb	450 g	zanahorias peladas, cortadas en cuadritos
1 taza	225 g	piña machacada, escurrida; conservar el jugo
1 taza	225 g	pulpa de mango
¼ taza	56 g	azúcar granulada
1½ cda	10 g	maicena

Cocer al vapor las zanahorias por 12-15 minutos, poner en un plato de servir.

En un procesador de alimentos hacer un puré con la piña y el mango; pasar por un colador a una cacerola pequeña. Agregar el azúcar.

Agregar la maicena en ¼ taza (60 ml) del jugo reservado de la piña. Agregar a la fruta. Cocer a fuego lento hasta que la salsa se espese.

Poner la salsa sobre las zanahorias y servir inmediatamente.

PARA 4 PORCIONES

ESCAROLAS BELGAS EN CREMA DE BRANDY DE CIRUELA

12	12	escarolas pequeñas
3 cdas	42 g	mantequilla
¼ cdta	1,2 g	sal
3 cdas	45 g	azúcar granulada
4	4	yemas de huevo
1¾ taza	430 ml	crema ligera tibia
¼ taza	60 ml	conserva de brandy de ciruela o mermelada de ciruela

Quitarles las hojas marchitas a las escarolas. Hervirlas en agua salada por 5-6 minutos. En una cacerola, calentar la mantequilla; bajar el fuego, agregar las escarolas y cocer a fuego lento for 30 minutos.

Mientras las escarolas se cuecen a fuego lento, batir la sal y el azúcar en las yemas de huevo. Poner en una cacerola doble y agregar la crema. Batir hasta que la salsa se espese; quitar del fuego. Agregar las conservas.

Poner las escarolas en una bandeja de servir; cubrirlas con la salsa y servir inmediatamente.

PARA 4 PORCIONES

Zanahorias con Piña y Mango

Bróculi Almandine

HORNEADO DE FRIJOLES PINTOS

1 lb	450 g	frijoles pintos
⅓ taza	56 g	azúcar morena
½ taza	125 ml	miel líquida
⅓ taza	80 ml	jarabe de arce
2 cdtas	5 g	mostaza en polvo
½ cdta	2,5 g	de cada uno: canela, pimienta de Jamaica, jengibre, nuez moscada
1 cdta	5 g	pimienta negra triturada
1	1	cebolla picada
8 oz	225 g	jamón ahumado, picado en cuadritos
1	1	jamón de corvejón ahumado, partido
6 oz	170 g	cerdo salado o tocino

Dejar remojando los frijoles por 8 horas o por la noche. Escurrir. Poner los frijoles en una cacerola, cubrir con agua y llevar a ebullición. Quitar del fuego. Dejar reposar por 1 hora. Escurrir. Conservar el agua, poner los frijoles en una olla de barro.

Incorporar el azúcar, las mieles, la mostaza, los condimentos, la cebolla y el jamón. Poner el corvejón en el centro y cubrir con la mezcla. Poner capas de cerdo salado encima. Tapar firmemente.

Hornear en un horno precalentado a 275°F (140°C), por 6-8 horas. Revisar periódicamente para evitar que se seque, agregar suficiente agua para cubrir cuando se necesite. Sacar el cerdo salado, cortar en cuadraditos y agregar a los frijoles si se desea. Servir.

PARA 6 PORCIONES

COLIFLOR EN SALSA AURORA

2 cdas	28 g	mantequilla
2 cdas	14 g	harina
1 taza	250 ml	Caldo de Pollo (ver página 77)
½ cdta	2,5 g	sal
¼ cdta	1,2 g	pimienta blanca
3 cdas	45 ml	crema de batir
3 cdas	45 ml	pasta de tomate
3 tazas	300 g	coliflor

Calentar la mantequilla en una sartén. Agregar la harina y cocer por dos minutos sobre fuego bajo. Agregar el caldo, sal y pimienta; cocer a fuego lento hasta obtener una salsa espesa. Incorporar la crema y la pasta de tomate.

Cocer al vapor la coliflor mientras se prepara la salsa.

Poner la coliflor en un tazón para servir; cubrir con la salsa y servir inmediatamente.

PARA 4 PORCIONES

BROCULI ALMANDINE

1 lb	454 g	florecillas de brócoli
¼ taza	56 g	mantequilla
⅓ taza	50 g	almendras picadas
2 cdas	30 ml	jugo de limón
1 cdta	5 ml	cáscara de naranja rallada

Cocer al vapor el brócoli por 15 minutos o hasta que se ablande.

En una cacerola pequeña calentar la mantequilla, agregar las almendras y freír hasta que se doren. Incorporar el jugo de limón y la ralladura de naranja.

Pasar el brócoli a un plato para servir y poner la crema encima; servir inmediatamente.

PARA 4 PORCIONES

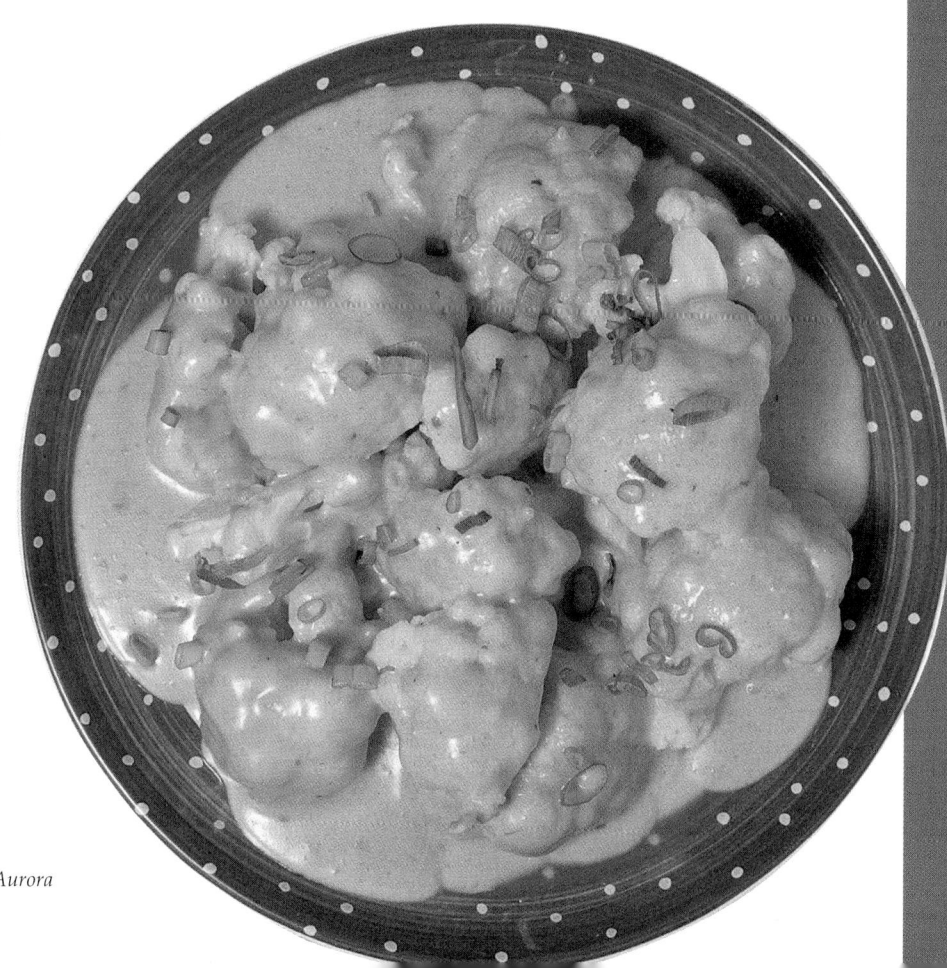

Coliflor en Salsa Aurora

ALCACHOFAS CON SALSA CURRY DE HUEVO

8	8	alcachofas pequeñas
3	3	yemas de huevos duros
1 cdta	5 ml	mostaza de Dijon
1 taza	250 ml	aceite de oliva
1½ cda	20 ml	vinagre de vino
1 cda	15 g	curry en polvo
3 cdas	45 ml	crema batida

Recortar las alcachofas, cortarles el tallo de la base. Recortar redondeando las hojas, (con tijeras se hace mejor). Lavarlas. Ponerlas en una olla grande con agua salada hirviendo. Cocer por 30-45 minutos, hasta que se ablanden. Escurrir y enfriar.

En una licuadora mezclar el huevo con la mostaza hasta obtener una pasta suave y homogénea. Con la máquina en marcha, agregar lentamente el aceite. Poner el vinagre lentamente. Pasar la salsa a un tazón pequeño. Agregar el curry a la crema.

Poner las alcachofas en un plato de servir; cubrir con la salsa y servir.

PARA 4 PORCIONES

PUDIN DE MAIZ

2 cdas	28 g	mantequilla
2 cdas	14 g	harina
1 taza	250 ml	leche
¼ cdta	1,2 g	sal
¼ cdta	1,2 g	pimienta blanca
pizca	pizca	nuez moscada
2 tazas	500 ml	granos de maíz fresco
2	2	huevos

Derretir la mantequilla en una cacerola. Agregar la harina y revolver hasta formar una pasta (roux); cocer por 2 minutos a fuego bajo.

Agregar la leche y revolverla; cocer a fuego lento hasta que se espese. Agregar los condimentos y cocer a fuego lento por 2 minutos más.

Revolver el maíz en la salsa e incorporar los huevos. Pasar a una bandeja de hornear pequeña. Poner esta bandeja dentro de otra bandeja con agua caliente y hornear en un horno precalentado a 350°F (180°C), por 35 minutos. Servir directamente de la bandeja.

PARA 4 PORCIONES

BERENJENAS AL ESTILO DE HOTEL

3	3	berenjenas
4	4	tomates pelados, sin semillas, picados
1	1	cebolla pequeña, picado fino
4 cdas	60 ml	aceite de oliva
¼ cdta	1 ml	de cada uno: tomilla, perifollo, albahaca, merjorana, pimienta blanca
1 cdta	5 g	sal
2 tazas	224 g	miga fina de pan, seca
2	2	huevos
¼ taza	28 gl	queso parmesano, recién rallado
2 cdas	30 ml	mantequilla derretida

Pelar una de las berenjenas y cortarla en cuadritos. Mezclarla con los tomates y las cebollas.

Calentar el aceite en una sartén grande y freír las verduras picadas hasta que toda la humedad se evapore. Poner en un tazón. Agregar los condimentos, la miga, los huevos y el queso; mezclar bien.

Pelar y cortar en rodajas gruesas, a lo largo, las berenjenas restantes. Untarlas con mantequilla y ponerles encima porciones de la mezcla. Colocarlas en una lata de hornear y hornear en un horno precalentado a 350°F (180°C), por 20-25 minutos, o hasta que se doren.

PARA 6 PORCIONES

Alcachofas con Salsa Curry de Huevo

Berenjenas al Estilo de Hotel

BROCULI CON SALSA MOUSSELINE

1 lb	450 g	florecillas de bróculi
½ taza	112 g	mantequilla
2	2	yemas de huevo
2 cdtas	10 ml	jugo de limón
pizca	pizca	pimiento de Cayena
¼ taza	60 ml	crema de batir

Cocer al vapor el bróculi por 15 minutos.

Mientras el bróculi se cuece al vapor derretir la mantequilla hasta que esté muy caliente.

Poner las yemas de huevo en una cacerola doble sobre fuego bajo. Agregar lentamente el jugo de limón, asegurando que se mezcle totalmente. Quitar del fuego, lentamente agregar a la mantequilla caliente.

Agregar el pimiento de Cayena y la crema de batir.

Poner el bróculi en una bandeja de servir; ponerle encima la salsa y servir inmediatamente.

PARA 4 PORCIONES

ZANAHORIAS AL CHAMPAN

1 lb	454 g	zanahorias
3 cdas	42 g	mantequilla
3 cdas	21 g	harina
1½ taza	375 ml	Caldo de Pollo (ver página 77)
½ taza	125 ml	crema entera
½ taza	125 ml	champán

Pelar la zanahoria y cortarla en palitos. Cocer al vapor por 15 minutos.

Mientras las zanahorias se cuecen, derretir la mantequilla en una cacerola. Agregar la harina y revolver hasta que se forme una pasta (roux); cocer a fuego bajo.

Agregar el caldo de pollo, la crema y el champán. Batir todos los ingredientes juntos.

Cocer a fuego lento for 10 minutos sobre calor mediano. Poner la salsa sobre las zanahorias y servir.

PARA 4 PORCIONES

CHULETAS DE CHAMPIÑONES Y CANGREJO

½ lb	225 g	champiñones
3 cdas	45 ml	aceite de oliva
2 cdas	14 g	mantequilla
2¼ tazas	252 g	harina
1 taza	250 ml	leche
¼ cdta	1,2 g	sal
¼ cdta	1,2 g	pimienta blanca
½ cdta	3 ml	de cada uno: tomillo, mejorana, albahaca
½ lb	225 g	carne de cangrejo cocida
2	2	huevos
¼ taza	60 ml	crema ligera
2 tazas	224 g	miga de pan fina
1 taza	250 ml	aceite de girasol

Lavar y picar muy fino los champiñones.

Calentar el aceite en una sartén grande y freír los champiñones hasta que todo el líquido se evapore.

Derretir la mantequilla en una cacerola. Agregar ¼ taza (28 g) de la harina y revolver hasta hacer una pasta (roux); cocer por 2 minutos sobre calor bajo.

Agregar la leche y revolver; cocer a fuego lento hasta que espese. Agregar los condimentos y cocer a fuego lento por 2 minutos más.

Poner los champiñones y el cangrejo en la salsa y mezclar bien. Dejar enfriar a temperatura ambiente.

Formar 8 tortitas, ponerlas en una lata de hornear cubierta con papel encerado y refrigerarlas por 2 horas.

Batir los huevos con la crema. Espolvorear las tortitas con la harina restante, bañarlas en los huevos y pasarlas por la miga de pan.

Calentar el aceite en una sartén grande y freír las tortitas en poco aceite hasta que se doren.

Servir con Salsa de Vino de Madeira (ver página 112).

PARA 4 PORCIONES

Bróculi con Salsa Mousseline

AROMATE DE ESCAROLAS BELGAS

12	12	escarolas belgas pequeñas
½ cdta	3 ml	de cada uno: tomillo, mejorana, salvia albahaca, cebollines, granos de pimienta
1 cda	9 g	chalotes picados
¼ taza	60 ml	vino blanco
3 cdas	42 g	mantequilla
3 cdas	21 g	harina
¾ taza	180 ml	Caldo de Pollo (ver página 77)
½ taza	125 ml	crema ligera
1 cda	15 ml	perifollo fresco picado

Cortarles las hojas secas a las escarolas. Cocerlas en agua hirviendo con sal por 5-6 minutos. Escurrirlas. Conservarlas calientes.

En una cacerola pequeña mezclar los condimentos, los chalotes y el vino. Hervir hasta reducir el líquido a la mitad. Colar a través de una muselina o un colador fino. Conservar el líquido.

Calentar la mantequilla en una segunda cacerola; agregar la harina y cocer por 2 minutos a fuego bajo. Agregar el líquido reservado, el caldo y la crema; cocer a fuego lento hasta que espese. Agregar el perifollo.

Poner la salsa sobre las escarolas y servir.

PARA 4 PORCIONES

Coles de Bruselas en Salsa Suzette

ARROZ CON HIERBAS FINAS

2 cdas	28 g	mantequilla
⅓ taza	40 g	cebolla picada fino
¼ taza	37 g	apio picado fino
¼ taza	37 g	pimiento dulce rojo, picado fino
5 tazas	1,25 L	Caldo de Pollo (ver página 77)
2 tazas	450 g	arroz de grano largo
½ cdta	3 ml	de cada uno: albahaca, tomillo, orégano, perifollo
1 cda	15 ml	cebollines picados
2 cdas	30 ml	perejil picado

Calentar la mantequilla en una cacerola. Agregar las verduras y freírlas hasta que se ablanden. Agregar el Caldo de Pollo y el arroz. Llevar a ebullición; bajar el fuego y cocer a fuego lento. Cocer hasta que el arroz absorba el líquido.

Poner las hierbas, mezclar y servir.

PARA 6 PORCIONES

COLES DE BRUSELAS EN SALSA SUZETTE

1 lb	450 g	coles de Bruselas
1	1	naranja
½ taza	112 g	mantequilla
½ taza	112 g	azúcar granulada
3 cdas	45 ml	brandy de naranja

Lavar las coles y cortarles las hojas secas, cortarles los tallos. Cocerlas en agua hirviendo con sal por 10 minutos. Escurrirlas y guardarlas calientes en un tazón de servir.

Mientras las coles de cuecen, rallar la corteza de la cáscara de naranja, exprimirle también el jugo y conservarlo.

Calentar la mantequilla en una sartén, poner y revolver el azúcar; cocer hasta que el azúcar esté caramelizada. Agregar la ralladura de la cáscara de naranja. Quitar la sartén del fuego y flamear con el brandy. Poner el jugo de la naranja,; cocer por 2 minutos a fuego bajo. Poner sobre las coles y servir.

PARA 4 PORCIONES

Pimientos Dulces Asados con Champiñones Sofritos

PIMIENTOS DULCES ASADOS CON CHAMPIÑONES SOFRITOS

1	1	pimiento dulce rojo
1	1	pimiento dulce amarillo
1	1	pimiento dulce verde
3 oz	80 g	champiñones de botón en mitades
3 cdas	42 gl	mantequilla
1 taza	250 ml	Salsa Ailloli (ver página 102)

Precalentar el horno a 400°F (200°C). Poner los pimientos en una lata de hornear. Ponerlos en el horno por 20 minutos, volteándolos frecuentemente. Sacarlos del horno y ponerlos en una bolsa de papel. Sellar la bolsa. Dejarlos en la bolsa por 20 minutos o hasta que la piel se suelte. Quitarles la piel. Partirlos en mitades y tirar la membrana y las semillas, cortarlos en tiras.

Mientras los pimientos están en la bolsa, calentar la mantequilla en una cacerola. Agregar los champiñones y freírlos hasta que el líquido se evapore. Agregar los pimientos y freírlos por 2 minutos. Poner los pimientos y los champiñones en una bandeja, cubrir con la Salsa Ailloli y servir.

PARA 4 PORCIONES

PAPAS DOBLE HORNEADAS COMANDANTE Y JEFE

6	6	papas grandes cocidas
5 oz	140 g	espinaca fresca
3 cdas	42 g	mantequilla
1	1	diente de ajo picado
½ cdta	3 ml	de cada uno: albahaca, tomillo y orégano
2 cdtas	10 g	sal
1 cdta	5 g	pimienta
1 taza	112 g	queso parmesano, recién rallado

Mientras están calientes cortarles la parte de arriba, sacarles la pulpa; machacarla y conservarla.

Lavar la espinaca y quitarle los tallos. Picarlas fino.

Precalentar el horno a 450°F (230°C).

En una sartén calentar la mantequilla y freír la espinaca con el diente de ajo. Agregar a las papas con los condimentos y el queso. Rellenar las cavidades de papa.

Ponerlas en una lata de hornear y hornearlas hasta que estén calientes y doradas.

PARA 6 PORCIONES

PAPAS ESTILO KALENUIK

1½ lb	675 g	papas peladas
⅓ lb	150 g	tocino picado
1	1	cebolla española picada
½ taza	75 g	pimiento dulce verde, picado
1 taza	150 g	champiñones en rodajas
4 cdas	56 g	mantequilla
3 cdas	21 g	harina
1 taza	150 g	tomates pelados, sin semillas, picados
1½ taza	375 ml	Caldo de Carne (ver página 85)
¼ taza	60 ml	jerez
1 cdta	5 ml	salsa inglesa
1 cda	15 ml	salsa de soya
1 cdta	5 g	sal
½ cdta	2,5 g	pimienta
¼ cdta	1 ml	de cada uno: tomillo albahaca, orégano paprika, chile, cebolla y ajo en polvo
1 taza	227 g	queso cheddar fuerte, rallado

Cortar las papas en rodajas; hervirlas, escurrirlas y ponerlas en una bandeja de hornear engrasada de 12 tazas (3 L).

En una sartén freír el tocino, sacar el exceso de grasa. Conservar 2 cucharadas (30 ml) de la grasa.

En una cacerola freír la cebolla, los pimientos y los champiñones en la mantequilla y la grasa conservada. Agregar el tocino y espolvorear con harina, cocer por 2 minutos. Agregar el resto de los ingredientes, menos el queso. Bajar el fuego, revolver y cocer a fuego lento hasta que la salsa se espese.

Poner la mezcla sobre las papas. Hornear en un horno precalentado a 375°F (190°C), por 15 minutos. Espolvorear con queso y hornear por 5 minutos más. Servir.

PARA 6 PORCIONES

BROCULI CON LIMÓN Y NUECES

1 lb	454 g	florecillas de bróculi
2 cdtas	5 g	maicena
¾ taza	168 g	azúcar granulada
1¾ taza	430 ml	agua hirviendo
¼ taza	60 ml	jugo de limón
1 cda	15 g	ralladura de cáscara de limón
2 cdas	28 g	mantequilla
¼ taza	38 g	almendras tostadas picadas

Cocer al vapor el bróculi por 12-15 minutos; pasarlo a un plato de servir.

Mezclar la maicena con el azúcar y poner en el agua hirviendo; cocer a fuego lento hasta que espese. Incorporar el jugo y la cáscara de limón; cocer a fuego lento hasta que la salsa se espese nuevamente. Quitar del fuego y agregar la mantequilla. Poner la salsa sobre el bróculi, espolvorear con las almendras y servir.

PARA 4 PORCIONES

CAMARONES AGRIDULCES (SIN CARNE)

1 lb	450 g	tofu firme
2 cdas	30 ml	aceite de oliva
1	1	diente de ajo
1	1	cebolla picada fino
1	1	pimiento dulce verde, picado
¼ taza	37 g	tomates pelados, sin semillas, picados
4 cdtas	12 g	azúcar morena
4 cdtas	20 ml	salsa de soya ligera
⅔ taza	160 ml	Caldo de Pollo (ver página 77)
1 cda	15 ml	jugo de limón
1 cda	15 ml	vino de arroz (optional)
⅔ taza	150 g	piña picada
2 cdtas	5 g	maicena
2 cdtas	10 ml	agua

Envolver el tofu en un paño para escurrirle el exceso de humedad; cortarlo en cubos de 1" (2,5 cm).

Calentar el aceite en una sartén china (wok); agregar el ajo, la cebolla y la pimienta, freír rápido. Agregar el tofu y freír por 1 minuto. Incorporar el tomate, el azúcar, la soya, el caldo, el jugo de limón y el vino. Llevar a ebullición. Agregar la piña.

Mezclar la maicena con el agua y agregarla a la mezcla. Cocer hasta que se espese.

Servir sobre arroz.

PARA 4 PORCIONES

Bróculi con Limón y Nueces

Parrillada de Verduras Marinadas

PARRILLADA DE VERDURAS MARINADAS

1	1	berenjena
1	1	calabacín
1	1	pimiento dulce rojo
1	1	pimiento dulce amarillo
2	2	zanahorias grandes peladas
1	1	cebolla española
¾ taza	190 ml	aceite de oliva
¼ taza	60 ml	jugo de limón
1 cda	15 g	cebolla rallada
1	1	diente de ajo picado
½ cdta	2,5 g	sal
¼ cdta	1 ml	de cada uno: albahaca, tomillo, orégano, paprika, pimienta
1 cda	15 ml	jerez
1 cdta	5 ml	salsa inglesa

Limpiar las verduras y cortarlas en rodajas grandes, ponerlas en un tazón.

Mezclar el resto de los ingredientes y poner sobre las verduras, marinar por una 1 hora.

Asar las verduras a la parrilla sobre carbones a fuego mediano por 10 minutos, untando varias veces la salsa de marinar con una brochita. Untar una vez más antes de servir.

PARA 4 PORCIONES

Coles de Bruselas Aegir

COLES DE BRUSELAS AEGIR

1 lb	450 g	coles de Bruselas
½ taza	112 g	mantequilla
2	2	yemas de huevo
2 cdtas	10 ml	jugo de limón
1 cdta	5 g	mostaza inglesa seca
pizca	pizca	pimiento de Cayena

Cortarles el tallo y las hojas secas a las coles. Cocerlas por 10 minutos en agua salada hirviendo.

Derretir la mantequilla hasta que esté bien caliente.

Mientras las coles se cuecen, poner las yemas de huevo en una cacerola doble a fuego bajo. Agregar el jugo de limón y la mostaza, mezclar bien. Cocer batiendo constantemente hasta que la mezcla esté espesa y cremosa. Quitar del fuego.

Incorporar gradualmente la mantequilla derretida en los huevos. Agregar el pimiento de Cayena.

Colocar las coles en una bandeja de servir, ponerles la salsa encima y servir inmediatamente.

PARA 4 PORCIONES

ESCAROLAS BEULEMANNS

12	12	escarolas belgas
¼ taza	56 g	mantequilla
¼ taza	60 ml	agua
1 cda	15 ml	jugo de limón
½ cdta	2,5 g	sal
¼ cdta	1,2 g	pimienta blanca
½ taza	75 g	jamón picado fino
1 taza	200 g	champiñones cocidos, en rodajas
1 taza	250 ml	Salsa Demi-Glace (ver página 123)
¼ taza	60 ml	crema entera

Cortar las hojas marchitas de las escarolas, enjuagar en agua fría .

En una sartén grande calentar la mantequilla, el agua, el jugo de limón, la sal y la pimienta, agregar las escarolas y cocer a fuego lento por 15 minutos.

En una cacerola pequeña cocer a fuego lento el jamón, los champiñones, la Demi Glace y la crema.

Pasar las escarolas a un plato de servir, cubrirlas con salsa y servir.

PARA 6 PORCIONES

ZANAHORIAS CAMPESINAS

1½ lb	675 g	zanahorias
4 cdas	56 g	mantequilla
3 cdas	21 g	harina,
1 taza	250 ml	leche
1 taza	250 ml	Caldo de Pollo (ver página 77)
½ cdta	2,5 g	sal
¼ cdta	1,2 g	pimienta negra triturada

Pelar las zanahorias y cortarlas en palitos; cocerlas al vapor por 15 minutos, pasarlas a un plato de servir.

Calentar la mantequila en una cacerola, agregar la harina y cocer por 2 minutos a fuego bajo. Incorporar la leche, el caldo, la sal y la pimienta; bajar el fuego y cocer a fuego lento hasta que la mezcla esté suave y homogénea.

Poner la salsa sobre los palitos de zanahoria y servir inmediatamente.

PARA 8 PORCIONES

ESPÁRRAGOS CON BRANDY DE NARANJA

1 lb	450 g	tallos de espárragos
2 cdtas	14 g	maicena
½ taza	112 g	azúcar granulada
1½ taza	375 ml	jugo de naranja
½ taza	125 ml	licor Grand Marnier
2 cdtas	10 g	ralladura de cáscara de naranja
1½ cda	21 g	mantequilla

Pelar los espárragos y quitarles la punta de la raíz. Cocer los espárragos en agua hirviendo con sal por 15 minutos; mantener las puntas encima del agua. Escurrirlos y conservarlos calientes.

Mezclar la maicena con el azúcar. Calentar el jugo de naranja y el licor; llevar a ebullición. Agregar el azúcar, bajar el fuego y cocer a fuego lento hasta que espese. Quitar del fuego y agregar la ralladura y la mantequilla.

Pasar los espárragos a un plato de servir, ponerles la salsa encima y servir inmediatamente.

PARA 4 PORCIONES

RISOTTO A LA CERTOSINA

1	1	cebolla española, picada fino
3 cdas	45 ml	aceite de oliva extra virgen
1 taza	227 g	arroz de grano largo
1 taza	112 g	orzo*
4 tazas	1 L	Caldo de Pescado (ver página 76)
½ taza	75 g	pimiento dulce rojo, picado fino
½ taza	75 g	pimiento dulce verde, picado fino
3 cdas	42 g	mantequilla
2 cdas	14 g	harina
2 tazas	300 g	carne de camarón cocida
2 tazas	500 ml	leche 50% crema
¼ cdta	1 ml	de cada uno: sal, albahaca, perifollo, mejorana
¼ cdta	1,2 g	pimienta blanca
⅔ taza	74 g	queso parmesano rallado
2 cdas	30 ml	perejil picado

En una sartén grande o una cacerola, freír la cebolla en el aceite. Agregar el arroz y el orzo; freír revolviendo hasta que se doren. Agregar el Caldo de Pescado, tapar y cocer a fuego lento hasta que todo el líquido haya sido absorbido.

En una cacerola pequeña freír el pimiento rojo y el verde en la mantequilla. Espolvorear con harina, cocer por dos minutos a fuego bajo. Agregar la carne de camarón, la crema y los condimentos. Cocer a fuego lento por 8-10 minutos. Agregar el queso.

Incorporar la salsa en el arroz. Poner en un tazón de servir. Espolvorear con perejil y servir.

PARA 6 PORCIONES

*El orzo es una pasta seca en forma de arroz que se encuentra en la sección de pastas en la mayoría de los supermercados.

Espárragos con Brandy de Naranja

Risotto a la Certosina

PAPAS A LA BARBANZÓN

2¼ lbs	1 kg	papas
3 cdas	42 g	mantequilla
3 cdas	21 g	harina
1¼ taza	310 ml	Caldo de Pollo (ver página 77)
1¼ taza	310 ml	leche 50% crema
½ taza	56 g	queso parmesano, recién rallado
3 cdas	27 g	cebollines picados
3 cdas	45 ml	perejil fresco, picado

Pelar las papas y cortarlas en rodajas gruesas. Cocerlas en agua con sal hasta que estén cocidas pero firmes, escurrirlas.

Calentar la mantequilla en una cacerola. Agregar la harina y cocer por 2 minutos en fuego bajo. Agregar el caldo de pollo y la crema. Bajar el fuego y cocer a fuego lento hasta que se espese. Incorporar el queso, los cebollines y el perejil; cocer a fuego lento por 2 minutos más.

Poner alternando capas de papas y salsa en un molde grande y hornear en un horno precalentado a 350°F (180°C), por 35 minutos. Sacar del molde y servir.

PARA 6 PORCIONES

ARROZ CHINO DE MARISCOS

¼ taza	60 ml	aceite de girasol
¼ lb	115 g	camarón pelado y desvenado
¼ lb	115 g	carne de langosta
¼ lb	115 g	carne de cangrejo
1	1	cebolla mediana, picada fino
1	1	pimiento dulce rojo, picado fino
20	20	champiñones de botón
4 tazas	453 g	arroz de grano largo, cocido
1 cda	15 ml	salsa de soya
1 cda	15 ml	jerez

En una sartén china (wok) o una sartén grande, calentar la mitad del aceite. Agregar los mariscos y freírlos rápidamente. Sacarlos de la sartén y conservarlos calientes.

Agregar el resto del aceite en la sartén. Freír la cebolla, el pimiento y los champiñones. Agregar el arroz, freír por 1 minuto. Agregar los mariscos y mezclar.

Poner encima la salsa de soya y el jerez. Revolver para mezclar. Servir.

PARA 6 PORCIONES

ARROZ DE COCO

1 taza	227 g	arroz de grano largo
3½ tazas	875 ml	leche
¾ taza	50 g	coco rallado
¼ taza	56 g	azúcar granulada

Hervir el arroz y la leche; agregar el coco y el azúcar. Tapar y cocer a fuego lento hasta que todo el líquido haya sido absorbido. Servir con comidas polinésicas.

PARA 4 PORCIONES

Papas a la Barbanzón

Arroz de Coco

PAPAS DAUPHIN

8	8	papas grandes peladas
½ cdta	2,5 g	sal
½ cdta	2,5 g	pimienta blanca
⅔ taza	160 ml	mantequilla derretida

Precalentar el horno a 400°F (200°C).

Cortar las papas en rodajas muy finas. Enjuagarlas en agua fría. Escurrirlas.

En una bandeja de hornear cuadrada, poner las papas en capas. Sazonarlas.

Poner la mantequilla derretida sobre las papas. Hornear por 30-45 minutos o hasta que se ablanden. Ponerlas en un plato de servir cuadrado. Servir calientes.

PARA 6 PORCIONES

HINOJO CON JENGIBRE Y PIÑA

8	8	hinojos pequeños
4 cdas	56 g	mantequilla
½ taza	125 ml	jugo de manzana
2 cdas	30 ml	jugo de limón
2 cdtas	10 g	jengibre rallado
3 cdas	7 g	maicena
1 cda	10 g	azúcar morena
½ taza	112 g	piña picada

Cortarle los tallos verdes y la base al hinojo. Quitarle las hojas exteriores marchitas.

Calentar la mantequilla en una cacerola, agregar el jugo de manzana y el hinojo; bajar el fuego y cocer a fuego lento for 20 minutos.

Mientras el hinojo se cuece, agregar el jugo de limón y el jengibre. Combinar el azúcar y la maicena. Agregar al líquido. Llevar a ebullición, agregar la piña, bajar el fuego y cocer a fuego lento hasta que la salsa se espese.

Pasar los hinojos a un plato de servir, cubrir con la salsa y servir.

*Excelente acompañamiento para pescado.

PARA 4 PORCIONES

PAPAS BERNY

1 lb	454 g	papas
2 cdas	28 g	mantequilla
4	4	huevos
¼ taza	60 ml	crema
1 taza	112 g	harina
1¼ cdta	6 g	sal
½ cdta	2,5 g	pimienta blanca
¼ cdta	1,2 g	nuez moscada
¼ taza	60 ml	leche
2 tazas	300 g	almendras en rodajas
¼ taza	60 ml	mantequilla derretida

Pelar las papas y cocerlas en agua hirviendo hasta que se ablanden. Ponerlas en un procesador de alimentos y hacerlas puré.

Agregar la mantequilla, 1 yema de huevo y la crema; mezclar hasta que esté bien suave y homogéneo. Dividir en redondelas sobre papel encerado, enfriar completamente. Darle forma de cigarro.

Mezclar el resto de la harina con los condimentos. Batir el resto de los huevos con la leche.

Rodar las papas en la harina, sumergirlas en la leche y pasarlas por las almendras. Ponerlas en una lata de hornear, untarles la mantequilla con una brochita; ponerlas en un horno precalentado a 350°F (180°C), por 15-20 minutos o hasta que se doren. También se puede freír las papas.

PARA 4 PORCIONES

Papas Berny

PASTEL DE ZANAHORIAS DE NADINE POWERS

½ ración	0,5	Pasta Gourmet (ver página 541)
1¾ taza	430 ml	puré de zanahorias cocidas
½ taza	100 g	azúcar morena, de paquete
¼ taza	60 ml	jarabe de arce
½ cdta	2,5 g	jengibre molido
1 cdta	5 g	canela molida
pizca	pizca	clavos de olor molidos
2	2	huevos batidos
1 taza	250 ml	leche evaporada
½ taza	125 ml	agua

Estirar la masa y ponerla en un molde de 9" (22 cm). Plegar los bordes.

Poner el puré de zanahoria en un procesador de alimentos, agregar el azúcar, el jarabe y las especias. Incorporar los huevos, la leche y el agua. Mezclar hasta tener un puré suave y homogéneo.

Poner en la corteza del pastel y hornear en un horno precalentado a 450°F (230°C), por 10 minutos. Reducir la temperatura a 300°F (140°C) y continuar horneando por 45 minutos, o hasta que después de insertar un cuchillo éste salga limpio.

Sacar del horno y dejar enfriar antes de servir. Es bueno con crema batida.

PARA 6 PORCIONES

Pastel de Zanahorias de Nadine Powers

PATACAS GRATINADAS

1½ lb	675 g	patacas (alcachofas de Jerusalén)
2 cdas	28 g	mantequilla
2 cdas	14 g	harina
1 taza	250 ml	Caldo de Pollo (ver página 77)
½ taza	125 ml	leche 50% crema
¼ taza	28 g	queso parmesano, recién rallado
1 taza	112 g	queso cheddar rallado
¼ taza	28 g	miga seca de pan

Pelar las alcachofas y cortarlas en rodajas gruesas; cocerlas al vapor for 15 minutos.

Mientras las alcachofas se cuecen al vapor, calentar la mantequilla en una cacerola. Agregar la harina y cocer por 2 minutos a fuego bajo.

Agregar el Caldo de Pollo y la crema. Bajar el fuego y cocer a fuego lento hasta que se espese. Agregar el queso parmesano y cocer a fuego lento for 2 minutos más.

En una bandeja de hornear engrasada, alternar capas de alcachofas y de salsa, terminando con la capa de salsa. Espolvorear con el queso y la miga de pan. Hornear en un horno precalentado a 350°F (180°C), por 35 minutos. Servir.

PARA 4 PORCIONES

RAPINI MORNAY

1 lb	454 g	florecillas de rapini
2 cdas	28 g	mantequilla
2 cdas	14 g	harina
1 taza	250 ml	Caldo de Pollo (ver página 77)
½ taza	125 ml	leche 50% crema
¼ taza	28 g	queso parmesano, recién rallado

Cocer al vapor el rapini por 15 minutos; pasarlo a un plato de servir.

Mientras el rapini se cuece al vapor, calentar la mantequilla en una cacerola. Agregar la harina y cocer por 2 minutos a fuego bajo.

Agregar el caldo y la crema. Bajar el fuego y cocer a fuego lento hasta que se espese. Agregar el queso y cocer a fuego lento por 2 minutos más.

Poner la salsa sobre el rapini y servir inmediatamente.

PARA 4 PORCIONES

Soufflé de Bróculi

SOUFFLÉ DE BROCULI

3 cdas	42 g	mantequilla
3 cdas	21 g	harina
1¼ taza	310 ml	leche
1 taza	227 g	queso suizo rallado
⅓ taza	38 g	queso parmesano rallado
½ cdta	2,5 g	sal
¼ cdta	2,5 g	pimienta
6	6	huevos grandes, separados, a temperatura ambiente
1 taza	100 g	florecillas de bróculi, cocidas al vapor

Precalentar el horno a 375°F (190°C).

Calentar la mantequilla en una cacerola; agregar la harina y cocer por 2 minutos a fuego bajo. Agregar la leche y cocer a fuego lento hasta que la salsa se espese. Agregar el queso, la sal y la pimienta. Quitar del fuego y dejar enfriar .

Enmantequillar un tazón de soufflé de 10 tazas (2,5L).

Batir las yemas de huevo en un tazón. Agregarlas a la salsa, añadir el bróculi.

Batir las claras de huevo hasta que estén firmes. Agregarlas a la mezcla. Poner la mezcla en el tazón de soufflé. Hornear por 40 minutos o hasta que el soufflé suba. Servir inmediatamente, (rápidamente).

PARA 4 PORCIONES

PAPAS SAVOYARDE

⅔ lb	150 g	tocino
1	1	cebolla española
3 cdas	42 g	mantequilla
1 lb	450 g	papas peladas, picadas
2 tazas	500 ml	Caldo de Verduras (ver página 92) o Caldo de Carne (ver página 85)
½ cdta	2,5 g	sal
½ cdta	2,5 g	pimienta
1 taza	112 g	queso parmesano rallado
1 taza	112 g	queso gruyere rallado

Picar el tocino y freírlo en una sartén grande. Sacar la grasa.

Cortar la cebolla y sofreírla en la sartén con la mantequilla. Agregar las papas y cocerlas dándoles vuelta, por 10 minutos. Pasarlas a una bandeja de hornear engrasada de 8 tazas (2 L).

Cubrir con el Caldo y los condimentos; agregar el queso parmesano. Hornear en un horno precalentado a 375°F (180°C), por 20 minutos. Espolvorear con el queso gruyere y continuar horneando por 15 minutos más, o hasta que las papas se ablanden. Servir.

PARA 6 PORCIONES

FRIJOLES DE OJO NEGRO DE PAMELA

1½ lb	675 g	frijoles de ojo negro
4 tazas	1 L	Caldo de Pollo (ver página 77)
3 tazas	750 ml	Salsa Mornay caliente (ver página 111)
1½ taza	225 g	pollo cocido picado
1½ taza	225 g	colas de langostino cocidas
1 cdta	5 g	paprika
2 cdas	30 ml	perejil picado

Cocer los frijoles a fuego lento en el caldo por 1-1½ hora, hasta que se ablanden. Escurrirlos. Ponerlos en una bandeja de hornear de 8 tazas (2 L).

Precalentar el horno a 350°F (180°C).

Mezclar la Salsa Mornay con el pollo y las colas de langostino. Poner sobre los frijoles. Espolvorear con paprika. Hornear por 30 minutos.

Sacar del horno; espolvorear con el perejil y servir.

PARA 6 PORCIONES

Frijoles de Ojo Negro de Pamela

Arroz San Denis

ARROZ CON ESPECIAS Y POLLO

1 taza	227 g	arroz de grano largo
¾ taza	180 ml	orzo
3 cdas	45 ml	aceite de girasol
1	1	cebolla pequeña, picada fino
1	1	apio picado fino
1 taza	150 g	champiñones en rodajas
½ taza	75 g	pimiento dulce verde, picado fino
4 tazas	1 L	Caldo de Pollo caliente (ver página 77)
1½ taza	225 g	carne de pollo cocida, picada
½ cdta	2,5 g	sal
¼ cdta	1 ml	de cada uno: ajo en polvo, cebolla en polvo, paprika, chile en polvo, hojas de orégano, hojas de tomillo, hojas de albahaca
⅛ cdta	pizca	de cada uno: pimienta negra, pimienta blanca, pimiento de Cayena
2 cdas	28 g	mantequilla

Dorar el arroz y el orzo en una cacerola grande o sartén con aceite. Agregar la cebolla, el apio, los champiñones y el pimiento verde. Freír hasta que se ablanden. Poner el caldo de pollo encima, tapar. Bajar el fuego y cocer a fuego lento hasta que el líquido haya sido absorbido.

Agregar el pollo, los condimentos y la mantequilla en el arroz caliente. Poner en tazones y servir.

PARA 6 PORCIONES

Arroz Español

ARROZ SAN DENIS

4 oz	112 g	champiñones
2 tazas	450 g	arroz de grano largo
4 tazas	1 L	Caldo de Carne (ver página 85)
2 tazas	500 ml	Salsa Demi-Glace caliente (ver página 123)
⅔ taza	75 g	queso parmesano, recién rallado

Lavar y cortar los champiñones, picarlos. Ponerlos en una cacerola, agregar el arroz y el Caldo de Carne. Llevar a ebullición; tapar y cocer a fuego lento. Cocer el arroz hasta que se ablande y absorba el líquido.

Poner el arroz formando un montón en el centro de un platón redondo. Poner el Demi Glace alrededor. Espolvorear con el queso y servir.

PARA 6 PORCIONES

ARROZ ESPAÑOL

8	8	lascas de tocineta picada
1	1	cebolla española grande, picada fino
1	1	pimiento dulce verde, picado fino
2	2	tallos de apio
2 tazas	500 ml	Caldo de Pollo (ver página 77)
1 taza	227 g	arroz de grano largo
2 tazas	300 g	tomates pelados, picados, sin semillas
2 cdtas	10 g	chile en polvo
½ cdta	2,5 g	sal
¼ cdta	1,2 g	de cada uno: pimienta, paprika

Freír la tocineta en una sartén grande . Agregar las verduras y freírlas hasta que se ablanden.

Agregar el Caldo de Pollo, el arroz los tomates y los condimentos. Tapar, llevar a ebullición, bajar el fuego para cocer a fuego lento. Cocer hasta que el líquido se absorba. Servir.

PARA 4 PORCIONES

REPOLLOS PULGARCITO 2

1 lb	454 g	coles de Bruselas
⅓ taza	75 g	mantequilla
1 cdta	5 ml	jugo de limón
1 cda	15 ml	perifollo fresco picado
2	2	huevos duros rallados

Cortar los extremos de los tallos y las hojas exteriores de las coles. Cocerlas al vapor por 10 minutos. Pasarlas a un plato de servir.

Calentar la mantequilla en una sartén pequeña hasta que esté espumosa; agregar el jugo de limón y el perifollo, cocer por 1 minuto. Poner sobre las coles.

Espolvorear con los huevos rallados. Servir.

PARA 4 PORCIONES

ZANAHORIAS CON NUECES Y JARABE DE ARCE

2	2	yemas de huevo
½ taza	125 ml	jarabe de arce
½ taza	125 ml	crema de batir, batida
¼ taza	38 g	trocitos de nueces
1 lb	454 g	zanahorias peladas, cortadas en tiritas

Batir las yemas de huevo, revolverlas con el jarabe de arce; poner sobre una cacerola doble y cocer hasta que espese; quitar del fuego y dejar enfriar a temperatura ambiente.

Incorporar la crema y las nueces.

Cocer al vapor las zanahorias por 12 minutos. Pasarlas a un plato de servir. Poner la salsa sobre las zanahorias y servir inmediatamente.

PARA 4 PORCIONES

ESTOFADO DE FRIJOLES TORTUGA

1½ lb	675 g	frijoles negros
¼ lb	115 g	jamón picado grueso
¼ lb	115 g	tocino en cuadritos
2	2	dientes de ajo picados
1	1	cebolla en rodajas
2	2	apios picados
2 tazas	300 g	tomates pelados, sin semillas, picados
4 tazas	1 L	Caldo de Carne (ver página 85)
1 cdta	5 ml	salsa inglesa
¼ cdta	1 ml	salsa tabasco
¼ cdta	1 ml	de cada uno: pimienta, orégano, tomillo, cebolla en polvo, albahaca, pimiento de Cayena
1 cdta	5 g	de cada uno: paprika, sal
½ cdta	2,5 g	chile en polvo

Remojar los frijoles por 8 horas o por toda la noche.

En una olla grande freír el jamón y el tocino. Sofreír el ajo, la cebolla y el apio hasta que se ablanden. Agregar los tomates, el caldo, los frijoles, la salsa inglesa, la salsa tabasco y los condimentos. Llevar a ebullición, bajar el fuego y cocer a fuego lento for 2½-3 horas. Servir.

PARA 6 PORCIONES

Repollos Pulgarcito 2

Estofado de Frijoles Tortuga

PAPAS BOULANGERE

¼ taza	56 g	mantequilla
1	1	cebolla española en rodajas
1 lb	450 g	papas peladas en rodajas
2 tazas	500 ml	Caldo de Pollo (ver página 77)
½ cdta	2,5 g	sal
½ cdta	2,5 g	pimienta blanca

En una sartén grande calentar la mantequilla y sofreír la cebolla. Agregar las papas, cocerlas por 10 minutos, revolviendo. Pasar a una bandeja de hornear de 8 tazas (2 L).

Cubrir con el caldo y sazonar con la sal y la pimienta. Poner en un horno precalentado a 375°F (180°C), por 45 minutos, o hasta que las papas se ablanden.

PARA 6 PORCIONES

COLES DE BRUSELAS LYONESAS

1 lb	450 g	coles de Bruselas
½ taza	125 ml	leche
½ taza	125 ml	crema ligera
¼ cdta	1,2 g	nuez moscada
¼ cdta	1,2 g	sal
¼ cdta	1,2 g	pimienta blanca
1	1	cebolla española mediana
3 cdas	42 g	mantequilla
3 cdas	21 g	harina
⅓ taza	80 ml	vino blanco dulce

Cortarles las hojas marchitas y la punta de los tallos a las coles. Cocerlas en agua hirviendo con sal por 10 minutos. Escurrirlas, conservarlas calientes en un tazón de servir.

Mezclar la leche, la crema, la nuez moscada, la sal, la pimienta y la cebolla en una cacerola. Llevar a ebullición y cocer hasta que las cebollas se ablanden.

En una segunda cacerola derretir la mantequilla, agregar la harina y cocinar por 2 minutos a fuego bajo, revolviendo constantemente. Agregar la mezcla de cebolla y el vino; cocer a fuego lento por 8-10 minutos, o hasta que espese. Poner sobre las coles y servir inmediatamente.

PARA 4 PORCIONES

HOJALDRES DE ARVEJAS

½ ración	0,5	Pasta Choux (ver Papas Dauphine página 719)
2 cdas	28 g	mantequilla
2 cdas	14 g	harina
1 taza	250 ml	leche
¼ cdta	1,2 g	sal
¼ cdta	1,2 g	pimienta blanca
pizca	pizca	nuez moscada
1½ taza	135 g	arvejas cocidas
½ taza	75 g	jamón picado (opcional)

Precalentar el horno a 400°F (200°C).

En una lata de hornear ligeramente engrasada, poner cucharadas (15 ml) de pasta choux con 2" (5 cm) de separación.

Hornear por 20 minutos hasta que se doren.

Mientras la pasta se hornea, derretir la mantequilla en una cacerola. Agregar la harina y formar una pasta (roux), cocer por 2 minutos a fuego bajo.

Agregar la leche y revolverla; cocer a fuego lento hasta que espese. Agregar los condimentos y cocer a fuego lento por 2 minutos más. Poner las arvejas y el jamón.

Cortar la parte de arriba de los panecilos, rellenarlos con la mezcla cremosa de arvejas, ponerles la tapa y servir.

PARA 4 PORCIONES

Hojaldres de Arvejas

Cassoulet del Chef K

CASSOULET DEL CHEF K

¼ lb	115 g	frijoles pintos
¼ lb	115 g	frijoles lima grandes
¼ lb	115 g	frijoles negros
1½ lb	675 g	cordero picado
¾ lb	345 g	salchichas ahumadas
¼ taza	60 ml	aceite de oliva
4 tazas	1 L	Caldo de Carne (ver página 85)
3 cdas	30 g	azúcar morena
½ cdta	2,5 g	mostaza en polvo
½ cdta	2,5 g	sal
¼ cdta	1,2 g	pimienta negra triturada
1	1	cebolla en rodajas
1 taza	250 ml	Salsa de Tomate (ver página 106)

Dejar los frijoles remojando en agua por 8 horas o por toda la noche. Cocerlos en una olla grande con agua hirviendo, hasta que estén medio blandos.

En una cacerola grande dorar el cordero y las salchichas en el aceite. Cubrir con dos tazas de caldo y cocer a fuego lento hasta que se ablanden.

Poner en una bandeja de hornear, escurrir los frijoles y mezclar con las carnes. Agregar el resto del caldo y los otros ingredientes. Mezclar bien.

Hornear en un horno precalentado a 350°F (180°C), por 1½ hora. Sacar del horno y servir.

PARA 6 PORCIONES

ENSALADA DE EJOTES Y PATACAS

¾ lb	345 g	patacas (alcachofas de Jerusalén)*
¾ lb	345 g	ejotes
3 cdas	28 g	pimiento dulce rojo, picado fino
1 cdta	5 ml	de cada uno: cebollines, perejil, perifollo, alcaparras y pepinillos, picados
½ taza	125 ml	aceite de oliva
3 cdas	45 ml	jugo de limón

Pelar y partir las patacas, cocerlas al vapor por 10 minutos, o hasta que se ablanden.

Lavar y cortar los ejotes y cocerlos al vapor por 20 minutos.

En una cacerola pequeña calentar (sin hervir) los ingredientes restantes.

Mezclar los ejotes con las patacas en una fuente para servir; poner encima la salsa y servir. También se pueden dejar en la salsa de marinar y refrigerarla antes de servir.

PARA 4 PORCIONES

*Una alcachofa de Jerusalén o pataca no tiene ninguna relación con la familia de las alcachofas. Es la raíz tubular de la planta de girasol.

RAPINI A LA ROMANA

4 tazas	1 L	florecillas de rapini*
4 cdas	60 ml	aceite de oliva
½ taza	64 g	cebolla picada
½ taza	75 g	pimiento dulce rojo, picado
2 cdtas	10 g	ajo picado fino
3 cdas	45 ml	jugo de limón
1 taza	150 g	tomates pelados, sin semillas, picados
1 cdta	5 g	albahaca dulce
½ cdta	2,5 g	sal
¼ cdta	1,2 g	pimienta
½ taza	56 g	queso parmesano, recién rallado

Cocer el rapini en agua hirviendo salada por 2 minutos. Escurrirlo y conservarlo.

Calentar el aceite en una cacerola, agregar la cebolla, el pimiento rojo y el ajo, freír hasta que se ablanden. Poner el jugo de limón, los tomates, la albahaca, la sal y la pimienta; bajar el fuego y cocer a fuego lento por 10 minutos.

Poner el rapini y continuar cociendo a fuego lento por 5 minutos. Pasar a un plato para servir. Espolvorear con el queso y servir.

PARA 6 PORCIONES

*Rapini es un bróculi italiano.

Papas Delmónico

ESCAROLAS A LA MORNAY

12	12	escarolas belgas
⅓ taza	75 g	mantequilla
¼ taza	60 ml	agua
1 cda	15 ml	jugo de limón
½ cdta	2,5 g	sal
¼ cdta	1,2 g	pimienta blanca
2 cdas	14 g	harina
1 taza	250 ml	Caldo de Pollo (ver página 77)
½ taza	125 ml	leche 50% crema
¼ taza	28 g	queso parmesano, recién rallado

Cortar las hojas marchitas de las escarolas; lavar las escarolas en agua fría.

En una cacerola grande calentar ¼ taza (56 g) de mantequilla, el agua, el jugo de limón, la sal y la pimienta, agregar las escarolas y cocer a fuego lento por 15 minutos.

Mientras las escarolas se cuecen a fuego lento, calentar la mantequilla restante en una cacerola. Agregar la harina y cocer por 2 minutos a fuego bajo.

Poner el Caldo de Pollo y la crema. Bajar el fuego y cocer a fuego lento hasta que espese. Incorporar el queso; cocer a fuego lento por 2 minutos más.

Poner las escarolas en un plato para servir, cubrirlas con salsa.

PARA 6 PORCIONES

PAPAS ALPHONSE

6	6	papas grandes
4 cdas	56 g	mantequilla
¼ cdta	1,2 g	de cada uno: albahaca, orégano, tomillo, salvia, pimienta negra
1 cdta	5 ml	sal
1½ taza	340 g	queso gruyere rallado

Lavar y restregar las papas, ponerlas a hervir. Escurrir, enfriar, conservar las cáscaras, cortar en rodajas.

Precalentar el horno a 400°F (200°C).

Poner las papas en una bandeja de hornear engrasada. Poner trocitos de mantequilla y espolvorear con los condimentos. Hornear por 20 minutos.

Espolvorear con queso y continuar horneando por 5 minutos más. Servir.

PARA 4 PORCIONES

PAPAS DELMONICO

1½ lb	675 g	papas
2 cdas	28 g	mantequilla
2 cdas	14 g	harina
1 taza	250 ml	leche
¼ cdta	1,2 g	sal
¼ cdta	1,2 g	pimienta blanca
pizca	pizca	nuez moscada
¼ taza	37 g	chile picado
½ taza	66 g	miga de pan
¼ taza	56 g	mantequilla

Pelar las papas, cortarlas en cubos de ½". Hervirlas en agua salada por 15 minutos.

Mientras las papas se cuecen, derretir la mantequilla en una cacerola. Agregar la harina hasta hacer una pasta (roux); cocer por 2 minutos a fuego bajo.

Agregar la leche y revolver; cocer a fuego lento hasta que espese. Agregar los condimentos y cocer a fuego lento por 2 minutos más. Agregar el chile.

Poner la salsa entre las papas y ponerlas en una bandeja de hornear engrasada. Espolvorear con la miga de pan y poner trocitos de mantequilla. Hornear en un horno precalentado a 350°F (180°C), por 30 minutos. Servir.

PARA 4 PORCIONES

Escarolas a la Mornay

Arroz Matriciana

Frambuesas y Espárragos con Camarones Miniatura

ARROZ MATRICIANA

8	8	lascas de tocino
1	1	diente de ajo, picado fino
1	1	cebolla pequeña, picada fino
2 tazas	300 g	tomates pelados, sin semillas, picados
2 tazas	450 g	arroz de grano largo
4 tazas	1 L	Caldo de Pollo (ver página 77)
2 tazas	500 ml	jugo de tomate
1 cdta	5 g	perifollo
½ cdta	2,5 g	sal
¼ cdta	1,2 g	pimienta

Cortar el tocino en cuadritos y freírlo con el ajo y la cebolla. Agregar los tomates; cocer lentamente hasta que casi toda la humedad se evapore.

Incorporar el arroz. Agregar el Caldo de Pollo, el jugo de tomate y los condimentos. Tapar y cocer a fuego lento hasta que el arroz esté blando y haya absorbido el líquido. Servir.

PARA 6 PORCIONES

FRAMBUESAS Y ESPARRAGOS CON CAMARONES MINIATURA

6 cdas	90 ml	vinagre de frambuesas
4 cdtas	20 ml	mostaza de Dijon
4 cdtas	20 g	azúcar granulada
¾ cdta	4 g	sal
¼ cdta	1,2 g	pimienta
¾ taza	190 ml	aceite de oliva
1½ lb	675 g	espárragos
2 tazas	300 g	camarones miniatura cocidos

Mezclar el vinagre, la mostaza, el azúcar, la sal y la pimienta. Incorporar lentamente el aceite.

Pelar los espárragos y quitarles las partes duras del tallo; hervirlos por 7 minutos sin dejar que las puntas toquen el agua. Enjuagarlos con agua fría. Secarlos.

Poner los espárragos en un plato para servir. Ponerles encima el aderezo y ponerlos a marinar en el refrigerador.

Poner los camarones sobre la ensalada y servir.

PARA 4 PORCIONES

BEBIDAS

¿Cómo es una comida sin una excelente bebida? ¡Incompleta! Esa es la razón por la cual aquí les presento una selección interesante de bebidas apropiadas para el estilo de vida actual; algunas no llevan alcohol, otras lo llevan.

Aquí hay bebidas frescas, bebidas con frutas, bebidas saludables, bebidas para fiestas y bebidas para los momentos de tranquilidad. Todas las que se encuentran en las próximas páginas son *Simplemente Deliciosas*. Hay cafés y chocolates como los que nunca antes se han ofrecido, y como los que usted nunca ha probado. Usted se volverá tan popular como la persona que mezcla las bebidas en su restaurante preferido.

El sabor es, por supuesto, la medida final y estas bebidas cumplen con todos los requisitos del buen gusto. Una bebida puede ser un fracaso si no se usan los ingredientes apropiados. Siga la receta y evitará errores. Cada bebida se diseñó para brindar el mejor sabor; un poco más o un poco menos de un ingrediente puede reducir a la mediocridad una gran bebida. Trate siempre de experimentar con sus bebidas. Use su creatividad para asegurar lo mejor para usted y sus invitados.

Muchos consideran que las bebidas son lo menos importante para una gran cena; sin embargo, las bebidas están en el gusto de sus invitados por más tiempo que cualquier otra comida durante la cena. Por lo tanto, se les debe poner la misma atención. Cuando se ofrece una variedad de bebidas durante la cena, ésta es mucho más memorable.

Durante una cena de cinco platos se pueden consumir hasta cuatro vinos diferentes. ¿Por qué no sustituir los vinos con cuatro bebidas diferentes? Esto con toda seguridad le ganará las felicitaciones de sus invitados y será algo que ellos apreciarán más que el simple descorchar de una botella.

Las Bebidas *Simplemente Deliciosas* serán la vida de cualquier fiesta. Caliéntese durante una fría noche de invierno o refrésquese durante un caluroso día de verano. Hay más de 40 bebidas para escoger; hay suficientes para variar y así servir la bebida apropiada para la ocasión apropiada. Sólo tenga en mente que las mejores bebidas son aquéllas que son *Simplemente Deliciosas*.

YO YO

1 oz	30 ml	ron oscuro
1 oz	30 ml	Tía María
1	1	cereza marrasquina

Mezclar sobre hielo en una vaso de roca. Adornar con la cereza y servir.

PARA 1 PORCION

MELONADA

½	0,5	melón blanco dulce, sin semillas
½	0,5	melón amarillo, sin semillas
1	1	naranja

Con una cuchara poner la pulpa de los melones en una licuadora. Licuar a poca velocidad, cortar en gajos la naranja y agregar a la bebida. Servir.

PARA 2 PORCIONES

BELLEZA DE CHOCOLATE

2 oz	60 g	chocolate semi-dulce rallado
¼ taza	56 g	azúcar granulada
½ taza	125 ml	agua hirviendo
2½ tazas	625 ml	leche hervida
1 cda	6 g	cristales de café instantáneo
⅓ taza	80 ml	coñac
⅓ taza	80 ml	licor Amaretto
½ taza	125 ml	crema de batir
¼ taza	38 g	almendras doradas, en rodajas

En una cacerola pequeña combinar el chocolate, el azúcar y el agua, llevar a ebullición; bajar el fuego y cocer a fuego lento por 2 minutos.

Batir en la mezcla la leche, el café, el coñac y el Amaretto; cocer a fuego lento por 2 minutos más.

Poner en cuatro vasos con asa. Batir la crema y ponerla a flotar sobre la bebida de chocolate. Espolvorear con las almendras y servir.

PARA 4 PORCIONES

PALITO DE REGALIZ

3 oz	80 g	chocolate blanco, rallado
¼ taza	56 g	azúcar granulada
2 tazas	500 ml	leche
1 taza	250 ml	leche 50% crema
¼ taza	60 ml	licor Pernod
¼ taza	60 ml	licor Anisette
6	6	palitos de regaliz, de banda negra

En una cacerola pequeña, combinar el chocolate, el azúcar, la leche, la leche de crema y los licores. Calentar sin hervir. Poner en vasos con asa, adornar con los palitos de regaliz y servir.

PARA 4 PORCIONES

BEBIDA DE ALMENDRA

2 oz	60 ml	licor Amaretto
½ taza	125 ml	crema liviana
1 taza	250 ml	helado de almedras y nueces
2 cdas	30 ml	jarabe sencillo
¼ cdta	1 ml	extracto de almendra
2 cdtas	5 g	almendras doradas, en rodajas

En una licuadora combinar el licor, la crema, el helado y el extracto de almendra; licuar hasta tener una mezcla fina y homogénea.

Poner en 2 vasos altos; adornar con las rodajas de almendra y servir.

PARA 2 PORCIONES

Yo Yo

Melonada

Bebida de Piña y Almendra

BARRA 50-50

3 oz	80 g	chocolate semi-dulce, rallado
2 tazas	500 ml	leche
1 taza	250 ml	leche 50% crema
¼ taza	60 ml	licor Galliano
¼ taza	60 ml	licor Triple Sec
¼ taza	60 ml	jugo de naranja concentrado
½ taza	125 ml	crema de batir
4	4	palitos de dulce de naranja con chocolate

En una cacerola combinar el chocolate, la leche, la leche de crema, los licores y el jugo de naranja. Calentar sin hervir.

Poner en vasos con asa.

Batir la crema y ponerla a flotar sobre la bebida. Adornar cada vaso con un palito de dulce de chocolate; servir.

PARA 4 PORCIONES

Barra 50-50

COCTEL CUBANO

⅔ oz	20 ml	brandy
⅓ oz	10 ml	brandy de albaricoque
1 cdta	5 ml	jugo de lima
2 pizcas	2	amargura de naranja

Poner los ingredientes en una coctelera sobre hielo picado. Agitar y servir en copas de cóctel.

PARA 1 PORCION

BEBIDA DE PIÑA Y ALMENDRA

¼ taza	38 g	almendras peladas
½ taza	125 ml	yogur de piña
½ taza	125 ml	jugo de piña
1 gota	1	extracto de almendra
1 cdta	2,5 g	almendras doradas, en rodajas

Combinar todos los ingredientes en una licuadora; licuar hasta tener una mezcla fina y homogénea. Poner en una copa de champán y servir.

PARA 1 PORCION

SUEÑOS DE KAHLUA

2 oz	60 ml	licor Kahlúa
1 cda	15 ml	azúcar en polvo
2 cdas	30 ml	cafe frío extra fuerte
½ taza	125 ml	crema liviana
1 taza	250 ml	helado de café

Combinar los ingredientes en una licuadora; licuar hasta tener una mezcla fina y homogénea. Poner en dos vasos altos y servir.

PARA 2 PORCIONES

SUEÑO DE DURAZNO

2 cdas	30 ml	miel
1 taza	225 g	duraznos frescos, en rodajas
½ taza	125 ml	yogur sin sabor
1 taza	250 ml	néctar de albaricoque o durazno

Poner todos los ingredientes en una licuadora; licuar hasta tener una mezcla fina y homogénea. Poner en vasos grandes de roca y servir.

PARA 2 PORCIONES

AGRAVIO

1 oz	30 ml	whisky escocés
1 oz	30 ml	Kahlúa
1 oz	30 ml	crema

Mezclar sobre hielo en un vaso de roca. Servir.

PARA 1 PORCION

BANANA RUSA

3 oz	80 g	chocolate semi-dulce, rallado
1½ taza	375 ml	café fuerte
1 taza	250 ml	leche 50% crema
¼ taza	56 g	azúcar granulada
¼ taza	60 ml	vodka
¼ taza	60 ml	Kahlúa
2	2	bananas, machacadas
½ taza	125 ml	crema de batir
¼ taza	28 g	rodajas finas de chocolate

En una cacerola combinar el chocolate, el café, la leche, el azúcar, los licores y las bananas. Calentar sin hervir.

Poner en vasos con asa. Batir la crema; ponerla a flotar sobre las bebidas. Adornar con las rodajas de chocolate y servir.

PARA 4 PORCIONES

CAFÉ MÉXICO

3 tazas	750 ml	café
⅓ taza	80 ml	tequila
⅓ taza	80 ml	licor Kahlúa
¼	0,25	limón
¼ taza	56 g	azúcar granulada
½ taza	125 ml	crema de batir
12	12	granos de café cubiertos con chocolate

Calentar el café con el tequila y el Kahlúa. Poner jugo de limón en los bordes de los vasos, luego poner el azúcar. Llenar con café. Batir la crema y ponerla a flotar sobre la bebida. Decorar cada vaso con 4 granos de café y servir.

PARA 4 PORCIONES

DAMA DE HONOLULU

2 oz	60 ml	Calvados
1 oz	30 ml	agua de coco
1 oz	30 ml	jugo de limón
1 cda	15 ml	Grenadine
3 oz	90 ml	gaseosa de limón y lima
½ cdta	2 g	azúcar en polvo
1	1	palito de piña
1	1	cereza marrasquina

Llenar hasta la mitad un vaso con hielo picado; poner los líquidos sobre el hielo; agregar el azúcar y revoverla. Atravesar el palito de piña y la cereza con un palillo de dientes y usarlo para adornar la bebida.

PARA 1 PORCION

Sueño de Durazno

Café México

MARIQUITA DE CHOCOLATE

3 oz	80 g	chocolate blanco, rallado
¼ taza	56 g	azúcar granulada
2 tazas	500 ml	leche hervida
1 taza	250 ml	leche 50% crema
⅓ taza	80 ml	licor Crema de Bananas
⅓ taza	80 ml	licor Triple Sec
1 cda	15 ml	Grenadine
¼ taza	28 g	rodajas finas de chocolate

Combinar el chocolate, el azúcar y la leche hervida en una cacerola pequeña. Calentar sin hervir. Agregar la leche de crema y los licores. Cocer a fuego lento por 3 minutos más.

Hacer cuatro rayas de Grenadine en los lados de vasos de cristal con asa . Llenarlos con la bebida y poner a flotar las rodajas de chocolate en la superficie. Servir.

PARA 4 PORCIONES

ZORRA PARDA

1¼ oz	35 ml	whisky bourbon
½ oz	15 ml	Benedictine
1	1	cereza marrasquina

Mezclar sobre hielo en un vaso de roca. Adornar con la cereza y servir.

PARA 1 PORCION

RODILLAS DE ABEJAS

1 oz	30 ml	vodka
½ oz	15 ml	miel
½ oz	15 ml	jugo de lima

Poner los líquidos sobre hielo picado en una coctelera. Agitar bien, poner en copas de cóctel. Servir.

PARA 1 PORCION

COCHECITO LATERAL (SIDECAR)

1 oz	30 ml	Cointreau
1 oz	30 ml	brandy
1 oz	30 ml	jugo de limón

Poner los líquidos sobre hielo picado en una coctelera. Agitar bien, poner en una copa de cóctel. Servir

PARA 1 PORCION

COCTEL ALEXANDER

2 oz	60 ml	Crema de Cacao
4 oz	120 ml	ginebra
2 oz	60 ml	crema espesa

Poner los ingredientes sobre hielo picado en una coctelera. Agitar bien, poner en 2 copas de cóctel. Servir.

PARA 2 PORCIONES

CASSIS DE BOURBON

1 oz	30 ml	whisky bourbon
½ oz	15 ml	vermouth seco
1 cdta	5 ml	Crema de Cassis (Grosella Negra)
1 cdta	5 ml	jugo de limón
1	1	rosca de limón

Mezclar sobre hielo en un vaso de roca. Adornar con una rosca de limón.

PARA 1 PORCION

Mariquita de Chocolate

SUEÑO DE COCO

2 oz	60 g	chocolate semi-dulce, rallado
¼ taza	60 ml	crema de néctar de coco
2 tazas	500 ml	leche
¾ taza	180 ml	leche 50% crema
¼ taza	60 ml	ron de coco
½ taza	125 ml	crema de batir
⅓ taza	25 g	hojuelas de coco tostado

En una cacerola pequeña combinar el chocolate, el néctar de coco, la leche, la leche de crema y el ron. Calentar sin hervir.

Poner en vasos de cristal con asa. Batir la crema y ponerla a flotar sobre la bebida; espolvorear con el coco tostado. Servir.

PARA 4 PORCIONES

GRANADA CON MANZANA

3	3	granadas
1½ taza	375 ml	jugo de manzana

Cortar las granadas en mitades; con una cuchara sacarles la pulpa y ponerla en un procesador de alimentos. Licuar por 1 minuto. Colar; conservar el líquido. Mezclar el líquido de las granadas con el jugo de manzana. Poner sobre hielo picado en vasos altos. Servir.

PARA 2 PORCIONES

CAFE GRAND GALLIANO

3 tazas	750 ml	café
¼ taza	60 ml	licor Grand Marnier
¼ taza	60 ml	licor Galliano
½ taza	125 ml	crema de batir
¼ taza	28 g	rodajas finas de chocolate

Calentar juntos el café y los licores. Poner en vasos untados con azúcar en los bordes. Batir la crema y ponerla a flotar sobre el café. Poner encima las rodajas de chocolate. Servir.

PARA 4 PORCIONES

Sueño de Coco

Campos de Fresas

768

Café con Vandermint de Chocolate

CAFE XYZ

3 tazas	750 ml	café negro
⅓ taza	80 ml	licor Benedictine
⅓ taza	80 ml	whisky bourbon
¼	0,25	naranja
¼ taza	56 g	azúcar granulada
½ taza	125 ml	crema de batir
4	4	cerezas marrasquinas

En una cacerola pequeña calentar el café y los licores. Untar con jugo de naranja los bordes de cuatro vasos con asa, ponerles el azúcar. Llenarlos con café.

Batir la crema, flotarla en la superficie del café. Adornar con 1 cereza y servir.

PARA 4 PORCIONES

CAMPOS DE FRESAS

3 oz	80 g	chocolate blanco rallado
2 tazas	500 ml	leche
1 taza	250 ml	leche 50% crema
½ taza	56 g	azúcar granulada
1 taza	250 ml	puré de fresas
½ taza	125 ml	crema de batir
4	4	fresas frescas grandes

En una cacerola pequeña combinar el chocolate, la leche, la leche de crema, el azúcar y el puré. Calentar sin hervir. Poner en 4 vasos con asa.

Batir la crema, ponerla a flotar sobre la bebida. Adornar con las fresas y servir.

PARA 4 PORCIONES

CAFE CON VANDERMINT DE CHOCOLATE

2 oz	60 g	chocolate semi-dulce, rallado
2 tazas	500 ml	café
¼ taza	56 g	azúcar granulada
1 taza	250 ml	leche 50% crema
⅓ taza	80 ml	licor Vandermint de chocolate
¼ taza	60 ml	licor Crema de Cacao
½ taza	125 ml	crema de batir
4	4	cerezas marrasquinas
4	4	palitos de menta de chocolate

En una cacerola combinar el chocolate, el café, el azúcar y la crema. Llevar a ebullición; bajar el fuego y cocinar a fuego lento por 2 minutos. Incorporar los licores y cocer por 1 minuto más.

Poner en vasos con asa. Batir la crema y ponerla a flotar sobre la bebida. Adornar con una cereza y un palito de menta. Servir.

PARA 4 PORCIONES

FLOR DE MANZANA

2 oz	60 ml	Calvados
1 cda	15 ml	jugo de lima
1 cdta	5 ml	jugo de limón
4 oz	120 ml	jugo de manzana
1	1	rodaja de manzana, recién cortada

Llenar con hielo picado un vaso alto hasta la mitad. Poner los líquidos sobre el hielo, adornar con la rodaja de manzana.

PARA 1 PORCION

FRANCES 95

1¼ oz	35 ml	whisky bourbon
2 cdas	30 ml	jugo de limón
½ oz	15 ml	soda
3 oz	80 ml	champán
1	1	rodaja de lima

Mezclar sobre hielo picado en un vaso alto. Adornar con la rodaja de lima y servir.

PARA 1 PORCION

LECHE BATIDA CON GRAND MARNIER Y NARANJA

2 oz	60 ml	licor Grand Marnier
2 oz	60 ml	jugo de naranja concentrado
½ taza	125 ml	crema liviana
1 taza	250 ml	sorbete de naranja
2	2	rodajas de naranja fresca

En una licuadora mezclar el licor, el jugo concentrado, la crema y el sorbete; licuar hasta tener una mezcla fina y homogénea.

Poner en vasos altos. Adornar cada vaso con 1 rodaja de naranja y servir.

PARA 2 PORCIONES

Pastel de Queso de Arándanos

FLOR DE CEREZA

1 oz	30 ml	brandy
¾ oz	20 ml	brandy de cereza
1 cdta	5 ml	Curacao
1 cdta	5 ml	Grenadine
3 oz	80 ml	soda
1	1	cereza marrasquina

Mezclar sobre hielo picado en un vaso alto. Adornar con la cereza y servir.

PARA 1 PORCION

EL CUARTO GRADO

⅓ oz	10 ml	vermouth blanco
⅓ oz	10 ml	vermouth tinto
⅓ oz	10 ml	ginebra
1 cdta	5 ml	Anisette

Poner los ingredientes sobre hielo picado en una coctelera. Agitar bien, poner en una copa de cóctel.

PARA 1 PORCION

DESTRUCCION BLANCA

3 oz	85 g	chocolate blanco rallado
2 tazas	500 ml	leche hervida
1 taza	250 ml	leche 50% crema
¼ taza	56 g	azúcar granulada
¼ taza	60 ml	brandy
¼ taza	60 ml	Crema de Cacao blanca
¼ taza	60 ml	Crema de Menta blanca
½ taza	125 ml	crema de batir

En una cacerola pequeña combinar el chocolate, la leche, la leche de crema, el azúcar y los licores. Calentar sin hervir. Poner en vasos con asa.

Batir la crema y ponerla a flotar sobre la bebida. Servir.

PARA 4 PORCIONES

PASTEL DE QUESO DE ARANDANOS

½ taza	50 g	arándanos lavados y sin cáliz
½ taza	125 ml	crema liviana
1 taza	250 ml	helado de vainilla
2 oz	60 ml	licor Parfait Amour
¼ taza	56 g	queso de crema blando

Apartar una docena de arándanos y poner los demás en una licuadora. Agregar los ingredientes restantes; licuar hasta tener una mezcla fina y homogénea.

Poner en 2 vasos altos. Adornar con los arándanos que se apartaron y servir.

PARA 2 PORCIONES

Flor de Cereza

COCTEL DE COINTREAU

1 oz	30 ml	Cointreau
1 oz	30 ml	brandy
1 oz	30 ml	jugo de limón
		rosca de cáscara de naranja

Poner los ingredientes sobre hielo picado en una coctelera. Agitar bien, poner en una copa de cóctel. Adornar con la rosca de cáscara de naranja.

PARA 1 PORCION

CAFE BANANA

¼ taza	60 ml	licor Crema de Bananas
¼ taza	60 ml	licor Crema de Cacao
3 tazas	750 ml	café caliente
¼	0,25	limón
¼ taza	56 g	azúcar granulada
½ taza	125 ml	crema de batir

Calentar los licores y mezclarlos con el café. Untar con jugo de limón los bordes de cuatro tazas de café grandes; luego untar los bordes con azúcar.

Llenar las tazas con café. Batir la crema y ponerla a flotar sobre el café.

PARA 4 PORCIONES

CHOCOLATE RICO Y CALIENTE

3 oz	80 ml	chocolate semi-dulce, rallado
¼ taza	56 g	azúcar granulada
1 taza	250 ml	agua
½ taza	125 ml	leche condensada azucarada
2 tazas	500 ml	leche hervida
⅛ cdta	pizca	sal
¼ cdta	1 ml	extracto de vainilla
½ taza	125 ml	crema de batir

En una cacerola combinar el chocolate, el azúcar, el agua y la leche condensada. Llevar a ebullición; bajar el fuego y cocer a fuego lento por 2 minutos. Agregar la leche, la sal y la vainilla. Batir con una mezcladora por 1 minuto.

Poner en cuatro vasos con asa. Batir la crema y ponerla a flotar sobre la bebida. Servir.

PARA 4 PORCIONES

PATEADOR DE MANZANA

2	2	huevos
1½ taza	375 ml	jugo de manzana
½ taza	125 ml	crema liviana
2 cdtas	10 ml	miel
½ cdta	2,5 g	canela

Combinar todos los ingredientes en una licuadora hasta tener una mezcla fina y homogénea. Poner en vasos de roca y servir.

PARA 2 PORCIONES

Cóctel de Cointreau

Amanecer de Manzana

AMANECER DE MANZANA

1¼ oz	35 ml	Calvados
1¼ oz	35 ml	jugo de naranja
2 oz	30 ml	jugo de limón
2 oz	30 ml	cordial de lima
1 cdta	5 ml	Grenadine
1	1	casco de manzana

Mezclar sobre hielo picado en un vaso alto; poner a flotar la Grenadine sobre la bebida. Adornar con el casco de manzana y servir.

PARA 1 PORCION

PONCHE DE MIEL

1 taza	250 ml	leche fría
1	1	huevo
1½ cda	22 ml	miel
1 cdta	5 ml	extracto de vainilla

Poner los ingredientes sobre un poco de hielo picado en una licuadora. Licuar hasta tener una mezcla fina y homogénea; poner en vasos de cristal con asa y servir.

PARA 1 PORCION

ATARDECER SUDAFRICANO

1½ oz	45 ml	brandy
½ oz	15 ml	vermouth blanco
½ oz	15 ml	jugo de limón
½ oz	15 ml	jugo de naranja

Poner los líquidos sobre hielo picado en una coctelera. Agitar bien, poner en una copa de cóctel y servir.

PARA 1 PORCION

Saltamontes de Chocolate

SALTAMONTES DE CHOCOLATE

3 oz	80 ml	chocolate blanco, rallado
¼ taza	56 g	azúcar granulada
2 tazas	500 ml	leche
1 taza	250 ml	leche 50% crema
¼ taza	60 ml	licor Crema de Menta verde
¼ taza	60 ml	licor Crema de Cacao blanco
¼ cdta	1 ml	colorante verde de alimentos
½ taza	125 ml	crema de batir
4	4	hojas de menta caramelizadas
4	4	palitos de chocolate de menta

En una cacerola pequeña combinar el chocolate, el azúcar, la leche, la leche de crema, los licores y el colorante de alimentos. Calentar sin hervir. Poner en vasos con asa.

Batir la crema y ponerla a flotar sobre las bebidas. Adornar con las hojas de menta y los palitos de chocolate. Servir.

PARA 4 PORCIONES

SALSA DE MANZANA

1 oz	30 ml	ginebra
1 oz	30 ml	Calvados
1 cda	15 g	cristales de mezcla para barras de limón
1 cda	15 g	cristales de mezcla para barras de lima
1 oz	30 ml	jugo de naranja
2 oz	60 ml	hielo picado
1	1	cereza

Combinar todos los ingredientes, menos la cereza, en una licuadora. Poner en un vaso. Adornar con la cereza.

PARA 1 PORCION

JULEPE DE MENTA

1¼ oz	35 ml	whisky bourbon
1 cdta	5 ml	Crema de Menta verde
1 cdta	5 ml	agua de soda
		ramita de menta

Mezclar sobre hielo picado en un vaso alto. Adornar con la ramita de menta.

PARA 1 PORCION

CAFE CAER EN EL MUSGO

3 tazas	750 ml	café
⅓ taza	80 ml	licor Grand Marnier
⅓ taza	80 ml	licor Crema de Bananas
½ taza	125 ml	crema de batir
¼ taza	28 g	rodajas finas de chocolate

Calentar juntos el café y los licores. Poner en vasos untados en los bordes con azúcar. Batir la crema, ponerla a flotar sobre el café. Adornar con las rodajas de chocolate.

PARA 4 PORCIONES

AFRODISIACO DE AGUACATE

1	1	aguacate mediano
1	1	pepino inglés largo
¼ taza	60 ml	jugo de limón
2 cdtas	10 ml	salsa inglesa
2 tazas	500 ml	hielo picado

Pelar y sacarle la semilla al aguacate. Rallar la cáscara del pepino y cortarlo en rodajas. Poner el pepino en en procesador de alimentos; conservar dos rodajas para adornar. Agregar el aguacate y los demás ingredientes; hacerlos puré.

Poner en vasos grandes de flauta, adornar con la ralladura y las rodajas del pepino. Servir.

PARA 2 PORCIONES

Afrodisíaco de Aguacate

BARRACUDA

¾ oz	20 ml	whisky Jack Daniel's
1 cdta	5 ml	Orgeat
1 oz	30 ml	jugo de naranja
1 cda	15 g	cristales de mezcla para barras de limón
1	1	casco de naranja

Combinar todos los ingredientes en una licuadora. Poner en vasos altos con hielo picado. Adornar con un casco de naranja y servir.

PARA 1 PORCION

EL AGUIJON

1 oz	30 ml	Crema de Menta
1 oz	30 ml	brandy

Poner los líquidos sobre hielo picado en una coctelera. Agitar bien, poner en una copa de cóctel. Servir.

PARA 1 PORCION

BLOODY CAESAR

1	1	rodaja de limón
½ cdta	2,5 g	sal
1 cda	35 ml	vodka
2 oz	60 ml	néctar de almejas
2 oz	60 ml	jugo de tomate
¼ cdta	1 ml	salsa inglesa
gota	gota	salsa tabasco
pizca	pizca	pimienta
pizca	pizca	mezcla de especias Cajun
1	1	palito de apio

Untar el borde de un vaso alto con el jugo del limón; luego ponerle sal al borde. Llenar el vaso con hielo picado. Poner el vodka, el néctar de almejas, el jugo, las salsas, la pimienta y las especias. Remover. Adornar con el palito de apio y servir.

PARA 1 PORCION

FERROCARRIL NORTHERN & CNR

1 oz	30 ml	ron oscuro
1 oz	30 ml	brandy
2 oz	60 ml	jugo de piña
1 cda	15 ml	jugo de limón

Poner los ingredientes sobre hielo picado en una coctelera. Agitar bien, poner en una copa de cóctel.

PARA 1 PORCION

LIMON SPUMANTE

6 cdas	75 g	azúcar en polvo
1 taza	250 ml	agua
½ taza	125 ml	jugo de limón
4 tazas	1 L	Asti Spumante

En una cacerola pequeña combinar el azúcar, el agua y el jugo de limón; llevar a ebullición, dejar enfriar a temperatura ambiente. Poner en bandejas para hacer cubitos de hielo y congelar.

Sacar los cubitos de hielo de limón y ponerlos en 6 vasos altos, llenar con el vino y servir.

PARA 6 PORCIONES

MELODIA DE BROADWAY

½ oz	15 ml	ginebra
½ oz	15 ml	vermouth blanco
½ oz	15 ml	Grand Marnier

Poner los ingredientes sobre hielo picado en una coctelera. Agitar bien, poner en una copa de cóctel.

PARA 1 PORCION

Limón Spumante

RETOÑO DE UVA

1 taza	250 ml	jugo de uva concentrado
2 tazas	500 ml	agua
4 tazas	1 L	Asti Spumante

Mezclar el jugo de uva concentrado con el agua; poner en bandejas para hacer cubitos de hielo y congelar.

Sacar los cubitos de uva y ponerlos en 6 vasos altos; llenarlos con el vino y servir.

PARA 6 PORCIONES

BEBIDA SALUDABLE

1 taza	150 g	gajos de naranja
1 taza	250 ml	leche
1	1	huevo
1	1	banana
½ taza	125 ml	jugo de naranja
½ taza	125 ml	jugo de piña
1 cdta	5 ml	jarabe de arce
1 cda	7 g	germen de trigo

Poner los ingredientes en una licuadora; licuar hasta tener una mezcla fina y homogénea. Poner en vasos grandes de roca y servir.

PARA 2 PORCIONES

ROYAL ALEXANDER

1 oz	30 ml	Crema de Cacao
1 oz	30 ml	brandy
1 oz	30 ml	crema fresca
½ oz	15 ml	vermouth blanco seco

Poner los ingredientes sobre hielo picado en una coctelera. Agitar bien, poner en una copa de cóctel.

PARA 1 PORCION

Retoño de Uva

CHOCOLATE REY DE CORAZONES

2 oz	60 g	chocolate semi-dulce, rallado
2 tazas	500 ml	café
¼ taza	56 g	azúcar granulada
1 taza	250 ml	leche 50% crema
¼ taza	60 ml	vodka
¼ taza	60 ml	licor Galliano
¼ taza	60 ml	licor Grand Marnier
½ taza	125 ml	crema de batir
¼ taza	28 g	rodajas finas de chocolate

En una cacerola pequeña combinar el chocolate, el café y el azúcar. Llevar a ebullición; luego bajar el fuego y cocer a fuego lento por 2 minutos. Agregar la leche de crema y los licores; continuar cociendo a fuego lento por 3 minutos. Poner en vasos con asa.

Batir la crema y ponerla a flotar sobre el chocolate. Adornar con las rodajas de chocolate. Servir.

PARA 4 PORCIONES

CAFE CALYPSO

1 cda	15 g	azúcar granulada
3 tazas	750 ml	café
⅓ taza	80 ml	ron
⅓ taza	80 ml	Kahlúa
½ taza	125 ml	crema de batir
4	4	cerezas marrasquinas, con tallito

Calentar juntos el azúcar, el café y el Kahlúa. Poner en vasos con asa con los bordes untados con azúcar. Batir la crema y ponerla a flotar sobre el café. Adornar con una cereza y servir.

PARA 4 PORCIONES

Piñamelón

WAHOO HAWAIANO

2 oz	60 ml	ginebra
2 oz	60 ml	brandy de cereza
2 oz	60 ml	jugo de piña
1 cdta	5 ml	Grenadine
1	1	casco de piña fresca

Poner los líquidos sobre hielo picado en una coctelera. Agitar bien, poner en copas de champán extra grandes. Adornar con la piña.

PARA 1 PORCION

PONCHE DE FRESAS

1 taza	100 g	rodajas de fresas frescas
½ taza	125 ml	yogur de fresa
1 taza	250 ml	leche
½ taza	125 ml	jugo de manzana

Poner todos los ingredientes en un procesador de alimentos, mezclarlos bien. Poner en vasos altos y servir.

PARA 2 PORCIONES

PIÑAMELON

1 taza	250 ml	jugo de piña
1 taza	150 g	melón blanco dulce, en cubitos
1 taza	150 g	melón amarillo, en cubitos

Poner los ingredientes en una licuadora; licuarlos hasta tener una mezcla fina y homogénea. Poner en 2 vasos de roca y servir.

PARA 2 PORCIONES

NORTE DEL PARALELO 49

2 cdas	30 ml	jarabe de arce
1 taza	100 g	arándanos lavados
½ taza	125 ml	yogur
1 taza	250 ml	jugo de manzana

Poner todos los ingredientes en una licuadora; licuar hasta tener una mezcla fina y homogénea. Poner en vasos de roca grandes. Servir.

PARA 2 PORCIONES

EXAMEN CANADIENSE

1 taza	250 ml	yogur
2 tazas	500 ml	jugo de piña
1 taza	100 g	arándanos
2 cdas	30 ml	jarabe de arce

Poner los ingredientes en una licuadora; licuar hasta tener una mezcla fina y homogénea. Poner en vasos de roca y servir.

PARA 2 PORCIONES

GARRA DE TIGRE

3 oz	80 ml	chocolate blanco
2 tazas	500 ml	leche
1 taza	250 ml	leche 50% crema
⅓ taza	80 ml	licor Anisette
⅓ taza	80 ml	jugo de naranja concentrado
¼ taza	60 ml	azúcar granulada
1 cda	15 ml	Grenadine
1 cda	15 ml	melaza

En una cacerola pequeña combinar el chocolate, la leche, la leche de crema, el licor, el jugo de naranja concentrado y el azúcar. Calentar sin hervir.

Hacer rayas de Grenadine y melaza en el interior de vasos de cristal con asa, llenarlos con la bebida y servir.

PARA 4 PORCIONES

CAPITAN MORGAN

1 oz	30 ml	ron oscuro
1 cdta	5 ml	jugo de lima
½ cdta	3 ml	Cointreau
1	1	aceituna verde

Poner los líquidos sobre hielo picado en una coctelera. Agitar bien, poner en una copa de cóctel, adornar con la aceituna.

PARA 1 PORCION

Wahoo Hawaiano

Glosario

de Términos de Cocina

Las siguientes son definiciones de términos comunes usados en la preparación de comidas:

A FUEGO LENTO: Calentar un líquido a 185°F (85°C), o cocer alimentos en este líquido.

A LA PARRILLA: Cocer con calor indirecto en una superficie sólida.

A' LA' CARTE: Francés — "De acuerdo al menú."

A' LA' MODE: "A la moda" — cierta manera en que se sirve un plato, e.g. - como pastel o como asado.

ADORNAR: Decorar el plato principal con pequeños elementos comestibles contrastantes y agradables a la vista.

AFRECHO: La cáscara o cubierta exterior del grano del trigo, se le quita en la molienda.

AJO: Un miembro de la familia de las cebollas, fuerte y aromático.

AL VAPOR: Cocer en vapor con o sin la aplicación de presión.

ALBUMINA: El mayor componente de la clara de huevo.

AMASAR: Trabajar la masa estirándola y revolviéndola, doblándola y redoblándola sobre sí misma.

ANCHOA: Un pescado pequeño similar al arenque, generalmente enlatado en aceite con muchas especias.

ANDOUILLE: Salchicha Cajun Creole (de Luisiana, Estados Unidos), muy picante. La puede ordenar en su carnicería.

AÑEJADA: Término aplicado a la carne mantenida a una temperatura de 34°F a 36°F (1-2 °C) por 14-21 días, para hacerla más blanda.

ARENQUE KIPPER: Arenque seco o ahumado.

ASADO A LA OLLA: Cocer un pedazo grande de carne en cazuela, a fuego lento.

ASAR A LA CACEROLA: Cocer destapado en una cacerola o plancha, quitando la grasa a medida que se produce.

ASAR A LA PARRILLA: Cocer con el calor directo de carbones calientes.

ASAR: Lo mismo que hornear pero relativo a la carne.

ASPIC: Una gelatina con mucho sabor hecha de caldos de carne o de verduras y en la que las comidas con que se ha preparado se han asentado y moldeado.

ATAR: Amarrar o poner junto.

AU JUS:	Se refiere al jugo natural de la carne asada.
AVE:	Un término general, incluye animales domésticos como pollos, pavos, gallinas, gansos, etc.
AZUCAR DE CAÑA:	Un carbohidrato dulce obtenido de la planta de caña de azúcar; puede ser refinada o sin refinar.
AZUCAR INVERTIDA:	Un azúcar simple, una mezcla de glucosa y levulosa; por ej. miel.
BAÑO MARIA:	Otro término para una cacerola doble.
BAÑO:	Un líquido untado en la superficie de un producto que no ha sido horneado; un líquido o mezcla de líquidos (por ej. - baño de huevos) en la cual el producto se sumerge antes de cocer.
BARBACOA:	Asado lento sobre carbones, o en una asadera. Generalmente untando con una salsa muy sazonada: se refiere también a las carnes ahumadas preparadas en el centro y sur de los Estados Unidos.
BASE:	El ingrediente principal para salsas y sopas.
BATIDO:	Una combinación o mezcla de harina, líquido y otros ingredientes, usados en pasteles, frituras, bizcochos, etc.
BATIR:	Mezclar enérgicamente, en un movimiento circular hacia arriba, usando una cuchara o un batidor.
BATIR:	Revolver rápidamente con un movimiento circular hacia arriba para aumentar el volumen al incorporar aire.
BEURRE:	Mantequilla (término francés).
BICARBONATO DE SODA:	Se usa con polvos de hornear o por sí solo para hacer crecer pasteles, etc. Debe ser horneado inmediatamente.
BISQUE:	Una sopa de mariscos espesa y cremosa.
BLANC MANGE:	De la palabra francesa "blanc" que significa blanco y "mange" — comer. Generalmente es un budín espesado con maicena.
BLANQUEAR:	Lavar en agua hirviendo, luego en agua fría.
BOUCHÉE:	Corteza de masa pequeña esponjosa rellena con carne, ave o pescado.
BRUNOISE:	Alimentos cortados en cuadrados — $\frac{1}{8}$" (0,32 cm).
CALDO	Una sopa clara, generalmente hecha de carne o pollo.
CALDO:	El líquido obtenido al cocer a fuego lento carnes, huesos o verduras: para usar en sopas o salsas.
CALOR SECO:	Un término usado al cocer sin líquido.
CALORIA:	Una unidad de medida que indica el calor o energía que generan en el cuerpo los alimentos.
CANAPÉ:	Un entremés. Preparado siempre en una base como pan, tostada o galletita con una mantequilla con sabor.
CARAMELIZAR:	Calentar azúcar, o alimentos que contengan azúcar, hasta que estén dorados y se obtenga un gusto como de "nuez con mantequilla".
CAVIAR:	Huevos u ovas de pescado; el negro generalmente es de esturión, el rojo de salmón.

CECINA:	Carne preservada con salmuera
CÉPES:	Especie de champiñón (término francés).
CERNIR:	Pasar ingredientes secos por un tamiz o colador.
CHALOTE:	Vegetal de la familia de las cebollas.
CHAMPIGNONS:	Champiñones (término francés).
CHANTERELLES:	Chanterelas, especie de champiñón.
CHÂTEAUBRIAND:	Bistec de 16 oz (450 g) de lomo de res.
CHILI CON CARNE:	Pimientos picantes con carne.
COCTEL:	Un entremés, puede ser hecho de mariscos; se sirve en cantidades pequeñas.
COL PICADA:	Una ensalada de col y zanahorias finamente picadas, con aderezo de vinagre .
COMBINAR:	Mezclar los ingredientes.
COMBINAR:	Poner juntos dos o más ingredientes mezclándolos bien.
COMPOTA:	Una combinación de frutas.
CONCASSE DE TOMATE:	Tomates pelados, sin semillas cortados en cuadritos de ¼"(0,64 cm).
CONDIMENTOS:	Aliños para alimentos como sal, pimienta, vinagre, hierbas y especias.
CONFITAR:	Conservar o preservar al hervir con azúcar o cubrir con azúcar.
CONSOMÉ:	Una sopa clara hecha de carne y verduras, aliñada y colada.
CORTAR EN CUBO:	Cortar en trozos de aproximadamente ¼" (0,64 cm).
CORTAR:	Incorporar grasa firme a un ingrediente seco mezclando levemente para permitir que la grasa se mantenga en pedacitos; dividir alimentos con cuchillo o tijeras.
CORTE:	1. División de alimentos en pedazos más pequeños. 2. Un cierto tipo de carne; por ej. chuletas de cerdo, chuletas de cordero.
COURT BOUILLON:	Caldo de la Corte. Un líquido aromático en el que se cuecen carne, pescado y varias verduras junto con vino, frutas cítricas y ramito de hierbas.
CREMA DE TARTARO:	Substancia ácida del residuo del vino usada antes de que se generalizara el uso de polvos de hornear. Ingrediente esencial cuando se utilizan claras de huevo para hornear.
CROQUETAS:	Una combinación de alimentos picados o molidos mantenidos juntos por medio de huevos o salsa cremosa espesa; se les da forma y luego se untan con huevo y miga y se fríen.
CRUTONES:	Pequeños cubos de pan tostado.
DEGLACER:	Diluir el jugo de carne de un asado con líquido.
DERRETIR:	Convertir en líquido con calor.
DESGRASAR:	Sacar el exceso de grasa — de caldos, salsas, sopas o estofados.
DESMENUZAR:	Cortar en tiras.
DISOLVER:	La absorción de un solido en un líquido.

DOBLAR:	Combinar usando dos movimientos, cortando verticalmente la mezcla y doblándola una y otra vez con un utensilio, raspando el fondo del recipiente cada vez.
DORAR:	Cocer sobre calor intenso la superficie de la carne hasta que se dore.
DUXELLES:	Cebollas y champiñones fritos en mantequilla hasta que toda la humedad se ha evaporado.
EMINCÈ:	Desmenuzado, en francés.
EMPANIZAR:	Término de cocina — cubrir con miga de pan, harina de maíz o miga de galletas.
EMULSION:	Juntar dos líquidos insolubles entre ellos. Si se baten juntos uno se divide en glóbulos que envuelven completamente al otro, como el huevo alrededor de la mantequilla en la salsa holandesa.
EN BROCHETA:	En un pincho.
ENGRASAR:	Esparcir una película de grasa en una superficie.
ENTRÉE:	En Norte América el plato principal de una comida, en Francia un aperitivo.
ESCALFAR:	Cocer bajo el punto de ebullición (a fuego lento), en suficiente líquido para cubrir.
ESCALFAR:	Cocer lentamente justo bajo el punto de ebullición.
ESCALFAR:	La cocción de alimentos al punto de ebullición. Leche que ha llegado por lo menos a 185°F (85°C).
ESCALOPA:	Comida horneada en una salsa cremosa u otro líquido. Un tipo de marisco.
ESCAMARSE:	Partirse en pedacitos livianos.
ESCARCHA(R):	Poner azúcar glacé o escarchado.; ciertos tipos de postres congelados.
ESCARCHAR:	Cubrir pasteles o galletas con un dulce hecho con azúcar glacé.
ESCLARECER:	Aclarar al sacar la espuma, pequeñas partículas y grasa de los caldos.
ESCURRIR:	Dejar sólidos sin líquido.
ESPOLVOREAR:	Cubrir o voltear ligeramente en miga de pan u otro ingrediente molido.
ESTOFAR:	Cocer a fuego lento en un líquido hasta ablandar.
FILLET, FILETE:	Un pedazo de carne magra o pescado, sin hueso.
FINNAN HADDIE:	Merluza o bacalao ahumado.
FOIE GRAS:	Hígado de ave molido, combinado con grasa, generalmente de ganso.
FREIR:	Cocer en aceite caliente. Sofreír es freír en una pequeña cantidad de aceite; freír sumergido es cocer en suficiente aceite como para cubrir el alimento
FRICASE:	Cocer friendo y luego estofando en caldo o salsa
FRITURAS:	Carne, fruta o verduras bañados en una mezcla de huevos, harina y leche y luego fritos.
FROMAGE:	Queso (término francés).
GELATINA:	Se hace de huesos y médula de animales; se usa en postres, jaleas aspic y carnes moldeadas.

GHERKINS:	Pepinillos pequeños, dulces, escabechados.
GLACE:	Una cubierta brillante de alguna substancia azucarada como conserva de grosellas que se pone sobre una comida como decoración.
GLUTEN:	La sustancia que se encuentra en la harina de trigo que la da a la masa su dureza y elasticidad.
GOURMET:	Una persona conocedora de buenas comidas y bebidas
GRATINADO:	Comidas; pescados, mariscos, pollo o verduras preparadas con salsa, cubiertas con miga de pan enmantequillada, o miga de pan enmantequillada y queso, doradas en el horno.
GUMBO:	Un tipo de sopa o estofado espesado con quimbombó. La palabra usada en América del Sur para llamar a la okra o quimbombó.
HACER CREMA DE:	Suavizar un ingrediente grasoso con una cuchara o batidor; también el combinar con azúcar completamente el ingrediente grasoso suavizado.
HERVIR:	La acción de llevar a ebullición cualquier líquido; la temperatura del agua hirviendo es de 212°F (100°C), a nivel del mar.
HIERBAS FINAS:	Hierbas picadas fino, como perejil, cebollines, perifollo.
HOJALDRES:	Panecillos hechos con esta pasta, como medias lunas u otras formas similares.
HORNEAR CIEGO:	Hornear vacía una corteza de masa. Plegar los bordes de la pasta de la manera favorita. Pinchar con un tenedor a distancias de 1" (2,3 cm). Hornear en un horno precalentado a 450°F (220°C), por 10 a 12 minutos, o hasta que se dore. Dejar enfriar antes de poner el relleno.
HORNEAR:	Cocinar por calor seco indirecto, generalmente en un horno.
HORS D'OEUVRES:	Pequeñas, sabrosas porciones de comida servidas de aperitivo.
HUMEDAD AMBIENTE:	Cantidad de humedad en el aire que puede afectar la calidad de algunos productos horneados.
INFUSION:	Líquido impregnado con la esencia de un sólido al remojarlo, por ej. té, café.
INGREDIENTE:	Material comestible.
JULIANA:	Verdura cortada en la forma de palillos de fósforo. Viene del nombre del chef francés Jean Julienne.
LANGOSTINO:	Marisco parecido al camarón pero más grande.
LECHE:	El producto alimenticio natural de la vaca. Se puede encontrar en varias formas, tales como: descremada, condensada, en polvo, evaporada, etc.
LEGUMBRES:	Verduras. También se refiere a alimentos secos como frijoles, arvejas y lentejas.
LENTEJA:	Semilla leguminosa plana, roja o verde. Se usa en sopas.
LEVADURA:	Fermento, se vende en pastillas secas activas, instantáneas y comprimidas. Una cucharada de levadura seca o instantánea es el equivalente de 1 oz (28 g) de una pastilla comprimida; la levadura instantánea se puede ocupar directamente con el producto requerido sin dejarla reposar en agua con azúcar tibia. Una oz (28 g) de levadura alcanza para subir aproximadamente 3½ lbs (1,6 kg) de harina.

LEVANTAR:	Subir o alivianar un producto con aire, vapor o gas (dióxido de carbono); para lograr esto se usa levadura, polvo de hornear o soda.
LONJA:	Una pequeña rodaja de carne sin hueso.
M.S.G.:	(Glutamato monosódico) — compuesto químico usado para realzar el gusto de las comidas, derivado del azúcar de remolacha, maíz y trigo. Se debe tener cuidado en la cantidad usada en la preparación de comidas.
MACEDONIA:	Una mezcla de verduras o frutas cortadas en pedacitos.
MAICENA:	El almidón refinado del maíz, usado para espesar budines.
MANTECA:	Se hace extrayendo la grasa del cerdo. Enmantecar es cubrir carne magra como aves o pescados con tiras de grasa antes de cocerlas, o insertar grasa con un palillo o aguja para engrasar.
MANTEQUILLA ESCLARECIDA:	Mantequilla que ha sido derretida y se le ha sacado el grumo, dejando solamente la materia grasa dorada.
MANTEQUILLA FUNDIDA:	Mantequilla derretida a la que se le sacan los coágulos .
MARINADA:	Un líquido acídico aromático, usado para remojar alimentos para que absorban el sabor del líquido.
MELBA:	Comida creada por Auguste Escoffier en honor de la estrella operática Nellie Melba.
MENUDOS DE AVE:	El corazón, el hígado y la molleja de las aves.
MERENGUE:	Claras de huevo batidas con azúcar hasta que estén muy firmes.
MEZCLAR:	Combinar dos o más ingredientes.
MIREPOIX:	Una mezcla de cebollas, zanahorias, perejil y pimientos, generalmente picados.
MISE-EN-PLACE:	Preparar de antemano (caldo, salsas, carne, verduras, masa). Término francés.
MOCA:	Una variedad de café usada para dar sabor a las comidas. Se puede referir también a la combinación de chocolate y café.
MOLER:	Partir comida en pedazos pequeños al pasarlos por un triturador de alimentos.
MOUSSE:	Postre helado de crema batida.
MUSELINA:	Una tela para colar.
OVAS:	Huevos de pez.
PAN TOSTADO:	Rodajas de pan ligeramente tostadas.
PARFAIT:	Un postre de helados, fruta y crema batida.
PASAS SULTANA:	Pasas hechas de uvas sin semillas.
PASTA:	1. Una mezcla de harina o maicena y agua. 2. Una mezcla de alimentos molidos combinados juntos hasta que estén cremosos.
PÂTÉ:	Paté. Alimentos molidos fino, mantenidos juntos con un agente ligador.
PELAR:	Quitar la cáscara de papas, manzanas, etc. con un cuchillo afilado.

PELAR:	Quitar la cáscara.
PETIT:	Pequeño (en francés).
PETITS - FOURS:	Panecillos individuales de fantasía, escarchados completamente.
PICADILLO:	Alimento picado o cortado en pedazos muy finos.
PICANTE:	Comidas o salsas con muchos condimentos y chile.
PICAR:	Cortar en trozos de ¼" (0,64 cm) o pequeños cubos.
PLANCHA:	Carne asada y servida en una lámina hecha para este propósito.
POLVO DE HORNEAR:	Fosfato SAS: llamado a menudo de doble acción. Reacciona al ser añadido a una mezcla y nuevamente durante el período de cocción u horneo.
POTAGE:	Potaje. Sopa espesa (en francés).
PRE-HERVIR:	Hervir rápido o a fuego lento hasta estar parcialmente blando; la cocción se completa generalmente con otro método.
PRINTAINER:	Generalmente se refiere a adornos o rellenos de verduras del comienzo de primavera, cortados en una variedad de formas.
PUERRO:	Un miembro de la familia de las cebollas; es una planta larga y delgada.
PUNTEAR:	Poner pedacitos de mantequilla, queso, etc., en la superficie de alimentos.
PUNTO DE FUSION:	La temperatura a la cual un sólido se convierte en líquido.
PURE:	Pasar por un colador.
RALLAR:	Obtener partículas de comidas al frotarlas en un rallador.
RAMITO DE HIERBAS:	Una combinación de hierbas usadas para darle sabor a carnes, sopas, etc. amarradas juntos en una muselina. Para las recetas en este libro, a menos que se especifique otra cosa en la receta, usar 2 cucharadas de cada uno: Perejil, tomillo, y mejorana, ½ cucharada de granos de pimienta entera y una hoja de laurel .
RASPADO:	Los restos de carne asada que quedan en una fuente.
REDUCIR:	Reducir el volumen de un líquido hirviéndolo a fuego lento.
REMOJAR:	Extraer sabor al poner agua hirviendo y dejar reposando.
RENDIR:	Derretir manteca calentándola lentamente.
REVESTIR:	Cubrir la superficie completa de un alimento.
REVOLVER:	Mezclar ligeramente como cuando se prepara una ensalada.
ROMANA:	Un tipo de lechuga ocupada en ensaladas.
ROUGHY NARANJA:	Un pez pequeño, de carne blanca y blanda de Australia, similar al pámpano.
ROULADEN:	Carne enrollada con relleno.
ROUX:	Una mezcla de harina y grasa usada para espesar sopas y salsas.
SALAMANDRA:	El asador de un horno, bajo el cual se ponen las comidas para dorarse .
SALMUERA:	Una solución de sal y agua, con o sin otro preservativo; se usa para preservar carnes, verduras, etc.

SALPICON:	Un compuesto de varios productos picados y generalmente combinados con salsa.
SAUTEUSÉ:	Sartén para sofreír.
SOASAR:	Dorar en un recipiente caliente con un poco de grasa, seguido por una cocción lenta cubriendo con un poco de líquido.
SOFREIR:	Freír en una sartén con una pequeña cantidad de grasa.
SOLIDOS DE LECHE:	Toda la leche menos el agua.
SUPREMO:	Lo mejor, lo más delicado, también el nombre dado al filete o a la pechuga de pollo.
TEXTURA:	El grano o la estructura de un producto; la sensación de una substancia al tacto.
TOSTAR:	Dorar la superficie de una comida al aplicar calor directo.
TRUFA:	Hongo negro en forma de champiñón que crece bajo tierra, generalmente muy caro.
UNIR:	Combinar utilizando una mezcla de crema y yemas de huevo.
UNTAR CON BROCHITA:	Esparcir mantequilla, huevos, etc., en capas delgadas con una brochita, un papel pequeño o un paño.
UNTAR:	Humedecer la superficie exterior de las comidas durante su cocción, para evitar que se sequen,mejorar su sabor y su apariencia.
UVAS DE VINO:	Gamay, uvas para vino tinto, se usan para vinos Beaujolais y rosé. Pinot Negra, uvas para vino tinto, usadas también para champán. Sémillion, uvas para vino blanco, se usan en Sauternes. Chenin blanca, uvas para vino blanco. Riesling, uvas para vino blanco. Chardonnay, uvas para vino blanco, se usan en Burgundy blanco y champán. Muscat, uvas para vino blanco dulce. Grenache, uvas para vino tinto dulce. Cabernet Sauvignon, uvas para vino tinto. Sauvignon Blanc, uvas para vino blanco. Zinfadel, uvas para vino tinto.
VARIEDADES MANZANAS:	Baldwin, Cortland, Imperio, Delicia Amarilla & Roja, Gala, Granny Smith Gravenstein, Greening, Ida roja, Jonathan, Lodi, Macintosh, Macoun, Milton, Newton, Pippin, Northern Spy, Belleza Romana, Russet, Stayman, Winesap, York Imperial, son todas excelentes para comer; la mayoría sirven para hornear y cocer; utilizar siempre las mejores y más frescas que se puedan obtener.
VARIEDADES NARANJAS:	Sevilla, Valencia, Navel, Temple, Tangerina, Clementina, Mandarina, Satsuma, Kumquat, Ugli (Tangelo).
VOL-AU-VENT:	Cortezas de masa de hojaldre de varios tamaños y formas, dependiendo de las recetas.
ZESTE:	Francés para "cáscara", la película brillante exterior de la corteza de las frutas cítricas.
ZWIEBACK:	Alemán para "asado dos veces", una masa de pan dulce horneada, cortada en rodajas y luego tostada.

TABLA DE CONVERSION DE MEDIDAS

Imperiales	Americanas	Métricas	Australianas
1 cda	1 cda	15 ml	20 ml
¼ taza	¼ taza	60 ml	2 cdas
⅓ taza	⅓ taza	80 ml	¼ taza
½ taza	½ taza	125 ml	⅓ taza
⅔ taza	⅔ taza	170 ml	½ taza
¾ taza	¾ taza	190 ml	⅔ taza
1 taza	1 taza	250 ml	¾ taza
1¼ taza	1¼ taza	310 ml	1 taza

TEMPERATURAS DEL HORNO

Eléctrico	F	C	Gas	F	C
muy bajo	250	120	muy bajo	250	120
bajo	300	150	bajo	300	150
mod. bajo	325	160	mod. bajo	325	160
moderado	350	180	moderado	350	180
mod. caliente	425	210	mod. caliente	375	190
caliente	475	240	caliente	400	200
muy caliente	525	260	muy caliente	450	230

$\mathcal{I}$NDICE

AVES

BARBACOA

CONSERVAS

CREPAS

ENSALADAS

ENTREMESES

ESPECIALIDADES
DEL CHEF K

POSTRES

RES Y TERNERA

SALSAS

RECONOCIMIENTOS

*Deseamos expresar nuestro agradecimiento
por sus generosas donaciones a los siguientes patrocinadores:*

SYLVIA COOK
KIM GRIFFITHS
ASHBROOKS
BOWRINGS LTD.
COUNTRY'S REACH
DANSK GIFTS/HEIDI ROSS
LE GNOME GALLERIA INC.
LONDON DRUGS LTD.
EATONS OF CANADA
STOKES INC.
WOODCRAFTERS/HOME ACCENTS
TOTALLY TROPICAL INTERIORS INC.
HALLMARK CARD SHOPS
PRINCESS HOUSE OF CANADA/ELAINE VADER
Printed on 60 lb Stora matte.